회계를 처음 배워도 할 수 있는

혜원장의 전산회계

1급
2025 최신판
[2쇄]

이론 ➕ 실무 ➕ 최신기출

이혜원(혜원장) 저자

전체 무료강의 제공

회계어가 외계어로 느껴질 땐?

친절한 혜원장과 함께
무료강의로 단기 합격하자!

직업상점

PREFACE

안녕하세요! 혜원장입니다.

회계와 전혀 관계 없는 군인으로 일을 하다 진로를 고민하며 회계 공부를 독학으로 시작했습니다. 당시 회계를 공부하기 위한 자료는 전공 서적이 대부분이라서 회계를 배우는 일이 꽤 어려웠습니다. 처음 듣는 용어가 많아 비전공자였던 저에게 회계어는 외계어로 느껴졌습니다. 전산세무회계 학원의 원장과 직업훈련교사로 활동하며 어렵사리 배운 공부 경험을 바탕으로 비전공자도 쉽게 배울 수 있는 강의 콘텐츠를 만들고자 결심했고, 그 결과물이 바로 <혜원장> 채널입니다. 많은 분들이 기초부터 차근차근 배울 수 있는 도서를 요청했고, 더 많은 분들에게 도움을 드리고자 첫 도서를 출간하게 되었습니다.

회계의 'ㅎ'도 몰라도 괜찮습니다!

이 책은 회계를 처음 접하시는 분들도 누구나 쉽게 이해할 수 있게 하자는 <혜원장> 채널 모토를 바탕으로 전산세무회계 자격증 시험에 필요한 내용을 선별해 담았습니다. 2018년부터 강의 해온 내용을 바탕으로 어떻게 하면 회계를 쉽게 공부할 수 있을지 연구한 내용을 정리했습니다.

혜원장 올림

CONTENTS

CONTENTS

CONTENTS

CONTENTS

CONTENTS

국가직무능력 표준(NCS)

1 NCS란?

산업 현장의 직무를 수행하기 위해 필요한 능력(지식, 기술, 태도)을 국가적 차원에서 표준화한 것

2 훈련이수체계

수준	직종			
6	책임자	사업결합회계	세무조사대응	
			조세불복청구	
			절세방안수립	
5	중간관리자	회계감사	기타세무신고	
			법인세 신고	
4	초급관리자	비영리회계	종합소득세 신고	
3	실무자	원가관리	원천징수	
		재무제표작성	부가가치세 신고	
			지방세 신고	
			세무조정 준비	
2	초급자	전표관리	적격증빙관리	
		자금관리		
		원가계산		
		결산처리		
		회계정보시스템 운용		
		직업기초능력		
		회계감사	세무	

1) 회계 · 감사

능력단위	수준	능력단위요소	교재내용
전표관리	2	회계상거래인식하기	회계원리
		전표작성하기	
		증빙서류관리하기	
자금관리	2	현금시재관리하기	
		예금관리하기	
		법인카드관리하기	
		어음·수표 관리하기	
원가계산	2	원가요소 분류하기	원가회계
		원가배부하기	
		원가계산하기	
결산처리	2	결산준비하기	결산정리사항 입력
		결산분개하기	
		장부마감하기	
회계정보시스템운용	2	회계 관련 DB마스터 관리하기	기초정보등록 · 수정 거래자료의 입력 장부조회
		회계프로그램 운용하기	
		회계정보 산출하기	

2) 세무

능력단위	수준	능력단위요소	교재내용
적격증빙관리	2	적격증빙별 거래인식하기	부가가치세
		전표 처리하기	
		적격증빙 서류관리하기	

전산회계 1급 시험일정 및 시험안내

1 전산회계 1급이란?

한국세무사회에서 전문대학 중급수준의 회계원리와 원가회계, 세무회계(부가가치세 중 매입매출전표와 관련된 부분)에 관한 기본적 지식을 갖추고, 기업체의 회계실무자로서 전산세무회계프로그램을 활용한 세무 회계 기본업무를 처리할 수 있는지에 대한 능력을 평가하는 시험

2 2025년 시험일정

종목 및 등급	회차	원서접수	장소공고	시험일자	발표
전산세무 1,2급 전산회계 1,2급	제118회	01.02 ~ 01.08	02.03 ~ 02.09	02.09(일)	02.27(목)
	제119회	03.06 ~ 03.12	03.31 ~ 04.05	04.05(토)	04.24(목)
	제120회	05.02 ~ 05.08	06.02 ~ 06.07	06.07(토)	06.26(목)
	제121회	07.03 ~ 07.09	07.28 ~ 08.02	08.02(토)	08.21(목)
	제122회	08.28 ~ 09.03	09.22 ~ 09.28	09.28(일)	10.23(목)
	제123회	10.30 ~ 11.05	12.01 ~ 12.06	12.06(토)	12.24(수)

3 시험시간

구분	전산회계2급	전산회계1급	전산세무2급	전산세무1급
시험시간	12:30~13:30 (60분)	15:00~16:00 (60분)	12:30~14:00 (90분)	15:00~16:30 (90분)

4 시험장소

서울, 부산, 대구, 광주, 대전, 인천, 울산, 강릉, 춘천, 원주, 안양, 안산, 수원, 평택, 성남, 고양, 의정부, 청주, 충주, 제천, 천안, 당진, 포항, 경주, 구미, 안동, 창원, 김해, 진주, 전주, 익산, 순천, 목포, 제주

※ 상기지역은 상설시험장이 설치된 지역이나 응시인원이 일정인원에 미달할 때는 인근지역을 통합하여 실시함.

※ 상기지역 내에서의 시험장 위치는 응시원서 접수결과에 따라 시험시행일 일주일전부터 한국세무사회 홈페이지에 공고함.

5 시험방법

이론(30%)	실무(70%)
4지 선다형	PC에 설치된 전산세무회계프로그램(케이렙:KcLep) 을 이용한 실기

6 합격자 결정기준

100점 만점에 70점 이상 합격

7 응시자격

제한 없음

8 원서접수

- 접수기간 : 각 회별 원서접수기간내 접수
- 접수방법 : 한국세무사회 자격시험사이트(http://license.kacpta.or.kr)로 접속하여 단체 및 개인별 접수 (회원가입 및 사진등록)
- 접수수수료 납부방법 : 원서접수시 금융기관을 통한 온라인 계좌이체 및 신용카드결제
- 접수비 30,000원, 자격증 발급비 5,000원

※ 접수수수료 및 자격증 발급비는 부가가치세 포함 금액임

※ 자격증 발급비의 경우 자격취득 후 자격증을 신청하지 않을 경우 발생하지 않음

※ 접수수수료 결제 및 자격증 발급신청 결제시 전자결제 이용수수료(400원)가 추가로 부과됨

9 전산회계1급 출제범위

이론(30%)	회계원리	당좌·재고자산, 유·무형자산, 유가증권, 부채, 자본금, 잉여금, 수익과 비용
	원가회계	원가의 개념, 요소별·부문별 원가계산, 개별·종 합(단일, 공정별)원가계산
	세무회계	부가가치세법(과세표준과 세액)
실무(70%)	기초정보의 등록 · 수정	초기이월, 거래처 등록, 계정과목의 운용
	거래자료의 입력	일반전표 입력, 결산자료 입력(제조업포함)
	부가가치세	매입·매출거래자료 입력, 부가가치세신고서의 조회
	입력자료 및 제장부 조회	

구분		평가범위	세부내용
이론	회계원리 (15%)	1. 회계의 기본원리	회계의 기본개념, 회계의 순환과정, 결산 및 결산절차
		2. 당좌자산	현금 및 현금등가물, 단기금융상품, 매출 채권, 기타 채권
		3. 재고자산	재고자산의 개요, 상품계정의 회계처리, 재고자산의 평가
		4. 유형자산	유형자산의 개요, 취득시의 원가결정, 보유기간 중의 회계처리, 유형자산의 처분, 감가상각
		5. 무형자산	무형자산의 개요, 무형자산의 상각
		6. 유가증권	유가증권의 개요, 유가증권의 매입과 처분
		7. 부채	부채의 개요, 매입채무와 기타의 채무
		8. 자본	자본금, 자본잉여금과 이익잉여금, 이익잉여금처분계산서
		9. 수익과 비용	수익과 비용의 인식, 수익과 비용의 분류
	원가회계 (10%)	1. 원가의 개념	원가의 개념과 종류
		2. 요소별 원가계산	재료비, 노무비, 제조경비, 제조간접비의 배부
		3. 부문별 원가계산	부문별 원가계산의 기초
		4. 개별원가계산	개별 원가계산의 기초
		5. 종합원가계산	종합원가계산의 절차, 종합원가계산의 종류(단일종합원가계산, 공정별종합원가계산)
	세무회계 (5%)	1. 부가가치세법	과세표준과 세액(세율, 거래징수, 세금 계산서, 납부세액)
실무	기초 정보의 등록·수정 (15%)	1. 거래처등록	거래자료 입력시 거래처 추가등록
		2. 계정과목의 운용	계정과목·적요의 추가설정 및 수정·변경, 경비 구분별 계정과목 운용(제조경비, 판매관리비), 계정과목의 통합
		3. 초기이월	전기분 거래처별 채권·채무의 잔액 등록
	거래 자료의 입력 (40%)	1. 일반전표의 입력	거래내용의 지분 또는 증빙에 의해 일반전표의 입력
		2. 입력자료의 수정·삭제 등	입력된 자료를 검토하여 거래처, 계정과목, 적요, 금액 등의 수정 및 삭제, 대차차액의 발생원인을 검토하여 정정
		3. 결산정리사항 입력	결산자료의 입력(제조업 포함)
		4. 감가상각비 계산	유·무형자산의 감가상각비 계산
	부가 가치세 (15%)	1. 매입·매출전표의 입력	부가가치세가 포함된 유형별(과세, 영세, 불공제 등)거래 자료의 입력
		2. 부가가치세 신고서의 조회	과세표준, 매출세액, 매입세액, 납부세액 등의 조회
		3. 매입·매출처별 세금계산서 합계표의 조회	특정 매입·매출의 거래건수·금액 등의 조회
	입력자료 및 제장부조회(10%)	1. 입력 자료의 조회	입력 자료의 검색, 대차차액의 원인 검토·수정
		2. 장부의 조회	계정과목이나 기간별 거래처의 잔액조회, 건수, 월계, 누계 등의 조회
		3. 재무제표에대한 이해도	계정별 원장과 거래처원장의 잔액 불일치 검토·수정, 재무제표의 표시방법

※ 각 구분별 ±10% 이내에서 범위를 조정할 수 있음

11 전산세무회계 자격시험 합격률

회차	시험일자	전산세무		전산회계		합계
		1급	2급	1급	2급	
118회	2025. 02. 09	12.86%	11.16%	37.37%	64.86%	31.05%
117회	2024. 12. 07	18.33%	27.77%	46.84%	51.98%	38.97%
116회	2024. 10. 06	30.97%	21.01%	43.59%	51.85%	36.56%
115회	2024. 08. 03	10.08%	28.44%	48.81%	64.91%	43.50%
114회	2024. 06. 01	21.62%	55.92%	37.78%	53.07%	45.50%
113회	2024. 04. 06	14.50%	28.52%	42.89%	59.11%	39.29%
112회	2024. 02. 04	4.05%	50.79%	40.16%	56.62%	43.77%
111회	2023. 12. 02	9.10%	27.75%	39.55%	48.63%	35.32%
110회	2023. 10. 08	24.21%	46.44%	30.02%	56.95%	39.53%
109회	2023. 08. 05	9.32%	47.01%	33.26%	58.84%	41.28%
108회	2023. 06. 03	22.93%	25.51%	29.25%	53.93%	32.77%
107회	2023. 04. 09	23.29%	19.06%	33.18%	72.82%	36.37%
106회	2023. 02. 12	25.57%	40.67%	44.14%	53.26%	43.55%
105회	2022. 12. 03	11.63%	48.57%	51.07%	55.36%	48.23%
104회	2022. 10. 02	14.87%	44.45%	46.15%	31.38%	40.34%
103회	2022. 08. 06	11.07%	43.50%	38.91%	66.58%	44.08%
102회	2022. 06. 04	4.17%	40.53%	34.47%	66.50%	41.39%
101회	2022. 04. 10	9.30%	33.91%	51.63%	71.30%	47.02%
100회	2022. 02. 13	16.25%	34.66%	50.68%	51.08%	43.73%

교육용 회계프로그램 KcLep(케이랩) 설치방법

1) 한국세무사회 국가공인자격시험 홈페이지(https://license.kacpta.or.kr/)에 접속

2) 홈페이지 하단의 [케이랩(수험용) 다운로드] 클릭 후 설치프로그램 다운로드

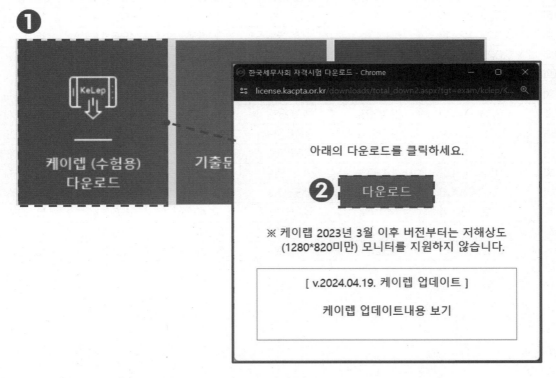

3) 다운받은 설치프로그램을 실행하여 KcLep(케이랩) 프로그램 설치

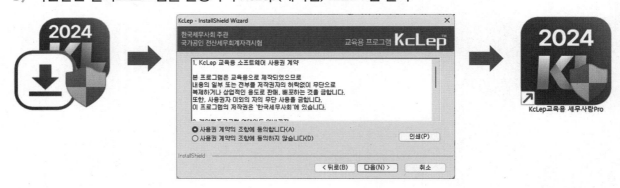

교재 백데이터 설치방법(작성 중)

1) 네이버 카페에 접속 후 백데이터 파일(.e×e) 다운로드

네이버 카페에 접속하여 교재 실습을 위한 백데이터를 다운받아주세요.

2) 다운받은 파일(.e×e)을 더블 클릭

다운받은 파일을 실행하면 자동으로 정해진 위치에 압축이 해제됩니다. (다운로드 받은 파일을 실행하기 위해서는 반디집 압축프로그램 설치가 필요합니다)

실행파일(exe)파일을
더블클릭해서 실행해주세요.

압축풀기 완료 시
C:\KcLepDB\KcLep 경로에
숫자로 된 폴더들이 생깁니다.

압축 풀기를 클릭하면
정해진 경로에 압축이 해제됩니다.

3) KcLep 프로그램을 실행시킨 후 [회사등록] 버튼 클릭

4) [회사등록] 상단 메뉴의 [F4] 회사코드재생성] - [예(Y)] 클릭

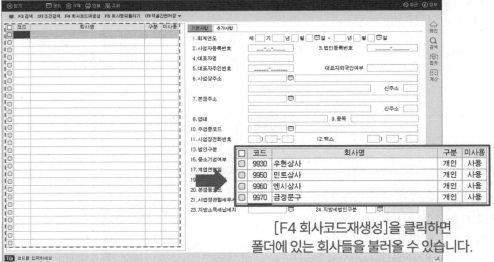

[F4 회사코드재생성]을 클릭하면
폴더에 있는 회사들을 불러올 수 있습니다.

코드	회사명	구분	미사용
9930	우현상사	개인	사용
9950	민트상사	개인	사용
9960	엔시상사	개인	사용
9970	금정문구	개인	사용

참 2번~5번 작업을 반복하면 저장된 실무작업을 초기화 할 수 있습니다.

혜원쌤이 알려주는 전산회계 1급의 모든 것!

PART 01

회계원리

CHAPTER 01

회계의 기본원리

1 회계의 기본개념

1. 회계의 정의

회계란 회사가 돈을 어떻게 벌고 어디에 쓰고 얼마나 남았는지 등의 경제적 활동에 대한 정보를 체계적으로 기록하고 보고하는 과정을 말한다.

2. 회계의 목적

회계의 목적은 회계정보이용자에게 합리적인 의사결정을 위한 유용한 정보를 제공하는 것이다.

3. 회계의 분류

구분	재무회계	원가관리회계	세무회계
회계정보 이용자	외부정보이용자 예 투자자, 채권자	내부정보이용자 예 경영자	세금 보고와 관련된 기관 예 국세청
목적	외부정보이용자에게 경제적 의사결정에 유용한 정보를 제공	내부정보이용자에게 관리적 의사결정에 유용한 정보 제공	세법에 따른 정확한 세금을 계산 및 보고
보고수단	재무제표	특수목적 재무보고서	각종 세무서식 및 신고서

2 재무제표

1. 재무제표의 정의와 작성책임

재무제표는 기업의 경영활동에 대한 회계정보를 이해관계자에게 보고하기 위해 정기적으로 작성되는 회계보고서이다. 재무제표의 작성책임은 경영자에게 있다.

2. 재무제표의 종류와 구성요소

일반기업회계기준에 따른 재무제표 종류의 종류는 재무상태표, 손익계산서, 현금흐름표, 자본변동표, 주석이다.

재무상태표	일정시점에서 기업의 재무상태(자산, 부채, 자본)를 보여주는 보고서
손익계산서	일정기간 동안의 회사의 경영성과(수익, 비용)를 보여주는 보고서
현금흐름표	일정기간 동안 현금이 회사 내외로 어떻게 흘러들어오고 나갔는지 보여주는 보고서
자본변동표	일정기간 동안 기업의 자본이 어떻게 변화했는지를 상세하게 보여주는 보고서
주석	재무제표상의 과목 또는 금액에 기호나 번호를 붙이고 추가적인 설명을 한 것(별지)

3. 회계(재무제표)의 기본가정

재무제표의 기본가정이란 재무제표가 작성되는 일정한 가정을 말하며 기업실체, 계속기업 및 기간별 보고가 있다.

기업실체	• 기업실체의 가정이란 기업을 소유주와는 독립적으로 존재하는 회계단위로 보고 이 회계단위의 관점에서 경제활동에 대한 재무정보를 측정, 보고하는 것을 말한다. • 회계단위란 회계를 기록, 계산하기 위해 구분한 장소적 범위를 말한다. 일반적으로 개별기업은 하나의 독립된 회계단위이다. 예 회사 소유자가 한명이라도 소유자가 개인목적으로 사용하는 비용은 회사와 분리하여 처리한다.
계속기업	• 기업실체는 그 목적과 의무를 이행하기에 충분할 정도로 장기간 존속한다고 가정하는 것을 말한다.(정상적인 영업활동을 계속적으로 할 것이라는 전제) 즉, 기업실체는 그 경영활동을 청산하거나 중대하게 축소시킬 의도가 없을 뿐 아니라 청산이 요구되는 상황도 없다고 가정된다. 예 기업실체의 중요한 경영활동이 축소되거나 기업실체를 청산시킬 의도나 상황이 존재하여 계속기업을 가정하기 어려운 경우에는 계속기업을 가정한 회계처리방법과는 다른 방법이 적용되어야 한다.
기간별보고	• 기업실체의 존속기간을 일정한 기간 단위(회계기간)로 분할하여 각 기간별로 재무제표를 작성하는 것을 말한다. • 회계기간은 회계를 기록, 계산하기 위한 기간적 범위를 말한다. 일반적으로 회계기간은 1월 1일부터 12월 31일이고 회계기간은 1년을 초과할 수 없다. 예 한 해 동안의 매출, 비용, 이익을 계산하여 연간 손익계산서를 작성

4. 재무제표 정보의 특성과 한계

- 화폐단위로 측정된 정보를 주로 제공한다.
- 대부분 과거에 발생한 거래나 사건에 대한 정보이다.
- 추정에 의한 측정치를 포함한다.
- 특정 기업실체에 관한 정보를 제공하며, 산업 또는 경제 전반에 관한 정보를 제공하지 않는다.

5. 회계정보(재무정보)의 질적특성

질적특성이란 재무제표에 의해 제공되는 정보가 정보이용자들의 의사결정에 유용하기 위해 갖추어야 할 주요 속성을 말한다.

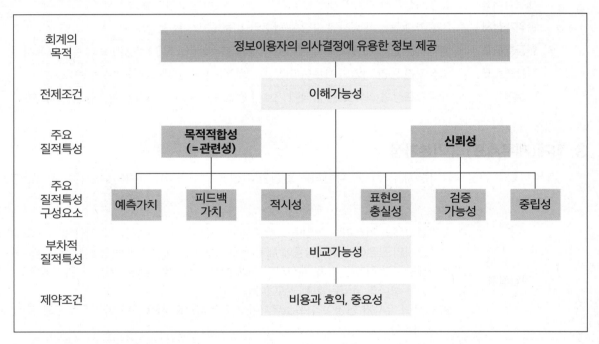

1) **이해가능성**: 재무제표는 이해하기 쉽도록 간단하고 명료하게 표시해야 한다.

2) **주요질적특성**: 회계정보가 갖추어야할 가장 중요한 질적특성은 목적적합성과 신뢰성이다.

(1) 목적적합성(=관련성): 의사결정에 유용하기 위해서는 정보가 의사결정 목적과 관련있어야 한다.

예측가치	예측가치란 정보이용자가 기업의 미래 회계정보를 예측하는 데에 그 정보가 활용될 수 있는 능력을 의미한다.
피드백가치	피드백가치는 제공되는 재무정보가 정보이용자의 당초 기대치(예측치)를 확인 또는 수정되게 함으로써 의사결정에 영향을 미칠 수 있는 능력을 말한다.
적시성	재무정보가 정보이용자에게 유용하기 위해서는 그 정보가 의사결정에 반영될 수 있도록 적시에 제공되어야 한다.

(2) 신뢰성: 재무정보가 정보이용자의 의사결정에 유용하기 위해서는 신뢰할 수 있는 정보이어야 한다.

표현의 충실성	거래나 사건을 누락없이 충실하게 표현하여야 한다.
검증가능성	검증가능성이란 동일한 경제적 사건이나 거래에 대하여 동일한 측정방법을 적용할 경우 다수의 독립적인 측정자가 유사한 결론에 도달할 수 있어야 함을 의미한다.
중립성	재무정보가 신뢰성을 갖기 위해서는 편의 없이 중립적이어야 한다.

(3) 주요질적특성간의 상충관계: 목적적합성의 정도가 유사하다면 신뢰성이 더 높은 회계처리방법이 선택되어야 하며 신뢰성의 정도가 유사하다면 목적적합성이 더 높은 회계처리방법이 선택되어야 한다. 목적적합성과 신뢰성 중 어느 하나가 완전히 상실된 경우 그 정보는 유용한 정보가 될 수 없다.

구분	목적적합성 ⇧(신뢰성 ⇩)	신뢰성 ⇧(목적적합성 ⇩)
자산 평가	공정가치법	역사적원가
손익 인식	발생주의	현금주의
용역의 수익인식	진행기준	완성기준
재무보고	중간재무제표	결산재무재표

3) 비교가능성

기간별	일관된 회계처리방법을 사용하여 기간별로 비교 가능하도록 해야한다.
기업별	여러 기업이 동일한 회계처리 방법을 사용하여 기업간에 비교가 가능하도록 해야한다.

4) 제약요건

비용과 효익	재무정보의 제공 및 이용에 소요될 비용이 그 효익보다 작아야 한다.(비용<효익)
중요성	중요성은 회계항목이 정보로 제공되기 위한 최소한의 요건이다. 특정 정보가 생략되거나 잘못 표시된 경우 정보이용자의 의사결정에 영향을 미칠 수 있다면 중요한 정보이다. 일반적으로 성격과 금액의 크기에 따라 결정되지만 금액의 크기와는 관계없이 성격 자체만으로도 중요한 정보가 될 수 있다.

6. 재무상태표의 양식과 작성기준

1) 재무상태표 포함사항: 기업명, 보고기간종료일, 보고통화 및 금액단위

2) 재무상태표 구성요소

(1) 유동자산: 보고기간 종료일로부터 1년 이내 현금화되거나 사용될 것으로 예상되는 자산이다.

당좌자산	판매과정 없이 보고기간 종료일로부터 1년 이내에 현금으로 전환할 수 있는 자산
재고자산	정상적인 영업과정에서 판매를 위하여 보유하고 있는 자산

(2) 비유동자산: 장기간 보유하는 자산으로 보고기간 종료일로부터 1년 이후 현금화되는 자산이다.

투자자산	장기간에 걸쳐 투자이익을 얻을 목적으로 보유하는 자산
유형자산	기업의 영업활동에 장기간 사용할 목적으로 보유하는 물리적 형체가 있는 자산
무형자산	기업의 영업활동에 장기간 사용할 목적으로 보유하는 물리적 형체가 없는 자산

기타비유동자산	비유동자산 중 투자자산, 유형자산, 무형자산에 속하지 않는 자산

(3) 부채

유동부채	보고기간 종료일로부터 만기가 1년 이내인 부채
비유동부채	보고기간 종료일로부터 만기가 1년 이후인 부채

(4) 자본

자본금	기업이 발행한 주식의 액면금액(=발행주식 수×1주당 액면금액)으로 채권자 보호를 위해 회사가 유지해야할 최소한의 재산을 말한다.
자본잉여금	주주와의 거래(자본거래)에서 발생하여 자본을 증가시키는 잉여금
자본조정	주주와의 거래에 해당하나 자본금과 자본잉여금으로 분류할 수 없는 항목
기타포괄손익누계액	당기손익에 포함되지 않는 손익 항목(미실현보유손익)
이익잉여금	당기손익에 반영된 손익거래에서 얻어진 이익 중 사업을 위해 사내에 남아있는 금액

3) 재무상태표 양식

재무상태표(계정식)

기업명	20x1년 12월 31일 현재	(단위:원)

자산	유동자산	당좌자산	부채	유동부채
		재고자산		비유동부채
	비유동자산	투자자산	자본	자본금
				자본잉여금
		유형자산		자본조정
		무형자산		기타포괄손익누계액
		기타비유동자산		이익잉여금
자산총계			부채 및 자본총계	

재무상태표(보고식)

기업명	20x1년 12월 31일 현재	(단위:원)
과목		**금액**
자산		
Ⅰ. 유동자산		xxx
(1) 당좌자산		xxx
(2) 재고자산		xxx
Ⅱ. 비유동자산		xxx
(1) 투자자산		xxx
(2) 유형자산		xxx
(3) 무형자산		xxx
(4) 기타비유동자산		xxx
자산총계		xxx
부채		
Ⅰ. 유동부채		xxx
Ⅱ. 비유동부채		xxx
부채총계		xxx
자본		xxx
Ⅰ. 자본금		xxx
Ⅱ. 자본잉여금		xxx
Ⅲ. 자본조정		xxx
Ⅳ. 기타포괄손익누계액		xxx
Ⅴ. 이익잉여금		xxx
자본총계		xxx
부채 및 자본총계		xxx

4) 재무상태표 등식

자산 총계 = 부채 총계 + 자본 총계

5) 재무상태표 작성기준

구분표시	• 자산, 부채, 자본을 중요한 항목은 종류별, 성격별로 적절하게 구분하여 표시한다. • 중요하지 않은 항목은 성격이나 기능이 유사한 항목과 통합하여 표시할 수 있다.
자산과 부채의 총액표시 (총액주의)	• 자산과 부채는 원칙적으로 상계하여 표시하지 않고 총액으로 표시한다. (↔순액주의) 예 채권(자산)이 100만원, 채무(부채)가 100만원이 있다면 원칙적으로 총 금액을 각각 표시한다. 예 채권이 100만원이고 그 중 못받을 것으로 예상하는 금액이 10만원이 있다면 채권 90만원이라고 표시하는 것이 아닌 총 금액을 각각 표시한다.
1년 기준	• 자산과 부채는 보고기간 종료일로부터 1년을 기준으로 유동과 비유동으로 구분한다. 예 빌려준 돈(대여금)의 만기가 보고기간 종료일로부터 1년 이내인 단기대여금(유동자산) 1년 이후인 장기대여금(비유동자산)으로 구분된다. 예 20×1년 6월 1일에 빌려준 돈은 만기가 20×2년 12월 31일 이내인 경우 단기대여금으로 구분한다. (보고기간 종료일 20×1년 12월 31일로부터 1년 기준으로 구분)
유동성배열	• 자산과 부채는 유동성이 큰 항목부터 배열하는 것을 원칙으로 한다. 예 자산은 당좌자산, 재고자산, 투자자산, 유형자산, 무형자산, 기타비유동 자산 순서로 작성한다.
표시금지	• 가수금, 가지급금과 같이 미결산항목(아직 처리되지 않은 거래나 사건)이 있는 경우 적절한 항목으로 대체하여 재무상태표상 표시되지 않도록 해야한다.
잉여금 구분	• 법인 기업 자본의 분류: 자본금, 자본잉여금, 자본조정, 기타포괄손익누계액, 이익잉여금 • 법인기업의 잉여금은 자본거래에서 발생한 자본잉여금과 손익거래에서 발생한 이익잉여금으로 구분 표시해야 한다.

7. 손익계산서의 양식과 작성기준

1) 손익계산서 포함사항: 기업명, 회계기간, 보고통화 및 금액단위

2) 손익계산서 구성요소

(1) 수익

영업수익	기업이 모든 활동을 통해 벌어들인 경제적 가치 중 주요 영업활동과 관련된 수익
영업외수익	기업이 모든 활동을 통해 벌어들인 경제적 가치 중 주요 영업활동이 아닌 다른 활동에서 발생한 수익

(2) 비용

영업비용	• 영업비용: 수익을 얻는 과정에서 소비 또는 지출한 경제가치 중 주요 영업활동과 관련있는 비용 ① 매출원가: 상품매출원가와 제품매출원가 금액이 매출원가에 집계된다. ② 판매비와 관리비: 주요 영업활동에서 판매와 관련된 비용과 회사를 운영하는데 필요한 비용으로 매출원가에 속하지 않는 모든 영업비용을 말한다.

영업외비용	기업의 주요 영업활동이 아닌 다른 활동에서 발생한 비용
법인세비용	법인이 벌어들인 소득에 대해 정부에 내야하는 세금

3) 손익계산서 양식

손익계산서(계정식)

기업명　20x1년 1월 1일부터　20x1년 12월 31일까지　(단위:원)

비용	영업비용	매출원가	수익	영업수익
		판매비와 관리비		
	영업외비용			
	법인세비용			영업외수익
당기순이익				

손익계산서(보고식)

기업명　20x1년 1월 1일까지　20x1년 12월 31일까지　(단위:원)

과목	금액
Ⅰ. 매출액	xxx
Ⅱ. 매출원가	xxx
(1) 상품 매출원가	
1. 기초상품재고액　xxx	
2. 당기상품매입액　xxx	
3. 기말상품재고액　(xxx)	
(2) 제품 매출원가	
1. 기초제품재고액　xxx	
2. 당기제품제조원가　xxx	
3. 기말제품재고액　(xxx)	
Ⅲ. 매출총이익(또는 매출총손실)	xxx
Ⅳ. 판매비와관리비	xxx
Ⅴ. 영업이익(또는 영업손실)	xxx
Ⅵ. 영업외수익	xxx
Ⅶ. 영업외비용	xxx
Ⅷ. 법인세비용차감전순손익	xxx
Ⅸ. 법인세비용	xxx
Ⅹ. 당기순이익(또는 당기순손실)	xxx

4) 손익계산서 등식

총비용 + 당기순이익 = 총수익

총비용 = 총수익 + 당기순손실

5) 손익계산서 작성기준

구분계산의 원칙	손익은 매출총손익, 영업손익, 소득세(법인세)차감전순손익, 당기순손익으로 구분하여 계산하여야 한다.
발생주의	수익과 비용을 그 현금을 주고받은 시점(기간)이 아니라 거래나 사건이 발생한 시점(기간)에 기록(인식)한다. (↔현금주의) 例 현금 유·출입이 수반되지 않는 자산과 부채 항목 인식 상품을 외상으로 판매하여 실제 현금을 받지 않더라도 거래가 발생한 시점에 상품매출(수익)로 인식한다. 例 기간별 배분, 수익 · 비용 발생과 이연 1년분 보험료(보험 가입 기간: 20×1.7.1.~20×2.6.30.) 1,200,000원을 가입 시점에 모두 현금으로 지급하고 가입했다고 하더라도 발생주의에 따라 당기에 해당하는 보험료(비용) 600,000원만 당기에 보험료(비용)으로 인식 한다.
실현주의	수익은 실현시기를 기준으로 장부에 기록한다. (수익 인식 원칙) 例 상품을 판매하는 과정에서 상품이 고객에게 전달(인도)되고 그 대가를 받을 권리가 확정되었을 때 수익으로 인식한다. **상품 구입** ⇨ **상품 진열** ⇨ **구입주문 수령** ⇨ **상품 인도** ⇨ **대금 회수** ↑ 수익을 인식(= 실현시점)
수익 · 비용 대응의 원칙	비용은 그와 관련된 수익이 발생한 동일한 기간에 매칭하여 기록한다. (비용 인식 원칙) 例 상품을 구입 시 들어간 돈은 상품이 판매된 회계기간에 그 비용을 인식한다.
수익과 비용의 총액표시	수익과 비용은 각각 총액으로 표시하는 것을 원칙으로 한다. (↔순액주의) 例 이자수익과 이자비용을 상계하여 표시할 수 없다.

1. 회계의 순환과정

1) 회계의 순환과정의 정의: 회계기간동안 거래를 인식하여 장부를 작성한 후 회계기간이 종료되면 재무제표 등을 작성하여 정보이용자에게 보고함으로써 회계기간은 끝나고 새로운 회계기간이 시작되는데 이러한 일련의 회계절차를 회계의 순환과정이라고 한다.

2) 회계의 순환과정 절차

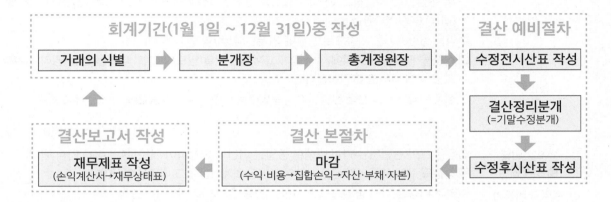

2. 회계상 거래

1) 회계상 거래의 정의: 기업의 자산·부채·자본의 증감변화를 일으키는 모든 현상과 수익·비용을 발생시키는 일체의 사건 중 금액으로 측정할 수 있는 것을 말한다.

2) 회계상 거래와 일상생활의 거래

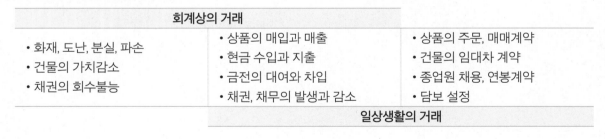

3. 부기

1) 부기의 정의: 기업의 회계상 거래를 장부에 기록하는 방식을 말한다.

2) 단식부기와 복식부기: 단식부기는 거래를 수입(+)과 지출(-)만을 기록하는 가계부 형태로 간단하게 작성하는 방식을 말한다. 복식부기는 하나의 거래를 원인과 결과로 나누어 왼쪽(차변)과 오른쪽(대변)에 기록하는 방식을 말한다.

구분	단식부기				복식부기		
형태	날짜	내역	금액	비고	날짜	차변	대변
	1/2	기본급	+800,000	현금	1/2	현금 800,000	상품매출 800,000
	2/2	보험료	-100,000	계좌이체	2/2	보험료 100,000	보통예금 100,000
	2/4	생활비	-20,000	현금	2/4	통신비 20,000	현금 20,000
	합계		680,000		합계	920,000	920,000
기록 방식	거래를 하나의 계정에 기록하는 방법				거래를 두 개의 서로 다른 계정에 차변과 대변으로 나누어 기록하는 방법		
특징 및 한계	작성이 간단하지만 오류를 발견하기 어려움				작성이 복잡하지만 정확성이 높고 오류를 쉽게 발견할 수 있음		

3) 복식부기의 특징

거래의 이중성	회계상 거래를 장부에 기록할 때 거래내용을 차변 요소와 대변 요소로 구분하여 이중으로 각각 기록해야 한다는 원칙을 말한다. 이를 복식부기의 원리라고도 한다.
대차평균의 원리	거래의 이중성에 따라 기록된 모든 회계상 거래는 차변 금액의 합계와 대변 금액의 합계가 항상 일치한다는 원리이다.
자기검증기능	차변 금액의 합계와 대변 금액의 합계가 일치하지 않는다면 장부 기록에 오류가 있음을 자동적으로 발견할 수 있는 복식부기의 특징을 말한다.

4. 거래의 8요소

1) 거래의 8요소의 정의: 거래의 8요소는 회계상 거래를 기록할 때 나타날 수 있는 구성요소인 자산의 증가·감소, 부채의 증가·감소, 자본의 증가·감소, 수익의 발생, 비용의 발생 8가지를 말한다. (수익·비용이 감소(소멸)하는 거래는 실제 거래에서 거의 발생하지 않는다.)

2) 거래의 8요소의 결합관계: 거래의 8요소는 차변에만 기록할 수 있는 차변요소(자산의 증가, 부채의 감소, 자본의 감소, 비용의 발생)와 대변에만 기록할 수 있는 대변요소(자산의 감소, 부채의 증가, 자본의 증가, 수익의 발생)로 나눠진다. 거래의 8요소의 결합관계는 차변요소 1개 이상과 대변요소 1개 이상이 결합되어 이루어지는 회계상 거래의 유형을 말한다. (차변요소끼리 또는 대변요소끼리의 결합하는 경우는 없다.)

참 거래의 8요소와 결합관계

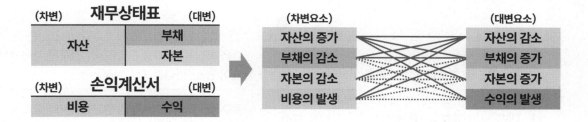

5. 계정과 계정과목

1) 계정의 정의: 계정이란 회계상 거래에 따른 자산·부채·자본·수익·비용 등의 증감 및 변화를 기록하고 계산하는 단위를 말한다. 계정의 형식은 표준식과 잔액식이 있는데 이론학습 목적으로는 표준식 계정을 약식으로 표현한 T자형 계정(T계정)을 사용한다.

2) 계정과목의 정의: 계정을 구체적으로 표현한 세부단위를 계정과목이라하고, 계정을 기록하는 자리를 계정계좌(계좌)라고 한다.

참 표준식 계정

현금계정

월	일	적요	분면	금액	월	일	적요	분면	금액
1	2	상품매출	1	800,000	2	4	통신비	1	20,000

참 T계정(표준식 계정 약식)

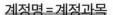
계정명 = 계정과목

현금

(차변)		(대변)	
1/2 상품매출	800,000	2/4 통신비	20,000

계정계좌(계좌)

6. 분개

1) 분개의 정의: 회계상 거래를 복식부기의 원리에 따라 차변요소와 대변요소로 나누어 적정한 계정과목과 금액을 기록하는 것을 말한다.

2) 분개 절차

> 회계상 거래: 1월 2일 판매용 화장품(상품)을 100,000원에 현금으로 구입하다.

1단계 거래의 요소 구분	자산 · 부채 · 자본 · 수익 · 비용 중 해당 계정과 증감 여부를 파악한다.	• 판매용 화장품(상품)을 구입(증가), 상품은 자산계정 • 현금이 감소, 현금은 자산계정
2단계 차 · 대변 결정	차변요소인지 대변요소인지 파악하여 기록한다. (증가하면 원래 위치에, 감소하면 반대편 위치에 기록)	• 상품(자산)의 증가 → 차변, 현금(자산)의 감소 → 대변 • 거래의 결합관계: (차) 자산의 증가 (대) 자산의 감소
3단계	계정과목과 금액 기록한다.	• 판매용 화장품(자산) → 상품 계정과목 • 현금(자산) → 현금 계정과목

분개: 1월 2일 (차) 상품 100,000원   (대) 현금 100,000원

3) 거래의 종류

교환거래	차변요소, 대변요소 모두 재무상태표 항목(자산, 부채, 자본)으로만 구성된 거래 예 (차) 상품(자산의 증가)　　　　　　　　(대) 현금(자산의 감소) 　　　　　　　　　　　　　　　　　　　　　　　외상매입금(부채의 증가)
손익거래	차변이나 대변 어느 한쪽이 손익계산서 항목(수익, 비용)으로만 구성되는 거래 예 (차) 현금(자산의 증가)　　　　　　　　(대) 상품매출(수익의 발생) 예 (차) 복리후생비(비용의 발생)　　　　　(대) 미지급금(부채의 발생)
혼합거래	교환거래와 손익거래가 혼합된 거래 예 (차) 단기차입금(부채의 감소)　　　　　(대) 현금(자산의 감소) 　　　　이자비용(비용의 발생)

4) 전표와 분개장

(1) 전표: 하나의 회계상 거래를 분개를 한 장의 종이에 기록한 서식을 말한다. 전표의 종류에는 입금전표와 출금전표, 대체전표가 있다.

(2) 분개장: 분개들을 하나의 서식에 발생한 순서대로 차례대로 기록한 문서를 말한다.

참 전표와 분개장

전표	분개장

입 금 전 표

20X1년 1월 2일

과목	상품	항목	(주)올리브

적　　요	금　　액
상품매출	8 0 0 0 0 0
합　계	8 0 0 0 0 0

일자	적요	원면	차변	대변
1/2	매출	13		800,000
	현금	1	800,000	
2/4	통신비	20	200,000	
	현금	1		200,000
합계			1,000,000	1,000,000

7. 전기

1) 전기의 정의: 계정과목별로 잔액을 파악할 수 있도록 분개한 것을 해당 계정에 옮겨적는 작업을 말한다.

2) 총계정원장: 전표에서 분개된 거래를 전기하는 회계장부이다. 기업이 사용하는 모든 계정과목이 포함되어 계정마다 기록 계산되기 때문에 원장 또는 총계정원장이라고 부른다. 총계정원장은 계정과목별로 증감과 변동 내역을 파악할 수 있다.

3) 계정의 작성방법: 거래의 8요소의 위치와 동일하게 해당 계정이 증가하면 원래 위치에 기록하고, 감소하면 반대편 위치에 기록한다. 잔액이 남는 위치는 재무상태표와 손익계산서 계정이 기록되는 위치와 동일하다.

> - 자산 계정의 증가는 차변에, 감소는 대변에 기록 → 잔액은 차변에 남는다.
> - 부채와 자본 계정의 증가는 대변에, 감소는 차변에 기록 → 잔액은 대변에 남는다.
> - 수익 계정의 발생은 대변에, 소멸은 차변에 기록 → 잔액은 대변에 남는다.
> - 비용 계정의 발생은 차변에, 소멸은 대변에 기록 → 잔액은 차변에 남는다.

참 계정의 작성방법과 계정별 잔액

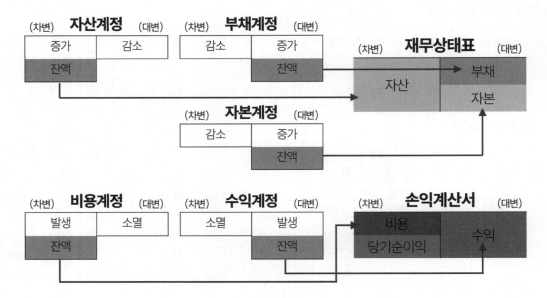

4) 전기 절차

- 분개: 1월 2일 (차) 상품 100,000원   (대) 현금 100,000원
- 전기이월(기초)금액: 상품 1,000원, 현금 10,000원

1단계 원장준비	• 분개에 사용된 모든 계정과목에 대한 원장을 준비한다.
2단계 전기이월 (기초)금액 작성	• 자산, 부채, 자본에 속하는 계정과목의 전기 기말의 금액이 당기 기초로 이월되므로 해당 금액을 가장 먼저 작성한다. • 수익, 비용은 전기 기말의 금액이 당기 기초로 이월되지 않고 '0원'에서 시작하므로 작성하지 않는다.
3단계 날짜, 금액, 반대편 계정과목 작성	• 분개에서 차변(대변)에 해당 총계정원장의 계정과목이 있을 때 총계정원장 차변(대변)에 금액 입력한다. • 분개에서 해당 총계정원장 계정과목의 반대편에 적힌 계정과목을 작성한다.

(+)		현금			(-)	(+)		상품		(-)
1/1	기초	10,000	1/2	상품	100,000	1/1	기초	1,000		
						1/2	현금	100,000		

참 전기 절차

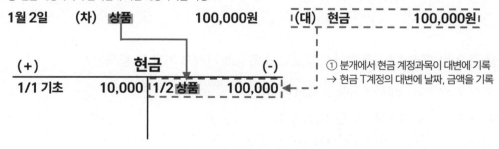

② 현금 계정과목의 반대편에 적인 계정과목을 작성

8. 회계장부

1) 회계장부의 정의: 회계상 거래에 대한 정보를 기록 · 계산 · 정리한 것을 말한다.

2) 주요장부와 보조장부

주요장부	회사의 모든 거래를 발생한 순서대로 기록하여 재무제표 작성에 기초가 되는 장부 예 분개장, 총계정원장
보조장부	주요장부에 모두 기록할 수 없는 사항을 더 자세하게 기록하여 주요장부의 부족함을 보완해주는 장부 예 보조기입장(현금출납장, 당좌예금출납장 등), 보조원장(매입처원장, 매출처원장, 상품재고장 등)

01 회계분야 중 재무회계에 대한 설명으로 적절한 것은?

① 관리자에게 경영활동에 필요한 재무정보를 제공한다.

② 국세청 등의 과세관청을 대상으로 회계정보를 작성한다.

③ 법인세, 소득세, 부가가치세 등의 세무 보고서 작성을 목적으로 한다.

④ 일반적으로 인정된 회계원칙에 따라 작성하며 주주, 투자자 등이 주된 정보이용자이다.

02 다음 중 회계에서 산출되는 정보를 재무회계 분야와 관리회계 분야로 나눌 때, 관리회계 분야에 해당하는 회계정보의 항목은?

① 일정시점에 있어서 회사의 재무상태 정보

② 일정기간 동안 성과평가를 위한 사업부서별 손익정보

③ 일정기간 동안 기업의 현금 유출·입 내역에 관한 정보

④ 일정기간 동안 자본의 크기와 그 변동내역에 관한 정보

03 다음 중 일반기업회계기준에서 재무보고의 목적과 거리가 가장 먼 항목은?

① 투자 및 신용의사결정에 유용한 정보의 제공

② 미래 현금흐름 예측에 유용한 정보의 제공

③ 경영자의 수탁책임평가에 유용한 정보의 제공

④ 재무상태, 경영성과, 현금흐름 및 자본변동에 관한 화폐 및 비화폐적 정보의 제공

04 다음 중 일반기업회계기준에 따른 재무제표에 해당하지 않는 것은?

① 재무상태표　　　② 손익계산서　　　③ 주석　　　④ 시산표

05 다음 중 재무제표에 해당하지 않는 것은?

① 기업의 계정별 합계와 잔액을 나타내는 시산표

② 일정 시점 현재 기업의 재무상태(자산, 부채, 자본)을 나타내는 보고서

③ 기업의 자본에 관하여 일정기간 동안의 변동 흐름을 파악하기 위해 작성하는 보고서

④ 재무제표의 과목이나 금액에 기호를 붙여 해당 항목에 대한 추가 정보를 나타내는 별지

06 다음 중 일반기업회계기준에서 말하는 재무제표에 해당하는 것을 모두 고르면 몇 개인가?

• 재무상태표	• 수입금액조정명세서	• 현금흐름표
• 손익계산서	• 자본변동표	• 제조원가명세서
• 합계잔액시산표	• 주석	• 주주명부

① 5개   ② 4개   ③ 3개   ④ 2개

07 다음 중 재무상태표의 명칭과 함께 기재해야하는 사항이 아닌 것은?

① 기업명   ② 보고기간종료일   ③ 금액단위   ④ 회계기간

정답 및 해설

01 ④ 일반목적의 재무제표 작성을 목적으로 하며 주주, 투자자, 채권자 등이 회계정보이용자이다.
① 원가관리회계의 목적이다. ② 세무회계의 정보이용자에 해당한다. ③ 세무회계의 목적이다.

02 ② 성과평가를 위한 사업부서별 손익정보는 내부관리목적의 관리회계에 속한다.

03 ④ 재무회계는 화폐적 정보만을 제공한다. 재무회계 개념체계 제2장 재무보고의 목적 18~35

04 ④ 시산표는 일반기업회계기준에 따른 재무제표에 포함되지 않는다.

05 ① 합계잔액시산표에 관한 설명으로 합계잔액시산표는 재무제표에 해당하지 않는다. 재무제표는 재무상태표, 손익계산서, 현금흐름표 및 자본변동표와 주석으로 구성되어 있다.
② 재무상태표 ③ 자본변동표 ④ 주석

06 ① 5개
• 재무상태표, 손익계산서, 현금흐름표, 자본변동표, 주석까지 재무제표에 포함한다.
• 수입금액조정명세서, 제조원가명세서, 합계잔액시산표, 주주명부는 재무제표에 포함하지 않는다.

07 ④ (일반기업회계기준 문단 2.16) 재무제표는 재무상태표, 손익계산서, 현금흐름표, 자본변동표 및 주석으로 구분하여 작성하며, 다음의 사항을 각 재무제표의 명칭과 함께 기재한다.
(1) 기업명 (2) 보고기간종료일 또는 회계기간 (3) 보고통화 및 금액단위
- 회계기간은 손익계산서에 기재한다.

08 다음 중 재무제표에 대한 설명으로 가장 올바른 것은?

① 자산은 현재 사건의 결과로 기업이 통제하고 있고 미래경제적효익이 기업에 유입될 것으로 기대되는 자원이다.

② 부채는 과거 사건에 의하여 발생하였으며, 경제적효익이 기업으로부터 유출됨으로써 이행될 것으로 기대되는 미래의무이다.

③ 수익은 자산의 유입 또는 부채의 감소에 따라 자본의 증가를 초래하는 특정 회계기간 동안에 발생한 경제적효익의 증가로서 지분참여자에 대한 출연과 관련된 것은 제외한다.

④ 비용은 자산의 유출 또는 부채의 증가에 따라 자본의 감소를 초래하는 특정 회계기간 동안에 발생한 경제적효익의 감소로서 지분참여자에 대한 분배를 제외하며, 정상영업활동의 일환이나 그 이외의 활동에서 발생할 수 있는 차손은 포함하지 않는다.

09 다음 중 재무상태표에 관한 설명으로 가장 적절한 것은?

① 일정 기간 동안 기업의 경영성과에 대한 정보를 제공하는 재무보고서이다.

② 일정 기간 동안 기업의 현금유입과 현금유출에 대한 정보를 제공하는 재무보고서이다.

③ 일정 시점 현재 기업이 보유하고 있는 자산과 부채, 그리고 자본에 대한 정보를 제공하는 재무보고서이다.

④ 기업 자본의 크기와 그 변동에 대한 정보를 제공하는 재무보고서이다.

10 다음 중 발생주의에 따라 작성되지 않는 재무제표는?

① 재무상태표　　　② 현금흐름표　　　③ 자본변동표　　　④ 손익계산서

11 다음 중 재무제표의 작성책임과 공정한 표시에 관한 내용으로 틀린 것은?

① 재무제표의 작성과 표시에 대한 책임은 담당자에게 있다.

② 재무제표는 경제적 사실과 거래의 실질을 반영하여 기업의 재무상태, 경영성과, 현금흐름 및 자본변동을 공정하게 표시하여야 한다.

③ 일반기업회계기준에 따라 적정하게 작성된 재무제표는 공정하게 표시된 재무제표로 본다.

④ 재무제표가 일반기업회계기준에 따라 작성된 경우에는 그러한 사실을 주석으로 기재하여야 한다.

12 다음은 재무회계개념체계에 대한 설명이다. 회계의 기본가정(공준) 중 무엇에 대한 설명인가?

기업실체는 그 경영활동을 청산하거나 중대하게 축소시킬 의도가 없을 뿐 아니라 청산이 요구되는 상황도 없다고 가정된다.

① 계속기업의 가정   ② 기업실체의 가정   ③ 연결재무제표   ④ 발생주의 가정

13 회계순환과정에 있어 기말결산정리를 하게 되는 근거가 되는 가정으로 가장 적절한 것은?

① 기업실체의 가정   ② 기간별보고의 가정
③ 화폐단위의 가정   ④ 계속기업의 가정

14 다음은 재무제표의 기본가정에 대한 설명이다. 재무제표의 기본가정 중 무엇에 대한 설명인가?

기업을 소유주와는 독립적으로 존재하는 회계단위로 간주하고 이 회계단위의 관점에서 그 경제활동에 대한 재무정보를 측정, 보고하는 것을 말한다.

① 계속기업   ② 기업실체   ③ 기간별 보고   ④ 검증가능성

정답 및 해설

08 ③ • **자산** : 자산은 과거의 거래나 사건의 결과로서 현재 기업실체에 의해 지배되고 미래에 경제적 효익을 창출할 것으로 기대되는 자원이다.
• **부채** : 부채는 과거의 거래나 사건의 결과로 현재 기업실체가 부담하고 있고 미래에 자원의 유출 또는 사용이 예상되는 의무이며, 기업실체가 현재 시점에서 부담하는 경제적 의무이다.
• **비용** : 비용은 차손을 포함한다.

09 ③ ① 손익계산서에 대한 설명이다.
② 현금흐름표에 대한 설명이다.
④ 자본변동표에 대한 설명이다.

10 ② 일반기업회계기준 발생주의 회계 문단번호 66, 현금흐름표는 발생주의에 따라 작성되지 않는다.

11 ① 일반기업회계기준 문단 2.6 : 재무제표의 작성과 표시에 대한 책임은 경영진에게 있다.

12 ① 계속기업의 가정이란 기업실체는 그 목적과 의무를 이행하기에 충분할 정도로 장기간 존속한다고 가정하는 것을 말한다. (재무회계개념체계 64)

13 ② 재무회계개념체계 재무제표의 기본가정 문단 61, 문단 62, 문단 65

14 ② 일반기업회계기준 재무회계개념체계 62문단 기업실체의 가정에 관한 내용이다.

15 다음 중 회계의 기본가정과 특징이 아닌 것은?

① 기업의 관점에서 경제활동에 대한 정보를 측정·보고한다.

② 기업이 예상가능한 기간동안 영업을 계속할 것이라 가정한다.

③ 기업은 수익과 비용을 인식하는 시점을 현금이 유입·유출될 때로 본다.

④ 기업의 존속기간을 일정한 기간단위로 분할하여 각 기간 단위별로 정보를 측정·보고한다.

16 다음 중 회계의 기본가정에 대한 설명으로 틀린 것은?

① 계속기업의 가정이란 기업실체는 그 목적과 의무를 이행하기에 충분할 정도로 장기간 존속한다고 가정하는 것을 말한다.

② 기간별 보고의 가정이란 기업실체의 존속기간을 일정한 기간단위로 분할하여 각 기간별 재무제표를 작성하는 것을 말한다.

③ 기업실체의 가정이 도입되는 근본적 이유는 소유주가 투자의 결과로서 당해 기업실체에 대해 갖고 있는 청구권의 크기와 그 변동을 적절히 측정하기 위함이며 소유주와 별도의 회계단위로서 기업실체를 인정하는 것이다.

④ 발생주의회계는 발생기준에 따라 수익과 비용을 인식하는 것이다. 재무상태표, 손익계산서, 자본변동표, 현금흐름표 모두 발생기준에 따라 작성한다.

17 회계정보가 유용하기 위해 갖추어야 할 다음의 속성 중 가장 중요한 질적 특성으로만 나열한 것은?

① 목적적합성, 신뢰성 ② 피드백 가치, 예측가치

③ 비교가능성, 표현의 충실성 ④ 검증가능성, 중립성

18 회계정보의 질적특성인 목적적합성의 구성요소가 아닌 것은?

① 표현의 충실성 ② 피드백가치 ③ 적시성 ④ 예측가치

19 다음 중 재무제표의 질적 특성 중 목적적합성에 대한 설명으로 옳지 않은 것은?

① 정보이용자들의 의사결정 목적과 관련이 있어야 한다.

② 객관적으로 검증가능해야 한다.

③ 예측가치를 가지고 있어야 한다.

④ 피드백가치를 지니고 있어야 한다.

20 회계정보의 질적특성 중 하나인 신뢰성은 회계정보에 대한 오류나 편견 없이 객관적이고 검증가능하며 나타내고자 하는 바를 충실하게 표현해야 하는 정보의 특성을 말한다. 다음 중 회계정보가 신뢰성을 갖기 위해서 필요한 요건이 아닌 것은?

① 표현의 충실성　　　② 중립성　　　③ 적시성　　　④ 검증가능성

21 다음 중 재무제표의 질적특성 중 신뢰성과 가장 관련성이 없는 것은?

① 회계정보를 생산하는데 있어서 객관적인 증빙자료를 사용하여야 한다.

② 동일한 거래에 대해서는 동일한 결과를 예측할 수 있도록 회계정보를 제공하여야 한다.

③ 유용한 정보를 위해서는 필요한 정보는 재무제표에 충분히 표시하여야 한다.

④ 의사결정에 제공된 회계정보는 기업의 미래에 대한 예측가치를 높일 수 있어야 한다.

정답 및 해설

15 ③ 회계는 발생주의를 기본적 특징으로 한다. 위 내용은 현금주의에 대한 설명이다.
① 기업실체의 가정, ② 계속기업의 가정, ④ 기간별보고의 가정

16 ④ 현금흐름표는 발생기준에 따라 작성되지 않는다.

17 ① 회계정보가 갖추어야 할 가장 중요한 질적특성은 목적적합성(또는 관련성, 이하 목적적합성은 관련성과 동일한 의미로 사용함)과 신뢰성이다.(일반기업회계기준 재무회계개념체계 제3장 회계정보의 질적특성, 문단 38)

18 ① 목적적합성은 예측가치, 피드백가치, 적시성으로 구성된다.(재무회계개념체계 41~45)

19 ② ②는 신뢰성에 대한 설명이다.
• ①, ③, ④는 일반기업회계기준의 목적적합성 41~45에 해당됨.

20 ③ 신뢰성을 위한 질적특성에는 표현의 충실성, 중립성, 검증가능성이 있다. 적시성은 목적적합성을 위한 질적특성이다.

21 ④ 목적적합성, 신뢰성의 하위개념에는 검증가능성, 표현의 충실성 및 중립성(편의없는 정보제공)이 있다.(재무회계개념체계 문단41)

22 다음은 재무회계개념체계에 대한 설명이다. 회계정보의 질적특성 중 무엇에 대한 설명인가?

> 회계정보가 기업실체의 재무상태, 경영성과, 순현금흐름, 자본변동 등에 대한 정보이용자의 당초 기대치(예측치)를 확인 또는 수정하게 함으로써 의사결정에 영향을 미칠 수 있는 능력을 말한다.

① 예측가치   ② 피드백가치   ③ 적시성   ④ 신뢰성

23 다음 중 아래의 자료에서 설명하고 있는 재무정보의 질적특성에 해당하지 않는 것은?

> 재무정보가 정보이용자의 의사결정에 유용하게 활용되기 위해서는 그 정보가 의사결정의 목적과 관련이 있어야 한다.

① 예측가치   ② 피드백가치   ③ 적시성   ④ 중립성

24 다음은 재무회계개념체계에 대한 설명이다. 회계정보의 질적 특성 중 무엇에 대한 설명인가?

> • 정보이용자가 기업실체의 미래 재무 상태, 경영 성과, 순현금흐름 등을 예상하는데 그 정보가 활용될 수 있는 능력을 의미한다. 예를 들어, 반기 재무제표에 의해 발표되는 반기 이익은 올해의 연간 이익을 예상하는데 활용될 수 있다.

① 신뢰성   ② 예측가치   ③ 표현의 충실성   ④ 피드백가치

25 다음 중 회계정보의 질적특성에 대한 설명으로 잘못된 것은?

① 회계정보의 질적특성이란 회계정보가 유용하기 위해 갖추어야 할 주요 속성을 말한다.

② 회계정보의 질적특성은 회계정보의 유용성의 판단기준이 된다.

③ 회계정보가 갖추어야 할 가장 중요한 질적특성은 목적적합성과 신뢰성이다.

④ 비교가능성은 목적적합성과 신뢰성보다 중요한 질적특성이다.

26 다음 중 회계정보의 질적특성과 관련된 설명으로 잘못된 것은?

① 유형자산을 역사적 원가로 평가하면 측정의 신뢰성은 저하되나 목적적합성은 제고된다.

② 회계정보는 기간별 비교가 가능해야 하고, 기업실체간 비교가능성도 있어야 한다.

③ 회계정보의 질적특성은 회계정보의 유용성을 판단하는 기준이 된다.

④ 회계정보가 갖추어야 할 가장 중요한 질적특성은 목적적합성과 신뢰성이다.

27 다음의 자산을 일반기업회계기준에 따라 유동성배열법으로 나열할 경우 배열 순서로 옳은 것은?

| a. 재고자산 | b. 투자자산 | c. 무형자산 | d. 유형자산 | e. 당좌자산 |

① 당좌자산-투자자산-재고자산-유형자산-무형자산

② 당좌자산-재고자산-투자자산-유형자산-무형자산

③ 재고자산-당좌자산-유형자산-무형자산-투자자산

④ 재고자산-당좌자산-투자자산-유형자산-무형자산

정답 및 해설

22 ② 재무회계개념체계 43.

23 ④ 회계정보의 질적 특성 중 목적 적합성에 관련된 설명이며, 예측가치, 피드백가치, 적시성이 이에 해당한다. 중립성은 표현의 충실성, 검증가능성과 함께 신뢰성에 해당하는 질적 특성이다.
   • [일반기업회계기준 재무회계개념체계 문단 41] 재무정보가 정보이용자의 의사결정에 유용하기 위해서는 그 정보가 의사결정 목적과 관련되어야 한다. 즉, 목적적합성 있는 정보는 정보이용자가 기업실체의 과거, 현재 또는 미래 사건의 결과에 대한 예측을 하는 데 도움이 되거나 또는 그 사건의 결과에 대한 정보이용자의 당초 기대치(예측치)를 확인 또는 수정할 수 있게 함으로써 의사결정에 차이를 가져올 수 있는 정보를 말한다. 여기서 사건이란 기업실체의 재무상태와 경영성과 등에 영향을 미치는 거래와 외부적 요인을 의미한다. 이러한 목적적합성은 재무정보가 의사결정 시점에 이용가능하도록 적시에 제공될 때 유효하게 확보될 수 있다.

24 ② 회계정보의 질적특성 중 예측가치에 대한 설명이다.
   ▶목적적합성 : 예측가치 / 피드백 / 적시성
   ▶신 뢰 성 : 검증가능성 / 표현의 충실성 / 중립성

25 ④ [일반기업회계기준 개념체계 문단 38 후단] 재무정보의 비교가능성은 목적적합성과 신뢰성만큼 중요한 질적특성은 아니나, 목적적합성과 신뢰성을 갖춘 정보가 기업실체간에 비교가능하거나 또는 기간별 비교가 가능할 경우 재무정보의 유용성이 제고될 수 있다.

26 ① [일반기업회계기준 재무회계개념체계 문단 52] 유형자산을 역사적 원가로 평가하면 일반적으로 검증가능성이 높으므로 측정의 신뢰성은 제고되나 목적적합성은 저하될 수 있다.

27 ② 유동성배열법은 e.당좌자산, a.재고자산, b.투자자산, d.유형자산, c.무형자산 순이다.

28 아래의 계정과목을 유동성배열법으로 나열할 경우 배열 순서로 옳은 것은?

| • 임차보증금 | • 상품 | • 건설중인자산 | • 선급금 |

① 임차보증금, 상품, 선급금, 건설중인자산

② 건설중인자산, 상품, 선급금, 임차보증금

③ 선급금, 상품, 임차보증금, 건설중인자산

④ 선급금, 상품, 건설중인자산, 임차보증금

29 다음은 재무상태표의 기본구조에 대한 설명이다. 틀린 것은?

① 자산과 부채는 유동성이 작은 항목부터 배열하는 것을 원칙으로 한다.

② 자산은 유동자산과 비유동자산으로 구분한다.

③ 비유동자산은 투자자산, 유형자산, 무형자산 및 기타 비유동자산으로 구분한다.

④ 자본은 자본금, 자본잉여금, 자본조정, 기타포괄손익누계액 및 이익잉여금(또는 결손금)으로 구분한다.

30 다음 중 재무제표의 작성과 표시의 일반원칙에 관한 내용으로 틀린 것은?

① 재무제표의 작성과 표시에 대한 책임은 경영진에게 있다.

② 재무제표는 기업의 재무상태, 경영성과, 현금흐름 및 자본변동을 공정하게 표시하여야 한다.

③ 중요하지 않은 항목이라 할지라도 성격이나 기능이 유사한 항목과 통합하여 표시할 수 없다.

④ 주식회사의 잉여금은 자본잉여금과 이익잉여금으로 구분하여 표시하여야 한다.

31 다음 중 재무상태표가 제공할 수 있는 재무정보로 올바르지 않은 것은?

① 타인자본에 대한 정보   ② 자기자본에 대한 정보

③ 자산총액에 대한 정보   ④ 경영성과에 관한 정보

32 다음 중 회계보고기간 종료일이 12월 31일인 경우, 유동자산에 속하지 않는 항목은?

① 7월 1일부터 내년 10월 말까지 보유예정인 현금및현금성자산

② 7월 1일 수취하여 내년 10월 말에 현금으로 실현될 받을어음

③ 7월 1일 투자목적으로 취득하여 2년 후에 매각예정인 회사주변의 땅

④ 7월 1일 단기매매목적으로 구입한 상장회사 (주)무릉의 주식

33 다음 중 손익계산서 작성 시 따라야 할 원칙이 아닌 것은?

① 발생주의   ② 순액주의   ③ 수익과 비용의 대응   ④ 구분계산의 원칙

34 다음 중 손익계산서에 대한 설명으로 옳지 않은 것은?

① 매출원가는 제품, 상품 등의 매출액에 대응되는 원가로서 판매된 제품이나 상품 등에 대한 제조원가 또는 매입원가이다.

② 영업외비용은 기업의 주된 영업활동이 아닌 활동으로부터 발생한 비용과 차손으로서 기부금, 잡손실 등이 이에 해당한다.

③ 손익계산서는 일정 기간의 기업의 경영성과에 대한 유용한 정보를 제공한다.

④ 수익과 비용은 각각 순액으로 보고하는 것을 원칙으로 한다.

정답 및 해설

28 ④ 유동성배열법으로 당좌자산(선급금), 재고자산(상품), 유형자산(건설중인자산), 기타의비유동자산(임차보증금) 순으로 나열된다.

29 ① 자산과 부채는 유동성이 큰 항목부터 배열하는 것을 원칙으로 한다.

30 ③ 중요한 항목은 재무제표의 본문이나 주석에 그 내용을 가장 잘 나타낼 수 있도록 구분표시하며, 중요하지 않은 항목은 성격이나 기능이 유사한 항목과 통합하여 표시할 수 있다.

31 ④ [일반기업회계기준 문단 2.44] 손익계산서는 일정 기간 동안 기업의 경영성과에 대한 정보를 제공하는 보고서이다. 손익계산서는 당해 회계기간의 경영성과를 나타낼 뿐만 아니라 기업의 미래현금흐름과 수익창출능력 등의 예측에 유용한 정보를 제공한다.

32 ③ ①②④는 유동자산으로 분류한다.(일반기업회계기준 2.20 ~ 2.21)

33 ② [일반기업회계기준 제2장 2.57] 수익과 비용은 각각 총액으로 보고하는 것을 원칙으로 한다. 다만, 다른 장에서 수익과 비용을 상계하도록 요구하는 경우에는 상계하여 표시하고, 허용하는 경우에는 상계하여 표시할 수 있다.

34 ④ 수익과 비용은 각각 총액으로 보고하는 것을 원칙으로 한다.

35 다음 일반기업회계기준에 의한 손익계산서의 작성기준 중 옳지 않은 것은?

① 현금 유·출입시점에 관계없이 당해 거래나 사건이 발생한 기간에 수익·비용을 인식하는 발생주의에 따른다.

② 수익은 실현주의로 인식한다.

③ 비용은 관련 수익이 인식된 기간에 인식한다.

④ 서로 연관된 수익과 비용은 직접 상계함으로써 순액으로 기재해야 한다.

36 다음은 이론상 회계순환과정의 일부이다. 순서가 가장 옳은 것은?

① 수정후시산표→기말수정분개→수익·비용계정 마감→집합손익계정 마감→자산·부채·자본계정 마감→재무제표 작성

② 수정후시산표→기말수정분개→자산·부채·자본계정 마감→수익·비용계정 마감→집합손익계정 마감→재무제표 작성

③ 기말수정분개→수정후시산표→수익·비용계정 마감→집합손익계정 마감→자산·부채·자본계정 마감→재무제표 작성

④ 기말수정분개→수정후시산표→자산·부채·자본계정 마감→집합손익계정 마감→수익·비용계정 마감→재무제표 작성

37 다음 중 회계상의 거래에 해당되는 것은?

① 광고료 170,000원을 현금으로 지급하다.

② 사무실을 월세 700,000원으로 임대차계약을 맺기로 구두로 약속하다.

③ 제품 3,000,000원의 주문을 받다.

④ 종업원을 월급 2,300,000원으로 채용하다.

38 다음 중 분개의 구조 상 차변 요소가 아닌 것은?

① 자본의 감소　　② 자산의 감소　　③ 비용의 발생　　④ 부채의 감소

39 회계상 거래가 발생하면 재무제표의 차변과 대변 양편에 동시에 영향을 미치게 되는데, 이를 나타내는 회계의 특성은 무엇인가?

① 중요성　　② 중립성　　③ 거래의 이중성　　④ 신뢰성

40 다음 중 주요장부로 구분할 수 있는 것은?

① 현금출납장　　　② 분개장　　　③ 정산표　　　④ 합계잔액시산표

41 다음 거래에 대한 회계처리 시 나타나는 거래요소의 결합관계를 아래의 보기에서 모두 고른 것은?

> 단기대여금 50,000원과 그에 대한 이자 1,000원을 현금으로 회수하다.

< 보 기 >
가. 자산의 증가	나. 자산의 감소	다. 부채의 증가
라. 부채의 감소	마. 수익의 발생	바. 비용의 발생

① 가, 나, 바　　　② 나, 다, 마　　　③ 나, 라, 바　　　④ 가, 나, 마

정답 및 해설

35 ④ 수익과 비용은 각각 총액으로 보고하는 것을 원칙으로 한다. 다만, 다른 장에서 수익과 비용을 상계하도록 요구하는 경우에는 상계하여 표시하고, 허용하는 경우에는 상계하여 표시할 수 있다.(일반기업회계기준 2.57)

36 ③ 거래식별→분개→전기→수정전시산표→기말수정분개→수정후시산표→수익·비용계정 마감→집합손익계정의 마감→자산·부채·자본계정 마감→재무제표 작성

37 ①

38 ② 자산의 감소는 대변 요소이다.

39 ③ 회계상의 거래는 반드시 그 원인과 결과를 동시에 가지고 있는데, 이를 거래의 이중성이라고 한다. 따라서 분개 시 항상 차변과 대변 양편으로 복식부기에 따라 기록한다.

40 ② 주요장부에는 총계정원장과 분개장이 있다.

41 ④ (차) 현금　　51,000원 (자산의 증가)　　(대) 단기대여금　50,000원 (자산의 감소)
　　　　　　　　　　　　　　　　　　　　　　　이자수익　　　1,000원 (수익의 발생)

42 다음은 회계상 거래의 결합관계를 표시한 것이다. 옳지 않은 것은?

거 래	거래의 결합관계
① 대형 가습기를 150만원에 현금 구입하였다.	자산의 증가 - 자산의 감소
② 주식발행으로 2억원을 현금 조달하였다.	자산의 증가 - 자본의 증가
③ 제품을 30만원에 현금으로 매출하였다.	자산의 증가 - 비용의 감소
④ 관리부 직원의 출산 축의금 10만원을 현금 지급하였다.	비용의 발생 - 자산의 감소

43 아래의 분개를 각 계정별원장에 전기한 것으로 가장 적절한 것은?

12월 1일	(차) 급여	2,000,000원	미지급금	1,950,000원
			예수금	50,000원

① 　　　　　예수금
12/1 급여 50,000원	

② 　　　　　미지급금
	12/1 예수금 50,000원

③ 　　　　　미지급금
12/1 급여 2,000,000원	1,500,000원

④ 　　　　　미지급금
	12/1 급여 1,950,000원

정답 및 해설

42 ③ 자산(현금)증가, 수익(매출)발생

43 ④ • 회계처리 : (차) 급여 (비용 발생)　　2,000,000원　　(대) 미지급금 (부채 증가)　1,950,000원
　　　　　　　　　　　　　　　　　　　　　　　　　　　　예수금 (부채 증가)　　　50,000원

　• 계정별원장 전기

미지급금(부채)		예수금(부채)	
(감소)	(증가)	(감소)	(증가)
	12/1 급여 1,950,000원		12/1 급여 50,000원

02

자산

1 당좌자산

1. 당좌자산의 정의

당좌자산이란 판매과정 없이 보고기간 종료일(결산일, 재무상태표일)로부터 1년 이내에 현금으로 전환할 수 있는 자산을 말한다.

2. 당좌자산의 주요 계정과목

1) 외부 보고용 통합표시 계정과목

현금 및 현금성자산	현금 + 요구불예금(보통예금, 당좌예금) + 현금성자산
단기투자자산	단기금융상품(정기예금, 정기적금) + 단기매매증권 + 단기대여금
매출채권	외상매출금 + 받을어음

2) 당좌자산 주요 계정과목

현금	• 통화 : 거래의 지불 수단 예 주화, 지폐 • 통화대용증권: 현금 대신 사용될 수 있는 대체 지불 수단 예 자기앞수표, 타인발행당좌수표, 우편환증서, 국고송금통지서, 배당금 지급 통지표(배당금 영수증), 만기도래 사채이자표
보통예금	입출금이 자유로운 예금
당좌예금	• 수표나 어음을 발행할 수 있는 예금 참 당좌차월 : 당좌예금의 잔액을 초과하여 수표나 어음을 발행한 금액, 결산 시 단기차입금 분류
현금성자산	취득 당시 만기가 3개월 이내에 도래하는 유가증권 및 단기금융상품
정기예금	돈을 은행에 일정 기간(3개월 초과 1년 이내) 동안 맡기고, 그 기간 끝나면 원금과 이자를 받는 예금
정기적금	돈을 은행에 일정 기간(3개월 초과 1년 이내) 동안 일정 금액씩 계속 납부할 것을 정하고, 그 기간 끝나면 원금과 이자를 받는 예금
단기매매증권	단기간(1년 이내)의 매매차익을 얻을 목적으로 취득하는 유가증권(주식, 국・공채・사채)
단기대여금	1년 이내 돌려받는 조건으로 빌려준 금전
외상매출금	일반적인 상거래에서 외상으로 판매한 경우

받을어음	일반적인 상거래에서 외상으로 판매하고 받은 어음 참 채무증권 또는 금융상품이 아니므로 취득 당시 만기가 3개월 이내이더라도 현금성 자산으로 분류하지 않는다.
미수금	일반적인 상거래 이외의 거래에서 발생한 채권
소모품	소모성 물품을 구입하고 아직 사용하지 않은 것
선급금	계약금 성격으로 미리 지급한 금액 참 선급금은 계약금 지급 시 자산을 받을 권리가 생기고 계약 파기 시 돌려받을 수 있는 금액이기 때문에 자산으로 처리한다.
가지급금	금전을 지급하였으나 거래내역이 불분명하거나 계정과목이 일시적으로 결정되지 않았 을 때 임시적으로 사용하는 계정과목
현금과부족	장부의 현금 잔액과 실제 현금 잔액이 다를 때 원인이 밝혀질 때까지 임시적으로 사용 하는 계정과목
대손충당금	기말까지 회수되지 않은 수취채권(매출채권, 대여금, 미수금, 선급금) 중 돌려받지 못할 금액을 예상해서 표시하는 차감적 평가계정
선납세금	회사가 부담하여야할 세금을 미리 납부한 것(법인세 중간예납세액, 법인세 원천납부세액)

3. 당좌자산 계정과목별 회계처리

1) 현금

수취	• 현금, 자기앞수표, 타인발행당좌수표 등을 받았을 때 → 현금(자산)의 증가 → 차변 (차) 현금　　　　　　　　　×××원　　　(대) [계정과목]　　　　　　　×××원
지급	• 현금, 자기앞수표, 타인발행당좌수표 등을 지급했을 때 → 현금(자산)의 감소 → 대변 (차) [계정과목]　　　　　　×××원　　　(대) 현금　　　　　　　　　　×××원

---

[1] 상품 50,000원을 매입하고 상품대금을 현금으로 지급하다.

　　(차)　　　　　　　　　　　　　　　(대)

[2] 상품을 구입하고 대금 1,000,000원은 자기앞수표로 지급하다.

　　(차)　　　　　　　　　　　　　　　(대)

[3] 상품을 500,000원에 판매하고 대금은 자기앞수표로 받았다.

　　(차)　　　　　　　　　　　　　　　(대)

[4] 상품을 500,000원에 판매하고 대금은 동점발행 당좌수표로 받다.

　　(차)　　　　　　　　　　　　　　　(대)

---

2) 보통예금

입금	• 보통예금에 입금 → 보통예금(자산)의 증가 → 차변 (차) 보통예금　　　　　　　　×××원　　　(대) [계정과목]　　　　　　　×××원
출금	• 보통예금에서 출금 → 보통예금(자산)의 감소 → 대변 (차) [계정과목]　　　　　　×××원　　　(대) 보통예금　　　　　　　　　×××원

[5] 현금 20,000,000원을 보통예금 통장에 입금하다.

    (차)   (대)

[6] 상품을 구입하고 대금 1,000,000원을 보통예금에서 이체하다.

    (차)   (대)

3) 당좌예금

입금	• 당좌예금에 입금 → 당좌예금(자산)의 증가 → 차변 (차) 당좌예금　　　　　×××원　　　(대) [계정과목]　　　　　×××원
출금	• 당좌예금에서 출금 → 당좌예금(자산)의 감소 → 대변 (차) [계정과목]　　　　×××원　　　(대) 당좌예금　　　　　×××원
당좌수표 발행	• 당좌수표 발행 → 당좌예금(자산)의 감소 → 대변 (차) [계정과목]　　　　×××원　　　(대) 당좌예금　　　　　×××원
당좌차월	• 당좌수표 발행(당좌예금 잔액 부족, 당좌차월 한도 내) → 당좌예금(자산)의 감소, 　당좌차월(또는 단기차입금)(부채)의 증가 (차) [계정과목]　　　　×××원　　　(대) 당좌예금　　　　　×××원 　　　　　　　　　　　　　　　　　　　　당좌차월(또는 단기차입금)　×××원

[7] 상품 3,000,000원을 매입하고 대금은 당좌수표로 발행하여 지급하다.

    (차)   (대)

[8] 상품을 150,000원에 판매하고 대금은 당좌예금계좌로 입금받았다.

    (차)   (대)

[9] 상품 1,000,000원을 매입하고 대금은 당좌수표를 발행하여 지급하였다. (단, 당좌예금 잔액은 300,000원이었고 국민은행과의 당좌차월계약 한도액은 5,000,000원이다)

    (차)   (대)

4) 정기예금과 정기적금

가입	• 정기예금, 정기적금 가입(만기가 취득일 기준 3개월 초과 결산일 기준 1년 이내) → 정기예금, 정기적 　금(자산)의 증가 → 차변 (차) 정기예금(또는 정기적금)　×××원　　　(대) [계정과목]　　　　×××원
만기	• 정기예금, 정기적금 만기일 → 정기예금, 정기적금(자산)의 감소 → 대변 (차) [계정과목]　　　　×××원　　　(대) 정기예금(또는 정기적금)　×××원

[10] 6개월 만기 정기예금에 가입하고, 보통예금 계좌에서 10,000,000원을 이체하였다.

    (차)   (대)

[11] 6개월 만기 정기예금이 만기가 되어 원금 10,000,000원과 이자 200,000원이 보통예금으로 입금되었다.

    (차)   (대)

5) 단기매매증권

취득	• 취득원가는 매입가액(액면금액 ×)으로 처리하고 취득 시 발생하는 수수료는 당기비용(영업외비용)으로 처리 • 단기시세차익 목적으로 주식 취득 → 단기매매증권(자산)의 증가 → 차변 (차) 단기매매증권 ×××원 (대) [계정과목] ×××원 수수료비용(984) ×××원
배당금 발생	• 주식을 보유하는 기간 중 배당금을 받았을 때 → 배당금수익(수익)의 발생 → 대변 (차) [계정과목] ×××원 (대) 배당금수익 ×××원
이자 발생	• 채권을 보유하는 기간 중 이자를 받았을 때 → 이자수익(수익)의 발생 → 대변 (차) [계정과목] ×××원 (대) 이자수익 ×××원
기말 평가	• 결산 시 단기매매증권의 장부가액과 공정가액을 비교하여 공정가액[1]으로 평가하고 평가 시 발생한 손익은 단기매매증권평가손익으로 처리 ① 장부가액 < 공정가액: 단기매매증권(자산)의 증가, 단기매매증권평가이익(수익)의 발생 (차) 단기매매증권 ×××원 (대) 단기매매증권평가이익 ×××원 ② 장부가액 > 공정가액: 단기매매증권(자산)의 감소, 단기매매증권평가손실(비용)의 발생 (차) 단기매매증권평가손실 ×××원 (대) 단기매매증권 ×××원

처분	• 장부가액과 처분금액을 비교하여 처분 시 발생한 손익은 단기매매증권처분손익으로 인식하고 처분 시 발생한 수수료 등은 단기매매증권처분손익 계정에서 가감
	① 장부가액 < 처분가액: 단기매매증권(자산)의 감소, 단기매매증권처분이익(수익) 발생
	(차) [계정과목] ×××원 (대) 단기매매증권(장부가액) ×××원
	                                       단기매매증권처분이익 ×××원
	② 장부가액 > 처분가액: 단기매매증권(자산)의 감소, 단기매매증권처분손실(비용) 발생
	(차) [계정과목] ×××원 (대) 단기매매증권(장부가액) ×××원
	   단기매매증권처분손실 ×××원

[12] 단기 운용목적으로 진안상사 발행주식 100주를 1주당 5,000원에 구입하다. 취득 시 수수료 10,000원을 포함한 대금은 보통예금에서 지급하다.

   (차)   (대)

[13] 보유 중인 진안상사의 주식에 대하여 배당금이 확정되어 50,000원을 보통예금계좌로 받았다.

   (차)   (대)

[14] 기말 현재 단기매매차익을 목적으로 보유하고 있는 진안상사의 주식(100주, 1주당 취득원가 5,000원)의 기말현재 공정가치는 주당 7,000원이다.

   (차)   (대)

[15] 기말 현재 단기매매차익을 목적으로 보유하고 있는 바삭컴퓨터의 주식(100주, 1주당 취득원가 5,000원)의 기말현재 공정가치는 주당 2,000원이다.

   (차)   (대)

[16] 단기매매차익을 얻을 목적으로 보유하고 있는 브리상사의 주식 100주를 1주당 5,000원에 처분하고 대금은 수수료 등 20,000원을 차감한 금액이 보통예금계좌에 입금되었다. (단, 브리상사의 주식 1주당 취득원가는 10,000원이다)

   (차)   (대)

[17] 단기매매차익을 얻을 목적으로 보유하고 있는 리부상사의 주식 100주를 1주당 20,000원에 처분하고 대금은 수수료 등 100,000원을 차감한 금액이 보통예금계좌에 입금되었다. (단, 리부상사의 주식 1주당 취득원가는 10,000원이다)

(차)	(대)

[1] 공정가액: 자산이나 부채가 현재 시장에서 거래된다면 받을 수 있는 가격

📋 자산 거래 시 발생하는 비용에 대한 회계처리

구분		내용
취득	원칙	• 취득가액 = 매입가액 + 취득부대비용 • 자산 취득과 관련된 비용은 취득하는 자산의 가격에 포함하여 회계처리
	예외	단기매매증권 구입과 관련된 비용은 당기 비용(영업외비용, 900번대) 처리
처분	일반적인 상거래	상품(제품) 매출과 관련하여 발생하는 비용은 별도의 비용계정(판매비와 관리비, 800번대) 처리
	일반적인 상거래 이외	상품(제품) 이외 자산을 처분 시 발생하는 비용은 처분손익 계정(영업외수익 또는 영업외비용)에서 가감

6) 단기대여금(↔단기차입금)

대여	• 결산일 기준 1년 이내 만기로 돈을 빌려줌 → 단기대여금(자산)의 증가 → 차변 (차) 단기대여금　　　　　×××원　　(대) [계정과목]　　　　　×××원
회수	• 만기일에 원금과 이자를 회수 → 단기대여금(자산)의 감소, 이자수익(수익)의 발생 → 대변 (차) [계정과목]　　　　　×××원　　(대) 단기대여금　　　　　×××원 　　　　　　　　　　　　　　　　　　　　　이자수익　　　　　×××원

[18] 씨오피상사에 10개월 후에 회수하기로 하고 현금 3,000,000원을 대여하여 주다.

(차)	(대)

[19] 씨오피상사에 대여한 단기대여금 3,000,000원과 이자 100,000원을 당사 보통예금계좌로 회수하다.

(차)	(대)

7) 외상매출금(↔외상매입금)

외상판매	• 상품(제품)을 외상으로 매출 → 외상매출금(자산)의 증가 → 차변 (차) 외상매출금　　　　　×××원　　(대) [계정과목]　　　　　×××원
매출환입 및 에누리	• 매출한 상품(제품) 중 하자나 파손 등의 이유로 반품(매출환입)받거나 상품에 대해 값을 깎아줌(매출에누리) → 매출환입 및 에누리(상품매출, 제품매출의 차감계정)의 발생 → 차변 (차) 매출환입및에누리(상품)　×××원　　(대) 외상매출금　　　　　×××원
매출할인	• 상품(제품) 판매 시 발생한 외상매출금을 조기 회수하여 할인받음(매출할인) → 매출할인(상품매출, 제품매출의 차감계정)의 발생 → 차변 (차) 매출할인(상품)　　　×××원　　(대) 외상매출금　　　　　×××원
회수	• 외상매출금을 받음(회수) → 외상매출금(자산)의 감소 → 대변 (차) [계정과목]　　　　　×××원　　(대) 외상매출금　　　　　×××원

[20] 진안상사에 상품 1,000,000원을 매출하고 대금은 1개월 후에 받기로 하였다.

(차)	(대)

[21] 매출거래처 진안상사에 대한 외상매출금 1,000,000원을 현금으로 회수하다.

(차)	(대)

[22] 상품 2,000,000원을 리부상사에 외상으로 판매하고 운송비 30,000원을 보통예금 계좌에서 이체하여 지급하다.

(차)	(대)

[23] 리부상사에 외상으로 매출한 상품 중 불량품 10,000원이 반품되어 오다. 반품액은 외상매출금과 상계하기로 하다.

(차)	(대)

[24] 거래처 리부상사의 상품매출에 대한 외상대금 1,990,000원을 회수하면서 약정기일보다 빠르게 회수하여 2%를 할인해주고 대금은 보통예금 계좌로 입금받다.

(차)	(대)

8) 받을어음(↔지급어음)

어음 수취	• 상품(제품)을 판매하고 어음을 받음 → 받을어음(자산)의 증가 → 차변
	(차) 받을어음 ×××원 (대) [계정과목] ×××원
추심	• 추심: 어음 만기일이 도래하여 은행에 어음에 적힌 돈을 받아줄 것을 의뢰하여 대금을 회수하는 것 • 추심 시 발생하는 수수료는 수수료비용(판매비와 관리비)으로 회계처리 • 어음을 추심 → 받을어음(자산)의 감소 → 대변
	(차) [계정과목] ×××원 (대) 받을어음 ×××원 　　　수수료비용(판) ×××원
할인	• 할인: 어음 만기일이 되기 전에 현금화를 위해 액면가액보다 낮은 금액으로 교환하는 것 • 할인 시 발행하는 할인료는 매출채권처분손실(영업외비용)로 처리 • 어음을 할인 → 받을어음(자산)의 감소 → 대변
	(차) [계정과목] ×××원 (대) 받을어음 ×××원 　　　매출채권처분손실 ×××원
배서 양도	• 배서양도: 어음 만기일 전에 대금 결제를 위해 가지고 있던 다른 회사의 어음의 소유권을 넘기는 것 • 다른 회사의 어음을 지급 → 받을어음(자산)의 감소 → 대변
	(차) [계정과목] ×××원 (대) 받을어음 ×××원

[25] 판매용 상품을 리부상사에 5,000,000에 판매하고 대금은 6개월 만기의 약속어음을 발행받았다.

(차)	(대)

[26] 리부상사에게 상품을 매출하고 받은 약속어음 5,000,000원이 만기가 도래하여 거래은행에 추심의뢰하였는바 추심료 10,000원을 차감한 잔액이 당사 보통예금계좌에 입금되었음을 통보받다.

(차)	(대)

[27] 브리상사에 상품을 매출하고 받은 약속어음 250,000원을 거래 은행에서 할인받고 할인료 50,000원을 차감한 나머지 금액은 당좌 예입하다. (매각거래로 회계처리할 것)

　(차)　　　　　　　　　　　　　　　　　　　(대)

[28] 세현상사에 상품 3,000,000원을 매입하고 결제하기 위해 당사가 상품매출대금으로 받아 보유하고 있던 영재상사 발행의 약속어음 2,000,000원을 배서양도하고 잔액은 당사가 약속어음을 발행하여 지급하다.

　(차)　　　　　　　　　　　　　　　　　　　(대)

9) 미수금(↔미지급금)

판매	• 상품(제품) 매출 이외의 거래에서 발생한 외상대금 또는 어음 수령 → 미수금(자산)의 증가 → 차변 (차) 미수금　　　　　　　×××원　　　(대) [계정과목]　　　　　　　×××원
회수	• 상품(제품) 매출 이외의 거래에서 발생한 외상대금 또는 받을어음의 회수 → 미수금(자산)의 감소 → 대변 (차) [계정과목]　　　　　　×××원　　　(대) 미수금　　　　　　　×××원

[29] 솔이상점에 업무에 사용 중인 토지를 100,000,000원에 처분하였다. 대금 중 80,000,000원은 보통예금으로 이체받고, 나머지는 한 달 후에 받기로 하였다. (토지의 취득가액은 100,000,000원이다)

　(차)　　　　　　　　　　　　　　　　　　　(대)

[30] 감자마트에 업무에 사용 중인 토지를 20,000,000원에 처분하였다. 대금은 만기가 3개월 후인 어음으로 받았다. (토지의 취득가액은 20,000,000원이다)

　(차)　　　　　　　　　　　　　　　　　　　(대)

[31] 감자마트에 토지를 처분하고 발생한 외상대금 20,000,000원을 현금으로 회수하였다.

　(차)　　　　　　　　　　　　　　　　　　　(대)

10) 소모품

구입	• 소모품 구입(자산 처리) → 소모품(자산)의 증가 → 차변 (차) 소모품　　　　　　　×××원　　　(대) [계정과목]　　　　　　　×××원 • 소모품 구입(비용 처리) → 소모품비(비용)의 발생 → 차변 (차) 소모품비　　　　　　×××원　　　(대) [계정과목]　　　　　　　×××원
결산	• 기중 소모품(자산)처리한 금액 중 사용분 → 소모품비(비용)으로 대체 (차) 소모품비　　　　　　×××원　　　(대) 소모품　　　　　　　×××원 • 기중 소모품비(비용)처리한 금액 중 미사용분 → 소모품(자산)으로 대체 (차) 소모품　　　　　　　×××원　　　(대) 소모품비　　　　　　×××원

[32] 사무실에서 사용할 소모품 200,000원을 솔이상점에서 구입하고 대금은 현금으로 지급하다. (단, 구입시 자산으로 처리할 것)

　(차)　　　　　　　　　　　　　　　　　　　(대)

[33] 결산일 현재 소모품 구입 시 자산으로 처리한 금액 중 기말 현재 사용한 금액은 100,000원이다.

　(차)　　　　　　　　　　　　　　　　　　　(대)

[34] 사무실에서 사용할 소모품 300,000원을 솔이상점에서 구입하고 대금은 현금으로 지급하다. (단, 구입시 비용으로 처리할 것)

(차)   (대)

[35] 결산일 현재 소모품 구입 시 비용으로 처리한 금액 중 기말 현재 미사용한 금액은 50,000원이다.

(차)   (대)

11) 선급금(↔선수금)

계약금 지급	• 계약금 성격으로 미리 대금을 지급 → 선급금(자산)의 증가 → 차변 (차) 선급금 ×××원 (대) [계정과목] ×××원
인수	• 계약금을 지급했던 상품 등을 인수 → 선급금(자산)의 감소 → 대변 (차) [계정과목] ×××원 (대) 선급금 ×××원

[36] 리부상사에서 상품 6,000,000원(300개, 1개당 20,000원)을 구입하기로 계약하고, 대금의 10%를 현금으로 지급하였다.

(차)   (대)

[37] 리부상사에서 상품 6,000,000원을 매입하고 2월 11일 지급한 계약금 600,000원을 차감한 대금을 보통예금에서 이체하였다.

(차)   (대)

참 수취채권과 지급채무 계정과목 요약

구 분		수취채권(채권자, 자산)		지급채무(채무자, 부채)	
일반적인 상거래	외 상	매출채권 (외부 보고용)	외상매출금	매입채무 (외부 보고용)	외상매입금
	어 음		받을어음		지급어음
일반적인 상거래 이외	외 상	미수금		미지급금	
	어 음				
자금거래		대여금		차입금	
계약금		선급금		선수금	

12) 가지급금(↔가수금)

가지급	• 출장비 예상액 등을 지급 → 가지급금(자산)의 증가 → 차변 (차) 가지급금 ×××원 (대) [계정과목] ×××원
내용 확정	• 출장을 다녀와 증빙을 받고 정산 → 가지급금(자산)의 감소 → 대변 (차) [계정과목] ×××원 (대) 가지급금 ×××원

[38] 영업부 천영현에게 제주도 출장을 명하고 출장비 예상액 400,000원을 현금으로 지급하였다.

(차)   (대)

[39] 출장 후 복귀한 천영현 영업사원이 2월 13일 제주 출장 시 지급받은 가지급금 400,000원에 대해, 아래와 같이 사용하고 잔액은 현금으로 정산하다.

• 왕복항공료 : 240,000원 • 숙박비 : 100,000원

(차) | (대)

13) 현금과부족

현금 과잉	• 현금과잉: 장부상 현금 < 실제 현금 ① 기중 현금과잉 발견: 장부의 현금을 증가시켜 장부상 현금과 실제 현금 일치하도록 함 (차) 현금 ×××원 (대) 현금과부족 ×××원 ② 원인이 밝혀졌을 때: 해당 원인 계정으로 대체 (차) 현금과부족 ×××원 (대) [계정과목] ×××원 ③ 결산까지 원인불명: 대변에 남아있는 현금과부족 계정과목을 잡이익(수익)으로 대체 (차) 현금과부족 ×××원 (대) 잡이익 ×××원
현금 부족	• 현금부족: 장부상 현금 > 실제 현금 ① 기중 현금부족 발견: 장부의 현금을 감소시켜 장부상 현금과 실제 현금 일치하도록 함 (차) 현금과부족 ×××원 (대) 현금 ×××원 ② 원인이 밝혀졌을 때: 해당 원인 계정으로 대체 (차) [계정과목] ×××원 (대) 현금과부족 ×××원 ③ 결산까지 원인불명: 차변에 남아있는 현금과부족 계정과목을 잡손실(비용)으로 대체 (차) 잡손실 ×××원 (대) 현금과부족 ×××원

[40] 현금 잔고를 확인한 결과 장부잔액보다 현금 잔고가 100,000원 더 적은 것을 확인하였으나 그 원인이 밝혀지지 않았다.

(차) | (대)

[41] 현금과부족계정 차변 잔액 100,000원 중 70,000원의 원인이 단기차입금에 대한 이자 지급액으로 판명되었다.

(차) | (대)

[42] 결산일 현재 차변에 현금과부족계정으로 처리되어있는 현금부족액 30,000원에 대한 원인이 아직 밝혀지지 않고 있다.

(차) | (대)

[43] 현금 시재를 확인하던 중 실제잔액이 장부잔액보다 200,000원이 많은 것을 발견하였으나 그 차액에 대하여는 원인이 아직 밝혀지지 않았다.

(차) | (대)

[44] 현금과부족계정 대변 잔액 200,000원 중 180,000원의 원인이 단기대여금 이자수입 누락으로 판명되었다.

(차) | (대)

[45] 결산일 현재 대변에 현금과부족계정으로 처리되어있는 현금과다액 20,000원에 대한 원인이 아직 밝혀지지 않고 있다.

(차) | (대)

14) 선납세금

원천 납부	• 법인의 이자수익에 대한 원천납부세액 발생 → 선납세금(자산)의 증가 → 차변			
	(차) 선납세금	×××원	(대) 이자수익	×××원
	[계정과목]	×××원		
중간 예납	• 법인세 중간예납세액 납부 → 선납세금(자산)의 증가 → 차변			
	(차) 선납세금	×××원	(대) [계정과목]	×××원
법인세 확정	• 결산 시 당기 법인세비용 확정(계상)			
	(차) 법인세비용(비용)	×××원	(대) 선납세금	×××원
			미지급세금(부채)	×××원

> [46] 당해 사업연도 법인세 중간예납세액 1,000,000원을 보통예금으로 이체납부하였다. (단, 법인세납부액은 자산계정으로 처리할 것)
>
> (차)   (대)
>
> [47] 보통예금으로 입금된 846,000원은 보통예금에 대한 이자수익으로, 해당 이자수익의 원천징수세액은 154,000원이다. (단, 원천징수세액은 관련 자산으로 처리할 것)
>
> (차)   (대)
>
> [48] 당기 법인세비용은 3,540,000원으로 산출되었다(단, 법인세 중간예납세액 1,000,000원과 원천징수세액 540,000원은 모두 선납세금으로 처리되어있다).
>
> (차)   (대)

4. 대손회계

1) 대손의 정의: 대손이란 회사가 받아야할 돈(수취채권)을 거래처의 파산 등의 이유로 받을 수 없게 되는 것을 말한다.

2) 대손회계 관련 계정과목

대손충당금	기말까지 회수되지 않은 수취채권(매출채권, 단기대여금, 미수금, 선급금) 중 돌려받지 못할 금액을 예상해서 표시하는 차감적 평가계정[2]
대손상각비	매출채권(외상매출금, 받을어음)의 회수가 불가능해 손실로 처리하는 경우와 회수가 불확실한 금액을 계산하여 결산 시점에 대손충당금을 설정하는 경우에 사용하는 비용 계정과목
기타의 대손상각비	매출채권 이외의 채권(대여금, 미수금 등)이 회수가 불가능해 손실로 처리하는 경우와 회수가 불확실한 금액을 계산하여 결산시점에 대손충당금을 설정하는 경우에 사용하는 비용 계정과목

[2]평가계정: 자산, 부채, 자본의 계상금액을 증가시키거나 감소시키는 계정

3) 대손 회계처리

기말 설정	• 대손충당금 추가설정액(보충법) = 대손추산액(기말채권 잔액 × 대손추정률) - 설정 전 대손충당금 ① 대손추산액 > 설정 전 대손충당금 (차) 대손상각비　　　　　　　　××× 원　　(대) 대손충당금　　　　　　　　××× 원 　　(또는 기타의대손상각비) ② 대손추산액 < 설정 전 대손충당금 (차) 대손충당금　　　　　　　　××× 원　　(대) 대손충당금환입　　　　　　　××× 원
대손 발생 (확정)	• 채무자의 파산 등으로 대손이 확정 되었을 때 → 대손 확정된 자산 계정과목 감소 → 대변 • 대손 확정된 계정과목의 대손충당금 잔액이 충분하면 우선 상계, 부족한 부분은 비용(대손상각비, 기타의 대손상각비) 처리 → 차변에 대손충당금, 대손상각비(또는 기타의 대손상각비) (차) 대손충당금　　　　　　　　××× 원　　(대) [계정과목]　　　　　　　　××× 원 　　대손상각비　　　　　　　　××× 원 　　(또는 기타의대손상각비)
회수	• 대손이 확정되어 회계처리를 하였는데 현금 등으로 다시 회수되는 경우 → 대손충당금 증가 → 대변 (차) [계정과목]　　　　　　　　××× 원　　(대) 대손충당금　　　　　　　　××× 원

[49] 12월 31일 외상매출금 잔액 1,000,000원에 대하여 1%의 대손충당금을 보충법으로 설정하였다. (기말현재 대손충당금 잔액은 없다.)

　(차)　　　　　　　　　　　　　(대)

[50] 데이상사의 파산으로 인하여 데이상사의 외상매출금 1,000,000원을 전액 대손처리하기로 하다. (10월 1일 현재 대손충당금 잔액은 10,000원이다.)

　(차)　　　　　　　　　　　　　(대)

[51] 전기에 대손 확정되어 감소시켰던 데이상사의 외상매출금 중 100,000원이 현금으로 회수되었다.

　(차)　　　　　　　　　　　　　(대)

4) 대손충당금의 표시

재무상태표
20×1년 12월 31일 현재 (단위:원)

과목	금액		
자산			
외상매출금	1,000,000	990,000	→ 외상매출금의 장부가액 (= 외상매출금 잔액 - 외상매출금 대손충당금)
대손충당금	(10,000)		
받을어음	500,000	495,000	→ 받을어음의 장부가액 (= 받을어음 잔액 - 받을어음 대손충당금)
대손충당금	(5,000)		

[1]	(차)	상품	50,000원	(대)	현금		50,000원
[2]	(차)	상품	1,000,000원	(대)	현금		1,000,000원
[3]	(차)	현금	500,000원	(대)	상품매출		500,000원
[4]	(차)	현금	500,000원	(대)	상품매출		500,000원
[5]	(차)	보통예금	20,000,000원	(대)	현금		20,000,000원
[6]	(차)	상품	100,000원	(대)	보통예금		100,000원
[7]	(차)	상품	3,000,000원	(대)	당좌예금		3,000,000원
[8]	(차)	당좌예금	150,000원	(대)	상품매출		150,000원
[9]	(차)	상품	1,000,000원	(대)	당좌예금		300,000원
					당좌차월(또는 단기차입금)		700,000원
[10]	(차)	정기예금	10,000,000원	(대)	보통예금		10,000,000원
[11]	(차)	보통예금	10,200,000원	(대)	정기예금		10,000,000원
					이자수익		200,000원
[12]	(차)	단기매매증권	500,000원	(대)	보통예금		530,000원
		수수료비용(984)	30,000원				
[13]	(차)	보통예금	50,000원	(대)	배당금수익		50,000원
[14]	(차)	단기매매증권	200,000원	(대)	단기매매증권평가이익		200,000원
[15]	(차)	단기매매증권평가손실	300,000원	(대)	단기매매증권		300,000원
[16]	(차)	보통예금	480,000원	(대)	단기매매증권		1,000,000원
		단기매매증권처분손실	520,000원				
[17]	(차)	보통예금	1,900,000원	(대)	단기매매증권		1,000,000원
					단기매매증권처분이익		900,000원
[18]	(차)	단기대여금(씨오피상사)	3,000,000원	(대)	현금		3,000,000원
[19]	(차)	보통예금	3,100,000원	(대)	단기대여금(씨오피상사)		3,000,000원
					이자수익		100,000원
[20]	(차)	외상매출금(진안상사)	1,000,000원	(대)	상품매출		1,000,000원
[21]	(차)	현금	1,000,000원	(대)	외상매출금(진안상사)		1,000,000원
[22]	(차)	외상매출금(리부상사)	2,000,000원	(대)	상품매출		2,000,000원
		운반비(판)	30,000원		보통예금		30,000원
[23]	(차)	매출환입및에누리(상품)	10,000원	(대)	외상매출금(리부상사)		10,000원
[24]	(차)	매출할인(상품)	39,800원	(대)	외상매출금(리부상사)		1,990,000원
		보통예금	1,959,200원				
[25]	(차)	받을어음(리부상사)	5,000,000원	(대)	상품매출		5,000,000원
[26]	(차)	보통예금	4,990,000원	(대)	받을어음(리부상사)		5,000,000원
		수수료비용(판)	10,000원				
[27]	(차)	당좌예금	200,000원	(대)	받을어음(브리상사)		250,000원
		매출채권처분손실	50,000원				

[28]	(차)	상품	3,000,000원	(대)	받을어음(영재상사)	2,000,000원
					지급어음(세현상사)	1,000,000원
[29]	(차)	보통예금	80,000,000원	(대)	토지	100,000,000원
		미수금(솔이상점)	20,000,000원			
[30]	(차)	미수금(감자마트)	20,000,000원	(대)	토지	20,000,000원
[31]	(차)	현금	20,000,000원	(대)	미수금(감자마트)	20,000,000원
[32]	(차)	소모품	200,000원	(대)	현금	200,000원
[33]	(차)	소모품비(판)	100,000원	(대)	소모품	100,000원
[34]	(차)	소모품비(판)	200,000원	(대)	현금	200,000원
[35]	(차)	소모품	50,000원	(대)	소모품비(판)	50,000원
[36]	(차)	선급금(리부상사)	600,000원	(대)	현금	600,000원
[37]	(차)	상품	6,000,000원	(대)	보통예금	5,400,000원
					선급금(리부상사)	600,000원
[38]	(차)	가지급금	400,000원	(대)	현금	400,000원
[39]	(차)	여비교통비(판)	340,000원	(대)	가지급금	400,000원
		현금	60,000원			
[40]	(차)	현금과부족	100,000원	(대)	현금	100,000원
[41]	(차)	이자비용	70,000원	(대)	현금과부족	70,000원
[42]	(차)	잡손실	30,000원	(대)	현금과부족	30,000원
[43]	(차)	현금	200,000원	(대)	현금과부족	200,000원
[44]	(차)	현금과부족	180,000원	(대)	이자수익	180,000원
[45]	(차)	현금과부족	20,000원	(대)	잡이익	20,000원
[46]	(차)	선납세금	1,000,000원	(대)	보통예금	1,000,000원
[47]	(차)	보통예금	846,000원	(대)	이자수익	1,000,000원
		선납세금	154,000원			
[48]	(차)	법인세비용	3,540,000원	(대)	선납세금	1,540,000원
					미지급세금	2,000,000원
[49]	(차)	대손상각비	10,000원	(대)	대손충당금(외상매출금)	10,000원
[50]	(차)	대손충당금(외상매출금)	10,000원	(대)	외상매출금(데이상사)	1,000,000원
		대손상각비	990,000원			
[51]	(차)	현금	100,000원	(대)	대손충당금(외상매출금)	100,000원

뽀송테크(주)(회사코드: 8000)의 데이터를 사용하여 연습할 수 있습니다.

(1) 2월 1일　㈜한국통상의 주식 50주(액면가 @1,000원)를 3,000,000원에 취득하고 대금은 보통예금으로 이체하였다.(시장성이 있고, 단기시세차익 목적임.)

(2) 2월 2일　단기 시세차익을 목적으로 ㈜올품의 주식 1,000주(1주당 액면가 5,000원)를 10,000,000원에 구입하고, 매입수수료 50,000원을 포함하여 10,050,000원을 현금으로 지급하였다.

(3) 2월 3일　단기 시세차익을 목적으로 당해연도에 취득하였던 ㈜올빅뱅의 주식 1,000주(1주당 액면가 5,000원, 1주당 구입가 10,000원)를 12,000,000원에 처분하고 보통예금에 입금하였다.

(4) 2월 4일　일시보유목적으로 취득한 시장성 있는 ㈜세정 주식 100주(장부금액 1,600,000원)를 주당 15,000원에 전부 처분하고 대금은 보통예금계좌로 이체 받다. 단, 주식 처분과 관련하여 발생한 수수료 50,000원은 현금으로 지급하였다.

(5) 2월 5일　단기 시세 차익을 목적으로 취득하였던 ㈜더푸른컴퓨터의 주식 전부를 37,000,000원에 처분하고 대금은 보통예금 계좌로 입금받았다. 단, 취득 당시 관련 내용은 아래와 같다.

> • 취득 수량 : 5,000주　　• 1주당 취득가액 : 7,000원　　• 취득 시 거래수수료 : 35,000원

(6) 2월 6일　㈜진안테크에 단기 대여(6개월 후 회수, 연 이자율 3%)하면서 타인발행 당좌수표 10,000,000원을 지급하였다.

(7) 2월 7일   거래처인 ㈜진안테크에 대한 외상매출금 115,000,000원 전액을 대여금(9개월 만기)으로 전환하기로 하였다.

(8) 2월 8일   ㈜진안테크의 제품매출 외상대금 4,000,000원 중 3,000,000원은 동점 발행 약속어음으로 받고, 1,000,000원은 금전소비대차계약(1년 대여)으로 전환하였다.

(9) 2월 9일   ㈜바삭전자의 외상매출금 중 10,000,000원은 자기앞수표로 받고, 5,000,000원은 신한은행 보통예금계좌로 이체받았다.

(10) 2월 10일   ㈜바삭전자에 대한 외상매출금 12,000,000원 중 7,000,000원은 약속어음으로 받고, 잔액은 당좌예금으로 회수하였다.

(11) 2월 11일   거래처 ㈜바삭전자에서 받은 약속어음 1,350,000원의 만기가 도래하여 당좌수표로 수령하였다.

(12) 2월 12일   만기가 도래하여 거래은행에 추심 의뢰한 ㈜바삭전자의 받을어음 15,000,000원 중에서 추심수수료 150,000원을 차감한 금액이 보통예금계좌에 입금되었다.

(13) 2월 13일   거래처 ㈜바삭전자으로부터 제품 매출하고 받은 받을어음 5,000,000원을 거래은행인 금빛은행에서 할인하고 할인료 200,000원을 차감한 잔액을 당사 보통예금에 입금하였다.(매각거래로 처리할 것)

(14) 2월 14일   ㈜바삭전자의 외상매입금 25,000,000원을 결제하기 위해 당사에서 제품매출로 받아 보관하고 있던 거래처 ㈜브리건설 발행의 약속어음 20,000,000원을 배서양도하고, 나머지는 당사의 보통예금으로 지급하였다.

(15) 2월 15일   ㈜바삭전자의 외상매출금 10,000,000원을 ㈜바삭전자가 보유하고 있던 약속어음(㈜브리건설
발행) 10,000,000원으로 배서양도 받다.

(16) 2월 16일   ㈜브리건설에 대한 미지급금 50,000,000원을 상환하기 위하여 받을어음(㈜진안테크)
40,000,000원을 배서양도하였으며, 나머지는 보통예금으로 지급하였다.

(17) 2월 17일   ㈜리부물산으로부터 원재료 16,000,000원(200개, @80,000원)을 구입하기로 계약하고, 계
약금 1,600,000원을 당좌수표를 발행하여 지급하였다.

(18) 2월 18일   ㈜리부물산에서 원재료 4,000,000원을 구입하면서 계약금으로 지급한 400,000원을 차감한
잔액을 약속어음(3개월 만기)으로 발행하여 지급하다.

(19) 2월 19일   ㈜영재안전에 업무용으로 사용 중인 기계장치를 외상 처분한 대금 7,000,000원이 회수기일이
도래하여 전액 당좌예금 계좌로 받다.

(20) 2월 20일   영업부 직원 박종호씨에게 3일간 지방 출장에서 사용할 비용 500,000원을 현금으로 지급하
였다. 단, 해당출장비는 복귀 후에 정산할 예정이므로 임시 계정과목을 사용하며 거래처 입력
은 생략함.

(21) 2월 21일   본사 영업부 직원 박종호씨가 출장에서 돌아와 회사에서 지급한 출장비(가지급금) 500,000원
에 대해 실제 사용한 교통비 및 숙박비 475,000원과 정산하고 잔액은 현금으로 회수하였
다.(단, 가지급금에 대한 거래처를 입력한다.)

(22) 2월 22일   현금시재를 확인한 결과 장부잔액보다 실제 현금잔고가 80,000원 더 많이 있으나 그 원인을
알 수가 없었다.

(23) 2월 23일   매출처 삼보상사의 부도로 외상매출금 잔액 2,000,000원이 회수불가능하여 대손처리하였다. 대손처리하기 전 재무상태표상 대손충당금잔액은 500,000원이다.

(24) 2월 24일   삼보상사의 파산으로 인해 단기대여금 5,000,000원이 회수가 불가능하여 대손처리 하였다. 단기대여금에 대한 대손충당금 현재 잔액은 3,000,000원이며, 대손세액공제는 고려하지 않기로 한다.

(25) 2월 25일   전년도 대손이 확정되어 대손충당금과 상계처리한 외상매출금 15,000,000원이 당사의 보통예금에 입금된 것을 확인하였다. (단, 부가가치세는 고려하지 않는다.)

(26) 2월 26일   당해 사업연도 법인세 중간예납세액 1,800,000원을 보통예금으로 이체납부하였다.(단, 법인세납부액은 자산계정으로 처리할 것)

(27) 2월 27일   하나은행의 이자수익 중 원천징수세액 46,200원을 제외한 나머지 금액인 253,800원이 보통예금으로 입금되었음을 확인하였다.(단, 원천징수세액은 자산으로 처리할 것)

(28) 2월 28일   하나은행에 예입한 정기예금이 금일로 만기가 되어 다음과 같이 해약하고 해약금액은 모두당좌예금계좌에 입금하였다.(원천징수액은 자산으로 처리한다)

• 정기예금 : 50,000,000원	• 이자수익 : 4,000,000원
• 법인세 원천징수액 : 616,000원	• 차감지급액 : 53,384,000원

정답 및 해설

[1]	2월 1일	(차)	단기매매증권	3,000,000원	(대)	보통예금	3,000,000원
[2]	2월 2일	(차)	단기매매증권	10,000,000원	(대)	현금	10,050,000원
			수수료비용(984)	50,000원			
[3]	2월 3일	(차)	보통예금	12,000,000원	(대)	단기매매증권	10,000,000원
						단기매매증권처분이익	2,000,000원

[4]	2월 4일	(차)	보통예금	1,500,000원	(대)	단기매매증권	1,600,000원
			단기매매증권처분손실	150,000원		현금	50,000원
[5]	2월 5일	(차)	보통예금	37,000,000원	(대)	단기매매증권	35,000,000원
						단기매매증권처분이익	2,000,000원
[6]	2월 6일	(차)	단기대여금(㈜진안테크)	10,000,000원	(대)	현금	10,000,000원
[7]	2월 7일	(차)	단기대여금((㈜진안테크)	115,000,000원	(대)	외상매출금(㈜진안테크)	115,000,000원
[8]	2월 8일	(차)	받을어음(㈜진안테크)	3,000,000원	(대)	외상매출금(㈜다원)	4,000,000원
			단기대여금(㈜진안테크)	1,000,000원			
[9]	2월 9일	(차)	현금	10,000,000원	(대)	외상매출금(㈜바삭전자)	15,000,000원
			보통예금	5,000,000원			
[10]	2월 10일	(차)	당좌예금	5,000,000원	(대)	외상매출금(㈜바삭전자)	12,000,000원
			받을어음(㈜바삭전자)	7,000,000원			
[11]	2월 11일	(차)	현금	1,350,000원	(대)	받을어음(㈜바삭전자)	1,350,000원
[12]	2월 12일	(차)	보통예금	14,850,000원	(대)	받을어음(㈜바삭전자)	15,000,000원
			수수료비용(판)	150,000원			
[13]	2월 13일	(차)	보통예금	4,800,000원	(대)	받을어음(㈜바삭전자)	5,000,000원
			매출채권처분손실	200,000원			
[14]	2월 14일	(차)	외상매입금(㈜바삭전자)	25,000,000원	(대)	받을어음(㈜브리건설)	20,000,000원
						보통예금	5,000,000원
[15]	2월 15일	(차)	받을어음(㈜브리건설)	10,000,000원	(대)	외상매출금(㈜바삭전자)	10,000,000원
[16]	2월 16일	(차)	미지급금(㈜브리건설)	50,000,000원	(대)	받을어음(㈜진안테크)	40,000,000원
						보통예금	10,000,000원
[17]	2월 17일	(차)	선급금(㈜리부물산)	1,600,000원	(대)	당좌예금	1,600,000원
[18]	2월 18일	(차)	원재료	4,000,000원	(대)	선급금(㈜리부물산)	400,000원
						지급어음(㈜리부물산)	3,600,000원
[19]	2월 19일	(차)	당좌예금	7,000,000원	(대)	미수금(㈜영재안전)	7,000,000원
[20]	2월 20일	(차)	가지급금	500,000원	(대)	현금	500,000원
[21]	2월 21일	(차)	여비교통비(판)	475,000원	(대)	가지급금(박종호)	500,000원
			현금	25,000원			
[22]	2월 22일	(차)	현금	80,000원	(대)	현금과부족	80,000원
[23]	2월 23일	(차)	대손충당금	500,000원	(대)	외상매출금(삼보상사)	2,000,000원
			대손상각비	1,500,000원			
[24]	2월 25일	(차)	대손충당금(단기대여금)	3,000,000원	(대)	단기대여금(삼보상사)	5,000,000원
			기타의대손상각비	2,000,000원			
[25]	2월 25일	(차)	보통예금	15,000,000원	(대)	대손충당금(109)	15,000,000원
[26]	2월261일	(차)	선납세금	1,800,000원	(대)	보통예금	1,800,000원
[27]	2월 27일	(차)	보통예금	253,800원	(대)	이자수익	300,000원
			선납세금	46,200원			
[28]	2월 28일	(차)	당좌예금	53,384,000원	(대)	정기예금	50,000,000원
			선납세금	616,000원		이자수익	4,000,000원

이론

핵심 기출문제

01 다음 중 현금및현금성자산에 해당하지 않는 것은?

① 타인발행당좌수표   ② 배당금지급통지표

③ 수입인지   ④ 우편환증서

02 다음 중 일반기업회계기준의 현금 및 현금성자산이 아닌 것은?

① 취득 당시 만기가 3개월 이내에 도래하는 채권 및 단기금융상품

② 당좌차월

③ 우편환증서, 전신환증서 등 통화대용증권

④ 타인발행 당좌수표

03 다음 중 현금및현금성자산에 해당하는 항목의 총합계액은 얼마인가?

• 선일자수표	500,000원	• 배당금지급통지서	500,000원
• 타인발행수표	500,000원	• 만기 6개월 양도성예금증서	300,000원

① 1,000,000원   ② 1,300,000원   ③ 1,500,000원   ④ 1,800,000원

정답 및 해설

01 ③ 수입인지는 세금과공과 등 비용으로 처리하여야 한다.

02 ② 당좌차월은 단기차입금이다

03 ① 1,000,000원
= 배당금지급통지서 500,000원 + 타인발행수표 500,000원
• 현금성자산에 해당하는 것은 배당금지급통지서, 타인발행수표이다.

04 다음 자료에 의하여 결산시 재무상태표에 표시되는 현금 및 현금성자산금액은 얼마인가?

- 국세환급통지서 : 200,000원
- 우편환증서 : 10,000원
- 자기앞수표 : 30,000원
- 취득당시에 만기가 3개월 이내에 도래하는 정기적금 : 500,000원
- 선일자수표 : 300,000원
- 직원가불금 : 100,000원

① 540,000원 ② 640,000원 ③ 740,000원 ④ 1,140,000원

05 다음 매출채권에 관한 설명 중 가장 잘못된 것은?

① 매출채권은 일반적인 상거래에서 발생한 외상매출금과 받을어음을 말한다.

② 매출채권과 관련된 대손충당금은 대손이 발생 전에 사전적으로 설정하여야 한다.

③ 매출채권은 재무상태표에 대손충당금을 표시하여 회수가능한 금액으로 표시할 수 있다.

④ 상거래에서 발생한 매출채권과 기타 채권에서 발생한 대손상각비 모두 판매비와 관리비로 처리한다.

06 ㈜미래는 8월에 영업을 개시하여 다음과 같이 거래를 하였다. 8월말 현재 회수할 수 있는 매출채권 잔액은 얼마인가?

< 거래 내역 >

8/2 ㈜우리에게 제품 5,000,000원을 외상으로 납품하다.

8/4 납품한 제품 중 하자가 발견되어 100,000원이 반품되다.

8/20 ㈜우리의 외상대금 중 3,000,000원을 회수시 조기 자금 결제로 인하여 약정대로 50,000원을 할인한 후 잔액을 현금으로 받다.

① 2,000,000원 ② 1,900,000원 ③ 1,950,000원 ④ 2,050,000원

07 유가증권 중 단기매매증권에 대한 설명으로 옳지 않은 것은?

① 시장성이 있어야 하고, 단기시세차익을 목적으로 하여야 한다.

② 단기매매증권은 당좌자산으로 분류된다.

③ 기말평가방법은 공정가액법이다.

④ 단기매매증권은 투자자산으로 분류된다.

08 ㈜상록전자의 상장주식 10주를 1주당 560,000원에 취득하고, 대금은 거래수수료 56,000원을 포함하여 보통예금 계좌에서 이체하여 지급하였다. 해당 주식을 단기매매차익을 목적으로 보유하는 경우 일반기업회계기준에 따라 회계처리할 때 발생하는 계정과목이 아닌 것은?

① 단기매매증권   ② 만기보유증권   ③ 수수료비용   ④ 보통예금

09 일반기업회계기준에 의한 단기매매증권과 관련된 설명 중 옳지 않은 것은?

① 보유 중에 수취하는 배당금과 이자는 영업외수익으로 처리한다.

② 취득과 처분 과정에서 발생하는 수수료는 모두 영업외비용으로 처리한다.

③ 결산시점에 취득원가보다 공정가치가 하락한 경우에는 영업외비용으로 처리한다.

④ 취득 후 보유과정에서 시장성을 상실하는 경우에는 다른 계정과목으로 재분류하여야 한다.

정답 및 해설

04 ③ 200,000 + 10,000 + 30,000 + 500,000 = 740,000원

05 ④ 일반기업회계기준 제6장 금융자산·금융부채, 대손충당금, 문단 6.17의 2
상거래에서 발생한 매출채권에 대한 대손상각비는 판매비와 관리비로 처리하고, 기타 채권에 서 발생한 대손상각비는 영업외비용으로 처리한다.

06 ② 외상매출금 5,000,000원 - 환입 100,000원 - 외상대금 회수 3,000,000원 = 1,900,000원

07 ④ 단기매매증권은 유동자산 중 당좌자산으로 분류된다.

08 ② [일반기업회계기준 문단 6.22] 유가증권은 취득한 후에 만기보유 증권, 단기매매증권, 그리고 매도가능 증권 중의 하나로 분류하여야 한다.
• 회계처리 (차) 단기매매증권   5,600,000원   (대) 보통예금   5,656,000원
　　　　　　　　　수수료비용   56,000원

09 ② 단기매매증권을 취득할 때 발생할 수수료는 지급수수료(영업외비용)로 처리되며, 단기매매증권을 처분할 때 발생할 수수료는 처분금액에서 직접 차감하여 처리한다.

10 다음은 ㈜한국의 단기매매증권 관련 자료이다. ㈜한국의 당기 손익계산서에 반영되는 영업외손익의 금액은 얼마인가?

- A사 주식의 취득원가는 500,000원이고, 기말공정가액은 700,000원이다.
- B사 주식의 취득원가는 300,000원이고, 기말공정가액은 200,000원이다.
- 당기 중 A사로부터 현금배당금 50,000원을 받았다.
- 당기 초 250,000원에 취득한 C사 주식을 당기 중 300,000원에 처분하였다.

① 200,000원   ② 250,000원   ③ 300,000원   ④ 400,000원

11 ㈜삼원상회는 11월 1일 단기 시세차익을 목적으로 상장주식 1,000주를 주당 50,000원에 취득하고 취득수수료 2,000,000원을 포함하여 52,000,000원을 현금 결제하였다. 기말 현재 ㈜삼원상회는 이 주식을 그대로 보유하고 있으며, 12월 31일의 공정가치는 주당 55,000원 이었다. 손익계산서에 반영될 단기매매증권 평가손익은 얼마인가?

① 평가이익 3,000,000원   ② 평가이익 5,000,000원

③ 평가손실 3,000,000원   ④ 평가손실 5,000,000원

12 다음은 단기매매증권의 취득·보유·처분에 대한 현황이다. 일련의 회계처리 중 옳지 않은 것은?

- 제1기 기중 단기매매증권 100주를 주당 1,000원에 현금으로 취득하였다.
- 제1기 결산일 현재 단기매매증권의 1주당 시가는 1,200원이다.
- 제2기 기중 단기매매증권 50주를 주당 1,500원에 현금을 받고 처분하였다.
- 제2기 결산일 현재 단기매매증권의 1주당 시가는 1,100원이다.

① 1기 취득시 : (차) 단기매매증권   100,000원 (대) 현 금   100,000원

② 1기 결산일 : (차) 단기매매증권   20,000원 (대) 단기매매증권평가이익   20,000원

③ 2기 처분시 : (차) 현 금   75,000원 (대) 단기매매증권   50,000원

                                                단기매매증권처분이익   25,000원

④ 2기 결산일 : (차) 단기매매증권평가손실   5,000원 (대) 단기매매증권   5,000원

13 다음은 ㈜나라가 당기에 구입하여 보유하고 있는 단기매매증권이다. 기말 단기매매증권 평가 시 올바른 손익은 얼마인가?

종 류	액면가액	취득가액	공정가액
㈜금나와라뚝딱	50,000원	100,000원	80,000원
㈜은도깨비	30,000원	20,000원	35,000원

① 단기매매증권평가손익 없음   ② 단기매매증권평가손실   5,000원

③ 단기매매증권평가이익 5,000원   ④ 단기매매증권평가이익   35,000원

14 다음은 ㈜한국이 당기(1기)에 구입하여 보유하고 있는 단기매매증권이다. 당기(1기)말에 단기매매증권평가가 당기손익에 미치는 영향은 얼마인가?

종 류	액면가액	취득가액	공정가액
㈜한강	100,000원	200,000원	150,000원
㈜금강	200,000원	150,000원	200,000원

① 없음   ② 이익 50,000원   ③ 손실 50,000원   ④ 이익 100,000원

정답 및 해설

10 ① 200,000원
= 단기매매증권평가이익 200,000원 - 단기매매증권평가손실 100,000원 + 배당금수익 50,000원 + 단기매매증권처분이익 50,000원
- 단기매매증권평가이익 : A주식 기말공정가액 700,000원 - 취득원가 500,000원 = 200,000원
- 단기매매증권평가손실 : B주식 취득원가 300,000원 - 기말공정가액 200,000원 = 100,000원
- 단기매매증권처분이익 : C주식 처분가액 300,000원 - 취득원가 250,000원 = 50,000원

11 ② 평가이익 5,000,000원
단기매매증권 평가이익 = 기말평가액 - 장부가액 = 55,000원 × 1,000주 - 50,000원 × 1,000주 = 5,000,000원 (단기매매증권의 취득부대비용은 영업외비용으로 처리)

12 ③ ∙ 1기 결산일 평가이익 = (시 가 1,200원 - 취득가 1,000원)×100주 = 20,000원
∙ 2기 처분시 처분이익 = (처분가 1,500원 - 처분시 장부가액 1,200원)×50주 = 15,000원
(처분당시 장부가액은 전기말 공정가액 주당 1,200원으로 평가)
∙ 2기 처분시 올바른 회계처리
(차) 현 금 75,000원 (대) 단기매매증권 60,000원
단기매매증권처분이익 15,000원

13 ② -20,000+15,000=-5,000원
㈜금나와라뚝딱 당기 취득가액(100,000)-공정가액(80,000)= 평가손실 20,000원 발생
㈜은도깨비 당기 취득가액(20,000)-공정가액(35,000)= 평가이익 15,000원 발생

14 ① -50,000원 + 50,000원 = 0
㈜한강 당기 취득가액(200,000)-공정가액(150,000)= 평가손실 50,000원 발생
㈜금강 당기 취득가액(150,000)-공정가액(200,000)= 평가이익 50,000원 발생

15 다음 유가증권 거래로 인하여 20X1년 당기손익에 미치는 영향을 바르게 설명한 것은?

> • 20X1년 3월 1일 단기시세차익을 얻을 목적으로 (주)고려의 주식 1,000주를 주당 10,000원(액면가액 5,000원)에 현금 취득하였다.
> • 20X1년 6월 30일 ㈜고려의 주식 300주를 주당 9,000원에 처분하였다.

① 당기순이익이 1,200,000원 감소한다.　② 당기순이익이 300,000원 감소한다.

③ 당기순이익이 1,350,000원 감소한다.　④ 당기순이익이 1,050,000원 감소한다.

16 다음은 ㈜은혜상사가 당기에 구입하여 보유하고 있는 단기매매증권이다. 다음 자료에 따라 당기 말 재무제표에 표시될 단기매매증권 및 영업외손익은 얼마인가?

> • 4월 1일 : ㈜장현테크가 발행한 보통주 200주를 주당 10,000원에 취득하였다.
> • 8월 31일 : ㈜장현테크로부터 중간배당금(주당 1,000원)을 수령하였다.
> • 12월 31일 : ㈜장현테크의 보통주 시가는 주당 12,000원으로 평가된다.

	단기매매증권	영업외수익		단기매매증권	영업외수익
①	2,400,000원	200,000원	②	2,400,000원	600,000원
③	2,000,000원	200,000원	④	2,000,000원	600,000원

17 다음의 자료로 20X1년 5월 5일 현재 주식수와 주당금액을 계산한 것으로 맞는 것은?

> • (주)갑의 주식을 20X0년 8월 5일 100주를 주당 10,000원(액면가액 5,000원)에 취득하였다. 회계처리 시 계정과목은 단기매매증권을 사용하였다.
> • (주)갑의 주식을 20X0년 12월 31일 주당 공정가치는 7,700원이었다.
> • (주)갑으로부터 20X1년 5월 5일에 무상으로 주식 10주를 수령하였다.

① 100주, 7,000원/주　　　　　② 100주, 7,700원/주

③ 110주, 7,000원/주　　　　　④ 110주, 7,700원/주

18 기말 현재 단기매매증권 보유현황은 다음과 같다. 단기매매증권 보유를 함에 따라 손익계산서에 반영할 영업외손익의 금액은 얼마인가?

> • A사 주식의 취득원가는 200,000원이고 기말공정가액은 300,000원이다
> • A사 주주총회를 통해 현금배당금 60,000원을 받다.
> • B사 주식의 취득원가는 150,000원이고 기말공정가액은 120,000원이다.

① 70,000원　　　② 100,000원　　　③ 130,000원　　　④ 160,000원

19 다음 중 대손충당금 설정대상자산에 해당되지 않는 것은?

① 가수금   ② 외상매출금   ③ 미수금   ④ 받을어음

20 제조업을 운영하는 A회사가 기말에 외상매출금에 대한 대손충당금을 설정할 경우, 다음의 손익계산서항목 중 변동되는 것은?

① 영업이익   ② 매출원가   ③ 매출액   ④ 매출총이익

정답 및 해설

15 ② 20X1. 3. 1 (차) 단기매매증권   10,000,000 (대) 현 금   10,000,000
      20X1. 6.30 (차) 현 금   2,700,000 (대) 단기매매증권   3,000,000
                  단기매매증권처분손실   300,000

16 ② 단기매매증권 200주 × 12,000원 = 2,400,000원
      단기매매증권평가이익 200주 × (12,000원 - 10,000원) = 400,000원
      배당금수익 200주 × 1,000원 = 200,000원

17 ③ 110주, 7,000원
      20X0.8.5.   단기매매증권   1,000,000원(100주, 10,000원/주)
      20X0.12.31.   단기매매증권   770,000원(100주, 7,700원/주)
      20X1.5.5.   단기매매증권   770,000원(110주, 7,000원/주)

18 ③ A사 주식단기매매증권평가이익100,000원 + 배당금수익 60,000원= 160,000원
      B사 주식 단기매매증권평가손실   △30,000원
      합계   130,000원

19 ① 가수금은 채무인 부채계정과목이다.

20 ① 외상매출금에 대하여 대손충당금을 설정할 경우, 차변에 대손상각비(판매비와관리비)로 처리되므로 영업이익 금액이 감소된다.

21 다음의 거래에 대한 분개로 맞는 것은?

8월 31일 : 거래처의 파산으로 외상매출금 100,000원이 회수불능이 되다.(단, 8월 31일 이전에 설정된 대손충당금 잔액은 40,000원이 있다)

① (차) 대손상각비   100,000원   (대) 외상매출금   100,000원

② (차) 대손충당금   40,000원   (대) 외상매출금   100,000원
　　　 대손상각비   60,000원

③ (차) 대손충당금   60,000원   (대) 외상매출금   100,000원
　　　 대손상각비   40,000원

④ (차) 대손충당금환입   40,000원   (대) 외상매출금   100,000원
　　　 대손상각비   60,000원

22 (주)서울은 유형자산 처분에 따른 미수금 기말잔액 45,000,000원에 대하여 2%의 대손충당금을 설정하려 한다. 기초 대손충당금 400,000원이 있었고 당기 중 320,000원 대손이 발생되었다면 보충법에 의하여 기말 대손충당금 설정 분개로 올바른 것은?

① (차) 대 손 상 각 비   820,000원   (대) 대손충당금   820,000원

② (차) 기타의 대손상각비   820,000원   (대) 대손충당금   820,000원

③ (차) 대 손 상 각 비   900,000원   (대) 대손충당금   900,000원

④ (차) 기타의 대손상각비   900,000원   (대) 대손충당금   900,000원

23 회계기간 말에 매출채권 잔액 9,000,000원에 대해 1%의 대손충당금을 설정한다. 대손충당금잔액이 50,000원 있었다고 가정할 경우 분개로 올바른 것은?

① (차) 대손상각비   40,000원   (대) 대손충당금   40,000원

② (차) 대손상각비   40,000원   (대) 매출채권   40,000원

③ (차) 대손상각비   90,000원   (대) 대손충당금   90,000원

④ (차) 대손상각비   90,000원   (대) 매출채권   90,000원

24 기말 외상매출금 잔액 50,000,000원에 대하여 1%의 대손충당금을 설정하려 한다. 기초 대손충당금이 300,000원이 있었으며, 당기 중 회수가 불가능한 것으로 판명된 매출채권 150,000원을 대손 처리하였다. 보충법에 의한 기말 대손충당금 설정 분개로 올바른 것은?

① (차) 대손상각비　　500,000원　　(대) 대손충당금　　500,000원

② (차) 대손상각비　　350,000원　　(대) 대손충당금　　350,000원

③ (차) 대손상각비　　300,000원　　(대) 대손충당금　　300,000원

④ (차) 대손상각비　　150,000원　　(대) 대손충당금　　150,000원

25 ㈜세원은 대손충당금을 보충법에 의해 설정하고 있으며, 매출채권 잔액의 1%로 설정하고 있다. 기말 재무상태표상 매출채권의 순장부가액은 얼마인가?

매출채권			(단위:원)	대손충당금			(단위:원)
기초	50,000	회수 등	200,000	대손	8,000	기초	10,000
발생	500,000						

① 346,500원　　② 347,000원　　③ 347,500원　　④ 348,000원

정답 및 해설

21 ② 대손이 발생하면 대손충당금에서 우선 상계한 후 대손충당금이 부족하면 대손상각비 비용으로 인식한다.

22 ② 유형자산 처분에 따른 미수금은 기타의 대손상각비로 처리하고, 대손충당금 설정액은 (45,000,000원×2%) - 80,000원 = 820,000원

23 ① 대손충당금설정 한도액 : 9,000,000 × 1% = 90,000원
대손상각비 추가설정액 : 90,000 - 50,000 = 40,000원

24 ② • 대손충당금 잔액 : 기초 대손충당금 300,000원 - 당기 대손상각액 150,000원 = 150,000원
• 기말 대손충당금 : 기말 외상매출금 잔액 50,000,000원×1% = 500,000원
• 당기 대손충당금 설정액 : 기말 대손충당금 500,000원 - 대손충당금 잔액 150,000원 = 350,000원

25 ① • 기말 매출채권 잔액(350,000원) = 50,000원 + 500,000원 - 200,000원
• 기말 대손충당금 잔액(3,500원) = 350,000원×1%
• 기말 매출채권의 순장부가액(346,500원) = 350,000원 - 3,500원

26 ㈜한세의 기말 재무상태표 일부이다. 당기 손익계산서에 기록될 대손상각비는 얼마인가?

- 20X1년 기초 대손충당금 73,000원, 기중 대손발생액 30,000원이다.
- 20X1년 기말 재무상태표 매출채권은 5,000,000원, 대손충당금은 110,000원이다.

① 30,000원　　　② 43,000원　　　③ 67,000원　　　④ 80,000원

27 다음 자료에 의하여 다음 빈칸에 들어갈 금액은 얼마인가?

대손충당금			(단위:원)
4/30 외상매출금	xxx	1/1 전기이월	50,000
12/31 차기이월	70,000	12/31 대손상각비	( )
	xxx		xxx

- 당기 중 회수가 불가능한 것으로 판명되어 대손처리된 외상매출금은 5,000원이다.

① 10,000원　　　② 15,000원　　　③ 20,000원　　　④ 25,000원

28 결산시 대손충당금을 과소설정 하였다. 정상적으로 설정한 경우와 비교할 때, 어떠한 차이가 있는가?

① 당기순이익이 많아진다.　　　② 당기순이익이 적어진다.

③ 자본이 과소표시 된다.　　　④ 자산이 과소표시 된다.

정답 및 해설

26 ③ 기초대손충당금 73,000원 - 기중대손발생액 30,000원 = 대손충당금 잔액 43,000원 이때 기말 대손
충당금을 110,000원으로 한다면, 결산수정분개로 67,000원을 추가로 설정하여야 한다.
차) 대손상각비 67,000원　　　대) 대손충당금 67,000원

대손충당금			
기중	30,000원	기초	73,000원
기말	110,000원	**대손상각비**	**67,000원**

27 ④ 대손충당금 차변합계 (5,000원 + 70,000원)에서 전기이월 (50,000원)을 차감하면 12월 31일 대손상
각비는 25,000원임

28 ① 분개를 해보면 [(차변) 대손상각비 ××× (대변) 대손충당금 ×××] 이다. 비용이 계상(인식)되지 않았
으므로, 당기순이익이 많아진다(자본이 과대표시). 대손충당금이 과소 설정되었으므로, 자산이 과대표
시 된다.

2 재고자산

1. 재고자산의 정의

재고자산이란 정상적인 영업과정에서 판매를 위하여 보유한 자산(상품, 제품), 생산과정에 있는 자산(반제품, 재공품), 생산과정에 투입될 자산(원재료)을 말한다.

2. 재고자산의 주요 계정과목

상품	판매를 목적으로 구입한 완성된 물품
제품	판매를 목적으로 제조하여 완성된 물품
재공품	제조과정에 있는 미완성품(판매가 가능한 반제품을 포함)
원재료	제품을 만들기 위하여 구입한 원료와 재료
매입환출 및 에누리	매입한 상품 중 하자나 파손이 발견되어 반품한 것(매입환출)과 매입금액에서 값을 깎은 것(매입에누리)으로 상품(원재료)의 차감계정
매입할인	상품을 구매 시 발생한 외상대금을 조기에 지급하여 일부를 할인받은 금액으로 상품(원재료)의 차감계정

3. 일반적인 상거래(주된 영업활동)에 대한 회계처리

상기업은 완성된 물품인 상품을 싸게 사와 이윤을 붙여 비싸게 파는 거래를 주로 한다. 상품을 구입하고 판매하는 일반적인 상거래에 대한 회계처리는 매출과 매출원가를 모두 표시하는 방법인 총액법(2분법)으로 회계처리한다.

참 상품매출 인식 방법

구분	총액법		순액법	
구입	(차) 상품 100	(대) 현금 100	(차) 상품 100	(대) 현금 100
판매	(차) 현금 300	(대) 상품매출 300 (수익)	(차) 현금 300	(대) 상품 100 상품매출이익 200 (수익)
결산	(차) 상품매출원가 100 (비용)	(대) 상품 100	-	
특징	• 상품 판매를 통해 발생한 총수익(상품매출)과 총비용(상품매출원가)이 별도로 모두 표시되기 때문에 유용한 정보를 제공 • 일반적인 상거래에서 사용		• 상품 판매를 통해 발생한 순수익(상품매출이익)만 표시되기 때문에 충분한 정보를 얻을 수 없음 • 일반적인 상거래 이외의 거래에 사용	

참 손익계산서(총액법): 총액법 사용을 통해 주된 영업활동의 거래에 대한 매출과 매출원가를 모두 확인할 수 있어 유용하다.

손익계산서(보고식)

20×1년 1월 1일부터
뽀송상사   20×1년 12월 31일까지   (단위:원)

Ⅰ. 매출액	300
Ⅱ. 매출원가	100
Ⅲ. 매출총이익(Ⅰ－Ⅱ)	200

1) 일반적인 상거래에 대한 회계처리

상품 취득	• 상품, 원재료 취득 시 → 상품, 원재료(자산)의 증가 → 차변 (차) 상품(또는 원재료) ×××원 (대) [계정과목] ×××원
상품 (제품) 판매	• 상품매출(수익): 주된 영업활동을 위해 판매 목적으로 구입한 상품을 판매하여 발생한 매출액 • 제품매출(수익): 주된 영업활동을 위해 판매 목적으로 제조한 제품을 판매하여 발생한 매출액 • 상품(제품) 판매 시 처분금액 전체를 상품(제품)매출로 인식 → 상품(제품)매출(수익)의 발생 → 대변 (차) [계정과목] ×××원 (대) 상품(제품)매출 ×××원
결산 (매출원가 계상)	• 상품매출원가(비용): 주된 영업활동을 위해 판매 목적으로 구입한 상품 중 판매된 상품의 구입 원가 • 제품매출원가(비용): 주된 영업활동을 위해 판매 목적으로 제조한 상품 중 판매된 제품의 제조 원가 • 기말 재고조사를 통해 기말재고액을 파악한 뒤 매출원가를 역으로 계산 (차) 상품매출원가 ×××원 (대) 상품 ×××원

[1] 진안상사로부터 상품 100,000원(10개, 개당 10,000원)을 현금으로 매입하다.

(차)   (대)

[2] 브리상사에 상품 10개를 500,000원에 판매하고 대금은 당좌수표로 받았다.

(차)   (대)

[3] 당기의 재고자산에 대한 자료이다. 상품매출원가를 계산하고 상품을 상품매출원가로 대체하는 회계처리를 하시오.

> • 기초상품재고액: 10,000원   • 당기상품순매입액: 320,000원   • 기말상품재고액: 200,000원

(차변) +	상품	- (대변)
기초상품재고액(전기이월) 당기상품순매입액	상품매출원가	
	기말상품재고액(차기이월)	
판매가능상품	판매가능상품	

(차)   (대)

2) 재고자산의 취득원가: 재고자산을 취득할 때 구입한 가격에 취득부대비용을 더하여 회계처리한다. 매입환출 및 에누리, 매입할인은 상품(또는 원재료)을 차감하는 임시계정으로 최종 재무제표에는 순매입액만 표시하여 나타나지 않도록 해야한다.

> **취득원가(순매입액) = 매입가액 + 취득부대비용 - 매입환출 및 에누리 - 매입할인**

취득 부대비용	• 상품,원재료 취득부대비용 발생 → 상품, 원재료의 증가 → 차변 (차) 상품(또는 원재료)　　　　　×××원　　　(대) [계정과목]　　　　　×××원
매입환출 및 에누리	• 매입한 자산 중 하자나 파손 등의 이유로 반품(매입환출)하거나 상품에 대해 값을 깎음(매입에누리) 　→ 매입환출 및 에누리의 발생 → 대변 (차) 외상매입금　　　　　×××원　　　(대) 매입환출및에누리　　　　　×××원
매입할인	• 자산 매입 시 발생한 외상매입금을 조기에 상환하여 할인받음(매입할인) → 매입할인의 발생 → 차변 (차) 외상매입금　　　　　×××원　　　(대) 매입할인　　　　　×××원

[4] 진안상사에 상품을 200,000원(20개, 개당 10,000원)을 외상으로 매입하고 운반비 20,000원은 현금으로 지급하였다.

　　　(차)　　　　　　　　　　　　　　　　(대)

[5] 진안상사에 외상으로 구입한 상품 중 2개(개당 10,000원)가 불량품이 발생하여 반품하다.

　　　(차)　　　　　　　　　　　　　　　　(대)

[6] 진안상사의 상품 외상매입금 180,000원을 약정기일보다 빠르게 현금 지급하고, 외상매입금의 1%를 할인받다.

　　　(차)　　　　　　　　　　　　　　　　(대)

[7] 당기의 재고자산에 대한 자료이다. 상품매출원가를 계산하고 상품을 상품매출원가로 대체하는 회계처리를 하시오.

> • 기초상품재고액: 0원　　　　　　　• 당기상품총매입액: 200,000원
> • 매입운임: 20,000원　　　　　　　• 매입환출및에누리: 20,000원
> • 매입할인: 18,000원　　　　　　　• 기말상품재고액: 82,000원

(차변) +	상품	- (대변)
기초상품재고액(전기이월)	상품매출원가	
당기상품순매입액[3)		
	기말상품재고액(차기이월)	
판매가능상품	판매가능상품	
(차)	(대)	

[3)]당기상품순매입액 = 총매입액 + 매입운임 - 매입환출및에누리 - 매입할인

참 케이렙(KcLep)을 활용한 상품매출원가 계산: KcLep 프로그램에서 기말상품재고액만 입력하면 프로그램에 입력되어 있는 기초상품재고액과 당기상품매입액이 반영된 상품매출원가 금액을 자동으로 계산할 수 있다.

2. 매출원가			154,180,000
상품매출원가			
① 기초 상품 재고액			12,500,000
② 당기 상품 매입액		기말상품재고액 입력 시 매출원가 자동 계산	141,680,000
⑩ 기말 상품 재고액			

4. 매출원가와 기말재고액 계산

1) 단위원가 결정방법에 따른 금액 계산

재고자산 금액	=	수량	×	단가
		① 계속기록법		① 개별법
		② 실지재고조사법		② 선입선출법
		③ 혼합법		③ 후입선출법
				④ 총평균법
				⑤ 이동평균법

2) 수량결정방법

계속기록법	• 상품의 입고, 출고를 모두 기록하여 기말 재고 수량을 파악하는 방법으로 매출 수량이 정확하게 계산된다. • 기초재고수량 + 당기매입수량 - 당기매출수량 = 기말재고수량
실지재고 조사법	• 상품의 입고만 기록하고 기말 창고에 실제 남아있는 상품의 수량을 파악하여 당기 매출수량을 파악하는 방법으로 기말재고 수량이 정확하게 파악된다. • 기초재고수량 + 당기매입수량 - 기말재고수량 = 당기매출수량
혼합법	• 계속기록법과 실지재고조사법을 병행하여 파악하는 방법으로 매출 수량과 감모 수량[4]을 정확하게 파악할 수 있다.

[4]재고자산의 감모란 파손, 도난 등의 이유로 재고가 없어진 것을 말한다.

3) 단가결정방법

개별법	• 개별법: 개별 상품 각각에 가격표를 붙여서 개별적 단가를 결정하는 방법 • 장점: 실제 물량의 흐름과 동일하여 가장 정확한 방법이다. • 단점: 거래가 많을 경우 적용하기 어렵다.
선입선출법	• 선입선출법: 먼저 입고된 상품을 먼저 출고한다는 가정하에 출고단가를 결정하는 방법 • 장점: 실제 물량의 흐름과 일치하고, 기말재고자산 금액이 가장 최근 매입한 공정가치에 가깝게 표시된다. • 단점: 현재 수익에 오래된 매입가격으로 비용(매출원가)을 계산하기 때문에 수익·비용 대응의 원칙에 부적합하고 물가 상승 시 이익이 더 높게 보고되어 세금 부담이 크다.
후입선출법	• 후입선출법: 나중에 입고된 상품을 먼저 출고한다는 가정하에 출고단가를 결정하는 방법 • 장점: 현재 수익에 가장 최근 매입가격으로 비용(매출원가)을 계산하기 때문에 수익·비용 대응이 적절히 이루어진다. • 단점: 실제 물량 흐름의 동일하지 않고, 기말재고자산 금액이 오래전 매입가격으로 구성되어 공정가치에 가깝게 표시되지 않는다.

가중평균법	총 평균법	• 기말에 총입고금액을 총입고수량으로 나누어 총평균단가로 출고단가 결정하는 방법 총평균단가 $= \dfrac{\text{기초재고액} + \text{당기매입액}}{\text{기초재고수량} + \text{당기매입수량}}$
	이동 평균법	• 매입할 때마다 이동평균단가를 구하여 이동평균단가로 출고 단가를 결정하는 방법 이동평균단가 $= \dfrac{\text{매입 직전 재고액} + \text{추가 매입액}}{\text{매입 직전 재고수량} + \text{추가 매입수량}}$

4) 단가결정방법에 따른 기말재고액, 매출원가, 매출총이익(당기순이익)금액 결과 비교: 물가는 상승하고 기말재고수량은 기초재고수량보다 같거나 크다고 가정한다.

매출액	선입선출법 = 이동평균법 = 총평균법 = 후입선출법
기말재고액	선입선출법 > 이동평균법 ≥ 총평균법 > 후입선출법
매출원가	선입선출법 < 이동평균법 ≤ 총평균법 < 후입선출법
매출총이익(당기순이익)	선입선출법 > 이동평균법 ≥ 총평균법 > 후입선출법

5) 매출원가 기말재고액의 과소 · 과대 계상에 따른 영향: 단가결정방법에 따라 기말재고액과 매출원가의 금액에 차이가 발생하고 이에 따라 매출총이익(당기순이익)에 영향을 미친다.

기말재고액	과소계상	과대계상
매출원가	과대계상	과소계상
	⇩	⇩
매출총이익(당기순이익)	과소계상	과대계상

5. 기말재고자산에 포함되는 항목

미착상품	운송 중에 있어 아직 도착하지 않은 물품은 법률적인 소유권의 유무에 따라 재고자산 포함 여부를 결정한다. • 선적지 인도조건: 상품이 선적된 시점에 구매자의 재고자산에 포함 • 도착지(목적지) 인도조건: 상품이 목적지에 도착하여 구매자가 인수한 시점에 구매자의 재고자산에 포함

선적지 인도조건

판매자 소유	구매자 소유		
선적 전	선적 시점	운송	도착 시점

도착지 인도조건

판매자 소유			구매자 소유

적송품 (위탁상품)	위탁판매를 위해 위탁자가 수탁자에게 보낸 물품으로 고객에게 판매되기 전까지 위탁자 재고자산에 포함한다.

위탁자

위탁자 소유		구매자 소유
위탁자	위탁상품 (수탁자 보관)	판매

수탁자

재고자산으로 포함하지 않고 판매 수수료만 수익으로 계상

시송품	일정기간 사용한 후에 매입 여부를 결정하는 조건으로 보낸 물품으로 고객이 구매의사를 표시하기 전까지 판매자의 재고자산에 포함한다.

할부판매상품	상품 등을 고객에게 인도하고 대금은 미래에 분할하여 받기로 한 경우 대금이 회수되지 않았다고 하더라고 판매시점에 재고자산에 제외한다.
반품률이 높은 재고자산	반품률을 합리적으로 추정할 수 없을 경우에는 구매자가 상품의 인수를 수락하거나 반품기간이 종료된 시점까지는 판매자의 재고자산에 포함한다.

6. 재고자산감모손실과 재고자산평가손실

1) **재고자산감모손실**: 재고자산의 실제 수량이 장부상 수량보다 적은 경우 발생하는 손실을 말한다.

> **재고자산감모손실 = (장부상 재고수량 - 실제 재고수량) × 장부상 취득단가**

정상감모	업종의 특성에 따른 어쩔 수 없는 이유로 인해 필연적으로 발생하는 감모손실로 원가성이 인정되어 매출원가 계정으로 처리한다. (차) 매출원가 ×××원 (대) [재고자산 계정과목] ×××원
비정상감모	근무태만, 부주의 등의 이유로 발생한 회피가 가능한 감모손실로 원가성이 인정되지 않아 영업외비용으로 처리한다. (차) 재고자산감모손실 ×××원 (대) [재고자산 계정과목] ×××원 (영업외비용) (적요8. 타계정대체액)

> [8] 결산일 현재 재고자산을 실사하던 중 도난, 파손의 사유로 수량 부족이 발생한 제품의 원가는 2,000,000원으로 확인되었다(단, 수량 부족의 원인은 비정상적으로 발생한 것이다).
>
> (차)   (대)

2) **재고자산평가손실**: 재고자산의 시가가 취득원가보다 낮은 경우에 발생하는 손실을 말한다. 재고자산을 평가 할 때 기말단가가 취득원가보다 하락한 경우에만 재고자산평가손실을 인식한다.(저가법)

> **재고자산평가손실 = (장부상 단가 - 실제 단가) × 실제 수량**

가격하락	회계기간말 원칙적으로 항목별로 시가로 평가하여 적용한다. (차) 재고자산평가손실 ×××원 (대) 재고자산평가충당금 ×××원 (매출원가 가산) (재고자산 차감계정)
가격회복	평가손실을 초래했던 상황이 해소되어 새로운 시가가 장부금액보다 상승한 경우, 최초의 장부금액을 초과하지 않는 범위 내에서 평가손실을 환입한다. (대) 재고자산평가충당금 ×××원 (대) 재고자산평가충당금환입 ×××원 (매출원가 차감)

참 재고자산평가충당금의 표시

재무상태표

20×1년 12월 31일 현재 (단위:원)

과목	금액	
자산		
재고자산	500,000	
재고자산평가충당금	(100,000)	400,000

7. 타계정 대체

타계정 대체란 재고자산을 매출원가가 아닌 다른 계정으로 대체했다는 뜻으로 회사의 재고자산을 매출이나 판매 목적이 아닌 다른 목적으로 사용하는 경우에 사용한다.

타계정대체	재고자산을 광고, 복리후생 등의 목적으로 사용 → 대변에 해당 재고자산 감소, 차변에 비용 발생(광고선전비, 복리후생비 등)
	(차) [계정과목]　　　　　　　　×××원　　(대) [재고자산 계정과목]　　　　　　×××원
	(적요8. 타계정으로 대체액)

[9] 수재민을 돕기 위하여 당사가 만든 원가 5,000,000원의 제품을 부산광역시청에 기부하였다.

(차)　　　　　　　　　　　　　　　(대)

[10] 다음 자료에 의한 당기의 매출원가 얼마인가?

기초상품재고액	500,000원	기말상품재고액	1,000,000원
매입에누리	200,000원	총매입액	8,000,000원
타계정대체금액	100,000원	매입할인	100,000원

참 상품 T계정의 이해

(차변) +	상품	- (대변)
기초상품재고액	판매(매출원가)	
	평가손실	매출원가
	정상적 감모손실	
	비정상적 감모손실	타계정대체
	복리후생비 등	
당기상품순매입액	기말상품재고액	
판매가능상품	판매가능상품	

[1]	(차)	상품	100,000원	(대)	현금	100,000원
[2]	(차)	현금	500,000원	(대)	상품매출	500,000원
[3]	(차)	상품매출원가	130,000원	(대)	상품	130,000원
[4]	(차)	상품	220,000원	(대)	외상매입금(진안상사)	200,000원
					현금	20,000원
[5]	(차)	외상매입금(진안상사)	20,000원	(대)	매입환출및에누리(상품)	20,000원
[6]	(차)	외상매입금(진안상사)	180,000원	(대)	매입할인(상품)	1,800원
					현금	178,200원
[7]	(차)	상품매출원가	100,000원	(대)	상품	100,000원
[8]	(차)	재고자산감모손실	2,000,000원	(대)	제품	2,000,000원
					(적요8. 타계정으로 대체액)	
[9]	(차)	기부금	5,000,000원	(대)	제품	5,000,000원
					(적요8. 타계정으로 대체액)	

[10]
- 매출원가 = 기초상품재고액 500,000원 + 당기순매입액 7,700,000원 - 타계정대체금액 100,000원 - 기말상품재고액 1,000,000원 = 7,100,000원
- 당기순매입액 = 총매입액 8,000,000원 - 매입에누리 200,000원 - 매입할인 100,000원 = 7,700,000

상품(자산)			(단위 : 원)
기초상품재고액	500,000	매출원가	7,100,000
총매입액	8,000,000	타계정대체금액	100,000
매입에누리금액	(200,000)		
매입할인	(100,000)	기말상품재고액	1,000,000
	8,200,000		8,200,000

예제 — 재고자산감모손실과 평가손실

기말상품재고의 내역은 다음과 같다. 재고자산감모손실과 재고자산평가손실을 계산하고 회계처리하시오. (단, 해당 상품의 특성상 20개는 정상감모로 가정한다.)

구분	수량	단가
장부상	100	@100
실제	50	@80

정답 및 해설

1. 선 감모손실 인식 후 평가손실 인식

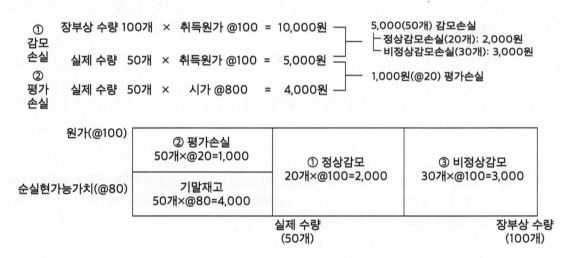

2. 회계처리

1) 비정상감모손실

(차)	재고자산감모손실 (영업외비용)	3,000원	(대)	상품 (적요8.타계정으로 대체)	3,000원

2) 정상감모손실

(차)	상품매출원가	2,000원	(대)	상품	2,000원

3) 재고자산평가손실

(차)	재고자산평가손실	1,000원	(대)	상품평가충당금	1,000원

뽀송테크㈜(회사코드: 8000)의 데이터를 사용하여 연습할 수 있습니다.

    (1) 3월 1일   상품 매입에 따른 택배요금 4,300,000원을 우체국에 현금으로 지급하였다.

    (2) 3월 2일   수입한 상품에 부과된 관세 7,560,000원을 보통예금 계좌에서 이체하여 납부하였다.

    (3) 3월 3일   아주중고로부터 매입한 원재료에 대한 매입운임 50,000원을 현금으로 지급하였다.

    (4) 3월 4일   미국에서 수입한 원재료 5톤을 인천공항에서 공장까지 운송하고 운송료 2,000,000원을 현금으로 지급하였다.

    (5) 3월 5일   수입한 원재료에 대해 관세 2,000,000원, 통관 수수료 300,000원을 현금으로 지출 하였다.

    (6) 3월 6일   현재 선적이 완료되어 운송 중인 원재료 20,000,000원이 있으며, 이에 대한 전표처리가 누락되어 있음을 발견하였다. 당 원재료의 수입계약은 blizzard와의 선적지 인도조건이며 대금은 도착 후 1개월 이내에 지급하기로 하였다.

    (7) 3월 7일   ㈜진안테크에서 매입한 원재료 일부에서 불량품이 발견되어 외상대금잔액 5,000,000원 중 1,200,000원을 감액받고 나머지는 보통예금으로 결제하였다.

(8) 3월 8일   당사에서 생산한 제품 4,000,000원(장부가액)을 국군장병위문품으로 국방부에 무상으로 기탁하였다.

(9) 3월 9일   회사에서 보관 중이던 원재료(원가 600,000원, 시가 800,000원)를 영업부 소모품으로 사용하였다(비용으로 처리할 것).

(10) 3월 10일   본사 창고에서 화재가 발생하여 창고에 보관하고 있던 제품 15,000,000원(장부가액)이 소실되었다. 당사는 이와 관련한 보험에 가입되어 있지 않다.

(11) 3월 11일   창고에 보관 중인 제품 1대(원가 1,000,000원)를 판매직 직원의 복리후생 목적으로 무상 제공하다.

(12) 3월 12일   제품 1세트(원가 400,000원)를 매출거래처에 견본품으로 무상제공하다.(단, 견본비 계정과목으로 회계처리할 것)

(13) 3월 13일   제조과정에 사용될 원재료 300,000원(시가 500,000원)을 공장 기계장치를 수선하는데 사용하였다.(단, 기계장치의 수선은 수익적 지출에 해당한다.)

뽀송테크㈜(회사코드: 8000)의 데이터를 사용하여 연습할 수 있습니다.

[1]	3월 1일	(차)	상품	4,300,000원	(대)	현금	4,300,000원
[2]	3월 2일	(차)	상품	7,560,000원	(대)	보통예금	7,560,000원
[3]	3월 3일	(차)	원재료	50,000원	(대)	현금	50,000원
[4]	3월 4일	(차)	원재료	2,000,000원	(대)	현금	2,000,000원
[5]	3월 5일	(차)	원재료 (또는 미착품)	2,300,000원	(대)	현금	2,300,000원
[6]	3월 6일	(차)	원재료 (또는 미착품)	20,000,000원	(대)	외상매입금(blizzard)	20,000,000원
[7]	3월 7일	(차)	외상매입금(㈜진안테크)	5,000,000원	(대)	매입환출및에누리(원재료) 보통예금	1,200,000원 3,800,000원
[8]	3월 8일	(차)	기부금	4,000,000원	(대)	제품 (적요8.타계정으로 대체액)	4,000,000원
[9]	3월 9일	(차)	소모품비(판)	600,000원	(대)	원재료 (적요8.타계정으로 대체액)	600,000원
[10]	3월 10일	(차)	재해손실	15,000,000원	(대)	제품 (적요8.타계정으로 대체액)	15,000,000원
[11]	3월 11일	(차)	복리후생비(판)	1,000,000원	(대)	제품 (적요8.타계정으로 대체액)	1,000,000원
[12]	3월 12일	(차)	견본비(판)	400,000원	(대)	제품 (적요8.타계정으로 대체액)	400,000원
[13]	3월 13일	(차)	수선비(제)	300,000원	(대)	원재료 (적요8.타계정으로 대체액)	300,000원

핵심 기출문제

01 다음 중 일반기업회계기준에 따른 재고자산으로 분류되는 항목은?

① 회계법인의 업무용으로 구입한 컴퓨터

② 임대업을 운영하는 기업의 임대용으로 보유 중인 주택

③ 경영컨설팅을 전문으로 하는 회사에서 시세차익을 목적으로 보유하는 유가증권

④ 조선업을 운영하는 기업의 판매용으로 제조 중인 선박

02 다음 중 재고자산으로 분류되는 경우는?

① 제조업을 운영하는 회사가 공장이전 목적으로 보유 중인 토지

② 도매업을 운영하는 회사가 판매 목적으로 보유하는 상품

③ 부동산매매업을 운영하는 회사가 장기 시세차익을 목적으로 보유하는 유가증권

④ 서비스업을 운영하는 회사가 사옥 이전 목적으로 보유 중인 건물

03 다음 중 재고자산의 취득원가에 포함시켜야 하는 항목으로 가장 맞는 것은?

① 판매수수료 　　　　　　　　② 판매시의 운송비용

③ 재고자산 매입시 수입관세 　　④ 인수 후 판매까지의 보관료

정답 및 해설

01 ④ 재고자산은 판매용으로 보유하는 자산을 의미한다.
- ① 유형자산, ② 유형자산, ③ 투자자산
- [일반기업회계기준 문단 7.3] '재고자산'은 정상적인 영업과정에서 판매를 위하여 보유하거나 생산과정에 있는 자산 및 생산 또는 서비스 제공과정에 투입될 원재료나 소모품의 형태로 존재하는 자산을 말한다.

02 ② 도매업을 운영하는 회사가 판매 목적으로 보유하는 상품은 재고자산에 해당된다.
① 유형자산 ③ 투자자산 ④ 유형자산

03 ③ 일반기업회계기준 7.6, 7.10, 나머지는 재고자산 취득원가에 포함할 수 없으며 발생기간의 비용으로 인식한다.

04 다음 중 상품의 매출원가 계산 시 총매입액에서 차감해야 할 항목은 무엇인가?

① 기초재고액   ② 매입수수료

③ 매입환출 및 매입에누리   ④ 매입 시 운반비

05 다음의 자료를 이용하여 매출원가를 구하시오.

- 기초상품재고액 5,000,000원
- 당기매입액 2,000,000원
- 매입할인 100,000원
- 매입운임 200,000원
- 기말상품재고액 2,000,000원

① 4,900,000원   ② 5,000,000원   ③ 5,100,000원   ④ 5,200,000원

06 다음 자료는 12월 31일 결산자료이다. 상품 매출원가를 계산하고 이에 대한 회계처리로 옳은 것은?

- 기초상품재고액 10,000,000원
- 당기상품매입액 5,000,000원
- 기말상품재고액 4,000,000원
- 매입에누리 및 매입환출 700,000원

① (차) 상품	11,000,000원	(대) 상품매출원가	11,000,000원
② (차) 상품매출원가	10,300,000원	(대) 상품	10,300,000원
③ (차) 상품	11,300,000원	(대) 상품매출원가	11,300,000원
④ (차) 상품매출원가	10,000,000원	(대) 상품	10,000,000원

07 다음 자료를 이용하여 매출원가를 계산하면 얼마인가?

- 기초상품 재고액 : 3,000,000원
- 매입시 운반비 : 500,000원
- 매입할인액 : 300,000원
- 당기 총 매입액 : 10,000,000원
- 매입환출 및 에누리 : 1,000,000원
- 기말상품 재고액 : 2,000,000원

① 9,200,000원   ② 10,200,000원   ③ 11,200,000원   ④ 11,800,000원

08 부산의 5월초 상품재고액은 500,000원이며, 5월의 상품 매입액은 350,000원, 5월의 매출액은 600,000원이다. 매출총이익률은 매출액의 20%라고 한다면, 5월말 상품재고액은 얼마인가?

① 250,000원   ② 370,000원   ③ 480,000원   ④ 620,000원

09 다음 자료를 이용하여 상품의 기말재고액을 계산하면 얼마인가?

• 매출액 : 2,000,000원	• 매출에누리 : 300,000원	• 매출할인 : 200,000원
• 매입액 : 1,500,000원	• 매입할인 : 50,000원	• 매입환출 : 100,000원
• 타계정으로 대체 : 200,000원	• 기초재고액 : 30,000원	• 매출총이익 : 370,000원

① 50,000원　　　　② 100,000원　　　　③ 200,000원　　　　④ 30,000원

10 재고자산의 수량을 파악하는 방법으로만 짝지어진 것은?

㉮ 개별법	㉯ 선입선출법	㉰ 계속기록법	㉱ 후입선출법	㉲ 실지재고조사법

① ㉮, ㉰　　　　　② ㉯, ㉱　　　　　③ ㉰, ㉲　　　　　④ ㉮, ㉯, ㉱

정답 및 해설

04 ③ 상품의 매입환출 및 매입에누리는 매출원가 계산 시 총매입액에서 차감하는 항목이다.

05 ③ 5,100,000원
= 기초상품 5,000,000원 + (당기매입 2,000,000원 - 매입할인 100,000원) + 매입운임 200,000원 -
기말상품 2,000,000원

06 ② • 상품매출원가 : 기초상품재고액 10,000,000원 + 당기순매입액 4,300,000원 - 기말상품재고액
4,000,000 = 10,300,000원
• 당기순매입액 : 당기상품매입액 5,000,000원 - 매입에누리 및 매입환출 700,000원 = 4,300,000원

07 ② 당기순매입액 = 당기총매입액 + 매입시운반비 - 매입환출 및 에누리 - 매입할인액
= 10,000,000원 + 500,000원 - 1,000,000원 - 300,000원 = 9,200,000원
매출원가 = 기초상품재고액 + 당기순매입액 - 기말상품재고액
= 3,000,000원 + 9,200,000원 - 2,000,000원 = 10,200,000원

08 ② 매출총이익 : 600,000원 × 0.2 = 120,000원
매출원가 : 600,000원 - 120,000원 = 480,000원
기말상품재고액 : 500,000원 + 350,000원 - 480,000원 = 370,000원

09 ① 순매출액 = 매출액 - 매출할인 - 매출에누리 = 2,000,000원 - 200,000원 - 300,000원 =
1,500,000원
매출총이익 = 순매출액 - 매출원가 = 1,500,000원 - 1,130,000원 = 370,000원
매출원가 = 기초재고액 + 매입액 - 매입환출 - 매입할인 - 타계정으로 대체 - 기말재고액
= 30,000원 + 1,500,000원 - 100,000원 - 50,000원 - 200,000원 - (기말재고액)50,000원
= 1,130,000원

10 ③ 개별법, 선입선출법, 후입선출법은 재고자산 가격결정방법이다.

11 다음 중 기말재고자산 단가 결정 방법이 아닌 것은?

① 선입선출법   ② 총평균법   ③ 연수합계법   ④ 이동평균법

12 다음은 재고자산 단가 결정방법에 대한 설명이다. 어느 방법에 대한 설명인가?

- 실제의 물량 흐름에 대한 원가흐름의 가정이 대체로 유사하다.
- 현재의 수익과 과거의 원가가 대응하여 수익·비용 대응의 원칙에 부적합하다.
- 물가 상승 시 이익이 과대 계상된다.

① 개별법   ② 선입선출법   ③ 후입선출법   ④ 총평균법

13 다음 중 재고자산의 평가방법에 대한 설명으로 가장 옳지 않은 것은?

① 개별법은 실제물량 흐름과 원가흐름이 일치하는 평가방법이다.

② 선입선출법을 적용시 기말재고는 최근에 구입한 상품의 원가로 구성된다.

③ 물가가 상승시 선입선출법을 적용하면 평균법에 비해 일반적으로 매출총이익이 작게 계상된다.

④ 평균법은 기초재고자산과 당기에 매입한 상품으로 평균 단위당 원가를 구하여 기말재고자산과 매출원가를 계산하는 것이다.

14 재고자산 평가방법에 대하여 잘못 설명한 것은?

① 개별법은 실제수익과 실제원가가 대응되어 이론적으로 가장 우수하다고 할 수 있으나 실무에서 적용하는 데는 어려움이 있다.

② 재고수량이 동일할 때 물가가 지속적으로 상승하는 경우에는 선입선출법을 적용하면 다른 평가방법을 적용하는 경우보다 상대적으로 이익이 크게 표시된다.

③ 총평균법은 매입거래가 발생할 때마다 단가를 재산정해야하는 번거로움이 있다.

④ 후입선출법은 일반적인 물량흐름과 반대이다.

15 다음은 ㈜상무물산의 제1기(1.1. ~ 12.31.) 재고자산에 대한 내역이다. 선입선출법에 의한 기말재고자산금액은 얼마인가?

일자	적요	수량	단가
01.23	매입	3,000개	300원
04.30	매출	500개	500원
05.31	매출	1,500개	600원
08.15	매입	2,000개	400원
12.25	매출	500개	500원

① 750,000원　　　　② 850,000원　　　　③ 916,666원　　　　④ 950,000원

16 다음은 ㈜마포의 제7기(1.1 ~ 12.31) 재고자산 관련 자료이다. 총평균법에 의한 기말재고자산 계산 시의 단가로 옳은 것은?

일자	적요	수량	단가
1월 1일	기초재고	10개	100원
1월 14일	매입	30개	120원
9월 29일	매출	20개	140원
10월 17일	매입	10개	110원

① 125원　　　　② 120원　　　　③ 114원　　　　④ 110원

정답 및 해설

11 ③ 연수합계법은 유형자산의 감가상각방법 중 하나이다.

12 ② 원가흐름 가정 중 선입선출법은 먼저 입고된 자산이 먼저 출고된 것으로 가정하여 입고 일자가 빠른 원가를 출고 수량에 먼저 적용한다. 선입선출법은 실제 물량 흐름에 대한 원가흐름의 가정이 유사하다는 장점이 있으나, 수익·비용 대응의 원칙에 부적합하고, 물가 상승 시 이익이 과대 계상되는 단점이 있다.

13 ③ 물가가 상승하고 있을 때 선입선출법을 적용하면 평균법에 비해 일반적으로 매출총이익이 크게 계상된다.

14 ③ 이동평균법은 매입거래가 발생할 때마다 단가를 재산정 해야하는 번거로움이 있다.

15 ④ 950,000원
= (500개×300원) + (2,000개×400원)

16 ③ [(10개× 100원)+(30개× 120원)+(10개× 110원)] ÷ (10개+30개+10개) = 114원

17 다음은 ㈜서울의 재고자산 관련 자료이다. 선입선출법과 총평균법에 따른 각 기말재고자산 금액으로 옳은 것은?

일자	적요	수량	단가
01월 01일	기초재고	10개	100,000원
03월 14일	매입	30개	120,000원
09월 29일	매출	20개	140,000원
10월 17일	매입	10개	110,000원

	선입선출법	총평균법
①	2,500,000원	2,420,000원
②	2,500,000원	2,820,000원
③	3,500,000원	3,420,000원
④	3,500,000원	3,820,000원

18 다음은 ㈜진성상사의 제1기(1.1~12.31) 재고자산 내역이다. 이동평균법에 의한 기말재고자산의 단가는 얼마인가?

일자	적요	수량	단가
1월 23일	매입	2,000개	250원
5월 15일	매출	1,000개	500원
12월 24일	매입	1,000개	400원

① 250원   ② 300원   ③ 325원   ④ 400원

19 물가가 지속적으로 상승하는 경우에 기초재고수량과 기말재고수량이 동일하게 유지된다면 매출총이익을 가장 높게 평가하는 재고자산평가방법은 무엇인가?

① 선입선출법   ② 이동평균법   ③ 총평균법   ④ 후입선출법

20 다음 중 물가가 지속적으로 하락하는 경우 매출원가, 매출총이익 및 기말재고자산의 금액이 가장 높게 평가되는 재고자산평가방법으로 짝지어진 것은? (단, 기초재고자산수량과 기말재고자산수량은 동일하다고 가정함)

	매출원가	매출총이익	기말재고자산금액
①	선입선출법	후입선출법	선입선출법
②	후입선출법	선입선출법	후입선출법
③	선입선출법	후입선출법	후입선출법
④	후입선출법	선입선출법	선입선출법

21 물가가 상승하는 시기에 있어 재고자산의 기초재고수량과 기말재고수량이 같을 경우에, 매출원가, 당기순이익과 법인세비용을 가장 높게 하는 재고자산 원가결정방법으로 묶어진 것은?

	매출원가	당기순이익	법인세비용
①	선입선출법	평균법	평균법
②	후입선출법	선입선출법	선입선출법
③	평균법	후입선출법	후입선출법
④	선입선출법	선입선출법	선입선출법

정답 및 해설

17 ③ • 선입선출법 : (20개×120,000원) + (10개×110,000원) = 3,500,000원
  • 총평균법 : (30개×114,000원[*1]) = 3,420,000원
  *1 총평균법 단가 : [(10개×100,000원) + (30개×120,000원) + (10개×110,000원)] ÷ 50개 = 114,000원

18 ③ [(1,000개×@250)+ (1,000개×400원)] ÷ 2,000개 = @325원

19 ① 물가가 상승하는 경우에는 선입선출법이 매출원가를 가장 적게 계상하므로 매출총이익이 가장 크게 나타난다.

20 ③ 물가가 하락하는 경우 매출원가, 매출총이익 및 기말재고자산의 금액은 아래와 같다.

매출원가	매출총이익	기말재고자산금액
선입선출법 ↑	선입선출법 ↓	선입선출법 ↓
후입선출법 ↓	후입선출법 ↑	후입선출법 ↑

21 ②

22 다음 중 재고자산의 평가방법에 대한 설명으로 가장 옳지 않은 것은?

① 후입선출법은 실제물량 흐름과 일치하는 평가방법이다.

② 선입선출법을 적용시 기말재고는 최근에 구입한 상품의 원가로 구성된다.

③ 물가가 상승하고 있을 때 선입선출법을 적용하면 평균법에 비해 일반적으로 매출원가가 적게 계상된다.

④ 총평균법은 기초재고자산과 당기에 매입한 상품에 대해 평균 단위당 원가로 기말재고자산가액을 계산하는 것이다.

23 다음 중 재고자산을 기말 장부금액에 포함할 것인지의 여부를 설명한 것으로 틀린 것은?

① 적송품 : 기말 현재 판매되지 않은 적송품은 수탁자의 재고자산에 포함된다.

② 시송품 : 고객이 구매의사를 표시하기 전까지는 판매자의 재고자산에 포함된다.

③ 할부판매상품 : 대금이 모두 회수되지 않았다고 하더라도 상품의 판매시점에서 판매자의 재고자산에서 제외한다.

④ 미착상품 : 선적지인도조건인 경우에는 상품이 선적된 시점에 소유권이 매입자에게 이전되기 때문에 미착상품은 매입자의 재고자산에 포함된다.

24 다음 중 재고자산을 기말 장부금액에 포함할 것인지의 여부를 설명한 것으로 틀린 것은?

① 미착상품 : 선적지인도조건인 경우에는 상품이 선적된 시점에 소유권이 매입자에게 이전되기 때문에 미착상품은 매입자의 재고자산에 포함한다.

② 적송품 : 수탁자가 제3자에게 판매하기 전까지는 위탁자의 재고자산에 포함한다.

③ 반품률이 높은 재고자산 : 반품률을 합리적으로 추정할 수 없을 경우에는 구매자가 상품의 인수를 수락하거나 반품기간이 종료된 시점까지는 판매자의 재고자산에 포함한다.

④ 할부판매상품 : 대금이 모두 회수되지 않은 경우 상품의 판매시점에 판매자의 재고자산에 포함한다.

25 다음 중 기말재고자산에 포함될 항목을 모두 모은 것은?

a. 시용판매용으로 고객에게 제공한 재화에 대해 고객이 매입하겠다는 의사표시를 해옴
b. 위탁판매용으로 수탁자에게 제공한 재화 중 수탁자가 현재 보관중인 재화
c. 장기할부조건으로 판매한 재화
d. 도착지 인도조건으로 운송중인 판매재화

① a,b   ② b,c   ③ b,d   ④ c,d

26 다음 사항 중 재고자산에 포함되는 금액은 얼마인가?(단, 미착상품은 모두 매입하는 상품으로 운송 중에 있는 것으로 가정한다.)

> • 미착상품(도착지인도조건) : 50,000원
> • 위탁상품(수탁자창고보관) : 50,000원
> • 미착상품(선적지인도조건) : 50,000원
> • 시송품(구매의사표시없음) : 50,000원

① 50,000원   ② 100,000원   ③ 150,000원   ④ 200,000원

27 다음 중 일반기업회계기준에 따른 재고자산의 회계처리에 대한 설명으로 옳지 않은 것은?

① 재고자산은 이를 판매하여 수익을 인식한 기간에 매출원가로 인식한다.

② 재고자산의 시가가 장부금액 이하로 하락하여 발생한 평가손실은 재고자산의 장부금액에서 직접 차감한다.

③ 재고자산의 장부상 수량과 실제 수량과의 차이에서 발생하는 감모손실의 경우 정상적으로 발생한 감모손실은 매출원가에 가산한다.

④ 재고자산의 장부상 수량과 실제 수량과의 차이에서 발생하는 감모손실의 경우 비정상적으로 발생한 감모손실은 영업외비용으로 분류한다.

정답 및 해설

22 ① 후입선출법은 실제물량 흐름과 일치하지 않는 평가방법이다.

23 ① 적송품은 고객에게 판매되기 전까지는 위탁자의 소유 자산이므로, 기말 현재 판매되지 않은 적송품은 수탁자의 창고에 보관되어 있더라도 위탁자의 재고자산에 포함한다.

24 ④ 일반기업회계기준 문단 실7.5 : (6) 할부판매상품 : 재고자산을 고객에게 인도하고 대금의 회수는 미래에 분할하여 회수하기로 한 경우 대금이 모두 회수되지 않았다고 하더라도 상품의 판매시점에서 판매자의 재고자산에서 제외한다.

25 ③ 시용판매는 구매자가 매입의사를 표시한 시점, 위탁판매는 수탁자가 실제로 판매한 날, 장기할부판매는 인도기준, 목적지 인도조건의 경우에는 목적지에 도착한 시점에 매출로 인식한다.

26 ③ 미착상품(선적지인도조건)50,000원 + 위탁상품(수탁자창고보관)50,000원 + 시송품(구매의사표시없음)50,000원 = 150,000원

27 ② 재고자산의 시가가 장부금액 이하로 하락하여 발생한 평가손실은 재고자산의 차감계정으로 표시하고 매출원가에 가산한다. (일반기업회계기준 제7장 재고자산 20)

28 재고자산감모손실이 10,000원 발생하였다. 이 중 8,000원은 정상적인 감모손실이고 2,000원은 비정상적인 감모손실이다. 다음 중 감모손실이 재무제표에 미치는 영향을 잘못 설명한 것은?

① 당기순이익을 10,000원 감소시킨다.

② 재고자산을 10,000원 감소시킨다.

③ 매출총이익을 8,000원 감소시킨다.

④ 영업이익을 10,000원 감소시킨다.

29 재고자산의 저가법 적용과 관련하여 다음 중 타당하지 않은 것은?

① 재고자산을 저가법으로 평가하는 경우 상품의 시가는 순실현가능가치를 말한다.

② 재고자산 평가를 위한 저가법은 원칙적으로 항목별로 적용한다.

③ 시가는 매 회계기간말에 추정한다.

④ 재고자산의 시가가 장부금액 이하로 하락하여 발생한 평가손실은 영업외비용으로 처리한다.

30 다음 중 재고자산의 평가에 대한 설명으로 옳지 않은 것은?

① 성격이 상이한 재고자산을 일괄 구입하는 경우에는 공정가치 비율에 따라 안분하여 취득원가를 결정한다.

② 재고자산의 취득원가에는 취득과정에서 발생한 할인, 에누리는 반영하지 않는다.

③ 저가법을 적용할 경우 시가가 취득원가보다 낮아지면 시가를 장부금액으로 한다.

④ 저가법을 적용할 경우 발생한 차액은 전부 매출원가로 회계처리한다.

31 다음 중 재고자산의 기말평가시 저가법을 적용하는 경우, 그 내용으로 틀린 것은?

① 가격하락시 : (차) 재고자산평가손실　　×××　　(대) 재고자산평가충당금　　　　×××

② 가격회복시 : (차) 재고자산평가충당금　×××　　(대) 재고자산평가충당금환입　　×××

③ 재고자산평가충당금환입은 영업외수익으로 분류한다.

④ 재고자산평가충당금은 해당 재고자산에서 차감하는 형식으로 기재한다.

32 일반기업회계기준에 근거하여 다음의 재고자산을 평가하는 경우 재고자산평가손익은 얼마인가?

상품명	기말재고수량	취득원가	추정판매가격 (순실현가능가치)
비누	100개	75,000원	65,000원
세제	200개	50,000원	70,000원

① 재고자산평가이익 3,000,000원

② 재고자산평가이익 4,000,000원

③ 재고자산평가손실 3,000,000원

④ 재고자산평가손실 1,000,000원

33 다음 중 손익계산서상 표시되는 매출원가를 증가시키는 영향을 주지 않는 것은?

① 판매 이외 목적으로 사용된 재고자산의 타계정대체액

② 재고자산의 시가가 장부금액 이하로 하락하여 발생한 재고자산평가손실

③ 정상적으로 발생한 재고자산감모손실

④ 원재료 구입 시 지급한 운반비

정답 및 해설

28 ④ 일반기업회계기준 7.20
재고자산의 장부상 수량과 실제 수량과의 차이에서 발생하는 감모손실의 경우 정상적으로 발생하는 감모손실은 매출원가에 가산하고 비정상적으로 발생하는 감모손실은 영업외비용으로 분류한다.

29 ④ 재고자산의 시가가 장부금액 이하로 하락하여 발생한 평가손실은 재고자산의 차감계정으로 표시하고 매출원가에 가산한다.(일반기업회계기준 문단 7.20)

30 ② 재고자산의 매입원가는 매입금액에 매입운임, 하역료 및 보험료 등 취득과정에서 정상적으로 발생한 부대비용을 가산한 금액이다. 매입과 관련된 할인, 에누리 및 기타 유사한 항목은 매입원가에서 차감한다.

31 ③ 재고자산평가충당금환입은 매출원가에서 차감한다. 재고자산은 이를 판매하여 수익을 인식한 기간에 매출원가로 인식한다. 재고자산의 시가가 장부금액 이하로 하락하여 발생한 평가손실은, 재고자산의 차감계정으로 표시하고 매출원가에 가산한다(일반기업회계기준 7.20). 시가는 매 회계기간말에 추정한다. 저가법의 적용에 따른 평가손실을 초래했던 상황이 해소되어 새로운 시가가 장부금액보다 상승한 경우에는, 최초의 장부금액을 초과하지 않는 범위 내에서 평가손실을 환입한다. 재고자산평가손실의 환입은 매출원가에서 차감한다(일반기업회계기준 7.19).

32 ④ 재고자산평가손실 1,000,000원
= 비누(취득원가 75,000원 - 순실현가능가치 65,000원)×100개
• 세제의 경우 평가이익에 해당하나 최초의 취득가액을 초과하는 이익은 저가법상 인식하지 않는다.

33 ① 기업의 정상적인 영업활동의 결과로써 재고자산은 제조와 판매를 통해 매출원가로 대체된다. 그러나 재고자산이 외부 판매 이외의 용도로 사용될 경우 '타계정대체'라 하며 이때는 매출원가가 증가하지 않는다.

34 다음 중 매출원가에 영향을 미치지 않는 비용은?

① 원재료 구입에 따른 운반비

② 화재로 소실된 원재료

③ 재고자산평가손실

④ 정상적인 재고자산감모손실

35 다음 자료에 의할 때 당기의 매출원가는 얼마인가?

• 기초상품재고액	500,000원	• 기말상품재고액	1,500,000원
• 매입에누리금액	750,000원	• 총매입액	8,000,000원
• 타계정대체금액	300,000원	• 판매대행수수료	1,100,000원

① 7,050,000원　　② 6,950,000원　　③ 6,250,000원　　④ 5,950,000원

정답 및 해설

34 ② 일반기업회계기준 2.48 : 매출원가는 제품, 상품 등의 매출액에 대응되는 원가로서 판매된 제품이나 상품 등에 대한 제조원가 또는 매입원가이다.

일반기업회계기준 7.6 : 재고자산 매입에 따른 매입운임은 매입원가에 포함된다.

일반기업회계기준 7.20 : 재고자산의 시가가 장부금액 이하로 하락하여 발생한 손실은 재고자산의 차감계정으로 표시하고 매출원가에 가산한다. 재고자산의 장부상 수량과 실제 수량과의 차이에서 발생하는 감모손실의 경우 정상적으로 발생한 감모손실은 매출원가에 가산하고 비정상적으로 발생한 감모손실은 영업외비용으로 분류한다.

일반기업회계기준 7.10 : 재료원가 중 비정상적으로 낭비된 부분은 재고자산 원가에 포함하지 않고, 발생한 기간의 비용으로 인식한다.

35 ④ 5,950,000원

= 기초상품재고액 500,000원 + 당기순매입액 7,250,000원 - 타계정대체금액 300,000원 - 기말상품재고액 1,500,000원

• 순매입액 : 총매입액 8,000,000원 - 매입에누리금액 750,000원 = 7,250,000원

상품(자산)			(단위 : 원)
기초상품재고액	500,000	매출원가	5,950,000
총매입액	8,000,000	타계정대체금액	300,000
매입에누리금액	(750,000)	기말상품재고액	1,500,000
(증가)		(감소)	
	7,750,000		7,750,000

3 투자자산

1. 투자자산의 정의

투자자산이란 비유동자산 중 기업의 판매활동 이외의 장기간에 걸쳐 투자이익을 얻을 목적으로 보유하는 자산이다.

2. 투자자산의 주요 계정과목

장기 금융상품	장기성예금	결산일 기준 만기가 1년 이후에 도래하는 정기예금, 정기적금
	특정현금과예금	결산일 기준 만기가 1년 이후에 도래하는 사용이 제한되어 있는 금융상품
장기대여금		결산일 기준 1년 이후 돌려받는 조건으로 빌려준 금전
투자부동산		기업의 고유 영업활동과 직접 관련 없이 시세차익을 목적으로 보유하는 토지 건물 및 기타의 부동산
매도가능증권		단기매매증권, 만기보유증권, 지분법적용투자주식으로 분류되지 않는 주식이나 채권
만기보유증권		만기까지 보유할 적극적인 의도와 능력이 있는 국채, 공채, 사채
지분법적용투자주식		다른회사를 지배할 목적으로 보유하는 주식으로 다른 회사에 중대한 영향력을 행사할 수 있는 주식

3. 투자자산 계정과목별 회계처리

1) 장기성예금

납입	• 결산일 기준 만기가 1년 이후 도래하는 정기예·적금 납입 → 장기성예금(자산)의 증가 → 차변
	(차) 장기성예금 　　　　　×××원　　(대) [계정과목] 　　　　　×××원

[1] 만기가 3년 후인 정기적금에 이달분 1,500,000원을 예금하기 위해 보통예금통장에서 이체하다.

(차)	(대)

2) 장기대여금

금전대여	• 결산일 기준 만기가 1년 이후 도래하는 조건으로 금전을 빌려줌 → 장기대여금(자산)의 증가 → 차변
	(차) 장기대여금 　　　　　×××원　　(대) [계정과목] 　　　　　×××원

[2] 리부상사에 3년 후에 회수하기로 하고 보통예금 계좌에서 3,000,000원을 이체하여 주다.

(차)	(대)

3) 투자부동산

취득	• 투자목적으로 부동산 구입 → 투자부동산(자산)의 증가 → 차변
	(차) 투자부동산 　　　　　　　　 ×××원 　　(대) [계정과목] 　　　　　　　　 ×××원

> [3] 리부상사에서 투자목적으로 건물을 70,000,000원에 매입하고 전액 약속어음을 발행하여 교부하다. 건물 매입에 따른 취득세 770,000원은 현금으로 납부하다.
>
> 　　(차)　　　　　　　　　　　　　　　　　　(대)

4) 유가증권

(1) 유가증권의 분류

구분	목적	분류	지분증권 (주식)	채무증권 (채권)
단기매매증권	단기시세차익(1년 내 처분)	당좌자산	○	○
매도가능증권	장기투자	투자자산	○	○
	1년 내 처분·만기	당좌자산		
만기보유증권	만기보유목적	투자자산	×	○
	1년 내 만기 도래	당좌자산		
지분법적용투자주식	유의적 영향력 행사	투자자산	○	×

(2) 매도가능증권의 회계처리

취득	• 취득원가: 매입가액 + 취득부대비용 • 장기투자 목적으로 주식 취득 → 매도가능증권(자산)의 증가 → 차변 (차) 매도가능증권 　　　　　 ×××원 　　(대) [계정과목] 　　　　　　　 ×××원
기말 평가	• 결산 시 매도가능증권의 장부가액과 공정가액을 비교하여 공정가액으로 평가하고 평가손익은 매도가능증권평가손익으로 처리한다. 매도가능증권평가손익은 자본의 기타포괄손익누계액에 해당하는 항목으로 당기순손익에 영향을 주지 않고 전기말 금액이 당기초로 이월되며 누적된다. ① 장부가액 < 공정가액: 매도가능증권(자산)의 증가, 매도가능증권평가이익(자본)의 증가 (차) 매도가능증권 　　　　　 ×××원 　　(대) 매도가능증권평가이익 　　 ×××원 참 매도가능증권평가손실잔액이 있다면 먼저 차감하고 초과분을 매도가능증권평가이익으로 회계처리한다. ② 장부가액 > 공정가액: 매도가능증권(자산)의 감소, 매도가능증권평가손실(자본)의 증가 (차) 매도가능증권평가손실 　　 ×××원 　　(대) 매도가능증권 　　　　　　 ×××원 참 매도가능증권평가이익잔액이 있다면 먼저 차감하고 초과분을 매도가능증권평가손실으로 회계처리한다.

| 처분 | • 처분 시 매도가능증권평가손익 계정까지 함께 제거하고, 취득가액과 처분금액을 비교하여 처분 시 발생한 손익은 매도가능증권처분손익(영업외손익)을 인식한다. 처분 시 발생한 수수료 등은 매도가능증권처분손익 계정에서 가감한다. |

① 장부가액 < 처분가액: 매도가능증권(자산)의 감소, 매도가능증권처분이익(수익) 발생

(차) [계정과목]   ×××원   (대) 매도가능증권(장부가액)   ×××원
    매도가능증권평가이익   ×××원   또는   매도가능증권평가손실   ×××원
                                매도가능증권처분이익   ×××원
                                (취득가액 - 처분금액)   ×××원

② 장부가액 > 처분가액: 매도가능증권(자산)의 감소, 매도가능증권처분손실(비용) 발생

(차) [계정과목]   ×××원   (대) 매도가능증권(장부가액)   ×××원
    매도가능증권평가이익   ×××원   또는   매도가능증권평가손실   ×××원
    매도가능증권처분손실   ×××원
    (취득가액 - 처분금액)   ×××원

---

[4] 장기투자 목적으로 ㈜사과의 보통주 100주를 1주당 2,000원(1주당 액면가액 1,000원)에 취득하고 대금은 매입수수료 10,000원과 함께 보통예금 계좌에서 이체하여 지급하였다.

(차)   (대)

[5] ㈜사과에서 발행한 채권(만기는 20X3년 5월 1일이고, 시장성은 없다.) 10,000,000원을 만기까지 보유할 목적으로 당좌수표를 발행하여 취득하였다. 단, 채권을 취득하는 과정에서 발생한 수수료 10,000원은 현금으로 지급하였다.

(차)   (대)

[6] 기말 현재 당사가 장기투자를 목적으로 보유하고 있는 ㈜하나가 발행한 주식의 취득원가, 전년도 말 및 당해연도 말 공정가액은 다음과 같다. 단, 하나의 전표로 입력할 것.

주식명	취득원가	전년도 말 공정가액	당해연도 말 공정가액
㈜하나 보통주	30,000,000원	32,000,000원	28,000,000원

(차)   (대)

[7] 장기투자를 목적으로 취득했던 매도가능증권(취득가액 30,000,000원, 전년도 말 공정가액 28,000,000원)을 30,000,000원에 매각처분하고 매각수수료 100,000원을 차감한 후 보통예금으로 받았다.(하나의 전표로 처리할 것)

(차)   (대)

참 단기매매증권과 매도가능증권의 회계처리

구분	단기매매증권		매도가능증권	
목적	단기시세차익		장기투자	
취득	• 취득원가: 매입가액(취득부대비용은 영업외 비용처리)		• 취득원가: 매입가액 + 취득부대비용	
	(차) 단기매매증권 (대) [계정과목] 　　수수료비용(984)		(차) 매도가능증권 (대) [계정과목]	
평가	• 공정가치로 평가 • 평가손익(미실현보유손익): 당기손익		• 공정가치로 평가(시장성 없을 시 취득원가로 평가) • 평가손익(미실현보유손익): 자본(기타포괄손익누계액)	
	(차) 단기매매증권 (대) 단기매매증권평가이익 　　　　　　　　　　 (영업외수익) 또는 (차) 단기매매증권평가손실 (대) 단기매매증권 　　(영업외비용)		(차) 매도가능증권 (대) 매도가능증권평가이익 　　　　　　　　　　 (기타포괄손익누계액) 또는 (차) 매도가능증권평가손실 (대) 매도가능증권 　　(기타포괄손익누계액)	
처분 손익	• 처분손익(실현보유손익) : 처분가액 - 장부가액 - 처분 관련 비용		• 처분손익(실현보유손익) : 처분가액 - 취득가액 - 처분 관련 비용	
	(차) [계정과목] (대) 단기매매증권 　　　　　　　　 단기매매증권처분이익 또는 (차) [계정과목] (대) 단기매매증권 　　단기매매증권평가손실		(차) [계정과목] (대) 매도가능증권 　　매도가능증권평가이익 또는 매도가능증권평가손실 　　　　　　　　　　　　 매도가능증권처분이익 또는 (차) [계정과목] (대) 단기매매증권 　　매도가능증권평가이익 또는 매도가능증권평가손실 　　매도가능증권처분손실	

정답 및 해설

[1]	(차)	장기성예금	1,500,000원	(대)	보통예금	1,500,000원
[2]	(차)	장기대여금(리부상사)	3,000,000원	(대)	보통예금	3,000,000원
[3]	(차)	투자부동산	70,770,000원	(대)	미지급금(리부상사)	70,000,000원
					현금	770,000원
[4]	(차)	매도가능증권(178)	210,000원	(대)	보통예금	210,000원
[5]	(차)	만기보유증권(181)	10,010,000원	(대)	당좌예금	10,000,000원
					현금	10,000원
[6]	(차)	매도가능증권평가이익	2,000,000원	(대)	매도가능증권(178)	4,000,000원
		매도가능증권평가손실	2,000,000원			
[7]	(차)	보통예금	29,900,000원	(대)	매도가능증권	28,000,000원
		매도가능증권처분손실	100,000원		매도가능증권평가손실	2,000,000원

뽀송테크(주)(회사코드: 8000)의 데이터를 사용하여 연습할 수 있습니다.

(1) 3월 14일   ㈜브리건설로부터 장기투자목적으로 토지를 취득하면서 6,000,000원은 당좌수표를 발행하여 지급하고, 나머지 1,000,000원은 30일 후에 지급하기로 하였다. 또한 이전등기 하면서 취득세 150,000원을 현금으로 지급하였다.

(2) 3월 15일   공장 건물을 신축하기 위해 외부로부터 취득한 토지 50,000,000원에 대해 건물 신축을 포기하게 되어, 토지의 보유목적을 지가상승을 목적으로 하는 투자자산으로 변경하였다.

(3) 3월 16일   장기투자 목적으로 ㈜콘프상사의 보통주 2,000주를 1주당 10,000원(1주당 액면가액 5,000원)에 취득하고 대금은 매입수수료 240,000원과 함께 보통예금 계좌에서 이체하여 지급하였다.

(4) 3월 17일   ㈜서울에서 발행한 채권(만기는 20X3년 3월 31일이고, 시장성은 없다) 10,000,000원을 만기까지 보유할 목적으로 당좌수표를 발행하여 취득하였다. 단, 채권을 취득하는 과정에서 발생한 수수료 50,000원은 현금으로 지급하였다.

정답 및 해설

뽀송테크(주)(회사코드: 8000)의 데이터를 사용하여 연습할 수 있습니다.

[1]	3월 14일	(차)	투자부동산	7,150,000원	(대)	당좌예금	6,000,000원
						미지급금(㈜브리건설)	1,000,000원
						현금	150,000원
[2]	3월 15일	(차)	투자부동산	50,000,000원	(대)	토지	50,000,000원
[3]	3월 16일	(차)	매도가능증권(178)	20,240,000원	(대)	보통예금	20,240,000원
[4]	3월 17일	(차)	만기보유증권(181)	10,050,000원	(대)	당좌예금	10,000,000원
						현금	50,000원

01 다음의 거래를 회계처리할 경우에 사용되는 계정과목으로 옳은 것은?

> 7월 1일 투자 목적으로 영업활동에 사용할 예정이 없는 토지를 5,000,000원에 취득하고 대금은 3개월 후에 지급하기로 하다. 단, 중개수수료 200,000원은 타인이 발행한 당좌수표로 지급하다.

① 외상매입금 ② 당좌예금 ③ 수수료비용 ④ 투자부동산

02 다음 거래를 분개할 때 사용되지 않은 계정과목은?

> 비업무용 토지를 7,000,000원에 구입하였다. 먼저 지급한 계약금 700,000원을 차감한 잔액 중 50%는 타사가 발행한 당좌수표로, 나머지는 약속어음을 발행하여 지급하다.

① 선급금 ② 지급어음 ③ 미지급금 ④ 현금

03 다음 거래를 회계처리함에 있어서 사용되지 않는 계정과목은?

> • 비업무용 토지(장부금액 6,000,000원)를 7,000,000원에 ㈜세무에 처분하고, 처분대금 50%는 ㈜세무가 발행한 당좌수표로, 나머지는 ㈜세무가 발행한 약속어음을 받다.

① 투자부동산 ② 받을어음 ③ 미수금 ④ 현금

04 유가증권에 대한 설명이다. 옳은 것은?

① 유가증권 중 채권은 취득한 후에 단기매매증권이나 매도가능증권 중의 하나로만 분류한다.

② 단기매매증권이 시장성을 상실한 경우에는 매도가능증권으로 분류하여야 한다.

③ 단기매매증권과 만기보유증권은 원칙적으로 공정가치로 평가한다.

④ 매도가능증권은 주로 단기간 내의 매매차익을 목적으로 취득한 유가증권이다.

05 다음 중 유가증권의 취득원가 및 평가에 대한 설명으로 옳지 않은 것은?

① 단기매매증권은 공정가치로 평가하며 평가손익을 당기손익으로 인식한다.

② 매도가능증권은 시장성이 있는 경우 공정가치로 평가하며 평가손익을 당기손익으로 인식한다.

③ 단기매매증권의 취득부대비용은 발생 즉시 비용으로 처리한다.

④ 만기보유증권의 취득부대비용은 취득원가에 가산한다.

06 다음 중 유가증권과 관련한 내용으로 가장 옳은 것은?

① 만기보유증권은 유가증권 형태상 주식 및 채권에 적용된다.

② 매도가능증권은 만기가 1년 이상인 경우에 투자자산으로 분류하며 주식 형태만 가능하다.

③ 단기매매증권은 주식 및 채권에 적용되며 당좌자산으로 분류한다.

④ 만기보유증권은 주식에만 적용되며 투자자산으로 분류한다.

정답 및 해설

01 ④ 회계처리 (차) 투자부동산   5,200,000원   (대) 미지급금   5,000,000원
                                                    현금   200,000원

02 ② 재고자산 외의 자산을 취득하면서 약속어음을 발행하는 경우, 비매입채무에 해당되기 때문에 약속어음의 발행은 '미지급금'으로 처리해야 한다. 또한 타인이 발행한 당좌수표는 '현금'으로 처리해야 하며, 계약금을 지급한 경우에는 '선급금'으로 처리해야 한다. 따라서 제시된 거래에 대한 회계처리는 다음과 같다.

차) 투자부동산   7,000,000원   대) 선 급 금   700,000원
                                    현   금   3,150,000원
                                    미지급금   3,150,000원

03 ② 재고자산 외 자산을 처분하면서 상대방이 발행한 약속어음을 받는 경우, 비매출채권에 해당되기 때문에 약속어음의 수취는 '미수금'으로 처리해야 한다. 또한 타인이 발행한 당좌수표는 '현금'으로 처리해야 한다.

차) 현 금   3,500,000원   대) 투자부동산   6,000,000원
   미 수 금   3,500,000원   투자자산처분이익   1,000,000원

04 ② 일반기업회계기준 6.22 , 6.27 , 6.30 , 6.34

05 ② 매도가능증권 평가손익은 자본항목(기타포괄손익누계액)이다.

06 ③ 만기보유증권은 채권에만 적용되며, 매도가능증권은 주식, 채권에 적용 가능하다.

07 다음 중 유가증권의 분류에 대한 설명으로 가장 틀린 것은?

① 유가증권은 취득한 후에 만기보유증권, 단기매매증권, 그리고 매도가능증권 중의 하나로 분류한다.

② 만기가 확정된 채무증권으로서 상환금액이 확정되었거나 확정이 가능한 채무증권을 만기까지 보유할 적극적인 의도와 능력이 있는 경우에는 매도가능증권으로 분류한다.

③ 지분증권과 만기보유증권으로 분류되지 아니하는 채무증권은 단기매매증권과 매도가능증권 중의 하나로 분류한다.

④ 단기매매증권은 주로 단기간 내의 매매차익을 목적으로 취득한 유가증권으로서 매수와 매도가 적극적이고 빈번하게 이루어지는 것을 말한다.

08 다음 중 일반기업회계기준의 유가증권에 대한 설명으로 틀린 것은?

① 단기매매증권의 미실현보유이익은 당기순이익항목으로 처리한다.

② 단기매매증권 및 매도가능증권은 원칙적으로 공정가치로 평가한다.

③ 단기매매증권이 시장성을 상실한 경우에는 만기보유증권으로 분류하여야 한다.

④ 매도가능증권의 미실현보유이익은 기타포괄손익누계액으로 처리한다.

09 다음 중 유가증권에 대한 설명으로 옳은 것은?

① 단기매매증권이 시장성을 상실한 경우에는 매도가능증권으로 분류하여야 한다.

② 단기매매증권, 매도가능증권, 만기보유증권은 원칙적으로 공정가치로 평가한다.

③ 단기매매증권과 매도가능증권의 미실현보유이익은 당기순이익항목으로 처리한다.

④ 만기가 확정된 채무증권으로서 상환금액이 확정되었거나 확정이 가능한 채무증권을 만기까지 보유할 적극적인 의도와 능력이 있는 경우에는 매도가능증권으로 분류한다.

10 다음 괄호 안에 들어갈 내용을 순서대로 적은 것으로 옳은 것은?

( )에 대한 미실현보유손익은 당기손익항목으로 처리한다. ( )에 대한 미실현보유손익은 기타포괄손익누계액으로 처리한다.

① 단기매매증권, 만기보유증권   ② 단기매매증권, 매도가능증권

③ 매도가능증권, 만기보유증권   ④ 매도가능증권, 지분법적용투자주식

11 다음 중 나머지 셋과 계정과목의 성격이 다른 하나는?

① 단기매매증권평가손실   ② 단기매매증권처분손실

③ 매도가능증권평가손실   ④ 매도가능증권처분손실

12 기말 현재 보유하고 있는 유가증권의 현황이 다음과 같을 경우 손익계산서에 계상될 금액은 얼마인가?

- 취득원가 1,000,000원의 갑회사 주식(단기보유목적, 시장성 있음), 기말공정가액 1,200,000원
- 취득원가 9,000,000원의 을회사 주식(장기투자목적, 시장성 있음), 기말공정가액 8,500,000원

① 100,000원   ② 200,000원   ③ 500,000원   ④ 700,000원

정답 및 해설

07 ② 만기가 확정된 채무증권으로서 상환금액이 확정되었거나 확정이 가능한 채무증권을 만기까지 보유할 적극적인 의도와 능력이 있는 경우에는 만기보유증권으로 분류한다.

08 ③ 단기매매증권이 시장성을 상실한 경우에는 매도가능증권으로 분류하여야 한다. (일반기업회계기준 6.34)

09 ① 일반기업회계기준 6.34, 옳은 설명이다.
② 단기매매증권, 매도가능증권은 원칙적으로 공정가치로 평가하고, 만기보유증권은 상각후원가로 평가한다.
③ 단기매매증권에 대한 미실현보유손익은 당기손익항목으로 처리하나, 매도가능증권에 대한 미실현보유이익은 기타포괄손익누계액으로 처리한다.
④ 만기가 확정된 채무증권으로서 상환금액이 확정되었거나 확정이 가능한 채무증권을 만기까지 보유할 적극적인 의도와 능력이 있는 경우에는 만기보유증권으로 분류한다.

10 ② 단기매매증권에 대한 미실현보유손익은 당기손익항목으로 처리한다. 매도가능증권에 대한 미실현보유손익은 기타포괄손익누계액으로 처리하고, 당해 유가증권에 대한 기타포괄손익누계액은 그 유가증권을 처분하거나 손상차손을 인식하는 시점에 일괄하여 당기손익에 반영한다.(일반기업회계기준 6.31)

11 ③ ①,②,④번은 손익계산서의 영업외비용 계정과목이지만, ③번은 재무상태표의 기타포괄손익누계액(자본계정) 계정과목임.

12 ② (차) 단기매매증권   200,000원   (대) 단기매매증권평가이익 (영업외수익)   200,000원
(차) 매도가능증권평가손실 (기타포괄손익누계액) 500,000원   (대) 매도가능증권   500,000원

4 유형자산

1. 유형자산의 정의

유형자산이란 비유동자산 중 기업의 영업활동에 장기간 사용할 목적으로 보유하는 물리적 형체가 있는 자산이다.

2. 유형자산의 주요 계정과목

토지	영업활동을 위해 소유 · 사용하고 있는 대지, 임야, 전, 답 예 업무용 공장용지, 본사 건물 대지, 창고용 부지
건물	영업활동을 위해 소유 · 사용하고 있는 건물과 기타 부속설비 예 사무실, 공장, 창고, 기숙사, 건물의 냉난방 · 보일러 · 승강기 설비 등
구축물	영업활동을 위해 소유 · 사용하고 있는 토지 위에 정착된 건물 이외의 토목설비, 공작물 및 이들의 부속설비 예 교량, 정원 설비 등
기계장치	영업활동을 위해 소유 · 사용하고 있는 기계 및 운송설비
차량운반구	영업활동을 위해 소유 · 사용하고 있는 승용차, 트럭, 오토바이, 지게차 등
비품	영업활동을 위해 소유 · 사용하고 있는 책상, 의자, 컴퓨터, 냉장고, 복사기 등
건설중인자산	특정 유형자산 취득(건설)이 완료되기 이전에 미리 지출한 금액(계약금, 중도금 등)을 취득(건설) 완료까지 처리하는 임시계정과목으로 건설이 완료되면 본래의 계정과목으로 대체

참 감가상각을 하지 않는 자산: 토지, 건설중인자산

참 부동산 취득 시 자산의 구분

판매목적	재고자산	상품
투자목적	투자자산	투자부동산
영업활동 사용목적	유형자산	토지, 건물

3. 유형자산의 취득 유형별 회계처리

1) 유형자산의 취득원가

외부 구입	• 취득원가 = 매입가액 + 취득부대비용 - 매입할인 • 취득부대비용: 매입수수료, 운송비, 하역비, 설치비, 설치장소 준비를 위한 지출, 시운전비, 취득세 등 • 유형자산의 취득원가는 구입 금액과 본래의 목적에 사용할 수 있게 하는데 발생한 모든 부대비용을 더하여 계산한다. (차) 해당 유형자산 계정　　　　　×××원　　(대) [계정과목]　　　　　×××원

자가건설 (제작)	• 취득원가 = 건설(제작) 완료 전까지 지출한 금액(자본화 대상 차입원가 포함) + 부대비용 • 유형자산의 건설을 위해 지출한 금액은 건설이 완료되기 전까지 임시적으로 건설중인자산에 집계 후 건설이 완료되면 유형자산 계정과목으로 대체한다. • 자본화 대상 차입원가(이자비용의 자본화): 차입금에 대한 이자는 당기 비용(이자비용)처리가 원칙이나 조건을 충족하는 경우 자산의 취득원가로 회계처리 할 수 있다. • 건설 중 (차) 건설중인자산 ×××원 (대) [계정과목] ×××원 • 건설 완료 (차) [유형자산 계정과목] ×××원 (대) 건설중인자산 ×××원
국 · 공채 의무매입	• 국 · 공채 의무매입이란 유형자산 취득 시 국채나 공채를 의무적으로 구매하도록 하는 정책으로 인해 국공채를 공정가치보다 높은 가격으로 매입하는 것을 말한다. • 국공채의 취득원가는 공정가치로 계상하고 국공채의 공정가치와 실제 매입가격의 차액은 유형자산의 취득원가에 더한다. (차) [유형자산 계정과목] ×××원 (대) [계정과목] ×××원 단기매매증권 등 ×××원
무상 취득	• 증여에 의해 무상으로 유형자산을 취득한 경우 자산의 취득원가는 공정가치로 계상한다. (차) 해당 유형자산 계정(공정가치) ×××원 (대) 자산수증이익 ×××원

일괄
취득
	• 일괄취득이란 여러 종류의 자산을 동시에 구입하고 대금을 일괄 지급한 경우를 말한다. 이 경우 자산의 취득원가는 일괄구입대가를 개별 자산들의 공정가치 비율로 나눈 금액으로 한다. 하지만 토지만 사용할 목적으로 토지와 건물을 일괄취득 시 토지의 취득원가로 회계처리한다.
	• 토지만 사용 목적
	  토지의 취득원가 = 토지, 건물 구입가격 + 건물 철거비용 + 토지 정지비용 - 부산물 매각대금
	(차) 토지 ×××원 (대) [계정과목] ×××원
	• 토지와 건물 모두 사용 목적: 토지와 건물의 취득원가는 일괄구입대가를 공정가치 비율로 안분
	(차) 토지 ×××원 (대) [계정과목] ×××원
	    건물 ×××원

교환	• 교환으로인한 취득이란 같은 종류의 자산이나 다른 종류의 자산과의 교환으로 유형자산을 취득하는 것을 말한다.
	• 다른 자산끼리 교환(이종자산과의 교환): 유형자산처분손익 인식함
	  유형자산의 취득원가 = 제공한 자산의 공정가치 + 현금 지급액 - 현금 수령액
	(차) 감가상각누계액 ×××원 (대) 건물 ×××원
	    차량운반구 ×××원
	    유형자산처분손실 ×××원 또는 유형자산처분이익 ×××원
	• 같은 자산끼리 교환(동종자산과의 교환): 유형자산처분손익 인식하지 않음
	  유형자산의 취득원가 = 제공한 자산의 장부금액 + 현금 지급액 - 현금 수령액
	(차) 감가상각누계액 ×××원 (대) 건물(구) ×××원
	    건물(신) ×××원

현물 출자	• 현물출자란 기업이 주식을 발행하며 그 대가로 유형자산 등의 현물을 취득하는 것을 말한다. 현물출자 받은 유형자산의 취득원가는 공정가치로 한다. (차) 해당 유형자산 계정(공정가치) ×××원 (대) 자본금 ×××원

참 자산의 취득, 보유에 따른 세금

- 취득세: 부동산 및 차량 등의 취득자에게 취득시점에 한번 납부하는 세금으로 취득부대비용으로 보아 자산(토지, 건물, 차량운반구)으로 회계처리한다.

- 재산세, 자동차세: 부동산, 차량의 보유에 대해서 매년 납부하는 세금으로 납부 시 비용(세금과공과)으로 회계처리한다.

---

[1] 바삭컴퓨터에서 업무용 컴퓨터(비품)을 1,500,000원에 구입하고 대금은 현금으로 지급하였다.

    (차)   (대)

[2] 한국자동차에서 업무용 화물차를 10,000,000원에 구입하고, 대금 중 2,000,000원은 보통예금 계좌에서 이체하여 지급하고, 잔액은 3개월 후에 지급하기로 하다. 또한 화물차에 대한 취득세 200,000원을 현금으로 납부하다.

    (차)   (대)

[3] 세현상사에서 건물 50,000,000원을 구입하고 어음을 발행하였다. 취득세 500,000원은 당좌수표를 발행하여 지급하다.

    (차)   (대)

[4] 공장을 신축하기 위하여 소요될 총금액 100,000,000원 중 10,000,000원의 지출이 발생되어 보통예금에서 이체하였다.

    (차)   (대)

[5] 공장신축을 위한 차입금의 이자비용 5,000,000원을 현금으로 지급하였다. 차입금의 이자비용은 자본화하기로 하였다. 공사는 진행중이며 완공일은 20X3년 6월 15일이다.

    (차)   (대)

[6] 공장신축을 위해 지난 1년간 소요된 금액은 105,000,000원으로 모두 자산으로 처리(차입금의 이자비용 등도 자본화)해왔으며, 금일 완공되었다.

    (차)   (대)

[7] (주)대우자동차로부터 업무용 승용차를 구입하는 과정에서 취득해야 하는 공채를 구입하면서 대금 300,000원(액면금액)은 보통예금으로 지급하였다. 단, 공채의 현재가치는 260,000원이며 회사는 이를 단기매매증권으로 처리하고 있다.

    (차)   (대)

[8] 당사의 최대주주인 이주인씨로부터 본사건물을 신축할 토지를 기증받았다. 토지에 대한 소유권 이전비용 2,000,000원은 당좌수표를 발행하여 지급하였다. 토지의 공정가액은 100,000,000원이다.

    (차)   (대)

[9] 공장건물을 신축하기 위하여 건물과 건물에 부수되는 토지를 일괄 구입하고 건물을 즉시 철거하였다. 일괄 구입대금 100,000,000원은 하나은행으로부터 대출(대출기간 5년)받아 지급하였다. 또한 건물의 철거비용 1,000,000원과 토지 정지비용 1,200,000원은 현금으로 지급하였다. 철거한 건물의 부산물은 200,000원에 현금으로 처분하였다.

    (차)   (대)

[10] 토지와 건물을 모두 사용할 목적으로 건물과 건물에 부수되는 토지를 일괄 구입하였다. 일괄 구입대금 12,000,000원은 보통예금으로 지급하였다. 취득 당시 토지와 건물의 공정가치는 각각 7,000,000원과 8,000,000원이다.

　(차)　　　　　　　　　　　　　　　　　　　　(대)

[11] 사용중이던 기계장치를(취득가액 1,000,000원, 감가상각누계액 200,000원) 토지과 교환하였다. 교환 당시 기계장치와 토지의 공정가치는 각각 1,500,000원, 2,000,000원이다.

　(차)　　　　　　　　　　　　　　　　　　　　(대)

[12] 사용중이던 기계장치A를(취득가액 1,000,000원, 감가상각누계액 200,000원) 같은 종류의 기계장치B와 교환하였다. 교환 당시 기계장치A와 기계장치B의 공정가치는 각각 1,500,000원, 2,000,000원이다.

　(차)　　　　　　　　　　　　　　　　　　　　(대)

4. 유형자산의 취득 후 지출

자본적 지출	• 자본적 지출: 내용연수 증가, 생산능력 증대 등의 미래 경제적 효익(자산가치 증가) 증가를 위해 발생한 지출 예 건물의 엘리베이터 · 중앙냉난방장치 · 피난시설 설치, 자동차 엔진교체 등 • 회계 처리: 해당 자산의 증가 → 차변 (차) 해당 유형자산 계정　　　　　×××원　　　(대) [계정과목]　　　　　　　×××원
수익적 지출	• 수익적 지출: 원상회복, 능률유지 등을 위한 성격으로 발생한 지출 예 건물의 도색, 에어컨 수리, 유리창 교체, 소모된 부품의 교체, 자동차 타이어 교체 등 • 회계 처리: 해당 비용(수선비, 차량유지비)의 발생 → 차변 (차) 수선비, 차량유지비　　　　×××원　　　(대) [계정과목]　　　　　　　×××원

[13] 판매부서의 건물에 엘리베이터 설치비(자본적지출) 6,000,000원과 외벽 도색비(수익적지출) 500,000원을 현금으로 지급하다.

　(차)　　　　　　　　　　　　　　　　　　　　(대)

5. 유형자산의 감가상각

1) **감가상각의 정의**: 유형자산을 사용하거나 시간의 경과에 따라 물리적 · 경제적으로 가치가 감소하는 현상을 합리적이고 체계적인 방법으로 배분하여 사용기간 동안 당기비용으로 인식하는 것을 말한다.

2) **감가상각의 회계처리**: 회계연도 말 보유하고 있는 유형자산에 대한 감가상각 금액을 계산한다. 회계처리 방법은 해당 자산을 직접 감소시키는 직접상각법과 간접적으로 감소시키는 간접상각법이 있다. 기업회계 기준에서 유형자산은 간접상각법을 인정한다.

감가상각비	유형자산을 감가상각에 따라 가치가 감소하는 것을 나타내는 비용 계정
감가상각누계액	토지와 건설중인자산을 제외한 유형자산에 대하여 가치가 하락한 부분을 누적적으로 표시하는 차감 계정
감가상각 회계처리	기말에 보유하고 있는 유형자산의 당기 감가상각 금액을 계산하여 회계처리한다. (차) 감가상각비　　　　　×××원　　(대) 감가상각누계액　　　　　　×××원 　　　　　　　　　　　　　　　　　　　　　　　(유형자산 차감계정)
감가상각 누계액의 표시 (간접상각법)	**재무상태표** 20×1년 12월 31일 현재　　(단위:원) 과목　　　　　　　금액 자산 토지　　　　　　　　　　　5,000,000 건물　　　　　　8,100,000 감가상각누계액　(800,000)　7,300,000 → **건물의 장부가액** 　　　　　　　　　　　　　　　　　　 (= 건물의 취득원가 - 감가상각누계액) 차량운반구　　　2,200,000 감가상각누계액　(200,000)　2,000,000 → **차량운반구의 장부가액** 　　　　　　　　　　　　　　　　　　 (= 차량운반구의 취득원가 - 감가상각누계액)

[14] 결산일 현재 사용하고 있는 자산에 대한 당기분 감가상각비는 건물 800,000원, 차량운반구 200,000원이다.

(차)　　　　　　　　　　　　　　　(대)

3) 감가상각의 계산요소

취득원가	구입 금액과 본래의 목적에 사용할 수 있게 하는데 발생한 모든 부대비용을 더한 가격(자본적 지출액이 있으면 포함한다.)
내용연수	유형자산이 영업활동에 사용 가능할 것으로 예상되는 기간
잔존가치	유형자산을 내용연수가 종료되는 시점까지 자산을 사용한 후 해당 유형자산을 처분하거나 폐기할 때 받을 것으로 예상되는 금액

4) 감가상각방법

정액법	• 정액법이란 감가상각대상금액(취득원가 - 잔존가치)을 내용연수 동안 매년 동일한 금액으로 감가상각비를 인식하는 방법이다. • 특징: 가장 단순한 계산법으로 실무에서 가장 많이 사용된다. • 정액법 계산식 　감가상각비 ＝ (취득원가 - 잔존가치) × $\dfrac{1}{\text{내용연수}}$　→취득한 연도에는 월할상각

정률법	<ul><li>정률법이란 기초의 미상각잔액(장부가액 = 취득원가 - 감가상각누계액)을 매년 동일한 상각률을 곱해서 감가상각비를 인식하는 방법이다.</li><li>특징: 취득 초기에 감가상각비를 많이 인식하고 취득 후반기에 감가상각비를 적게 인식한다.</li><li>정률법 계산식 **감가상각비 = 장부가액(취득원가 - 기초 감가상각누계액) × 감가상각률[5]** [5]상각률 $= 1 - \sqrt[n]{\dfrac{잔존가치}{취득원가}}$ (n : 내용연수)</li></ul>
이중 체감법	<ul><li>이중체감법이란 정률법의 간편법으로 개발된 방식으로 정액법의 기초의 미상각잔액 (장부가액 = 취득원가 - 감가상각누계액)에 (2/내용연수)를 곱해서 감가상각비를 인식하는 방법이다.</li><li>특징: 정률법보다 계산이 간편하고 취득 초기에 감가상각비를 많이 인식하고 취득 후반기에 감가상각비를 적게 인식한다.</li><li>이중체감법 계산식 **감가상각비 = 장부가액(취득원가 - 기초 감가상각누계액) × $\dfrac{2}{내용연수}$**</li></ul>
연수 합계법	<ul><li>연수합계법이란 감가상각대상금액(취득원가 - 잔존가치)을 내용연수의 합계로 나눈 뒤 남은 내용연수로 곱하여 감가상각비를 인식하는 방법이다.</li><li>특징: 취득 초기에 감가상각비를 많이 인식하고 취득 후반기에 감가상각비를 적게 인식한다.</li><li>연수합계법 계산식 **감가상각비 = (취득원가 - 잔존가치) × $\dfrac{기초 기준 잔여내용연수}{내용연수의 합계[6]}$** [6]내용연수의 합계: 내용연수가 3년일 경우 1 + 2 + 3 = 6 으로 계산한다.</li></ul>
생산량 비례법	<ul><li>생산량비례법이란 내용연수가 아닌 사용량에 비례해서 감가상각을 하는 방법</li><li>생산량비례법 계산식 **감가상각비 = (취득원가 - 잔존가치) × $\dfrac{당기 실제 생산량}{총 예정 생산량}$**</li></ul>

참 감가상각대상금액과 미상각잔액(장부가액)

- 감가상각대상금액: 취득원가 - 잔존가치
- 미상각잔액(장부가액): 취득원가 - 기초 감가상각누계액

참 감가상각방법에 따른 감가상각비

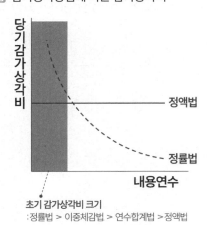

초기 감가상각비 크기
: 정률법 > 이중체감법 > 연수합계법 > 정액법

[15] 결산일 현재 1월 1일 취득한 기계장치의 감가상각비를 회계처리하시오. (취득원가 5,000,000원, 내용연수 5년, 잔존가치 1,000,000원, 정액법)

　　(차)　　　　　　　　　　　　　　　　(대)

[16] 결산일 현재 1월 1일 취득한 건물의 감가상각비를 회계처리하시오. (취득원가 8,000,000원, 취득세 500,000원, 상각률 10%, 정률법)

　　(차)　　　　　　　　　　　　　　　　(대)

6. 유형자산의 처분

유형자산을 처분 시 해당 자산의 취득원가와 감가상각누계액을 전부 제거하는 회계처리를 해야 한다. 처분가액과 장부가액을 비교하여 처분 시 발생한 손익은 유형자산처분손익으로 인식하고 처분 시 발생한 수수료 등은 유형자산처분손익 계정에서 가감한다.

유형자산 처분 회계처리 순서	① 유형자산 취득원가 제거 → 대변 ② 유형자산 감가상각누계액 제거 → 차변 ③ 처분하고 발생한 채권 등(미수금 등) → 차변 ④ 장부금액(취득원가 - 감가상각누계액)과 처분금액 비교하여 유형자산처분손익 인식
장부금액 < 처분금액	(차) 감가상각누계액　　　　×××원　　(대) [해당 유형자산 계정과목]　　×××원 　　　[계정과목]　　　　　　×××원　　　　유형자산처분이익(수익)　×××원
장부금액 > 처분금액	(차) 감가상각누계액　　　　×××원　　(대) [해당 유형자산 계정과목]　　×××원 　　　[계정과목]　　　　　　×××원 　　　유형자산처분손실(비용)　×××원
철거, 폐기처분	유형자산의 철거, 폐기처분 시 유형자산처분손실로 처리한다. (차) 감가상각누계액　　　　×××원　　(대) [해당 유형자산 계정과목]　　×××원 　　　유형자산처분손실(비용)　×××원　　　　[계정과목]　　　　　　×××원

[17] 사용 중인 업무용 화물차(취득가액 6,000,000원, 처분 시까지 감가상각누계액 2,500,000원)를 리부상사에 3,000,000원에 처분하고 대금은 월말에 받기로 했다.

　　(차)　　　　　　　　　　　　　　　　(대)

[18] 전기에 취득한 업무용 자동차를 씨오피상사에 13,000,000원에 처분하고 대금 중 2,000,000원은 동점발행수표로 받고, 잔액은 월말에 받기로 하다. (자동차의 취득원가 15,000,000원, 처분 시까지 감가상각누계액 5,000,000원)

　　(차)　　　　　　　　　　　　　　　　(대)

[1]	(차)	비품	1,500,000원	(대)	현금	1,500,000원
[2]	(차)	차량운반구	10,200,000원	(대)	보통예금	2,000,000원
					미지급금(한국자동차)	8,000,000원
					현금	200,000원
[3]	(차)	건물	50,500,000원	(대)	미지급금(세현상사)	50,000,000원
					현금	500,000원
[4]	(차)	건설중인자산	10,000,000원	(대)	보통예금	10,000,000원
[5]	(차)	건설중인자산	5,000,000원	(대)	현금	5,000,000원
[6]	(차)	건물	105,000,000원	(대)	건설중인자산	105,000,000원
[7]	(차)	단기매매증권	260,000원	(대)	보통예금	300,000원
		차량운반구	40,000원			
[8]	(차)	토지	102,000,000원	(대)	자산수증이익	100,000,000원
					당좌예금	2,000,000원
[9]	(차)	토지	102,000,000원	(대)	장기차입금(하나은행)	100,000,000원
					현금	2,000,000원
[10]	(차)	토지	5,600,000원	(대)	보통예금	12,000,000원
		건물	6,400,000원			

토지의 취득원가: 12,000,000 × (7,000,000 / 15,000,000)
건물의 취득원가: 12,000,000 × (8,000,000 / 15,000,000)

[11]	(차)	감가상각누계액	200,000원	(대)	기계장치	1,000,000원
		토지	1,500,000원		유형자산처분이익	700,000원
[12]	(차)	감가상각누계액	200,000원	(대)	기계장치(A)	1,000,000원
		기계장치(B)	800,000원			
[13]	(차)	건물	3,000,000원	(대)	현금	3,500,000원
		수선비(판)	500,000원			
[14]	(차)	감가상각비	1,000,000원	(대)	감가상각누계액(건물)	800,000원
					감가상각누계액(차량운반구)	200,000원
[15]	(차)	감가상각비	800,000원	(대)	감가상각누계액(기계장치)	800,000원
[16]	(차)	감가상각비	850,000원	(대)	감가상각누계액(건물)	850,000원
[17]	(차)	감가상각누계액	2,500,000원	(대)	차량운반구	6,000,000원
		미수금(리부상사)	3,000,000원			
		유형자산처분손실	500,000원			
[18]	(차)	감가상각누계액	5,000,000원	(대)	차량운반구	15,000,000원
		현금	2,000,000원		유형자산처분이익	3,000,000원
		미수금(씨오피상사)	11,000,000원			

감가상각방법에 따른 감가상각비 계산

20×1년 1월 1일에 차량운반구를 2,000,000원에 취득하였다. 다음 자료를 참고하여 정액법, 정률법, 이중체감법, 연수합계법으로 회계연도별 감가상각비를 계산하시오.(소수점 미만 금액은 절사한다.)

- 취득원가 = 10,000,000원
- 내용연수 = 5년
- 잔존가치 = 1,000,000원
- 감가상각률 = 0.369[7]

[7] 감가상각률 = $1 - \sqrt[5]{\dfrac{1}{10}}$ = 0.36904…

1. 정액법

날짜	감가상각비 계산식	당기 감가상각비	감가상각누계액 (A)	장부가액 (취득원가-A)
20×1년 12월 31일				
20×2년 12월 31일				
20×3년 12월 31일				
20×4년 12월 31일				
20×5년 12월 31일				

2. 정률법

날짜	감가상각비 계산식	당기 감가상각비	감가상각누계액 (A)	장부가액 (취득원가-A)
20×1년 12월 31일				
20×2년 12월 31일				
20×3년 12월 31일				
20×4년 12월 31일				
20×5년 12월 31일		585,300[8]	9,000,000	1,000,000

[8] 20×5년 감가상각비를 직접 계산하면 584,984원이 계산되지만 감가상각이 종료되는 시점에 기말 장부금액과 잔존가치를 일치시키기 위해 단수차이를 조정함.

3. 이중체감법

날짜	감가상각비 계산식	당기 감가상각비	감가상각누계액 (A)	장부가액 (취득원가-A)
20×1년 12월 31일				
20×2년 12월 31일				
20×3년 12월 31일				
20×4년 12월 31일				
20×5년 12월 31일		296,000[9]	9,000,000	1,000,000

[9] 20×5년 감가상각비를 직접 계산하면 518,400원이 계산되지만 감가상각이 종료되는 시점에 기말 장부금액과 잔존가치를 일치시키기 위해 금액을 역산하여 산출함.

4. 연수합계법

날짜	감가상각비 계산식	당기 감가상각비	감가상각누계액 (A)	장부가액 (취득원가-A)
20×1년 12월 31일				
20×2년 12월 31일				
20×3년 12월 31일				
20×4년 12월 31일				
20×5년 12월 31일				

1. 정액법

날짜	감가상각비 계산식	당기 감가상각비	감가상각누계액 (A)	장부가액 (취득원가-A)
20×1년 12월 31일	(10,000,000 - 1,000,000) ÷ 5	1,800,000	1,800,000	8,200,000
20×2년 12월 31일	(10,000,000 - 1,000,000) ÷ 5	1,800,000	3,600,000	6,400,000
20×3년 12월 31일	(10,000,000 - 1,000,000) ÷ 5	1,800,000	5,400,000	4,600,000
20×4년 12월 31일	(10,000,000 - 1,000,000) ÷ 5	1,800,000	7,200,000	2,800,000
20×5년 12월 31일	(10,000,000 - 1,000,000) ÷ 5	1,800,000	9,000,000	1,000,000

2. 정률법

날짜	감가상각비 계산식	당기 감가상각비	감가상각누계액 (A)	장부가액 (취득원가-A)
20×1년 12월 31일	10,000,000 × 0.369	3,690,000	3,690,000	6,310,000
20×2년 12월 31일	6,000,000 × 0.369	2,328,390	6,018,390	3,981,610
20×3년 12월 31일	3,600,000 × 0.369	1,469,214	7,487,604	2,512,396
20×4년 12월 31일	2,160,000 × 0.369	927,074	8,414,678	1,585,322
20×5년 12월 31일	1,296,000 × 0.369	585,322[10]	9,000,000	1,000,000

[10] 20×5년 감가상각비를 직접 계산하면 584,984원이 계산되지만 감가상각이 종료되는 시점에 기말 장부금액과 잔존 가치를 일치시키기 위해 단수차이를 조정함.

3. 이중체감법

날짜	감가상각비 계산식	당기 감가상각비	감가상각누계액 (A)	장부가액 (취득원가-A)
20×1년 12월 31일	$10,000,000 \times \dfrac{2}{5}$	4,000,000	4,000,000	6,000,000
20×2년 12월 31일	$6,000,000 \times \dfrac{2}{5}$	2,400,000	6,400,000	3,600,000
20×3년 12월 31일	$3,600,000 \times \dfrac{2}{5}$	1,440,000	7,840,000	2,160,000
20×4년 12월 31일	$2,160,000 \times \dfrac{2}{5}$	864,000	8,704,000	1,296,000
20×5년 12월 31일	$1,296,000 \times \dfrac{2}{5}$	296,000[11]	9,000,000	1,000,000

[11] 20×5년 감가상각비를 직접 계산하면 518,400원이 계산되지만 감가상각이 종료되는 시점에 기말 장부금액과 잔존가치를 일치시키기 위해 금액을 역산하여 산출함.

4. 연수합계법

날짜	감가상각비 계산식	당기 감가상각비	감가상각누계액 (A)	장부가액 (취득원가-A)
20×1년 12월 31일	$(10,000,000 - 1,000,000) \times \dfrac{5}{15}$	3,000,000	3,000,000	7,000,000
20×2년 12월 31일	$(10,000,000 - 1,000,000) \times \dfrac{4}{15}$	2,400,000	5,400,000	4,600,000
20×3년 12월 31일	$(10,000,000 - 1,000,000) \times \dfrac{3}{15}$	1,800,000	7,200,000	2,800,000
20×4년 12월 31일	$(10,000,000 - 1,000,000) \times \dfrac{2}{15}$	1,200,000	8,400,000	1,600,000
20×5년 12월 31일	$(10,000,000 - 1,000,000) \times \dfrac{1}{15}$	600,000	9,000,000	1,000,000

뽀송테크㈜(회사코드: 8000)의 데이터를 사용하여 연습할 수 있습니다.

(1) 4월 1일   ㈜브리건설로부터 공장부지 사용목적으로 토지를 80,000,000원에 구입하면서, 대금 중 50,000,000원은 보통예금에서 지급하고, 잔액은 다음달에 지급하기로 하였다. 또한 당일 취득세 5,000,000원은 현금 지급하다.

(2) 4월 2일   ㈜브리건설에 공장 건물 증축을 의뢰하여 완공되었다. 공사대금 100,000,000원 중 60%는 5개월 만기 당사발행 약속어음으로 결제하였으며, 나머지는 당좌수표를 발행하여 지급하였다.

(3) 4월 3일   사업용 중고트럭 취득과 관련된 취득세 400,000원을 현금으로 납부하였다.

(4) 4월 4일   사무실에서 사용할 비품으로 공기청정기를 3,000,000원에 구입하고 구입대금은 신용카드(현대카드)로 결제하였다(카드대금은 미지급금 계정을 사용할 것).

(5) 4월 5일   생산라인 증설을 위해 계약금 5,000,000원을 주고 ㈜리부물산에 제작 의뢰한 기계장치가 설치 완료 되어 잔금 25,000,000원 중 22,000,000원은 하나은행 보통예금으로 지급하고 나머지는 15일 후에 지급하기로 하다.(단, 부가가치세는 고려하지 말것)

(6) 4월 6일   태안에 공장을 신축하기 위하여 ㈜브리건설로부터 건물이 있는 부지를 구입하고 건물을 철거하였다. 건물이 있는 부지의 구입비로 50,000,000원에 일괄구입 후 대금은 국민은행으로부터 대출(대출기간 3년)을 받아 지불하였다. 또한 건물의 철거비용 3,000,000원과 토지 정지비용 3,200,000원을 당좌수표를 발행하여 지급하였다.

(7) 4월 7일　공장건물을 신축하기 위하여 ㈜브리건설로부터 건물과 건물에 부수되는 토지를 일괄 구입하고 건물을 즉시 철거하였다. 일괄 구입대금 260,000,000원은 국민은행으로부터 대출(대출기간 5년)받아 지급하였다.

(8) 4월 8일　씨오피자동차로부터 업무용 승용차를 구입하는 과정에서 취득해야 하는 공채를 현금 200,000원(액면금액)에 구입하였다. 단, 공채의 현재가치는 160,000원이며 회사는 이를 단기매매증권으로 처리하고 있다.

(9) 4월 9일　씨오피자동차에서 제품 운반용 화물차를 구입하는 과정에서 관련 법령에 따라 공채(액면가 870,000원)를 870,000원에 현금으로 구입하였다. 기업회계기준에 의해 평가한 공채의 현재가치는 780,000원이며, 매도가능증권(투자자산)으로 회계처리 한다.

(10) 4월 10일　공장 건물신축을 위한 1차 중도금 30,000,000원을 자기앞수표로 지급하다. 공장의 착공일은 20X1년 1월 2일이며, 준공예정일은 20X2년 8월 30일이다.

(11) 4월 11일　사옥신축을 위한 신한은행 차입금의 이자비용 3,000,000원을 우리은행 보통예금에서 이체하였으며, 이자비용은 자본화하기로 하였다. 착공일은 당해연도 1월 2일, 완공일은 20X2년 8월 30일이다.

(12) 4월 12일　공장신축을 위해 지난 3년간 소요된 금액은 300,000,000원으로 모두 자산으로 처리(차입금의 이자비용 등도 자본화)해왔으며, 금일 완공되었다.

(13) 4월 13일　당사의 최대주주인 이혜원씨로부터 본사를 신축할 토지를 기증받았다. 토지의 공정가치는 40,000,000원이다.

(14) 4월 14일　대주주로부터 토지(대주주의 토지 취득가액 : 48,000,000원, 토지의 증여일 현재 공정가치 : 50,000,000원)를 무상으로 증여받고, 소유권 이전비용으로 2,873,430원을 보통예금으로 지출하였다.

(15) 4월 15일　제품의 제조공장에서 사용할 기계장치(공정가치 5,500,000원)를 대주주로부터 무상으로 받았다.

(16) 4월 16일　공장의 전등설비 수선대금 24,000,000원을 ㈜영재안전에 어음으로 발행(만기:1년 이내)하여 지급하였다. 단, 수선비용 중 4,000,000원은 수익적지출로 처리하고, 나머지는 자본적지출('비품'계정)로 처리 한다.

(17) 4월 17일　다음의 공장건물에 대한 지출내역을 보고 회계처리를 하시오.(고정자산 등록은 생략하고, 하나의 전표로 입력한다) 단, 대금은 전액 당좌수표를 발행하여 지급하였다.

> • 파손으로 인한 유리교체비용 : 1,800,000원　　• 건물외벽의 도색비 : 3,300,000원
> • 내용연수 증가를 위한 대수선비 : 14,600,000원

(18) 4월 18일　공장에서 사용 중인 기계장치 수리비로 15,000,000원을 ㈜영재안전의 보통예금으로 이체하였으며, 기계장치의 가치가 증가한 자본적 지출이다.

(19) 4월 19일　자금부족으로 인하여 업무용으로 사용하던 토지(장부금액 19,000,000원)를 35,000,000원에 처분하고, 대금은 ㈜브리건설이 발행한 어음(90일 만기)을 받았다.

(20) 4월 20일　제품 포장용 기계(취득가액 30,000,000원, 감가상각누계액 27,000,000원)가 노후화 되어 폐기하면서, 처분관련 부대비용 250,000원은 현금으로 지급하였다.(당기의 감가상각비는 고려하지 말 것)

정답 및 해설

뽀송테크(주)(회사코드: 8000)의 데이터를 사용하여 연습할 수 있습니다.

[1]	4월 1일	(차)	토지	85,000,000원	(대)	보통예금	50,000,000원
						미지급금((㈜브리건설)	30,000,000원
						현금	5,000,000원
[2]	4월 2일	(차)	건물	100,000,000원	(대)	미지급금((㈜브리건설)	60,000,000원
						당좌예금	40,000,000원
[3]	4월 3일	(차)	차량운반구	400,000원	(대)	현금	400,000원
[4]	4월 4일	(차)	비품	3,000,000원	(대)	미지급금(현대카드)	3,000,000원
[5]	4월 5일	(차)	기계장치	30,000,000원	(대)	선급금((㈜리부물산)	5,000,000원
						보통예금	22,000,000원
						미지급금((㈜리부물산)	3,000,000원
[6]	4월 6일	(차)	토지	56,200,000원	(대)	장기차입금(국민은행)	50,000,000원
						당좌예금	6,200,000원
[7]	4월 7일	(차)	토지	260,000,000원	(대)	장기차입금(국민은행)	260,000,000원
[8]	4월 8일	(차)	차량운반구	40,000원	(대)	현금	200,000원
			단기매매증권	160,000원			
[9]	4월 9일	(차)	매도가능증권(178)	780,000원	(대)	현금	870,000원
			차량운반구	90,000원			
[10]	4월 10일	(차)	건설중인자산	30,000,000원	(대)	현금	30,000,000원
[11]	4월 11일	(차)	건설중인자산	3,000,000원	(대)	보통예금	3,000,000원
[12]	4월 12일	(차)	건물	300,000,000원	(대)	건설중인자산	300,000,000원
[13]	4월 13일	(차)	토지	40,000,000원	(대)	자산수증이익	40,000,000원
[14]	4월 14일	(차)	토지	52,873,430원	(대)	자산수증이익	50,000,000원
						보통예금	2,873,430원
[15]	4월 15일	(차)	기계장치	5,500,000원	(대)	자산수증이익	5,500,000원
[16]	4월 16일	(차)	수선비(제)	4,000,000원	(대)	미지급금((㈜영재안전)	24,000,000원
			비품	20,000,000원			
[17]	4월 17일	(차)	수선비(제)	5,100,000원	(대)	당좌예금	19,700,000원
			건물	14,600,000원			
[18]	4월 18일	(차)	기계장치	15,000,000원	(대)	보통예금	15,000,000원
[19]	4월 19일	(차)	미수금((㈜브리건설)	35,000,000원	(대)	토지	19,000,000원
						유형자산처분이익	16,000,000원
[20]	4월 20일	(차)	감가상각누계액(기계장치)	27,000,000원	(대)	기계장치	30,000,000원
			유형자산처분손실	3,250,000원		현금	250,000원

핵심 기출문제

01 다음 중 유형자산에 대한 특징이 아닌 것은?

① 물리적 형태가 있는 자산이다.

② 판매를 목적으로 취득한 자산이다.

③ 비화폐성 자산이다.

④ 여러 회계기간에 걸쳐 경제적 효익을 제공해주는 자산이다.

02 다음 중 유형자산의 정의와 인식조건에 해당하지 않는 것은?

① 자산으로부터 발생하는 미래경제적효익이 기업에 유입될 가능성이 매우 높다.

② 자산의 원가를 신뢰성 있게 측정할 수 있다.

③ 기업의 정상적인 영업활동 과정에서 판매를 목적으로 보유하는 물리적 형체가 있는 자산이다.

④ 1년을 초과하여 사용할 것이 예상되는 자산이어야 한다.

03 다음 중 유형자산의 내용으로 옳지 않은 것은?

① 재화의 생산, 용역의 제공, 타인에 대한 임대 또는 자체적으로 사용할 목적으로 보유하는 물리적 형체가 있는 자산

② 1년을 초과하여 사용할 것이 예상되는 자산

③ 유형자산의 취득시 발생한 매입할인은 취득원가에서 차감하지 않는다.

④ 유형자산의 취득세 등 취득과 직접 관련된 제세공과금은 취득원가에 포함한다.

04 다음에서 설명하는 자산 중 유형자산에 해당하는 것은?

① 부동산매매업을 하는 회사가 판매목적으로 보유한 부동산

② 서비스 회사가 시세차익을 얻기 위해 보유한 아파트

③ 제조회사가 생산활동에 사용하기 위해 보유한 기계장치

④ 서비스 회사가 영업활동에 사용하기 위해 보유한 소프트웨어 프로그램

05 다음 중 유형자산의 취득원가에 포함되는 부대비용을 모두 고른 것은?

> a. 설치장소 준비를 위한 지출 b. 종합부동산세 c. 자본화 대상인 차입원가
> d. 재산세 e. 유형자산의 취득과 직접 관련된 취득세

① a, e ② c, d ③ b, c, d ④ a, c, e

06 다음 중 유형자산의 취득원가를 구성하는 항목이 아닌 것은?

① 설계와 관련하여 전문가에게 지급하는 수수료

② 자동차세, 재산세 등 유형자산의 유지와 직접 관련된 제세공과금

③ 취득과 관련하여 발생한 운송비

④ 유형자산이 정상적으로 작동되는지 여부를 시험하는 과정에서 발생하는 원가

정답 및 해설

01 ② 판매를 목적으로 취득하는 자산은 재고자산이다.

02 ③ 유형자산은 재화의 생산, 용역의 제공, 타인에 대한 임대 또는 자체적으로 사용할 목적으로 보유하는 물리적 형체가 있는 자산이다. 판매를 목적으로 보유하는 경우 재고자산으로 분류한다.

03 ③ 유형자산의 취득시 매입할인 등이 있는 경우에는 이를 차감하여 취득원가를 산출한다.

04 ③ 유형자산은 영업활동에 사용하기 위해 보유한 물리적형체가 있는 자산이다.
① 재고자산 ② 투자자산 ④ 무형자산

05 ④ 종합부동산세와 재산세는 유형자산의 보유 단계에서 발생하는 비용이므로 발생기간의 비용으로 인식하여야 한다.

06 ② [일반기업회계기준 문단 10.8, 문단 10.1] 자동차세, 재산세 등 유형자산의 유지와 직접 관련된 제세공과금은 당기 비용으로 처리한다.

07 다음 중 유형자산의 취득원가에 관한 설명으로 가장 잘못된 것은?

① 유형자산은 최초에는 취득원가로 측정한다.

② 유형자산의 취득에 관한 운송비와 설치비용은 취득원가에 가산한다.

③ 사용 중인 건물을 새로운 건물로 신축하기 위하여 철거하는 경우에 기존건물의 장부가액은 새로운 건물의 취득원가에 가산한다.

④ 국·공채를 불가피하게 매입하는 경우에는 동 국·공채의 매입가액과 현재가치와의 차액을 유형자산의 취득원가에 가산한다.

08 다음은 유형자산의 취득원가와 관련된 내용이다. 틀린 것은?

① 유형자산은 최초 취득원가로 측정한다.

② 현물출자, 증여, 기타 무상으로 취득한 자산은 공정가치를 취득원가로 한다.

③ 취득원가는 구입원가 또는 경영진이 의도하는 방식으로 자산을 가동하는데 필요한 장소와 상태에 이르게 하는데 지출된 직접원가와 간접원가를 포함한다.

④ 유형자산이 정상적으로 작동되는지 여부를 시험하는 과정에서 발생하는 원가도 취득원가에 포함한다.

09 다음의 거래를 회계처리할 때 사용되지 않는 계정과목은?

공장사무실에 사용하는 컴퓨터 10대(@500,000원)를 구입하고, 대금 중 50%는 타인이 발행한 당좌수표로 지급하고 나머지는 외상으로 하다.

① 외상매입금　　　② 미지급금　　　③ 비품　　　④ 현금

10 다음의 거래를 회계처리할 때 사용되지 않는 계정과목은 무엇인가?

업무용 승용차 20,000,000원을 취득하면서 먼저 지급한 계약금 2,000,000원을 제외한 나머지 잔액은 약속어음을 발행하여 지급하였다.

① 선급금　　　② 지급어음　　　③ 미지급금　　　④ 차량운반구

11 다음 중 아래의 빈칸에 공통으로 들어갈 내용으로 가장 적합한 것은?

> 다른 종류의 자산과의 교환으로 취득한 유형자산의 취득원가는 교환을 위하여 제공한 자산의 ( )로/으로 측정한다. 다만, 교환을 위하여 제공한 자산의 ( )이/가 불확실한 경우에는 교환으로 취득한 자산의 ( )을/를 취득원가로 할 수 있다.

① 공정가치　　　② 취득가액　　　③ 장부가액　　　④ 미래가치

12 건물 취득 시에 발생한 금액들이 다음과 같을 때, 건물의 취득원가는 얼마인가?

• 건물 매입금액	2,000,000,000원	• 자본화 대상 차입원가	150,000,000원
• 건물 취득세	200,000,000원	• 관리 및 기타 일반간접원가	16,000,000원

① 21억 5,000만원　　② 22억원　　③ 23억 5,000만원　　④ 23억 6,600만원

정답 및 해설

07 ③ [일반기업회계기준 문단 10.13] 새로운 건물을 신축하기 위하여 기존건물을 철거하는 경우 기존건물의 장부가액은 제거하여 처분손실로 하고, 철거비용은 당기 비용처리 한다.

08 ③ 일반기업회계기준 10.8, 유형자산을 취득하는데 직접 관련된 원가만 포함한다.

09 ① 재고자산 이외의 자산을 외상으로 취득하는 경우에는 매입채무(외상매입금) 계정을 사용하지 않고, 미지급금 계정을 사용한다. 그리고 타인이 발행한 당좌수표는 현금으로 처리해야 한다.
(차) 비품　　5,000,000　　　(대) 현금　　　　2,500,000
　　　　　　　　　　　　　　　　　미지급금　　2,500,000

10 ② 재고자산을 제외한 다른 자산을 취득하면서 대금은 약속어음을 발행하여 지급한 경우에는 지급어음이 아니라 미지급금 계정으로 처리한다.

11 ① 다른 종류의 자산과의 교환으로 취득한 유형자산의 취득원가는 원칙적으로 교환을 위하여 제공한 자산의 공정가치로 측정한다. 다만, 교환을 위하여 제공한 자산의 공정가치가 불확실한 경우에는 교환으로 취득한 자산의 공정가치를 취득원가로 할 수 있다.

12 ③ 23억5,000만원
= 매입금액 20억원 + 자본화차입원가 1억 5,000만원 + 취득세 2억원
• 관리 및 기타 일반간접원가는 판매비와관리비로서 당기 비용처리한다.

13 당기 중 새로 취득한 건물과 관련하여 지출된 비용은 다음과 같다. 건물의 취득원가는 얼마인가?

• 건물 매입가액	300,000,000원	• 건물 취득 관련 중개수수료	5,000,000원
• 건물 취득세	10,000,000원	• 건물 관리비	400,000원
• 건물 재산세	200,000원	• 건물 보험료	300,000원

① 300,000,000원 ② 315,000,000원 ③ 317,000,000원 ④ 321,000,000원

14 다음 중 기계장치의 취득원가로 올바른 것은?

• 기계장치의 구입가격 : 50,000,000원		• 기계장치의 구입시 운송비용 : 2,000,000원
• 기계장치의 설치비 및 시운전비 : 500,000원		• 기계장치 사용을 위한 직원 교육비 : 1,000,000원

① 53,500,000원 ② 52,000,000원 ③ 52,500,000원 ④ 50,500,000원

15 ㈜무릉은 공장신축을 위해 다음과 같이 토지를 구입하였다. 토지계정에 기록되어야 할 취득원가는 얼마인가?

• 구입가액 : 50,000,000원		• 구입관련 법률자문비용 : 3,000,000원
• 토지위 구건물 철거비용 : 1,500,000원		• 구건물 철거후 잡수익 : 500,000원

① 50,000,000원 ② 54,000,000원 ③ 54,500,000원 ④ 55,000,000원

16 다음과 같이 제3자로부터 토지와 건물을 일괄 취득한 후 공장 신축을 위해 건물을 즉시 철거하였을 경우 토지의 취득원가는 얼마인가?(단, 모든 대금은 당좌수표를 발행하여 지급하였다고 가정한다)

• 건물의 공정가치 : 100,000,000원		• 토지의 공정가치 : 400,000,000원
• 건물 철거비용 : 5,000,000원		• 토지에 대한 취득세 : 5,000,000원
• 일괄 취득함으로서 제3자에게 지급한 금액 : 400,000,000원		

① 325,000,000원 ② 405,000,000원 ③ 410,000,000원 ④ 510,000,000원

17 다음 중 수익적지출로 회계처리 하여야할 것으로 가장 타당한 것은?

① 냉난방 장치 설치로 인한 비용

② 파손된 유리의 원상회복으로 인한 교체비용

③ 사용용도 변경으로 인한 비용

④ 증설·확장을 위한 비용

18 아래의 건물과 관련한 지출 중 자산가치를 증가시키는 자본적 지출에 해당하지 않는 것은?

① 생산능력 증대를 위한 증축비용 　　② 엘리베이터의 설치비용

③ 철골보강공사비용 　　④ 건물벽의 부분도색비용

정답 및 해설

13 ② 315,000,000원

= 매입가액 300,000,000원 + 중개수수료 5,000,000원 + 취득세 10,000,000원

- 유형자산의 취득원가는 구입원가와 취득세, 취득 관련 중개수수료 등 경영진이 의도하는 방식으로 자산을 가동하는 데 필요한 장소와 상태에 이르게 하는 데 직접 관련되는 원가로 구성된다.
- 관리비, 재산세, 보험료는 당기 비용으로 처리하고, 건물의 취득원가에 포함하지 않는다.

14 ③ 50,000,000원 + 500,000원 + 2,000,000원 = 52,500,000원

유형자산의 취득원가에는 구입원가, 설치비 및 시운전비, 외부운송비용 및 등기수수료, 설계비, 취득세, 등록세, 자본적 지출금액 등이 포함된다. 그러나 새로운 시설을 개설하는데 소요되는 원가, 새로운 상품과 서비스를 소개하는 데 소요되는 원가, 새로운 지역에서 새로운 고객층을 대상으로 영업하는데 소유되는 원가(예: 직원 교육훈련비), 관리 및 기타 일반간접원가는 유형자산의 취득원가에 포함되지 않는다. 따라서 보기에서 제시된 기계장치 사용을 위한 직원 교육비를 제외한 나머지 금액이 해당 기계장치의 취득원가가 된다.

15 ② 취득원가(54,000,000원)

= 구입가액(50,000,000원)+법률자문비용(3,000,000원)+철거비용(1,500,000원)-철거후 잡수익(500,000원)

16 ③ 제3자에게 토지와 건물을 일괄 취득한 후 건물을 즉시 철거한 경우에는 건물의 취득원가, 철거비용 등은 일괄 취득한 토지의 취득원가에 가산한다. 또한 토지의 취득세도 부대비용으로 취득원가를 구성한다. 따라서 타인 지급액 400,000,000원 + 건물철거비용 5,000,000원 + 취득세 5,000,000원 = 410,000,000원

17 ② ②는 수익적지출, ①,③,④은 자본적지출에 해당한다.

18 ④ 일반기업회계기준 10.14, 유형자산의 취득 또는 완성 후의 지출이 자산의 인식기준을 충족하는 경우에는 자본적 지출로 처리하고 그렇지 않은 경우에는 발생한 기간의 비용으로 인식한다. 자본적 지출은 내용연수를 연장시키거나 자산 가치를 증가시키는 지출을 의미하는 것이다. 그러나 건물벽의 부분도색비용은 수익적 지출에 해당한다.

17 다음 중 수익적지출로 회계처리 하여야할 것으로 가장 타당한 것은?

① 냉난방 장치 설치로 인한 비용
② 파손된 유리의 원상회복으로 인한 교체비용
③ 사용용도 변경으로 인한 비용
④ 증설·확장을 위한 비용

18 아래의 건물과 관련한 지출 중 자산가치를 증가시키는 자본적 지출에 해당하지 않는 것은?

① 생산능력 증대를 위한 증축비용　　② 엘리베이터의 설치비용
③ 철골보강공사비용　　④ 건물벽의 부분도색비용

정답 및 해설

13 ② 315,000,000원
= 매입가액 300,000,000원 + 중개수수료 5,000,000원 + 취득세 10,000,000원
- 유형자산의 취득원가는 구입원가와 취득세, 취득 관련 중개수수료 등 경영진이 의도하는 방식으로 자산을 가동하는 데 필요한 장소와 상태에 이르게 하는 데 직접 관련되는 원가로 구성된다.
- 관리비, 재산세, 보험료는 당기 비용으로 처리하고, 건물의 취득원가에 포함하지 않는다.

14 ③ 50,000,000원 + 500,000원 + 2,000,000원 = 52,500,000원
유형자산의 취득원가에는 구입원가, 설치비 및 시운전비, 외부운송비용 및 등기수수료, 설계비, 취득세, 등록세, 자본적 지출금액 등이 포함된다. 그러나 새로운 시설을 개설하는데 소요되는 원가, 새로운 상품과 서비스를 소개하는 데 소요되는 원가, 새로운 지역에서 새로운 고객층을 대상으로 영업하는데 소유되는 원가(예: 직원 교육훈련비), 관리 및 기타 일반간접원가는 유형자산의 취득원가에 포함되지 않는다. 따라서 보기에서 제시된 기계장치 사용을 위한 직원 교육비를 제외한 나머지 금액이 해당 기계장치의 취득원가가 된다.

15 ② 취득원가(54,000,000원)
= 구입가액(50,000,000원)+법률자문비용(3,000,000원)+철거비용(1,500,000원)-철거후 잡수익(500,000원)

16 ③ 제3자에게 토지와 건물을 일괄 취득한 후 건물을 즉시 철거한 경우에는 건물의 취득원가, 철거비용 등은 일괄 취득한 토지의 취득원가에 가산한다. 또한 토지의 취득세도 부대비용으로 취득원가를 구성한다. 따라서 타인 지급액 400,000,000원 + 건물철거비용 5,000,000원 + 취득세 5,000,000원 = 410,000,000원

17 ② ②는 수익적지출, ①,③,④은 자본적지출에 해당한다.

18 ④ 일반기업회계기준 10.14, 유형자산의 취득 또는 완성 후의 지출이 자산의 인식기준을 충족하는 경우에는 자본적 지출로 처리하고 그렇지 않은 경우에는 발생한 기간의 비용으로 인식한다. 자본적 지출은 내용연수를 연장시키거나 자산 가치를 증가시키는 지출을 의미하는 것이다. 그러나 건물벽의 부분도색비용은 수익적 지출에 해당한다.

19 다음 중 유형자산 취득 후의 지출과 관련하여 성격이 다른 것은?

① 건물의 엘리베이터 설치　　　② 건물의 외벽 도색작업

③ 파손된 타일의 원상회복을 위한 수선　　④ 보일러 부속품의 교체

20 다음 유형자산 중 감가상각 회계처리 대상에 해당하지 않는 것은?

① 업무에 사용하고 있는 토지　　　② 관리사무실에서 사용하고 있는 세단기

③ 업무관련 회사소유 주차장 건물　　④ 생산직원 전용휴게실에 비치되어 있는 안마기

21 다음은 감가상각에 대한 설명이다. 옳지 않은 것은?

① 유형자산의 감가상각은 자산이 사용가능한 때부터 시작한다.

② 토지와 건물을 동시에 취득하는 경우에는 토지 구입액도 감가상각 대상이 된다.

③ 유형자산의 감가상각방법에는 정액법, 정률법, 체감잔액법, 연수합계법, 생산량비례법 등이 있다.

④ 감가상각방법은 자산의 성격에 따라 선택 가능하고, 소멸형태가 변하지 않는 한 매기 계속 적용한다.

22 다음 중 유형자산의 감가상각에 대한 내용으로 옳지 않은 것은?

① 감가상각은 자산이 사용가능한 시점부터 시작한다.

② 자산의 내용연수 동안 감가상각액이 매 기간 감소하는 상각방법은 정률법이다.

③ 제조공정에서 사용된 유형자산의 감가상각액은 당기비용으로 처리한다.

④ 유형자산의 내용연수는 자산으로부터 기대되는 효용에 따라 결정된다.

23 다음 중 정액법으로 감가상각을 계산할 때 관련이 없는 것은?

① 잔존가치　　　② 취득원가　　　③ 내용연수　　　④ 생산량

24 다음은 유형자산의 감가상각에 대한 설명이다. 아래의 (㉠) 안에 들어갈 알맞은 단어는 무엇인가?

유형자산의 감가상각방법에는 정액법, 체감잔액법, 연수합계법, 생산량비례법 등이 있다. (㉠)은 자산의 예상조업도 혹은 예상생산량에 근거하여 감가상각액을 인식하는 방법이다. 감가상각방법은 해당 자산으로부터 예상되는 미래경제적효익의 소멸형태에 따라 선택하고, 소멸형태가 변하지 않는 한 매기 계속 적용한다.

① 정액법　　　② 체감잔액법　　　③ 연수합계법　　　④ 생산량비례법

25 유형자산의 감가상각비를 계산하는 방법으로 옳은 것은?

① 정액법 : (취득원가 - 감가상각누계액) ÷ 내용연수

② 정률법 : (취득원가 - 잔존가치) × 상각률

③ 연수합계법 : (취득원가 - 감가상각누계액) × $\dfrac{\text{잔여내용연수}}{\text{내용연수의 합계}}$

④ 생산량비례법 : (취득원가 - 잔존가치) × $\dfrac{\text{당기실제생산량}}{\text{총추정예정량}}$

정답 및 해설

19 ① 자본적 지출에 해당하며, 나머지는 수익적 지출에 해당한다.

20 ① 토지는 감가상각을 하지 않고(일반기업회계기준 제10장 유형자산, 유형자산의 분류 항목 문단실2.34), 건설 중인 자산, 영업활동에 사용하지 않는 투자자산은 현재 정상적인 영업활동에 사용되지 않고 있기 때문에 감가상각 회계처리 대상에서 제외된다.

21 ② 토지와 건물을 동시에 취득하는 경우에도 이들은 분리된 자산이므로 별개의 자산으로 취급한다. 건물은 내용연수가 유한하므로 감가상각 대상자산이지만, 토지는 감가상각 대상이 아니다.
(일반기업회계기준 10.37)

22 ③ 제조공정에서 사용된 유형자산의 감가상각액은 재고자산의 원가를 구성한다.(일반기업회계기준 10.32)

23 ④ 생산량은 생산량비례법을 계산할 때 필수요소이다.

24 ④ [일반기업회계기준 문단 10.40] 유형자산의 감가상각방법에는 정액법, 체감잔액법(예를 들면, 정률법 등), 연수합계법, 생산량비례법 등이 있다. 정액법은 자산의 내용연수 동안 일정액의 감가상각액을 인식하는 방법이다. 체감잔액법과 연수합계법은 자산의 내용연수 동안 감가상각액이 매기간 감소하는 방법이다. 생산량비례법은 자산의 예상조업도 혹은 예상생산량에 근거하여 감가상각액을 인식하는 방법이다. 감가상각방법은 해당 자산으로부터 예상되는 미래경제적효익의 소멸형태에 따라 선택하고, 소멸형태가 변하지 않는 한 매기 계속 적용한다.

25 ④ 유형자산의 감가상각방법에는 정액법, 체감잔액법(예를 들면, 정률법 등), 연수합계법, 생산량비례법 등이 있다.(일반기업회계기준 10.40)

- 정액법 : (취득원가 - 잔존가치) ÷ 내용연수
- 정률법 : (취득원가 - 감가상각누계액) × 상각률

연수합계법 : (취득원가 - 감가상각누계액) × $\dfrac{\text{잔여내용연수}}{\text{내용연수의 합계}}$

26 유형자산에 대해 계속해서 5년간 감가상각할 경우 상각액에 대한 설명이다. 다음 중 가장 거리가 먼 것은?

① 정률법의 경우 상각율이 정해져 있으므로 상각액은 매년 일정하다.

② 정액법의 경우 금액이 정해져 있으므로 상각액은 매년 일정하다.

③ 연수합계법의 경우 내용년수를 역순으로 적용하므로 상각액은 매년 감소한다.

④ 이중체감법의 경우 매년 상각잔액에 대하여 상각율을 적용하므로 상각액은 매년 감소한다.

27 (주)세원은 20X1년 7월 18일 구입하여 사용 중인 기계장치를 201X2년 6월 1일 37,000,000원에 처분하였다. 당기분에 대한 감가상각 후 처분시점의 감가상각누계액은 8,000,000원이며, 처분이익 5,000,000원이 발생하였다. 내용연수 5년, 정액법으로 월할상각하였다고 가정할 경우 기계장치의 취득원가는?

① 32,000,000원　　② 40,000,000원　　③ 45,000,000원　　④ 50,000,000원

28 아래의 고정자산 관리대장에 의하여 20X1년 기말결산 시 감가상각비(제조원가)로 인식할 금액은 얼마인가? 단, 월할 계산하고 소수점 미만 금액은 절사한다.

구분	자산명	취득일	취득가액 (단위 : 원)	잔존가치 (단위 : 원)	상각 방법	내용 연수	상각률	사용 부서
차량 운반구	BMW520d	20X1.03.01.	65,000,000	15,000,000	정액법	5	0.2	영업부
	포터2 더블캡	20X0.05.02.	30,000,000	5,000,000	정액법	5	0.2	생산부

① 5,000,000원　　② 6,000,000원　　③ 8,333,333원　　④ 15,000,000원

29 다음 자료를 정률법으로 감가상각할 경우 1차 회계연도(20X1년 1월 1일 ~ 20X1년 12월 31일)에 재무상태표에 계상될 감가상각누계액은 얼마인가?

　　• 취득원가 : 3,750,000원(취득일 : 20X1년 1월 1일)　　• 내용연수 : 5년　　• 상각률 : 0.451

① 1,691,250원　　② 660,000원　　③ 1,100,000원　　④ 1,320,000원

30 1기 회계연도(20X0.1.1. ~ 20X0.12.31.)에 기계장치의 구입관련 다음의 자료를 참고하여 당사의 2기(20X1.1.1. ~ 20X1.12.31.) 회계연도에 계상될 감가상각비는 얼마인가? (감가상각비는 월할 상각한다.)

- 기계장치 구입가격 : 12,000,000원   · 취득일 : 2020.01.03.
- 내용연수 : 5년   · 잔존가치 : 0원
- 정률법 : 상각률 (0.45)

① 2,475,000원   ② 2,675,000원   ③ 2,970,000원   ④ 12,800,000원

31 다음 자료에 의한 당기말 감가상각비는 얼마인가? (단, 기계장치는 정률법으로 상각한다.)

- 기계장치 취득원가 15,000,000원   · 전기말 감가상각누계액 6,765,000원
- 잔존가치 취득원가의 5%   · 내용연수 5년   · 상각률 0.451

① 1,647,000원   ② 3,000,000원   ③ 3,713,985원   ④ 6,765,000원

정답 및 해설

26 ① 정률법의 경우 매년 상각잔액에 대하여 정해진 상각율을 적용하므로 상각액은 매년 감소한다.

27 ② 40,000,000원 = 처분가액 37,000,000원 - 처분이익 5,000,000원 + 감가상각누계액 8,000,000원

28 ① 5,000,000원
= (생산부 포터2 더블캡 취득원가 30,000,000원 - 잔존가치 5,000,000원)÷내용연수 5
- 감가상각비(판) : (영업부 BMW520d 취득원가 65,000,000원 - 잔존가치 15,000,000원)÷내용연수 5×10/12 = 8,333,333원

29 ① 3,750,000원×0.451 = 1,691,250원

30 ③ 1기 상각액 : 12,000,000 × 0.45 = 5,400,000원
2기 상각액 : (12,000,000 - 5,400,000) × 0.45 = 2,970,000원

31 ③ 3,713,985원
= (15,000,000원 - 6,765,000원)×0.451

32 1기 회계연도(1월1일~12월31일) 1월 1일에 내용연수 5년, 잔존가치 0(영)원인 기계를 8,500,000원에 매입하였으며, 설치장소를 준비하는데 500,000원을 지출하였다. 동 기계는 원가모형을 적용하고, 정률법으로 감가상각한다. 2기 회계연도에 계상될 감가상각비로 맞는 것은? (정률법 상각률 : 0.45)

① 3,825,000원　　② 2,103,750원　　③ 4,050,000원　　④ 2,227,500원

33 다음 자료를 이용하여 유형자산에 대한 감가상각을 실시하는 경우 연수합계법에 의한 3차년도말 현재의 장부금액(장부가액)으로 맞는 것은?

- 기계장치 취득원가 : 50,000,000원(1월 1일 취득)
- 잔존가치 : 취득원가의 10%
- 내용연수 : 5년
- 정률법 상각률 : 0.45

① 8,318,750원　　② 10,000,000원　　③ 14,000,000원　　④ 23,000,000원

34 다음 자료를 이용하여 유형자산에 대한 감가상각을 실시하는 경우에 정액법, 정률법 및 연수합계법 각각에 의한 2차년도말까지의 감가상각누계액 크기와 관련하여 가장 맞게 표시한 것은?

- 기계장치 취득원가 : 2,000,000원(1월 1일 취득)
- 잔존가치 : 취득원가의 10%
- 내용연수 : 5년
- 정률법 상각률 : 0.4

① 연수합계법 > 정률법 > 정액법　　② 연수합계법 > 정액법 > 정률법
③ 정률법 > 정액법 > 연수합계법　　④ 정률법 > 연수합계법 > 정액법

35 유형자산의 감가상각방법 중 정액법, 정률법 및 연수합계법 각각에 의한 1차년도말 계상된 감가상각비가 큰 금액부터 나열한 것은?

- 기계장치 취득원가 : 1,000,000원(1월 1일 취득)
- 내용연수 : 5년
- 잔존가치 : 취득원가의 10%
- 정률법 상각률 : 0.4

① 정률법 > 정액법 > 연수합계법　　② 정률법 > 연수합계법 > 정액법
③ 연수합계법 > 정률법 > 정액법　　④ 연수합계법 > 정액법 > 정률법

36 내용연수가 5년인 기계장치를 정률법으로 감가상각할 경우, 정액법과 비교하여 1차연도 감가상각의 결과로 옳은 것은?

① 당기순이익이 작고 유형자산의 장부가액도 작게 표시된다.

② 당기순이익이 작고 유형자산의 장부가액은 크게 표시된다.

③ 당기순이익이 크고 유형자산의 장부가액은 작게 표시된다.

④ 당기순이익이 크고 유형자산의 장부가액도 크게 표시된다.

정답 및 해설

32 ④   1기 (8,500,000원 + 500,000원) * 0.45 = 4,050,000원
2기 {(8,500,000원 + 500,000원) - 4,050,000원} * 0.45 = 2,227,500원

33 ③   50,000,000원 - 36,000,000원 = 14,000,000원
- 1차년도말 감가상각비 : 15,000,000원 = (50,000,000원 - 5,000,000원) × 5/15
- 2차년도말 감가상각비 : 12,000,000원 = (50,000,000원 - 5,000,000원) × 4/15
- 3차년도말 감가상각비 : 9,000,000원 = (50,000,000원 - 5,000,000원) × 3/15
- 3차년도말 감가상각누계액 : 15,000,000원 + 12,000,000원 + 9,000,000원 = 36,000,000원

34 ④   • 정액법
- 1차년도말 감가상각비 : 360,000원 = (2,000,000원 - 200,000원) × 1/5
- 2차년도말 감가상각비 : 360,000원 = (2,000,000원 - 200,000원) × 1/5
∴ 2차년도말 감가상각누계액 : 360,000원 + 360,000원 = 720,000원

• 정률법
- 1차년도말 감가상각비 : 800,000원 = 2,000,000원 × 0.4
- 2차년도말 감가상각비 : 480,000원 = (2,000,000원 - 800,000원) × 0.4
∴ 2차년도말 감가상각누계액 : 800,000원 + 480,000원 = 1,280,000원

• 연수합계법
- 1차년도말 감가상각비 : 600,000원 = (2,000,000원 - 200,000원) × 5/15
- 2차년도말 감가상각비 : 480,000원 = (2,000,000원 - 200,000원) × 4/15
∴ 2차년도말 감가상각누계액 : 600,000원 + 480,000원 = 1,080,000원

35 ②   • 1차년도말 감가상각비 정률법 400,000 = 1,000,000 × 0.4
- 1차년도말 감가상각비 연수합계법 300,000 = (1,000,000 - 100,000) × 5/15
- 1차년도말 감가상각비 정액법 180,000 = (1,000,000 - 100,000) × 1/5

36 ①   정률법이 정액법에 비해 1차연도의 감가상각비가 크다. 따라서 정률법에 의할 경우 정액법에 비해 당기순이익이 작고, 유형자산의 장부가액도 작게 표시된다.

37 결산마감시 당기분 감가상각누계액으로 4,000,000원을 계상하였다. 재무제표에 미치는 영향을 바르게 설명한 것은?

① 자본이 4,000,000원 감소한다.　　② 자산이 4,000,000원 증가한다.

③ 당기순이익이 4,000,000원 증가한다.　　④ 부채가 4,000,000원 증가한다.

38 (주)세원은 20X1년 7월 18일 구입하여 사용 중인 기계장치를 20X2년 6월 1일 37,000,000원에 처분하였다. 당기분에 대한 감가상각 후 처분시점의 감가상각누계액은 8,000,000원이며, 처분이익 5,000,000원이 발생하였다. 내용연수 5년, 정액법으로 월할상각하였다고 가정할 경우 기계장치의 취득원가는?

① 32,000,000원　　② 40,000,000원　　③ 45,000,000원　　④ 50,000,000원

39 당기에 취득한 유형 자산의 감가상각을 정률법이 아닌 정액법으로 회계 처리한 경우 당기 재무제표에 상대적으로 미치는 영향으로 올바른 것은?

① 자산의 과소계상　　　　② 당기순이익의 과대계상

③ 부채의 과소계상　　　　④ 비용의 과대계상

정답 및 해설

37　①　비용 계상 → 이익 감소, 자본 감소, 자산 감소

38　②　40,000,000원 = 처분가액 37,000,000원 - 처분이익 5,000,000원 + 감가상각누계액 8,000,000원

39　②　정액법이 정률법보다 초기감가상각비 금액이 작으므로 비용이 과소계상되고, 자산이 과대계상되므로 당기순이익이 과대계상된다.

5 무형자산

1. 무형자산의 정의

무형자산이란 비유동자산 중 기업의 영업활동에 장기간 사용할 목적으로 보유하는 물리적 형체가 없는 자산을 말한다. (식별 가능하고, 기업이 통제하고 있으며, 미래 경제적 효익이 있는 비화폐성자산)

2. 무형자산의 주요 계정과목

영업권		기업의 좋은 이미지, 우수한 경영진, 뛰어난 영업망, 유리한 위치 등으로 동종의 타기업에 비해 특별히 유리한 자원(내부창출영업권은 인정하지 않고 사업결합으로 외부에서 취득한 영업권만 인정됨)
산업재산권	특허권	특정한 발명을 등록하여 일정기간 독점적, 배타적으로 사용할 수 있는 권리
	실용신안권	특정 물건의 모양이나 구조 등 실용적인 고안을 등록하여 일정기간 독점적, 배타적으로 사용할 수 있는 권리
	디자인권	특정 디자인이나 로고 등 고안을 등록하여 일정기간 독점적, 배타적으로 사용할 수 있는 권리
	상표권	특정 상표를 등록하여 일정기간 독점적, 배타적으로 사용할 수 있는 권리
개발비		신제품과 신기술 등의 개발활동과 관련하여 발생한 지출
소프트웨어		각종 컴퓨터 소프트웨어 구입 금액(회계프로그램 등)

참 내부적으로 창출한 무형자산의 회계처리: 연구단계와 개발단계로 구분할 수 없는 경우 모두 연구단계에서 발생한 것 으로 본다.

구분		회계처리
연구단계 발생 지출		경상연구개발비(판매비와관리비)
개발단계 발생 지출	개발비 인식요건 미충족	
	개발비 인식요건 충족	개발비(무형자산)

3. 무형자산의 취득원가

취득	• 취득원가 = 매입가액 + 취득부대비용 • 특허권, 회계소프트웨어 등 취득 → 무형자산(자산)의 증가 → 차변 (차) [해당 무형자산 계정]　　×××원　　(대) [계정과목]　　×××원

---

[1] 특허권을 2,000,000원 현금 매입하고 등록비용 100,000원을 현금 지급하다.

　　(차)　　　　　　　　　　　　　　　(대)

[2] 새로운 회계 프로그램을 ㈜애플에서 구입하고, 소프트웨어 구입비용 3,000,000원은 당좌수표를 발행하여 지급하다. (무형자산으로 처리)

　　(차)　　　　　　　　　　　　　　　(대)

[3] 신제품 개발에 따른 연구용역비 1,000,000원을 보통예금계좌에서 이체 지급하였다.(무형자산으로 처리할 것)

　　(차)　　　　　　　　　　　　　　　(대)

---

4. 무형자산의 상각

1) 상각의 정의: 무형자산을 사용하거나 시간의 경과에 따라 가치가 감소하는 현상을 측정하여 사용기간 동안 비용으로 배분하는 절차를 말한다.

2) 상각의 특징

잔존가치	잔존가치는 없는 것을 원칙으로 한다.
상각방법	상각방법은 유형자산과 동일하게 정액법, 체감잔액법(정률법, 이중체감법), 연수합계법, 생산량비례법을 사용할 수 있다. 합리적인 상각방법을 정할 수 없는 경우 정액법 사용한다.
상각기간 (내용연수)	상각시점은 무형자산이 사용 가능한 때부터 상각을 시작한다. 상각기간은 원칙적으로 20년을 초과할 수 없다.

3) 상각의 회계처리

무형자산상각비	무형자산 상각에 따라 가치가 감소하는 것을 나타내는 비용 계정 무형자산상각비 = (취득원가 − 0) ÷ 내용연수 　　　　　　　 = 미상각잔액(장부가액) ÷ 잔여내용연수
상각 회계처리	무형자산 상각을 회계처리시 일반적으로 해당 자산을 직접 차감하는 방식으로 표시한다.(직접법) (차) 무형자산상각비　　　　×××원　　　(대) [해당 무형자산 계정]　　　×××원

[4] 무형자산으로 처리된 개발비의 당기 무형자산상각액은 200,000원이다.(단, 판매관리비로 처리하고 직접법으로 상각함)

(차)	(대)

뽀송테크(주)(회사코드: 8000)의 데이터를 사용하여 연습할 수 있습니다.

    (1) 4월 21일   신제품을 개발하고 특허권을 취득하기 위한 수수료 500,000원을 현금으로 지급하였다.(무형자산으로 처리할 것)

    (2) 4월 22일   한국대학에 의뢰한 신제품 개발에 따른 연구용역비 10,000,000원을 보통예금계좌에서 이체지급하였다.(무형자산으로 처리할 것)

정답 및 해설

뽀송테크(주)(회사코드: 8000)의 데이터를 사용하여 연습할 수 있습니다.

[1]	4월 21일	(차)	특허권	500,000원	(대)	현금	500,000원
[2]	4월 22일	(차)	개발비	10,000,000원	(대)	보통예금	10,000,000원

01 다음 중 무형자산으로 인식되기 위한 인식기준이 아닌 것은?

① 식별가능성   ② 통제가능성   ③ 미래 경제적 효익   ④ 판매가능성

02 무형자산과 관련한 다음의 설명 중 적절치 않은 것은?

① 무형자산으로 인식되기 위해서는 식별가능하여야 한다.

② 무형자산은 기업이 그 무형자산에 대한 미래경제적효익을 통제할 수 있어야 한다.

③ 내부적으로 창출한 영업권은 원가를 신뢰성 있게 측정할 수 없을 뿐만 아니라 기업이 통제하고 있는 식별가능한 자원도 아니기 때문에 자산으로 인식하지 않는다.

④ 내부적으로 창출한 모든 무형자산은 무형자산으로 인식할 수 없다.

03 다음 중 일반기업회계기준상 무형자산으로 계상할 수 없는 것은?

① 합병 등으로 인하여 유상으로 취득한 영업권

② 기업의 프로젝트 연구단계에서 발생하여 지출한 연구비

③ 일정한 광구에서 부존하는 광물을 독점적·배타적으로 채굴하여 취득할 수 있는 광업권

④ 일정기간동안 독점적·배타적으로 이용할 수 있는 산업재산권

04 다음 중 무형자산에 해당하는 것의 개수는?

• 특허권	• 내부적으로 창출된 영업권	• 컴퓨터소프트웨어
• 상표권	• 임차권리금	• 경상개발비

① 3개   ② 4개   ③ 5개   ④ 6개

05 일반기업회계기준에 따르면 무형자산의 창출과정은 연구단계와 개발단계로 구분할 수 있다. 다음 중 개발단계에 속하는 활동의 일반적인 예로 적절하지 않은 것은?

① 새로운 지식을 얻고자 하는 활동

② 생산 전 또는 사용 전의 시작품과 모형을 설계, 제작 및 시험하는 활동

③ 새로운 기술과 관련된 공구, 금형, 주형 등을 설계하는 활동

④ 상업적 생산목적이 아닌 소규모의 시험공장을 설계, 건설 및 가동하는 활동

06 무형자산과 관련된 다음의 설명 중 옳지 않은 것은?

① 개발비는 개발단계에서 발생하여 미래 경제적 효익을 창출할 것이 기대되는 자산이다.

② 무형자산의 취득원가는 매입금액에 직접부대비용을 가산한다.

③ 무형자산을 직접 차감하여 상각하는 경우 무형자산상각비 계정을 사용한다.

④ 영업활동에 사용할 목적으로 보유하는 자산으로 물리적 실체가 있는 경우 무형자산으로 분류된다.

정답 및 해설

01 ④ 영업활동에서 사용되는 자산은 유형자산이며, 판매 목적의 자산은 재고자산으로 분류하여야 한다.

02 ④ 내부적으로 창출한 무형자산이 인식기준에 부합하는지를 평가하기 위하여 무형자산의 창출과정을 연구단계와 개발단계로 구분하여 개발단계에 해당하는 경우 무형자산으로 인식한다.(일반기업회계기준 11.7)

03 ② 기업의 연구개발활동 중 연구단계에서 발생하여 지출한 연구비는 당기비용으로 처리한다.

04 ② 산업재산권(특허권, 실용신안권, 의장권, 상표권, 상호권 및 상품명 포함), 컴퓨터소프트웨어, 임차권리금이 무형자산에 해당된다.(일반기업회계기준 문단11.40).
내부적으로 창출된 영업권은 미래경제적효익을 창출하기 위하여 발생한 지출이라도 인식기준을 충족하지 못하면 무형자산으로 인식할 수 없다.(일반기업회계기준 문단 11.16).
경상개발비는 당기비용으로 처리한다.(일반기업회계기준 실무지침 문단 2.47)

05 ① 새로운 지식을 얻고자 하는 활동은 연구단계에 속하는 활동의 일반적인 예에 해당한다(일반기업회계기준 실무지침 11.13).

06 ④ 무형자산은 물리적 실체가 없는 자산이다.

07 다음 중 무형자산의 상각에 대한 설명으로 바르지 않은 것은?

① 자산이 사용 가능한 때부터 상각을 시작한다.

② 일반적으로 상각기간은 최대 40년까지 가능하다.

③ 합리적인 상각방법을 정할 수 없을 때에는 정액법으로 상각한다.

④ 재무상태표상 표시 방법으로 취득원가에서 무형자산상각누계액을 직접 차감하여 표시하는 직접법과 취득원가에서 무형자산상각누계액을 차감하는 형식으로 표시하는 간접법 모두 허용된다.

08 다음 중 무형자산의 회계처리에 대한 설명으로 틀린 것은?

① 무형자산을 최초로 인식할 때에는 공정가치로 측정한다.

② 다른 종류의 무형자산이나 다른 자산과의 교환으로 무형자산을 취득하는 경우에는 무형자산의 원가를 교환으로 제공한 자산의 공정가치로 측정한다.

③ 무형자산을 창출하기 위한 내부 프로젝트를 연구단계와 개발단계로 구분할 수 없는 경우에는 그 프로젝트에서 발생한 지출은 모두 연구단계에서 발생한 것으로 본다.

④ 무형자산의 잔존가치는 없는 것을 원칙으로 한다.

09 다음 중 무형자산과 관련된 설명으로 옳지 않은 것은?

① 연구프로젝트에서 발생한 지출이 연구단계와 개발단계로 구분할 수 없는 경우에는 모두 연구단계에서 발생한 것으로 본다.

② 내부적으로 창출한 브랜드, 고객목록과 같은 항목은 무형자산으로 인식할 수 있다.

③ 무형자산은 회사가 사용할 목적으로 보유하는 물리적 실체가 없는 자산이다.

④ 무형자산의 소비되는 행태를 신뢰성 있게 결정할 수 없을 경우 정액법으로 상각한다.

10 다음은 무형자산에 대한 일반기업회계기준의 규정이다. 이 중 가장 잘못된 설명은?

① 영업권, 산업재산권, 개발비, 소프트웨어 등이 포함된다.

② 상각대상금액은 그 자산의 추정 내용연수 동안 체계적인 방법을 사용하여 비용으로 배분하여야 한다.

③ 물리적 형체는 없지만 식별가능하고 기업이 통제하고 있으며 미래 경제적 효익이 있는 화폐성자산이다.

④ 상각기간은 관계 법령이나 계약에 정해진 경우를 제외하고는 20년을 초과할 수 없다.

정답 및 해설

07 ② 특별한 경우를 제외하고는 무형자산의 상각기간은 20년을 초과할 수 없다.

08 ① 무형자산을 최초로 인식할 때에는 원가로 측정한다.

09 ② 내부적으로 창출한 브랜드, 고객목록과 같은 항목은 무형자산으로 인식할 수 없다.

10 ③ 일반기업회계기준 제11장 무형자산, 용어의 정의
무형자산은 물리적 형체는 없지만 식별가능하고 기업이 통제하고 있으며 미래 경제적 효익이 있는 비화폐성자산이다.

6 기타비유동자산

1. 기타비유동자산의 정의

기타비유동자산이란 비유동자산 중 투자자산, 유형자산, 무형자산에 속하지 않는 자산을 말한다.

2. 기타비유동자산의 주요 계정과목

임차보증금		임대차계약에 따라 타인의 부동산 사용을 계약하고 임차인이 임대인에게 지급하는 보증금(계약기간이 끝나면 다시 돌려받음)
장기 매출 채권	장기외상매출금	일반적인 상거래에서 외상으로 판매하고 결산일 기준 1년 이후에 받기로 한 대금
	장기받을어음	일반적인 상거래에서 외상으로 판매하고 받은 어음으로 만기가 결산일 기준 1년 이후에 도래하는 것
부도어음과수표		어음소지인이 어음 대금을 청구 시 지급을 거절된 어음(수표)을 처리하는 계정과목으로 정상적인 어음(수표)과 구분을 위해 사용한 뒤 향후 회수가능성을 판단하여 대손처리한다.

3. 기타비유동자산 계정과목별 회계처리

1) 임차보증금

보증금 지급	• 부동산 사용을 계약하고 보증금을 지급 → 임차보증금(자산)의 증가 → 차변
	(차) 임차보증금　　　　　×××원　　　(대) [계정과목]　　　　　×××원
임차료 입금	• 부동산 사용 중 계약에 따라 임차료 지급 → 임차료(비용)의 발생 → 차변
	(차) 임차료　　　　　×××원　　　(대) [계정과목]　　　　　×××원
계약 만료	• 계약이 만료되어 보증금 회수 → 임차보증금(자산)의 감소 → 대변
	(차) [계정과목]　　　　　×××원　　　(대) 임차보증금　　　　　×××원

[1] 상품 판매대리점을 개설하기 위하여 점포를 보증금 3,000,000원에 브리상사로부터 임차하고 대금은 현금으로 지급하다.

　　　　(차)　　　　　　　　　　　　　　　(대)

[2] 당사 사무실 임차료로 300,000원을 현금지급하였다.

　　　　(차)　　　　　　　　　　　　　　　(대)

[3] 상품보관을 위해 브리상사로부터 임차하여 사용하고 있던 창고건물의 임차기간이 완료되어 임차보증금 10,000,000원을 보통예금계좌로 돌려받다.

　　　　(차)　　　　　　　　　　　　　　　(대)

2) 부도어음과수표

보증급 지급	• 어음이 부도처리 됨 → 받을어음을 부도어음과수표로 대체
	(차) 부도어음과수표　　　　　　×××원　　　　(대) 받을어음　　　　　　　　×××원

[4] 금융기관으로부터 매출거래처인 한마음상사가 발행한 어음 3,000,000원이 부도처리되었다는 통보를 받았다.

(차)		(대)	

정답 및 해설

[1]	(차)	임차보증금(브리상사)	3,000,000원	(대)	현금	3,000,000원
[2]	(차)	임차료(판)	300,000원	(대)	현금	300,000원
[3]	(차)	보통예금	10,000,000원	(대)	임차보증금(브리상사)	10,000,000원
[4]	(차)	부도어음과수표(한마음상사)	3,000,000원	(대)	받을어음(한마음상사)	3,000,000원

뽀송테크㈜(회사코드: 8000)의 데이터를 사용하여 연습할 수 있습니다.

(1) 4월 23일 전자제품 수리부서의 사무용기기 임차에 따른 보증금으로 5,000,000원을 ㈜리부물산에 당좌수표로 지급하였다.

(2) 4월 24일 ㈜리부물산과 공장건물의 임대차계약을 체결하고 임차보증금 10,000,000원 중 3,000,000원은 현금으로 지급하고 나머지는 당좌수표를 발행하여 지급하였다.

(3) 4월 25일 ㈜리부물산과 전월에 체결한 본사 건물 임대차계약의 잔금일이 도래하여 임차보증금 50,000,000원 중 계약일에 지급한 5,000,000원을 제외한 45,000,000원을 보통예금 계좌에서 이체하였다.(단, 하나의 전표로 처리할 것)

(4) 4월 26일 창고 임차보증금 10,000,000원(거래처 : ㈜리부물산) 중에서 미지급금으로 계상되어 있는 작년분 창고 임차료 1,000,000원을 차감하고 나머지 임차보증금만 보통예금으로 돌려받았다.

(5) 4월 27일 영업점을 이전하면서 임대인(㈜리부물산)으로부터 임차보증금 중 임차료 미지급액 6,000,000원을 차감한 나머지 194,000,000원을 보통예금으로 반환받았다.(미지급비용 계정과목을 사용하시오)

(6) 4월 28일   미지급금으로 계상되어 있는 공장 임차료 3,000,000원을 임대인(㈜리부물산)과 합의하에 보
증금과 상계하다.

(7) 4월 29일   삼보상사로부터 매출대금으로 받은 약속어음 20,000,000원에 대하여 부도가 발생하여 상
환 청구를 하였다. 해당어음은 부도처리 되었으나 회수가능성이 있어 대손처리는 하지 않았다.

정답 및 해설

뽀송테크(주)(회사코드: 8000)의 데이터를 사용하여 연습할 수 있습니다.

[1]	4월 23일	(차)	임차보증금(㈜리부물산)	5,000,000원	(대)	당좌예금	5,000,000원
[2]	4월 24일	(차)	임차보증금(㈜리부물산)	10,000,000원	(대)	현금	3,000,000원
						당좌예금	7,000,000원
[3]	4월 25일	(차)	임차보증금(㈜리부물산)	50,000,000원	(대)	보통예금	45,000,000원
						선급금(㈜리부물산)	5,000,000원
[4]	4월 26일	(차)	미지급금(㈜리부물산)	1,000,000원	(대)	임차보증금(㈜리부물산)	10,000,000원
			보통예금	9,000,000원			
[5]	4월 27일	(차)	보통예금	194,000,000원	(대)	임차보증금	200,000,000원
			미지급비용(㈜리부물산)	6,000,000원			
[6]	4월 28일	(차)	미지급금(㈜리부물산)	3,000,000원	(대)	임차보증금(㈜리부물산)	3,000,000원
[7]	4월 29일	(차)	부도어음과수표(삼보상사)	20,000,000원	(대)	받을어음(삼보상사)	20,000,000원

1 유동부채

1. 유동부채의 정의

유동부채란 결산일로부터 만기가 1년 이내인 부채를 말한다.

2. 유동부채의 주요 계정과목

매입 채무	외상매입금	일반적인 상거래에서 외상으로 구입한 경우
	지급어음	일반적인 상거래에서 외상으로 구입하고 발행한 어음
단기차입금		1년 이내 갚는 조건으로 빌린 금전
미지급금		일반적인 상거래 이외의 거래에서 나중에 주기로 한 대금 또는 발행한 어음
선수금		계약금 성격으로 미리 받은 금액 참 선수금은 계약금을 받았을 때 자산을 지급해야할 의무가 생기고 계약 파기 시 돌려줘야 하는 금액이기 때문에 부채로 처리한다.
예수금		• 일시적으로 잠시 보관하고 있는 성격의 돈 • 기업이 의무이행을 위해 소득을 지급할 때 지급받는 자가 부담하는 세액을 원천징수(공제)한 금액 참 예수금은 나중에 해당 기관에 납부해야할 의무가 있기 때문에 부채이다.
가수금		금전이 입금되었으나 계정과목이나 금액이 확정되지 않았을 때 임시적으로 사용하는 계정과목
유동성장기부채		비유동부채 중 결산일 기준 1년 내에 만기가 되는 부채를 재분류한 것
미지급세금		회사가 납부해야 하는 세금 중 아직 납부하지 않은 금액
미지급배당금		배당결의일 현재 미지급된 현금배당금 금액

3. 유동부채 계정과목별 회계처리

1) 외상매입금

매입	• 상품(원재료)을 외상으로 매입 → 외상매입금(부채)의 증가 → 대변		
	(차) [계정과목]	×××원	(대) 외상매입금 ×××원
외상대금 지급	• 상품(원재료) 외상매입으로 발생한 외상대금 지급 → 외상매입금(부채)의 감소 → 차변		
	(차) 외상매입금	×××원	(대) [계정과목] ×××원

[1] 영재상사에 상품을 1,000,000원에 매입하고 대금은 1개월 후에 지급하기로 하였다. 상품 구입 시 발생한 운반비 10,000원은 현금으로 결제하였다.

(차)   (대)

[2] 영재상사에 외상매입금 1,000,000원을 보통예금에서 계좌이체하다.

(차)   (대)

2) 지급어음

어음 발행	• 상품을 구입하고 어음 발행 → 지급어음(부채)의 증가 → 대변 (차) 상품　　　　　　　　×××원　　(대) 지급어음　　　　　　　×××원 • 외상대금을 상환하기 위해 어음 발행 → 지급어음(부채)의 증가 → 대변 (차) 외상매입금　　　　　×××원　　(대) 지급어음　　　　　　　×××원
만기	• 발행한 어음의 만기가 되어 대금을 결제 → 지급어음(부채)의 감소 → 차변 (차) 지급어음　　　　　　×××원　　(대) [계정과목]　　　　　　×××원

[3] 영재상사에 상품을 500,000원에 매입하고 대금은 당사 발행 약속어음으로 지급하다.

(차)   (대)

[4] 영재상사에 상품매입 대금으로 발행해 준 약속어음 500,000원이 만기가 되어 당사 보통예금 계좌에서 이체하여 지급하다.

(차)   (대)

[5] 데이상사에 상품 외상구입대금 100,000원을 당사 발행 약속어음으로 지급하다.

(차)   (대)

3) 단기차입금

차입	• 결산일 기준 1년 이내 만기로 돈을 빌렸을 때 → 단기차입금(부채)의 증가 → 대변 (차) [계정과목]　　　　　×××원　　(대) 단기차입금　　　　　　×××원
원금과 이자 상환	• 만기일에 원금과 이자를 지급했을 때 → 단기차입금(부채)의 감소, 이자비용 발생 (차) 단기차입금　　　　　×××원　　(대) [계정과목]　　　　　　×××원 　　　이자비용　　　　　×××원

[6] 당사가 바삭컴퓨터로부터 6,000,000원을 6개월간 차입하여 금액이 당사 보통예금 계좌에 이체되다.

(차)   (대)

[7] 바삭컴퓨터의 단기차입금 6,000,000원과 그에 대한 이자 60,000원을 보통예금 계좌에서 이체하여 지급하다.

(차)   (대)

[8] 국민은행에서 10,000,000원을 2개월간 차입하고, 선이자 500,000원을 차감한 잔액이 당사 보통예금통장에 계좌이체 되다. (선이자는 이자비용으로 회계처리)

(차)   (대)

4) 미지급금

매입	• 일반적인 상거래 이외의 거래에서 대금을 나중에 주기로 했을 때 → 미지급금(부채)의 증가 → 대변 (차) [계정과목]　　　　　　　　×××원　　　(대) 미지급금　　　　　　　　×××원 • 일반적인 상거래 이외의 거래에서 어음을 발행 → 미지급금(부채)의 증가 → 대변 (차) [계정과목]　　　　　　　　×××원　　　(대) 미지급금　　　　　　　　×××원 • 일반적인 상거래 이외의 거래에서 신용카드로 결제했을 때 → 미지급금(부채)의 증가 → 대변 (차) [계정과목]　　　　　　　　×××원　　　(대) 미지급금(거래처: 신용카드사)　×××원
대금 지급	• 일반적인 상거래 이외의 거래에서 발생한 외상매입액, 발행한 어음, 카드결제 금액 대금 지급 → 미지급금(부채)의 감소 → 차변 (차) 미지급금　　　　　　　　×××원　　　(대) [계정과목]　　　　　　　×××원

참 **신용카드 결제로 발생한 지급채무**

• 계정과목: 외상매입금(일반적인 상거래) 또는 미지급금(일반적인 상거래 이외의 거래)

• 거래처: 신용카드사(신용카드로 결제한 금액은 결제한 거래처가 아닌 신용카드사에 지급해야 하는 채무)

---

[9] 바삭컴퓨터에서 비품 3,000,000원을 취득하고 대금 중 2,000,000원은 현금으로 지급하고 잔액은 할부로 하다.

　　(차)　　　　　　　　　　　　　　　　(대)

[10] 매장건물을 리부상사에서 50,000,000원에 구입하고 대금은 당사발행 약속어음으로 지급하다. 이 건물에 대한 취득세 200,000원은 당사 보통예금 계좌에서 이체하다.

　　(차)　　　　　　　　　　　　　　　　(대)

[11] 홍삼나라에서 본사 영업부 직원에게 지급하기 위한 홍삼세트 1,000,000원을 신용카드(현대카드)로 구입하였다.

　　(차)　　　　　　　　　　　　　　　　(대)

[12] 바삭컴퓨터에서 비품을 할부로 구입하고 미지급금으로 처리한 200,000원이 보통예금계좌에서 자동이체되다.

　　(차)　　　　　　　　　　　　　　　　(대)

[13] 전월 직원 선물세트 구입에 따른 현대카드사의 당월 결제금액 1,000,000원이 보통예금에서 자동이체되어 지급되다.

　　(차)　　　　　　　　　　　　　　　　(대)

---

5) 선수금

계약금 수령	• 계약금 성격으로 미리 대금을 받음 → 선수금(부채)의 증가 → 대변 (차) [계정과목]　　　　　　　　×××원　　　(대) 선수금　　　　　　　　×××원
매출	• 계약금을 받았던 상품(제품)을 판매 → 선수금(부채)의 감소 → 차변 (차) 선수금　　　　　　　　×××원　　　(대) 상품(제품)매출　　　　×××원 　　[계정과목]　　　　　　×××원

[14] 거래처 브리상사에 상품 2,000,000원을 판매하기로 계약하고 계약금으로 판매금액의 10%를 현금으로 받다.

(차)   (대)

[15] 거래처 브리상사에 판매하기로 계약하였던 상품 2,000,000원을 인도하고 계약금 200,000원을 제외한 나머지 금액은 외상으로 하다.

(차)   (대)

6) 예수금

원천징수	• 소득을 지급할 때 지급 받는자가 부담하는 부분을 원천징수(공제)함 → 예수금(부채)의 증가 → 대변
	(차) [계정과목] ×××원 (대) 예수금 ×××원
원천징수 금액 납부	• 원천징수한 금액을 해당 기관에 납부 → 예수금(부채)의 감소 → 차변
	(차) 예수금(직원부담분) ×××원 (대) [계정과목] ×××원
	복리후생비 등(회사부담분) ×××원

[16] 영업부 사원 박종호씨의 급여 3,000,000원 중에서 소득세 및 지방소득세 80,000원, 건강보험료 50,000원을 제외한 금액을 현금으로 지급하다.

(차)   (대)

[17] 영업부 급여 지급 시 원천징수한 소득세 및 국민연금 130,000원과 회사 부담분 건강보험료 50,000원을 해당 기관에 보통예금으로 이체하여 납부하다. (회사부담분 건강보험료는 복리후생비로 처리한다.)

(차)   (대)

7) 가수금

입금 시	• 입금된 금액의 내용이 확정되지 않았을 경우 → 가수금(부채)의 증가 → 대변
	(차) [계정과목] ×××원 (대) 가수금 ×××원
내용확정	• 가수금 처리한 항목의 내용이 확정되었을 때 → 가수금(부채)의 감소 → 차변
	(차) 가수금 ×××원 (대) [계정과목] ×××원

[18] 보통예금 계좌에 1,000,000원이 입금되었으나, 입금자명이 불분명하여 그 내역을 확인할 수 없다.

(차)   (대)

[19] 가수금 1,000,000원은 6월 31일 입금된 내용을 알 수 없었던 것으로 가수금 처리하였으나 거래처 세현상사로부터 회수한 외상 대금으로 판명되었다.

(차)   (대)

8) 유동성장기부채

결산	• 결산일 기준 1년 내에 만기가 되는 비유동부채를 재분류 → 장기차입금을 유동성장기부채로 대체
	(차) 장기차입금 ×××원 (대) 유동성장기부채 ×××원

[20] 결산일 현재 기업은행으로부터 차입한 장기차입금 5,000,000원의 상환기일이 내년으로 도래하였음을 확인하였다.

(차) (대)

정답 및 해설

[1]	(차)	상품	1,010,000원	(대)	외상매입금(영재상사)	1,000,000원
					현금	10,000원
[2]	(차)	외상매입금(영재상사)	1,000,000원	(대)	보통예금	1,000,000원
[3]	(차)	상품	500,000원	(대)	지급어음(영재상사)	500,000원
[4]	(차)	지급어음(영재상사)	500,000원	(대)	보통예금	500,000원
[5]	(차)	외상매입금(데이상사)	100,000원	(대)	지급어음(데이상사)	100,000원
[6]	(차)	보통예금	6,000,000원	(대)	단기차입금(바삭컴퓨터)	6,000,000원
[7]	(차)	단기차입금(바삭컴퓨터)	6,000,000원	(대)	보통예금	6,060,000원
		이자비용	60,000원			
[8]	(차)	보통예금	9,500,000원	(대)	단기차입금(국민은행)	10,000,000원
		이자비용	500,000원			
[9]	(차)	비품	3,000,000원	(대)	현금	2,000,000원
					미지급금(바삭컴퓨터)	1,000,000원
[10]	(차)	건물	50,200,000원	(대)	미지급금(리부상사)	50,000,000원
					보통예금	200,000원
[11]	(차)	복리후생비(판)	1,000,000원	(대)	미지급금(현대카드)	1,000,000원
[12]	(차)	미지급금(바삭컴퓨터)	200,000원	(대)	보통예금	200,000원
[13]	(차)	미지급금(현대카드)	1,000,000원	(대)	보통예금	1,000,000원
[14]	(차)	현금	200,000원	(대)	선수금(브리상사)	200,000원
[15]	(차)	선수금(브리상사)	200,000원	(대)	상품매출	2,000,000원
		외상매출금(브리상사)	1,800,000원			
[16]	(차)	급여(판)	3,000,000원	(대)	예수금	130,000원
					현금	2,870,000원
[17]	(차)	예수금	130,000원	(대)	보통예금	180,000원
		복리후생비	50,000원			
[18]	(차)	보통예금	1,000,000원	(대)	가수금	1,000,000원
[19]	(차)	가수금	1,000,000원	(대)	외상매출금(세현상사)	1,000,000원
[20]	(차)	장기차입금(기업은행)	5,000,000원	(대)	유동성장기부채(신한은행)	5,000,000원

뽀송테크(주)(회사코드: 8000)의 데이터를 사용하여 연습할 수 있습니다.

(1) 5월 1일   ㈜바삭전자에 대한 외상매출금 4,700,000원과 외상매입금 5,800,000원을 상계처리하기로 하고 나머지 잔액은 당사의 당좌수표를 발행하여 지급하였다.

(2) 5월 2일   당사가 원재료 매입대금으로 거래처인 ㈜바삭전자에 발행하였던 어음 13,000,000원이 만기가 되어 당좌수표를 발행하여 지급하였다.

(3) 5월 3일   ㈜바삭전자에 지급할 외상매입금 33,000,000원 중 일부는 아래의 전자어음을 발행하고 나머지는 보통예금 계좌에서 지급하였다.

전 자 어 음		
㈜바삭전자 귀하		00512151020123456789
금 이천삼백만원정		23,000,000원
위의 금액을 귀하 또는 귀하의 지시인에게 지급하겠습니다.		
지급기일 20X1년 8월 30일	발행일	20X1년 5월 3일
지급지 하나은행	발행지 주 소	서울특별시 강남구 밤고개로1길 10
지급장소 신중동역지점	발행인	뽀송테크㈜

(4) 5월 4일   기업은행에 신청한 대출금 200,000,000원(10개월 만기, 이자율 연5%, 이자는 만기지급)이 보통예금으로 입금되었다.

(5) 5월 5일   기업은행에서 20X2년 8월 30일까지 상환하기로 하고 5,000,000원을 차입하여 즉시 ㈜브리건설의 미지급금 5,000,000원을 지급하였다.

(6) 5월 6일 　사옥 취득을 위한 자금 900,000,000원(만기 6개월)을 우리은행으로부터 차입하고, 선이자 36,000,000원(이자율 연 8%)을 제외한 나머지 금액을 보통예금 계좌로 입금받았다(단, 하나의 전표로 입력하고, 선이자지급액은 선급비용으로 회계처리할 것).

(7) 5월 7일 　국민은행에서 차입한 단기차입금을 상환하기 위하여 보통예금 계좌에서 5,000,000원을 국민은행에 이체하였다.

(8) 5월 8일 　현대카드 전월분 결제대금 2,000,000원이 보통예금 계좌에서 인출되었다. 단, 회사는 신용카드 사용대금을 미지급금으로 처리하고 있다.

(9) 5월 9일 　씨오피자동차에서 구입한 제품운반용 승합차의 할부 미지급금(할부에 따른 이자를 별도 지급하기로 계약함) 1회분 총액을 대출상환 스케줄에 따라 당사 보통예금 계좌에서 이체하여 지급하다.

대출상환스케줄

회차	결제일	원금	이자	취급수수료	결제금액
1회	20X1.05.09	1,500,000원	3,750원	-	1,503,750원
2회	20X1.06.09	1,500,000원	3,500원	-	1,503,500원
:	:	:	:	:	:

(10) 5월 10일 　㈜바삭전자에 제품 A를 7,500,000원(10개, @750,000원)에 판매하기로 계약하고, 판매대금 중 10%를 당좌예금계좌로 받았다.

(11) 5월 11일 　㈜바삭전자에 제품을 공급하기로 하고 체결한 계약을 거래당사자 간 이견으로 인하여 상호 합의하에 해지하였다. ㈜바삭전자로부터 수취하였던 계약금 750,000원은 보통예금 계좌에서 이체하여 반환하였다.

(12) 5월 12일 　다음과 같이 영업부 직원 급여를 당사의 보통예금에서 지급하였다.

직종구분	급여총액	근로소득세 등 공제액 합계	차인지급액
영업부	5,000,000원	270,000원	4,730,000원

(13) 5월 13일 다음은 제조부서에 근무하는 천영현씨의 임금대장으로 보통예금 계좌에서 지급되었다.

성명	부서	임금(원)	공제액(원)			차인지급액(원)
			사회보험	소득세 등	공제액 계	
나성실	제조부	2,500,000	200,000	100,000	300,000	2,200,000

(14) 5월 14일 개인 이혜원씨로부터 차입한 자금에 대한 이자비용 1,000,000원이 발생하여 원천징수세액 275,000원을 차감한 나머지 금액 725,000원을 현금으로 지급하였다.

(15) 5월 15일 외부에서 전문강사를 초빙하여 제조부문 직원들을 대상으로 기술교육을 실시하고 이에 대한 훈련비 지출액 1,000,000원에서 원천세 88,000원을 공제한 후 잔액을 보통예금에서 이체하였다.

(16) 5월 16일 제품의 판매용 사진 촬영을 위해서 손 모델인 이아람씨를 고용하고 수수료 3,000,000원 중 원천징수세액 99,000원을 제외한 나머지 금액을 보통예금 계좌에서 지급하였다.(단, 수수료비용 계정과목은 판매비와 관리비 항목을 사용할 것.)

(17) 5월 17일 제조부서의 당월 상여금을 예수금(소득세 등)을 제외하고 보통예금계좌에서 이체하다.(상여금 총액은 15,000,000원이고, 이 중 예수금은 1,000,000원이다)

(18) 5월 18일 직원의 여름휴가를 위하여 상여금을 다음과 같이 지급하고, 보통예금계좌에서 개인급여계좌로 이체하였다.(상여금 계정사용)

성명	부서	임금(원)	공제액(원)			차인지급액(원)
			사회보험	소득세 등	공제액 계	
천영현	생산부	1,500,000	150,000	15,000	165,000	1,335,000
박종호	영업부	3,000,000	300,000	30,000	330,000	2,670,000
계		4,500,000	450,000	45,000	495,000	4,005,000

(19) 5월 19일   다음과 같이 9월분 건강보험료를 현금으로 납부하다.

> - 회사부담분 : 350,000원(생산부직원), 200,000원(영업부직원)
> - 종업원부담분 : 550,000원(종업원 급여는 종업원부담분의 건강보험료를 차감하고 지급함)
> - 회사부담분의 건강보험료는 복리후생비로 처리한다.

(20) 5월 20일   직원 급여와 관련된 차감 징수액(국민연금, 근로소득세, 지방소득세)과 국민연금 회사 부담분을 합한 금액 620,000원을 다음과 같이 보통예금으로 납부하였다. 단, 회사부담분 국민연금은 '세금과공과' 계정으로 계상한다.

> - 국민연금 400,000원 : 회사부담분 200,000원과 근로자부담분 200,000원을 합한 금액이고, 회사부담분 중 영업부 직원 비율은 30%이며 제조부 직원 비율은 70%이다.
> - 소득세등 220,000원 : 근로소득세 200,000원과 지방소득세 20,000원을 합한 금액이다.

(21) 5월 21일   전월분 고용보험료를 다음과 같이 현금으로 납부하다(단, 하나의 전표로 처리하고, 회사부담금은 보험료로 처리할 것).

대출상환스케줄

사원명	소속	직원부담금	회사부담금	합계
김정직	제조부	180,000원	221,000원	401,000원
이성실	마케팅부	90,000원	110,500원	200,500원
합계		270,000원	331,500원	601,500원

(22) 5월 22일   지난달 영업팀 임직원들에게 급여를 지급하면서 원천징수한 소득세 160,000원을 신용카드(현대카드)로 납부하였다.

(23) 5월 23일   부산으로 출장갔던 영업부 사원 박종호(거래처를 입력할 것)로부터 내용불명의 돈 5,760,000원이 회사 보통예금 계좌에 입금되었다.

(24) 5월 24일   업무용 비품을 5,000,000원에 구매하면서 대금은 대표이사 이혜원의 개인 현금으로 우선 지급하고, 추후 보통예금 계좌에서 이체하여 정산하기로 하였다. 가수금 계정으로 회계처리 하되, 거래처명을 입력하시오.

(25) 5월 25일   가수금 10,000,000원 중 2,000,000원은 ㈜진안테크에 대한 제품매출의 계약금이고, 나머지는 ㈜진안테크의 외상매출금을 회수한 것으로 확인되었다.

정답 및 해설

뽀송테크(주)(회사코드: 8000)의 데이터를 사용하여 연습할 수 있습니다.

[1]	5월 1일	(차)	외상매입금(㈜바삭전자)	5,800,000원	(대)	외상매출금(㈜바삭전자)	4,700,000원
						당좌예금	1,100,000원
[2]	5월 2일	(차)	지급어음(㈜바삭전자)	13,000,000원	(대)	당좌예금	13,000,000원
[3]	5월 3일	(차)	외상매입금(㈜바삭전자)	33,000,000원	(대)	지급어음(㈜바삭전자)	23,000,000원
						보통예금	10,000,000원
[4]	5월 4일	(차)	보통예금	200,000,000원	(대)	단기차입금(기업은행)	200,000,000원
[5]	5월 5일	(차)	미지급금(㈜브리건설)	5,000,000원	(대)	단기차입금(기업은행)	5,000,000원
[6]	5월 6일	(차)	보통예금	864,000,000원	(대)	단기차입금(우리은행)	900,000,000원
			선급비용	36,000,000원			
[7]	5월 7일	(차)	단기차입금(국민은행)	5,000,000원	(대)	보통예금	5,000,000원
[8]	5월 8일	(차)	미지급금(현대카드)	2,000,000원	(대)	보통예금	2,000,000원
[9]	5월 9일	(차)	미지급금(씨오피자동차)	1,500,000원	(대)	보통예금	1,503,750원
			이자비용	3,750원			
[10]	5월 10일	(차)	당좌예금	750,000원	(대)	선수금(㈜바삭전자)	750,000원
[11]	5월 11일	(차)	선수금(우리인테리어)	750,000원	(대)	보통예금	750,000원
[12]	5월 12일	(차)	급여(판)	5,000,000원	(대)	보통예금	4,730,000원
						예수금	270,000원
[13]	5월 13일	(차)	임금(제)	2,500,000원	(대)	예수금	300,000원
						보통예금	2,200,000원

[14]	5월 14일	(차)	이자비용	1,000,000원	(대)	현금	725,000원
						예수금	275,000원
[15]	5월 15일	(차)	교육훈련비(제)	1,000,000원	(대)	보통예금	912,000원
						예수금	88,000원
[16]	5월 16일	(차)	수수료비용(판)	3,000,000원	(대)	보통예금	2,901,000원
						예수금	99,000원
[17]	5월 17일	(차)	상여금(제)	15,000,000원	(대)	보통예금	14,000,00원
						예수금	1,000,000원
[18]	5월 18일	(차)	상여금(제)	1,500,000원	(대)	예수금	495,000원
			상여금(판)	3,000,000원		보통예금	4,005,000원
[19]	5월 19일	(차)	복리후생비(판)	200,000원	(대)	현금	1,100,000원
			복리후생비(제)	350,000원			
			예수금	550,000원			
[20]	5월 20일	(차)	예수금	420,000원	(대)	보통예금	620,000원
			세금과공과(판)	60,000원			
			세금과공과(제)	140,000원			
[21]	5월 21일	(차)	예수금	270,000원	(대)	현금	601,500원
			보험료(제)	221,000원			
			보험료(판)	110,500원			
[22]	5월 22일	(차)	예수금	160,000원	(대)	미지급금(비씨카드)	160,000원
[23]	5월 23일	(차)	보통예금	5,760,000원	(대)	가수금(박종호)	5,760,000원
[24]	5월 24일	(차)	비품	5,000,000원	(대)	가수금(이혜원)	5,000,000원
[25]	5월 25일	(차)	가수금	10,000,000원	(대)	선수금(㈜진안테크)	2,000,000원
						외상매출금(㈜진안테크)	8,000,000원

2 비유동부채

1. 비유동부채의 정의

비유동부채란 결산일로부터 만기가 1년 이후인 부채를 말한다.

2. 비유동부채의 주요 계정과목

장기차입금		결산일 기준 1년 이후 갚는 조건으로 빌린 금전
임대보증금		임대차계약에 따라 타인의 부동산 사용을 계약하고 임대인이 임차인에게 받은 보증금(계약기간이 끝나면 다시 돌려줌)
장기 매입채무	장기외상매입금	일반적인 상거래에서 발생한 결산일 기준 1년 이후에 주기로 한 외상대금
	장기지급어음	일반적인 상거래에서 발행한 어음으로 만기가 결산일 기준 1년 이후에 도래하는 것
사채		주식회사가 장기적으로 자금을 조달할 목적으로 채무증서 형식으로 발행한 유가증권
사채할인발행차금		• 할인발행: 사채의 발행가액이 사채의 액면가액보다 적은 경우 • 만기 시에 지급할 액면가액보다 발행 시 실수령가액(발행가액)이 낮은 경우 그 차액
사채할증발행차금		• 할증발행: 사채의 발행가액이 사채의 액면가액보다 큰 경우 • 만기 시에 지급할 액면가액보다 발행 시 실수령가액(발행가액)이 큰 경우 그 차액
퇴직급여충당부채		종업원이 일시에 퇴직할 경우 지급하여야 할 퇴직금으로 적립한 금액

3. 비유동부채 계정과목별 회계처리

1) 장기차입금

장기차입	• 결산일 기준 1년 이후 갚는 조건으로 돈을 빌렸을 때 → 장기차입금(부채)의 증가 → 대변 (차) [계정과목]　　　　　　　×××원　　　(대) 장기차입금　　　　　　　×××원
상환	• 장기차입한 금액을 상환했을 때 → 장기차입금(부채)의 감소 → 차변 (차) 장기차입금　　　　　　　×××원　　　(대) [계정과목]　　　　　　　×××원

---

[1] 신한은행으로부터 3년 후 상환하기로 하고 현금 5,000,000원을 차입하다.

　　(차)　　　　　　　　　　　　　　　(대)

[2] 신한은행으로부터 차입한 장기차입금에 대한 원금 5,000,000원과 이자 50,000원을 보통예금 계좌에서 자동이체하여 지급하였다.

　　(차)　　　　　　　　　　　　　　　(대)

---

2) 임대보증금

보증금 수취	• 부동산 사용을 계약하고 보증금을 받음 → 임대보증금(부채)의 증가 → 대변 (차) [계정과목]　　　　　　　×××원　　　(대) 임대보증금　　　　　　×××원
임대료 입금	• 빌려준 부동산에 대한 계약에 따른 임대료가 입금됨 → 임대료(수익)의 발생 → 대변 (차) [계정과목]　　　　　　　×××원　　　(대) 임대료　　　　　　　×××원
계약 만료	• 계약이 만료되어 임대보증금 지급 → 임대보증금(부채)의 감소 → 차변 (차) 임대보증금　　　　　　　×××원　　　(대) [계정과목]　　　　　　×××원

[3] 회사가 소유한 창고를 영재상사에게 임대하는 임대차계약을 체결하여 2,000,000원을 보통예금으로 이체받다.

　　(차)　　　　　　　　　　　　　　(대)

[4] 영재상사에 임대한 건물의 계약기간이 만료되어 계약 체결당시 받았던 보증금 2,000,000원을 현금으로 반환하였다.

　　(차)　　　　　　　　　　　　　　(대)

[5] 회사가 소유한 창고를 씨오피상사에게 임대하는 임대차계약을 체결하여 임대보증금의 10%인 200,000원을 계약금으로 현금수령하다.

　　(차)　　　　　　　　　　　　　　(대)

[6] 회사가 소유한 창고를 2년간 씨오피상사에 보증금 2,000,000원에 임대하기로 계약하고 계약금을 제외한 잔금을 영재상사가 발행한 당좌수표로 받다. (단, 계약금은 7월 10일에 현금으로 200,000원을 이미 받아 선수금으로 회계처리 하였다.)

　　(차)　　　　　　　　　　　　　　(대)

[7] 수익증대를 위해 사무실을 2년간 데이상사에 임대하기로 계약하고, 보증금 3,000,000원과 1개월분 임대료 300,000원을 보통예금으로 이체받다. (임대개시일은 9월 25일이다.)

　　(차)　　　　　　　　　　　　　　(대)

4. 사채

1) **사채의 정의**: 주식회사가 장기적으로 자금을 조달할 목적으로 채무증서 형식으로 발행한 유가증권으로 계약에 따라 일정한 이자(액면이자)를 지급함과 동시에 만기에 원금(액면금액)을 상환할 것을 약속하는 증권이다.

2) **사채의 발행유형**

액면발행	시장이자율 = 액면이자율	액면이자율이 시장이자율과 같은 채권 예 액면금액 10,000원 = 발행금액 10,000원
할인발행	시장이자율 > 액면이자율	액면이자율이 시장이자율보다 낮아 액면금액보다 싸게 발행한 채권 예 액면금액 10,000원 > 발행금액 9,000원
할증발행	시장이자율 < 액면이자율	액면이자율이 시장이자율보다 높아 액면금액보다 비싸게 발행한 채권 예 액면금액 10,000원 < 발행금액 11,000원

3) 사채의 발행 회계처리

액면발행	• 액면가액 = 발행가액: 시장이자율 = 액면이자율 (차) [계정과목] (대) 사채(액면가액)
할인발행	• 액면가액 > 발행가액: 시장이자율 > 액면이자율 (차) [계정과목] (대) 사채(액면가액) 사채할인발행차금(사채의 차감계정) 참 사채의 표시(할인발행)
할증발행	• 액면가액 < 발행가액: 시장이자율 < 액면이자율 (차) [계정과목] (대) 사채(액면가액) 사채할증발행차금(사채의 가산계정) 참 사채의 표시(할증발행)

할인발행 — 참 사채의 표시(할인발행)

재무상태표

20×1년 12월 31일 현재   (단위:원)

과목	금액	
부채		
사채	1,000,000	950,000 → 사채의 장부가액
사채할인발행차금	(50,000)	(= 사채 - 사채할인발행차금)

할증발행 — 참 사채의 표시(할증발행)

재무상태표

20×1년 12월 31일 현재   (단위:원)

과목	금액	
부채		
사채	1,000,000	1,050,000 → 사채의 장부가액
사채할인발행차금	50,000	(= 사채 + 사채할인발행차금)

4) 사채발행비
사채를 발행하는데 발생한 인쇄비 등은 사채의 발행가액에서 차감한다. (사채할인발행차금에 가산하거나 사채할증발행차금에서 차감)

[8] 운영자금의 목적으로 사채(액면가액 : 1,000,000원, 상환기간 : 3년, 발행가액 : 1,000,000원)를 발행하고 납입금은 보통예금으로 입금되었다.

(차)   (대)

[9] 운영자금의 목적으로 사채(액면가액 : 1,000,000원, 상환기간 : 3년, 발행가액 : 950,000원)를 발행하고 납입금은 보통예금으로 입금되었다.

(차)   (대)

[10] 운영자금의 목적으로 사채(액면가액 : 1,000,000원, 상환기간 : 3년, 발행가액 : 1,100,000원)를 발행하고 납입금은 보통예금으로 입금되었다.

(차)   (대)

[11] 운영자금의 목적으로 사채(액면가액 : 1,000,000원, 상환기간 : 3년, 발행가액 : 1,000,000원)를 발행하고 납입금은 사채발행비 10,000원을 제외한 잔액이 보통예금으로 입금되었다.

(차)   (대)

[12] 운영자금의 목적으로 사채(액면가액 : 1,000,000원, 상환기간 : 3년, 발행가액 : 950,000원)를 발행하고 납입금은 사채발행비 10,000원을 제외한 잔액이 보통예금으로 입금되었다.

(차)　　　　　　　　　　　　　　　　　(대)

[13] 운영자금의 목적으로 사채(액면가액 : 1,000,000원, 상환기간 : 3년, 발행가액 : 1,100,000원)를 발행하고 납입금은 사채발행비 10,000원을 제외한 잔액이 보통예금으로 입금되었다.

(차)　　　　　　　　　　　　　　　　　(대)

5. 충당부채와 우발부채

충당부채는 아직 정확한 금액이나 발생 시점이 확정되지 않았지만 미래에 발생할 가능성이 매우 높은 비용이나 손실을 대비해 미리 설정해 둔 부채로 아래의 요건을 모두 충족하는 경우에 인식한다.

> (1) 과거사건이나 거래의 결과로 현재의무가 존재한다.
> (2) 당해 의무를 이행하기 위하여 자원이 유출될 가능성이 매우 높다.
> (3) 그 의무의 이행에 소요되는 금액을 신뢰성 있게 추정할 수 있다.

참 충당부채와 우발부채

자원유출가능성 ＼ 금액추정가능성	신뢰성 있게 추정 가능	추정 불가능
가능성이 매우 높음	충당부채로 인식	우발부채로 주석공시
가능성이 어느정도 있음	우발부채로 주석공시	우발부채로 주석공시
가능성이 거의 없음	공시하지 않음	공시하지 않음

참 우발자산: 과거사건으로 생겼으나, 기업이 전적으로 통제할 수 없는 하나 이상의 불확실한 미래 사건의 발생 여부로만 그 존재 유무를 확인할 수 있는 잠재적 자산이며, 우발자산은 미래에 확정되기까지 자산으로 인식할 수 없다. 우발자산은 자원의 유입가능성이 매우 높은 경우에만 주석에 기재한다.

6. 퇴직급여충당부채

1) **퇴직금의 정의**: 근로자가 다니던 직장을 그만 두었을 때 회사로부터 받는 급여이다.

2) **퇴직금제도와 퇴직연금제도**

   (1) 퇴직금제도: 근로자의 노후보장수단으로 활용될 수 있도록 계속근로기간 1년에 대하여 30일분 이상의 평균임금을 퇴직금으로 설정하고 회사가 퇴직 근로자에게 지급하도록 규정하는 제도를 말한다.

   참 평균임금: 사유가 발생한 날 이전 3개월 동안에 그 근로자에게 지급된 임금의 총액을 그 기간의 총일수로 나누어 산정한다.

   (2) 퇴직금연금제도: 회사가 퇴직금을 금융기관에 사외 적립하고 근로자가 퇴직 시점에 금융기관에게 퇴직급여(일시금, 연금)를 지급받는 제도를 말한다.

확정급여형 퇴직연금제도(DB) (운용책임: 기업)	• 근로자가 퇴직할 때 받을 퇴직급여가 사전에 확정된 퇴직연금제도 • 고용주는 퇴직연금 부담금을 적립하여 자기의 책임으로 운용한다.
확정기여형 퇴직연금제도(DC) (운용책임: 근로자)	• 고용주가 납입할 부담금이 사전에 확정된 퇴직연금제도 • 근로자는 직접 자신의 퇴직연금 적립금을 운용하여, 적립금과 운용수입을 퇴직급여로 지급 받는다.

3) 퇴직금제도 회계처리

기말 설정	• 보고기간 종료일 현재 모든 사원이 퇴사할 경우 지급해야할 퇴직금 예상액(퇴직금추계액)에 상당하는 금액을 측정하여 '퇴직급여충당부채'로 계상 • 퇴직급여충당부채 추가설정액 = 퇴직금추계액 - 설정 전 퇴직급여충당부채 잔액 (차) 퇴직급여 　　　　　　　　　　　 (대) 퇴직급여충당부채 　　(판 또는 제)
퇴직급여 지급 시	• 퇴직급여충당부채 잔액이 있으면 먼저 차감하고, 잔액이 없거나 초과하면 퇴직급여(비용)로 처리 (차) 퇴직급여충당부채 　　　　　　 (대) [계정과목] 　　퇴직급여(판 또는 제) 　　　　　　　 예수금

[14] 기말 현재 퇴직급여추계액 및 당기 퇴직급여충당부채 설정 전의 퇴직급여충당부채 잔액은 다음과 같다. 결산시 회계처리 하시오.

부 서	설정전 퇴직급여충당부채잔액	기말 현재 퇴직급여추계액
영업부	5,000,000원	10,000,000원
제조부	10,000,000원	12,000,000원

(차) 　　　　　　　　　　　　　　　 (대)

[15] 영업부 직원이 퇴직하여 퇴직금 12,000,000원에서 원천징수세액 1,000,000원을 차감한 후 보통예금계좌에서 이체하였다.(단, 퇴직연금에는 가입되어 있지 않으며, 퇴직급여충당부채계정의 잔액은 10,000,000원이다.

(차) 　　　　　　　　　　　　　　　 (대)

4) 확정급여형 퇴직연금제도(DB)

납입 시	• 외부 금융기관에 금액 납부 → 차변에 퇴직연금운용자산 (차) 퇴직연금운용자산 　　　　　　　 (대) [계정과목] 　　(퇴직급여충당부채 차감) 참 퇴직연금운용자산의 표시: 퇴직연금운용자산 금액이 있으면 해당 금액만큼 회사의 퇴직금 지급의무가 감소하기 때문에 재무상태표를 작성할 때 퇴직연금운용자산(투자자산)을 퇴직급여충당부채 계정에서 차감하는 형식으로 표시한다.

재무상태표

20×1년 12월 31일 현재　　　　　(단위:원)

과목	금액	
부채		
퇴직급여충당부채	1,000,000	400,000
퇴직연금운용자산	(600,000)	

운용수익 발생	(차) 퇴직연금운용자산	(대) 퇴직연금운용수익 (또는 이자수익)
기말	• 보고기간 종료일 현재 모든 사원이 퇴사할 경우 지급해야할 퇴직금 예상액(퇴직금추계액)에 상당하는 금액을 측정하여 '퇴직급여충당부채'로 계상 • 퇴직급여충당부채 추가설정액 = 퇴직금추계액 - 설정 전 퇴직급여충당부채 잔액 (차) 퇴직급여 (대) 퇴직급여충당부채 (판 또는 제) 참 DB형은 퇴직연금 금액을 납부하더라도 회사의 퇴직금 지급의무가 없어지지 않기 때문에 퇴직금 추계액은 퇴직급여충당부채(비유동부채)로, 퇴직연금 납부 금액은 퇴직연금운용자산(투자자산)으로 회계처리하면서 관리한다.	

퇴직급여
지급 시
	• DB형 퇴직연금 가입 회사의 퇴직자 발생 → 대변에 퇴직연금운용자산(감소)
	• 차변에 퇴직급여충당부채 잔액이 있으면 먼저 차감하고, 잔액이 없거나 초과하면 퇴직급여(비용)로 처리
	(차) 퇴직급여충당부채 (대) 퇴직연금운용자산
	    퇴직급여(판 또는 제) 예수금
	                          [계정과목]	

[16] 영업관리직 사원에 대한 확정급여형(DB형) 퇴직연금에 가입하고, 당월분 퇴직연금 1,000,000원을 당사 보통예금에서 이체하여 납부하였다.

    (차)   (대)

[17] 신한은행으로부터 확정급여형(DB형)퇴직연금의 운용수익 10,000원이 발생하였음을 통보받았다.

    (차)   (대)

[18] 영업부 직원의 퇴직으로 인해 발생한 퇴직금은 2,000,000원이다. 당사는 모든 직원에 대해 전액 확정급여형(DB형) 퇴직연금에 가입하고 있다. (퇴직연금운용자산의 잔액은 10,000,000원, 퇴직급여충당부채의 잔액은 1,500,000원이다.)

    (차)   (대)

5) 확정기여형 퇴직연금제도(DC)

납입 시	• 외부 금융기관에 금액 납부 → 차변에 퇴직급여 (차) 퇴직급여 (대) [계정과목] (판 또는 제)

[19] 제조공장 직원들의 퇴직금 지급을 대비하기 위해 금융기관에 확정기여형(DC) 퇴직연금제도를 운용하고 있다. 당월분 퇴직연금 8,500,000원을 당사 보통예금 계좌에서 이체납부하였다.

    (차)   (대)

참 퇴직연금제도 요약

구분	확정기여형(DC)	확정급여형(DB)	
운용책임	근로자(가입자)	기업(사용자)	
기말 설정	-	(차) 퇴직급여	(대) 퇴직급여충당부채
납부	(차) 퇴직급여 (대) [계정과목]	(차) 퇴직연금운용자산	(대) [계정과목]

| 운용수익 | - | (차) 퇴직연금운용자산 | (대) 퇴직연금운용수익 (또는 이자수익) |
| 퇴직금 지급 | - | (차) 퇴직연금충당부채 퇴직급여 | (대) 퇴직연금운용자산 |

정답 및 해설

[1]	(차)	현금	5,000,000원	(대)	장기차입금(신한은행)	5,000,000원
[2]	(차)	장기차입금(신한은행) 이자비용	5,000,000원 50,000원	(대)	보통예금	5,050,000원
[3]	(차)	보통예금	2,000,000원	(대)	임대보증금(영재상사)	2,000,000원
[4]	(차)	임대보증금(영재상사)	2,000,000원	(대)	현금	2,000,000원
[5]	(차)	현금	200,000원	(대)	선수금(씨오피상사)	200,000원
[6]	(차)	선수금(씨오피상사) 현금	200,000원 1,800,000원	(대)	임대보증금(씨오피상사)	2,000,000원
[7]	(차)	보통예금	3,300,000원	(대)	임대보증금(데이상사) 임대료	2,000,000원 300,000원
[8]	(차)	보통예금	1,000,000원	(대)	사채	1,000,000원
[9]	(차)	보통예금 사채할인발행차금	950,000원 50,000원	(대)	사채	1,000,000원
[10]	(차)	보통예금	1,100,000원	(대)	사채 사채할증발행차금	1,000,000원 100,000원
[11]	(차)	보통예금 사채할인발행차금	990,000원 10,000원	(대)	사채	1,000,000원
[12]	(차)	보통예금 사채할인발행차금	940,000원 60,000원	(대)	사채	1,000,000원
[13]	(차)	보통예금	1,090,000원	(대)	사채 사채할증발행차금	1,000,000원 90,000원
[14]	(차)	퇴직급여(판) 퇴직급여(제)	5,000,000원 2,000,000원	(대)	퇴직급여충당부채	7,000,000원
[15]	(차)	퇴직급여충당부채 퇴직급여(판)	10,000,000원 2,000,000원	(대)	예수금 보통예금	1,000,000원 11,000,000원
[16]	(차)	퇴직연금운용자산	1,000,000원	(대)	보통예금	1,000,000원
[17]	(차)	퇴직연금운용자산	10,000원	(대)	퇴직연금운용수익 (또는 이자수익)	10,000원
[18]	(차)	퇴직급여충당부채 퇴직급여(판)	1,500,000원 500,000원	(대)	퇴직연금운용자산	2,000,000원
[19]	(차)	퇴직급여(제)	8,500,000원	(대)	보통예금	8,500,000원

핵심 기출문제

뽀송테크(주)(회사코드: 8000)의 데이터를 사용하여 연습할 수 있습니다.

(1) 5월 26일   운영자금의 목적으로 사채(액면가액 : 10,000,000원, 상환기간 : 3년, 발행가액 : 9,500,000원)를 발행하고 납입금은 보통예금으로 입금되었다.

(2) 5월 27일   사채 액면총액 20,000,000원, 상환기간 3년, 발행가액 22,000,000원으로 발행하고 납입금은 보통예금에 입금되었다.

(3) 5월 28일   신한은행으로부터 5년 후 상환조건으로 100,000,000원을 차입하고, 보통예금 계좌로 입금받다.

(4) 5월 29일   일본 홋카이상사로부터 ¥400,000을 2년 후 상환조건으로 차입하고, 대구은행의 보통예금 계좌에 예입하였다.(단, 5월 29일 현재 대고객매입율은 ¥100 = 1,100원이고 외화의 장기차입인 경우에도 장기차입금계정을 사용하기로 한다.)

(5) 5월 30일   기업은행에서 차입한 장기차입금에 대한 원금 20,000,000원과 이자 300,000원을 보통예금 계좌에서 자동이체하여 지급하였다.

(6) 5월 31일   감자마트에 사무실을 임대하였는데, 임대보증금 30,000,000원 중 3,000,000원만 감자마트 발행 당좌수표로 받고, 나머지는 월말에 지급 받기로 하였다.

(7) 6월 1일   감자마트의 임대료를 받지 못해 미수금계정으로 처리한 금액 4,950,000원을 임대보증금과 상계 처리하였다.(단, 감자마트의 임대보증금계정 잔액은 20,000,000원이다)

(8) 6월 2일　영업부서 직원 이평세가 퇴직하여 퇴직금 14,500,000원에서 원천징수세액 1,350,000원을 차감 한 후 보통예금계좌에서 이체하였다.(단, 퇴직연금에는 가입되어 있지 않으며, 퇴직급여충당부채계정의 잔액은 11,000,000원이다.)

(9) 6월 3일　제조부 소속 신상용 대리(6년 근속)의 퇴직으로 퇴직금 9,000,000원 중 소득세 및 지방소득세로 230,000원을 원천징수한 후 차인지급액을 전액 믿음은행 보통예금 계좌에서 이체하였다. (퇴직 직전 퇴직급여충당부채잔액은 없었다)

(10) 6월 4일　당사는 전 임직원의 퇴직금에 대해 확정기여형(DC형) 퇴직연금에 가입하고 있으며, 10월분 퇴직연금 14,000,000원(영업부 직원 6,000,000원, 제조부 직원 8,000,000원)을 당사 보통예금에서 이체하여 납부하였다.

(11) 6월 5일　생산부 직원에 대한 확정기여형(DC) 퇴직연금에 가입하고 8,000,000원을 보통예금계좌에서 지급하였다. 이 금액에는 연금운용에 대한 수수료 500,000원이 포함되어 있다.

(12) 6월 6일　회사는 전 임직원의 퇴직금에 대해 확정급여형(DB형) 퇴직연금에 가입하고 있으며, 8월분 퇴직연금 13,520,000원을 당사 보통예금에서 이체하여 납부하였다.

(13) 6월 7일　영업부 임직원의 안정적인 퇴직금 지급을 위해 제일금융에 확정급여형(DB) 퇴직연금에 가입하고, 9,500,000원을 당사 보통예금 계좌에서 이체하였다. 이 금액 중 100,000원은 운용에 따른 수수료비용이다.

(14) 6월 8일　영업부 직원의 퇴직으로 인해 발생한 퇴직금은 8,800,000원이다. 당사는 모든 직원에 대해 전액 확정급여형(DB형) 퇴직연금에 가입하고 있으며, 현재 퇴직연금운용자산의 잔액은 52,000,000원이다. 단, 퇴직급여충당부채와 퇴직연금충당부채는 설정하지 않았다.

(15) 6월 9일   영업부서의 사원이 퇴직하여 퇴직연금 5,000,000원을 확정급여형(DB) 퇴직연금에서 지급하였다(단, 퇴직급여충당부채 감소로 회계처리하기로 한다).

(16) 6월 10일   하나은행으로부터 확정급여형(DB형)퇴직연금의 운용수익 300,000원이 발생하였음을 통보 받았다.

정답 및 해설

뽀송테크(주)(회사코드: 8000)의 데이터를 사용하여 연습할 수 있습니다.

[1]	5월 26일	(차)	보통예금	9,500,000원	(대)	사채	10,000,000원
			사채할인발행차금	500,000원			
[2]	5월 27일	(차)	보통예금	22,000,000원	(대)	사채	20,000,000원
						사채할증발행차금	2,000,000원
[3]	5월 28일	(차)	보통예금	100,000,000원	(대)	장기차입금(소망은행)	100,000,000원
[4]	5월 29일	(차)	보통예금	4,400,000원	(대)	장기차입금(훗카이상사)	4,400,000원
			차입당시 환율 ¥400,000 × 1,100원 ÷ 100 = 4,400,000원				
[5]	5월 30일	(차)	장기차입금(기업은행)	20,000,000원	(대)	보통예금	20,300,000원
			이자비용	300,000원			
[6]	5월 31일	(차)	현금	3,000,000원	(대)	임대보증금(감자마트)	30,000,000원
			미수금(감자마트)	27,000,000원			
[7]	6월 1일	(차)	임대보증금(감자마트)	4,950,000원	(대)	미수금(감자마트)	4,950,000원
[8]	6월 2일	(차)	퇴직급여충당부채	11,000,000원	(대)	보통예금	13,150,000원
			퇴직급여(판)	3,500,000원		예수금	1,350,000원
[9]	6월 3일	(차)	퇴직급여(제)	9,000,000원	(대)	보통예금	8,770,000원
						예수금	230,000원
[10]	6월 4일	(차)	퇴직급여(판)	6,000,000원	(대)	보통예금	14,000,000원
			퇴직급여(제)	8,000,000원			
[11]	6월 5일	(차)	퇴직급여(제)	7,500,000원	(대)	보통예금	8,000,000원
			수수료비용(제)	500,000원			
[12]	6월 6일	(차)	퇴직연금운용자산	13,520,000원	(대)	보통예금	13,520,000원
[13]	6월 7일	(차)	퇴직연금운용자산	9,400,000원	(대)	보통예금	9,500,000원
			수수료비용(판)	100,000원			
[14]	6월 8일	(차)	퇴직급여(판)	8,800,000원	(대)	퇴직연금운용자산	8,800,000원
[15]	6월 9일	(차)	퇴직급여충당부채	5,000,000원	(대)	퇴직연금운용자산	5,000,000원
[16]	6월 10일	(차)	퇴직연금운용자산	300,000원	(대)	퇴직연금운용수익	300,000원
						(또는 이자수익)	

핵심 기출문제

01 다음 중 부채에 대한 설명으로 옳지 않은 것은?

① 부채는 과거의 거래나 사건의 결과로 현재 기업실체가 부담하고 있고 미래에 자원의 유출 또는 사용이 예상되는 의무이다.

② 부채는 보고기한 후 1년을 기준으로 유동부채와 비유동부채로 분류한다.

③ 정상적인 영업주기 내에 소멸할 것으로 예상되는 매입채무와 미지급비용 등은 보고기간종료일로부터 1년 이내에 결제되지 않더라도 유동부채로 분류한다.

④ 유동성장기부채는 비유동부채로 분류한다.

02 다음 중 유동부채에 포함되지 않는 것은 무엇인가?

① 매입채무   ② 단기차입금   ③ 유동성장기부채   ④ 임대보증금

03 다음 중 비유동부채에 해당하지 않는 것은?

① 사채   ② 장기차입금   ③ 당좌차월   ④ 퇴직급여충당부채

정답 및 해설

01 ④ 일반기업회계기준 2.23, 유동성장기부채는 보고기간종료일로부터 1년 이내에 결제되어야 하므로 영업주기와 관계없이 유동부채로 분류한다.

02 ④ 임대보증금은 비유동부채에 포함된다.

03 ③ 당좌차월, 단기차입금 및 유동성장기차입금 등은 보고기간종료일로부터 1년 이내에 결제되어야 하므로 영업주기와 관계없이 유동부채로 분류한다.(일반기업회계기준 2.23)

04 다음 중 부채로 분류할 수 없는 계정과목은?

① 당좌차월   ② 외상매입금   ③ 대손충당금   ④ 미지급비용

05 다음 중 유동부채에 해당하는 금액을 모두 합하면 얼마인가?

- 외상매입금 : 100,000원   • 장기차입금 : 800,000원(유동성장기부채 300,000원 포함)
- 단기차입금 : 150,000원   • 미지급비용 : 50,000원
- 선 수 금 : 70,000원

① 300,000원   ② 670,000원   ③ 750,000원   ④ 870,000원

06 다음 중 유동부채의 계정과목별 설명으로 틀린 것은?

① 매입채무는 일반적 상거래에서 발생한 외상매입금과 지급어음으로 한다.

② 선수금은 수주공사 및 기타 일반적 상거래에서 발생한 선수액으로 한다.

③ 단기차입금은 금융기관으로부터의 당좌차월과 1년 이내에 상환될 차입금으로 한다.

④ 미지급금은 일반적 상거래에서 발생한 지급기일이 도래한 확정채무를 말한다.

07 다음 중 재무상태표의 자산 및 부채계정의 차감적인 평가항목이 아닌 것은?

① 사채할증발행차금   ② 재고자산평가충당금

③ 대손충당금   ④ 감가상각누계액

08 다음의 외상거래 중 미지급금으로 처리해야 할 거래는?

① 제품을 판매하고 한 달 후에 3개월 만기 어음으로 받다.

② 상품을 외상으로 구입하고 한 달 후 현금으로 지급하다.

③ 사무실에서 사용할 에어컨을 외상으로 구입하다.

④ 원재료를 구입하면서 보통예금으로 이체하다.

09 ㈜한국은 20X1년 6월 1일 대한은행으로부터 50,000,000원(상환기간 2년, 이자율 연 12%)을 차입하여 단기투자를 목적으로 삼한전자의 주식을 매입하였다. 20X1년 10월 10일 주가가 상승하여 이 중 일부를 처분하였다. 이와 관련하여 ㈜한국의 20X1년 재무제표에 나타나지 않는 계정과목은 무엇인가?

① 이자비용   ② 단기매매증권   ③ 단기차입금   ④ 단기매매증권처분이익

10 다음 자료를 이용하여 외상매입금의 기초잔액을 계산하면 얼마인가?

- 외상매입금 지급액 : 5,000,000원
- 외상순매입액 : 4,000,000원
- 기말외상매입금 : 400,000원
- 외상총매입액 : 4,200,000원

① 1,400,000원   ② 2,400,000원   ③ 1,200,000원   ④ 1,500,000원

정답 및 해설

04 ③ 대손충당금은 수취채권의 차감계정 성격이다.

05 ② 670,000원
외상매입금 100,000원 + 유동성장기부채 300,000원 + 단기차입금 150,000원 + 미지급비용 50,000원 + 선수금 70,000원 = 670,000원
※ 유동성장기부채를 제외한 장기차입금은 비유동부채이다.

06 ④ 미지급금은 일반적 상거래 이외에서 발생한 지급기일이 도래한 확정채무를 말한다.

07 ① ①은 사채할증발행차금의 사채계정의 부가적인(+) 평가계정이나, ②는 재고자산평가충당금은 재고자산의 차감적인 평가계정이고 ③은 대손충당금은 자산의 채권관련계정의 차감적인 평가계정이고 ④는 감가상각누계액은 유형자산의 차감적인 평가계정이다.

08 ③ 미지급금
① 외상매출금 ② 외상매입금 ④ 외상매입금

09 ③ 상환기간이 2년이므로 장기차입금으로 인식하여야 한다.

10 ① 1,400,000원

외상매입금			
지급액	5,000,000	기초	1,400,000
기말	400,000	순매입액	4,000,000
계	5,400,000	계	5,400,000

11 다음 자료에 의하여 기말 외상매입금 잔액를 계산하면 얼마인가?

- 기초상품재고액 : 500,000원
- 기 중 상 품 매 출 : 1,500,000원
- 기초외상매입금 : 400,000원
  단, 상품매입은 전부 외상이다.

- 기말상품재고액 : 600,000원
- 매 출 총 이 익 률 : 30%
- 기중 외상매입금 지급 : 1,200,000원

① 330,000원　　② 340,000원　　③ 350,000원　　④ 360,000원

12 다음 중 사채의 평가계정으로 사채에서 차감하여 표시되는 것은?

① 사채할증발행차금　　　　② 사채할인발행차금

③ 사채이자　　　　　　　　④ 사채발행비상각

13 다음 중 사채에 대한 설명으로 옳지 않은 것은?

① 사채란 채권자들로부터 자금을 조달하는 방법이다.

② 사채발행과 관련하여 직접 발생한 사채발행수수료 등은 사채발행가액에서 직접 차감한다.

③ 사채할인발행차금은 당해 사채의 액면가액에서 차감하는 형식으로 기재한다.

④ 시장이자율이 액면이자율보다 더 크다면 사채는 할증발행된다.

14 다음 중 충당부채를 부채로 인식하기 위한 요건에 대한 설명으로 가장 옳지 않은 것은?

① 과거사건이나 거래의 결과로 현재의무가 존재한다.

② 그 의무의 이행에 소요되는 금액을 신뢰성 있게 추정할 수 있다.

③ 우발부채도 충당부채에 포함되므로 재무상태표에 부채로 인식하여야 한다.

④ 당해 의무를 이행하기 위하여 자원이 유출될 가능성이 매우 높다.

15 다음은 충당부채와 우발부채에 대한 설명이다. 일반기업회계기준으로 판단했을 때 적합한 설명이 아닌 것은?

① 퇴직급여충당부채는 충당부채에 해당한다.

② 우발부채는 일반기업회계기준상 재무제표에 부채로 인식하여야 한다.

③ 충당부채는 당해 의무를 이행하기 위한 자원유출 가능성이 매우 높아야 한다.

④ 충당부채는 그 의무 이행에 소요되는 금액을 신뢰성 있게 추정할 수 있어야 한다.

16 다음 중 충당부채, 우발부채 및 우발자산에 관련된 내용으로 틀린 것은?

① 충당부채를 인식하기 위해서는 과거사건이나 거래의 결과로 현재의무가 존재하여야 한다.

② 충당부채를 인식하기 위해서는 당해 의무를 이행하기 위하여 자원이 유출될 가능성이 매우 높고, 그 의무의 이행에 소요되는 금액을 신뢰성 있게 추정할 수 있어야 한다.

③ 우발자산은 자산으로 인식하지 아니하고 자원의 유입가능성이 매우 높은 경우에만 주석에 기재한다.

④ 우발부채도 충당부채와 동일하게 재무상태표에 부채로 인식한다.

정답 및 해설

11 ③ 매출원가 : 1,500,000원 × (1 – 0.30) = 1,050,000원
상품 : 기초재고 500,000원 + 기중외상매입 (1,150,000원)
= 매출원가 1,050,000원 + 기말재고 600,000원
외상매입금 : 기초 400,000원 + 기중외상매입 1,150,000원
= 기중외상지급 1,200,000원 + 기말외상매입금 잔액(350,000원)

12 ② ① 사채할증발행차금 : 사채에 가산하여 표시
③ ④ 사채의 평가계정이 아니다.

13 ④ 액면이자율보다 시장이자율이 더 크다면 사채는 할인발행된다.

14 ③ 우발부채는 부채로 인식하지 아니한다.

15 ② 우발부채는 일반기업회계기준상 부채의 인식기준을 충족하지 못하여 재무제표에 부채로 인식하지 아니하고 주석에 기재한다. [일반기업회계기준 제14장 14.5]

16 ④ 일반기업회계기준 14.5, 우발부채는 부채로 인식하지 아니한다. 의무를 이행하기 위해 자원이 유출될 가능성이 아주 낮지 않는 한, 우발부채를 주석에 기재한다.

17 다음은 퇴직급여충당부채와 결산정리 사항이다. 20X1년말 재무상태표에 계상할 퇴직급여충당부채와 손익계산서에 인식되는 퇴직급여는 얼마인가?

퇴직급여충당부채	
7/15 현금 1,000,000원	1/1 전기이월 2,000,000원

<결산정리 사항>

• 20X1년 말 현재 전 종업원이 일시에 퇴직할 경우 지급하여야 할 퇴직금은 4,000,000원이다.

	퇴직급여충당부채	퇴직급여
①	4,000,000원	3,000,000원
②	4,000,000원	2,000,000원
③	6,000,000원	3,000,000원
④	6,000,000원	2,000,000원

18 다음의 내용을 수정 분개 하는 경우 적절한 회계 처리로 옳은 것은?

• 임직원의 퇴직금과 관련하여 외부 금융기관에 보통예금 계좌에서 500,000원을 예치하면서 회계담당자가 확정급여형(DB) 퇴직연금으로 회계처리 하였다. 그러나 기업은 퇴직금을 확정기여형(DC) 퇴직연금으로만 운영하고 있다.

	차변		대변	
①	차) 퇴직급여	500,000원	대) 보통예금	500,000원
②	차) 퇴직연금운용자산	500,000원	대) 보통예금	500,000원
③	차) 퇴직급여	500,000원	대) 퇴직연금운용자산	500,000원
④	차) 퇴직연금운용자산	500,000원	대) 퇴직급여	500,000원

정답 및 해설

17 ① - 재무상태표에 계상될 퇴직급여 충당부채는 2019년 말 전 종업원이 일시에 퇴직할 경우 지급하여야 할 퇴직급여 추계액 4,000,000원이다.
- 퇴직급여 = 기말 퇴직급여충당부채 - (기초 퇴직급여충당부채 - 퇴직금지급액)
  = 4,000,000원 - (2,000,000원 - 1,000,000원) = 3,000,000원

18 ③ 확정기여형(DC) 퇴직연금으로 가입하면
차) 퇴직급여	500,000원	대) 보통예금	500,000원

확정급여형(DB) 퇴직연금으로 가입하면
차) 퇴직연금운용자산	500,000원	대) 보통예금	500,000원

따라서 올바르게 회계처리하기 위해서는
차) 퇴직급여	500,000원	대) 퇴직연금운용자산	500,000원

CHAPTER 04

자본

1 자본의 정의

자본이란 기업이 운영과 미래 성장을 위해 보유하고 있는 자금으로 자산에서 부채를 뺀 금액을 말하며 순자산, 자기자본, 소유주의 잔여청구권이라고도 한다.

2 자본의 주요 계정과목

1. 자본금

기업이 발행한 주식의 액면금액(=발행주식 수×1주당 액면금액)으로 채권자 보호를 위해 회사가 유지해야할 최소한의 재산을 말한다.

(보통주)자본금	기업이 발행한 주식의 액면금액
우선주자본금	기업이 발행한 우선주 주식의 액면금액

2. 자본잉여금

주주와의 거래(자본거래)에서 발생하여 자본을 증가시키는 잉여금

주식발행초과금	주식 발행 시 주식의 발행금액이 액면금액을 초과하는 경우 그 초과하는 금액
감자차익	자본금을 감소시킬 때 줄어든 자본금이 감자대가보다 클 때의 차액
자기주식처분이익	자기주식 처분 시 자기주식 취득금액보다 처분금액이 높은 경우 그 초과하는 금액

3. 자본조정

주주와의 거래에 해당하나 자본금과 자본잉여금으로 분류할 수 없는 항목

자기주식	기업이 발행한 주식을 매입하여 소각하거나 재발행할 목적으로 취득한 주식
주식할인발행차금	주식 발행 시 주식의 발행금액이 액면금액을 미달하는 경우 그 미달하는 금액
감자차손	자본금을 감소시킬 때 줄어든 자본금이 감자대가보다 작을 때의 차액
자기주식처분손실	자기주식 처분 시 자기주식 취득금액보다 처분금액이 낮은 경우 그 미달하는 금액

4. 기타포괄손익누계액

당기손익에 포함되지 않는 손익 항목(미실현보유손익)

매도가능증권평가손익	결산 시점에서 매도가능증권을 공정가액으로 평가하는 경우에 발생하는 평가손익

5. 이익잉여금(결손금)

당기손익에 반영된 손익거래에서 얻어진 이익 중 사업을 위해 사내에 남아있는 금액

이익준비금	상법 규정에 따라 자본금의 2분의 1이 될 때까지 매 결산기에 현금 배당액의 10분의 1 이상을 적립한 금액 참 법령에 따라 적립이 강제되어 법정적립금이라한다.
임의적립금	회사의 정관이나 주주총회의 결의에 따라 임의적으로 적립한 금액(사업확장적립금, 감채기금적립금 등)
미처분이익잉여금	기업의 이익 중 배당금이나 기타의 잉여금으로 처분하지 않고 남아있는 잉여금 참 당기순손실로 인해 금액이 (-)인 경우 미처리결손금이라한다.

3 자본의 회계처리

1. 주식의 발행(신주발행, 유상증자)

1) **유상증자**: 사업의 확장 또는 부채에서 벗어나기 위해 자금을 조달하는 대표적인 방법으로 주식을 발행하고 그 대가로 현금이나 현물 등을 받는 것을 말한다.

2) **주식의 발행 회계처리**: 발행한 주식의 액면금액(=발행주식 수×1주당 액면금액)만큼 자본금을 증가시킨다. 액면가액(회사를 설립할 때 정한 금액)과 발행가액(주식을 새로 발행할 때의 금액)의 차이에 따라 액면발행, 할인발행, 할증발행으로 나뉜다. 주식발행과 직접 관련된 비용(신주발행비)은 발행금액을 감소한다.

액면발행	• 액면가액 = 발행가액 (차) [계정과목]　　　　　　　　　　　　　　　(대) 자본금
할증발행	• 액면가액 < 발행가액 (차) [계정과목]　　　　　　　　　　　　　　　(대) 자본금 　　　　　　　　　　　　　　　　　　　　　　　　　주식발행초과금 참 주식할인발행차금 잔액이 있다면 먼저 차감하고 초과분을 주식발행초과금으로 회계처리한다.
할인발행	• 액면가액 > 발행가액 (차) [계정과목]　　　　　　　　　　　　　　　(대) 자본금 　　　주식할인발행차금 참 주식발행초과금 잔액이 있다면 먼저 차감하고 초과분을 주식할인발행차금으로 회계처리한다.

현물출자	• 주식발행의 대가를 금전 이외의 현물로 받은 경우 → 취득한 자산의 공정가치를 해당 자산의 취득원가와 발행금액으로함
	(차) [자산 계정과목]　　　　　　　　　　　　　　　(대) 자본금
	주식할인발행차금　　　　　　또는　　　　주식발행초과금

[1] 주당 액면가액이 10,000원인 보통주 100주를 주당 10,000원에 발행하고 보통예금 계좌에 입금되었다.

　　(차)　　　　　　　　　　　　　　　　　　　　(대)

[2] 주당 액면가액이 10,000원인 보통주 100주를 주당 11,000원에 발행하고 보통예금 계좌에 입금되었다. (주식할인발행차금 잔액은 없는 것으로 한다.)

　　(차)　　　　　　　　　　　　　　　　　　　　(대)

[3] 주당 액면가액이 10,000원인 보통주 100주를 주당 9,000원에 발행하고 보통예금 계좌에 입금되었다. (주식발행초과금 잔액은 없는 것으로 한다.)

　　(차)　　　　　　　　　　　　　　　　　　　　(대)

[4] 주당 액면가액이 10,000원인 보통주 100주를 주당 10,000원에 발행하고 주식 발행에 소요된 비용 10,000원을 차감한 잔액이 보통예금 계좌에 입금되었다. (주식발행초과금 잔액은 없는 것으로 한다.)

　　(차)　　　　　　　　　　　　　　　　　　　　(대)

[5] 주당 액면가액이 10,000원인 보통주 100주를 주당 11,000원에 발행하고 주식 발행에 소요된 비용 10,000원을 차감한 잔액이 보통예금 계좌에 입금되었다.(주식할인발행차금 잔액은 없는 것으로 한다.)

　　(차)　　　　　　　　　　　　　　　　　　　　(대)

[6] 주당 액면가액이 10,000원인 보통주 100주를 주당 9,000원에 발행하고 주식 발행에 소요된 비용 10,000원을 차감한 잔액이 보통예금 계좌에 입금되었다. (주식발행초과금 잔액은 없는 것으로 한다.)

　　(차)　　　　　　　　　　　　　　　　　　　　(대)

[7] 공장 신축용 토지를 취득하였으며, 취득대가로 주식 100주(주당 액면금액 10,000원)을 신규 발행하여 교부하였다. 취득 당시 토지의 공정가치는 1,200,000원이다.(주식할인발행차금 잔액은 없는 것으로 한다.)

　　(차)　　　　　　　　　　　　　　　　　　　　(대)

[8] 주당 액면가액이 10,000원인 보통주 100주를 주당 11,000원에 발행하고 보통예금 계좌에 입금되었다. (주식할인발행차금 잔액은 20,000원이다.)

　　(차)　　　　　　　　　　　　　　　　　　　　(대)

[9] 주당 액면가액이 10,000원인 보통주 100주를 주당 10,000원에 발행하고 주식 발행에 소요된 비용 10,000원을 차감한 잔액이 보통예금 계좌에 입금되었다. (주식발행초과금 잔액은 2,000원이다.)

　　(차)　　　　　　　　　　　　　　　　　　　　(대)

2. 주식의 소각(유상감자)

1) **유상감자의 정의**: 회사의 사업규모 축소 등의 이유로 주주들이 보유한 주식을 사들여 소각함으로써 자본금을 줄이고 주식의 보상액을 주주에게 지급하는 것을 말한다.

2) **유상감자의 회계처리**: 소각한 주식의 액면금액(=발행주식 수×1주당 액면금액)만큼 자본금을 감소시킨다

액면가액 = 매입금액	(차) 자본금　　　　　　　　　　　(대) [계정과목]
액면가액 > 매입금액	(차) 자본금　　　　　　　　　　　(대) [계정과목] 　　　　　　　　　　　　　　　　　감자차익 참 감자차손 잔액이 있다면 먼저 차감하고 초과분을 감자차익으로 회계처리한다.
액면가액 < 매입금액	(차) 자본금　　　　　　　　　　　(대) [계정과목] 　　　감자차손 참 감자차익 잔액이 있다면 먼저 차감하고 초과분을 감자차손으로 회계처리한다.

> [10] 주당 액면가액 10,000원인 주식 100주를 9,000원에 현금 매입하여 소각하였다. (감자차손 잔액은 없는 것으로 한다.)
>
> 　　(차)　　　　　　　　　　　　　　　(대)
>
> [11] 주당 액면가액 10,000원인 주식 100주를 11,000원에 현금 매입하여 소각하였다. (감자차익 잔액은 없는 것으로 한다.)
>
> 　　(차)　　　　　　　　　　　　　　　(대)
>
> [12] 주당 액면가액 10,000원인 주식 100주를 9,000원에 현금 매입하여 소각하였다. (감자차손 잔액은 20,000원이다.)
>
> 　　(차)　　　　　　　　　　　　　　　(대)
>
> [13] 주당 액면가액 10,000원인 주식 100주를 11,000원에 현금 매입하여 소각하였다. (감자차익 잔액은 30,000원이다.)
>
> 　　(차)　　　　　　　　　　　　　　　(대)

3. 자기주식

1) **자기주식의 정의**: 회사가 발행한 자신의 주식을 취득하여 보유하는 것으로 일반적으로 공개시장에 있는 유통 주식의 양을 조절하기 위한 목적으로 이용된다.

2) **자기주식의 회계처리**

취득	• 취득원가를 자기주식의 과목으로 하여 자본조정으로 회계처리 (차) 자기주식　　　　　　　　　　(대) [계정과목] 　　　(자본조정)

처분	• 자기주식 장부금액 < 처분금액 (차) [계정과목]　　　　　　　　　　　(대) 자기주식 　　　　　　　　　　　　　　　　　　　자기주식처분이익(자본잉여금) 참 자기주식처분손실 잔액이 있다면 먼저 차감하고 초과분을 자기주식처분이익으로 회계처리한다. • 자기주식 장부금액 > 처분금액 (차) [계정과목]　　　　　　　　　　　(대) 자기주식 　　　자기주식처분손실(자본조정) 참 자기주식처분이익 잔액이 있다면 먼저 차감하고 초과분을 자기주식처분손실로 회계처리한다.
소각	• 자기주식 장부금액 < 액면가액 (차) 자본금　　　　　　　　　　　　　(대) 자기주식 　　　　　　　　　　　　　　　　　　　감자차익 • 자기주식 장부금액 > 액면가액 (차) 자본금　　　　　　　　　　　　　(대) 자기주식 　　　감자차손

[14] 주당 액면가액이 10,000원인 자기주식 100주를 주당 9,000원에 현금 취득하였다.

(차)　　　　　　　　　　　　　　　　(대)

[15] 주당 9,000원에 취득한 자기주식 100주(주당 액면가액 10,000원)를 주당 11,000원에 현금으로 처분하였다.(자기주식처분손실 잔액은 없는 것으로 한다.)

(차)　　　　　　　　　　　　　　　　(대)

[16] 주당 9,000원에 취득한 자기주식 100주(주당 액면가액 10,000원)를 주당 8,000원에 현금으로 처분하였다.(자기주식처분이익 잔액은 없는 것으로 한다.)

(차)　　　　　　　　　　　　　　　　(대)

[17] 주당 9,000원에 취득한 자기주식 100주(주당 액면가액 10,000원)를 주당 11,000원에 현금으로 처분하였다.(자기주식처분손실 잔액은 20,000원이다.)

(차)　　　　　　　　　　　　　　　　(대)

[18] 주당 9,000원에 취득한 자기주식 100주(주당 액면가액 10,000원)를 주당 8,000원에 현금으로 처분하였다.(자기주식처분이익 잔액은 30,000원이다.)

(차)　　　　　　　　　　　　　　　　(대)

[19] 1주당 11,000원에 취득했던 자기주식 100주(1주당 액면가액 10,000원)를 소각하였다.(감자차손익 잔액은 없는 것으로 한다.)

(차)　　　　　　　　　　　　　　　　(대)

4. 이익잉여금의 처분

1) 이익잉여금 처분관련 일자

배당기준일	주주가 배당을 받을 권리를 인정받을 수 있는 날(일반적으로 회계연도 말)
배당결의일	기업이 주주들에게 배당을 공식적으로 지급한다고 발표하는 날짜(=배당선언일, 주주총회일, 이사회결의일)
배당지급일	주주에게 실제로 배당금을 지급하는 날

2) 이익잉여금 처분 회계처리

결산일	① 수익, 비용 계정 마감 • 모든 수익의 합계 → 대변에 집합손익 계정 대체 (차) [모든 수익 계정]　　　　　　　　　(대) 집합손익 • 모든 비용의 합계 → 차변 집합손익 계정 대체 (차) 집합손익　　　　　　　　　　　　(대) [모든 비용 계정] ② 집합손익 계정 마감 • 모든 수익의 합계 > 모든 비용의 합계: 집합손익 계정 대변잔액 (차) 집합손익(당기)　　　　　　　　　(대) 미처분이익잉여금 　　　이월이익잉여금(전기) • 모든 수익의 합계 < 모든 비용의 합계: 집합손익 계정 차변잔액 (차) 미처리결손금　　　　　　　　　　(대) 집합손익 ③ 이월이익잉여금으로 대체 (차) 미처분이익잉여금　　　　　　　　(대) 이월이익잉여금
배당선언일	• 현금배당 (차) 이월이익잉여금　　　　　　　　　(대) 미지급배당금(유동부채) 　　　(또는 미처분이익잉여금) • 주식배당 (차) 이월이익잉여금　　　　　　　　　(대) 미교부주식배당금(자본조정) 　　　(또는 미처분이익잉여금) • 적립금 (차) 이월이익잉여금　　　　　　　　　(대) 이익준비금 　　　(또는 미처분이익잉여금)　　　　　　사업확장적립금
배당지급일	• 현금배당 (차) 미지급배당금　　　　　　　　　　(대) 현금 • 주식배당 (차) 미교부주식배당금　　　　　　　　(대) 자본금

[20] 주주총회에서 다음과 같은 내용으로 미처분이익잉여금의 처분을 결의하다.

• 현금배당 100,000원	• 이익준비금 10,000원
• 주식배당 150,000원	• 사업확장적립금 50,000원

(차)	(대)

[21] 주주총회에서 결의했던 금전 배당금 100,000원에 대하여 원천징수세액 10,000원을 제외한 금액을 보통예금 계좌에서 지급하였다.

    (차)   (대)

[22] 주주총회에서 결의했던 주식 배당 150,000원에 대해 주식을 발행하여 지급하였다.

    (차)   (대)

참 현금배당과 주식배당의 회계처리 요약

구분	현금배당		주식배당	
배당선언일 (회사)	(차)이월이익잉여금 (미처분이익잉여금)	(대)미지급배당금 (유동부채)	(차)이월이익잉여금 (미처분이익잉여금)	(대)미교부주식배당금 (자본조정)
배당선언일 (투자자)	(차)미수금	(대)배당금수익	회계처리 없음	
배당지급일	(차)미지급배당금	(대)현금	(차)미교부주식배당금	(대)자본금
결론	(차)이월이익잉여금 (미처분이익잉여금) (자본의 감소) → 순자산의 유출	(대)현금 (자산의 감소)	(차)이월이익잉여금 (미처분이익잉여금) (자본의 감소) → 재무상태 변화 없음	(대)자본금 (자본의 증가)

참 주식배당의 특징

• 주식배당을 하면 이익잉여금(자본) 감소, 증가로 인해 자본 총액은 불변이다.

• 주식배당을 받으면 별도의 회계처리를 하지 않는다. 배당으로 인한 실질적인 수익이나 현금 흐름은 없으므로, 배당금수익 계정을 인식하지 않고 장부에서 보유 주식 수와 주당 원가를 조정한다.

정답 및 해설

[1]	(차)	보통예금	1,000,000원	(대)	자본금	1,000,000원
[2]	(차)	보통예금	1,100,000원	(대)	자본금	1,000,000원
					주식발행초과금	100,000원
[3]	(차)	보통예금	900,000원	(대)	자본금	1,000,000원
		주식할인발행차금	100,000원			
[4]	(차)	보통예금	990,000원	(대)	자본금	1,000,000원
		주식할인발행차금	10,000원			
[5]	(차)	보통예금	1,090,000원	(대)	자본금	1,000,000원
					주식발행초과금	90,000원
[6]	(차)	보통예금	890,000원	(대)	자본금	1,000,000원
		주식할인발행차금	110,000원			

[7]	(차)	토지	1,200,000원	(대)	자본금	1,000,000원
					주식발행초과금	200,000원
[8]	(차)	보통예금	1,100,000원	(대)	자본금	1,000,000원
					주식할인발행차금	20,000원
					주식발행초과금	80,000원
[9]	(차)	보통예금	990,000원	(대)	자본금	1,000,000원
		주식발행초과금	2,000원			
		주식할인발행차금	8,000원			
[10]	(차)	자본금	1,000,000원	(대)	현금	900,000원
					감자차익	100,000원
[11]	(차)	자본금	1,000,000원	(대)	현금	1,100,000원
		감자차손	100,000원			
[12]	(차)	자본금	1,000,000원	(대)	현금	900,000원
					감자차손	20,000원
					감자차익	80,000원
[13]	(차)	자본금	1,000,000원	(대)	현금	1,100,000원
		감자차익	30,000원			
		감자차손	70,000원			
[14]	(차)	자기주식	900,000원	(대)	현금	900,000원
[15]	(차)	현금	1,100,000원	(대)	자기주식	900,000원
					자기주식처분이익	200,000원
[16]	(차)	현금	800,000원	(대)	자기주식	900,000원
		자기주식처분손실	100,000원			
[17]	(차)	현금	1,100,000원	(대)	자기주식	900,000원
					자기주식처분손실	20,000원
					자기주식처분이익	180,000원
[18]	(차)	현금	800,000원	(대)	자기주식	900,000원
		자기주식처분이익	30,000원			
		자기주식처분손실	100,000원			
[19]	(차)	자본금	1,000,000원	(대)	자기주식	1,100,000원
		감자차손	100,000원			
[20]	(차)	이월이익잉여금	310,000원	(대)	미지급배당금	100,000원
		(또는 미처분이익잉여금)			이익준비금	10,000원
					미교부주식배당금	150,000원
					사업확장적립금	50,000원
[21]	(차)	미지급배당금	100,000원	(대)	예수금	10,000원
					보통예금	90,000원
[22]	(차)	미교부주식배당금	150,000원	(대)	자본금	150,000원

뽀송테크(주)(회사코드: 8000)의 데이터를 사용하여 연습할 수 있습니다.

(1) 6월 12일   기계장치를 추가 설치하기 위하여 보통주 5,000주를 주당 15,000원(주당 액면가 10,000원)에 신주발행하여 보통예금 통장으로 75,000,000원이 입금되었음을 확인하였다.(단, 주식할인발행차금계정의 잔액은 없다고 가정한다.)

(2) 6월 13일   주주총회에서 결의된 바에 따라 유상증자를 실시하여 신주 100,000주(액면가액 주당 5,000원)를 주당 5,500원에 발행하고, 증자와 관련하여 신문공고비용, 주권인쇄비용, 등기비용 등 수수료 15,000,000원을 제외한 나머지 증자대금이 보통예금계좌에 입금되다.(단, 주식할인발행차금 계정의 잔액은 없다고 가정한다.)

(3) 6월 14일   사업 확장에 필요한 자금을 조달하기 위하여 새로운 보통주 주식 10,000주(1주당 액면금액 5,000원, 1주당 발행금액 10,000원)를 추가 발행하였으며, 발행대금은 보통예금 통장으로 입금되었다. 신주발행과 관련된 비용 1,000,000원은 당좌수표를 발행하여 지급하였다. (단, 하나의 전표로 입력할 것, 주식할인발행차금은 없다고 가정한다.)

(4) 6월 15일   주주총회에서 결의된 바에 따라 유상증자를 실시하여 신주 10,000주(액면가액 1주당 1,000원)를 주당 1,500원에 발행하고, 증자와 관련하여 수수료 120,000원을 제외한 나머지 증자대금이 보통예금계좌에 입금되었다.(단, 당사는 '주식할인발행차금' 잔액 2,000,000원이 있으며, 하나의 전표로 입력할 것)

(5) 6월 16일   신주 20,000주를 발행하여 건물을 취득하였다. 주당 액면가액은 5,000원이며 발행시점의 공정가액은 주당 8,000원이다.

(6) 6월 17일 공장 신축용 토지를 취득하였으며, 취득대가로 당사의 주식 100주(주당 액면금액 5,000원)를 신규발행하여 교부하였다. 취득 당시 토지의 공정가치는 1,000,000원이다.

(7) 6월 18일 임시 주주총회의 결의로 개인 이혜원에게 차입하였던 단기차입금 중 일부인 55,000,000원에 대해 채무의 출자전환을 실시하여 신주 10,000주(주당 액면가액 5,000원)를 교부하였다. 신주 발행에 대한 기타 비용은 없다고 가정할 것.

(8) 6월 19일 보유 중인 자기주식 100주(1주당 액면가 10,000원, 1주당 취득가 12,000원) 중 25%를 500,000원에 처분하고 처분대금 전액이 당일에 보통예금으로 입금되었다. 처분전 자기주식처분이익 및 자기주식처분손실계정의 잔액은 없다.

(9) 6월 20일 보유하고 있던 자기주식 중 300주(주당 액면가액 1,000원, 주당 취득가액 1,500원)를 주당 1,300원에 처분하고, 처분대금은 모두 현금으로 수취하다(처분 전 자기주식처분이익 계정 잔액은 없는 것으로 하며, 하나의 전표로 처리할 것).

(10) 6월 21일 회사가 보유중인 자기주식 전부를 25,000,000원에 처분하고 매각대금은 보통예금으로 받았다. 단, 처분시점의 자기주식 장부가액은 23,250,000원이고 자기주식처분손실 계정의 잔액은 1,500,000원이다.

(11) 6월 22일 보유 중인 자기주식 12,000주를 처분하였다. 자기주식 12,000주에 대한 장부가액은 12,000,000원이고 12,000주 전부를 11,500,000원에 처분하고 그 대가를 전부 보통예금으로 입금받았다.(단, 자기주식처분이익 계정의 잔액이 300,000원 있고, 처분수수료는 없는 것으로 가정한다.)

(12) 6월 23일 회사는 이사회에서 현금배당 80,000원의 중간배당을 결의하였다.(단, 이익준비금은 고려하지 않는 것으로 한다.)

(13) 6월 24일   주주총회에서 결의했던 금전 배당금 10,000,000원을 보통예금으로 지급하였다. (배당결의일
에 대한 회계처리는 적정하게 이루어졌고 원천징수는 없는 것으로 가정한다)

(14) 6월 25일   임시주주총회에서 결의하고 미지급한 중간배당금 10,000,000원에 대하여 원천징수세액
1,540,000원을 제외한 금액을 보통예금 계좌에서 지급하였다.

뽀송테크(주)(회사코드: 8000)의 데이터를 사용하여 연습할 수 있습니다.

[1] 6월 12일 (차) 보통예금   75,000,000원   (대) 자본금   50,000,000원
                                                              주식발행초과금   25,000,000원
[2] 6월 13일 (차) 보통예금   535,000,000원   (대) 자본금   500,000,000원
                                                              주식발행초과금   35,000,000원
[3] 6월 14일 (차) 보통예금   100,000,000원   (대) 자본금   50,000,000원
                                                              당좌예금   1,000,000원
                                                              주식발행초과금   49,000,000원

자본금 = 1주당 액면금액 × 발행주식수 = 5,000원 × 10,000주 = 50,000,000원
주식발행초과금 = 발행금액(1주당 발행금액 × 발행주식수 - 주식발행비용) - 자본금
             = (10,000원 × 10,000주 - 1,000,000원) - 50,000,000원 = 49,000,000원

[4] 6월 15일 (차) 보통예금   14,880,000원   (대) 자본금   10,000,000원
                                                              주식할인발행차금   2,000,000원
                                                              주식발행초과금   2,880,000원
[5] 6월 16일 (차) 건물   160,000,000원   (대) 자본금   100,000,000원
                                                              주식발행초과금   60,000,000원
[6] 6월 17일 (차) 토지   1,000,000원   (대) 자본금   500,000원
                                                              주식발행초과금   500,000원
[7] 6월 18일 (차) 단기차입금(이혜원)   55,000,000원   (대) 자본금   50,000,000원
                                                              주식발행초과금   5,000,000원
[8] 6월 19일 (차) 보통예금   500,000원   (대) 자기주식   300,000원
                                                              자기주식처분이익   200,000원
[9] 6월 20일 (차) 현금   390,000원   (대) 자기주식   450,000원
                   자기주식처분손실   60,000원
[10] 6월 21일 (차) 보통예금   25,000,000원   (대) 자기주식   23,250,000원
                                                              자기주식처분손실   1,500,000원
                                                              자기주식처분이익   250,000원
[11] 6월 22일 (차) 보통예금   11,500,000원   (대) 자기주식   12,000,000원
                   자기주식처분이익   300,000원
                   자기주식처분손실   200,000원
[12] 6월 23일 (차) 이월이익잉여금   80,000원   (대) 미지급배당금   80,000원
                   (또는 미처분이익잉여금, 중간배당금)
[13] 6월 24일 (차) 미지급배당금   10,000,000원   (대) 보통예금   10,000,000원
[14] 6월 25일 (차) 미지급배당금   10,000,000원   (대) 보통예금   8,460,000원
                                                              예수금   1,540,000원

핵심 기출문제

01 자본에 대한 설명 중 잘못된 것은?

① 자본금은 우선주자본금과 보통주자본금으로 구분하며, 발행주식수×주당 발행가액으로 표시된다.

② 잉여금은 자본잉여금과 이익잉여금으로 구분 표시한다.

③ 주식의 발행은 할증발행, 액면발행 및 할인발행이 있으며, 어떠한 발행을 하여도 자본금은 동일하다.

④ 자본은 자본금·자본잉여금·이익잉여금·자본조정 및 기타포괄손익누계액으로 구분 표시한다.

02 다음 중 계정과목과 자본 항목의 분류가 올바르게 연결된 것은?

① 주식발행초과금 : 이익잉여금

② 자기주식처분손실 : 자본조정

③ 자기주식 : 자본잉여금

④ 매도가능증권평가손익 : 자본조정

03 다음의 자본항목 중 성격이 다른 하나는?

① 자기주식

② 감자차익

③ 자기주식처분이익

④ 주식발행초과금

04 다음 중 자본조정항목으로 분류할 수 없는 계정과목은?

① 감자차익

② 주식할인발행차금

③ 자기주식

④ 자기주식처분손실

정답 및 해설

01 ① 자본금은 우선주자본금과 보통주자본금으로 구분하며, 발행주식수×주당 <u>액면가액</u>으로 표시된다.

02 ② • **주식발행초과금** : 자본잉여금
    • 자기주식 : 자본조정
    • 매도가능증권평가손익 : 기타포괄손익누계액

03 ① 자기주식은 자본조정(차감항목)이다.
    • ②, ③, ④는 자본잉여금이다.

04 ① 감자차익은 자본잉여금에 속한다.
    • 주식할인발행차금, 자기주식, 자기주식처분손실은 자본조정에 속한다.

05 다음의 자본항목 중 기타포괄손익누계액에 해당하는 것은?

① 매도가능증권평가손익　　② 감자차손　　③ 자기주식　　④ 주식할인발행차금

06 회사가 증자할 때 발행가액이 액면가액을 초과하여 발행한 경우 그 차액은 어느 것에 해당되는가?

① 이익준비금　　② 이익잉여금　　③ 자본잉여금　　④ 자본조정

07 다음 내용과 같은 기준으로 분류되는 계정과목은 무엇인가?

자본거래에서 발생하며, 자본금이나 자본잉여금으로 분류할 수 없는 항목으로 감자차손, 자기주식, 자기주식처분손실 등이 여기에 해당한다.

① 주식할인발행차금　　② 임의적립금　　③ 주식발행초과금　　④ 이익준비금

08 다음 중 이익잉여금 항목에 해당하지 않는 것은?

① 이익준비금　　② 임의적립금　　③ 주식발행초과금　　④ 미처분이익잉여금

09 다음 중 일반기업회계기준에서 분류되는 계정과목 중 성격이 다른 것은?

① 단기매매증권처분이익　　　　② 단기매매증권평가이익

③ 매도가능증권처분이익　　　　④ 자기주식처분이익

10 다음 중 자본잉여금으로 분류하는 항목을 모두 고른 것은?

가. 주식 발행금액이 액면금액에 미달하는 경우 그 미달하는 금액
나. 상법규정에 따라 적립된 법정적립금
다. 주식을 할증발행하는 경우에 발행금액이 액면금액을 초과하는 부분
라. 자기주식을 처분하는 경우 취득원가를 초과하여 처분할 때 발생하는 이익

① 가, 나　　② 가, 다　　③ 다, 라　　④ 가, 다, 라

11 다음 자료를 바탕으로 자본조정의 금액을 계산하면 얼마인가?(단, 각 계정과목은 독립적이라고 가정함)

- 감자차손 : 200,000원
- 자기주식처분이익 : 300,000원
- 주식발행초과금 : 600,000원
- 자기주식 : 400,000원

① 600,000원　　② 900,000원　　③ 950,000원　　④ 1,000,000원

12 다음 자료를 바탕으로 자본잉여금의 금액을 계산하면 얼마인가? (단, 각 계정과목은 독립적이라고 가정하고 상계하지 않는다.)

- 자기주식 : 200,000원
- 감자차익 : 250,000원
- 매도가능증권평가이익 : 500,000원
- 주식발행초과금 : 300,000원
- 사업확장적립금 : 100,000원
- 이익준비금 : 200,000원
- 주식선택권 : 150,000원
- 자기주식처분이익 : 350,000원

① 700,000원   ② 900,000원   ③ 1,000,000원   ④ 1,300,000원

13 다음 자료는 20X1년도말 재무상태표의 자본과 관련된 자료이다. 이를 바탕으로 20X1년도 이익잉여금의 합계를 구하시오.

- 자 본 금 : 10,000,000원
- 이익준비금 : 500,000원
- 감자차익 : 2,500,000원
- 미처분이익잉여금 : 3,000,000원
- 자기주식 : 1,000,000원
- 임의적립금 : 200,000원
- 주식발행초과금 : 2,000,000원

① 3,500,000원   ② 3,700,000원   ③ 4,700,000원   ④ 6,200,000원

정답 및 해설

05 ① 감자차손, 자기주식, 주식할인발행차금은 자본조정항목에 해당한다.

06 ③ 주식발행초과금은 자본잉여금에 해당한다.

07 ① 자본조정에 대한 설명이며, 자기주식, 주식할인발행차금, 감자차손, 자기주식처분손실 등이 있다.
   임의적립금 : 이익잉여금, 주식발행초과금 : 자본잉여금, 이익준비금 : 이익잉여금

08 ③ 주식발행초과금은 자본잉여금에 해당함

09 ④ 자기주식처분이익 : 자본잉여금
   단기매매증권처분이익, 단기매매증권평가이익, 매도가능증권처분이익 : 영업외수익

10 ③ 가.주식할인발행차금-자본조정   나.이익잉여금-이익준비금
   다.주식발행초과금   라.자기주식처분이익

11 ① 자본조정 항목은 감자차손과 자기주식이다.
   200,000 + 400,000 = 600,000원

12 ② 900,000원 = 주식발행초과금 300,000원 + 감자차익 250,000원 + 자기주식처분이익 350,000원

13 ② 감자차익과 주식발행초과금은 자본잉여금으로 분류되고, 자기주식은 자본조정에 속한다.
   이익잉여금 : 500,000원(이익준비금)+200,000원(임의적립금)+3,000,000원(미처분이익잉여금) =
   3,700,000원

14 (주)풍기의 전기말 자본금은 60,000,000원(주식수 12,000주, 액면가액 5,000원)이다. 기중에 주당 4,000원에 2,000주를 유상증자 하였으며, 그 외의 자본거래는 없었다. (주)풍기의 기말 자본금은 얼마인가?

① 60,000,000원　　　② 70,000,000원　　　③ 68,000,000원　　　④ 48,000,000원

15 ㈜한국상사의 20X1년 1월 1일 자본금은 50,000,000원(발행주식 수 10,000주, 1주당 액면금액 5,000원)이다. 20X1년 10월 1일 1주당 6,000원에 2,000주를 유상증자하였을 경우, 20X1년 기말 자본금은 얼마인가?

① 12,000,000원　　　② 50,000,000원　　　③ 60,000,000원　　　④ 62,000,000원

16 (주)세원은 20X1년 중에 보통주 10,000주(1주당 액면가액 1,000원)를 1주당 500원에 발행하였다. 20X0년 기말 재무상태표상 자본상황이 다음과 같을 경우, 20X1년 기말 재무상태표에 표시되는 자본상황으로 올바른 것은?

・자본금 90,000,000원	・주식발행초과금 10,000,000원

① 자본금 95,000,000원　　　　　　② 주식발행초과금 5,000,000원
③ 주식할인발행차금 5,000,000원　　④ 총자본 100,000,000원

17 자기주식을 취득가액보다 낮은 금액으로 처분한 경우, 다음 중 재무제표상 자기주식의 취득가액과 처분가액의 차액이 표기되는 항목으로 옳은 것은?

① 영업외비용　　　② 자본잉여금　　　③ 기타포괄손익누계액　　　④ 자본조정

18 ㈜재무는 자기주식 200주(1주당 액면가액 5,000원)를 1주당 7,000원에 매입하여 소각하였다. 소각일 현재 자본잉여금에 감차차익 200,000원을 계상하고 있는 경우 주식소각 후 재무상태표 상에 계상되는 감자차손익은 얼마인가?

① 감자차손 200,000원　　　　　　② 감자차손 400,000원
③ 감자차익 200,000원　　　　　　④ 감자차익 400,000원

19 다음 중 주주총회에서 현금배당이 결의된 이후 실제 현금으로 현금배당이 지급된 시점의 거래요소 결합관계로 옳은 것은?

	차변	대변		차변	대변
①	자본의 감소	자본의 증가	②	부채의 감소	자산의 감소
③	자산의 증가	수익의 발생	④	자본의 감소	자산의 감소

20 자본금 10,000,000원인 회사가 현금배당(자본금의 10%)과 주식배당(자본금의 10%)을 각각 실시하는 경우, 이 회사가 적립해야 할 이익준비금의 최소 금액은 얼마인가?(현재 재무상태표상 이익준비금 잔액은 500,000원이다.)

① 50,000원   ② 100,000원   ③ 150,000원   ④ 200,000원

정답 및 해설

14 ② 기말 자본금 : (12,000주 + 2,000주) x 5,000원 = 70,000,000원

15 ③ 60,000,000원
= 기초 자본금 50,000,000원 + (2,000주×액면금액 5,000원)

16 ② 신주발행시 회계처리
(차) 보통예금   5,000,000원   (대) 자본금   10,000,000원
   주식발행초과금   5,000,000원
따라서, 20X1년 기말 재무상태표상 자본금 100,000,000원, 주식발행초과금 5,000,000원, 총 자본은 105,000,000원으로 표시된다.

17 ④ 자기주식처분손실은 자본조정 항목이다.

18 ① 감자차손 200,000원
= 200주×(취득가액 7,000원 - 액면가액 5,000원) - 감자차익 200,000원
• 기인식된 감자차익 200,000원을 상계하고 감자차손은 200,000원만 인식한다.

19 ② 현금배당이 결의된 시점 분개 : (차)이익잉여금   ×××   (대)미지급배당금   ×××
현금배당이 지급된 시점 분개 : (차)미지급배당금 ×××   (대)현 금   ×××

20 ② 100,000원 이익준비금 최소 적립액 = 현금배당액의 10% = 10,000,000 * 10% * 10%

21 주식배당시 자본금 및 이익잉여금의 변화에 대해 올바르게 짝지은 것은?

> 주식으로 배당하는 경우에는 발행주식의 액면금액을 배당액으로 하여 자본금의 (가)와 이익잉여금의 (나)로 회계처리한다.

① (가) 증가 (나) 감소   ② (가) 증가 (나) 증가

③ (가) 감소 (나) 증가   ④ (가) 감소 (나) 감소

22 주식배당을 실시한 경우, 배당 후 재무상태표 및 발행주식수 등의 상태변화로 옳지 않은 것은?

① 이익잉여금은 감소한다.   ② 자본금은 증가한다.

③ 총자본은 증가한다.   ④ 발행주식수는 증가한다.

23 다음의 회계거래 중에서 자본총액에 변동이 없는 것은?

① 유상증자를 실시하다.   ② 현금배당을 주주총회에서 결의하다.

③ 발행주식 중 일부를 유상으로 소각하다.   ④ 결의했던 현금배당을 지급하다.

24 다음 중 자본에 대한 설명으로 가장 옳지 않은 것은?

① 자본은 기업의 자산에서 모든 부채를 차감한 후의 잔여지분을 의미한다.

② 잉여금은 자본거래에 따라 이익잉여금, 손익거래에 따라 자본잉여금으로 구분한다.

③ 주식의 발행금액 중 주권의 액면을 초과하여 발행한 금액을 주식발행초과금이라 한다.

④ 주식으로 배당하는 경우 발행주식의 액면금액을 배당액으로 하여 자본금의 증가와 이익잉여금의 감소로 회계처리한다.

25 다음은 자본에 대한 설명이다. 옳지 않은 것은?

① 이익잉여금을 자본금에 전입하여 무상주를 발행하는 경우에 액면금액을 주식의 발행금액으로 한다.

② 기업이 취득한 자기주식은 취득원가를 자본조정으로 회계처리한다.

③ 자기주식의 처분금액이 장부금액보다 큰 경우 차액은 자기주식처분이익으로 하여 자본잉여금으로 회계처리한다.

④ 기업이 소각을 목적으로 자기주식을 취득하는 경우 주식의 취득원가가 액면금액 보다 작다면 그 차액을 감자차익으로 하여 자본조정으로 회계처리한다.

26 다음 중 자본에 대한 설명으로 옳지 않은 것은?

① 자본금은 발행한 주식의 액면금액에 발행주식수를 곱하여 결정된다.

② 자본은 기업의 소유주인 주주의 몫으로 자산에서 채권자의 지분인 부채를 차감한 것이다.

③ 기타포괄손익누계액은 미실현손익의 성격을 가진 항목으로 당기순이익에 반영된다.

④ 이익잉여금은 법정적립금, 임의적립금 및 미처분이익잉여금으로 구분표시 한다.

27 ㈜수암골의 재무상태가 다음과 같다고 가정할 때, 기말자본은 얼마인가?

기초		기말		당기 중 추가출자	이익 배당액	총수익	총비용
자산	부채	부채	자본				
900,000원	500,000원	750,000원	( )	100,000원	50,000원	1,100,000원	900,000원

① 500,000원   ② 550,000원   ③ 600,000원   ④ 650,000원

정답 및 해설

21 ① 주식으로 배당하는 경우에는 발행주식의 액면금액을 배당액으로 하여 자본금의 증가와 이익잉여금의 감소로 회계처리한다.

22 ③ 이익잉여금을 자본전입하므로 이익잉여금은 감소하고 자본금은 증가한다. 총자본은 불변이다.

23 ④ 결의했던 현금배당을 지급하는 것은 [부채의 감소 / 자산의 감소]로 자본총계에 변동이 없다.

24 ② 잉여금은 자본거래에 따라 자본잉여금, 손익거래에 따라 이익잉여금으로 구분한다.

25 ④ 기업이 이미 발행한 주식을 유상으로 재취득하여 소각하는 경우에 주식의 취득원가가 액면금액보다 작다면 그 차액을 감자차익으로 하여 자본잉여금으로 회계처리한다.(일반기업회계기준 15.11)

26 ③ 기타포괄손익누계액은 자산을 공정가치로 평가할 때 발생하는 미실현손익의 성격을 가진 항목으로 손익계산서의 당기순이익에 반영되지 않고, 재무상태표에 반영된다.

27 ④ 650,000원
= 기초자본 400,000원 + 추가출자 100,000원 - 이익배당액 50,000원 + 당기순이익 200,000원
• 기초자본 : 기초자산 900,000원 - 기초부채 500,000원 = 400,000원
• 당기순이익 : 총수익 1,100,000원 - 총비용 900,000원 = 200,000원

1 수익과 비용의 정의

1. 수익의 개념

1) 수익의 정의: 기업이 모든 활동을 통해 벌어들인 경제적 가치를 말하며 자산의 증가 또는 부채의 감소로 나타난다.

2) 수익의 분류

영업수익	기업이 모든 활동을 통해 벌어들인 경제적 가치 중 주요 영업활동과 관련된 수익
영업외수익	기업이 모든 활동을 통해 벌어들인 경제적 가치 중 주요 영업활동이 아닌 다른 활동에서 발생한 수익

3) 수익의 인식요건(실현주의): 수익은 실현시기를 기준으로 인식한다.

재화의 판매	• 재화의 판매로 인한 수익은 아래의 조건이 모두 충족될 때 인식한다. (1) 재화의 소유에 따른 유의적인 위험과 보상이 구매자에게 이전된다. (2) 판매자는 판매한 재화에 대하여 소유권이 있을 때 통상적으로 행사하는 정도의 관리나 효과적인 통제를 할 수 없다. (3) 수익금액을 신뢰성 있게 측정할 수 있다. (4) 경제적 효익의 유입 가능성이 매우 높다. (5) 거래와 관련하여 발생했거나 발생할 원가를 신뢰성 있게 측정할 수 있다.
용역의 제공	• 용역의 제공으로 인한 수익은 성과를 신뢰성 있게 추정할 수 있을 때 진행기준에 따라 인식한다. 다음 조건이 모두 충족되는 경우에는 용역제공거래의 성과를 신뢰성 있게 추정할 수 있다고 본다. (1) 거래 전체의 수익금액을 신뢰성 있게 측정할 수 있다. (2) 경제적 효익의 유입 가능성이 매우 높다. (3) 진행률을 신뢰성 있게 측정할 수 있다. (4) 이미 발생한 원가 및 거래의 완료를 위하여 투입하여야 할 원가를 신뢰성 있게 측정할 수 있다.
기업자산의 타인 사용	• 자산을 타인에게 사용하게 함으로 발생하는 수익의 유형은 다음과 같다. (1) 이자수익: 현금이나 현금성자산 또는 받을 채권의 사용대가 (2) 배당금수익: 지분투자에 대하여 받는 이익의 분배금액 (3) 로열티수익: 산업재산권이나 컴퓨터 소프트웨어 등과 같은 무형자산의 사용대가 • 이자수익, 배당금수익, 로열티수익은 다음의 기준에 따라 인식한다. (1) 수익금액을 신뢰성 있게 측정할 수 있다. (2) 경제적 효익의 유입 가능성이 매우 높다.

4) 거래형태별 수익의 인식시점

(1) 재화의 판매

일반적인 재화 판매	재화를 인도한 시점에 수익을 인식한다.
운송중인 상품	• 선적지 인도조건: 판매자는 재화를 선적하는 시점에 수익을 인식한다. • 도착지 인도조건: 판매자는 재화가 목적지에 도착하는 시점에 수익을 인식한다.
위탁판매	위탁자는 수탁자가 해당 재화를 제 3자에게 판매한 시점에 수익을 인식한다.
시용판매	시용판매 고객이 구매의사를 표시한 시점에 수익을 인식한다.
할부판매	이자부분을 제외한 판매가격에 대한 수익은 재화를 판매한 시점에 수익을 인식한다.
반품조건부판매	구매자가 재화의 인수를 수락한 시점 또는 반품기간이 종료시점에 수익을 인식한다.
상품권 판매	물품 등을 제공 또는 판매하여 상품권을 회수한 시점에 수익을 인식한다. 상품권 판매시는 선수금으로 처리한다.

(2) 용역의 제공

일반적인 용역 제공	작업의 진행정도에 따라 수익을 인식하는 진행기준으로 수익을 인식한다.
건설형 공사계약	공사진행 정도에 따라 공사수익을 인식한다.(예약판매계약 포함)
광고수수료	• 광고매체수수료: 광고 또는 상업방송이 대중에게 전달될 때 수익을 인식한다. • 광고제작수수료: 광고 제작의 진행률에 따라 수익을 인식한다.
입장료	공연 등에서 발생하는 수익은 행사가 개최되는 시점에 수익을 인식한다.
수강료	강의기간에 걸쳐 수익으로 인식한다.
주문형 소프트웨어의 개발 수수료	주문 개발하는 소프트웨어의 대가로 수취하는 수수료는 진행률에 따라 수익을 인식한다.

(3) 기업자산의 타인 사용

이자수익	원칙적으로 유효이자율을 적용하여 발생기준에 따라 인식한다.
배당금수익	배당금을 받을 권리와 금액이 확정되는 시점에 인식한다.
로열티수익	관련된 계약의 경제적 실질을 반영하여 발생기준에 따라 인식한다.

2. 비용의 개념

1) 비용의 정의: 기업의 경제적 활동에 따라 수익을 얻는 과정에서 소비 또는 지출한 경제가치로 자산의 감소 또는 부채의 증가로 나타난다.

2) 비용의 분류

영업비용	• 수익을 얻는 과정에서 소비 또는 지출한 경제가치 중 주요 영업활동과 관련있는 비용 ① 매출원가: 상품매출원가와 제품매출원가 금액이 매출원가에 집계된다. ② 판매비와 관리비: 주요 영업활동에서 판매와 관련된 비용과 회사를 운영하는데 필요한 비용으로 매출원가에 속하지 않는 모든 영업비용을 말한다.
영업외비용	기업의 주요 영업활동이 아닌 다른 활동에서 발생한 비용
법인세비용	법인이 벌어들인 소득에 대해 정부에 내야하는 세금

3) **비용의 인식시점**(수익·비용 대응의 원칙): 비용은 수익을 인식한 회계기간에 대응해서 인식한다.

직접 대응	수익과 직접 관련하여 발생한 비용은 직접적인 인과관계를 갖는 수익이 인식되는 회계기간에 비용을 인식한다.
기간 배분	자산의 효익이 여러 회계기간에 걸쳐 기대되는 경우 체계적이고 합리적인 배분절차에 따라 각 회계기간에 배분하여 인식한다.
당기 즉시 인식	수익과 직접 대응할 수 없는 비용은 당기 회계기간에 인식한다.

3. 오류의 영향

수정 전 당기순이익

+	수익	⇧⇩	(자산의 과대계상, 부채의 과소계상)
–	비용	⬆⬇	(자산의 과소계상, 부채의 과대계상)

수정 후 당기순이익   ⇧⇩ ⬇⬆   →   자본   ⇧⇩ ⬇⬆

01 다음 중 재화의 판매로 인한 수익인식 조건이 아닌 것은?

① 재화의 소유에 따른 유의적인 위험과 보상이 구매자에게 이전된다.

② 수익금액을 신뢰성 있게 측정할 수 있다.

③ 경제적 효익의 유입 가능성이 매우 높다.

④ 판매자는 판매한 재화에 대하여 소유권이 있을 때 통상적으로 행사하는 정도의 관리나 효과적인 통제를 할 수 있다.

02 다음 중 재화의 판매에 대한 수익인식 요건에 해당하지 않는 것은?

① 재화의 소유에 따른 유의적인 위험과 보상이 구매자에게 이전된다.

② 판매자는 판매한 재화에 대하여 소유권이 있을 때 통상적으로 행사하는 정도의 관리나 효과적인 통제를 할 수 없다.

③ 거래와 관련하여 발생했거나 발생할 원가를 신뢰성 있게 측정할 수 있다.

④ 진행률을 신뢰성 있게 측정할 수 있다.

정답 및 해설

01   ④   일반기업회계기준 16.10 : 재화의 판매로 인한 수익은 다음 조건이 모두 충족될 때 인식한다.
       (1) 재화의 소유에 따른 유의적인 위험과 보상이 구매자에게 이전된다.
       (2) 판매자는 판매한 재화에 대하여 소유권이 있을 때 통상적으로 행사하는 정도의 관리나 효과적인 통제를 할 수 없다.
       (3) 수익금액을 신뢰성 있게 측정할 수 있다.
       (4) 경제적 효익의 유입 가능성이 매우 높다.
       (5) 거래와 관련하여 발생했거나 발생할 원가를 신뢰성 있게 측정할 수 있다.

02   ④   진행률을 신뢰성 있게 측정할 수 있어야하는 요건은 용역에 제공에 대한 수익인식요건으로 재화의 판매에 대한 수익인식 요건에는 해당하지 않는다.

03 다음 중 수익과 비용에 대한 설명으로 가장 잘못된 것은?

① 관련 수익과 직접적 인과관계를 파악할 수 있는 비용은 해당기간에 합리적이고 체계적인 배분을 하여 비용으로 인식한다.

② 수익은 특정 회계기간 동안에 발생한 경제적 효익의 증가로서, 지분참여자에 의한 출연과 관련된 것은 제외한다.

③ 수익이란 기업실체의 경영활동과 관련된 재화의 판매 또는 용역의 제공 등에 대한 대가로 발생하는 자산의 유입 또는 부채의 감소이다.

④ 수익은 자산의 증가나 부채의 감소와 관련하여 미래의 경제적 효익이 증가하고 이를 신뢰성 있게 측정할 수 있을 때 인식한다.

04 다음 중 수익과 비용의 직접적인 인과관계에 따라 비용을 인식하는 방법으로 가장 적절한것은?

① 감가상각비　　　② 무형자산상각비　　③ 매출원가　　　　④ 사무직원 급여

05 다음 중 위탁매출의 수익인식시점으로 올바른 것은?

① 위탁품을 적송한 날

② 수탁자가 위탁품을 받은 날

③ 수탁자가 위탁품을 판매한 날

④ 수탁자가 수수료를 제외하고 판매대금을 송금한 날

06 다음 중 기업회계기준에 의한 매출의 수익인식시기로 틀린 것은?

① 용역매출 및 예약매출 : 진행기준

② 상품 및 제품매출 : 판매기준(인도한 날)

③ 시용매출 : 매입자가 매입의사를 표시한 날

④ 위탁매출 : 수탁자가 위탁품을 넘겨 받은 날

07 다음 중 수익인식기준에 대한 설명으로 잘못된 것은?

① 위탁매출은 위탁자가 수탁자로부터 판매대금을 지급받는 때에 수익을 인식한다.

② 상품권매출은 물품 등을 제공하거나 판매하면서 상품권을 회수하는 때에 수익을 인식한다.

③ 단기할부매출은 상품 등을 판매(인도)한 날에 수익을 인식한다.

④ 용역매출은 진행기준에 따라 수익을 인식한다.

08 다음 중 일반기업회계기준에 의한 수익 인식 시점에 대한 설명으로 옳지 않은 것은?

① 위탁판매의 경우에는 수탁자가 위탁품을 소비자에게 판매한 시점에 수익을 인식한다.

② 시용판매의 경우에는 상품 인도 시점에 수익을 인식한다.

③ 광고 제작 수수료의 경우에는 광고 제작의 진행률에 따라 수익을 인식한다.

④ 수강료의 경우에는 강의 시간에 걸쳐 수익으로 인식한다.

09 다음 중 일반기업회계기준에 의한 수익인식기준으로 가장 옳지 않은 것은?

① **상품권 판매** : 물품 등을 제공 또는 판매하여 상품권을 회수한 때 수익을 인식한다.

② **위탁판매** : 위탁자는 수탁자가 해당 재화를 제3자에게 판매한 시점에 수익을 인식한다.

③ **광고매체수수료** : 광고 또는 상업방송이 대중에게 전달될 때 수익을 인식한다.

④ **주문형 소프트웨어의 개발 수수료** : 소프트웨어 전달 시에 수익을 인식한다.

정답 및 해설

03 ① 재무회계개념체계 비용의 인식 146(가)에 의하면 수익과 직접 관련하여 발생한 비용은 동일한 거래나 사건에서 발생하는 수익을 인식할 때 대응하여 인식하여야 하며, 관련수익과 직접적인 인과관계를 파악할 수는 없지만 당해 지출이 일정 기간 동안 수익창출 활동에 기여하는 것으로 판단될 경우 합리적이고 체계적으로 배분하여 비용으로 인식한다.

04 ③ 매출원가 : 매출액(수익) 대비 매출원가(비용)
감가상각비, 무형자산상각비, 사무직원 급여는 판매비와관리비로서 기간비용임.

05 ③ ① ②는 위탁자의 재고자산

06 ④ 위탁매출의 경우에는 수탁자가 위탁품을 판매한 시점에 매출을 인식한다.

07 ① 위탁매출은 수탁자가 해당 재화를 제3자에게 판매한 시점에 수익으로 인식한다.

08 ② 시용판매의 경우에는 소비자가 매입의사를 표시하는 시점에 수익을 인식한다.

09 ④ [일반기업회계기준 제16장 사례 20] 주문개발하는 소프트웨어의 대가로 수취하는 수수료는 진행률에 따라 수익을 인식한다. 이때 진행률은 소프트웨어의 개발과 소프트웨어 인도 후 제공하는 지원용역을 모두 포함하여 결정한다.

10 다음 중 수익의 인식에 대한 설명으로 가장 옳은 것은?

① 시용판매의 경우 수익의 인식은 구매자의 구매의사 표시일이다.

② 예약판매계약의 경우 수익의 인식은 자산의 건설이 완료되어 소비자에게 인도한 시점이다.

③ 할부판매의 경우 수익의 인식은 항상 소비자로부터 대금을 회수하는 시점이다.

④ 위탁판매의 경우 수익의 인식은 위탁자가 수탁자에게 제품을 인도한 시점이다.

11 다음 중 수익의 측정에 대한 설명으로 옳지 않은 것은?

① 로열티수익은 관련된 계약의 경제적 실질을 반영하여 발생기준에 따라 인식한다.

② 이자수익은 원칙적으로 유효이자율을 적용하여 발생기준에 따라 인식한다.

③ 배당금수익은 배당금을 받을 권리와 금액이 확정되는 시점에 인식한다.

④ 수익은 권리의무확정주의에 따라 합리적으로 인식한다.

12 ㈜오정은 A사로부터 갑상품을 12월 10일에 주문받고, 주문받은 갑상품을 12월 24일에 인도하였다. 갑상품 대금 100원을 다음과 같이 받을 경우, 이 갑상품의 수익인식시점은 언제인가?

날 짜	대 금(합계 100원)
12월 31일	50원
다음해 1월 2일	50원

① 12월 10일   ② 12월 24일   ③ 12월 31일   ④ 다음해 1월 2일

정답 및 해설

10 ① • 예약판매계약 : 공사결과를 신뢰성 있게 추정할 수 있을 때에 진행기준을 적용하여 공사수익을 인식한다.
　　　 • 할부판매 : 이자부분을 제외한 판매가격에 해당하는 수익을 판매시점에 인식한다. 이자부분은 유효이자율법을 사용하여 가득하는 시점에 수익으로 인식한다.
　　　 • 위탁판매 : 위탁자는 수탁자가 해당 재화를 제3자에게 판매한 시점에 수익을 인식한다.

11 ④ [일반기업회계기준서 문단 16.17] 재화의 판매, 용역의 제공, 이자, 배당금, 로열티로 분류할 수 없는 기타의 수익은 다음 조건을 모두 충족할 때 발생기준에 따라 합리적인 방법으로 인식한다.
　　　 (1) 수익가득과정이 완료되었거나 실질적으로 거의 완료되었다.
　　　 (2) 수익금액을 신뢰성 있게 측정할 수 있다.
　　　 (3) 경제적 효익의 유입 가능성이 매우 높다.

12 ② 인도시점인 12월 24일에 수익인식 기준을 충족한다. (일반기업회계기준 16.10)

2 매출액과 매출원가

1. 손익계산서의 양식

손익계산서(보고식)

20x1년 1월 1일부터
기업명 20x1년 12월 31일까지 (단위:원)

과목		금액
Ⅰ. 매출액		xxx
Ⅱ. 매출원가		xxx
Ⅲ. 매출총이익(또는 매출총손실)	(= Ⅰ - Ⅱ)	xxx
Ⅳ. 판매비와관리비		xxx
Ⅴ. 영업이익(또는 영업손실)	(= Ⅲ - Ⅳ)	xxx
Ⅵ. 영업외수익		xxx
Ⅶ. 영업외비용		xxx
Ⅷ. 법인세비용차감전순손익		xxx
Ⅸ. 법인세비용	(= Ⅴ + Ⅵ - Ⅶ)	xxx
Ⅹ. 당기순이익(또는 당기순손실)	(= Ⅷ - Ⅸ)	xxx

2. 매출액

1) 매출액의 정의: 기업의 주요 영업활동과 관련된 수익으로 상기업에서는 상품매출 계정과목이 매출액에 집계되고, 제조기업에서는 제품매출 계정과목이 집계된다. 손익계산서의 매출액에는 순매출액이 기재된다.

> **(순)매출액 = 총매출액 - 매출환입 및 에누리 - 매출할인**

2) 매출액 관련 계정과목

상품매출	판매를 목적으로 구입한 상품을 외부에 판매한 금액
제품매출	판매를 목적으로 제조한 제품을 외부에 판매한 금액
매출환입 및 에누리	판매한 상품(제품) 중 하자나 파손이 있는 상품(제품)에 대해 반품받는 것(매출환입) 또는 상품에 대해 값을 깎아 주는 것(매출에누리)으로 상품(제품)매출의 차감계정
매출할인	상품(제품)을 판매 시 발생한 외상매출금을 조기에 회수하는 경우 약정에 의해 할인해주는 금액으로 상품(제품)매출의 차감계정

3) 회계처리

매출	• 상품(제품)을 매출 → 상품(제품)매출(수익)의 발생 → 대변 (차) [계정과목] ×××원 (대) 상품매출 ×××원 (또는 제품매출)
매출환입 및 에누리	• 매출한 상품(제품) 중 하자나 파손 등의 이유로 반품(매출환입)받거나 상품(제품)에 대해 값을 깎아줌(매출에누리) → 매출환입 및 에누리의 발생 → 차변 (차) 매출환입및에누리 ×××원 (대) [계정과목] ×××원

매출할인	• 상품(제품) 판매 시 발생한 외상매출금을 조기 회수하여 할인받음(매출할인) → 매출할인의 발생 → 차변 (차) 매출할인　　　　　×××원　　　(대) 외상매출금　　　　　×××원

---

[1] 진안상사에 상품을 100,000원에 외상으로 매출하다.

　　(차)　　　　　　　　　　　　　　　　(대)

[2] 진안상사에 외상으로 매출한 상품 중 불량품 20,000원이 반품되어 오다. 반품액은 외상매출금과 상계하기로 하였다.

　　(차)　　　　　　　　　　　　　　　　(대)

[3] 거래처 진안상사의 상품매출에 대한 외상대금 80,000원을 회수하면서 약정기일보다 빠르게 회수하여 2%를 할인해주고 대금은 보통예금 계좌로 입금받다.

　　(차)　　　　　　　　　　　　　　　　(대)

[4] 손익계산서에 집계되는 순 매출액은?

> • 총매출액: 100,000원　　• 매출환입및에누리: 20,000　　• 매출할인: 1,600

3. 매출원가

1) 매출원가의 정의: 매출원가란 매출에 직접 대응되는 비용이다.

> • 상품매출원가 = 기초상품재고액 + 당기상품(순)매입액 - 기말상품재고액
> • 당기상품(순)매입액 = 매입가액 + 취득부대비용 - 매입환출 및 에누리 - 매입할인

(차변) +	상품	- (대변)
기초상품재고액(전기이월) 당기상품순매입액	상품매출원가	
	기말상품재고액(차기이월)	
판매가능상품	판매가능상품	

2) 매출원가에 해당하는 계정과목: 손익계산서의 매출원가는 상품매출원가와 제품매출원가 계정이 집계된다.

상품매출원가	상기업에서 당기에 판매된 상품들의 구입 금액
제품매출원가	제조기업에서 당기에 판매된 제품들의 제조 금액

정답 및 해설

[1]　(차)　외상매출금(진안상사)　　100,000원　　(대)　상품매출　　　　　　　100,000원
[2]　(차)　매출환입및에누리(상품)　20,000원　　(대)　외상매출금(진안상사)　20,000원
[3]　(차)　매출할인(상품)　　　　　1,600원　　(대)　외상매출금(진안상사)　80,000원
　　　　　보통예금　　　　　　　78,400원
[4]　(순) 매출액 = 총매출액 - 매출환입 및 에누리 - 매출할인 = 100,000 - 20,000 - 1,600 = 78,400

01 다음 자료에 의하여 매출총이익을 계산하면 얼마인가?

- 당기매출액 : 5,000,000원
- 당기상품매입액 : 800,000원
- 매입운임 : 50,000원
- 기초상품재고액 : 700,000원
- 기말상품재고액 : 1,000,000원
- 이자비용 : 300,000원

① 3,850,000원 ② 4,150,000원 ③ 4,450,000원 ④ 4,500,000원

02 다음 자료에 의하여 매출총이익을 계산하면 얼마인가?

- 당기매출액 : 2,250,000원
- 당기상품총매입액 : 1,850,000원
- 기초상품재고액 : 300,000원
- 매출환입및에누리 : 140,000원
- 매입환출및에누리 : 220,000원
- 기말상품재고액 : 400,000원

① 500,000원 ② 540,000원 ③ 580,000원 ④ 620,000원

03 다음의 자료를 이용하여 영업이익을 계산하면 얼마인가?

- 매 출 액 : 6,000,000원
- 당기상품매입액 : 3,000,000원
- 판매비와관리비 : 1,000,000원
- 기초상품재고액 : 1,000,000원
- 기말상품재고액 : 1,500,000원
- 영 업 외 수 익 : 1,200,000원

① 1,300,000원 ② 2,500,000원 ③ 3,500,000원 ④ 3,700,000원

01 ③ 매출총이익 구할 때 이자비용은 고려대상이 아니다.
매출총이익= 매출액- {기초재고 + (당기매입+ 매입운임)- 기말재고}
×= 5,000,000-{700,000+(800,000+50,000)-1,000,000}
×= 4,450,000원

02 ③ 순매출액(2,110,000원)=총매출액(2,250,000원)-매출환입및에누리(140,000원)
매출원가(1,530,000원)=기초상품(300,000원)+순매입액(1,630,000원)-기말상품(400,000원)
순매입액(1,630,000원)=총매입액(1,850,000원)-매입환출및에누리(220,000원)
매출총이익(580,000원)=순매출액(2,110,000원)-매출원가(1,530,000원)

03 ② 매출액 6,000,000원에서 매출원가 2,500,000원(기초상품재고액 1,000,000원 + 당기상품매입액 3,000,000원 - 기말상품재고액 1,500,000원)을 차감하면 매출총이익이 3,500,000원이고, 판매비와 관리비 1,000,000원을 차감하면 영업이익은 2,500,000원이다.

3 판매비와 관리비

1. 판매비와 관리비의 정의

판매비와 관리비는 주요 영업활동에서 판매와 관련된 비용과 회사를 운영하는데 필요한 비용으로 매출원가에 속하지 않는 모든 영업비용을 말한다.

2. 판매비와 관리비 주요 계정과목

급여	직원에게 일한 대가로 주는 돈 예 직원 월급, 보너스
잡급	일용직 근로자에게 일한 대가로 주는 돈 예 일용직 근로자의 일당
복리후생비	직원들이 일하기 좋은 환경을 만들어주기 위해 사용하는 돈 예 직원회식대, 임직원 경조사비, 건강보험료, 고용보험료
여비교통비	업무와 관련하여 다른 곳에 갈 때 드는 교통비나 숙박비 예 출장에 따른 교통비, 숙박비, 항공권, 식사대, 주차료, 통행료
기업업무추진비	업무와 관련하여 거래처와 관계를 유지하기 위하여 사용한 돈 예 거래처의 경조사비, 선물대금, 식대 등
통신비	업무와 관련하여 전화, 인터넷 같은 통신 서비스를 사용하기 위해 지불하는 돈 예 우편요금, 인터넷요금, 전화요금, 휴대폰요금, 팩스요금 등
수도광열비	업무와 관련하여 사용한 물, 전기, 가스 등의 사용료 예 수도요금, 전기요금, 가스요금, 난방비 등
세금과공과	업무와 관련하여 발생한 세금과 공과금 예 재산세, 자동차세, 국민연금 회사부담액, 상공회의소회비, 조합회비, 협회비, 적십자회비 등
감가상각비	업무와 관련된 유형자산을 사용하면서 당기의 가치가 감소한 부분을 나타내는 비용 계정
임차료	업무와 관련하여 토지, 건물, 기계장치, 차량운반구 등을 빌리고 지급하는 사용료 예 사무실 임차료, 창고 임차료, 복사기 임차료 등
수선비	업무와 관련하여 건물, 기계장치 등의 현상유지를 위한 수리비용 예 건물 유리창 교체비, 건물 에어컨 수리비, 건물 외벽 도색비, 화장실 타일 수리비, 냉장고 수리비 등
보험료	업무와 관련된 자산의 사고나 손해를 대비하기 위해 내는 돈 예 산재보험료, 자동차보험료, 화재보험료 등
차량유지비	업무와 관련하여 차량운반구의 유지와 수선을 위한 비용 예 유류대, 차량수리비, 정기주차료, 검사비 등
운반비	상품(제품)을 매출하는 과정에서 지출한 배송비 예 운반비, 상하차비, 배달비
교육훈련비	직원의 역량강화를 위해 지출하는 교육 및 훈련에 드는 돈 예 강사 초청료, 위탁교육훈련비
도서인쇄비	업무와 관련된 책이나 문서를 인쇄하고 구매하는데 드는 돈 예 신문구독료, 도서대금, 인쇄대금, 사진현상대금, 명함인쇄대금 등

소모품비	업무와 관련된 소모성 물품을 구매하는데 드는 돈 예 소모자재, 차 · 음료, 복사용지, 문구류 등
수수료비용	업무와 관련된 서비스를 이용하고 지불한 비용 예 은행수수료, 추심수수료, 법률자문 세무기장수수료 등
광고선전비	업무와 관련하여 광고목적으로 신문, 방송 등에 들어간 돈 예 TV 광고 비용, 온라인 마케팅 비용, 광고물제작 · 배포비, 선전용품 제작비
대손상각비	매출채권(외상매출금, 받을어음)의 회수가 불가능해 손실로 처리하는 경우와 회수가 불확실한 금액을 계산하여 결산시점에 대손충당금을 설정하는 경우에 사용하는 계정과목
건물관리비	건물의 청소, 유지 보수 등 관리를 위해 지출하는 비용 예 사무실 관리비, 건물 청소비 등
대손충당금환입	매출채권(외상매출금, 받을어음)의 대손충당금을 환입할 때 사용하는 계정과목(판매비와 관리비의 차감계정)

3. 판매비와 관리비 회계처리

[1] 입사한 영업부 신입사원 신종한의 급여를 다음과 같이 보통예금으로 지급하다.

천원상사 20×1년 10월 급여명세서			
이 름	신 종 한	지 급 일	20×1.10.04.
기 본 급 여	750,000원	소 득 세	0원
직 책 수 당	0원	지 방 소 득 세	0원
상 여 금	0원	고 용 보 험	6,000원
특 별 수 당	0원	국 민 연 금	0원
자가운전보조금	0원	건 강 보 험	0원
교 육 지 원 수 당	0원	기 타 공 제	0원
급 여 계	750,000원	공 제 합 계	6,000원
귀하의 노고에 감사드립니다.		차 인 지 급 액	744,000원

(차)   (대)

[2] 브리상사에 납품하기 위한 상품의 상차작업을 위해 고용한 일용직 근로자에게 일당 100,000원을 현금으로 지급하였다.

(차)   (대)

[3] 영업부 직원들을 위한 간식을 200,000원에 현금으로 구매하였다.

(차)   (대)

[4] 영업부 신종한 사원이 베트남 출장시 지급받은 가지급금 500,000원에 대해 아래와 같이 사용하고 잔액은 회사 보통예금으로 이체받고 가지급금을 정산하였다.

· 숙박비 : 200,000원	· 왕복항공료 : 200,000원

(차)   (대)

[5] 거래처 대표로부터 청첩장을 받고 축의금 150,000원을 현금으로 지급하였다.

(차)   (대)

[6] 휴대폰 이용요금으로 납부해야할 20,000원을 현금으로 지급하다.

(차)   (대)

[7] 사무실 수도요금 60,000원을 보통예금 계좌에서 이체하였다.

(차)   (대)

[8] 업무용 차량에 대한 자동차세 190,000원을 사업용카드(비씨카드)로 납부하였다.

(차)   (대)

[9] 당사 사무실 임차료로 300,000원을 현금 지급하였다.

(차)   (대)

[10] 영업용 컴퓨터를 수리하고 대금 150,000원을 당사 보통예금 계좌에서 이체하다. (수익적 지출로 처리할 것)

(차)   (대)

[11] 업무용 화물차의 당기 자동차보험료 600,000원을 보통예금 계좌에서 이체하여 지급하다.

(차)   (대)

[12] 업무용 차량의 주유비 50,000원을 현금으로 결제하다.

(차)   (대)

[13] 상품을 판매면서 발생한 운송비 50,000원은 현금으로 지급하였다.

(차)   (대)

[14] 영업부 직원들의 직무역량 강화 교육을 위한 학원 수강료 100,000원을 보통예금 계좌에서 이체하여 지급하다.

(차)   (대)

[15] 회사의 사내 게시판에 부착할 사진을 우주사진관에서 현상하고, 대금 30,000원은 현대카드로 결제하다.

(차)   (대)

[16] 세무법인으로부터 세무 컨설팅을 받고 수수료 300,000원을 현금으로 지급하다.

(차)   (대)

[17] 매장을 홍보하기 위한 광고비용 330,000원을 현금지급하다.

(차)   (대)

[18] 영업부가 사용하는 본사 사무실의 관리비 200,000원을 보통예금에서 이체하였다.

(차)   (대)

[1]	(차)	급여(판)	750,000원	(대)	예수금	6,000원
					보통예금	744,000원
[2]	(차)	잡급(판)	100,000원	(대)	현금	100,000원
[3]	(차)	복리후생비(판)	200,000원	(대)	현금	200,000원
[4]	(차)	여비교통비(판)	400,000원	(대)	가지급금	500,000원
		보통예금	100,000원			
[5]	(차)	기업업무추진비(판)	150,000원	(대)	현금	150,000원
[6]	(차)	통신비(판)	20,000원	(대)	현금	20,000원
[7]	(차)	수도광열비	60,000원	(대)	보통예금	20,000원
[8]	(차)	세금과공과(판)	190,000원	(대)	미지급금(비씨카드)	190,000원
[9]	(차)	임차료(판)	300,000원	(대)	현금	300,000원
[10]	(차)	수선비(판)	150,000원	(대)	보통예금	150,000원
[11]	(차)	보험료(판)	600,000원	(대)	보통예금	600,000원
[12]	(차)	차량유지비(판)	50,000원	(대)	현금	50,000원
[13]	(차)	운반비(판)	50,000원	(대)	현금	50,000원
[14]	(차)	교육훈련비(판)	100,000원	(대)	보통예금	100,000원
[15]	(차)	도서인쇄비(판)	30,000원	(대)	미지급금(현대카드)	30,000원
[16]	(차)	수수료비용(판)	300,000원	(대)	현금	300,000원
[17]	(차)	광고선전비(판)	330,000원	(대)	현금	330,000원
[18]	(차)	건물관리비(판)	200,000원	(대)	보통예금	200,000원

4 영업외손익

1. 영업외손익의 정의

기업이 모든 활동을 통해 벌어들인 경제적 가치 중 주요 영업활동이 아닌 다른 활동에서 발생한 수익 또는 비용을 말한다.

2. 영업외손익 주요 계정과목

1) 영업외수익

이자수익	예금이나 대여금에 대하여 받은 이자(은행 예금 이자, 채권 이자)
배당금수익	다른 회사의 주식을 가지고 있을 때 그 회사가 번 돈의 일부를 받은 돈(주식 투자로 받는 배당금)
임대료	임대업이 주업이 아닌 기업이 부동산이나 기계를 빌려주고 받은 대가(건물을 임대해주고 받는 월세, 장비 임대료)
단기매매증권평가이익	결산시 단기매매증권을 공정가치로 평가할 때 장부금액보다 공정가치가 높은 경우 그 차액
단기매매증권처분이익	단기매매증권을 처분할 때 장부금액보다 처분금액이 높은 경우 그 차액
외환차익	외화자산의 발생과 회수시점, 외화부채의 발생과 상환시점 사이에서 환율변동의 차이로 발생하는 이익
외화환산이익	외화 자산 및 부채를 결산일 기준의 환율로 평가할 때 발생하는 이익
유형자산처분이익	유형자산을 장부금액보다 높은 금액으로 처분할 때 발생하는 이익
대손충당금환입	매출채권 이외의 수취채권(미수금, 대여금)에 대하여 대손충당금을 환입할 때 사용하는 계정과목
채무면제이익	회사가 채무를 면제받아 발생하는 수익
잡이익	영업활동 이외의 활동에서 발생한 금액이 적은 이익이나 빈번하지 않은 이익

2) 영업외비용

이자비용	차입대가로 지불하는 이자
기부금	업무와 관련 없이 무상으로 기증한 금전이나 물건
기타의대손상각비	매출채권 이외의 채권(대여금, 미수금 등)이 회수가 불가능해 손실로 처리하는 경우와 회수가 불확실한 금액을 계산하여 결산시점에 대손충당금을 설정하는 경우에 사용하는 계정과목
매출채권처분손실	받을어음이 만기가 되기 전 은행에 할인하며 발생한 수수료
단기매매증권평가손실	결산시 단기매매증권을 공정가치로 평가할 때 장부금액보다 공정가치가 낮은 경우 그 차액
단기매매증권처분손실	단기매매증권을 처분할 때 장부금액보다 처분금액이 낮은 경우 그 차액

외환차손	외화자산의 발생과 회수시점, 외화부채의 발생과 상환시점 사이에서 환율변동의 차이로 발생하는 손실
외화환산손실	외화 자산 및 부채를 결산일 기준의 환율로 평가할 때 발생하는 손실
재해손실	천재지변 등의 예측치 못한 상황으로 발생한 손실
유형자산처분손실	유형자산을 장부금액보다 높은 금액으로 처분할 때 발생하는 손실
잡손실	영업활동 이외의 활동에서 발생한 금액이 적은 비용이나 빈번하지 않은 손실

3. 영업외손익 회계처리

[1] 거래처 진안상사의 단기대여금에 대한 이자 50,000원을 현금으로 받다.

   (차)   (대)

[2] 보유 중인 주식에 대하여 배당금이 확정되어 1,500,000원을 보통예금계좌로 받았다.

   (차)   (대)

[3] 진안상사에 임대한 사무실의 1개월분 임대료 200,000원을 현금으로 받다.

   (차)   (대)

[4] 거래처 진안상사로부터 외상매입금 2,000,000원의 지급을 면제 받았다.

   (차)   (대)

[5] 국민은행의 단기차입금에 대한 이자 150,000원이 당사의 보통예금 계좌에서 자동이체됨을 확인하고 회계처리하다.

   (차)   (대)

[6] 폭설로 인한 자연재해 피해자를 돕기 위해 현금 200,000원을 인제구청에 지급하다.

   (차)   (대)

[7] 기말 현재 외상매출금 중에는 미국 YP의 외상매출금 12,000,000원(미화 $10,000)이 포함되어 있으며 결산일 환율에 의해 평가하고 있다. 결산일 현재의 적용 환율은 미화 1$당 1,300원이다.

   (차)   (대)

[8] 기말 현재 외상매입금 중에는 미국 olive의 외상매입금 12,000,000원(미화 $10,000)이 포함되어 있으며 결산일 환율에 의해 평가하고 있다. 결산일 현재의 적용 환율은 미화 1$당 1,100원이다.

   (차)   (대)

[9] 10월 31일 미국 YP에 수출(선적일자 10월 1일)한 제품 외상매출금이 보통예금 계좌에 원화로 환전되어 입금되었다.

• 외상매출금 : 1,000$	• 10월 1일 환율 : 1,200원/$	• 10월 31일 환율 : 1,300원/$

(차)   (대)

[10] 10월 31일 미국 YP에 수출(선적일자 10월 1일)한 제품 외상매출금이 보통예금 계좌에 원화로 환전되어 입금되었다.

• 외상매출금 : 1,000$	• 10월 1일 환율 : 1,200원/$	• 10월 31일 환율 : 1,100원/$

(차)   (대)

정답 및 해설

[1]	(차)	현금	50,000원	(대)	이자수익	50,000원
[2]	(차)	보통예금	1,500,000원	(대)	배당금수익	1,500,000원
[3]	(차)	현금	200,000원	(대)	임대료	200,000원
[4]	(차)	외상매입금(진안상사)	2,000,000원	(대)	채무면제이익	2,000,000원
[5]	(차)	이자비용	150,000원	(대)	보통예금	150,000원
[6]	(차)	기부금	200,000원	(대)	현금	200,000원
[7]	(차)	외상매출금(YP)	1,000,000원	(대)	외화환산이익	1,000,000원
[8]	(차)	외화환산손실	1,000,000원	(대)	외상매입금(olive)	1,000,000원
[9]	(차)	보통예금	1,300,000원	(대)	외상매출금(YP)	1,200,000원
					외환차익	100,000원
[10]	(차)	보통예금	1,100,000원	(대)	외상매출금(YP)	1,200,000원
		외환차손	100,000원			

뽀송테크(주)(회사코드: 8000)의 데이터를 사용하여 연습할 수 있습니다.

(1) 7월 1일 제품매출처인 ㈜진안테크의 외상매출금 10,000,000원 중 570,000원은 제품불량으로 에누리하
여 주고 나머지는 보통예금으로 송금받았다.

(2) 7월 2일 ㈜진안테크의 제품 외상매출금 7,000,000원을 회수하면서 약정기일보다 20일 빠르게 회수되어
외상매출금의 3%를 할인해 주었다. 대금은 모두 보통예금으로 입금되었다.

(3) 7월 3일 7월분 급여는 다음의 급여명세서와 같으며, 공제 후 차감지급액에 대해서는 당사 보통예금 계좌
에서 이체하였다.

7월 급여명세서		
천영현(생산부) 귀하		
지급내역	기본급	1,500,000
	자격수당	100,000
	직무수당	50,000
	식대	80,000
	월차수당	70,000
	근속수당	
	상여금	
	특별수당	
	퇴직수당	
	기타 1	
	지급액	1,800,000
공제내역	소득세	15,560,
	지방소득세	1,550
	국민연금	81,000
	건강보험	52,630
	고용보험	8,100
	공제계	158,840
지급총액		1,641,160
[귀하의 노고에 감사드립니다.]		

7월 급여명세서		
박종호(영업부) 귀하		
지급내역	기본급	1,200,000
	자격수당	60,000
	직무수당	30,000
	식대	80,000
	월차수당	50,000
	근속수당	
	상여금	
	특별수당	
	퇴직수당	
	기타 1	
	지급액	1,420,000
공제내역	소득세	5,560
	지방소득세	550
	국민연금	63,900
	건강보험	41,000
	고용보험	6,390
	공제계	117,400
지급총액		1,302,600
[귀하의 노고에 감사드립니다.]		

(4) 7월 4일　추석 명절을 맞아 다음과 같이 직원 상여금을 보통예금 계좌에서 지급하였다.

성명	부서	상여금(원)	공제액(원)			차인지급액(원)
			근로소득세	지방소득세	공제합계	
김세무	영업부	500,000	50,000	5,000	55,000	445,000
이회계	생산부	900,000	90,000	9,000	99,000	801,000
계		1,400,000	140,000	14,000	154,000	1,246,0020

(5) 7월 5일　영업부 행정업무 지원을 위한 일용직근로자 2명을 채용하고 당일 일당인 200,000원(1인당 일당 100,000원)을 보통예금에서 지급하였다.

(6) 7월 6일　근로자들의 코로나19 진단 비용으로 3,000,000원을 보통예금 계좌에서 지급하였다. 이 금액 중 60%는 공장 생산직 근로자분이며 나머지는 본사 영업부 근로자분이다. (단, 코로나19 진단비용 은 복리후생을 위한 성격의 지출이다.)

(7) 7월 7일　시장조사를 위해 호주로 출장을 다녀온 영업부 사원 박종호에게 지급하였던 출장비 3,000,000 원(가지급금으로 처리함) 중 실제 여비교통비로 지출한 2,850,000원에 대한 영수증과 잔액 150,000원을 현금으로 수령하였다(단, 거래처를 입력할 것).

(8) 7월 8일　영업부 박종호 과장이 대구세계가구박람회 참가를 위한 출장에서 복귀하여 아래의 지출결의서와 출장비 600,000원(출장비 인출 시 전도금으로 회계처리함) 중 잔액을 현금으로 반납하였다.

지출결의서	
• 왕복항공권 350,000원	• 식대 30,000원

(9) 7월 9일　영업부에서 매출거래처 직원과 식사를 하고, 식사비용 120,000원을 법인카드인 하나카드로 결 제하였다.

(10) 7월 10일　본사 영업팀에서 사용한 수도요금 120,000원과 공장의 전기요금 2,500,000원을 현금으로 은행에 납부하였다.

(11) 7월 11일   제품을 제조하는 공장에서 발생한 수도요금 40,000원과 전력비 50,000원을 현금으로 납부하였다.

(12) 7월 12일   영업부서 건물의 재산세 1,200,000원과 제조부서 건물의 재산세 1,300,000원을 모두 보통예금 계좌에서 이체 납부하였다.

(13) 7월 13일   당월분 공장임차료 500,000원과 송금수수료 1,600원을 보통예금에서 인출하여 지급하였다.

(14) 7월 14일   영업부 사무실의 파손된 유리창을 교체하고, 대금 2,800,000원은 당좌수표를 발행하여 지급하다(수익적 지출로 처리하시오).

(15) 7월 15일   제조과정에 사용될 원재료 300,000원(시가 500,000원)을 공장 기계장치를 수선하는데 사용하였다.(단, 기계장치의 수선은 수익적 지출에 해당한다.)

(16) 7월 16일   판매장의 화재와 도난에 대비하기 위하여 화재손해보험에 가입하고 1년분 보험료 480,000원을 보통예금계좌로 이체지급 하였다. 모두 비용으로 처리하시오.

(17) 7월 17일   공장건물의 화재와 도난에 대비하여 (주)미래화재에 손해보험을 가입한 후 보험료 3,000,000원을 보통예금계좌에서 송금하고 전액 비용으로 회계처리하였다.

(18) 7월 18일   영통산업에 제품을 판매하면서 발생한 화물운송비 150,000원을 보통예금 계좌에서 이체하였다.

(19) 7월 19일   영업부 직원의 업무역량 향상 교육을 위해 외부강사를 초청하여 교육하고 강사료 1,000,000원 중 원천징수세액 33,000원을 제외한 나머지 금액은 보통예금 계좌로 지급하였다.

(20) 7월 20일   솔이서점에서 영업부 업무관련 도서를 70,000원에 구입하고 보통예금으로 지급하였다.

(21) 7월 21일   회사에서 보관 중이던 원재료(원가 600,000원, 시가 800,000원)를 영업부 소모품으로 사용하였다(비용으로 처리할 것).

(22) 7월 22일   당월분 공장임차료 500,000원과 송금수수료 1,600원을 보통예금에서 인출하여 지급하였다.

(23) 7월 23일   하나카드의 전월분 매출대금 3,500,000원에서 가맹점수수료 2%를 차감한 금액이 당사의 보통예금 계좌로 입금되었다(단, 신용카드 매출대금은 외상매출금으로 처리하고 있다).

(24) 7월 24일   영업부에서 제품홍보물 제작비용 510,000원을 데이광고에 국민카드(법인)로 결제하였다.

(25) 7월 25일   제품 1개(원가 : 300,000원)를 매출거래처에 견본품으로 무상 제공하였다.(견본비 계정으로 처리할 것)

(26) 7월 26일   생산부서에서 새로운 기술적 지식을 얻기 위해 계획적인 탐구활동을 하면서 사용한 물품의 대금 1,000,000원을 당좌수표를 발행하여 지급하였다.(단, 이는 자산 인식 조건을 충족하지 못하였다)

(27) 7월 27일   보통예금계좌에 이자수익 1,200,000원이 발생하였다. 원천징수세액을 제외한 나머지 금액이 당사의 보통예금 통장에 입금되었다. 원천징수세액은 184,800원이고 자산으로 처리한다.

(28) 7월 28일   투자 목적으로 보유 중인 단기매매증권(보통주 1,000주, 1주당 액면가액 5,000원, 1주당 장부가액 9,000원)에 대하여 1주당 1,000원씩의 현금배당이 보통예금 계좌로 입금되었으며, 주식배당 20주를 수령하였다.

(29) 7월 29일   ㈜진안테크에 대한 외상매입금 3,500,000원 중 2,500,000원은 현금으로 지급하고, 잔액은 ㈜진안테크로부터 면제받았다.

(30) 7월 30일   기업은행으로부터 차입한 단기차입금에 대한 이자 250,000원을 당사의 보통예금 계좌에서 이체하였다.

(31) 7월 31일   유기견 보호단체에 기부금 2,500,000원을 보통예금 계좌에서 기부하였다.

(32) 8월 1일   본사 창고에서 화재가 발생하여 창고에 보관하고 있던 제품 15,000,000원(장부가액)이 소실되었다. 당사는 이와 관련한 보험에 가입되어 있지 않다.

(33) 8월 2일   전년도에 미도상사가 파산하여 외상매출금 6,000,000원이 회수불가능한 것을 뒤늦게 올해 확인하였다. 그 금액이 중요하지 않아 전기분 재무제표는 수정하지 않고 당기 손익에 반영한다.

(34) 8월 3일   blizzard에 수출(선적일자 6월 25일)한 제품 외상매출금이 보통예금 계좌에 원화로 환전되어 입금되었다.

• 외상매출금 : 3,000달러	• 6월 25일 환율 : 1,200원/달러
• 8월 3일 환율 : 1,300원/달러	

(35) 8월 4일   blizzard에 수출(선적일자 6월 1일)한 제품 외상매출금이 보통예금 계좌에 원화로 환전되어 입금되었다.

• 외상매출금 : 2,000달러	• 6월 1일 환율 : 1,200원/달러
• 8월 4일 환율 : 1,100원/달러	

(36) 8월 5일   미국 SONY사로부터 7월 5일에 외상으로 수입하였던 기계장치(유형자산)의 대금 $150,000의
지급기일이 되어 보통예금에서 지급하였다. 이에 대한 환율정보는 다음과 같다.

• 7월 5일 : $1 = ₩1,200   • 8월 5일 : $1 = ₩1,100

(37) 8월 6일   미국은행으로부터 20X0년 1월 1일에 차입한 외화장기차입금 중 $30,000를 상환하기 위하여
보통예금 계좌에서 39,000,000원을 이체하여 지급하였다. 일자별 적용환율은 아래와 같다.

20X0.1.1. (차입일)	20X0.12.31. (직전연도 종료일)	20X1.08.6. (상환일)
1,210/$	1,250/$	1,300/$

정답 및 해설

[1]	7월 1일	(차)	보통예금	9,430,000원	(대)	외상매출금(㈜진안테크)	10,000,000원
			매출환입및에누리(제품)	570,000원			
[2]	7월 2일	(차)	보통예금	6,790,000원	(대)	외상매출금(㈜진안테크)	7,000,000
			매출할인(406)	210,000원			
[3]	7월 3일	(차)	임금(또는 급여(제))	1,800,000원	(대)	보통예금	2,943,760원
			급여(판)	1,420,000원		예수금	276,240원
[4]	7월 4일	(차)	상여금(판)	500,000원	(대)	예수금	154,000원
			상여금(제)	900,000원		보통예금	1,246,000원
[5]	7월 5일	(차)	잡급(판)	200,000원	(대)	보통예금	200,000원
[6]	7월 6일	(차)	복리후생비(제)	1,800,000원	(대)	보통예금	3,000,000원
			복리후생비(판)	1,200,000원			
[7]	7월 7일	(차)	여비교통비(판)	2,850,000원	(대)	가지급금(박종호)	3,000,000원
			현금	150,000원			
[8]	7월 8일	(차)	여비교통비(판)	380,000원	(대)	전도금	600,000원
			현금	220,000원			
[9]	7월 9일	(차)	기업업무추진비(판)	120,000원	(대)	미지급금(하나카드) (또는 미지급비용)	120,000원
[10]	7월 10일	(차)	수도광열비(판)	120,000원	(대)	현금	2,620,000원
			전력비(제)	2,500,000원			
[11]	7월 11일	(차)	가스수도료(제)	40,000원	(대)	현금	90,000원
			전력비(제)	50,000원			

[12]	7월 12일	(차)	세금과공과(제)	1,300,000원	(대)	보통예금	2,500,000원
			세금과공과(판)	1,200,000원			
[13]	7월 13일	(차)	임차료(제)	500,000원	(대)	보통예금	501,600원
			수수료비용(판)	1,600원			
[14]	7월 14일	(차)	수선비(판)	2,800,000원	(대)	당좌예금	2,800,000원
[15]	7월 15일	(차)	수선비(제)	300,000원	(대)	원재료	300,000원
						(적요8.타계정으로 대체액)	
[16]	7월 16일	(차)	보험료(판)	480,000원	(대)	보통예금	480,000원
[17]	7월 17일	(차)	보험료(제)	3,000,000원	(대)	보통예금	3,000,000원
[18]	7월 18일	(차)	운반비(판)	150,000원	(대)	보통예금	150,000원
[19]	7월 19일	(차)	교육훈련비(판)	1,000,000원	(대)	예수금	33,000원
						보통예금	967,000원
[20]	7월 20일	(차)	도서인쇄비(판)	70,000원	(대)	보통예금	70,000원
[21]	7월 21일	(차)	도서인쇄비(제)	30,000원	(대)	현금	30,000원
[22]	7월 22일	(차)	소모품비(판)	600,000원	(대)	원재료	600,000원
						(적요8.타계정으로 대체액)	
[23]	7월 23일	(차)	보통예금	3,430,000원	(대)	외상매출금(하나카드)	3,500,000원
			수수료비용(판)	70,000원			
[24]	7월 24일	(차)	광고선전비(판)	510,000원	(대)	미지급금(국민카드)	510,000원
						또는 미지급비용	
[25]	7월 25일	(차)	견본비(판)	300,000원	(대)	제품	300,000원
						(적요8.타계정으로 대체액)	
[26]	7월 26일	(차)	경상연구개발비(제)	1,000,000원	(대)	당좌예금	1,000,000원
[27]	7월 27일	(차)	보통예금	1,015,200원	(대)	이자수익	1,200,000원
			선납세금	184,800원			
[28]	7월 28일	(차)	보통예금	1,000,000원	(대)	배당금수익	1,000,000원
[29]	7월 29일	(차)	외상매입금(㈜진안테크)	3,500,000원	(대)	현금	2,500,000원
						채무면제이익	1,000,000원
[30]	7월 30일	(차)	이자비용	250,000원	(대)	보통예금	250,000원
[31]	7월 31일	(차)	기부금	2,500,000원	(대)	보통예금	2,500,000원
[32]	8월 1일	(차)	재해손실	15,000,000원	(대)	제품	
						(적요8.타계정으로 대체액)	
[33]	8월 2일	(차)	전기오류수정손실(962)	6,000,000원	(대)	외상매출금(미도상사)	6,000,000원
[34]	8월 3일	(차)	보통예금	3,900,000원	(대)	외상매출금(blizzard)	3,600,000원
						외환차익	300,000원
[35]	8월 4일	(차)	보통예금	2,200,000원	(대)	외상매출금(blizzard)	2,400,000원
			외환차손	200,000원			
[36]	8월 5일	(차)	미지급금(SONY)	180,000,000원	(대)	보통예금	165,000,000원
						외환차익	15,000,0002원
[37]	8월 6일	(차)	외화장기차입금(미국은행)	37,500,000원	(대)	보통예금	39,000,000원
			외환차손	1,500,000원			

01 "주주나 제3자 등으로부터 현금이나 기타 재산을 무상으로 증여받을 경우 생기는 이익"이 설명하고 있는 계정과목은?

① 자산수증이익 ② 이익잉여금 ③ 채무면제이익 ④ 임차보증금

02 다음 중 손익계산서에 나타나는 계정과목으로만 짝지어진 것은?

가. 대손상각비	나. 현금	다. 기부금
라. 퇴직급여	마. 이자수익	바. 외상매출금

① 가, 나 ② 가, 다 ③ 나, 바 ④ 다, 바

03 다음 중 손익계산서상 판매비와관리비에 해당되지 않는 항목은?

① 퇴직급여 ② 감가상각비 ③ 기타의 대손상각비 ④ 경상개발비

04 다음 중 영업외손익에 해당하지 않는 것은?

① 채무면제이익 ② 기부금 ③ 매도가능증권평가이익 ④ 유형자산처분손실

정답 및 해설

01 ① 자산수증이익에 대한 설명이다.

02 ② 대손상각비, 기부금, 퇴직급여, 이자수익이 손익계산서에 나타나는 계정과목이다. 현금, 외상매출금은 재무상태표에 나타나는 자산 계정과목이다.

03 ③ 기타의 대손상각비는 영업외비용에 속한다.

04 ③ 매도가능증권평가이익은 자본항목 중 기타포괄손익누계액에 속하는 계정과목이다.

05 다음 중 기업회계기준에서 자산을 타인에게 사용하게 함으로써 발생하는 수익의 유형으로 옳지 않은 것은?

① 이자수익　　　　② 배당금수익　　　　③ 로열티수익　　　　④ 상품판매수익

06 다음 중 판매비와 관리비에 해당되는 세금과공과 계정과목으로 처리되는 항목은?

① 공장 건물 보유 중 재산세를 납부하는 경우

② 영업부 차량 보유 중 자동차세를 납부하는 경우

③ 본사 직원에 대한 급여를 지급하면서 원천징수세액을 납부하는 경우

④ 법인의 소득에 대하여 부과되는 법인세를 납부하는 경우

07 다음 중 전자제품 도소매업을 영위하는 ㈜세무의 당기 손익계산서상 영업이익에 영향을 미치는 거래로 볼 수 있는 것은?

① 노후화된 업무용 차량을 중고차매매상사에 판매하고 유형자산처분손실을 계상하였다.

② 사업 운영자금에 관한 대출이자를 지급하고 이자비용으로 계상하였다.

③ 상품을 홍보하기 위해 광고물을 제작하고 광고선전비로 계상하였다.

④ 기말 결산 시 외화예금에 대해 외화환산손실을 계상하였다.

08 다음 발생하는 비용 중 영업비용에 해당하지 않는 것은?

① 거래처 사장인 김수현에게 줄 선물을 구입하고 50,000원을 현금 지급하다.

② 회사 상품 홍보에 50,000원을 현금 지급하다.

③ 외상매출금에 대해 50,000원의 대손이 발생하다.

④ 회사에서 국제구호단체에 현금 50,000원을 기부하다.

09 도매업을 영위하는 ㈜전자의 비용관련 자료이다. 다음 중 영업외비용 합계액은 얼마인가?

• 광고선전비 : 1,000,000원　　　　• 감가상각비 : 1,000,000원
• 재고자산감모손실(비정상적 발생) : 1,000,000원　　　　• 기부금 : 1,000,000원

① 1,000,000원　　　　② 2,000,000원　　　　③ 3,000,000원　　　　④ 4,000,000원

10 다음 거래에 대한 회계처리를 정확히 하였을 경우 영업외비용에 포함되는 것은?

> ㉠ 매출거래처로부터 받은 약속어음을 만기 전에 금융기관에 매각거래 조건으로 할인받다.
> ㉡ 매입거래처에 지급한 약속어음이 만기 전에 금융기관에 매각되었다고 통보받다.
> ㉢ 매출거래처 파산으로 외상대금 중 일부를 회수하지 못하다.
> ㉣ 매입거래처의 외상대금을 조기상환하고 일정비율을 할인받다.

① ㉠   ② ㉡   ③ ㉢   ④ ㉣

11 기업의 영업활동 외의 활동에서 발생한 수익이나 비용으로 볼 수 없는 것은?

① 은행에서 받은 예금이자

② 단기매매증권을 기말 결산시 공정가액으로 평가할 때 기말 현재 공정가액이 평가 전 장부가액보다 작을 경우 그 차액

③ 외화자산의 회수시 환율의 차이로 인해 발생하는 손실

④ 영업을 목적으로 거래처와의 관계를 유지하기 위하여 발생하는 비용

정답 및 해설

05 ④ 이자수익, 배당금수익, 로열티수익은 자산을 타인에게 사용하게 함으로써 발생하는 수익의 유형에 해당하나(일반기업회계기준 문단 16.4), 상품판매수익은 재화를 구매자에게 이전함에 따라 발생하는 수익에 해당한다.

06 ② 영업부에서 보유하고 있는 차량의 자동차세는 세금과공과로 처리됨.

07 ③ 광고선전비는 판매비와 관리비에 해당하여 영업이익에 영향을 미치지만, 유형자산처분손실, 이자비용, 외화환산손실은 영업외비용에 해당하므로 영업이익에는 영향을 미치지 않는다.

08 ④ 기부금은 영업외비용에 해당한다.

09 ② 광고선전비와 감가상각비는 판매비와관리비에 해당하고, 재고자산감모손실(비정상적 발생)과 기부금은 영업외비용이다.

10 ① ㉠은 매출채권처분손실, ㉡은 거래 아님, ㉢은 대손충당금(또는 대손상각비), ㉣은 매입할인에 해당한다. 이중 매출채권처분손실은 영업외비용에 영향을 준다.

11 ④ 영업을 목적으로 거래처와의 관계를 유지하기 위하여 발생하는 비용은 판매관리비항목인 접대비에 해당한다.
　　 ① 이자수익(영업외 수익)　　② 단기매매증권평가손실(영업외 비용)
　　 ③ 외환차손(영업외 비용)　　④ 접대비(판관비)

12 다음 자료를 이용하여 매출총이익을 계산하면 얼마인가?

- 총매출액 : 500,000원
- 기말상품 재고액 : 110,000원
- 매출에누리 : 5,000원
- 매출할인 : 20,000원
- 매입할인 : 5,000원
- 총매입액 : 200,000원
- 매입환출 : 5,000원
- 기초상품 재고액 : 100,000원

① 300,000원　　② 295,000원　　③ 290,000원　　④ 280,000원

13 다음 자료를 기초로 매출총이익을 계산하면 얼마인가?

• 매출액	2,600,000원	• 당기 총 매입액	1,200,000원
• 기초상품재고액	700,000원	• 기말상품재고액	400,000원
• 상품 매입시 운반비	20,000원	• 매입환출 및 에누리	150,000원

① 1,230,000원　　② 1,370,000원　　③ 2,450,000원　　④ 2,600,000원

14 다음 자료를 이용하여 매출총이익을 계산하면 얼마인가?

• 순매출액	475,000원	• 기초상품재고액	100,000원
• 매입할인	5,000원	• 총매입액	200,000원
• 매입환출	5,000원	• 기말상품재고액	110,000원

① 300,000원　　② 295,000원　　③ 290,000원　　④ 280,000원

15 다음 자료를 이용하여 매출총이익을 계산하면 얼마인가?

- 매출액 : 250,000원
- 매출할인 : 30,000원
- 매입할인 : 10,000원
- 기말재고액 : 7,000원
- 매출에누리 : 50,000원
- 매입액 : 190,000원
- 매입환출 : 15,000원
- 타계정으로 대체 : 30,000원

① 42,000원　　② 52,000원　　③ 62,000원　　④ 72,000원

16 다음의 자료로 영업이익을 계산하면 얼마인가?

- 매출액 : 15,000,000원
- 매출원가 : 10,000,000원
- 급여 : 3,000,000원
- 이자수익 : 500,000원
- 접대비 : 1,000,000원
- 기부금 : 300,000원
- 유형자산처분손실 : 150,000원
- 배당금수익 400,000원
- 기타의대손상각비 : 160,000원

① 540,000원　　② 700,000원　　③ 1,000,000원　　④ 2,000,000원

17 다음 손익항목 중 영업이익을 산출하는데 반영되는 항목들의 합계액은?

• 상품매출원가 : 10,000,000원   • 기부금 : 400,000원   • 복리후생비 : 300,000원
• 매출채권처분손실 : 350,000원   • 접대비 : 500,000원   • 이자비용 : 150,000원

① 11,350,000원   ② 11,200,000원   ③ 10,800,000원   ④ 10,300,000원

정답 및 해설

12 ② 매출총이익 : 475,000원 - 180,000원 = 295,000원
순매출액 : 500,000원 - 5,000원 - 20,000원 = 475,000원
매출원가 : 100,000원 + 200,000원 - 5,000원 - 5,000원 - 110,000원 = 180,000원

13 ① 매출총이익 = 매출액 2,600,000원 - 매출원가 1,370,000원 = 1,230,000원
매출원가 = 기초 상품재고액 700,000원 + (당기 총매입액 1,200,000원 + 상품매입운반비 20,000원 -
매입환출 및 에누리 150,000원) - 기말 상품재고액 400,000원 = 1,370,000원

14 ② 295,000원
= 순매출액 475,000원 - 매출원가 180,000원
• 당기순매입 : 당기총매입 200,000원 - 매입할인 5,000원 - 매입환출 5,000원 = 190,000원
• 매출원가 : 기초상품 100,000원 + 당기순매입 190,000원 - 기말상품 110,000원 = 180,000원

상품(자산)

기초상품재고액	100,000원	매출원가	180,000원
매입액	200,000원	기말상품재고액	110,000원
매입할인	(5,000)원		
매입환출	(5,000)원		
(증가)		(감소)	
	290,000원		290,000원

15 ① 42,000원
(매출액 250,000 - 매출에누리 50,000 - 매출할인 30,000) - (매입액 190,000 - 매입할인 10,000 -
매입환출 15,000 - 기말재고액 7,000 - 타계정으로 대체 30,000) = 42,000원
타계정으로 대체액은 매출원가에서 제외시켜야 한다.

16 ③ 매출총이익 = 매출액 - 매출원가, 5,000,000원 = 15,000,000원 - 10,000,000원
영업이익 = 매출총이익 - 판매비와관리비, 1,000,000원 = 5,000,000원 - 4,000,000원(급여 + 접대비)

17 ③ 매출액 - 상품매출원가 = 매출총손익, 매출총손익 - 판매비와관리비 = 영업손익
상품매출원가 10,000,000원 + 복리후생비 300,000원 + 접대비 500,000원 =10,800,000원
기부금, 이자비용, 매출채권처분손실은 영업외비용이다.

18 다음의 자료로 매출총이익, 영업이익과 당기순이익을 계산하면 얼마인가?

- 매출액 : 1,000,000원
- 이자비용 : 50,000원
- 기부금 : 20,000원
- 매출원가 : 600,000원
- 급여 : 100,000원
- 접대비 : 30,000원

	매출총이익	영업이익	당기순이익
①	1,000,000원	220,000원	200,000원
②	400,000원	220,000원	200,000원
③	400,000원	270,000원	200,000원
④	1,000,000원	270,000원	220,000원

19 다음 자료 중 빈 칸 (A)에 들어갈 금액으로 적당한 것은?

기초상품재고액	매입액	기말상품재고액	매출원가	매출액	매출총이익	판매비와관리비	당기순손익
219,000원	350,000원	110,000원		290,000원		191,000원	A

① 당기순손실 360,000원　　　　　② 당기순손실 169,000원
③ 당기순이익 290,000원　　　　　④ 당기순이익 459,000원

20 다음 자료를 이용하여 법인세비용차감전순이익을 계산하면 얼마인가?

- 매출액 : 300,000,000원
- 광고비 : 15,000,000원
- 매출원가 : 210,000,000원
- 기부금 : 10,000,000원
- 접대비 : 25,000,000원
- 법인세비용 : 3,000,000원
- 지급수수료(매도가능증권 구입시 지출) : 1,200,000원
- 단기매매증권처분이익 : 2,430,000원

① 38,230,000원　　② 41,230,000원　　③ 42,430,000원　　④ 43,630,000원

정답 및 해설

18 ③ 매출총이익 = 매출액 - 매출원가, 400,000원 = 1,000,000원 - 600,000원
영업이익 = 매출총이익 - 판매비와관리비,
270,000원 = 400,000원 - (급여 100,000원 + 접대비 30,000원)
당기순이익 = 영업이익 + 영업외수익 - 영업외비용,
200,000원 = 270,000원 + 0원 - (이자비용 50,000원 + 기부금 20,000원)

19 ① 당기순손실 360,000원

기초상품재고액	매입액	기말상품재고액	매출원가	매출액	매출총이익	판매비와관리비	당기순손익
219,000원	350,000원	110,000원	459,000원	290,000원	-169,000원	191,000원	-360,000원

20 ③ 42,430,000원 = 300,000,000원 + 2,430,000원 - 210,000,000원 - 25,000,000원 - 15,000,000원 - 10,000,000원

CHAPTER 06

결산

1 결산

1. 결산

1) 결산의 정의: 결산은 회계기간 말에 기중에 기록한 장부를 정리하고 마감하여 자산·부채·자본의 상태를 확인하고 발생된 수익과 비용을 비교하여 순손익을 정확하게 파악하는 절차를 말한다.

2) 결산의 절차

결산 예비절차	• 수정전 시산표 작성: 결산일까지 거래에 의한 시산표 작성 • 결산정리분개: 재고조사 및 기타 결산정리사항 정리 • 수정후 시산표 작성: 결산정리분개 전기 후 시산표 작성
결산 본절차 (마감)	• 당기순손익의 결정: 수익·비용 계정의 마감 • 이익의 처분 또는 결손의 처리: 당기순손익의 자본 대체 • 이월시산표 작성: 자산·부채·자본 계정의 마감
결산보고서 작성	• 재무재표의 작성(제조원가명세서→손익계산서→이익잉여금처분계산서→재무상태표)

2. 시산표

1) 시산표의 정의: 총계정원장에 있는 각 계정의 합계 또는 잔액을 모아놓은 표. 차변 총합계와 대변 총합계가 같아야 한다는 원리로 인해(대차평균의 원리) 거래의 분개 및 전기가 정확하게 기록되었는지 검증(자기검증기능)할 수 있다.

2) 시산표의 양식

차변		계정과목	대변	
잔액	합계		합계	잔액
50,000	100,000	현금	50,000	
	10,000	외상매입금	20,000	10,000
		자본금	10,000	10,000
		상품매출	40,000	40,000
10,000	10,000	급여		
60,000	120,000	**합계**	120,000	60,000

3) 시산표 등식

> **기말자산 = 기말부채 + 기말자본 (= 기초자본 + 당기순손익)**
>
> **기말자산 = 기말부채 + 기초자본 + 총수익 - 총비용**
>
> 기말자산 + 총비용 = 기말부채 + 기초자본[12] + 총수익

[12] 기말자본은 기초자본 + 총수익 - 총비용을 한 금액이다. 시산표에는 자산, 부채, 자본, 수익, 비용의 모든 항목이 다 표시되기 때문에 자본은 기초자본으로 표시되어야 총수익과 총비용을 포함한 등식으로 표현될 수 있다.

4) 시산표에서 발견할 수 있는 오류와 발견할 수 없는 오류

발견할 수 있는 오류	차변과 대변의 차액이 발생한 오류 예 분개나 전기 시 차변금액과 대변금액을 다르게 입력, 차변이나 대변 한쪽을 입력하지 않은 경우
발견할 수 없는 오류	차변과 대변의 차액이 발생하지 않은 오류 예 계정과목을 잘못 입력한 경우, 차변과 대변금액을 같은 금액으로 잘못 입력한 경우, 거래가 누락또는 중복된 경우

3. 마감

1) 손익계산서계정 집합계정 대체

수익 계정의 대체	모든 수익계정의 대변잔액을 (집합)손익계정 대변으로 대체한다. 그 결과 수익계정 잔액은 0원이 되어 소멸되고 차기로 이월되지 않는다. (차) [모든 수익계정]　　　　　×××원　　(대) (집합)손익　　　　　×××원
비용 계정의 대체	모든 비용계정의 차변잔액을 (집합)손익계정 차변으로 대체한다. 그 결과 비용계정 잔액은 0원이 되어 소멸되고 차기로 이월되지 않는다. (차) (집합)손익　　　　　×××원　　(대) [모든 비용계정]　　　　　×××원
당기순 손익의 자본 대체	(집합)손익계정의 대변잔액은 당기순이익을 의미하고 차변잔액은 당기순손실을 의미한다. 당기순이익은 자본 계정의 증가로 대체하고 당기순손실은 자본 계정의 감소로 대체한다. • 당기순이익의 대체 : 당기수익이 당기비용보다 커서 (집합)손익계정의 대변잔액이 발생한 경우에는 당기순이익이 발생한 것을 의미하므로 (집합)손익계정의 대변잔액을 자본 계정으로 대체한다. (차) (집합)손익　　　　　×××원　　(대) 미처분이익잉여금(자본의 증가)　×××원 　　　　　　　　　　　　　　　　　　　　(또는 이월이익잉여금) • 당기순손실의 대체: 당기비용이 당기수익보다 커서 (집합)손익계정의 차변잔액이 발생한 경우에는 당기순손실이 발생한 것을 의미하므로 (집합)손익계정의 차변잔액을 자본 계정으로 대체한다. (차) 미처분이익잉여금(자본의 감소)　×××원　　(대) (집합)손익　　　　　×××원 　　(또는 이월이익잉여금)

2) 재무상태표 계정의 마감

자산 계정의 마감	• 자산계정의 잔액은 차변에 남게 되므로 잔액을 대변에 차기이월로 기입하여 총계정원장의 차변과 대변의 합계를 일치시키며 마감한다. • 차기에는 이월된 잔액을 차변에 전기이월로 기입하여 장부를 시작하게 된다.
부채, 자본 계정의 마감	• 부채, 자본계정의 잔액은 대변에 남게 되므로 잔액을 차변에 차기이월로 기입하여 총 계정원장의 차변과 대변의 합계를 일치시키며 마감한다. • 차기에는 이월된 잔액을 대변에 전기이월로 기입하여 장부를 시작하게 된다.

2 | 결산정리사항

1. 결산정리분개의 정의와 목적

결산정리분개란 회계연도 종료 시점(결산일) 기준으로 기중 거래 기록과정에서 적절하게 구분하지 못한 회계기간별 수익과 비용을 발생주의에 따라 수정하고, 자산과 부채를 정확하게 평가하기 위해 회계연도 종료 후 반영하는 분개이다. (회사의 실제 재무상태와 경영성과를 장부와 일치시키는 작업)

2. 결산정리사항의 유형

구분	결산정리사항	입력방법
수동결산	• 수익, 비용의 발생과 이연 • 소모품, 소모품비에 대한 정리 • 마이너스 통장에 대한 정리 • 현금과부족에 대한 정리 • 가지급금 · 가수금의 정리 • 단기매매증권, 매도가능증권의 평가 • 비유동부채의 유동성 대체 • 외화 채권, 채무에 대한 정리 • 부가가치세 정리	[일반전표입력] 메뉴 12월 31일에 직접 수동분개 입력
자동결산	• 매출원가의 계상(기말재고액, 비정상감모손실은 수동결산) • 대손충당금의 설정 • 감가상각비, 상각비의 계상 • 퇴직급여충당부채의 설정 • 법인세비용의 계상	[결산자료입력] 메뉴를 활용한 자동분개 생성

3. 결산정리사항 유형별 회계처리

1) 수익 · 비용의 발생과 이연

(1) 수익 · 비용의 발생과 이연 계정과목

미수수익(자산)	당기에 속하는 수익이나 아직 받지 못한 금액
미지급비용(부채)	당기에 속하는 비용이나 아직 지급하지 않은 금액
선수수익(부채)	당기에 받은 수익 중 차기 이후에 해당하는 수익
선급비용(자산)	당기에 지출한 비용 중 차기 이후에 해당하는 비용

(2) 발생주의에 수익 · 비용의 발생과 이연 회계처리

수익의 발생(인식)	• 발생주의에 따라 당기에 속하는 수익이지만 아직 받지 못한 부분을 수익 계정과목으로 인식 (차) 미수수익(자산)　　×××원　　(대) [수익 계정과목]　　×××원
비용의 발생(인식)	• 발생주의에 따라 당기에 속하는 비용이지만 아직 지급하지 않은 부분을 비용 계정과목으로 인식 (차) [비용 계정과목]　　×××원　　(대) 미지급비용(부채)　　×××원
수익의 이연	• 당기분은 [수익 계정과목], 차기분은 선수수익(부채)으로 회계처리 • 기중 전액 수익처리 시 → 결산일에 차기 이후 해당분 선수수익으로 대체 (차) [수익 계정과목](수익 소멸)　　×××원　　(대) 선수수익(부채 증가)　　×××원 • 기중 전액 선수수익처리 시 → 결산일에 당기분 수익 계정과목으로 대체 (차) 선수수익(부채 감소)　　×××원　　(대) [수익 계정과목](수익 발생)　　×××원
비용의 이연	• 당기분은 [비용 계정과목], 차기분은 선급비용(자산)으로 회계처리 • 기중 전액 비용처리 시 → 결산일에 차기 이후 해당분 선급비용으로 대체 (차) 선급비용(자산 증가)　　×××원　　(대) [비용 계정과목](비용 소멸)　　×××원 • 기중 전액 선수수익처리 시 → 결산일에 당기분 수익 계정과목으로 대체 (차) [비용 계정과목](비용 발생)　　×××원　　선급비용(자산 감소)　　×××원

---

[1] 결산일 현재 정기예금에 대한 기간경과분 미수이자 50,000원을 계상하시오.

　　(차)　　　　　　　　　　　　　(대)

[2] 결산일 현재 예금에 대한 당기분 이자 미수액은 125,000원이다.

　　(차)　　　　　　　　　　　　　(대)

[3] 12월분 건물 임차료 4,000,000원은 다음달 5일에 지급될 예정이다.

　　(차)　　　　　　　　　　　　　(대)

[4] 12월분 영업부서 박종호씨의 직원급여 2,700,000원은 다음달 5일에 지급될 예정이다.

　　(차)　　　　　　　　　　　　　(대)

[5] 결산일 현재 단기대여금에 대한 이자수익으로 처리한 금액 중 기간미경과분 150,000원이 포함되어 있다.

　　(차)　　　　　　　　　　　　　(대)

[6] 대여금에 대한 이자수익 중 300,000원을 차기로 이연하다.

(차)   (대)

[7] 7월 1일 1년치 주차장 임대료 4,800,000원을 일시에 수령하여 전액 선수수익으로 처리하였다. (단, 월할 계산하고, 음수로 입력하지 말 것)

(차)   (대)

[8] 10월에 지급한 차량 보험료 80,000원 중 60,000원은 차기 해당분이다.

(차)   (대)

[9] 당기에 지급한 이자비용 3,600,000원은 20×1년 4월에서 20×2년 3월분까지이다. (월할계산하시오.)

(차)   (대)

[10] 11월 1일 당사소유 화물차에 대한 보험료(보험기간 20×1년 11월 1일 ~ 20×2년 10월 31일) 1,200,000원을 지급하면서 자산으로 회계처리 하였다. 기말결산분개를 수행하시오. (월할계산할 것)

(차)   (대)

[11] 4월 1일에 당사소유 차량에 대한 보험료(보험기간 20×1년 4월 1일~20×2년 3월 31일) 360,000원을 지급하면서 자산으로 회계처리 하였다. 기말결산분개를 수행하시오. (월할계산할 것)

(차)   (대)

2) 소모품 · 소모품비의 정리: 결산 시 미사용분은 소모품(자산), 사용분은 소모품비(비용)로 회계처리한다.

구입 시 자산 처리	• 취득 시 소모품(자산)처리 → 결산 시 사용분 소모품비(비용) 대체 (차) 소모품비　　　　　　　×××원　(대) 소모품　　　　　　　×××원
구입 시 비용 처리	• 취득 시 소모품비(비용)처리 → 결산 시 미사용분 소모품(자산) 대체 (차) 소모품　　　　　　　×××원　(대) 소모품비　　　　　　　×××원

[12] 취득 시 소모품비로 계상한 것 중에 기말 현재 미사용 소모품은 1,000,000원이다.

(차)   (대)

[13] 결산일 현재 영업부 소모품 구입 시 자산으로 처리한 금액 중 기말 현재 사용한 금액은 230,000원이다.

(차)   (대)

3) 마이너스 통장의 정리: 마이너스 통장이란 통장에 돈이 없어도 미리 정한 한도 내에서 은행에서 돈을 빌려 쓸 수 있는 계좌를 말한다. 결산 시 보통예금 잔액을 초과하여 인출된 마이너스(-) 금액을 단기차입금 계정으로 대체한다.

결산 시	(차) 보통예금	×××원	(대) 단기차입금	×××원

> [14] 하나은행의 보통예금통장은 마이너스 통장으로 개설된 것이다. 기말현재 하나은행의 보통예금통장 잔액은 -6,352,500원이다. (단기차입금으로 대체하는 회계처리를 하시오.)
>
> (차)   (대)

4) 현금과부족의 정리: 결산일까지 현금과부족의 원인이 밝혀지지 않았을 때 잡이익 또는 잡손실 계정으로 대체한다.

현금 과잉	• 현금과잉: 장부상 현금 < 실제 현금 ① 기중 현금과잉 발견: 장부의 현금을 증가시켜 장부상 현금과 실제 현금 일치하도록 함 (차) 현금　　　　　×××원　　　(대) 현금과부족　　　　　×××원 ② 원인이 밝혀졌을 때: 해당 원인 계정으로 대체 (차) 현금과부족　　　×××원　　　(대) [계정과목]　　　　×××원 ③ 결산까지 원인불명: 대변에 남아있는 현금과부족 계정과목을 잡이익(수익)으로 대체 (차) 현금과부족　　　×××원　　　(대) 잡이익　　　　　　×××원
현금 부족	• 현금부족: 장부상 현금 > 실제 현금 ① 기중 현금부족 발견: 장부의 현금을 감소시켜 장부상 현금과 실제 현금 일치하도록 함 (차) 현금과부족　　　×××원　　　(대) 현금　　　　　　　×××원 ② 원인이 밝혀졌을 때: 해당 원인 계정으로 대체 (차) [계정과목]　　　×××원　　　(대) 현금과부족　　　　×××원 ③ 결산까지 원인불명: 차변에 남아있는 현금과부족 계정과목을 잡손실(비용)으로 대체 (차) 잡손실　　　　　×××원　　　(대) 현금과부족　　　　×××원

> [15] 결산일 현재 현금과부족으로 처리되었던 현금과다액(대변에 현금과부족 잔액) 70,000원에 대한 원인이 아직 밝혀지지 않았다.
>
> (차)   (대)
>
> [16] 결산일 현재 장부상 현금잔액은 8,268,560원이고, 실제 현금잔액은 8,286,160원이다. 그 차액의 원인을 알 수 없다.
>
> (차)   (대)
>
> [17] 결산일 현재 차변에 현금과부족 계정으로 처리되어 있는 현금부족액 60,000원에 대한 원인이 밝혀지지 않고 있다.
>
> (차)   (대)

5) 가지급금·가수금의 정리: 가지급금 가수금은 임시계정과목으로 결산일까지 적절한 계정과목으로 대체한다.

가지급금	(차) [계정과목]	×××원	(대) 가지급금	×××원
가수금	(차) 가수금	×××원	(대) [계정과목]	×××원

[18] 기말 현재 가지급금 잔액 100,000원은 영업부 직원의 시내출장비로 판명되다.

　(차)　　　　　　　　　　　　　　　　(대)

[19] 기말 현재 가수금 잔액은 550,000원은 거래처 진안상사에 대한 외상대금 회수액으로 판명되다.

　(차)　　　　　　　　　　　　　　　　(대)

6) 단기매매증권의 평가: 결산 시 장부금액과 공정가치를 비교하여 공정가치로 평가한다.

장부금액 < 공정가치	(차) 단기매매증권	×××원	(대) 단기매매증권평가이익	×××원
장부금액 > 공정가치	(차) 단기매매증권평가손실	×××원	(대) 단기매매증권	×××원

[20] 기말 현재 단기매매차익을 목적으로 보유하고 있는 주식(100주, 1주당 취득원가 5,000원)의 기말현재 공정가치는 주당 7,000원이다.

　(차)　　　　　　　　　　　　　　　　(대)

[21] 결산일 현재 3개월 전 단기투자목적으로 주식 100주(액면금액 @5,000원)를 주당 25,000원에 취득하였으며, 기말 현재 이 주식의 공정가치는 주당 15,000원이다.

　(차)　　　　　　　　　　　　　　　　(대)

7) 매도가능증권의 평가: 결산 시 장부가액과 공정가액을 비교하여 공정가액으로 평가한다.

장부금액 < 공정가치	(차) 매도가능증권　　×××원　　(대) 매도가능증권평가이익　×××원 참 매도가능증권평가손실잔액이 있다면 먼저 차감하고 초과분을 매도가능증권평가이익으로 회계처리한다.
장부금액 > 공정가치	(차) 매도가능증권평가손실　×××원　　(대) 매도가능증권　　×××원 참 매도가능증권평가이익잔액이 있다면 먼저 차감하고 초과분을 매도가능증권평가손실으로 회계처리한다.

[22] 기말 현재 장기투자를 목적으로 보유하고 있는 주식의 취득원가, 전년도 말 및 당해연도 말 공정가액은 다음과 같다.

주식명	취득원가	전년도 말 공정가액	당해연도 말 공정가액
㈜사과 보통주	1,000,000원	2,000,000원	500,000원

　(차)　　　　　　　　　　　　　　　　(대)

8) 비유동부채의 유동성 대체: 결산 시 상환일이 1년 이내 도래하는 장기차입금 등을 유동성장기부채로 대체한다.

결산 시	(차) 장기차입금	×××원	(대) 유동성장기부채	×××원

> [23] 결산일 현재 기업은행으로부터 차입한 장기차입금 5,000,000원의 상환기일이 내년으로 도래하였음을 확인하였다.
>
> (차)   (대)

9) 외화자산, 부채의 환산: 외화 자산 및 부채를 결산일 기준의 환율로 평가한다.

외화 자산	• 환율상승: 장부상 적혀있는 원화금액 < 결산일 환율에 따른 원화금액 (차) [자산 계정과목]　　　　×××원　　(대) 외화환산이익　　　　×××원 • 환율하락: 장부상 적혀있는 원화금액 > 결산일 환율에 따른 원화금액 (차) 외화환산손실　　　　×××원　　(대) [자산 계정과목]　　　　×××원
외화 부채	• 환율상승: 장부상 적혀있는 원화금액 < 결산일 환율에 따른 원화금액 (차) 외화환산손실　　　　×××원　　(대) [부채 계정과목]　　　　×××원 • 환율하락: 장부상 적혀있는 원화금액 > 결산일 환율에 따른 원화금액 (차) [부채 계정과목]　　　　×××원　　(대) 외화환산이익　　　　×××원

> [24] 결산일 현재 외상매출금 계정에는 미국에 소재한 STAR에 대한 외상매출금 48,000,000원(미화 $40,000)이 포함되어 있다. (회계기간 종료일 현재 기준환율 : $1=1,250원)
>
> (차)   (대)
>
> [25] 결산일 현재 기말 외상매입금 계정 중에는 미국에 소재한 SMART의 외상매입금 5,000,000원(미화 $5,000)이 포함되어 있다. (결산일 현재 적용환율 : 1,100원/$)
>
> (차)   (대)

10) 재고자산 감모손실: 재고자산의 실제 수량이 장부상 수량보다 적은 경우 발생하는 손실을 말한다.

정상감모	• 업종의 특성에 다른 어쩔 수 없는 이유로 인해 필연적으로 발생하는 감모손실로 원가성이 인정되어 매출원가 계정으로 처리한다. (차) 매출원가　　　　×××원　　(대) [재고자산 계정과목]　　　　×××원
비정상감모	• 근무태만, 부주의 등의 이유로 발생한 회피가 가능한 감모손실로 원가성이 인정되지 않아 영업외비용으로 처리한다. (차) 재고자산감모손실　　　　×××원　　(대) [재고자산 계정과목]　　　　×××원 　　(영업외비용)　　　　　　　　　　　　　(적요8. 타계정대체액)

> [26] 결산일 현재 재고자산을 실사하던 중 도난, 파손의 사유로 수량 부족이 발생한 제품의 원가는 1,000,000원으로 확인되었다(단, 수량 부족의 원인은 비정상적으로 발생한 것이다).
>
> (차)   (대)

[1]	(차)	미수수익	50,000원	(대)	이자수익	50,000원
[2]	(차)	미수수익	125,000원	(대)	이자수익	125,000원
[3]	(차)	임차료(판)	4,000,000원	(대)	미지급비용	4,000,000원
[4]	(차)	급여(판)	2,700,000원	(대)	미지급비용	2,700,000원
[5]	(차)	이자수익	150,000원	(대)	선수수익	150,000원
[6]	(차)	이자수익	300,000원	(대)	선수수익	300,000원
[7]	(차)	선수수익	2,400,000원	(대)	임대료	2,400,000원

· 7월 1일 (차) 현금 4,800,000원 (대) 선수수익 4,800,000원
· 월 임대료: 4,800,000원÷12개월 = 400,000원
· 당기분 임대료: 400,000원×6개월(20×1.7.1. ~ 20×2.12.31.) = 2,400,000원

[8]	(차)	선급비용	60,000원	(대)	보험료	60,000원
[9]	(차)	선급비용	900,000원	(대)	이자비용	900,000원

· 당기 지급 시: (차) 이자비용 3,600,000 (대) 현금 3,600,000
· 월 이자: 3,600,000원÷12개월 = 300,000원
· 차기분 이자: 300,000원 × 3개월 = 900,000원

[10]	(차)	보험료(판)	200,000원	(대)	선급비용	200,000원

· 11월 1일 (차) 선급비용 1,200,000 (대) 현금 1,200,000
· 월 이자: 1,200,000원 ÷ 12개월 = 100,000원
· 당기분 이자: 100,000원 × 2개월 = 200,000원

[11]	(차)	보험료(판)	270,000원	(대)	선급비용	270,000원

· 4월 1일 (차) 선급비용 360,000 (대) 현금 360,000
· 월 보험료: 360,000원 ÷ 12개월 = 30,000원
· 당기분 보험료: 30,000원 × 9개월 = 270,000원

[12]	(차)	소모품	1,000,000원	(대)	소모품비(판)	1,000,000원
[13]	(차)	소모품비(판)	230,000원	(대)	소모품	230,000원
[14]	(차)	보통예금	6,352,500원	(대)	단기차입금(하나은행)	6,352,500원
[15]	(차)	현금과부족	70,000원	(대)	잡이익	70,000원
[16]	(차)	현금	17,600원	(대)	잡이익	17,600원
[17]	(차)	잡손실	60,000원	(대)	현금과부족	60,000원
[18]	(차)	여비교통비(판)	100,000원	(대)	가지급금	100,000원
[19]	(차)	가수금	550,000원	(대)	외상매출금(진안상사)	550,000원
[20]	(차)	단기매매증권	200,000원	(대)	단기매매증권평가이익	200,000원
[21]	(차)	단기매매증권평가손실	1,000,000원	(대)	단기매매증권	1,000,000원
[22]	(차)	매도가능증권평가이익	1,000,000원	(대)	매도가능증권(178)	1,500,000원
		매도가능증권평가손실	500,000원			
[23]	(차)	장기차입금(신한은행)	5,000,000원	(대)	유동성장기부채(신한은행)	5,000,000원
[24]	(차)	외상매출금(STAR)	2,000,000원	(대)	외화환산이익	2,000,000원
[25]	(차)	외화환산손실	500,000원	(대)	외상매입금(SMART)	500,000원
[26]	(차)	재고자산감모손실	1,000,000원	(대)	제품(적요8, 타계정으로 대체액)	1,000,000원

실무 핵심 기출문제

뽀송테크(주)(회사코드: 8000)의 데이터를 사용하여 연습할 수 있습니다.

(1) 12월 31일 거래은행인 하나은행에 예금된 정기예금에 대하여 당기분 경과이자를 인식하다.

> - 예금금액 : 50,000,000원
> - 연이자율 : 10%, 월할계산으로 할 것
> - 예금기간 : 20X1. 4. 1 ~ 20X2. 3. 31
> - 이자지급일 : 연 1회(매년 3월 31일)

(2) 12월 31일 20X1년 10월 1일에 영업부서의 사무실을 임차(임차기간 20X1.10.1. ~ 20X3.9.30., 매 6개월마다 후불로 6,000,000원을 지급하기로 함)하였으나, 회계담당자가 기말까지 아무런 회계처리를 하지 않았다.(월할 계산할 것)

(3) 12월 31일 8월 1일 현금으로 받아 영업외수익인 임대료로 회계처리한 1,800,000원 중 임대기간(20X1년 8월 1일 ~ 20X2년 7월 31일)이 경과되지 아니한 것이 있다.(단, 월할 계산하며 음수로 입력하지 말 것)

(4) 12월 31일 20X1년 7월 1일 사무실을 임대(임대기간 20X1.7.1~20X2.6.30)하면서 1년분 임대료 12,000,000원을 자기앞수표로 받고 전액 선수수익으로 회계처리 하였다. 월할 계산하여 기말 수정분개를 하시오

(5) 12월 31일 일시적으로 제품 판매용 매장을 임차(임차기간 : 20X1.11.1. ~ 20X2.1.31.)하고 11월 1일에 3개월분 임차료 3,000,000원을 전액 비용으로 회계처리하였다.(월할계산할 것)

(6) 12월 31일 7월 1일 영업부문의 자동차보험료 720,000원(1년분)을 현금으로 납부하면서 모두 자산으로 처리하였다. 단, 보험료는 월할계산하는 것으로 가정한다.

(7) 12월 31일　6월 1일 전액 비용으로 회계처리된 보험료(제조부문 1,320,000원, 본사 관리부문 1,440,000원)는 1년분에 해당하므로 차년도분에 대한 회계처리를 하시오. 당기분과 차기분에 대한 계산은 월단위로 계산한다.

(8) 12월 31일　20X1년 9월 1일 보험료 1년분(20X1년 9월 1일 ~ 20X2년 8월 31일) 2,400,000원(제조부문 : 1,800,000원, 본사관리부문 : 600,000원)을 현금으로 납부하면서 모두 자산으로 회계처리하였다.(단, 보험료는 월할계산 함.)

(9) 12월 31일　제조공장의 창고 임차기간은 20X1.04.01. ~ 20X2.03.31.으로 임차개시일에 임차료 3,600,000원을 전액 지급하고 즉시 당기 비용으로 처리하였다. 결산정리분개를 하시오.

(10) 12월 31일　구입당시 전액 선급비용으로 자산처리했던 영업부의 광고홍보물(공급가액 5,000,000원) 중 기말 잔액이 1,500,000원이다. 소비된 광고홍보물은 광고선전비로 대체한다.

(11) 12월 31일　기말현재 영업부서에서 구입시 비용(소모품비)처리한 소모품 중 미사용액이 2,800,000원 이다.(회사는 미사용액에 대하여 자산처리 함)

(12) 12월 31일　기말시점 영업부에서 보관 중인 소모품은 850,000원이다. 기중에 소모품 2,700,000원을 구입하면서 모두 비용으로 처리하였다.

(13) 12월 31일　20X1년 10월 1일 영업부에서 사용할 목적으로 구입한 소모품을 자산으로 회계처리 하였다. 아래의 자료를 참조하여 올바른 기말 수정 분개를 하시오.

품목명	수량	단가	총액	기말 현재 미사용액
문구	100개	1,000원	100,000원	30,000원
A4용지	200권	1,500원	300,000원	200,000원

(14) 12월 31일   기중 소모품 3,000,000원을 구입하고 모두 자산으로 처리하였으며, 12월 31일 현재 창고에 남은 소모품은 500,000원으로 조사되었다. 부서별 소모품 사용 비율은 영업부 25%, 생산부 75%이며, 그 사용 비율에 따라 배부한다.

(15) 12월 31일   신한은행의 보통예금은 마이너스 통장이다. 기말현재 신한은행의 보통예금 잔액 -3,000,000원을 단기차입금 계정으로 대체한다.

(16) 12월 31일   기말 현재 실제 현금 보유액은 85,500원, 장부상 금액은 70,000원으로 가정한다. 기말 현재 차이금액의 원인을 알 수 없다.

(17) 12월 31일   장부상 현금잔액은 35,245,450원이나, 실제 보유하고 있는 현금잔액은 35,232,780원으로 현금부족액에 대한 원인이 밝혀지지 아니하였다. 영업외비용 중 적절한 계정과목에 의하여 회계처리 하시오.

(18) 12월 31일   기중에 현금시재가 부족하여 현금과부족으로 계상하였던 차변금액 20,000원에 대하여 결산일 현재에도 그 차이원인을 알 수 없어 당기 비용(영업외비용)으로 처리하였다.

(19) 12월 31일   기중에 장부상 현금보다 실제 현금 보유액이 30,000원 많은 것을 발견하여 현금과부족으로 회계처리 하였으며, 현금과부족의 원인을 기말까지 파악할 수 없다.

(20) 12월 31일   기중 실제 현금보유액이 장부상 현금보다 570,000원이 많아서 현금과부족으로 처리하였던 바, 결산일에 340,000원은 선수금(㈜진안테크)으로 밝혀졌으나, 230,000원은 그 원인을 알 수 없다.

(21) 12월 31일 　기중에 현금시재 잔액이 장부금액보다 부족한 것을 발견하고 현금과부족으로 계상하였던 235,000원 중 150,000원은 영업부 업무용 자동차의 유류대금을 지급한 것으로 확인되었으나 나머지는 결산일까지 그 원인이 파악되지 않아 당기의 비용으로 대체하다.

(22) 12월 31일 　기말 현재 당사가 단기매매차익을 목적으로 보유하고 있는 주식현황과 기말 현재 공정가치는 다음과 같다.

주 식 명	보유주식수	주당 취득원가	기말 공정가치
(주)한성 보통주	2,000주	10,000원	주당 12,000원
(주)강화 보통주	1,500주	8,000원	주당 10,000원
(주)도전 보통주	100주	15,000원	주당 15,000원

(23) 12월 31일 　기말 현재 당사가 장기투자를 목적으로 보유하고 있는 ㈜하나가 발행한 주식의 취득원가, 전년도 말 및 당해연도 말 공정가액은 다음과 같다. 단, 하나의 전표로 입력할 것.

주식명	취득원가	전년도 말 공정가액	당해연도 말 공정가액
㈜하나 보통주	30,000,000원	32,000,000원	28,000,000원

(24) 12월 31일 　결산일 현재 재고자산을 실사하던 중 도난, 파손의 사유로 수량 부족이 발생한 제품의 원가는 2,000,000원으로 확인되었다(단, 수량 부족의 원인은 비정상적으로 발생한 것이다).

(25) 12월 31일 　기말현재 국민은행 차입금(3년 만기) 중 5,000,000원의 상환기간이 1년 이내로 도래하였다.(단, 유동성대체를 위한 요건은 모두 충족되었다고 가정한다)

(26) 12월 31일 　장부상 장기차입금 중에는 blizzard의 장기차입금 11,000,000원(미화 $10,000)이 포함되어 있다. 결산일 현재의 적용환율은 미화 1$당 1,150원이다.

(27) 12월 31일 　기말 단기부채 중에는 미국 blizzard에 대한 단기차입금 12,500,000원(미화 $10,000)이 포함되어 있다.(결산일 현재 적용환율 : 1,100원/$)

(28) 12월 31일 외상매입금 계정에는 중국 거래처 헤이바오에 대한 외화외상매입금 2,970,000원(위안화 1CNY 165원)이 계상되어 있다.(회계기간 종료일 현재 적용환율 : 위안화 1CNY당 170원)

(29) 12월 31일 외상매출금계정에는 미국에 소재한 blizzard에 대한 외화외상매출금 $40,000이 포함되어 있다.(회계기간 종료일 현재 기준환율 : $1=1,250원, 선적(발생)일 기준환율 : $1=1,200원)

(30) 12월 31일 기중에 미국 blizzard로부터 차입한 외화장기차입금 36,000,000원($30,000)에 대하여 결산일 현재의 기준환율 1,150원/$을 적용하여 평가하다.

정답 및 해설

뽀송테크(주)(회사코드 : 8000)의 데이터를 사용하여 연습할 수 있습니다.

[1] 12월 31일 (차) 미수수익   3,750,000원   (대) 이자수익   3,750,000원
  • 3,750,000원 = 50,000,000원 × 10% × 9/12

[2] 12월 31일 (차) 임차료   3,000,000원   (대) 미지급비용   3,000,000원
  • 20X1년 귀속분 임차료 계산 : 6,000,000원 × 3/6 = 3,000,000원

[3] 12월 31일 (차) 임대료   1,050,000원   (대) 선수수익   1,050,000원
  • 1,800,000원 × 5 ÷ 12 = 750,000원
  • 1,800,000원 − 750,000원 = 1,050,000원

[4] 12월 31일 (차) 선수수익   6,000,000원   (대) 임대료   6,000,000원
  • 12,000,000원 ÷ 12개월 × 6개월 = 6,000,000원

[5] 12월 31일 (차) 선급비용   1,000,000원   (대) 임차료(판)   1,000,000원

[6] 12월 31일 (차) 보 험 료(판)   360,000원   (대) 선급비용   360,000원
  • 720,000원 × 6개월/12개월 = 360,000원(비용처리 금액)

[7] 12월 31일 (차) 선급비용   1,150,000원   (대) 보험료(제)   550,000원
     보험료(판)   600,000원

[8] 12월 31일 (차) 보험료(제)   600,000원   (대) 선급비용   800,000원
     보험료(판)   200,000원
  • 1,800,000원 × 4/12 = 600,000원(제조경비)
  • 600,000원 × 4/12 = 200,000원(판매비와관리비)

[9] 12월 31일 (차) 선급비용   900,000원   (대) 임차료(제)   900,000원

[10] 12월 31일 (차) 광고선전비(판)   3,500,000원   (대) 선급비용   3,500,000원

[11]	12월 31일	(차)	소모품	2,800,000원	(대)	소모품비(판)	2,800,000원
[12]	12월 31일	(차)	소모품	850,000원	(대)	소모품비(판)	850,000원
[13]	12월 31일	(차)	소모품비(판)	170,000원	(대)	소모품	170,000원
[14]	12월 31일	(차)	소모품비(제)	1,875,000원	(대)	소모품	2,500,000원
			소모품비(판)	625,000원			

- 소모품비(판) : (3,000,000원 - 500,000원)×25% = 625,000원
- 소모품비(제) : (3,000,000원 - 500,000원)×75% = 1,875,000원

[15]	12월 31일	(차)	보통예금	3,000,000원	(대)	단기차입금(신한은행)	3,000,000원
[16]	12월 31일	(차)	현금	15,500원	(대)	잡이익	15,500원
[17]	12월 31일	(차)	잡손실	12,670원	(대)	현금	12,670원
[18]	12월 31일	(차)	잡손실	20,000원	(대)	현금과부족	20,000원
[19]	12월 31일	(차)	현금과부족	30,000원	(대)	잡이익	30,000원
[20]	12월 31일	(차)	현금과부족	570,000원	(대)	선수금(㈜진안테크)	340,000원
						잡이익	230,000원
[21]	12월 31일	(차)	차량유지비(판)	150,000원	(대)	현금과부족	235,000원
			잡손실	85,000원			
[22]	12월 31일	(차)	단기매매증권	7,000,000원	(대)	단기매매증권평가이익	7,000,000원
[23]	12월 31일	(차)	매도가능증권평가이익	2,000,000원	(대)	매도가능증권(178)	4,000,000원
			매도가능증권평가손실	2,000,000원			
[24]	12월 31일	(차)	재고자산감모손실	2,000,000원	(대)	제품	2,000,000원
						(적요8.타계정으로 대체액)	
[25]	12월 31일	(차)	장기차입금(국민은행)	5,000,000원	(대)	유동성장기부채(국민은행)	5,000,000원
[26]	12월 31일	(차)	외화환산손실	500,000원	(대)	장기차입금(blizzard)	500,000원
[27]	12월 31일	(차)	단기차입금(blizzard)	1,500,000원	(대)	외화환산이익	1,500,000원
[28]	12월 31일	(차)	외화환산손실	90,000원	(대)	외상매입금(헤이바오)	90,000원

- 2,970,000원 ÷ 165원 = 18,000위안
- 외화환산손실 = 18,000위안 × (165원 - 170원) = - 90,000원

[29]	12월 31일	(차)	외상매출금(blizzard)	2,000,000원	(대)	외화환산이익	2,000,000원

- 외화환산이익 = $40,000 × (1,250원 - 1,200원) = 2,000,000원

[30]	12월 31일	(차)	외화장기차입금(blizzard)	1,500,000원	(대)	외화환산이익	1,500,000원

- 외화장기차입금 평가금액 : $30,000×1,150원 = 34,500,000원
- 외화환산이익
- 외화장기차입금 장부금액 36,000,000원 - 외화장기차입금 평가금액 34,500,000원
  = 1,500,000원

01 다음 합계잔액시산표상 A, B, C에 들어갈 금액의 합은?

차변		계 정 과 목	대변	
잔액(원)	합계(원)		합계	잔액
10,000	(A)	현 금	240,000	
20,000	(B)	외 상 매 출 금	310,000	
	110,000	외 상 매 입 금	(C)	10,000
		자 본 금	500,000	500,000
250,000	250,000	여 비 교 통 비		
		이 자 수 익	110,000	110,000

① 560,000원   ② 620,000원   ③ 680,000원   ④ 700,000원

02 다음은 시산표에서 발견할 수 없는 오류를 나열한 것이다. 이에 해당하지 않는 것은?

① 동일한 금액을 차변과 대변에 반대로 전기한 경우

② 차변과 대변의 전기를 동시에 누락한 경우

③ 차변과 대변에 틀린 금액을 똑같이 전기한 경우

④ 차변만 이중으로 전기한 경우

03 다음 중 시산표와 관련된 설명 중 잘못된 것은?

① 시산표 등식은 기말자산 + 총비용 = 기말부채 + 기초자본 + 총수익이다.

② 잔액이 차변에 남는 계정은 자산과 비용계정이다.

③ 분개는 거래의 이중성에 입각하여 차변요소와 대변요소로 결합되어야 한다.

④ 시산표상에서 발견할 수 있는 오류는 계정과목의 오기 등을 들 수 있다.

04 다음 중 집합손익계정에 대한 설명으로 틀린 것은?

① 수익계정의 잔액을 손익계정의 대변에 대체한다.

② 비용계정의 잔액을 손익계정의 차변에 대체한다.

③ 수익과 비용계정은 잔액을 손익계정에 대체한 후에는 잔액이 0(영)이 된다.

④ 손익계정의 잔액을 당기순이익(또는 당기순손실)계정에 대체한다.

05 다음 중 기말 결산 시 원장의 잔액을 차기로 이월하는 방법을 통하여 장부를 마감하는 계정과목이 아닌 것은?

① 선수금　　　② 기부금　　　③ 개발비　　　④ 저장품

06 다음 중 기말 결산 시 계정별 원장의 잔액을 차기에 이월하는 방법을 통하여 장부를 마감하는 계정과목은?

① 광고선전비　　　② 접대비　　　③ 개발비　　　④ 기부금

정답 및 해설

01 ④ 250,000원+330,000원+120,000원=700,000원

02 ④ 차변만 이중으로 전기한 경우, 차변 합계금액이 대변 합계금액 보다 커지므로 오류를 발견할 수 있다.

03 ④ 시산표상에서 차변과 대변의 금액이 동일하게 잘못된 오류로서 이중기입, 계정과목의 오기 등은 발견할 수 없다.

04 ④ 손익계정의 잔액을 자본계정(미처분이익잉여금 또는 미처리결손금)에 대체한다.

05 ② 재무상태표 계정인 선수금(부채), 개발비(자산), 저장품(자산)은 잔액을 차기이월하는 방법을 통하여 장부마감을 하여야 하지만, 손익계산서 계정인 ②기부금은 집합손익 원장에 대체하는 방식으로 장부 마감을 하여야 한다.

06 ③ 재무상태표 계정은 차기이월 방식을 통하여 장부마감을 하여야 하며, 손익계산서 계정은 집합손익원장에 대체하는 방식으로 장부마감을 하여야 한다. 따라서 자산 계정인 개발비만 차기이월을 통하여 장부마감을 하여야 한다. 광고선전비, 접대비, 기부금은 모두 비용 계정이다.

07 회계순환과정의 결산 절차에 대한 설명 중 잘못된 것은?

① 결산 절차를 통해 마감된 장부를 기초로 재무제표가 작성된다.

② 일반적으로 결산 절차는 예비 절차와 본 절차로 구분할 수 있다.

③ 수익·비용에 해당되는 계정의 기말 잔액은 다음 회계연도로 이월되지 않는다.

④ 자산·부채·자본에 해당되는 계정과목을 마감하기 위해서 임시적으로 집합손익 계정을 사용한다.

08 다음 괄호에 들어갈 계정과목으로 옳은 것은?

발생주의 회계는 발생과 이연의 개념을 포함한다. 발생이란 (A)과 같이 미래에 수취할 금액에 대한 자산을 관련된 부채나 수익과 함께 인식하거나, 또는 (B)과 같이 미래에 지급할 금액에 대한 부채를 관련된 자산이나 비용과 함께 인식하는 회계과정을 의미한다.

① (A) : 미수수익 (B) : 선급비용   ② (A) : 선수수익 (B) : 선급비용

③ (A) : 선수수익 (B) : 미지급비용   ④ (A) : 미수수익 (B) : 미지급비용

09 다음 설명의 괄호 안에 들어갈 것으로 옳은 것은?

이연이란 (   )과 같이 미래에 수익을 인식하기 위해 현재의 현금유입액을 부채로 인식하거나, (   )과 같이 미래에 비용을 인식하기 위해 현재의 현금유출액을 자산으로 인식하는 회계과정을 의미한다.

① 미수수익, 선급비용   ② 선수수익, 선급비용

③ 미수수익, 미지급비용   ④ 선수수익, 미지급비용

10 발생기준에 따른 재무제표 작성시 발생과 이연의 개념을 사용하여 기말결산을 하게 되는데, 이와 관련된 계정과목이 아닌 것은?

① 선수수익   ② 선급금   ③ 선급비용   ④ 미지급비용

11 다음 중 기말 결산시 비용의 이연과 가장 관련있는 거래는?

① 공장건물에 선급보험료 100,000원을 계상하다.

② 공장건물에 대한 선수임대료 1,000,000원을 계상하다.

③ 정기예금에 대한 미수이자 100,000원을 계상하다.

④ 단기차입금에 대한 미지급이자 100,000원을 계상하다.

12 20X1년에 자동차 보험료 24개월분(20X1.3월 ~ 20X3.2월) 480,000원을 현금으로 지급하고 미경과분을 선급비용처리 한 경우, 20X2년 비용으로 인식할 보험료 금액은?

① 200,000원　　　② 220,000원　　　③ 240,000원　　　④ 260,000원

13 다음 내용을 보고 결산시점 수정분개로 적절한 것은?

- 9월 1일 본사 건물에 대한 화재보험료 1,500,000원을 보통예금계좌에서 이체하였다.
- 경리부에서는 이를 전액 비용처리 하였다.
- 12월 31일 결산시점에 화재보험료 미경과분은 1,000,000원이다.

	차 변		대 변	
①	보험료	500,000원	미지급비용	500,000원
②	보험료	1,000,000원	선급비용	1,000,000원
③	미지급비용	500,000원	보험료	500,000원
④	선급비용	1,000,000원	보험료	1,000,000원

정답 및 해설

07 ④　손익계산서 계정과목을 마감하기 위해서 임시적으로 집합손익 계정을 사용한다.

08 ④　재무회계개념체계 문단 68
발생이란 미수수익과 같이 미래에 수취할 금액에 대한 자산을 관련된 부채나 수익과 함께 인식하거나, 또는 미지급비용과 같이 미래에 지급할 금액에 대한 부채를 관련된 자산이나 비용과 함께 인식하는 회계과정을 의미한다.

09 ②　재무회계개념체계 문단 69

10 ②　재무제표는 발생기준에 따라 작성된다. 발생주의 회계의 기본적인 논리는 발생기준에 따라 수익과 비용을 인식하는 것이다. 발생주의 회계는 발생과 이연의 개념을 포함한다.(재무회계개념체계 문단 66-70)

11 ①　②-수익의 이연, ③-수익의 발생, ④-비용의 발생에 해당함

12 ③　20X2년 보험료 = 480,000원 × 12개월 / 24개월 = 240,000원

13 ④

14 다음 거래 내용을 보고 12월 31일 결산 수정분개 시 차변계정과목과 차변금액으로 적절한 것은?

> • 20X1년 8월 1일 소모품 600,000원을 현금으로 구입하고 자산으로 처리하였다.
> • 20X2년 12월 31일 결산시 소모품미사용액은 250,000원이다.

① 소모품 250,000원
② 소모품 350,000원
③ 소모품비 250,000원
④ 소모품비 350,000원

15 ㈜대동은 20X1년 10월 31일 미국에 있는 JDTEXTILE 회사에 상품 1,000달러를 외상으로 수출하였으며 대금은 20X2년 1월 25일에 보통예금으로 회수하였다. ㈜대동의 결산일은 12월 31일이다. 각 일자별 환율이 다음과 같을 때, 일자별 회계처리로 옳은 것은?

> • 20X1년 10월 31일 : 1,100원   • 20X1년 12월 31일 : 1,000원   • 20X2년 1월 25일 : 1,200원

① 20X1년 12월 31일 (차) 외상매출금	100,000원	(대) 외화환산이익	100,000원
② 20X1년 12월 31일 (차) 외환차손	100,000원	(대) 외상매출금	100,000원
③ 20X2년 1월 25일 (차) 보통예금	1,200,000원	(대) 외상매출금	1,000,000원
		외환차익	200,000원
④ 20X2년 1월 25일 (차) 보통예금	1,200,000원	(대) 외상매출금	1,100,000원
		외화환산손실	100,000원
		외환차익	100,000원

16 ㈜연무는 20X1년 12월 26일 거래처에 상품을 인도하였으나 상품 판매대금 전액이 20X2년 1월 5일에 입금되어 동일자에 전액 수익으로 인식하였다. 위 회계처리가 20X1년도의 재무제표에 미치는 영향으로 올바른 것은?(단, 매출원가에 대해서는 고려하지 않는다.)

① 자산의 과소계상
② 비용의 과대계상
③ 부채의 과소계상
④ 수익의 과대계상

17 ㈜서울은 ㈜제주와 제품 판매계약을 맺고 ㈜제주가 발행한 당좌수표 500,000원을 계약금으로 받아 아래와 같이 회계처리하였다. 다음 중 ㈜서울의 재무제표에 나타난 영향으로 옳은 것은?

(차) 당좌예금	500,000원	(대) 제품매출	500,000원

① 당좌자산 과소계상
② 당좌자산 과대계상
③ 유동부채 과소계상
④ 당기순이익 과소계상

18 실제 기말재고자산의 가액은 50,000,000원이지만 장부상 기말재고자산의 가액이 45,000,000원으로 기재된 경우, 해당 오류가 재무제표에 미치는 영향으로 다음 중 옳지 않은 것은?

① 당기순이익이 실제보다 5,000,000원 감소한다.

② 매출원가가 실제보다 5,000,000원 증가한다.

③ 자산총계가 실제보다 5,000,000원 감소한다.

④ 자본총계가 실제보다 5,000,000원 증가한다.

정답 및 해설

14 ④ 취득시점에 자산처리한 경우 소모품의 사용액이 분개 대상금액이 된다.(소모품 사용액은 350,000원)
차변) 소모품비　　　350,000원　　　대변) 소모품　　　350,000원

15 ③ 기말 결산시 외상매출금(외화자산)을 결산일 환율로 환산하는 경우 환율차이로 발생하는 손실을 외화환산손실로 처리한다.
환율차이 100×1,000=100,000원

20X1년 10월 31일	(차) 외상매출금	1,100,000원	(대) 매 출	1,100,000원
20X1년 12월 31일	(차) 외화환산손실	100,000원	(대) 외상매출금	100,000원
20X2년　1월 25일	(차) 보통예금	1,200,000원	(대) 외상매출금	1,000,000원
			(대) 외환차익	200,000원

16 ① 자산 과소계상 및 수익 과소계상
• 아래의 올바른 회계처리가 누락되어 자산(외상매출금)과 수익(상품매출)이 과소계상된다.
20X1.12.26. (차) 외상매출금　　　　(대) 상품매출

17 ③ 선수금을 제품매출로 인식함에 따라 유동부채가 과소계상된다.
• 옳은 회계처리 : (차) 현금　　　500,000원　　　(대) 선수금　　　500,000원
• 당좌자산의 금액은 차이가 없으나, 영업수익(제품매출)은 과대계상 하였으므로 당기순이익도 과대계상된다.

18 ④ 기말재고자산을 실제보다 낮게 계상한 경우, 매출원가가 과대계상되므로 그 결과 당기순이익과 자본은 과소계상된다.

19 다음 중 유형자산의 자본적지출을 수익적지출로 잘못 처리했을 경우 당기의 자산과 자본에 미치는 영향으로 올바른 것은?

	자산	자본
①	과대	과소
②	과소	과소
③	과소	과대
④	과대	과대

20 도소매업을 영위하는 ㈜미래가 기말 결산 시 영업활동에 사용 중인 차량에 대한 아래의 회계처리를 누락한 경우 재무상태표와 손익계산서에 미치는 영향을 설명한 것으로 옳은 것은?

(차) 감가상각비	1,000,000원	(대) 감가상각누계액	1,000,000원

① 재무상태표상 유동자산이 1,000,000원 과대표시 된다.
② 재무상태표상 비유동자산이 1,000,000원 과소표시 된다.
③ 손익계산서상 영업이익이 1,000,000원 과대표시 된다.
④ 손익계산서상 영업외수익이 1,000,000원 과대표시 된다.

21 다음의 회계처리로 인하여 재무제표에 미치는 영향을 바르게 설명한 것은?

비품 7,000,000원을 소모품비로 회계처리 하였다.

① 수익이 7,000,000원 과대 계상된다.　　② 자산이 7,000,000원 과소 계상된다.
③ 비용이 7,000,000원 과소 계상된다.　　④ 순이익이 7,000,000원 과대 계상된다.

22 대형마트에서 상품권 500,000원을 소비자에게 현금으로 판매하면서 상품권 판매시점에서 상품 매출로 회계처리 하였을 경우 나타난 효과로 가장 올바른 것은?

① 자본 과소계상　　② 자산 과소계상　　③ 수익 과소계상　　④ 부채 과소계상

23 ㈜세무전자는 거래처와 제품 판매계약을 체결하면서 계약금 명목으로 수령한 5,000,000원에 대하여 이를 수령한 시점에 제품매출로 회계처리 하였다. 이러한 회계처리로 인해 나타난 결과는?

① 자산 과대계상　　② 비용 과대계상　　③ 자본 과소계상　　④ 부채 과소계상

24 결산 시 미지급 임차료에 대한 회계처리를 하지 않았을 경우, 당기 재무제표에 미치는 영향으로 틀린 것은?

① 순이익이 과소계상   ② 자본이 과대계상

③ 비용이 과소계상   ④ 부채가 과소계상

25 기중에 수익(임대료)계정으로 회계처리 한 금액 중 차기분이 포함되어 있다. 결산시 선수수익을 계상하는 분개를 누락할 경우 당기 재무제표에 미치는 영향으로 올바른 것은?

① 수익은 과대계상, 부채는 과소계상   ② 수익은 과소계상, 부채는 과대계상

③ 수익은 과대계상, 자산은 과소계상   ④ 수익은 과소계상, 자산는 과대계상

정답 및 해설

19 ② 자본적지출을 수익적지출로 잘못 처리하게 되면, 자산은 과소계상, 비용은 과대계상되므로 자본은 과소계상하게 된다.

20 ③ 손익계산서상에 영업이익이 과대표시 되고, 재무상태표상 비유동자산이 과대표시 된다.

21 ② 자산을 비용으로 처리하면 자산 과소계상, 비용 과대계상, 순이익 과소계상을 초래하지만 수익에는 영향을 미치지 않는다.

22 ④ 상품권을 판매하였을 경우에는 수익으로 처리하지 않고, 부채(선수금)로 처리하여야 함에도 불구하고 상품매출(수익)로 회계처리 하였으므로 부채가 과소계상되고 수익(자본)은 과대계상하게 된다. 단, 자산은 변함이 없다.

23 ④ 선수금(부채)을 제품매출(수익)로 인식한 것으로, 수익의 과대계상-부채의 과소계상이 된다.

24 ① • 미지급임차료 회계처리 : (차) 임차료(비용) ××× (대) 미지급비용(부채) ×××
        • 회계처리되지 않았을 경우 : 비용 과소계상, 순이익 과대계상, 부채 과소계상, 자본 과대계상

25 ① 선수수익을 계상할 분개 "(차)임대료(수익)×××/(대)선수수익(부채)×××"를 누락하면 수익은 과대계상, 부채는 과소계상, 당기순이익, 자본은 과대계상, 비용 및 자산은 불변임.

26 당사의 결산 결과 아래의 내용을 확인하였다. 다음 항목들을 수정하면 당기순이익이 얼마나 변동하는가?

> - 손익계산서에 계상된 이자수익 중 28,000원은 차기의 수익이다.
> - 손익계산서에 계상된 임차료 중 500,000원은 차기의 비용이다.
> - 손익계산서에 계상된 보험료 중 100,000원은 차기의 비용이다.

① 572,000원 감소　　② 428,000원 감소　　③ 572,000원 증가　　④ 428,000원 증가

27 다음 사항을 적절히 반영한다면 수정 후 당기순이익은 얼마인가?(단, 다음 사항이 반영되기 전 당기순이익은 700,000원이라고 가정한다.)

> - 선급보험료 100,000원 과소계상　　　　- 선수임대료 100,000원 과대계상
> - 미수이자 100,000원 과대계상

① 600,000원　　　② 700,000원　　　③ 800,000원　　　④ 900,000원

28 다음의 내용을 결산시점에 결산수정분개로 반영하였을 경우 당기순이익의 변동은?

> - 매출채권잔액 5,500,000원에 대해 2%의 대손충당금을 설정하지 않았다. 단, 설정전 대손충당금 기말잔액은 30,000원이라고 가정한다.
> - 12월 15일에 가수금으로 회계 처리하였던 50,000원에 대하여 기말에 가수금에 대한 원인이 파악되지 아니하여 결산수정분개를 해야 하는데 하지 않고 있다.

① 당기순이익을 30,000원 감소시킨다.　　② 당기순이익을 60,000원 감소시킨다.

③ 당기순이익을 130,000원 감소시킨다.　　④ 당기순이익을 160,000원 감소시킨다.

29 회사는 현금주의에 의한 당기순이익을 계산한 결과 20X1년 회계연도의 순이익은 300,000원이었다. 20X1년 말은 20X0년 말에 비하여 매출채권감소 70,000원, 미지급비용감소 50,000원이었다. 발생주의 기준에 의한 20X1년 회계연도의 당기순이익을 계산하면 얼마인가?

① 210,000원　　　② 230,000원　　　③ 250,000원　　　④ 280,000원

30 다음의 사항을 누락한 경우 20X1년 12월 말 당기순이익은 350,000원이었다. 누락된 사항을 모두 정확하게 반영하였을 경우 20X1년 12월 말 당기순이익은 얼마인가? 단, 손익의 계산은 월할계산을 한다.

> • 3월 1일 영업부에 대한 1년치 화재보험료 120,000원을 현금으로 납부하면서 전액 비용으로 처리하였으나, 기간미경과에 대한 부분을 결산시점에 회계담당자가 누락하였다.
> • 5월 1일 거래처에 1년 후 회수할 목적으로 5,000,000원을 대여하면서 선이자 300,000원을 차감(전액 수익으로 처리)하고 보통예금에서 이체하였으나, 기간미경과분에 대한 이자를 결산시점에 회계 담당자가 누락하였다.

① 270,000원 ② 330,000원 ③ 370,000원 ④ 430,000원

정답 및 해설

26 ③ 선수수익 28,000원 감소, 선급비용 500,000원 증가, 선급비용 100,000원 증가 => 총 572,000원 증가

27 ③ 자산이 증가하면 이익이 증가하고, 자산이 감소하면 이익이 감소한다.
부채가 증가하면 이익이 감소하고, 부채가 감소하면 이익이 증가한다.
따라서 수정전 당기순이익 700,000원 + 선급보험료 100,000원 + 선수임대료 100,000원 - 미수이자 100,000원 = 수정후 당기순이익 800,000원

28 ① • 보충법에 의해 12월31일 매출채권 5,500,000원 × 2% - 기말잔액 30,000원 = 80,000원 추가 설정
차) 대손상각비   80,000원   대) 대손충당금   80,000원
• 가수금에 대한 원인이 파악되지 않았으므로
차) 가 수 금   50,000원   대) 잡 이 익   50,000원
따라서 당기순이익은 30,000원(= 80,000원 - 50,000원)을 감소시킨다.

29 ④ 현금주의 당기순이익 300,000원 - 70,000원 + 50,000원 = 발생주의 당기순이익 280,000원

30 ① 3월 1일 보험료 중 선급비용 20,000원 누락(=120,000원 × $\frac{2}{12}$) 당기순이익에 가산

5월 1일 선이자 중 선수이자 100,000원 누락(=300,000원× $\frac{4}{12}$) 당기순이익에서 차감

따라서 80,000원 당기순이익을 감소시키므로, 2021년 12월 말 정확한 당기순이익은 270,000원(=350,000원 - 80,000원)이다.

Part 2 원가회계

PART

02

원가회계

CHAPTER 01

원가의 개념

1 원가의 기본개념

1. 원가의 정의

원가란 제품의 생산, 서비스 제공 등을 위해 소비된 경제적 자원을 화폐단위로 측정한 것을 말한다.

2. 원가회계의 정의와 목적

1) 원가회계의 정의: 제품을 만드는데 얼마의 원가가 들어갔는지 기록 · 계산 · 집계하여 재무제표 작성 및 내부 정보이용자에게 제품원가계산 및 성과평가, 의사결정에 필요한 제공하는 회계 분야를 말한다.

2) 원가회계의 목적

재무제표 작성	재무상태표상의 재고자산과 손익계산서의 매출원가를 결정하기 위한 정보를 제공
원가관리 및 통제	원가가 불필요하게 낭비되는 것을 관리하고 통제하는데 정보를 제공
의사결정	내부 경영자의 경영활동 계획 및 통제, 예산 편성 등의 다양한 의사결정을 하는데 정보를 제공

핵심 기출문제

01 다음 중 원가회계의 일반적인 특성이 아닌 것은?

① 제품제조원가계산을 위한 원가자료의 제공

② 기업의 외부정보이용자에게 정보제공

③ 기업의 경영통제를 위한 원가자료의 제공

④ 특수의사결정을 위한 원가정보의 제공

02 다음 중 원가관리회계에 대한 설명으로 가장 거리가 먼 것은?

① 도·소매업 등에서 매출원가 정보 등을 획득하기 위한 회계과정이다.

② 경영활동의 계획과 통제를 위해 필요한 회계과정이다.

③ 미래 의사결정을 위한 성과평가시 유용한 정보를 제공한다.

④ 외부 이해관계자보다 내부 경영자를 위한 회계이다.

03 다음 중 원가회계에 대한 설명이 아닌 것은?

① 외부의 정보이용자들에게 유용한 정보를 제공하기 위한 정보이다.

② 원가통제에 필요한 정보를 제공하기 위함이다.

③ 제품원가계산을 위한 원가정보를 제공한다.

④ 경영계획수립과 통제를 위한 원가정보를 제공한다.

정답 및 해설

01 ② 원가회계는 일반적 기업의 내부적 의사결정목적으로 작성된다.

02 ① 원가관리회계는 기본적으로 제조기업에 적용되는 회계이다.

03 ① 외부의 정보이용자들에게 유용한 정보를 제공하는 것은 재무회계의 목적이다.

1. 원가의 분류

목적이 무엇이냐에 따라 사용되는 원가도 달라지기 때문에 적합한 원가 정보를 수집하기 위해서는 다양한 원가의 분류가 필요하다.

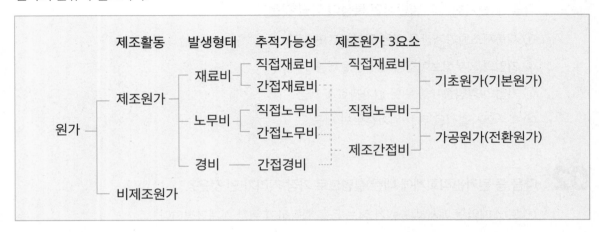

2. 제조활동에 따른 분류

제조원가	• 제조활동에서 발생되는 원가 • 제조원가의 3요소: 직접재료원가, 직접노무원가, 제조간접원가
비제조원가	기업의 제조활동과 관계없이 발생되는 원가 예 판매비와관리비

3. 발생형태에 따른 분류

무엇을 소비하느냐에 따라 원가를 구분하는 것을 말한다. 원재료의 소비에 따른 재료비, 노동력의 소비에 따른 노무비, 그 외의 원가의 소비에 따른 경비로 나뉜다.

재료비	제품 제조를 위해 소비된 물적 요소 예 원재료
노무비	제품 제조를 위해 투입된 인적 요소 예 임금
경비	제품 제조와 관련된 요소 중 재료비와 노무비를 제외한 것 예 전력비

4. 추적가능성에 따른 분류

특정 제품이나 서비스와 직접적으로 연관된 원가와 그렇지 않은 원가를 구분하는 것을 말한다.

직접비	특정 제품의 제조에만 소비되어 직접 추적하여 부과할 수 있는 원가 예 직접재료비, 직접노무비, 직접경비
간접비	여러 제품의 제조에 공통적으로 소비되어 추적할 수 없거나 추적할 수 있더라도 추적하는 것이 비경제적인 원가 예 간접재료비, 간접노무비, 간접경비

5. 원가행태에 따른 분류

조업도의 변동에 따라 총원가가 변동하는 모습으로 분류한 것이다. 조업도란 기업이 보유한 자원의 활용 정도를 의미하며 생산량, 판매량, 직접노동시간, 기계가동시간, 재료소비량 등이 있다.

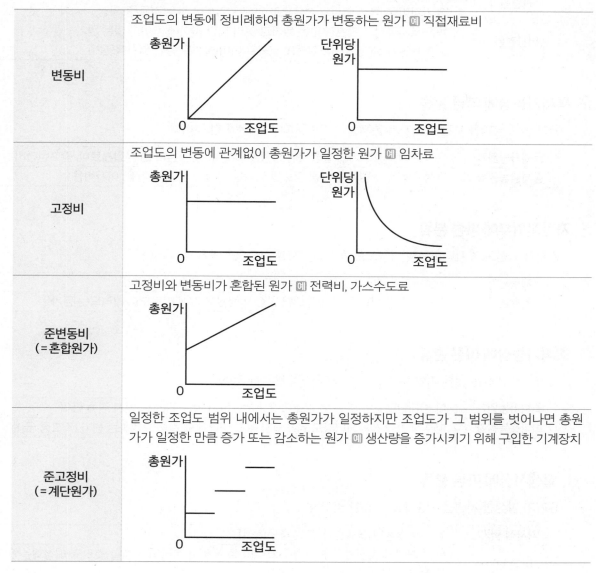

변동비	조업도의 변동에 정비례하여 총원가가 변동하는 원가 예 직접재료비
고정비	조업도의 변동에 관계없이 총원가가 일정한 원가 예 임차료
준변동비 (=혼합원가)	고정비와 변동비가 혼합된 원가 예 전력비, 가스수도료
준고정비 (=계단원가)	일정한 조업도 범위 내에서는 총원가가 일정하지만 조업도가 그 범위를 벗어나면 총원가가 일정한 만큼 증가 또는 감소하는 원가 예 생산량을 증가시키기 위해 구입한 기계장치

6. 의사결정 관련성에 따른 분류

원가가 의사결정에 영향을 미치는지를 기준으로 분류한 것을 말한다.

관련원가	특정 의사결정과 직접적으로 관련이 있는 원가로 여러 대안 사이에 차이가 나는 미래원가 예 기회비용: 특정 행위의 선택으로 인해 포기해야 하는 것들 중 가장 가치가 큰 것
비관련원가	특정 의사결정과 관련이 없는 원가로 여러 대안 사이에 차이가 없는 원가 예 매몰원가: 과거의 의사결정의 결과로 이미 발생된 원가(역사적원가)

7. 통제가능성에 따른 분류

원가 발생 금액을 특정 관리자가 통제할 수 있는지에 따라 분류한 것이다.

통제가능원가	특정 관리자가 원가의 발생액에 영향을 미칠 수 있는 원가 예 직접재료비, 광고선전비
통제불능원가	특정 관리자가 원가의 발생 정도에 영향을 미칠 수 없는 원가 예 이자비용

8. 자산화여부에 따른 분류

원가가 자산으로 처리되는지 비용으로 처리되는지를 기준으로 분류한 것이다.

제품원가	제품원가계산에 반영해야 하는 재고자산에 할당되는 모든 원가
기간원가	제품 생산과 관련 없이 발생되어 항상 발생된 기간에 비용으로 처리되는 원가

9. 회피가능성에 따른 분류

원가가 발생하는 것을 피할 수 있는지 여부에 따라 분류한 것이다.

회피가능원가	다른 대안을 선택할 경우 감소되거나 발생하지 않는 원가 예 임시 직원 급여
회피불능원가	다른 대안을 선택하더라도 감소되지 않고 미래에도 계속 발생하는 원가 예 고정 급여

10. 발생시점에 따른 분류

원가가 발생한 시점을 기준으로 분류한 것이다.

역사적 원가	과거에 발생된 실제원가 예 건물 구매비용
미래 원가	특정 거래가 발생하기 전에 분석과 예측을 통하여 미래에 발생할 것으로 예상되는 원가 예 향후 유지보수 비용

01 원가 및 비용의 분류항목 중 제조원가에 해당하는 것은 무엇인가?

① 생산공장의 전기요금　　　　　　② 영업용 사무실의 전기요금

③ 마케팅부의 교육연수비　　　　　④ 생산공장 기계장치의 처분손실

02 다음 원가 및 비용의 분류 중 제조원가에 해당되지 않는 거래는?

① 원재료 구입비　　　　　　　　　② 원재료 운반차량 처분손실

③ 제품 포장설비 감가상각비　　　　④ 제품 생산공장 화재보험료

03 다음 중 원가의 분류 방법과 종류가 잘못 짝지어진 것은?

① 원가의 행태에 따른 분류 : 변동원가와 고정원가

② 통제가능성에 따른 분류 : 역사적원가와 예정원가

③ 추적가능성에 따른 분류 : 직접원가와 간접원가

④ 의사결정과의 관련성에 따른 분류 : 관련원가와 매몰원가

정답 및 해설

01 ①　• 판매비와관리비 : 영업용 사무실의 전기요금, 마케팅부의 교육연수비
　　　　• 영업외손익 : 유형자산의 처분으로 인한 손익

02 ①　② 자산의 처분과 관련된 손실과 이익은 영업외손익으로 처리한다.

03 ②　통제가능성과 관련된 원가는 통제가능원가와 통제불능원가로 구분된다. 역사적원가와 예정원가는 시점에 따른 분류이다.

04 원가는 여러 가지 방법을 통해서 분류할 수 있다. 다음 중 원가분류에 대한 설명으로 옳지 않은 것은?

① 자산화 여부에 따라 제품원가와 기간원가로 분류한다.

② 원가행태에 따라 기초원가와 가공원가로 분류한다.

③ 의사결정의 관련성에 따라 관련원가와 비관련원가로 분류한다.

④ 제조활동과의 관련성에 따라 제조원가와 비제조원가로 분류한다.

05 다음 원가 중 제조과정에서 원가와의 추적가능성에 따라 분류한 것은?

① 재료비, 노무비, 경비   ② 직접비와 간접비

③ 변동비와 고정비   ④ 제품원가와 기간원가

06 다음 중 기본원가(prime costs)를 구성하는 것으로 맞는 것은?

① 직접재료비+직접노무비

② 직접노무비+제조간접비

③ 직접재료비+직접노무비+제조간접비

④ 직접재료비+직접노무비+변동제조간접비

07 다음의 자료를 근거로 가공비 금액을 계산하면 얼마인가?

- 직 접 재 료 비 : 250,000원
- 변동제조간접비 : 400,000원
- 직 접 노 무 비 : 500,000원
- 고정제조간접비 : 350,000원

① 750,000원   ② 900,000원   ③ 1,250,000원   ④ 1,500,000원

08 다음 자료에서 기초원가와 가공비(가공원가) 양쪽 모두에 해당하는 금액은 얼마인가?

- 직 접 재 료 비 : 300,000원
- 변동제조간접비 : 200,000원
- 직 접 노 무 비 : 400,000원
- 고정제조간접비 : 150,000원

① 350,000원   ② 400,000원   ③ 450,000원   ④ 500,000원

09 다음의 자료를 이용하여 기초원가와 가공원가를 계산한 것으로 옳은 것은?

구분	직접비	간접비
재료비	100,000원	50,000원
노무비	200,000원	100,000원
제조경비	0원	50,000원

	기초원가	가공원가
①	300,000원	200,000원
②	200,000원	250,000원
③	300,000원	400,000원
④	450,000원	50,000원

10 제조과정에 있는 작업자에게 제공하는 작업복과 관련된 비용은 어느 원가에 해당하는가?

	기본원가	가공원가	제품제조원가	판매비와 관리비
①	포함	포함	포함	미포함
②	포함	미포함	포함	포함
③	미포함	포함	포함	미포함
④	미포함	미포함	미포함	포함

정답 및 해설

04 ② 원가행태에 따라 변동원가와 고정원가로 분류한다.

05 ② ①-원가요소에 따른 분류기준, ③-원가행태에 따른 분류기준, ④-제조활동에 따른 분류기준

06 ① 기본원가는 직접재료비와 직접노무비를 합한 금액으로 한다.

07 ③ 가공비1,250,000원 = 직접노무비500,000원 + 제조간접비(400,000원+350,000원)

08 ② 직접노무비는 기초원가와 가공비(가공원가) 양쪽 모두에 해당된다.

09 ③ • **기초원가** : 직접재료비 100,000원 + 직접노무비 200,000원 = 300,000원
   • **가공원가** : 직접노무비 200,000원 + 간접재료비 50,000원 + 간접노무비 100,000원 + 제조경비 50,000원 = 400,000원

10 ③ 제조공정에 있는 작업자에게 제공하는 작업복은 제조간접원가로 처리되며, 제조간접원가는 가공원가와 제품제조원가에 포함된다.

11 다음 자료에서 기본원가(혹은 기초원가)와 가공비의 합은 얼마인가?

- 직접재료비 : 150,000원
- 직접노무비 : 320,000원
- 간접재료비 : 50,000원
- 간접노무비 : 80,000원
- 간접경비 : 30,000원
- 광고선전비 : 300,000원

① 630,000원　　　② 760,000원　　　③ 930,000원　　　④ 950,000원

12 다음 중 원가의 행태에 따른 분류에 해당하지 않는 것은?

① 변동원가　　　② 고정원가　　　③ 준고정원가　　　④ 매몰원가

13 다음 중 원가행태에 따라 변동원가와 고정원가로 분류할 때 이에 대한 설명으로 틀린 것은?

① 고정원가는 조업도가 증가할수록 단위당 원가도 증가한다.

② 고정원가는 조업도가 증가하여도 총원가는 일정하다.

③ 변동원가는 조업도가 증가하여도 단위당 원가는 일정하다.

④ 변동원가는 조업도가 증가할수록 총원가도 증가한다.

14 다음의 설명에 해당하는 것은?

- 일반적으로 관련범위 내에서 조업도의 변동과 관계없이 발생원가 총액이 일정하다.

① 개별 제품에 대한 포장비용

② 기계사용에 대한 전력비용

③ 공장 건물에 대한 화재보험료

④ 제품 생산에 대한 원재료비

15 다음은 원가행태를 조업도에 따라 나타낸 그래프이다. 그래프와 원가 종류가 바르게 연결된 것은?

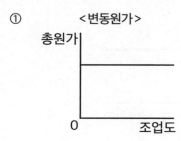

① <변동원가>

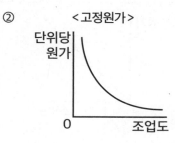

② <고정원가>

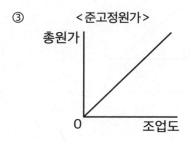

③ <준고정원가>

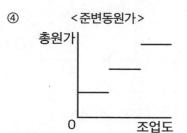

④ <준변동원가>

정답 및 해설

11 ④ 950,000원
기본원가 = 직접재료비 + 직접노무비 = 150,000원 + 320,000원 = 470,000원
가 공 비 = 직접노무비 + 제조간접비 = 320,000원 + 160,000원 = 480,000원

12 ④ 매몰원가는 원가의 행태에 따른 분류가 아닌 의사결정과의 관련성에 따른 분류에 해당한다.

13 ① 고정원가는 조업도가 증가할수록 단위당 원가는 감소한다

14 ③ 조업도의 변동에 관계없이 발생원가 총액이 일정한 것은 고정비를 의미하는 것이며, 공장 건물에 대한 화재보험료는 조업도의 수준과 상관없이 일정한 금액이 발생하는 고정비에 해당한다.

15 ② 고정원가는 조업도가 증가할수록 단위당 원가가 감소한다. ① 고정원가, ③ 변동원가, ④ 준고정원가에 대한 그래프이다.

16 다음은 원가의 행태에 대한 그래프이다. 변동비와 관계있는 도표로 알맞게 짝지어진 것은?

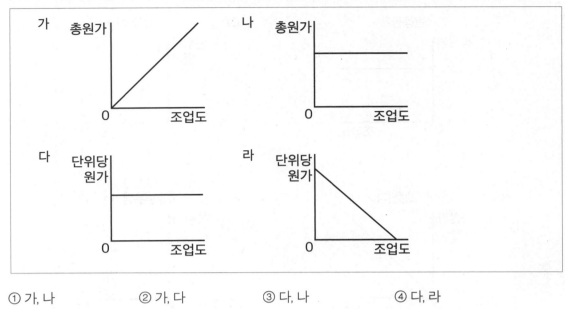

① 가, 나   ② 가, 다   ③ 다, 나   ④ 다, 라

17 다음에서 설명하고 있는 원가행태는 무엇인가?

특정범위의 조업도 수준(관련범위)에서는 일정한 금액이 발생하지만, 관련범위를 벗어나면 원가총액이 일정액만큼 증가 또는 감소하는 원가를 말한다.

① 준변동비(준변동원가)   ② 변동비(변동원가)

③ 고정비(고정원가)   ④ 준고정비(준고정원가)

18 기계장치 1대를 매월 1,000,000원에 임차하여 사용 중이며, 월 최대생산량은 500단위이다. 당월에 생산해야할 물량이 총 800대로 책정되어 추가로 1대의 기계장치를 임차하기로 결정하였다. 이 기계장치에 대한 임차료의 원가행태는 무엇인가?

① 변동원가   ② 준변동원가   ③ 고정원가   ④ 준고정원가

19 원가행태에 따라 다음의 설명에 해당되는 것은 무엇인가?

수도요금의 원가행태는 사용량이 없는 경우에도 발생하는 기본요금과 조업도(사용량)이 증가함에 따라 비례적으로 납부금액이 증가하는 추가요금으로 구성되어 있다.

① 준고정비   ② 고정비   ③ 변동비   ④ 준변동비

20 다음은 원가에 대한 설명이다. 틀린 것은?

① 직접노무비와 제조간접비를 합하여 가공원가라 한다.

② 조업도와 관련성 여부에 따라 변동비와 고정비로 구분할 수 있다.

③ 의사결정과 관련성 여부에 따라 관련원가와 비관련원가로 구분할 수 있다.

④ 기회비용이란 특정 행위의 선택으로 인해 포기해야 하는 것들의 가치 평균액을 말한다.

21 다음 중 의사결정과 관련된 원가분류에 해당하지 않는 것은?

① 매몰원가   ② 기회원가   ③ 관련원가   ④ 변동원가

정답 및 해설

16 ② 변동비 그래프는 가, 다 이며, 고정비 그래프는 나, 라 이다.

17 ④ 준고정비에 대한 설명이다. 그래프로 표현하면 다음과 같다.

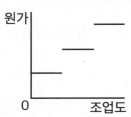

18 ④ 준고정원가는 일정한 조업도 범위내에서는 고정비와 동일하게 일정하나, 조업도가 일정수준 이상 증가하면 원가총액이 증가하는 원가를 말한다. 생산관리자의 급여, 생산량에 따른 설비자산의 구입가격, 임차료 등은 준고정원가이다.

19 ④ 준변동비는 고정원가와 변동원가의 두 가지 요소로 구성된 원가를 말하며, 혼합원가 라고도 한다.

20 ④ 기회비용이란 특정 행위의 선택으로 인해 포기해야 하는 것들 중 가장 가치가 큰 것을 말한다.

21 ④ 변동원가는 원가행태에 따른 분류이다.

22 다음 중 의사결정과 관련한 원가에 대한 설명으로 옳지 않은 것은?

① 관련원가란 특정 의사결정과 직접적으로 관련 있는 원가로 선택 가능한 대안 사이에 발생할 수 있는 미래의 원가차이를 의미한다.

② 매몰원가란 과거의 의사결정의 결과로 인해 이미 발생된 원가로, 현재의 의사결정에는 아무런 영향을 미치지 못하는 원가를 말한다.

③ 기회원가란 자원을 다른 대체적인 용도로 사용할 경우 발생할 수 있는 최대손실을 의미한다.

④ 회피가능원가란 의사결정에 따라 절약할 수 있는 원가로 관련원가에 해당한다.

23 다음 중 매몰원가에 해당하지 않는 것은?

① 전기승용차 구입 결정을 함에 있어 사용하던 승용차 처분 시 기존 승용차의 취득원가

② 과거 의사결정으로 발생한 원가로 향후 의사결정을 통해 회수할 수 없는 취득원가

③ 사용하고 있던 기계장치의 폐기 여부를 결정할 때, 해당 기계장치의 취득원가

④ 공장의 원재료 운반용 화물차를 판매 제품의 배송용으로 전환하여 사용할지 여부를 결정할 때, 새로운화물차의 취득가능금액

24 공장에서 가동중인 기계장치(취득가액 1,000,000원)가 고장이 났다. 대안 (1)은 기계를 수리하여 재사용 하려면 350,000원의 수선비가 투입되어야 하고, 대안 (2)는 폐기의 경우 150,000원을 받을 수 있지만 대체할 다른 기계장치 구입에 600,000원이 소요된다고 한다. 이 경우, 매몰원가의 금액은 얼마인가?

① 150,000원　　　② 350,000원　　　③ 600,000원　　　④ 1,000,000원

25 공장에서 사용하던 밀링머신이 파손되어 처분하려 한다. 취득원가는 3,000,000원이며 파손시점까지 감가상각누계액은 1,500,000원이다. 동 기계를 바로 처분하는 경우 1,000,000원을 받을 수 있고, 200,000원을 추가로 지출하여 수리하는 경우 1,300,000원을 받을 수 있다. 이때 매몰원가는 얼마인가?

① 1,500,000원　　　② 1,300,000원　　　③ 1,000,000원　　　④ 200,000원

26 공장에서 사용하던 화물차(취득원가 3,500,000원, 처분시점까지 감가상각누계액 2,500,000원)가 고장이 나서 매각하려고 한다. 동 화물차에 대해 500,000원 수선비를 투입하여 처분하면 1,200,000원을 받을 수 있지만, 수선하지 않고 처분하면 600,000원을 받을 수 있다. 이 경우에 매몰원가는 얼마인가?

① 400,000원 　　　 ② 500,000원 　　　 ③ 1,000,000원 　　　 ④ 1,200,000원

정답 및 해설

22 ③ 기회원가란 자원을 다른 대체적인 용도로 사용할 경우 얻을 수 있는 최대이익을 의미한다.

23 ④ 자산을 다른 용도로 사용하는 것은 기회원가에 해당한다. 대체 자산 취득 시 기존 자산의 취득원가는 의사결정에 영향을 주지 않는 경우 매몰원가에 해당한다.

24 ④ 취득가액은 두 가지 의사결정 고려시 전혀 관련성이 없는 매몰원가이다.

25 ① 1,500,000원
　　　 매몰원가는 과거 의사결정의 결과로 이미 발생된 원가로서 현재 또는 미래의 의사결정과 관련이 없는 비관련원가이다. 기계의 장부가액인 1,500,000원은 이미 지출된 비용으로서 향후 의사결정에 영향을 미치지 않으므로 기계장치의 처분여부와 관련 없는 매몰원가이다.

26 ③ 매몰원가는 과거에 발생한 원가로써 의사결정에 영향을 주지 않는 원가를 말한다. 따라서 화물차의 매몰원가는 취득원가에서 감가상각누계액을 차감한 장부금액 1,000,000원이 되는 것이다.

1. 제조기업 원가의 흐름

제조기업에서 원가의 흐름은 원재료가 제품으로 변환되는 과정에서 발생하는 비용의 흐름을 의미한다. 원가의 흐름을 이해하면 제품이 생산되는 과정에서 원가가 어떻게 배분되고, 최종적으로 원가가 제품에 어떻게 포함되는지 알 수 있다.

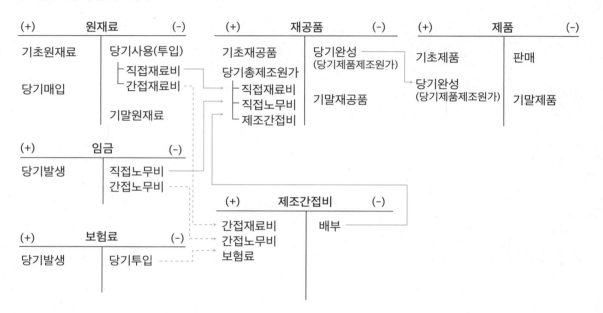

2. 원가요소

재료비	• 재료비: 제품 제조를 위해 구입한 원재료 중 당기에 사용(투입)된 원재료의 원가 　　재료비(당기투입) = 기초원재료재고액 + 당기원재료매입액 - 기말원재료재고액 예 기초원재료 100원, 당기원재료매입액 500원, 기말원재료 200원인 경우 당기의 원재료비는 400원이다. • 원재료 사용액 중 직접재료비는 재공품 계정 차변으로 대체 • 원재료 사용액 중 간접재료비는 제조간접비 계정 차변으로 대체
노무비	• 노무비: 제품 제조를 위해 당기 발생한 임금 상여금 등의 원가 　　노무비(당기발생) = 당기 지급액 + 당기 미지급액 - 당기 선급액 　　　　　　　　　　　　　　　 - 전기 미지급액 + 전기 선급액 예 당기 중 현금 지급한 임금 1,000원, 당기 말 미지급한 임금 800원, 당기에 선지급한 임금 500원인 경우 당기 노무비 발생액은 1,300원이다. • 직접노무비는 재공품 계정 차변으로 대체 • 간접노무비는 제조간접비 계정 차변으로 대체
경비	• 경비: 제조과정에서 발생한 경비(보험료, 전력비, 감가상각비 등)의 당기 발생원가 • 제조경비는 제조간접비 계정 차변으로 대체

제조간접비	• 제조간접비: 직접재료비, 직접노무비 이외 제품 제조에 사용된 원가 • 간접재료비, 간접노무비, 간접경비가 제조간접비 계정에 집계된 후 재공품 계정 차변으로 대체
재공품	• 재공품: 제조과정이 완료되지 않은 미완성품 • 당기총제조원가: 당기에 제조과정에 투입된 제조원가 • 당기제품제조원가: 당기에 완성된 제품의 제조원가 • 당기총제조원가는 재공품 계정 차변에 집계 <div align="center">당기총제조원가 = 직접재료비 + 직접노무비 + 제조간접비</div> • 당기완성된 제품(당기제품제조원가)은 재공품 계정 대변에서 제품 계정으로 대체 <div align="center">당기제품제조원가 = 기초재공품 + 당기총제조원가 - 기말재공품</div>
제품	• 제품: 제조과정이 완료된 완성품 • 당기제품제조원가는 제품 계정 차변에 집계 • 당기 판매된 제품(매출원가)은 제품 계정 대변에서 매출원가 계정으로 대체 <div align="center">제품매출원가 = 기초제품 + 당기제품제조원가 - 기말제품</div>

3. 제조원가명세서

1) **제조원가명세서의 정의**: 제조기업의 당기제품제조원가를 보고하기 위하여 작성하는 재무제표의 부속명세서로 원재료와 재공품 계정의 변동사항이 표시되어 있다.

제조원가명세서		손익계산서	
과목	**금액**	**과목**	**금액**
1. 원재료비	×××	Ⅰ. 매출액	×××
기초원재료재고액	×××	Ⅱ. 매출원가	×××
당기원재료매입액	×××	(1)상품매출원가	
기말원재료재고액	(×××)	1. 기초상품재고액	×××
2. 노무비	×××	2. 당기상품매입액	×××
3. 경비	×××	2. 기말상품재고액	(×××)
4. 당기총제조비용	×××	(2) 제품매출원가	
5. 기초재공품재고액	×××	1. 기초제품재고액	×××
6. 합계	×××	2. 당기제품제조원가	×××
7. 기말재공품재고액	(×××)	3. 기말제품재고액	(×××)
8. 당기제품제조원가	×××	⋮	
		ⅹ. 당기순이익	×××

제조원가명세서	재공품 T계정 → 당기제품제조원가 계산
손익계산서	제품 T계정 → 당기제품제조원가를 반영한 제품매출원가 계산

2) **제조기업의 회계보고서 작성 순서**: 제조원가명세서(손익계산서의 부속명세서) → 손익계산서 → 재무상태표

예제

제조원가의 흐름

다음 자료를 이용하여 당기총제조원가, 당기제품제조원가, 매출원가를 구하시오.

- 기초원재료재고액: 10,000원
- 당기원재료매입액: 100,000원
- 기말원재료: 30,000원
- 기초재공품 200,000원
- 기말재공품 250,000원
- 직접노무비 180,000원
- 제조간접비 210,000원
- 기초제품 50,000원
- 기말제품 60,000원

정답 및 해설

원재료

기초	10,000	당기투입	80,000
당기매입	100,000	기말	30,000

제공품

기초	200,000	당기완성	420,000
당기총제조원가	470,000	(＝당기제품제조원가)	
─ 직접재료비	80,000		
─ 직접노무비	180,000	기말	250,000
─ 제조간접비	210,000		

제품

기초	50,000	매출원가	410,000
당기제품제조원가	420,000	기말	60,000

01 다음 중 원가집계 계정의 흐름으로 가장 옳은 것은?

① 매출원가→ 재공품→ 재료비→ 제품

② 재료비→ 매출원가→ 재공품→ 제품

③ 매출원가→ 재료비→ 재공품→ 제품

④ 재료비→ 재공품→ 제품→ 매출원가

02 다음 중 원가의 흐름으로 올바른 것은?

① 원재료 → 제 품 → 재공품

② 원재료 → 재공품 → 제 품

③ 재공품 → 제 품 → 원재료

④ 제 품 → 재공품 → 원재료

03 다음 중 제조원가계산을 위한 재공품 계정에 표시될 수 없는 것은?

① 당기 총제조원가

② 기말 제품

③ 당기 제품제조원가

④ 기말 재공품

정답 및 해설

01 ④

02 ②

03 ② 기말 제품은 제품 계정에 표시된다.

04 다음 중 원가집계계정의 흐름으로 가장 맞는 것은?

① 당기총제조비용은 제품계정 차변으로 대체

② 당기제품제조원가는 재공품계정 차변으로 대체

③ 당기매출원가는 상품매출원가계정 차변으로 대체

④ 당기재료비소비액은 재료비계정 차변으로 대체

05 다음 중 당기총제조원가를 구성하지 않는 것은?

① 직접재료비   ② 직접노무비   ③ 제조간접비   ④ 기초재공품

06 다음은 제조기업의 원가계산과 관련된 산식이다. 틀린 것은?

① 당기총제조원가 = 직접재료비(+)직접노무비(-)제조간접비

② 직접재료비 = 기초원재료재고액(+)당기원재료매입액(-)기말원재료재고액

③ 당기제품제조원가 = 기초재공품재고액(+)당기총제조원가(-)기말재공품재고액

④ 매출원가 = 기초제품재고액(+)당기제품제조원가(-)기말제품재고액

07 다음은 재공품계정에 대한 설명이다. 괄호 안에 들어갈 내용으로 맞는 것은?

기말재공품재고액이 기초재공품재고액 보다 크다면 당기총제조비용이 당기제품제조원가보다 (   ).

① 크다   ② 작다   ③ 같다   ④ 알 수 없다.

08 회사의 10월 중 당월총제조원가는 600,000원이다. 10월초 원재료 재고액이 80,000원이고, 10월 중 원재료 구입액이 350,000원 그리고 가공원가가 300,000원이라면 10월말의 원재료재고액은 얼마인가?

① 110,000원   ② 120,000원   ③ 130,000원   ④ 140,000원

09 당기의 원재료 매입액은 20억원이고, 기말 원재료 재고액이 기초 원재료 재고액보다 3억원이 감소한 경우, 당기의 원재료원가는 얼마인가?

① 17억원   ② 20억원   ③ 23억원   ④ 25억원

10 ㈜한국은 4월 중 50,000원의 직접재료를 구입하였다. 직접재료의 4월초 재고는 10,000원이고, 4월말 재고는 20,000원이다. 4월 총제조원가는 200,000원이고, 제조간접원가가 30,000원이면 4월 직접노무원가는 얼마인가?

① 120,000원   ② 130,000원   ③ 150,000원   ④ 170,000원

11 재공품 계정을 구성하는 자료가 다음과 같을 경우 당기의 직접노무비는 얼마인가?

• 직접재료비 : 10,000원	• 직접노무비 : 가공비의 20%	• 제조간접비 : 50,000원

① 10,000원   ② 12,500원   ③ 15,000원   ④ 30,000원

정답 및 해설

04 ④ ① 당기총제조비용은 재공품계정 차변으로 대체
② 당기제품제조원가는 제품계정 차변으로 대체
③ 당기매출원가는 제품매출원가계정 차변으로 대체

05 ④ 기초재공품

06 ① 당기총제조원가 = 직접재료비+직접노무비+제조간접비

07 ①

08 ③ • 당월총제조원가가 600,000원이고 그 중 가공원가가 300,000원이라면 원재료 사용액은 300,000원이 된다.
• 원재료 사용액 = 월초재고액 + 당월매입액 - 월말재고액
• 월말재고액(130,000원) = 월초재고액(80,000원) + 당월매입액(350,000원) - 사용액(300,000원)

09 ③ 23억원
= 당기 원재료 매입액 20억원 + 원재료 재고 감소액 3억원
• 당기원재료비 : 기초 원재료 재고액 A + 당기 원재료 매입액 20억원 - 기말 원재료 재고액 B

10 ② 4월 직접재료원가 : 10,000원 + 50,000원 - 20,000원 = 40,000원
4월 직접노무원가 : 200,000원 - 40,000원 - 30,000원 = 130,000원

11 ② 직접노무비(ⓐ) : 가공비의 20% → (직접노무비 + 제조간접비) * 0.2
제조간접비가 50,000 이므로,
직접노무비(ⓐ) = (ⓐ + 50,000) * 0.2
         ⓐ = 0.2ⓐ + 10,000
         ⓐ = 12,500

12 다음 자료를 이용하여 5월 노무비 발생액을 계산하면 얼마인가?

- 노무비 전월 선급액 : 500,000원
- 노무비 당월 지급액 : 200,000원
- 당월 선급액과 당월 미지급액은 없다.

① 100,000원　　② 300,000원　　③ 400,000원　　④ 700,000원

13 제조공장에서의 전력비에 대한 자료가 다음과 같을 경우 4월에 발생한 전력비 금액은 얼마인가?

- 4월 지급액 : 1,300,000원
- 4월 선급액 : 230,000원
- 4월 미지급액: 360,000원

① 710,000원　　② 1,170,000원　　③ 1,430,000원　　④ 1,890,000원

14 다음 자료를 참고하여 당기총제조원가를 구하시오.

- 직접재료비 : 500,000원
- 직접노무비 : 400,000원
- 직접제조경비 : 100,000원
- 제조간접비 : 200,000원
- 광고선전비 : 300,000원

① 1,000,000원　　② 1,200,000원　　③ 1,500,000원　　④ 1,800,000원

15 다음 자료를 이용하여 당기 총제조원가를 구하면 얼마인가?

기초 재공품 원가	100,000원	직접재료원가	180,000원
기말 재공품 원가	80,000원	직접노무원가	320,000원
공장 전력비	50,000원	공장 임차료	200,000원

① 500,000원　　② 600,000원　　③ 730,000원　　④ 750,000원

16 다음 자료를 이용하여 당기제품제조원가를 구하시오.

- 기초제품재고액 : 90,000원
- 기말제품재고액 : 70,000원
- 당기총제조비용 : 1,220,000원
- 매출원가 : 1,300,000원

① 1,280,000원　　② 1,400,000원　　③ 2,680,000원　　④ 2,860,000원

17 다음 자료를 이용하여 당기제품제조원가를 구하라.

· 기초재공품재고액 : 1,500,000원   · 기말재공품재고액 : 1,700,000원
· 당기총제조비용 : 9,000,000원   · 매출원가 : 3,000,000원

① 6,190,000원   ② 8,800,000원   ③ 9,200,000원   ④ 12,200,000원

정답 및 해설

12 ④ 700,000원 = 전월 선급액 500,000원 + 당월 지급액 200,000원

13 ③ 1,300,000원 - 230,000원 + 360,000원 = 1,430,000원

14 ② 당기총제조원가 : 직접재료비 + 직접노무비 + 직접제조경비 + 제조간접비
= 500,000원 + 400,000원 + 100,000원 + 200,000원 = 1,200,000원

15 ④ 750,000원
= 직접재료원가 180,000원 + 직접노무원가 320,000원 + 제조간접원가 250,000원
· 제조간접원가 : 공장 전력비 50,000원 + 공장 임차료 200,000원 = 250,000원

16 ① 1,280,000원 = 매출원가 1,300,000원 - 기초제품재고액 90,000원 + 기말제품재고액 70,000원

제품			
기초제품	90,000	매출원가	1,300,000
당기제품제조원가	1,280,000	기말제품	70,000

17 ② 8,800,000원

제공품			
기초재공품	1,500,000	기말재공품	1,700,000
당기총제조비용	9,000,000	당기제품제조원가	8,800,000

18 다음 자료에 의해 당기제품제조원가를 계산하면 얼마인가?

- 기초원재료재고 : 150,000원
- 기말원재료재고 : 90,000원
- 당기원재료매입 : 230,000원
- 기초제품재고 : 60,000원
- 직 접 노 무 비 : 450,000원
- 제 조 간 접 비 : 300,000원
- 기초재공품재고 : 200,000원
- 기말재공품재고 : 240,000원

① 290,000원   ② 1,000,000원   ③ 1,040,000원   ④ 1,100,000원

19 다음은 제조기업의 원가 관련 자료이다. 매출원가 금액으로 옳은 것은?

- 당기총제조원가   1,500,000원
- 기초제품재고액   800,000원
- 기말제품재고액   300,000원
- 기초재공품재고액   500,000원
- 기말재공품재고액   1,300,000원
- 직접재료원가   700,000원

① 700,000원   ② 800,000원   ③ 1,200,000원   ④ 2,000,000원

20 다음 자료를 이용하여 매출원가를 계산하면 얼마인가?

- 기초재공품재고액 : 450,000원
- 기초제품재고액 : 300,000원
- 당기총제조원가 : 800,000원
- 기말재공품재고액 : 600,000원
- 기말제품재고액 : 550,000원

① 400,000원   ② 450,000원   ③ 650,000원   ④ 800,000원

21 기말재공품은 기초재공품에 비하여 800,000원 증가하였다. 또한 공정에 투입한 직접재료비, 직접노무비와 제조간접비의 비율이 1 : 2 : 3이었다. 당기제품제조원가가 1,000,000원이라면, 직접재료비는 얼마인가?

① 300,000원   ② 600,000원   ③ 900,000원   ④ 1,800,000원

22 다음 주어진 자료를 이용하여 제조간접비를 계산하면 얼마인가?

- 기초재공품재고액 : 1,000,000원
- 기말재공품재고액 : 2,000,000원
- 당기 기초(기본)원가 : 7,000,000원
- 기말원재료재고액 : 500,000원
- 당기제품제조원가 : 10,000,000원

① 1,000,000원   ② 4,000,000원   ③ 4,500,000원   ④ 1,500,000원

23 다음 자료에 의한 당기총제조원가는 얼마인가? 단, 노무원가는 발생주의에 따라 계산한다.

• 기초원재료	300,000원	• 당기지급임금액	350,000원
• 기말원재료	450,000원	• 당기원재료매입액	1,300,000원
• 전기미지급임금액	150,000원	• 제조간접원가	700,000원
• 당기미지급임금액	250,000원	• 기초재공품	200,000원

① 2,100,000원   ② 2,300,000원   ③ 2,450,000원   ④ 2,500,000원

PART 2 전산회계 1급 원가회계

정답 및 해설

18 ② 직접재료비 = 기초원재료재고 + 당기원재료매입 - 기말원재료재고
= 150,000원 + 230,000원 - 90,000원 = 290,000원
당기총제조원가 = 직접재료비 + 직접노무비 + 제조간접비
= 290,000원 + 450,000원 + 300,000원 = 1,040,000원
당기제품제조원가 = 기초재공품재고 + 당기총제조원가 - 기말재공품재고
= 200,000원 + 1,040,000원 - 240,000원 = 1,000,000원

19 ③ 1,200,000원
= 기초제품 800,000원 + 당기제품제조원가 700,000원 - 기말제품 300,000원
• 당기제품제조원가 : 기초재공품 500,000원 + 당기총제조원가 1,500,000원 - 기말재공품
1,300,000원 = 700,000원

20 ① 400,000원

재공품계정				제품계정			
기초재공품	450,000	제품	650,000	기초제품	300,000	**매출원가**	**400,000**
당기총제조원가	800,000	기말재공품	600,000	재공품	650,000	기말제품	550,000

21 ① • 기초재공품 + 당기총제조원가(=직접재료비+직접노무비+제조간접비) = 당기제품제원가+기말재공품
• 0원 + 당기총제조원가 = 1,000,000원 + 800,000원, ∴ 당기총제조원가 = 1,800,000원
• 직접재료비 = 1,800,000원 × $\frac{1}{1+2+3}$ = 300,000원

22 ② 당기제품제조원가 10,000,000원 = 기초재공품재고액(1,000,000원) + 당기총제조원가 - 기말재공품
재고액(2,000,000원)
따라서 당기총제조원가는 11,000,000원
당기총제조원가 = 기초원가(직접재료비 + 직접노무비) + 제조간접비 = 7,000,000원 + 제조간접비
따라서 제조간접비는 4,000,000원

23 ② 2,300,000원 = 직접재료원가 1,150,000원 + 직접노무원가 450,000원 + 제조간접원가 700,000원
• 당기총제조원가 : 직접재료원가 + 직접노무원가 + 제조간접원가
• 직접재료원가 : 기초원재료 300,000원 + 당기원재료매입액 1,300,000원 - 기말원재료 450,000원
= 1,150,000원
• 직접노무원가 : 당기지급임금액 350,000원 + 당기미지급임금액 250,000원 - 전기미지급임금액
150,000원 = 450,000원

24 다음 중 제조원가명세서를 작성하기 위하여 필요하지 않은 것은?

① 당기 직접노무원가 발생액

② 당기 직접재료 구입액

③ 당기 기말제품 재고액

④ 당기 직접재료 사용액

25 다음 중 제조원가명세서에 표시되지 않는 것은?

① 직접재료비, 직접노무비, 제조간접비　　② 당기총제조원가

③ 당기제품제조원가　　④ 제품매출원가

26 다음 중 제조원가명세서에 포함되는 항목으로만 짝지어진 것은?

㉠ 기말원재료재고액	㉡ 기말제품재고액	㉢ 기말재공품재고액
㉣ 당기제품제조원가	㉤ 당기총제조원가	㉥ 당기제품매출원가

① ㉠, ㉢, ㉣, ㉤　　② ㉠, ㉡, ㉣, ㉤

③ ㉡, ㉢, ㉣, ㉤　　④ ㉢, ㉣, ㉤, ㉥

정답 및 해설

24 ③　당기 기말제품 재고액은 손익계산서에서 매출원가를 산출하는데 필요한 자료이므로 제조원가명세서와는 상관없는 자료이다.

25 ④　제품매출원가는 손익계산서 항목에 해당한다.

26 ①　기말제품재고액, 당기제품매출원가는 제조원가명세서에 포함 되지 않음.

부문별 원가계산

1 원가배부

1. 원가배부의 정의

원가배부란 여러 부서나 제품 간에 공동으로 사용하는 비용(간접원가, 공통원가)을 합리적인 기준에 따라 각 원가대상에 대응시키는 과정을 말한다.

2. 원가배부기준

인과관계기준	특정 활동과 원가의 발생 간에 인과관계가 존재할 때 그 인과관계에 따라 원가를 배분하는 기준으로 가장 합리적인 방법 예 전기 사용량에 따른 전력비 배부
부담능력기준	원가를 부담할 수 있는 능력에 비례하여 원가를 배부하는 기준 예 회사 이미지 개선을 위한 광고비를 매출에 비례하여 배부
수혜기준	공통원가로부터 제공받은 혜택에 따라 원가를 배부하는 기준 예 두 제품을 판매하기 위해 지출한 광고선전비 금액을 매출액 증가액에 따라 배부

2 부문별 원가계산

1. 원가부문

원가부문이란 원가를 발생장소별로 집계하기 위한 단위을 말한다.

제조부문	제조활동을 직접 수행하는 부문 예 조립부문, 절단부문
보조부문	제조활동에 간접적으로 지원하는 부문 예 전력부문, 식당부문, 수선부문

2. 원가배부절차

[1단계] 부문직접비를 각 부문에 부과

| 반죽기계 | | 배송기계 |

보조부문

| 배송부문 | | 식당부문 |

[2단계] **부문간접비 배부**

| 전력비 |

[3단계] 보조부문비를 제조부문에 배부
(직접배부법, 단계배부법, 상호배부법)

제조부문
(제조간접비)

| 반죽부문 | | 가공부문 |

[4단계] **제조부문비를 제품에 배부**

각 제품

| 딸기케이크 | | 피자빵 |

1단계	특정 부문에서 개별적으로 발생하는 원가인 부문직접비를 각 부문에 직접 부과한다.
2단계	여러 부문 또는 공장 전체에서 발생하여 개별 부문에 직접 추적할 수 없는 원가인 부문간접(공통)비를 배부기준에 의해 각 부문에 배부한다. • 전력비, 수도광열비: 사용량 • 임차료, 재산세, 건물 보험료, 건물 감가상각비: 점유면적 • 기계장치 감가상각비: 사용시간 • 복리후생비: 종업원 수, 근무시간
3단계	보조부문은 제품 제조에 직접적인 인과관계가 없기 때문에 보조부문에 집계된 원가를 제조부문에 배부한다. ① 보조부문 원가의 배부기준 • 동력 부문: 사용량 　　　　　　　• 건물 관리 부문: 점유면적 • 식당, 복리후생, 인사부문: 종업원 수 　• 수선 부문: 수선 횟수, 기계시간 • 구매부문: 구매비용, 구매 횟수 ② 보조부문 원가의 배부방법: 보조부문이 둘 이상일 때 보조부문간에 제공된 용역을 어느 정도 고려하는지에 따라 직접배분법, 단계배분법, 상호배분법으로 나눠진다.

	직접 배부법	• 보조부문간의 용역수수관계를 반영하지 않음 • 보조부문원가를 다른 보조부문에는 배분하지 않고 제조부문에만 직접 배부 • 계산이 간단하다는 장점이 있으나 정확성이 떨어짐
	단계 배부법	• 보조부문간의 용역수수관계를 일부만 반영 • 보조부문간의 원가배분의 순서를 정해 우선순위가 높은 보조부문원가로부터 하위보조부문 및 제조부문에 순차적으로 배부
	상호 배부법	• 보조부문간의 용역수수관계를 완전히 반영 • 정확성이 높다는 장점이 있으나 계산이 복잡함

4단계	제조부문에 집계 및 배부된 원가를 제품에 배부

예제 부문별 원가계산

다음은 보조부문 원가에 관한 자료이다. 직접배부법, 단계배부법(A부문부터 배부할 것)을 이용하여 보조부문 제조간접비를 제조부문에 배부하시오.

구분	보조부문		제조부문	
	A부문	B부문	X부문	Y부문
발생원가	1,000,000	800,000	1,200,000	600,000
A부문	-	20%	30%	50%
B부문	10%	-	60%	20%

정답 및 해설

1. 직접배부법

구분	보조부문		제조부문		합계
	A부문	B부문	X부문	Y부문	
발생원가	1,000,000	800,000	1,200,000	600,000	3,600,000
A부문	(1,000,000)	20%	30% ① 375,000	50% ② 625,000	-
B부문	10%	(800,000)	60% ③ 600,000	20% ④ 200,000	-
배분 후 원가	0	0	2,175,000	1,425,000	3,600,000

① A부문 → X부문 배부액: $1,000,000원 \times \dfrac{30\%}{30\%+50\%} = 375,000원$

② A부문 → Y부문 배부액: $1,000,000원 \times \dfrac{50\%}{30\%+50\%} = 625,000원$

③ B부문 → X부문 배부액: $800,000원 \times \dfrac{60\%}{60\%+20\%} = 600,000원$

④ B부문 → Y부문 배부액: $800,000원 \times \dfrac{20\%}{60\%+20\%} = 500,000원$

2. 단계배부법

구분	보조부문		제조부문		합계
	A부문	B부문	X부문	Y부문	
발생원가	1,000,000	800,000	1,200,000	600,000	3,600,000
A부문	(1,000,000)	20% ① 200,000	30% ② 300,000	50% ③ 500,000	-
B부문	~~10%~~	(1,000,000)	60% ④ 750,000	20% ⑤ 250,000	-
배분 후 원가	0	0	2,250,000	1,350,000	3,600,000

① A부문 → B부문 배부액: $1,000,000원 \times \dfrac{20\%}{20\%+30\%+50\%} = 200,000원$

② A부문 → X부문 배부액: $1,000,000원 \times \dfrac{30\%}{20\%+30\%+50\%} = 300,000원$

③ A부문 → Y부문 배부액: $1,000,000원 \times \dfrac{50\%}{20\%+30\%+50\%} = 500,000원$

④ B부문 → X부문 배부액: $1,000,000원 \times \dfrac{60\%}{60\%+20\%} = 750,000원$

⑤ B부문 → Y부문 배부액: $1,000,000원 \times \dfrac{20\%}{60\%+20\%} = 250,000원$

01 다음 중 보조부문원가를 제조부문에 배부하는 방법에 속하지 않는 것은?

① 단계배부법   ② 직접배부법   ③ 간접배부법   ④ 상호배부법

02 다음 보조부문의 제조간접비 배부방법 중 계산방법이 가장 단순한 방법과 배부금액의 정확도가 가장 높은 방법을 순서대로 나열한 것은?

① 직접배분법, 단계배분법   ② 단계배분법, 상호배분법

③ 상호배분법, 단계배분법   ④ 직접배분법, 상호배분법

03 다음 중 보조부문원가의 배부 방법 중 가장 정확한 배부법은 무엇인가?

① 직접배부법   ② 간접배부법   ③ 상호배부법   ④ 단계배부법

04 다음은 보조부문원가를 제조부문에 배부하는 내용이다. 무엇에 대한 설명인가?

보조부문원가를 보조부문의 배부순서를 정하여 한 번만 다른 보조부문과 제조부문에 배부한다.

① 직접배부법   ② 단계배부법   ③ 상호배분법   ④ 개별배부법

정답 및 해설

01 ③

02 ④
- 직접배부법 : 보조부문비를 배분하지 않고 직접 제조부문에만 배부, 간단, 정확도, 신뢰도 낮음
- 단계배부법 : 직접배부법과 상호배부법의 절충
- 상호배부법 : 보조부문비를 다른 보조 부문과 제조부문에 배부, 복잡, 정확도, 신뢰도 높음

03 ③   상호배부법은 둘 이상의 보조부문이 있을 경우 보조부문 간의 용역 수수관계를 완전히 반영하기 때문에 보조부문원가의 배부 방법 중 가장 정확하다.

04 ②   단계배부법에 대한 설명이다.

05 다음 중 보조부문 원가의 배부기준으로 적합하지 않은 것은?

	보조부문원가	배부기준
①	건물 관리 부문	점유 면적
②	공장 인사관리 부문	급여 총액
③	전력 부문	전력 사용량
④	수선 부문	수선 횟수

06 다음 중 원가배분에 관한 설명으로 틀린 것은?

① 원가배분 기준에는 인과관계기준, 수혜기준, 부담능력기준이 있다.

② 보조부문 원가를 제조부문에 배분하는 방법에는 직접배분법, 단계배분법, 상호배분법이 있다.

③ 상호배분법은 계산이 단순하지만, 정확성이 떨어지는 단점이 있다.

④ 수 개의 부문이 공동으로 사용 기계장치의 감가상각비를 각 부문에 배분하기 위한 합리적 배부기준은 부문별 기계장치 사용시간이다.

07 보조부문비의 배분방법인 직접배분법, 상호배분법 및 단계배분법의 세가지를 서로 비교하는 설명으로 가장 옳지 않은 것은?

① 가장 정확한 계산방법은 상호배분법이다

② 가장 정확성이 부족한 계산방법은 단계배분법이다.

③ 배분순서가 중요한 계산방법은 단계배분법이다.

④ 계산방법이 가장 간단한 배분법은 직접배분법이다.

08 다음 중 보조부문원가의 배부방법에 대한 설명으로 옳지 않는 것은?

① 상호배부법은 보조부문간의 용역제공을 모두 고려하는 가장 정확한 방법이나, 계산과정이 복잡한 단점이 있다.

② 단계배부법은 보조부문의 우선순위가 결정되어야 하며, 배분결과가 오히려 직접배부법보다 왜곡되는 경우도 발생할 수 있다.

③ 직접배부법은 보조부문의 자가용역도 고려하여 일차적으로 배분후 제조부문으로 다시 배분하는 방법이다.

④ 일반적으로 원가배부는 인과관계에 따라 배부하는 것이 가장 합리적이다.

09 다음 중 보조부문원가를 배분하는 방법 중 옳지 않은 것은?

① 상호배분법은 보조부문 상호 간의 용역수수관계를 완전히 반영하는 방법이다.

② 단계배분법은 보조부문 상호 간의 용역수수관계를 전혀 반영하지 않는 방법이다.

③ 직접배분법은 보조부문 상호 간의 용역수수관계를 전혀 반영하지 않는 방법이다.

④ 상호배분법, 단계배분법, 직접배분법 어떤 방법을 사용하더라도 보조부문의 총원가는 제조부문에 모두 배분된다.

10 다음은 보조부문원가에 관한 자료이다. 보조부문의 제조간접비를 다른 보조부문에는 배부하지 않고 제조부문에만 직접 배부할 경우 수선부문에서 절삭부문으로 배부될 제조간접비는 얼마인가?

구분		보조부문		제조부문	
		수선부문	포장부문	조립부문	절삭부문
제조간접비		80,000원	60,000원		
부문별배부율	수선부문		50%	30%	20%
	포장부문	20%		40%	40%

① 16,000원　　　② 18,000원　　　③ 24,000원　　　④ 32,000원

정답 및 해설

05　②　공장 인사 관리 부문의 원가는 종업원의 수를 배부기준으로 하는 것이 적합하다.

06　③　상호배분법은 계산이 복잡하지만, 가장 정확하다는 장점이 있다.

07　②　가장 정확성이 적은 것은 직접배분법이다.

08　③　직접배부법은 보조부문의 자가용역을 고려하지 않고 직접 제조부문으로 배부한다.

09　②　단계배분법은 보조부문 상호 간의 용역수수관계를 일부 인식하는 방법이다.

10　④　$80,000원 \times \dfrac{20\%}{(30\%+20\%)} = 32,000원$

11 다음 자료를 이용하여 제조부문 Y 에 배부되는 보조부문의 제조간접비 총액을 계산하면 얼마인가?(단, 단계배분법을 사용하고, A부문을 먼저 배분할 것)

구분	보조부문		제조부문	
	A부문	B부문	X부문	Y부문
A부문	-	40%	20%	40%
B부문	20%	-	30%	50%
발생원가	300,000원	400,000원	400,000원	600,000원

① 120,000원　　　② 315,000원　　　③ 325,000원　　　④ 445,000원

12 단계배부법을 이용하여 보조부문 제조간접비를 제조부문에 배부하고자 한다. 다음 자료를 이용하여 전력부문에서 연마부문으로 배부될 제조간접비를 계산하면 얼마인가?(단, 전력부문부터 배부할 것)

구분		제조부문		보조부문	
		조립부문	연마부문	전력부문	포장부문
자기부문별 제조간접비		300,000원	200,000원	300,000원	150,000원
부문별 배부율	전력부문 동력공급(kw)	150	50	-	200
	포장부문 용역공급(시간)	20	30	50	-

① 37,500원　　　② 75,000원　　　③ 150,000원　　　④ 180,000원

정답 및 해설

11　④　445,000원

㉠ A부문 -> Y부문 배부액 : 300,000원 × 40% = 120,000원

㉡ A부문 -> B부문 배부액 : 300,000원 × 40% = 120,000원

㉢ B부문 -> Y부문 배부액 : (120,000원㉡ + 400,000원) × $\dfrac{50\%}{30\%+50\%}$ = 325,000원

Y부문에 배부되는 보조부문의 총액 = ㉠ + ㉢ = 120,000원 + 325,000원 = 445,000원

12　①　전력부문에서 연마부문에 배부된 제조간접비 = 300,000×50/400 = 37,500원

CHAPTER 03 개별원가계산

1 개별원가계산의 개념

1. 개별원가계산의 정의

개별원가계산은 개별제품 또는 작업별로 원가를 집계하여 제품원가를 계산하는 방법을 말한다.

2. 개별원가계산의 특징

- 다품종 소량생산, 주문제작에 적합한 방법이다. 예 건설업, 조선업, 항공기 제조업, 주문제작 제조업
- 특정 제품의 생산에 관련된 세부 정보를 담은 문서인 제조지시서를 발행하고, 제조지시서에 따라 작업을 하는 과정에서 발생하는 모든 직접재료비, 직접노무비, 제조간접비를 기록하는 작업원가표(원가계산표)를 통해 개별 제품별로 제조원가를 집계한다.
- 직접비(직접재료비, 직접노무비)와 제조간접비의 구분과 제조간접비 배부가 중요하다.
- 개별제품별로 원가를 계산하기 때문에 정확한 원가계산이 가능하지만 상세한 기록이 필요하여 비용과 시간이 많이 들어간다.

3. 개별원가계산의 절차

1단계	추적이 가능한 직접비(=직접재료비+직접노무비)를 해당 개별작업(작업원가표)에 부과 예 군용 항공기의 엔진구입비는 군용항공기 작업원가표에 작성	
2단계	추적할 수 없는 제조간접비를 배부기준(조업도)에 따라 각 개별작업에 배부	
	금액	직접재료비, 직접노무비, 직접비 기준으로 배부
	시간	직접노동시간, 기계시간 기준으로 배부

4. 개별원가계산의 종류

구분	직접재료비 및 직접노무비	제조간접비
실제개별원가계산	실제발생액	실제발생액
정상개별원가계산	실제발생액	예정배부액

2 실제개별원가계산

1. 실제개별원가계산의 정의

실제로 발생한 직접재료비, 직접노무비를 개별작업에 부과하고 제조간접비를 실제 배부율에 의하여 각 개별작업에 배부하는 원가계산 방법이다.

2. 실제개별원가계산 절차

① 제조간접비 실제 배부율 = $\dfrac{\text{실제 제조간접비}}{\text{실제 조업도(배부기준)}}$

② 제조간접비 배부액 = 개별작업의 실제 조업도 × 제조간접비 실제 배부율

3. 실제개별원가계산의 특징

실제제조간접비가 기말에 집계되어 원가계산이 지연되고 조업도가 계절별 조업도가 큰 차이가 있는 경우 제품 단위당 원가가 계절별로 다르게 되는 문제점이 있다.

3 정상개별원가계산

1. 정상개별원가계산의 정의

실제개별원가계산의 문제점을 개선하고자 제조간접비를 예정배부하는 원가계산방법이다.

2. 정상개별원가계산의 절차

① 기초에 회계기간동안 예상되는 총 제조간접비 금액과 예정 조업도를 결정하여 예정 배부율을 구한다.

② 기중에 실제 발생한 조업도와 예정배부율을 이용하여 제조간접비 예정배부액을 계산한다.

③ 기말에 실제로 발생한 제조간접비의 차이가 발생할경우 제조간접비 예정배부액과 실제 발생액의 차이(배부차이)를 조정한다.

$$① 제조간접비 예정 배부율 = \frac{제조간접비 예산액}{예정 조업도(기준 조업도)}$$

② 제조간접비 예정배부액 = 개별작업의 실제 조업도 × 제조간접비 예정 배부율

③ 제조간접비 배부차이 = 실제발생액 − 예정배부액

3. 제조간접비 배부차이 조정

1) **제조간접비의 배부차이**: 제조간접비 예정배부율을 활용해 제조간접비 예정배부 시 발생하는 예정배부액과 실제발생액의 차이를 말한다.

2) **과소배부와 과대배부**

제조간접비 배부차이 = 실제발생액 − 예정배부액
· 예정배부액 < 실제발생액: 과소배부(실제보다 적게 배부)
· 예정배부액 > 실제발생액: 과대배부(실제보다 많이 배부)

3) **제조간접비 배부차이 조정**: 외부보고용 재무제표에 실제 발생한 제조간접비 반영을 위해 제조간접비의 예정배부액과 실제발생액의 차이를 조정한다.

매출원가조정법	배부차이를 매출원가에서 가감
영업외손익조정법	배부차이를 영업외손익에서 가감
비례배분법	· 총원가 비례배분법: 기말재공품, 기말제품, 매출원가의 총원가(기말잔액) 비율에 따라 배부차이 배부 · 원가요소별 비례배분법: 기말재공품, 기말제품, 매출원가에 포함된 제조간접비 예정배부액의 비율에 따라 배부차이 배부

예제   **개별원가계산**

(1) 당사의 제품 A와 B에 대한 제조원가 자료는 다음과 같다. 실제개별원가계산 방법에 따라 기계시간을 기준으로 제조간접비를 배부하였을 때 제품 A와 B의 제조원가를 구하시오.

구분	제품 A	제품 B	합계
직접재료비	5,000,000원	1,000,000원	6,000,000원
직접노무비	2,000,000원	3,000,000원	5,000,000원
제조간접비	?	?	3,000,000원
기계시간	300시간	200시간	500시간

(2) 당사의 제품 A와 B에 대한 제조원가 자료는 다음과 같다. 정상개별원가계산 방법에 따라 기계시간을 기준으로 제조간접비를 배부하였을 때 배부차이를 계산하시오. (단, 연초에 연간 제조간접비 예산액은 5,000,000원, 연간 기계시간을 1,000시간으로 예상하였다.)

구분	제품 A	제품 B	합계
직접재료비	5,000,000원	1,000,000원	6,000,000원
직접노무비	2,000,000원	3,000,000원	5,000,000원
제조간접비(실제)	?	?	3,000,000원
기계시간(실제)	300시간	200시간	500시간

[1]

① 제조간접비 실제 배부율 $= \dfrac{\text{실제 제조간접비}}{\text{실제 조업도(배부기준)}} = \dfrac{3,000,000원}{500시간} = 6,000원/기계시간$

② 제조간접비 배부액 = 개별작업의 실제 조업도 × 제조간접비 실제 배부율
  · 제품 A 제조간접비 배부액 = 300시간 × 6,000원/기계시간 = 1,800,000원
  · 제품 B 제조간접비 배부액 = 200시간 × 6,000원/기계시간 = 1,200,000원

③ 제조원가
  · 제품 A 제조원가 = 직접재료비 + 직접노무비 + 제조간접비
        = 5,000,000 + 2,000,000 + 1,800,000 = 8,800,000원
  · 제품 B 제조원가 = 직접재료비 + 직접노무비 + 제조간접비
        = 1,000,000 + 3,000,000 + 1,200,000 = 5,200,000원

[2]

① 제조간접비 예정 배부율 $= \dfrac{\text{제조간접비 예산액}}{\text{예정 조업도(기준 조업도)}} = \dfrac{5,000,000원}{1,000시간} = 5,000원/기계시간$

② 제조간접비 예정 배부액 = 개별작업의 실제 조업도 × 제조간접비 예정 배부율
  · 제품 A 제조간접비 예정배부액 = 300시간 × 5,000원/기계시간 = 1,500,000원
  · 제품 B 제조간접비 예정배부액 = 200시간 × 5,000원/기계시간 = 1,000,000원

③ 제조간접비 배부차이 = 실제발생액 - 예정배부액
  · 제조간접비 실제 발생액 3,000,000원 - 제조간접비 예정 배부액 2,500,000원 = 500,000(과소배부)

01 다음 내용의 개별원가계산 절차를 순서대로 바르게 나열한 것은?

> 가. 개별작업과 관련하여 발생한 제조간접원가를 파악한다.
> 나. 제조간접원가를 원가대상에 배부하기 위해 배부기준을 선정해야 한다.
> 다. 원가계산대상이 되는 개별작업을 파악하고, 개별작업에 대한 직접원가를 계산한다.
> 라. 원가배부 기준에 따라 제조간접원가배부율을 계산하여 제조간접원가를 배부한다.

① 가→나→다→라
② 다→가→나→라
③ 다→라→나→가
④ 가→다→나→라

02 다음 중 실제개별원가계산과 정상개별원가계산에 대한 설명으로 옳지 않은 것은?

① 실제개별원가계산은 분자에 실제제조간접비 합계액을, 분모에 실제조업도(실제배부기준)를 사용하여 제조간접비 배부율을 구한다.

② 정상개별원가계산은 분자에 예정제조간접비 합계액을, 분모에 예정조업도(예정배부기준)를 사용하여 제조간접비 배부율을 구한다.

③ 실제개별원가계산에서 실제제조간접비 배부는 개별제품 등의 실제조업도(실제배부기준) × 제조간접비실제배부율을 사용한다.

④ 정상개별원가계산에서 예정제조간접비 배부는 개별제품 등의 예정조업도(예정배부기준) × 제조간접비예정배부율을 사용한다.

03 갑사의 제품 A와 제품 B에 대한 제조원가 자료는 다음과 같다. 실제개별원가계산 방법에 따라 기계시간을 기준으로 제조간접비를 배부하였을 때 제품 A의 제조원가는 얼마인가?

구분	제품 A	제품 B	합계
직접재료비	7,000,000원	3,000,000원	10,000,000원
직접노무비	4,000,000원	1,000,000원	5,000,000원
제조간접비(실제)	?	?	3,000,000원
기계시간	600시간	400시간	1,000시간
노무시간	400시간	100시간	500시간

① 5,200,000원
② 12,200,000원
③ 12,800,000원
④ 13,400,000원

04 (주)세무는 직접원가를 기준으로 제조간접비를 배부한다. 다음 자료에 의해 작업지시서 No.1의 제조간접비 배부액은 얼마인가?

	공장전체발생원가	작업지시서 NO. 1
직접재료비	1,000,000원	300,000원
직접노무비	1,500,000원	400,000원
기계시간	150시간	15시간
제조간접비	7,500,000원	( )

① 700,000원   ② 2,100,000원   ③ 3,000,000원   ④ 3,651,310원

정답 및 해설

01 ② 다→가→나→라

02 ④ 정상개별원가계산에서 예정제조간접비 배부는 개별제품 등의 실제조업도(실제배부기준) × 제조간접비예정배부율을 사용한다.

03 ③ 12,800,000원
- 제조간접비 실제배부율 = 실제 제조간접비 ÷ 실제조업도 = 3,000,000원 ÷ 1,000시간(기계시간)
  = @3,000원/기계시간
- 제조간접비 배부액 =개별작업의 실제조업도 × 제조간접비 실제배부율
- 제품 A = 600시간 × 3,000원 = 1,800,000원
- 제품 B = 400시간 × 3,000원 = 1,200,000원
- 제품원가
- 제품 A = 7,000,000 + 4,000,000 + 1,800,000 = 12,800,000원
- 제품 B = 3,000,000 + 1,000,000 + 1,200,000 = 5,200,000원

04 ② 제조간접비 배부율 = 제조간접비/직접원가 = 7,500,000/2,500,000 = @3/직접원가
제조간접비 배부액 = 700,000 × @3 = 2,100,000

05 ㈜성진은 직접원가를 기준으로 제조간접원가를 배부한다. 다음 자료에 의하여 계산한 제조지시서 no.1의 제조간접원가 배부액은 얼마인가?

공장전체 발생원가	제조지시서 no. 1
• 총생산수량 : 10,000개	• 총생산수량 : 5,200개
• 기계시간 : 24시간	• 기계시간 : 15시간
• 직접재료원가 : 800,000원	• 직접재료원가 : 400,000원
• 직접노무원가 : 200,000원	• 직접노무원가 : 150,000원
• 제조간접원가 : 500,000원	• 제조간접원가 : (?)원

① 250,000원　　② 260,000원　　③ 275,000원　　④ 312,500원

06 (주)한결의 선박 제작과 관련하여 9월 중에 발생한 원가 자료는 다음과 같다. A선박의 당기총제조원가는 얼마인가? 단, 9월 중 제조간접비 발생액은 160,000원이며, 직접노무비를 기준으로 제조간접비를 배부한다.

구분	A선박	B선박	합계
직접재료비	30,000원	70,000원	100,000원
직접노무비	60,000원	140,000원	200,000원

① 102,000원　　② 110,000원　　③ 138,000원　　④ 158,000원

07 ㈜성창의 제품 A와 제품 B에 대한 제조원가 자료는 다음과 같다. 실제개별원가계산 방법에 따라 기계시간을 기준으로 제조간접비를 배부하였을 때 제품 A에 배부될 제조간접비는?

구분	제품 A	제품 B	합계
직접재료비	5,000,000원	10,000,000원	15,000,000원
직접노무비	4,000,000원	6,000,000원	10,000,000원
제조간접비(실제)	?	?	10,500,000원
기계시간	500시간	1,000시간	1,500시간

① 10,500,000원　　② 5,250,000원　　③ 3,500,000원　　④ 7,000,000원

08 다음 자료에 의할 때 제조지시서#2의 직접재료비는 얼마인가?(단, 제조간접비는 직접재료비를 기준으로 배분한다)

분류	제조지시서#2	총원가
직접재료비	( )원	1,500,000원
직접노무비	1,500,000원	2,200,000원
제조간접비	1,000,000원	3,000,000원

① 500,000원　　② 1,000,000원　　③ 1,250,000원　　④ 1,500,000원

09 당월 중 제조간접비 발생액은 1,600,000원이고 실제 직접노동시간은 10,000시간이었으며, 이 중 제조지시서 NO.1의 제조에 투입된 시간은 520시간이었다. 회사가 제조간접원가를 직접노동시간에 기준하여 실제 배부하는 경우, 제조지시서 NO.1에 배부될 제조간접원가는 얼마인가?

① 100,000원　　　② 83,200원　　　③ 80,000원　　　④ 40,000원

10 다음 중 정상개별원가 계산시 제조간접비를 예정배부하는 경우 예정배부계산식으로 옳은 것은?

① 배부기준의 실제발생액 × 예정배부율
② 배부기준의 실제발생액 × 실제배부율
③ 배부기준의 예정발생액 × 예정배부율
④ 배부기준의 예정발생액 × 실제배부율

정답 및 해설

05 ③ 275,000원
= (직접재료원가 400,000원 + 직접노무원가 150,000원)×배부율 0.5원
• 제조간접원가 배부율 : 제조간접원가 500,000원÷(직접재료원가 800,000원 + 직접노무원가 200,000원)
= 0.5원/직접원가당

06 ③ 제조간접비배부율 = 제조간접비/총직접노무비 = 160,000원/200,000원 = 80%
당기총제조원가 = 직접재료비 + 직접노무비 + 제조간접비
= 30,000원 + 60,000원 + 60,000원×80% = 138,000원

07 ③ - 제조간접비 실제배부율 = 실제 제조간접비 ÷ 실제 조업도 = 10,500,000원 ÷ 1,500시간(기계시간) = @7,000원 / 기계시간
- 제조간접비 배부액 = 개별작업의 실제조업도 × 제조간접비 실제배부율
- 제품 A 제조간접비 = 500시간 × 7,000원 = 3,500,000원

08 ① 3,000,000원(총제조간접비) × (제조지시서 #2의 직접재료비 / 1,500,000원) = 1,000,000원
제조지시서 #2의 직접재료비 = 500,000원

09 ② 제조간접비 배부율 : 1,600,000원 ÷ 10,000시간 = 160원
NO.1 제조간접원가 : 160원 × 520시간 = 83,200원

10 ① 정상개별원가계산에 있어서 제조간접비는 '배부기준의 실제발생액 × 예정배부율'로 배부한다.

11 회사는 제조간접비를 직접노무시간을 기준으로 배부하고 있다. 당기말 현재 실제제조간접비 발생액은 70,000원이고, 실제직접노무시간은 700시간이며, 예정배부율은 시간당 95원일 경우 배부차이는 얼마인가?

① 3,500원 과대배부   ② 3,500원 과소배부

③ 7,000원 과대배부   ④ 7,000원 과소배부

12 ㈜서울은 직접노무시간을 기준으로 제조간접원가를 배부하고 있다. 당해연도 초의 예상 직접노무시간은 50,000시간이고, 제조간접원가 예상액은 2,500,000원이었다. 6월의 제조간접원가 실제 발생액은 300,000원이고, 실제 직접노무시간이 5,000시간인 경우, 6월의 제조간접원가 배부차이는 얼마인가?

① 과대배부 40,000원   ② 과소배부 40,000원

③ 과대배부 50,000원   ④ 과소배부 50,000원

13 당사는 직접노무시간을 기준으로 제조간접원가를 배부하고 있다. 당기의 제조간접원가 실제 발생액은 500,000원이고, 예정배부율은 200원/직접노무시간이다. 당기의 실제 직접노무시간이 3,000시간일 경우, 다음 중 제조간접원가 배부차이로 옳은 것은?

① 100,000원 과대배부   ② 100,000원 과소배부

③ 200,000원 과대배부   ④ 200,000원 과소배부

14 제조간접비예정배부율은 직접노동시간당 90원이고, 직접노동시간이 43,000시간 발생했을 때 제조간접비 배부차이가 150,000원 과소배부인 경우 제조간접비 실제발생액은 얼마인가?

① 3,720,000원   ② 3,870,000   ③ 4,020,000원   ④ 4,170,000원

15 제조간접비와 관련한 자료가 다음과 같을 경우 제조간접비 실제 발생액은 얼마인가?

• 제조간접비 예정배부율 : 기계작업시간당 200원   • 제조지시서의 기계작업시간 : 60,000시간
• 제조간접비 과대배부 : 300,000원

① 12,000,000원   ② 11,700,000원   ③ 12,300,000원   ④ 60,000,000원

16 회사는 제조간접비를 직접노무시간을 기준으로 배부하고 있다. 당해 제조간접비 배부차이는 10,000원이 과대배부 되었다. 당기말 현재 실제제조간접비발생액은 40,000원이고, 실제직접 노무시간이 2,000시간일 경우 예정배부율은 얼마인가?

① 25원/시간당   ② 30원/시간당   ③ 40원/시간당   ④ 50원/시간당

17 제조간접비와 관련한 자료가 다음과 같을 경우 제조간접비 기계작업시간당 예정배부율은 얼마인가?

- 제조간접비 실제발생액 : 23,500,000원   • 실제 기계작업시간 : 500시간
- 제조간접비 과대배부 : 1,500,000원

① 44,000원   ② 47,000원   ③ 50,000원   ④ 53,000원

정답 및 해설

11 ② 예정배부액 = 700시간 × 95원 = 66,500원
배부차이 = 예정배부액(66,500원) - 실제발생액(70,000원) = 3,500원(과소배부)

12 ④ 과소배부 50,000원
= 실제발생액 300,000원 - 예정배부액 250,000원
- 예정배부율 : 제조간접원가 예상액 2,500,000원/예상 직접노무시간 50,000시간 = 50원/시간
- 예정배부액 : 6월 실제 직접노무시간 5,000시간×예정배부율 50원/시간 = 250,000원
(제조간접원가 장부계상액)

13 ① 100,000원 과대배부
= 제조간접원가 예정배부액 600,000원 - 실제 제조간접원가 발생액 500,000원
- 제조간접원가 예정배부액 : 실제 직접노무시간 3,000시간×예정배부율 200원 = 600,000원

14 ③ 90× 43,000 + 150,000 = 4,020,000

15 ② 제조간접비 배부액 : 60,000 × 200 = 12,000,000원
제조간접비 실제발생액 : 12,000,000 - 300,000 = 11,700,000원

16 ① 예정배부액(X) - 실제발생액(40,000원) = 10,000원(과대배부)
예정배부액(X) = 50,000원
실제직접노무시간(2,000시간) × 예정배부율 = 예정배부액(50,000원)
(∴)예정배부율 = 25원/시간당

17 ③ 제조간접비 예정배부액 = 실제발생액(23,500,000원) + 과대배부액(1,500,000원) = 25,000,000원
따라서 기계시간당 예정배부율 = 25,000,000원 / 500시간 = 50,000원

18 ㈜한국전자는 제조간접원가를 배부할 때 직접노무시간을 기준으로 배부하고 있다. 당기 제조간접원가 배부차이는 100,000원 과대배부이다. 당기말 실제 제조간접원가 발생액은 400,000원이고, 실제 직접노무시간이 2,000시간일 경우 직접노무시간당 제조간접원가 예정배부율은 얼마인가?

① 200원/직접노무시간   ② 250원/직접노무시간

③ 300원/직접노무시간   ④ 350원/직접노무시간

19 제조간접비와 관련한 자료가 다음과 같을 경우 제조간접비 실제 발생액은 얼마인가?

- 제조간접비 기계작업시간당 예정배부율 : 300원   • 제조지시서의 기계 작업시간 : 40,000시간
- 제조간접비 과소배부 : 250,000원

① 10,000,000원   ② 11,750,000원   ③ 12,250,000원   ④ 12,500,000원

20 제조간접비 예정배부율은 기계작업시간당 80원이고, 실제기계작업시간이 50,000시간일 때 제조간접비 배부차이가 130,000원 과대배부인 경우 제조간접비 실제 발생액은 얼마인가?

① 2,500,000원   ② 3,870,000원   ③ 4,000,000원   ④ 4,130,000원

21 정상개별원가계산에서 제조간접비의 배부차이를 조정하는 일반적인 방법이 아닌 것은?

① 매출원가조정법   ② 비례배분법   ③ 순실현가치법   ④ 영업외손익법

정답 및 해설

18 ② 250원/직접노무시간
= 예정배부액 500,000원 ÷ 실제 직접노무시간 2,000시간
- 예정배부액 - 실제발생액 400,000원 = 100,000원(과대배부)
∴ 예정배부액 = 500,000원
- 예정배부액 : 실제 직접노무시간 2,000시간 × 예정배부율 = 500,000원
∴ 예정배부율 = 250원/시간

19 ③ 300원 × 40,000시간 + 250,000원 = 12,250,000원

20 ② 3,870,000원 = 제조간접비 예정배부액 4,000,000원 - 과대배부차이 130,000원
- 제조간접비 예정배부액 : 50,000시간×80원 = 4,000,000원

21 ③ 제조간접비 배부차이 조정으로 매출원가조정법, 비례배분법, 영업외손익법이 있다.

CHAPTER 04 종합원가계산

1 종합원가계산의 개념

1. 종합원가계산의 정의

공정 또는 부문별로 원가를 집계하여 해당 공정에서 생산된 완성품과 기말재공품에 균등하게 배분하여 단위당 원가를 산정한 후, 완성품원가와 기말재공품원가를 계산하는 방법을 말한다.

2. 종합원가계산의 특징

- 동종제품 대량생산, 연속생산에 적합한 방법 예 생필품 제조업, 식품가공업, 제분업
- 공정에서 수행한 작업량, 제조원가 등으로 완성품과 기말재공품으로 원가 배분을 종합적으로 나타내는 보고서인 제조원가보고서 작성
- 완성품환산량 계산이 중요
- 공정별, 부문별로 집계하기 때문에 간편하고 경제적인 원가계산이 가능하지만 정확성이 낮음

2 종합원가계산

1. 종합원가계산 절차

1단계	물량흐름 파악(재공품 T계정을 통해 완성품과 기말재공품 개수를 파악)
2단계	원가요소별(재료비, 가공비) 완성품환산량 계산
3단계	배분할 원가 요약(원가 요소별 기초재공품원가와 당기투입원가를 파악)
4단계	원가 요소별 완성품환산량 단위당 원가 계산
5단계	완성품원가와 기말재공품원가 계산

2. 완성품환산량

완성품환산량이란 일정 기간 동안 투입된 모든 작업량이 완성품을 완성하는 데에만 투입되었다면 완성되었을 완성품의 수량으로 환산한 개념을 말한다.

완성품환산량 = (완성품과 기말재공품) 수량 × 완성도

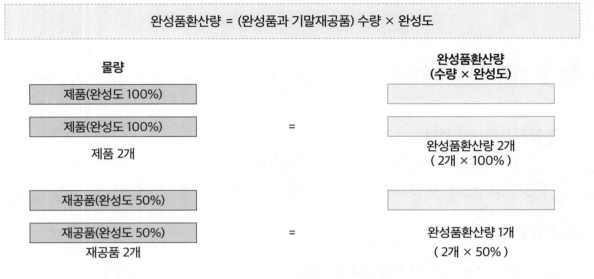

3. 원가요소별 완성품환산량 계산

재료비와 가공비가 투입시기가 다르기 때문에 각각 완성품환산량을 계산한다.(단일 제품 생산을 가정하기 때문에 직접재료비와 간접재료비를 구분하지 않음)

재료비	• 일반적으로 공정 초기 전량 투입 • 투입시점을 지난 산출물의 재료비 완성도는 100%, 투입시점을 지나지 않은 산출물의 재료비 완성도는 0% • 원재료가 균등하게 투입되는 경우 공정 진행 정도를 완성도로 측정
가공비	• 일반적으로 공정 전반에 걸쳐서 균등하게 투입 • 공정 진행 정도를 완성도로 측정

4. 평균법과 선입선출법

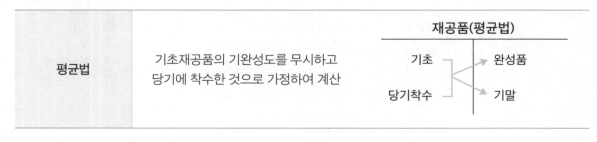

선입선출법	기초재공품을 먼저 완성시킨 뒤 당기 투입분을 완성시킨다는 가정으로 계산	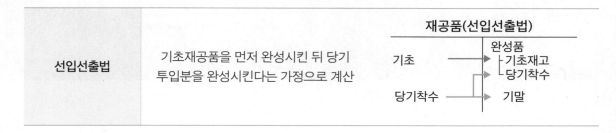

5. 공손품과 작업폐물

1) **공손품**: 제품의 생산과정에서 품질이나 규격 등에 미달된 불합격품 중 재작업을 하더라도 정상적인 제품으로 만들 수 없는 불량품을 말한다.

정상공손	• 생산과정에서 불가피하게 발생하는 공손 • 정상공손품에 투입된 원가는 정상품(완성품)원가과 기말재공품에 가산
비정상공손	• 제조활동을 효율적으로 수행하였다면 방지할 수 있는 공손(작업자의 실수, 기계고장 등) • 비정상공손품에 투입된 원가는 영업외비용으로 처리

2) **작업폐물**: 생산과정에서 발생하는 찌꺼기나 조각을 말하며, 판매가치가 상대적으로 적은 것을 말한다.

3 종합원가계산과 개별원가계산의 비교

구분	개별원가계산	종합원가계산
생산방식	다품종 소량생산, 주문생산	동종제품 대량생산, 연속생산
업종	건설업, 조선업, 항공기 제조업, 주문제작 제조업	생필품 제조업, 식품가공업, 제분업
원가집계 단위	개별작업, 개별제품	공정별, 부문별
원가자료	제조지시서, 작업원가표	제조원가보고서
핵심과제	제조간접비 배부	완성품환산량 계산
장점	정확한 원가계산	간편하고 경제적
단점	시간과 비용이 많이 소요	정확성이 낮음

예제

종합원가계산

(1) 다음 자료를 활용하여 평균법, 선입선출법에 의한 재료비와 가공비의 완성품환산량을 계산하시오. 재료는 공정초에 전량 투입되고, 가공비는 공정전반에 걸쳐 균등하게 투입된다.

> • 기초재공품: 100개(완성도 10%)   • 당기착수량: 800개   • 기말재공품 200개(완성도 40%)

(2) 다음 자료를 활용하여 평균법에 의한 완성품원가를 구하시오. 재료는 공정초에 전량 투입되고, 가공비는 공정전반에 걸쳐 균등하게 투입된다.

> • 물량자료
> - 기초재공품: 50개(완성도 75%)
> - 당기착수량: 330개
> - 기말재공품 100개(완성도 40%)
>
> • 원가자료
> - 기초재공품원가: 재료비 80,000원, 가공비 90,000원
> - 당기발생원가: 재료비 300,000원, 가공비 390,000원

(3) 다음 자료를 활용하여 선입선출법에 의한 완성품원가를 구하시오. 재료는 공정초에 전량 투입되고, 가공비는 공정전반에 걸쳐 균등하게 투입된다.

> • 물량자료
> - 기초재공품: 200개(완성도 70%)
> - 당기착수량: 100개
> - 기말재공품 50개(완성도 40%)
>
> • 원가자료
> - 기초재공품원가: 재료비 200,000원, 가공비 80,000원
> - 당기발생원가: 재료비 100,000원, 가공비 195,000원

[1]

1. 평균법

[1단계] 물량흐름 파악

재공품			
기초	100개(10%)	완성	700개
당기착수	800개	기말	200개(40%)

[2단계] 완성품환산량 계산

재료비	가공비
700 (= 700개 × 100%[13])	700 (= 700개 × 100%)
(완성품 수량 × 완성도)	(완성품 수량 × 완성도)
200 (= 200개 × 100%[13])	80 (= 200개 × 40%[14])
(기말재공품 수량 × 완성도)	(기말재공품 수량 × 완성도)
900개	780개

[13] 재료비는 공정초에 전량 투입되므로 완성도는 당기 미투입 시 0% 당기 투입 시 100%이다.

[14] 가공비는 공정 전반에 걸쳐 균등하게 투입되기 때문에 완성도는 가공비 진척도와 동일하다.

2. 선입선출법

[1단계] 물량흐름 파악

재공품			
기초	100개(10%)	완성	700개
		└ 기초 100개(10%~100%)	
		└ 당기착수 600개(0%~100%)	
당기착수	800개	기말	200개(0%~40%)

[2단계] 완성품환산량 계산

재료비	가공비
0 (= 100개 × 0%)	90 (= 100개 × 90%)
(기초완성품 수량 × 완성도)	(기초완성품 수량 × 완성도)
600 (= 600개 × 100%)	600 (= 600개 × 100%)
(당기착수완성품 수량×완성도)	(당기착수완성품 수량× 완성도)
200 (=200개 × 100%)	80 (=200개 × 40%)
(기말재공품 수량 × 완성도)	(기말재공품 수량 × 완성도)
800개	770개

참 평균법과 선입선출법의 완성품환산량 차이는 기초재공품의 차이이다. 기초재공품이 없다면 평균법과 선입선출법의 결과는 같다.

[2]

[1단계] 물량흐름 파악

재공품			
기초	50개	완성	280개
당기착수	330개	기말	100개(40%)

[2단계] 완성품환산량 계산

재료비	가공비
280	280
100	40
380개	320개

[3단계] 배분원가요약

• 재료비 = 기초재공품재료비 80,000원 + 당기발생재료비 300,000원 = 380,000원
• 가공비 = 기초재공품가공비 90,000원 + 당기발생가공비 390,000원 = 480,000원

[4단계] 원가 요소별 완성품환산량 단위당 원가 계산
- 완성품환산량 단위당 재료비 = 재료비 380,000원 ÷ 재료비 완성품환산량 380개 = @1,000원
- 완성품환산량 단위당 가공비 = 가공비 480,000원 ÷ 가공비 완성품환산량 320개 = @1,500원

[5단계] 완성품원가와 기말재공품원가 계산
- 완성품원가 = (280개 × @1,000원) + (280개 × @1,500원) = 700,000원
- 기말재공품원가 = (100개 × @1,000원) + (40개 × @1,500원) = 160,000원

[3]

[1단계] 물량흐름 파악　　　　　　　　　　　　　　　　[2단계] 완성품환산량 계산

재공품			재료비	가공비
		완성　　　　　　250개		
기초	200개(70%)	├─ 기초 200개(70%~100%)	0	60(= 200 × 30%)
		└─ 당기착수 50개(0%~100%)	50	50
당기착수	100개	기말　　　　50개(40%)	50	20
			100개	130개

[3단계] 배분원가요약
- 재료비 = 당기발생재료비 100,000원
- 가공비 = 당기발생가공비 195,000원

[4단계] 원가 요소별 완성품환산량 단위당 원가 계산
- 완성품환산량 단위당 재료비 = 재료비 100,000원 ÷ 재료비 완성품환산량 100개 = @1,000원
- 완성품환산량 단위당 가공비 = 가공비 195,000원 ÷ 가공비 완성품환산량 130개 = @1,500원

[5단계] 완성품원가와 기말재공품원가 계산
- 완성품원가 = 기초재공품재료비 200,000원 + 기초재공품가공비 80,000원
　　　　　　　 + (50개 × @1,000원) + (110개 × @1,500원) = 495,000원
- 기말재공품원가 = (50개 × @1,000원) + (20개 × @1,500원) = 80,000원

01

재료비는 공정 초기에 모두 발생되고 가공비는 공정이 진행됨에 따라 균등하게 발생할 경우, 다음 자료에 의하여 재료비의 완성품 환산량을 구하면 얼마인가?

(1) 기초 재공품 1,000개 (완성도 40%)
(2) 기말 재공품 1,200개 (완성도 50%)
(3) 당기 완성품 수량 3,000개
(4) 회사는 평균법을 적용하여 기말 재공품을 평가한다.

① 3,000개   ② 3,200개   ③ 4,000개   ④ 4,200개

02

재료비는 공정 초기에 모두 발생되고 가공비는 공정이 진행됨에 따라 균등하게 발생할 경우, 다음 자료에 의한 재료비의 완성품 환산량은?

• 기초 재공품 : 2,000개 (완성도 : 30%)
• 기말 재공품 : 1,000개 (완성도 : 40%)
• 당기 완성품 수량 : 4,000개
• 회사는 평균법을 적용하여 기말 재공품을 평가한다.

① 3,600개   ② 4,200개   ③ 5,000개   ④ 6,000개

03

㈜도봉회사는 종합원가계산에 의하여 제품을 생산한다. 재료는 공정의 초기단계에 투입되며, 가공원가는 전체 공정에 고르게 투입된다. 다음 자료에서 평균법에 의한 재료비와 가공비의 당기 완성품 환산량은 얼마인가?

• 기초 재공품 : 5,000개(완성도 50%)
• 당기착수량 : 35,000개
• 당기 완성품 : 30,000개
• 기말재공품의 완성도 40%

① 재료비 : 35,000개 가공비 : 31,500개
② 재료비 : 40,000개 가공비 : 34,000개
③ 재료비 : 40,000개 가공비 : 40,000개
④ 재료비 : 35,000개 가공비 : 34,000개

정답 및 해설

01 ④ 재료비 완성품 환산량 : 당기 완성품 수량 3,000개(100%) + 기말 재공품 수량 1,200개(100%) = 4,200개

02 ③ 재료비 완성품 환산량 = 당기 완성품 수량 4,000개(100%) + 기말 재공품 수량 1,000개(100%) = 5,000개

03 ② 기말재공품 : 10,000개
재료비 : 30,000+10,000=40,000개
가공비 : 30,000+10,000*40%=34,000개

04 다음 자료를 활용하여 평균법에 의한 재료비와 가공비의 완성품환산량을 계산하면 얼마인가?

- 기초 재공품 : 700개(완성도 30%)
- 당기 완성품 : 1,700개
- 당기착수량 : 1,500개
- 기말재공품 : 500개(완성도 50%)
- 재료는 공정초에 전량 투입되고, 가공비는 공정전반에 걸쳐 균등하게 투입된다.

① 재료비 2,200개, 가공비 1,950개　　② 재료비 2,200개, 가공비 1,990개

③ 재료비 1,740개, 가공비 1,950개　　④ 재료비 1,740개, 가공비 1,990개

05 ㈜대한은 평균법에 의한 종합원가계산을 채택하고 있다. 재료원가는 공정 초기에 모두 투입되며, 가공원가는 공정 전반에 걸쳐 고르게 투입되는 경우 완성품환산량으로 맞는 것은?

- 기초 재공품 : 100개(완성 50%)
- 당기완성수량 : 1,800개
- 당기착수수량 : 2,000개
- 기말재공품 : 300개(완성도 70%)

	재료원가 완성품환산량	가공원가 완성품환산량
①	2,100개	2,010개
②	2,100개	2,100개
③	2,100개	1,960개
④	2,100개	1,950개

06 상도(주)는 평균법에 의하여 종합원가계산을 하며, 재료는 공정 초기에 전량 투입되고, 가공비는 공정 중 고르게 투입된다. 다음 자료를 이용하여 재료비와 가공비의 완성품환산량을 구하면 얼마인가?

- 기초재공품수량 : 0개
- 기말재공품수량 : 1,000개(완성도 50%)
- 당기착수량 : 4,000개
- 완성품수량 : 3,000개

	재료비	가공비		재료비	가공비
①	3,500개	4,000개	②	3,500개	3,500개
③	4,000개	4,000개	④	4,000개	3,500개

07 다음 자료를 활용하여 선입선출법에 의한 재료비와 가공비의 완성품환산량을 계산하면 얼마인가?

- 당기완성품 : 20,000개　　　　　　　　　• 기말재공품 : 10,000개(완성도 40%)
- 기초재공품 : 5,000개(완성도 20%)　　　• 당기착수량 : 25,000개
- 재료는 공정초에 전량 투입되고, 가공비는 공정전반에 걸쳐 균등하게 투입된다.

① 재료비 20,000개, 가공비 23,000개　　　② 재료비 22,000개, 가공비 20,000개

③ 재료비 25,000개, 가공비 23,000개　　　④ 재료비 30,000개, 가공비 24,000개

08 다음 자료를 활용하여 선입선출법에 의한 재료비와 가공비의 완성품환산량을 계산하면 얼마인가?

- 기초재공품 : 500개(완성도 20%)　• 당기착수량 : 2,000개　• 기말재공품 : 300개(완성도 50%)
- 재료는 공정초에 전량 투입되고, 가공비는 공정전반에 걸쳐 균등하게 투입된다.

① 재료비 2,000개, 가공비 2,250개　　　② 재료비 2,200개, 가공비 1,990개

③ 재료비 1,500개, 가공비 1,740개　　　④ 재료비 1,500개, 가공비 1,990개

정답 및 해설

04　①　재료비 완성품환산량 : 1,700개 + 500개 = 2,200개
　　　　가공비 완성품환산량 : 1,700개 + 500개 × 0.5 = 1,950개

05　①　• 재료원가 : 당기완성 1,800개 + 기말재공품 300개 = 2,100개
　　　　• 가공원가 : 당기완성 1,800개 + 기말재공품 300개×70% = 2,010개

06　④

		재료비	가공비
완성품	3,000	3,000	3,000
기말재공품(50%)	1,000	1,000	500
완성품환산량		4,000	3,500

07　③　재료비 완성품환산량 : 20,000 - 5,000 + 10,000 = 25,000개
　　　　가공비 완성품환산량 : 20,000 - 5,000 × 0.2 + 10,000 × 0.4 = 23,000개

08　①　• 기초재공품수량 + 당기착수량 = 당기완성품수량 + 기말재공품수량
　　　　　500개 + 2,000개 = 당기완성품수량 + 300개
　　　　∴ 당기완성품수량 = 2,200개
　　　　• 재료비 완성품환산량 : 2,200개 + 300개 - 500개 = 2,000개
　　　　• 가공비 완성품환산량 : 2,200개 + 150개(=300개 × 0.5) - 100개(=500개 × 20%) = 2,250개

09 다음 자료를 토대로 선입선출법에 의한 직접재료원가 및 가공원가의 완성품환산량을 각각 계산하면 얼마인가?

· 기초재공품 5,000개(완성도 70%)   · 당기착수량 35,000개
· 기말재공품 10,000개(완성도 30%)   · 당기완성품 30,000개
· 재료는 공정초기에 전량투입되며, 가공원가는 공정 전반에 걸쳐 균등하게 발생한다.

	직접재료원가	가공원가
①	35,000개	29,500개
②	35,000개	34,500개
③	40,000개	34,500개
④	45,000개	29,500개

10 다음 자료를 이용하여 선입선출법과 평균법에 의한 재료비의 완성품환산량 차이는 얼마인가?

· 기초재공품 : 200개(완성도 50%)   · 완성품수량 : 2,600개   · 기말재공품 : 500개(완성도 40%)
· 재료는 공정초에 전량 투입되고, 가공비는 공정전반에 걸쳐 균등하게 투입된다.

① 100개   ② 200개   ③ 300개   ④ 400개

11 다음은 종합원가계산시 가공비(공정전반에 걸쳐 균등하게 발생)에 관한 자료이다. 기말재공품 평가를 평균법과 선입선출법으로 계산할 경우, 완성품환산량의 차이는?

· 기초재공품 수량 : 200개(완성도 60%)   · 당기 착수 수량 : 800개
· 기말재공품 수량 : 300개(완성도 40%)   · 당기 완성품 수량 : 700개

① 100개   ② 120개   ③ 140개   ④ 160개

12 평균법으로 종합원가계산을 하고 있다. 기말재공품은 200개(재료비는 공정초기에 모두 투입되고, 가공비는 70%를 투입)이며 만일 완성품환산량 단위당 재료비와 가공비가 각각 350원, 200원이라면 기말재공품의 원가는 얼마인가?

① 96,000원   ② 98,000원   ③ 100,000원   ④ 102,000원

13 당사는 선입선출법으로 종합원가계산을 하고 있다. 다음 자료에 따라 계산하는 경우 기말재공품의 원가는 얼마인가?

> • 완성품환산량 단위당 재료비 : 350원　　　• 완성품환산량 단위당 가공비 : 200원
> • 기말재공품 수량 : 300개(재료비는 공정초기에 모두 투입되고, 가공비는 80%를 투입)

① 132,000원　　　② 153,000원　　　③ 144,000원　　　④ 165,000원

14 당사는 선입선출법으로 종합원가계산을 하고 있다. 다음 자료를 보고 기말재공품의 원가를 계산하면 얼마인가?

> • 완성품환산량 단위당 재료비 : 500원　　　• 완성품환산량 단위당 가공비 : 400원
> • 기말재공품 수량 : 700개(재료비는 공정초기에 모두 투입되고, 가공비는 60%를 투입한 상태임)

① 419,000원　　　② 518,000원　　　③ 610,000원　　　④ 710,000원

정답 및 해설

09 ① • 직접재료원가 완성품환산량 : 완성품 30,000개 + 기말재공품 10,000개 - 기초재공품 5,000개 = 35,000개
　　　• 가공원가 완성품환산량 : 완성품 30,000개 + 기말재공품 10,000개 × 30% - 기초재공품 5,000개 × 70% = 29,500개

10 ② • 기초재공품수량 + 당기착수량 = 당기완성품수량 + 기말재공품수량
　　　• 200개 + 2,900개 = 2,600개 + 500개
　　　• 선입선출법에 의한 재료비 완성품환산량 : 2,600개 + 500개 - 200개 = 2,900개
　　　• 평균법에 의한 재료비 완성품환산량 : 2,600개 + 500개 = 3,100개
　　　• 선입선출법과 평균법에 의한 재료비의 완성품환산량 차이 : 3,100개 - 2,900개 = 200개

11 ② 평균법과 선입선출법에 의한 완성품환산량의 차이는 기초재공품의 완성품환산량 차이이다. 즉,
　　　평균법 : 700개 + 300개 × 40% = 820개
　　　선입선출법 : 700개 + 300개 × 40% - 200개 × 60% = 700개

12 ② 재료비 = 200개 × 350원 = 70,000원
　　　가공비 = 200개 × 70% × 200원 = 28,000원
　　　기말재공품원가 = 재료비 + 가공비 = 98,000원

13 ② 기말재공품 재료비 : 300개 × 350원 = 105,000원
　　　기말재공품 가공비 : (300개 × 0.8) × 200원 = 48,000원
　　　기말재공품 원가 : 105,000원 + 48,000원 = 153,000원

14 ② 기말재공품 재료비 : 700개 × 500원 = 350,000원
　　　기말재공품 가공비 : (700개 × 0.6) × 400원 = 168,000원
　　　기말재공품 원가 : 350,000원 + 168,000원 = 518,000원

15 종합원가계산시 선입선출법에 의한 환산량이 평균법에 의한 환산량과 동일한 경우에 해당하는 것은?

① 기초재공품이 전혀 없는 경우   ② 기초제품이 전혀 없는 경우

③ 기말재공품이 전혀 없는 경우   ④ 기말제품이 전혀 없는 경우

16 종합원가계산은 원가흐름에 대한 가정에 따라 완성품환산량에 차이가 있다. 이에 관한 설명 중 옳지 않은 것은?

① 평균법은 기초재공품원가와 당기투입원가를 구분하지 않고 모두 당기 발생원가로 가정한다.

② 선입선출법은 기초재공품부터 먼저 완성되고 난 후, 당기 투입분을 완성시킨다고 가정한다.

③ 기초재공품이 없을 경우 선입선출법과 평균법의 완성품환산량은 동일하다.

④ 재료비의 경우 공정초에 투입된다고 가정할 경우와 공정 전반에 걸쳐 균등하게 발생한다고 가정할 경우에 기말재공품의 완성환산량은 차이가 없다.

17 다음 중 공손 등에 대한 설명으로 옳지 않은 것은?

① 공손은 생산과정에서 발생하는 원재료의 찌꺼기를 말한다.

② 정상공손은 효율적인 생산과정에서 발생하는 공손을 말한다.

③ 비정상공손원가는 영업외비용으로 처리한다.

④ 정상공손은 원가에 포함한다.

18 다음은 공손에 대한 설명이다. 틀린 것은?

① 정상 공손이란 효율적인 생산과정에서도 발생하는 공손을 말한다.

② 정상 및 비정상공손품의 원가는 발생기간의 손실로 영업외비용으로 처리한다.

③ 공손품은 정상품에 비하여 품질이나 규격이 미달되는 불합격품을 말한다.

④ 공손품은 원재료의 불량, 작업자의 부주의 등의 원인에 의해 발생한다.

19 다음 중 공손과 관련한 설명으로 틀린 것은?

① 비정상공손품에 투입된 제조원가는 영업외비용으로 처리한다.

② 제조과정에서 불가피하게 발생한 공손은 제조원가에 포함시킨다.

③ 공손품이라도 추가적인 작업을 수행하면 정상품이 될 수 있다.

④ 제조활동을 효율적으로 수행하였다면 방지할 수 있는 공손을 비정상공손이라고 한다.

20 다음의 자료를 보고 영업외비용으로 처리해야 할 공손의 수량을 구하시오.

- 기초재공품 : 400개　　　• 당기착수량 : 1,000개　　• 기말재공품 : 200개
- 정상공손은 완성품 수량의 5%로 한다.　　　• 공손수량 200개

① 50개　　　　② 100개　　　　③ 150개　　　　④ 200개

21 다음 중 개별원가계산의 적용이 가능한 업종은 무엇인가?

① 제분업　　　　② 정유업　　　　③ 건설업　　　　④ 식품가공업

22 다음 중 개별원가계산에 가장 적합한 업종이 아닌 것은?

① 화학공업　　　② 항공기제작업　　③ 조선업　　　④ 건설업

정답 및 해설

15 ① 선입선출법과 평균법에 의한 완성품 환산량의 차이는 기초재공품에 대한 완성도로 인해 결정된다. 따라서 기초재공품이 없다면 선입선출법과 평균법에 의한 완성품환산량의 차이는 존재하지 않는다.

16 ④ 재료비의 경우 공정초에 전량 투입될지, 공정 전반에 걸쳐 균등하게 투입될지에 따라 당기완성품과 기말재공품의 완성품환산량은 차이가 발생한다.

17 ① 생산과정에서 나오는 원재료의 찌꺼기는 작업폐물이다.

18 ② 정상공손품의 원가는 제품원가의 일부를 구성한다.

19 ③ 공손품은 품질 및 규격이 표준에 미달하는 불합격품으로서 재작업을 하더라도 정상적인 제품으로 만들 수 없는 불량품을 말한다.

20 ③ 150개 = 공손수량 200개 - 정상공손수량 50개
- 당기 완성품 수량 : 기초재공품 400개 + 당기착수량 1,000개 - 기말재공품 200개 - 공손수량 200개 = 1,000개
- 정상공손수량 : 당기 완성품 수량 1,000개×5% = 50개
- 영업외비용으로 처리할 공손은 비정상공손을 말한다.

21 ③ 건설업
- 정유업, 제분업, 식품가공업은 종합원가계산의 적용이 가능한 업종으로 개별원가계산은 적합하지 않다.

22 ① 화학공업은 제품을 연속적으로 대량생산하므로 종합원가계산방법이 적합하다.

23 다음 중 종합원가계산에 가장 적합하지 않은 품목은?

① 축구공　　　　② 맥주　　　　③ 휴대폰　　　　④ 비행기

24 다음 중 개별원가계산에 대한 설명으로 가장 옳지 않은 것은?

① 개별원가계산은 주문생산 형태에 적합하다.

② 개별원가계산은 제품의 소품종 대량생산에 적합하다.

③ 개별원가계산은 개별작업별로 구분하여 집계한다.

④ 개별원가계산은 제조간접비의 제품별 직접 추적이 불가능하다.

25 선입선출법에 따른 종합원가계산에 관한 다음 설명 중 가장 옳지 않은 것은?

① 먼저 제조착수된 것이 먼저 완성된다고 가정한다.

② 기초재공품이 없는 경우 제조원가는 평균법과 동일하게 계산된다.

③ 완성품환산량은 당기 작업량을 의미한다.

④ 전기의 성과를 고려하지 않으므로 계획과 통제 및 성과평가목적에는 부합하지 않는다.

26 다음 중 개별원가계산과 종합원가계산에 대한 설명으로 옳지 않은 것은?

① 개별원가계산은 작업지시서에 의한 원가계산을 한다.

② 개별원가계산은 주문형 소량 생산 방식에 적합하다.

③ 종합원가계산은 공정별 대량 생산 방식에 적합하다.

④ 종합원가계산은 여러 공정에 걸쳐 생산하는 경우 적용할 수 없다.

27 다음 중 개별원가계산과 종합원가계산에 대한 설명으로 잘못된 것은?

① 종합원가계산은 동일 규격의 제품이 반복하여 생산되는 경우 사용된다.

② 종합원가계산은 각 작업별로 원가보고서를 작성한다.

③ 개별원가계산은 주문에 의해 각 제품을 별도로 제작, 판매하는 제조업에 사용된다.

④ 개별원가계산은 주문받은 개별 제품별로 작성된 작업원가표에 집계하여 원가를 계산한다.

28 개별원가계산과 종합원가계산에 대한 내용으로 틀린 것은?

① 개별원가계산의 핵심은 제조간접비 배부에 있다.

② 종합원가계산의 핵심은 완성품환산량을 계산하는데 있다.

③ 개별원가계산은 정확한 원가계산을 할 수 있고 시간과 비용이 절약된다.

④ 종합원가계산은 대량연속 생산형태에 적합하다.

29 종합원가계산방법과 개별원가계산방법에 대한 내용으로 올바르게 연결된 것은?

	구분	종합원가계산방법	개별원가계산방법
①	핵심과제	제조간접비 배분	완성품환산량 계산
②	업 종	조선업	통조림제조업
③	원가집계	공정 및 부문별 집계	개별작업별 집계
④	장 점	정확한 원가계산	경제성 및 편리함

정답 및 해설

23 ④

24 ② 개별원가계산은 제품의 다품종 소량생산에 적합하다.

25 ④ 선입선출법은 당기작업량과 당기투입원가에 중점을 맞추고 있으므로 계획과 통제 및 제조부문의 성과평가에도 유용한 정보를 제공할 수 있다.

26 ④ 공정별 원가계산에 적합한 것이 종합원가계산이다.

27 ② 종합원가계산은 각 공정별로 원가보고서를 작성한다.

28 ③ 개별원가계산은 정확한 원가계산을 할 수 있지만 시간과 비용이 과다하게 든다.

29 ③

구분	종합원가계산	개별원가계산
핵심과제	완성품환산량 계산	제조간접비 배분
업 종	통조림제조업	조선업
원가집계	공정 및 부문별 집계	개별작업별 집계
장 점	경제성 및 편리함	정확한 원가계산

혜원쌤이 알려주는 전산회계 1급의 모든 것!

PART

03

부가가치세

CHAPTER 01

부가가치세의 기본개념

1 조세의 개념 및 분류

1. 조세의 정의

조세는 국가가 돈을 필요로 할 때 법에 따라 모든 사람에게 일정한 기준으로 요구하는 금전을 말한다.

2. 조세의 분류

과세주체	국세	국가가 부과하는 조세 예 법인세, 소득세, 부가가치세 등
	지방세	지방자치단체가 부과하는 조세 예 취득세, 지방소득세, 지방소비세, 재산세, 자동차세
용도	보통세	용도를 특정하지 않고 일반적인 재정수요에 충당하는 조세 예 대부분의 국세와 지방세가 보통세
	목적세	용도를 특정하여 해당 특정경비에만 충당하는 조세 예 교육세, 농어촌특별세 등
납세의무자와 담세자의 일치 여부	직접세	납세의무자(납부할 의무가 있는자)와 담세자(조세를 부담하는 자)가 동일한 조세 예 소득세, 법인세, 상속세, 증여세, 종합부동산세 등
	간접세	납세의무자와 담세자가 일치하지 않는 조세 예 부가가치세, 개별소비세, 주세 등
납세의무자의 인적사항 고려	인세	납세의무자의 인적요건을 고려하는 조세 예 소득세, 상속세, 증여세 등
	물세	거래자나 소유자의 특성을 고려하지 않고 구매·판매 행위, 보유 재산과 같은 목적물을 과세대상으로 하여 부과하는 조세 예 부가가치세, 개별소비세, 주세, 취득세 등

3. 조세의 기본개념

납세의무자	세법에 의해 조세를 납부할 의무가 있는 자
담세자	최종적으로 조세를 부담하는 자
과세대상	법률로 정한 세금을 매기는 대상 예 소득, 소비, 자산 등
과세표준	과세대상을 금액·건수·용량·인원 등의 화폐가치 또는 물량으로 측정한 값 예 취득세의 부동산 취득가액
세율	세액 산출을 위하여 과세표준에 곱하는 비율
재화	재산 가치가 있는 물건 및 권리
용역	재화 외에 재산 가치가 있는 모든 역무와 그 밖의 행위

1. 부가가치세의 정의

부가가치세란 재화 또는 용역이 생산 · 유통되는 각각의 거래단계에서 새로 창출된 가치의 증가분인 부가가치를 과세대상으로 하는 조세를 말한다.

2. 부가가치세의 계산

매출세액에서 이전단계까지 매입하면서 발생한 세액을 공제하는 방식으로 납부세액을 계산하는 방법인 전단계세액공제을 사용하여 납부세액을 결정한다.

> **부가가치세 납부세액 = 매출세액 - 매입세액**

3. 부가가치세의 흐름과 회계처리

1) 부가가치세의 흐름

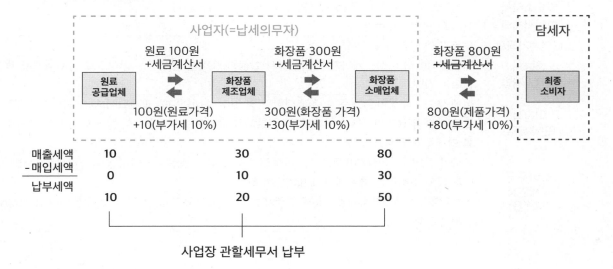

2) 부가가치세 관련 회계처리(화장품 제조업체)

원료 구입	(차) 원재료 부가세대급금 (매입세액)	100원 10원	(대) 현금	110원
화장품 매출	(차) 현금	330원	(대) 제품매출 부가세예수금 (매출세액)	300원 30원

PART 3

전산회계 1급 부가가치세

납부세액 계산	• 납부세액 발생 시				
	(차) 부가세예수금	30원	(대) 부가세대급금		10원
			미지급세금		20원
	• 환급세액 발생 시				
	(차) 부가세예수금	10원	(대) 부가세대급금		30원
	미수금	20원			
부가가치세 납부	(차) 미지급세금	20원	(대) 현금		20원

참 부가가치세 관련 용어

• 공급: 재화나 용역을 판매하거나 제공하는 행위를 말한다. 판매자를 공급자, 구매자를 공급받는자라고 한다.
• 공급가액: 재화 또는 용역을 공급받는 자로부터 받은 부가가치세를 제외한 금전적 가치가 있는 모든 대가를 말한다.
• 공급대가: 부가가치세가 포함된 대가를 말한다.(공급가액＋부가가치세)

4. 부가가치세의 특징

국세	국가가 부과하는 조세
간접세	납세의무자와 담세자가 일치하지 않는 조세
물세	거래자나 소유자의 특성을 고려하지 않고 구매·판매 행위에 과세
일반소비세	원칙적으로 모든 재화 또는 용역의 소비행위에 과세
단일비례세	10%의 단일세율로 부과
다단계거래세	모든 거래 단계마다 과세
전단계 세액공제법	매출세액에서 이전단계까지 매입하면서 발생한 세액을 공제하는 방식으로 납부세액을 계산하는 방법
역진성 (면세제도)	현행 부가가치세법은 소득 수준에 대한 고려 없이 소비행위에 과세되어 저소득층이 상대적으로 세부담 효과가 커지는 역진성을 완화하기 위해 기초생활필수품 등에 대한 부가가치세를 면세를 적용하고 있다.
소비지국 과세원칙 (영세율)	• 국가 간의 거래에서 이중과세방지 등의 이유로 생산하는 국가에서 부가가치세를 과세하지 않고 소비하는 국가에서 과세하도록 하는 제도 • 수출할 때 부가가치세를 0%세율(영세율)로 적용하고 수입할 때 국내와 동일하게 10% 세율로 과세

부가가치세 관련 회계처리

(1) 1월 10일 ㈜진안테크에서 원재료를 3,000,000원(부가가치세 별도)에 매입하면서 전자세금계산서를 발급받았고, 대금은 현금으로 지급하였다.

(2) 2월 10일 ㈜바삭전자에 제품을 5,000,000원(부가가치세 별도)에 현금으로 판매하고 전자세금계산서를 발급하였다.

(3) 3월 31일 제1기 부가가치세 예정신고분에 대한 부가세예수금 500,000원과 부가세대급금 300,000원일 때 부가가치세를 정리하는 회계처리를 하시오. (납부세액(또는 환급세액)은 미지급세금(또는 미수금)으로 회계처리)

(4) 4월 25일 관할 세무서에 제1기 예정신고분에 대한 부가가치세 200,000원을 보통예금으로 납부하다.

정답 및 해설

[1]	1월 10일	(차)	원재료	3,000,000원	(대)	현금	3,300,000원
			부가세대급금	300,000원			
[2]	2월 10일	(차)	현금	5,500,000원	(대)	제품매출	5,000,000원
						부가세예수금	500,000원
[3]	3월 31일	(차)	부가세예수금	500,000원	(대)	부가세대급금	300,000원
						미지급세금	200,000원
[4]	4월 25일	(차)	미지급세금	200,000원	(대)	보통예금	200,000원

1. 부가가치세의 과세대상

과세대상이란 법률에서 과세의 목적물로 정하는 일정한 물건·행위·사실 등을 말한다. 부가가치세는 사업자가 행하는 재화 또는 용역의 공급, 재화의 수입의 거래에 대하여 부과한다.

2. 부가가치세의 납세의무자

납세의무자란 세법에 따라 국세를 납부할 의무가 있는 자를 말한다. 부가가치세의 납세의무자는 사업자와 재화를 수입하는 자이다.

3. 사업자의 요건

부가가치세법상 사업자란 사업 목적이 ①영리이든 비영리이든 관계없이 ②사업상 ③독립적으로 ④부가가치세 과세대상인 재화 또는 용역을 공급하는 자를 말한다.

① 영리목적 여부 불문	부가가치세는 사업자가 얻은 소득이 아닌 공급받는 자로부터 세액을 징수하여 납부하는 것으로 개인, 법인(국가, 지방자치단체 등도 포함)과 사단, 재단 또는 그 밖의 이윤을 목적으로 하지 않는 비영리법인도 납세의무가 있음
② 사업성	일시적으로 공급하는 것이 아닌 계속 반복적으로 공급하는 것
③ 독립성	타인에게 고용된 것이 아닌 인적자원과 물적자원을 갖추고 독립적으로 운영할 수 있어야 함
④ 과세대상 재화 또는 용역의 공급	부가가치세가 과세대상인 재화 또는 용역을 공급해야 하며 부가가치세가 면제대상인 재화 또는 용역을 공급하는 자는 부가가치세법상 납세의무자가 아님

4. 사업자의 분류

유형		구분기준	발급증빙	부가가치세 납세의무
과세사업자	일반과세자	개인사업자	세금계산서	○
		법인사업자		
	간이과세자	직전연도 공급대가 합계액이 1억 4백만원 미만인 개인사업자	세금계산서 또는 영수증[15]	
면세사업자		부가가치세법상 사업자가 아님	계산서	×

[15]직전연도 공급대가의 합계액이 4천800만원 미만인자는 영수증을 발행(세무처리 간소화와 소규모 사업자의 행정부담을 줄이기 위함)

5. 재화를 수입하는 자

사업자의 여부와 관계없이 면세대상을 제외한 모든 재화는 수입 통관 시 10% 세율로 과세한다.

1. 과세기간의 정의

세액계산의 기초가 되는 특정 시간 범위로 이 기간 동안의 경제 활동에 대해 세금에 계산되고 부과된다.

2. 부가가치세의 과세기간

부가가치세는 6개월을 과세기간으로 하여 신고 · 납부하며, 각 과세기간을 다시 3개월로 나누어 중간에 예정신고 · 납부기간을 두고 있다.(예정신고 · 납부는 안정적인 조세수입의 확보 및 납세자의 자금부담을 완화하기 위한 제도에 해당한다.)

1) 일반과세자의 과세기간

과세기간	과세대상기간		신고납부기간
제1기 1.1~6.30	예정신고	1.1.~3.31.	4.1.~4.25.
	확정신고	4.1.~6.30.	7.1.~7.25.
제2기 7.1~12.31	예정신고	7.1.~9.30.	10.1.~10.25.
	확정신고	10.1.~12.31.	다음해 1.1.~1.25.

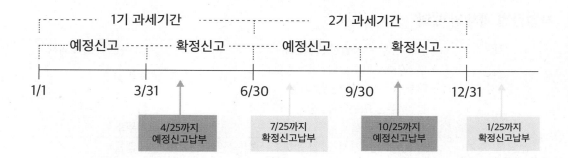

2) 특수한 경우의 과세기간

구분	과세기간		신고납부기한
간이과세자	1년을 과세기간으로 함	1.1.~12.31.	다음해 1.1.~1.25.
신규사업자	최초 과세기간	사업개시일 ~ 과세기간종료일	다음달 25일
폐업자	최종 과세기간	과세기간 개시일 ~ 폐업일	다음달 25일

1. 납세지의 정의

납세지란 납세의무자가 세금의 신고 및 납부 등의 행위의 상대방이 되는 관할 세무서를 결정할 때 기준이 되는 장소를 말한다.

2. 부가가치세의 납세지

부가가치세의 납세지는 사업장 소재지(사업자등록 시 사업장의 주소지)이다. 재화를 수입하는 자에 대한 부가가치세는 납세지는 수입을 신고하는 세관의 소재지이다.

원칙	사업자는 사업장마다 사업자등록, 신고 · 납부 등의 의무를 이행해야 한다.
특례	• 주사업장 총괄납부: 사업자가 여러 사업장을 운영할 때, 한 곳의 주사업장에서 부가가치세를 일괄적으로 신고하고 납부하는 제도이다. • 사업자 단위 과세: 여러 사업장을 운영하는 사업자가 이를 단일한 사업자로 취급하여 부가가치세를 신고하는 제도이다. 모든 사업장을 합산하여 하나의 사업자로 보고 사업자등록, 부가가치세 신고 · 납부 등의 모든 의무를 총괄한다.

참 사업장별 의무: 사업자등록, 세금계산서 발급 및 수취, 과세표준 및 세액 계산, 신고 · 납부 · 환급, 결정 · 경정 및 징수

3. 사업장별 과세의 예외

구분	주사업장 총괄납부	사업자 단위 과세
효과	• 부가가치세 납부(환급)만 총괄 • 다른 의무는 사업장별 이행	• 모든 의무 총괄
주사업장	• 법인: 본점 또는 지점 중 선택 • 개인: 주사무소	• 법인: 본점 • 개인: 주사무소
신청 및 포기	해당 과세기간 개시 20일 전까지 신청(승인을 필요로 하지 않음)	

4. 사업장의 범위

광업	광업사무소의 소재지
제조업	최종제품을 완성하는 장소
건설업, 운수업, 부동산매매업	• 법인: 법인의 등기부상 소재지 • 개인: 사업에 관한 업무를 총괄하는 장소
부동산임대업	부동산의 등기부상 소재지
무인자동판매기를 통한 사업	사업에 관한 업무를 총괄하는 장소
사업장을 설치하지 않은 경우	사업자의 주소 또는 거소

5. 특수한 경우의 사업장 여부

구분	내용	사업장 여부
직매장	사업자가 자기의 사업과 관련하여 생산하거나 취득한 재화를 직접 판매하기 위하여 특별히 판매시설을 갖춘 장소	O
하치장	재화를 보관하고 관리할 수 있는 시설만 갖춘 장소	×
임시사업장	각종 경기대회나 박람회 등 행사가 개최되는 장소에 개설한 임시사업장	×

6 사업자등록

1. 사업자등록의 정의

부가가치세 납세의무자에 해당하는 사업자가 사업내용을 관할 세무서에 등록하고 등록번호를 발급받는 절차를 말한다.

2. 사업자등록 신청

- 사업자는 사업장마다 사업 개시일부터 20일 이내 사업장 관할 세무서장에게 사업자등록을 신청하여야 한다.
- 신규로 사업을 시작하려는 자는 사업 개시일 이전이라도 사업자등록을 신청할 수 있다.
- 사업자는 사업자등록의 신청을 사업장 관할 세무서장이 아닌 다른 세무서장에게도 할 수 있다.
- 사업자 단위 과세 사업자는 사업자 단위로 해당 사업자의 본점 또는 주사무소 관할 세무서장에게 등록을 신청할 수 있다.

3. 사업자등록증 발급

사업자등록 신청을 받은 사업장 관할 세무서장은 사업자의 인적사항과 그 밖에 필요한 사항을 적은 사업자 등록증을 신청일부터 2일 이내 사업자등록증을 신청자에게 발급하여야 한다. 다만, 사업장시설이나 사업현황을 확인하기 위하여 국세청장이 필요하다고 인정하는 경우에는 발급기한을 5일 이내에서 연장하고 조사한 사실에 따라 사업자등록증을 발급할 수 있다.

4. 미등록 시 불이익

가산세	사업자등록을 신청기한 내에 신청하지 않은 경우에는 사업개시일부터 등록을 신청한 날의 직전일까지의 공급가액의 합계액에 1%가 가산세로 부과된다.
매입세액 불공제	사업자 등록을 하지 않으면 등록 전의 매입세액은 공제를 받을 수 없다. 다만, 공급시기가 속하는 과세기간이 끝난 후 20일 이내에 등록을 신청한 경우 등록신청일부터 공급시기가 속하는 과세기간 기산일까지 역산한 기간 이내의 매입세액은 공제받을 수 있다. 예 20X1. 7. 20.까지 사업자등록 신청 시 20X1. 1. 1.부터 매입세액 공제 가능

5. 사업자등록의 정정신고

사업자가 다음에 해당하는 경우에는 지체없이 사업자등록 정정신고서에 사업자등록증과 이를 증명하는 서류를 첨부하여 사업장 관할 세무서에 제출해야 한다.

사업자등록 정정사유	재교부 기간
• 상호 변경 • 통신판매업자가 사이버몰의 명칭 또는 인터넷 도메인 이름을 변경	신청일 당일
• 법인의 대표자 변경(개인사업자의 대표자 변경은 폐업사유) • 사업의 종류 변경 • 사업장을 이전 • 상속으로 사업자 명의 변경(증여는 폐업사유) • 공동사업자의 구성원 또는 출자지분이 변경 • 임대차계약 내용에 변경이 있거나 새로이 상가건물을 임차한 때 • 사업자 단위 과세 사업자가 사업자 단위 과세 적용 사업장을 변경하거나 종된 사업장을 신설·이전·휴업·폐업하는 경우	신청일로부터 2일 이내

핵심 기출문제

01 다음 중 우리나라 부가가치세법의 특징으로 옳지 않은 것은?

① 소비지국과세원칙   ② 생산지국과세원칙   ③ 전단계세액공제법   ④ 간접세

02 다음 중 부가가치세법에 대한 설명으로 옳지 않은 것은?

① 부가가치세는 일반소비세이며 간접세에 해당한다.

② 현행 부가가치세는 전단계거래액공제법을 채택하고 있다.

③ 부가가치세의 역진성을 완화하기 위하여 면세제도를 두고 있다.

④ 소비지국과세원칙을 채택하여 수출재화 등에 영세율이 적용된다.

03 다음 중 현행 부가가치세법의 특징에 대한 설명으로 가장 잘못된 것은?

① 일반 소비세이다.

② 국세에 해당된다.

③ 10%와 0%의 세율을 적용하고 있다.

④ 역진성의 문제를 해결하기 위하여 영세율제도를 도입하고 있다.

정답 및 해설

01 ② 생산지국과세원칙
- 우리나라 부가가치세법은 소비지국과세원칙을 채택하고 있다.

02 ② 부가가치세는 전단계세액공제법을 채택하고 있다.

03 ④ 역진성의 문제를 해결하기 위하여 면세제도를 도입하고 있다.

04 다음 중 부가가치세법상 납세의무자에 대한 설명으로 옳지 않은 것은?

① 영리목적을 추구하는 사업자만이 납세의무를 진다.

② 사업설비를 갖추고 계속·반복적으로 재화나 용역을 공급하는 자가 해당한다.

③ 인적·물적 독립성을 지닌 사업자가 해당한다.

④ 면세대상이 아닌 과세대상 재화·용역을 공급하는 자가 해당한다.

05 다음 중 현행 부가가치세법에 대한 설명으로 틀린 것은?

① 부가가치세는 사업장마다 신고 및 납부하는 것이 원칙이다

② 부가가치세 부담은 전적으로 최종소비자가 하는 것이 원칙이다.

③ 사업상 독립적으로 재화를 공급하는 자는 영리를 목적으로 하는 경우에만 납세의무가 있다.

④ 부가가치세의 납세의무자는 과세대상인 재화 또는 용역을 공급하는 사업자와 재화를 수입하는 자이다.

06 다음 중 부가가치세법상 용어의 설명으로 옳지 않은 것은?

① 재화란 재산 가치가 있는 물건 및 권리를 말한다.

② 용역이란 재화 외에 재산 가치가 있는 모든 역무와 그 밖의 행위를 말한다.

③ 사업자란 사업상 영리 목적으로만 독립적으로 재화 또는 용역을 공급하는 자를 말한다.

④ 일반과세자란 간이과세자가 아닌 사업자를 말한다.

07 부가가치세법상 과세기간에 대한 설명으로 옳지 않은 것은?

① 일반과세자의 과세기간은 제1기와 제2기로 구분한다.

② 일반과세자가 4월 25일에 사업자등록을 신청하고 실제 사업개시일은 5월 1일인 경우 5월 1일부터 6월 30일까지가 최초 과세기간이 된다.

③ 간이과세자의 과세기간은 원칙적으로 1월 1일부터 12월 31일까지이다.

④ 간이과세자가 폐업하는 경우의 과세기간은 폐업일이 속하는 과세기간의 개시일부터 폐업일까지로 한다.

08 다음 중 부가가치세법상 과세기간에 대한 설명으로 옳지 않은 것은?

① 간이과세자의 과세기간은 1월 1일부터 12월 31일까지이다.

② 사업자가 폐업하는 경우의 과세기간은 폐업일이 속하는 과세기간의 개시일부터 폐업일까지로 한다.

③ 일반과세자가 간이과세자로 변경되는 경우에 그 변경되는 해의 간이과세자 과세기간은 7월 1일부터 12월 31일까지이다.

④ 간이과세자가 일반과세자로 변경되는 경우에 그 변경되는 해의 간이과세자 과세기간은 1월 1일부터 12월 31일까지이다.

09 다음 중 부가가치세 신고·납세지에 대한 설명으로 가장 적절하지 않은 것은?

① 부가가치세는 원칙적으로 사업장마다 신고 납부하여야 한다.

② 재화 또는 용역의 공급이 이루어지는 장소, 즉 사업장을 기준으로 납세지를 정하고 있다.

③ 2 이상의 사업장이 있는 경우 신청 없이 주된 사업장에서 총괄하여 납부할 수 있다.

④ 사업자단위과세사업자는 사업자등록도 본점 등의 등록번호로 단일화하고, 세금계산서도 하나의 사업자등록번호로 발급한다.

정답 및 해설

04 ① 부가가치세의 납세의무는 사업목적이 영리인지 비영리인지 관계없이 발생한다.

05 ③ 영리목적이 없는 경우에도 사업상 독립적으로 재화를 공급하면 납세의무가 있다.

06 ③ 부가가치세법 제2조 3호, 사업자란 사업 목적이 영리이든 비영리이든 관계없이 사업상 독립적으로 재화 또는 용역을 공급하는 자를 말한다.

07 ② 사업개시일 이전에 사업자등록을 신청한 경우에는 그 신청한 날부터 그 신청일이 속하는 과세기간의 종료일까지로 한다.

08 ④ 부가가치세법 제5조 ④ 제1항 제1호에도 불구하고 제62조 제1항 및 제2항에 따라 간이과세자에 관한 규정이 적용되거나 적용되지 아니하게 되어 일반과세자가 간이과세자로 변경되거나 간이과세자가 일반과세자로 변경되는 경우 그 변경되는 해에 간이과세자에 관한 규정이 적용되는 기간의 부가가치세의 과세기간은 다음 각 호의 구분에 따른 기간으로 한다.<신설 2014. 1. 1.>
1. 일반과세자가 간이과세자로 변경되는 경우: 그 변경 이후 7월 1일부터 12월 31일까지
2. 간이과세자가 일반과세자로 변경되는 경우: 그 변경 이전 1월 1일부터 6월 30일까지

09 ③ 2이상의 사업장이 있는 경우 주사업장총괄납부 신청을 하여 주된 사업장에서 총괄하여 납부할 수 있다.

10 다음 중 부가가치세법상 납세지에 대한 설명으로 옳지 않은 것은?

① 사업자의 납세지는 각 사업장의 소재지로 한다.

② 제조업의 납세지는 최종제품을 완성하는 장소를 원칙으로 한다.

③ 광업의 납세지는 광구 내에 있는 광업사무소의 소재지를 원칙으로 한다.

④ 무인자동판매기를 통하여 재화를 공급하는 사업의 납세지는 무인자동판매기를 설치한 장소로 한다.

11 다음 중 부가가치세법상 업종별 사업장의 범위로 맞지 않는 것은?

① 제조업은 최종제품을 완성하는 장소

② 사업장을 설치하지 않은 경우 사업자의 주소 또는 거소

③ 운수업은 개인인 경우 사업에 관한 업무를 총괄하는 장소

④ 부동산매매업은 법인의 경우 부동산의 등기부상 소재지

12 다음은 부가가치세법상 무엇에 대한 설명인가?

둘 이상의 사업장이 있는 사업자는 부가가치세를 주된 사업장에서 총괄하여 납부할 수 있다. 이는 사업자의 납세편의를 도모하고 사업장별로 납부세액과 환급세액이 발생하는 경우 자금부담을 완화시켜주기 위한 제도이다.

① 납세지   ② 사업자단위과세제도

③ 전단계세액공제법   ④ 주사업장총괄납부

13 다음 ( ) 안에 들어갈 말은 무엇인가?

사업장이 둘 이상인 사업자(사업장이 하나이나 추가로 사업장을 개설하려는 사업자를 포함한다)는 사업자 단위로 해당 사업자의 본점 또는 주사무소 관할 세무서장에게 등록을 신청할 수 있다. 이 경우 등록한 사업자를 ( )라 한다.

① 간이과세자   ② 총괄납부사업자

③ 겸업사업자   ④ 사업자단위과세사업자

14 현행 부가가치세법에 대한 설명으로 옳지 않은 것은?

① 사업자만이 부가가치세를 납부할 의무가 있다.

② 납세지는 사업자단위과세 및 주사업장총괄납부사업자가 아닌 경우, 각 사업장의 소재지로 한다.

③ 사업자단위과세사업자가 아닌 경우, 사업자는 사업장마다 사업개시일로부터 20일 이내에 사업장 관할세무서장에게 사업자등록을 신청해야 한다.

④ 신규로 사업을 시작하는 자에 대한 최초의 과세기간은 사업개시일부터 그 날이 속하는 과세기간의 종료일까지로 한다.

15 다음은 사업자등록 신청에 대한 설명이다. 빈칸에 들어갈 일수는 몇 일인가?

> 부가가치세법상 사업자등록을 신청하기 전의 매입세액은 매출세액에서 공제하지 않는다. 다만, 공급시기가 속하는 과세기간이 끝난 후 __일 이내에 사업자등록 신청을 할 경우 등록신청일부터 공급시기가 속하는 과세기간 기산일까지 역산한 기간 내의 매입세액은 매출세액에서 공제 할 수 있다.

① 10일   ② 15일   ③ 20일   ④ 25일

정답 및 해설

10 ④ 무인자동판매기를 통하여 재화를 공급하는 사업의 납세지는 사업에 관한 업무를 총괄하는 장소로 한다.

11 ④ 부가가치세법 시행령 제8조 제1항, 부동산매매업은 법인의 경우 법인의 등기부상 소재지

12 ④ 주사업장총괄납부

13 ④

14 ① 부가가치세법 제3조
부가가치세 납부할 의무가 있는 자는 사업자, 재화를 수입하는 자로서 개인, 법인(국가,지방자치단체와 지방자치단체조합 포함), 법인격이 없는 사단 및 재단 또는 그 밖의 단체이다.

15 ③ 부가가치세법 제39조 1항 8호

16 부가가치세법상 사업자등록에 대한 설명으로 틀린 것은?

① 사업자는 사업개시일부터 20일 이내에 사업장 관할 세무서장에게 사업자등록을 신청하여야 한다.

② 사업자등록의 신청은 사업장 관할 세무서장이 아닌 다른 관할 세무서장에게도 신청할 수 있다.

③ 신규로 사업을 시작하려는 자는 사업 개시일 이후에만 사업자등록을 신청해야한다.

④ 사업자는 휴업 또는 폐업을 하거나 등록사항이 변경되면 지체없이 사업장 관할 세무서장에게 신고하여야 한다.

17 다음 중 부가가치세법상 사업자등록 정정 사유가 아닌 것은?

① 상호를 변경하는 경우

② 사업장을 이전하는 경우

③ 사업의 종류에 변동이 있는 경우

④ 증여로 인하여 사업자의 명의가 변경되는 경우

18 다음 중 사업자등록 정정사유가 아닌 것은?

① 통신판매업자가 사이버몰의 명칭 또는 인터넷 도메인 이름을 변경하는 때

② 공동사업자의 구성원 또는 출자지분의 변동이 있는 때

③ 증여로 인하여 사업자의 명의가 변경되는 때

④ 법인사업자의 대표자를 변경하는 때

19 다음 중 부가가치세법상 법인사업자의 사업자등록 정정 사유가 아닌 것은?

① 사업의 종류에 변경이 있는 때

② 상호를 변경하는 때

③ 주주가 변동되었을 때

④ 사업장을 이전할 때

20 다음 중 부가가치세법상 사업자등록의 정정사유가 아닌 것은?

① 사업의 종류를 변경 또는 추가하는 때

② 사업장을 이전하는 때

③ 법인의 대표자를 변경하는 때

④ 개인이 대표자를 변경하는 때

정답 및 해설

16 ③ 사업자는 사업장마다 대통령령으로 정하는 바에 따라 사업 개시일부터 20일 이내에 사업장 관할 세무서장에게 사업자등록을 신청하여야 한다. 다만, 신규로 사업을 시작하려는 자는 사업 개시일 이전이라도 사업자등록을 신청할 수 있다. (부가가치세법 제8조)

17 ④ 증여로 인하여 사업자의 명의가 변경되는 경우
   • 증여로 인하여 사업자의 명의가 변경되는 경우는 폐업 사유에 해당한다. 증여자는 폐업, 수증자는 신규 사업자등록 사유이다.

18 ③ 상속의 경우에는 정정사유이나, 증여로 인하여 사업자의 명의가 변경되는 경우에는 정정사유가 아닌 폐업사유가 된다.

19 ③ 법인사업자의 주주가 변동된 것은 사업자등록 정정 사유가 아니다.

20 ④ 폐업사유에 해당함

CHAPTER 02

과세대상 거래

1 부가가치세 과세대상 거래

부가가치세 과세대상이 되는 거래는 ①사업자가 행하는 재화의 공급 ②사업자가 행하는 용역의 공급 ③재화의 수입이다.(면세되는 재화와 용역에 대해서는 부가가치세를 과세하지 않음)

구분		부가가치세 과세대상	납세의무자
공급	과세 재화와 용역	○	사업자
	면세 재화와 용역	×	
수입	과세 재화	○	사업자 또는 개인
	면세 재화	×	

2 재화의 공급

1. 재화의 개념

재화란 재산 가치가 있는 물건 및 권리(그 자체가 소비의 대상이 아닌 수표, 어음이나 상품권 등의 화폐대용증권과 주식, 채권등의 유가증권은 재화에 해당하지 않음)

유체물	형태를 가지는 물질 예 상품, 제품, 원료, 기계, 건물 등
무체물	형체가 없지만 관리할 수 있는 자연력 또는 권리로 재산적 가치가 있는 유체물 외의 모든 것 예 전기, 가스, 열, 특허권 등

2. 재화의 공급

사업자가 계약상 또는 법률상의 모든 원인(매매계약, 가공계약, 교환계약, 현물출자 등)에 따라 부가가치세 과세대상인 재화와 용역을 대가를 받고(간주공급은 제외) 공급하는 것을 말한다.

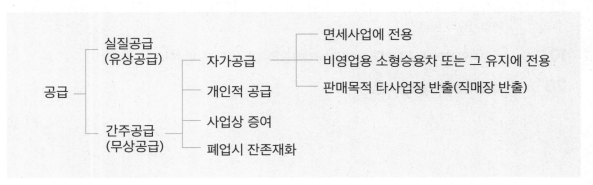

3. 재화의 실질공급

계약상 원인	매매계약	현금판매, 외상판매, 할부판매, 장기할부판매, 조건부 및 기한부 판매, 위탁판매와 그 밖의 매매계약에 따라 재화를 인도하거나 양도하는 것
	가공계약	자기가 주요자재의 전부 또는 일부를 부담하고 상대방으로부터 인도받은 재화를 가공하여 새로운 재화를 만드는 가공계약에 따라 재화를 인도하는 것
	교환계약	재화의 인도 대가로서 다른 재화를 인도받거나 용역을 제공받는 교환계약에 따라 재화를 인도하거나 양도하는 것
	기타계약	현물출자와 그 밖의 계약상 원인에 따라 재화를 인도하거나 양도하는 것
법률상 원인		경매, 수용 등의 법률상의 원인에 따라 재화를 인도하거나 양도하는 것 참 소정법률에 따른 경매, 수용 등은 재화의 공급으로 보지 않는다.

4. 재화의 공급이 아닌 것

재화를 담보로 제공하는 것	질권, 저당권 또는 양도담보의 목적으로 동산, 부동산 및 부동산상의 권리를 제공하는 것
사업을 양도하는 것	그 사업에 관한 모든 권리와 의무를 포괄적으로 승계시키는 것
조세를 물납하는 것	사업용 자산을 「상속세 및 증여세법」 및 「지방세법」에 따라 물납하는 것
신탁재산의 소유권 이전	• 위탁자로부터 수탁자에게 신탁재산을 이전하는 경우 • 신탁의 종료로 인하여 수탁자로부터 위탁자에게 신탁재산을 이전하는 경우 • 수탁자가 변경되어 새로운 수탁자에게 신탁재산을 이전하는 경우
법률상 원인 중 공급으로 보지 않는 것	• 「국세징수법」에 따른 공매, 「민사집행법」에 따른 경매에 따라 재화를 인도하거나 양도하는 것 • 「도시 및 주거환경정비법」, 「공익사업을 위한 토지 등의 취득 및 보상에 관한 법률」 등에 따른 수용절차에서 수용대상 재화의 소유자가 수용된 재화에 대한 대가를 받는 경우 • 「도시 및 주거환경정비법」에 따른 사업시행자의 매도청구에 따라 재화를 인도하거나 양도하는 것

5. 재화의 간주공급

재화의 간주공급이란 재화의 공급에 해당하지 않는 사건들을 일정한 요건에 해당하면 재화의 공급으로 보고 부가가치세 과세대상이 되는 것을 말한다.

1) **자가공급**: 사업자가 자기의 과세사업과 관련하여 생산하거나 취득한 재화를 자기의 사업을 위해 직접 사용, 소비 하는 것이다.

면세사업에 전용	사업자가 자기의 사업과 관련하여 생산·취득한 재화를 자기의 면세사업을 위하여 사용하거나 소비하는 것은 재화의 공급으로 본다.
비영업용 소형승용차 또는 그 유지에 전용	사업자가 자기의 사업과 관련하여 생산·취득한 재화를 매출세액에서 공제되지 아니하는 비영업용 소형승용차로 사용 또는 소비하거나 그 자동차의 유지를 위하여 사용 또는 소비하는 것은 재화의 공급으로 본다.
판매목적 타사업장 반출	사업장이 둘 이상인 사업자가 자기의 사업과 관련하여 생산 또는 취득한 재화를 판매할 목적으로 자기의 다른 사업장에 반출하는 것은 재화의 공급으로 본다.

2) 개인적 공급: 사업자가 자기의 과세사업과 관련하여 생산하거나 취득한 재화를 사업과 직접적인 관계없이 자기의 개인적인 목적이나 사용인(임직원) 등이 사용, 소비하는 것으로서 사업자가 그 대가를 받지 않거나 시가보다 낮은 대가를 받는 경우는 재화의 공급으로 본다.

> 참 사업자가 실비변상적이거나 복리후생적인 목적으로 그 사용인에게 대가를 받지 아니하거나 시가보다 낮은 대가를 받고 제공하는 것은 개인적 공급으로 보지 않는다. (시가보다 낮은 대가를 받고 제공하는 것은 시가와 받은 대가의 차액에 한정)

> - 사업을 위해 착용하는 작업복, 작업모 및 작업화를 제공하는 경우
> - 직장 연예 및 직장 문화와 관련된 재화를 제공하는 경우
> - 다음 각 목의 어느 하나에 해당하는 재화를 제공하는 경우. 이 경우 각 목별로 각각 사용인 1명당 연간 10만원을 한도로 하며, 10만원을 초과하는 경우 해당 초과액에 대해서는 재화의 공급으로 본다.
>   가. 경조사와 관련된 재화
>   나. 설날 · 추석과 관련된 재화
>   다. 창립기념일 및 생일 등과 관련된 재화

3) 사업상 증여: 사업자가 자기의 과세사업과 관련하여 생산하거나 취득한 재화를 자기의 고객이나 불특정 다수에게 증여하는 경우는 재화의 공급으로 본다.

> 참 사업자가 사업을 위하여 증여하는 것으로 아래에 해당하는 것은 재화의 공급으로 보지 아니한다.

> - 사업을 위하여 대가를 받지 아니하고 다른 사업자에게 인도하거나 양도하는 견본품
> - 「재난 및 안전관리 기본법」의 적용을 받아 특별재난지역에 공급하는 물품
> - 자기적립마일리지등으로만 전부를 결제받고 공급하는 재화

4) 폐업시 잔존재화: 사업자가 폐업할 때 자기의 과세사업과 관련하여 생산하거나 취득한 재화 중 남아 있는 재화는 자기에게 공급하는 것으로 본다.

3 용역의 공급

1. 용역의 개념

재화 외에 재산 가치가 있는 모든 역무와 그 밖의 행위를 말한다.(건설업, 운수 및 창고업, 부동산업, 교육 서비스업 등)

2. 용역의 실질공급

계약상 또는 법률상의 모든 원인에 따라 역무를 제공하는 것 또는 시설물, 권리 등 재화를 사용하게 하는 것

> - 건설업의 경우 건설사업자가 건설자재의 전부 또는 일부를 부담하는 것
> - 자기가 주요자재를 전혀 부담하지 아니하고 상대방으로부터 인도받은 재화를 단순히 가공만 해 주는 것
> - 산업상, 상업상 또는 과학상의 지식 · 경험 또는 숙련에 관한 정보를 제공하는 것

3. 용역의 무상공급

- 사업자가 자신의 용역을 자기의 사업을 위하여 대가를 받지 아니하고 타인에게 용역을 공급하는 것은 용역의 공급으로 보지 아니한다.
- 특수관계인에게 사업용 부동산의 임대용역을 대가를 받지 않고 공급하는 것은 용역의 공급으로 본다.
- 고용관계에 따라 근로를 제공하는 것은 용역의 공급으로 보지 아니한다.

4 재화의 수입

1. 수입의 개념

수입이란 외국으로부터 물품을 사들이는 것을 말한다.

2. 재화의 수입

다음 중 어느 하나에 해당하는 물품을 국내에 반입하는 것(보세구역을 거치는 것을 보세구역에서 반입하는 것)으로 한다.

- 외국으로부터 국내에 도착한 물품으로서 수입신고가 수리되기 전의 것
- 수출신고가 수리된 물품(수출신고가 수리된 물품으로서 선적된 물품을 다시 반입하면 수입으로 본다.)

3. 재화의 수입에 대한 부가가치세 징수

재화의 수입은 사업자가 아닌 개인인 경우에도 부가가치세 과세대상으로 보며 수입신고 후 통관 시 세관장이 수입하는 자에게 부가가치세를 징수한다.

5 공급시기

1. 공급시기의 정의

부가가치세법상 어느 특정한 거래사실이 어느 과세기간에 귀속되는 것인가의 시간적 범위를 결정하는 기준을 말한다. 기업회계기준의 수익 인식시점과 거의 동일하다.

2. 재화의 공급시기

1) 재화의 공급시기 원칙

> ① 재화의 이동이 필요한 경우: 재화가 인도되는 때
> ② 재화의 이동이 필요하지 아니한 경우: 재화가 이용 가능하게 되는 때
> ③ ①과 ②를 적용할수 없는 경우의 경우: 재화의 공급이 확정되는 때

2) 거래형태별 재화의 공급시기

현금판매, 외상판매, 할부판매		재화가 인도되거나 이용가능하게 되는 때
상품권 등을 현금 또는 외상으로 판매하고 그 후 그 상품권 등이 현물과 교환되는 경우		재화가 실제로 인도되는 때
반환조건부 판매, 동의조건부 판매, 그 밖의 조건부 판매 및 기한부 판매		그 조건이 성취되거나 기한이 지나 판매가 확정되는 때
장기할부판매		대가의 각 부분을 받기로 한 때
완성도기준지급조건부, 중간지급조건부		대가의 각 부분을 받기로 한 때
전력이나 그 밖에 공급단위를 구획할 수 없는 재화를 계속적으로 공급		대가의 각 부분을 받기로 한 때
간주공급	면세사업 전용, 비영업용소형 승용차 전용, 개인적 공급	재화를 사용하거나 소비하는 때
	사업상 증여	재화를 증여하는 때
	폐업시 잔존재화	폐업하는 때(폐업일 ○, 폐업신고일 ×)
	판매목적 타사업장 반출	재화를 반출하는 때
무인판매기를 이용하여 재화를 공급하는 경우		사업자가 무인판매기에서 현금을 꺼내는 때
위탁판매 또는 대리인에 의한 매매		수탁자 또는 대리인의 공급한 때
수출재화	내국물품의 국외반출(직수출)	수출재화의 선(기)적일
	중계무역 방식의 수출	수출재화의 선(기)적일
	원양어업, 위탁판매수출	수출재화의 공급가액이 확정되는 때
	외국인도수출 · 위탁가공무역방식의 수출	외국에서 해당 재화가 인도되는 때
사업자가 보세구역 내에서 보세구역 외의 국내에 재화를 공급하는 경우		재화가 수입재화에 해당하는 때에는 수입 신고수리일

참 공급시기 관련 용어

- 반환조건부(반품조건부) 판매: 재화의 인도 시점에 일정기간 이내에 재화를 반품할 수 있는 조건을 붙여 판매하는 것

- 동의조건부 판매: 거래 상대방이 구매동의를 한 경우 구입한 것으로 본다는 조건을 붙여 판매하는 것

- 장기할부판매: 재화를 인도하고 그 대가를 2회 이상으로 분할하여 대가를 받고, 해당 재화의 인도일의 다음날부터 최종 할부금 지급기일까지의 기간이 1년 이상인 것

- 완성도기준지급조건부: 재화의 완성도에 따라 대가를 분할하여 받는 것

- 중간지급조건부: 재화가 인도되기 전 계약금을 받기로 한 날의 다음 날부터 용역의 제공을 완료하는 날 까지의 기간이 6개월 이상인 경우로서 그 기간 이내에 계약금 외의 대가를 분할하여 받는 것

- 중계무역: 외국에서 수입한 물품을 보세구역 이외의 국내에 반입하지 않고 원상태 그대로 수출하여 차액을 취하는 무역형태
- 위탁판매수출: 물품등을 무환으로 수출하여 해당 물품이 판매된 범위안에서 대금을 결제하는 계약에 의한 수출
- 외국인도수출: 수출대금은 국내에서 영수하지만 국내에서 통관되지 아니한 수출 물품등을 외국으로 인도하거나 제공하는 수출
- 위탁가공무역: 가공임을 지급하는 조건으로 외국에서 가공(제조, 조립, 재생, 개조를 포함)할 원료의 전부 또는 일부를 거래 상대방에게 수출하거나 외국에서 조달하여 이를 가공한 후 가공물품등을 수입하거나 외국으로 인도하는 수출

3. 용역의 공급시기

1) 용역의 공급시기 원칙

- 역무를 제공하는 경우: 역무의 제공이 완료되는 때
- 시설물, 권리 등 재화를 사용하게 하는 경우: 시설물, 권리 등의 재화가 사용되는 때

2) 거래형태별 용역의 공급시기

통상적인 용역의 공급	역무의 제공이 완료되는 때
장기할부조건부, 완성도기준지급조건부, 중간지급조건부	대가의 각 부분을 받기로 한 때
공급단위를 구획할 수 없는 용역을 계속적으로 공급 예 부동산임대용역, 스트리밍 플랫폼 제공	
사업자가 부동산 임대용역을 공급하고 받은 전세금 또는 임대보증금에 대한 간주임대료[16]	예정신고기간 또는 과세기간의 종료일
사업자가 둘 이상의 과세기간에 걸쳐 부동산 임대용역을 공급하고 그 대가를 선불 또는 후불로 받는 경우	
용역을 둘 이상의 과세기간에 걸쳐 계속적으로 제공하고 그 대가를 선불로 받는 경우 예 헬스클럽장, 상표권 사용	

[16] 간주임대료: 임대인이 부동산 대여 등의 대가로 전세금, 보증금을 받았을 때 이 금액에 정기예금 이자율을 곱하여 인위적으로 부가가치세 공급가액을 계산한 것

4. 재화 및 용역의 공급시기 특례

재화 또는 용역의 공급시기가 되기 전에 재화 또는 용역에 대한 대가의 전부 또는 일부를 받고, 그 받은 대가에 대하여 세금계산서 또는 영수증을 발급	세금계산서 또는 영수증을 발급하는 때
사업자가 재화 또는 용역의 공급시기가 되기 전에 세금계산서를 발급하고 그 세금계산서 발급일부터 7일 이내에 대가를 받음	세금계산서를 발급하는 때
공급시기가 되기 전에 세금계산서 또는 영수증을 발급한 경우(장기할부판매, 전력이나 그 밖에 공급단위를 구획할 수 없는 재화를 계속적으로 공급)	세금계산서 또는 영수증을 발급하는 때

01 다음 중 부가가치세법상 과세 대상으로 볼 수 없는 것은?

① 재화의 공급 ② 용역의 공급 ③ 재화의 수입 ④ 용역의 수입

02 다음 중 부가가치세 과세대상에 해당하는 것을 모두 고른 것은?

가. 상품을 국외로부터 수입하는 경우
나. 제품을 판매목적으로 수출하는 경우
다. 차량을 양도담보 목적으로 제공하는 경우
라. 사업용 기계장치를 매각하는 경우

① 나, 다, 라 ② 가, 나, 다 ③ 가, 나, 라 ④ 가, 다, 라

03 다음 중 부가가치세 과세대상 거래에 해당되는 것을 모두 고르면?

가. 재화의 수입
나. 재산적 가치가 있는 권리의 양도
다. (특수관계 없는 자에게)부동산임대용역의 무상공급
라. 국가 등에 무상으로 공급하는 재화

① 가 ② 가, 나 ③ 가, 나, 라 ④ 가, 나, 다, 라

04 다음 중 부가가치세법상 재화의 공급으로 보지 않는 거래는?

① 사업용 자산으로 국세를 물납하는 것

② 현물출자를 위해 재화를 인도하는 것

③ 장기할부판매로 재화를 공급하는 것

④ 매매계약에 따라 재화를 공급하는 것

05 부가가치세법상 재화의 공급으로 보지 아니하는 거래를 모두 고른 것은?

> a. 저당권 등 담보 목적으로 부동산을 제공하는 것
> b. 사업장별로 그 사업에 관한 모든 권리와 의무를 포괄적으로 승계시키는 사업의 양도
> c. 매매계약에 의한 재화의 인도
> d. 폐업시 잔존재화(해당 재화의 매입 당시 매입세액공제 받음)
> e. 상속세를 물납하기 위해 부동산을 제공하는 것

① a, d   ② b, c, e   ③ a, b, e   ④ a, b, d, e

06 다음 중 부가가치세법상 '재화의 공급으로 보지 않는 특례'에 해당하지 않는 것은?

① 담보의 제공   ② 제품의 외상판매   ③ 조세의 물납   ④ 법률에 따른 수용

07 다음 중 부가가치세법상 재화의 간주공급에 해당되지 않는 것은?

① 사업상 증여   ② 현물출자   ③ 폐업시 잔존재화   ④ 개인적 공급

PART 3 전산회계 1급 부가가치세

정답 및 해설

01 ④ 부가가치세법 제4조, 부가가치세는 다음 각 호의 거래에 대하여 과세한다.
1. 사업자가 행하는 재화 또는 용역의 공급
2. 재화의 수입

02 ③ 부가가치세법 제10조 제9항, 재화를 양도담보등의 목적으로 제공하는 것은 재화의 공급으로 보지않음

03 ② 특수관계 없는 자에게 용역의 무상공급은 용역의 공급으로 보지 아니하고, 국가 등에 무상으로 공급하는 재화는 면세대상이다.(부가가치세법 제12조)

04 ① 물납은 재화의 공급으로 보지 않는다.

05 ③ c는 재화의 실질공급, d는 재화의 간주공급에 해당한다.

06 ② 제품의 외상판매는 재화의 공급에 해당한다.
- 재화의 공급으로 보지 않는 특례
- 사업의 양도(사업양수 시 양수자 대리납부의 경우 재화의 공급으로 인정)
- 담보의 제공·조세의 물납·법률에 따른 공매·경매
- 법률에 따른 수용·신탁재산의 이전

07 ② 부가가치세법 제10조 재화공급의 특례, 현물출자는 재화의 실질공급에 해당된다.

CHAPTER 02 과세대상 거래 343

08 다음 중 부가가치세법상 재화 공급의 특례에 해당하는 간주공급으로 볼 수 없는 것은?

① 폐업시 잔존재화

② 사업을 위한 거래처에 대한 증여

③ 사업용 기계장치의 양도

④ 과세사업과 관련하여 취득한 재화를 면세사업에 전용하는 재화

09 다음 중 부가가치세법상 재화의 공급으로 간주되어 과세대상이 되는 항목은?(아래 항목은 전부 매입세액 공제받음)

① 직장 연예 및 직장 문화와 관련된 재화를 제공하는 경우

② 사업을 위해 착용하는 작업복, 작업모 및 작업화를 제공하는 경우

③ 사용인 1인당 연간 10만원 이내의 경조사와 관련된 재화 제공

④ 사업자가 자기생산·취득재화를 자기의 고객이나 불특정 다수에게 증여하는 경우

10 부가가치세법상 용역의 공급으로 과세하지 아니하는 것은?

① 고용관계에 의하여 근로를 제공하는 경우

② 사업자가 특수관계 있는 자에게 사업용 부동산의 임대용역을 무상공급하는 경우

③ 상대방으로부터 인도받은 재화에 주요자재를 전혀 부담하지 아니하고 단순히 가공만 하는 경우

④ 건설업자가 건설자재의 전부 또는 일부를 부담하고 공급하는 용역의 경우

11 다음 중 부가가치세법상 재화의 공급시기로 틀린 것은?

① 현금판매 : 재화가 인도되거나 이용가능하게 되는 때

② 반환조건부 : 그 조건이 성취되어 판매가 확정되는 때

③ 무인판매기에 의한 공급 : 무인판매기에서 현금을 인취하는 때

④ 폐업시 잔존재화 : 폐업신고서 접수일

12 다음 중 부가가치세법상 공급시기로 옳지 않은 것은?

① 폐업 시 잔존재화의 경우 : 폐업하는 때

② 내국물품을 외국으로 수출하는 경우 : 수출재화의 선적일

③ 무인판매기로 재화를 공급하는 경우 : 무인판매기에서 현금을 인취하는 때

④ 위탁판매의 경우(위탁자 또는 본인을 알 수 있는 경우) : 위탁자가 판매를 위탁한 때

정답 및 해설

08 ③ <재화의 간주공급> 부법 제10조, 부법 시행령 제19조, 제20조
면세사업에 전용하는 재화, 영업 외의 용도로 사용하는 개별소비세 과세대상 차량과 그 유지를 위한 재화, 판매 목적으로 다른 사업장에 반출하는 재화, 개인적 공급, 사업을 위한 증여, 폐업시 남아있는 재화

09 ④ 부가가치세법 시행령 제19조2 및 부가가치세법 제10조
①,②,③은 실비변상적이거나 복리후생적인 목적으로 제공해 재화의 공급으로 보지 않는 경우에 해당하며 ④는 재화의 공급으로 간주하는 경우에 해당한다.

10 ① 고용관계에 의하여 근로를 제공하는 경우 부가가치세법상 용역의 공급으로 보지 않는다. 그리고 사업자가 특수관계 있는 자에게 사업용 부동산의 임대용역을 무상공급하는 경우 용역의 공급으로 본다.
부가가치세법 제7조 3항 2012년 7월 1일부터 적용함

11 ④ 폐업시 잔존재화 : 폐업하는 때

12 ④ 부가가치세법 시행령 제28조 제10항, 위탁판매의 경우 부가가치세법상 공급시기는 위탁받은 수탁자 또는 대리인이 실제로 판매한 때이다.

13 다음 중 부가가치세법상 재화의 공급시기가 '대가의 각 부분을 받기로 한 때'가 적용될 수 없는 것은?

① 기한부판매   ② 장기할부판매   ③ 완성도기준지급   ④ 중간지급조건부

14 다음 중 부가가치세법상 재화 공급시기에 대한 설명으로 옳지 않은 것은?

① 상품권을 외상으로 판매하는 경우에는 외상대금의 회수일을 공급시기로 본다.

② 폐업 전에 공급한 재화의 공급시기가 폐업일 이후에 도래하는 경우에는 그 폐업일을 공급시기로 본다.

③ 반환 조건부판매의 경우에는 그 조건이 성취되거나 기한이 경과되어 판매가 확정되는 때를 공급시기로 본다.

④ 무인판매기를 이용하여 재화를 공급하는 경우에는 당해 사업자가 무인판매기에서 현금을 인취하는 때를 공급시기로 본다.

15 다음 중 재화의 공급시기로 옳지 않은 것은?

① 현금판매, 외상판매의 경우 : 재화가 인도되거나 이용가능하게 되는 때

② 내국물품 외국반출, 중계무역방식의 수출 : 수출재화의 선(기)적일

③ 재화의 공급으로 보는 가공의 경우 : 가공이 완료된 때

④ 반환조건부 판매, 동의조건부 판매, 그 밖의 조건부 판매의 경우 : 그 조건이 성취되거나 기한이 지나 판매가 확정되는 때

정답 및 해설

13 ①

14 ① 상품권 등을 현금 또는 외상으로 판매하고 그 후 해당 상품권 등이 현물과 교환되는 경우에는 재화가 실제로 인도되는 때를 공급시기로 본다. <재화의 공급시기> 부가가치세법 시행령 제21조 제21조 【재화의 공급시기】 ①법 제9조제1항에 규정하는 재화의 공급시기는 다음 각 호에 따른다. 다만, 폐업 전에 공급한 재화의 공급시기가 폐업일 이후에 도래하는 경우에는 그 폐업일을 공급시기로 본다.
1. 현금판매·외상판매 또는 할부판매의 경우에는 재화가 인도되거나 이용가능하게 되는 때
1의2. 상품권 등을 현금 또는 외상으로 판매하고 그 후 해당 상품권 등이 현물과 교환되는 경우에는 재화가 실제로 인도되는 때

15 ③ 재화의 공급으로 보는 가공의 경우 : 가공된 재화를 인도하는때 (부령28①)

영세율과 면세

1 영세율

1. 영세율의 개념

재화· 용역의 공급에 영(0%)의 세율을 적용하는 제도

2. 영세율 적용 대상자

영세율을 적용받는 사업자는 과세사업자로 특정 매출에 대해 영세율이 적용되어 매출에 대한 부가가치세가 없어도 매입에 대한 부가가치세는 돌려받을 수 있다. 따라서 부가가치세법상 의무인 사업자등록, 세금계산서 교부, 매입·매출처별 세금계산서합계표 제출, 신고납부 및 기장 등의 의무를 이행해야하고, 영세율 적용 매출 이외 일반 매출이 있다면 부가가치세 납세의무가 있다.

3. 영세율의 특징

이중과세 방지	소비지국 과세원칙 하에 생산하는 국가에서 부가가치세를 과세하지 않고 소비하는 국가에서 과세하도록 하여 국가 간 이중과세를 방지
완전면세제도	매출세액이 '0'이 되고, 전단계에서 부담한 매입세액을 전액 환급받음으로써 부가가치세 부담이 완전히 제거되는 완전면세의 특징을 가짐
수출 지원	직접 수출할 때 뿐만아니라 국내 거래라도 수출 등과 관련있는 산업에 부가가치세를 0%세율(영세율)로 적용하여 수출 가격을 낮추고 외화획득을 장려함

4. 영세율 적용대상 거래

재화의 수출	• 직수출: 내국물품을 외국으로 반출하는 것 • 중계무역 방식의 수출, 위탁판매수출, 외국인도수출, 위탁가공무역 방식의 수출 등의 국내 사업장에서 계약과 대가 수령 등 거래가 이루어지는 것 • 내국신용장[17] 또는 구매확인서[18]에 의하여 재화를 공급하는 것
용역의 국외공급	사업장이 국내에 있는 사업자가 국외에서 공급하는 용역 예 해외건설용역
외국항행용역의 공급	국내에서 국외로, 국외에서 국내로 수송하는 선박 또는 항공기
외화 획득 재화 또는 용역의 공급	국내거래이지만 실질적으로 수출과 동일하거나 외화획득이 되는 거래

[17]내국신용장(Local L/C): 사업자가 국내에서 수출용 원자재, 수출용 완제품 또는 수출재화임가공용역을 공급받으려는 경우에 해당 사업자의 신청에 따라 외국환은행의 장이 개설하는 신용장

[18]구매확인서: 외국환은행의 장이 내국신용장에 준하여 발급하는 확인서

5. 영세율 세금계산서

영세율 거래의 대부분 거래 상대방이 국내 사업장이 없는 외국 사업자이기 때문에 세금계산서 발급 의무가 면제된다. 단 내국신용장 또는 구매확인서에 의하여 공급하는 재화(간접수출, 국내수출)는 국내거래이기 때문에 공급 시 영세율세금계산서를 발행한다.

(1) 미국회사인 blizzard에게 $10,000의 제품을 직수출하기로 하고 선적하였다. 대금은 외상으로 하였다. (수출신고일 기준환율 1,100원/$, 선적일 기준환율 1,200원/$)

(2) ㈜글로벌상사에 구매확인서에 의하여 제품 500,000원을 외상으로 공급하고 영세율전자세금계산서를 발급하였다.

정답 및 해설

[1] (차) 외상매출금(blizzard)   12,000,000원   (대) 제품매출   12,000,000원
수출하는 재화는 선적일이 공급시기이다. 따라서 선적일 환율을 적용한다.
공급가액: $10,000 × 1,200원/$ = 12,000,000원

[2] (차) 외상매출금(㈜글로벌상사)   500,000원   (대) 제품매출   500,000원

1. 면세의 개념

면세는 재화·용역의 공급에 대한 부가가치세를 면제하는 제도이다.

2. 면세의 특징

역진성완화	현행 부가가치세법은 소득 수준에 대한 고려 없이 소비행위에 과세되어 저소득층이 상대적으로 세부담 효과가 커지는 역진성을 완화하기 위해 기초생활필수품 등에 대한 부가가치세를 면세를 적용하고 있다.
부분면세제도	부가가치세법상 과세대상 거래가 아니기 때문에 매출에 대한 납부세액이 없지만, 전 단계에서 이미 부담한 매입세액은 환급받지 못하므로 부가가치세 부담이 완전히 제거되지 않아 불완전면세제도라고 한다.

3. 면세 적용대상 거래

<table>
<tr>
<td rowspan="7">기초생활
필수품</td>
<td colspan="2">• 가공되지 않은 식료품(국내산, 수입산 불문)
• 국내산 비식용 농산물, 축산물, 수산물, 임산물
• 수돗물(생수는 과세)
• 연탄과 무연탄
• 여성용 생리 처리 위생용품
• 여객운송 용역(항공기, 고속버스, 전세버스, 택시, 고속철도는 과세)
• 주택과 이에 부수되는 토지의 임대 용역</td>
</tr>
<tr><td colspan="2"></td></tr>
<tr><td colspan="2"></td></tr>
<tr><td colspan="2"></td></tr>
<tr><td colspan="2"></td></tr>
<tr><td colspan="2"></td></tr>
<tr><td colspan="2"></td></tr>
<tr>
<td rowspan="6">국민후생</td>
<td colspan="2">• 의료보건용역과 혈액</td>
</tr>
<tr>
<td>면세</td>
<td>약사의 조제의약품, 산후조리원</td>
</tr>
<tr>
<td>과세</td>
<td>약사의 일반의약품 판매, 미용목적 성형수술</td>
</tr>
<tr>
<td colspan="2">• 수의사가 제공하는 용역(가축, 장애인 보조견, 수급자가 기르는 동물 등에 대한 진료만 면세)
• 교육용역</td>
</tr>
<tr>
<td>면세</td>
<td>허가받은 어린이집 및 학교, 학원, 강습소, 훈련원, 교습소, 청소년수련시설, 과학관, 박물관, 미술관 등</td>
</tr>
<tr>
<td>과세</td>
<td>무도학원(종합 체육시설업, 수영장 등), 자동차운전학원</td>
</tr>
<tr>
<td>문화</td>
<td colspan="2">• 도서, 신문, 잡지, 방송(광고는 과세)
• 예술창작품, 예술행사, 문화행사, 아마추어 운동경기
• 도서관, 과학관, 박물관, 미술관, 동물원, 식물원 등의 입장권</td>
</tr>
<tr>
<td>부가가치
생산요소</td>
<td colspan="2">• 토지의 공급(토지의 임대는 과세)
• 금융, 보험 용역
• 저술가 · 작곡가 등의 직업상 제공하는 인적용역</td>
</tr>
</table>

기타	• 우표, 인지, 증지, 복권, 공중전화 • 종교, 자선, 학술 등의 공익을 목적으로 하는 단체가 공급하는 재화 또는 용역 • 국가, 지방자치단체 또는 지방자치단체조합이 공급하는 재화 또는 용역 • 국가, 지방자치단체, 지방자치단체조합 또는 공익단체에 무상으로 공급하는 재화 또는 용역
조세특례 제한법상 면세	• 영유아용 기저귀와 분유 등 • 국민주택의 공급 및 그 주택의 건설용역

참 부동산 공급과 임대에 대한 과세여부

구분	공급	임대
토지	• 면세	• 원칙: 과세 • 예외: 주택부수토지의 임대는 면세
건물	• 원칙: 과세 • 예외: 국민주택규모 이하 이하의 주택의 공급은 면세	• 원칙: 과세 • 예외: 주택의 임대는 면세

4. 면세포기

1) **면세포기의 정의**: 부가가치세가 면제되는 재화 또는 용역을 공급하는 사업자가 면세 적용을 받지 않고 부가가치세 과세(과세사업자)를 적용 받는 것을 말한다.

2) **면세포기 특징**

> • 면세포기는 영세율 적용의 대상이 되는 재화, 용역등에 가능하다.
> • 면세포기를 신고하면 거래징수당한 매입세액을 공제받을 수 있게 된다.
> • 면세포기절차는 승인을 요하지 않는다.
> • 면세의 포기를 신고한 사업자는 신고한 날부터 3년간 부가가치세를 면제받지 못한다.

(1) 황토부동산으로부터 공장건물 신축용 토지를 20,000,000원에 매입하고 전자계산서를 발급받았다. 대금은 5개월 후에 지급하기로 하였다.

(2) 영업직 직원들이 교육훈련 특강을 받고, 수강료 2,000,000원에 대한 전자계산서를 교부받았다. 수강료는 현금으로 지급하였다.

(3) 생산부문 공장 직원들에게 사내 식당에서 제공하는 식사에 필요한 생고기를 200,000원에 구입하면서 전자계산서를 수취하고 대금은 다음 달에 지급하기로 하였다.(단, 비용으로 회계처리 하기로 한다.)

(4) 영업부서의 매출 거래처 개업식을 축하하기 위해 세현꽃집에서 화환을 80,000원에 구입하고 전자계산서를 발급받았다. 대금은 이달말에 지급하기로 하였다.

정답 및 해설

[1]	(차)	토지	2,000,000원	(대)	미지급금(황토부동산)	2,000,000원
[2]	(차)	교육훈련비(판)	2,000,000원	(대)	현금	2,000,000원
[3]	(차)	복리후생비(제)	350,000원	(대)	미지급금	350,000원
[4]	(차)	기업업무추진비(판)	80,000원	(대)	미지급금(세현꽃집)	80,000원

	영세율	면세
취지	이중과세 방지, 수출 지원	세부담의 역진성 완화
특징	• 특정 과세거래에 0%의 세율 적용 • 매출세액 0원, 매입세액 전액환급 • 완전면세	• 면세 거래에 부가가치세 면제 • 거래 징수 없음(매출세액 0원), 매입세액 환급되지 않음 • 부분면세(불완전면세)
대상	재화의 수출 등의 외화획득관련 공급	기초생활필수품 등
사업자 여부	부가가치세법상 사업자	부가가치세법상 사업자가 아님

01 다음 중 부가가치세법상 재화의 수출 시 영세율을 적용하는 이유는 무엇인가?

① 소비세   ② 간접세

③ 전단계세액공제법   ④ 소비지국과세원칙

02 다음 중 부가가치세 영세율과 관련한 설명으로 틀린 것은?

① 영세율은 수출하는 재화 뿐만 아니라 국외에서 공급하는 용역에도 영세율이 적용된다.

② 영세율이 적용되는 경우에는 항상 세금계산서 발급 의무가 면제된다.

③ 영세율이 적용되는 사업자는 부가가치세법상 과세사업자이어야 한다.

④ 영세율이 적용되는 사업자는 부가가치세법상 사업자로서의 제반의무를 이행하여야 한다.

03 다음 중 부가가치세 영세율과 관련된 설명 중 틀린 것은?

① 영세율은 세부담의 역진성을 완화하기 위한 제도이다.

② 수출하는 재화는 영세율이 적용된다.

③ 직수출하는 재화의 경우에는 세금계산서 발급의무가 면제된다.

④ 국외에서 공급하는 용역의 공급에 대하여는 영세율이 적용된다.

04 다음 중 부가가치세법상 영세율에 대한 설명으로 가장 옳지 않은 것은?

① 수출하는 재화에 대해서는 영세율이 적용된다.

② 영세율은 수출산업을 지원하는 효과가 있다.

③ 영세율을 적용하더라도 완전면세를 기대할 수 없다.

④ 영세율은 소비지국과세원칙이 구현되는 제도이다.

05 다음 중 부가가치세 영세율과 관련된 설명 중 틀린 것은?

① 영세율은 수출하는 재화에 적용된다.

② 영세율은 완전면세에 해당한다.

③ 직수출하는 재화의 경우에도 세금계산서를 발행, 교부하여야 한다.

④ 영세율은 소비지국 과세원칙을 구현하기 위한 제도이다.

06 다음 중 부가가치세법상 영세율에 대한 설명으로 틀린 것은?

① 영세율은 부분면세제도이다.

② 영세율의 목적은 소비지국 과세원칙의 구현이다.

③ 영세율의 목적은 국제적 이중과세 방지를 위한 것이다.

④ 영세율이 적용되는 경우에도 세금계산서를 발급하는 경우가 있다.

07 다음 중 부가가치세법상 영세율에 대한 설명으로 가장 틀린 것은?

① 수출하는 재화뿐만 아니라 국외에서 제공하는 용역도 영세율이 적용된다.

② 영세율이 적용되는 모든 사업자는 세금계산서를 발급하지 않아도 된다.

③ 영세율이 적용되는 경우에는 조기환급을 받을 수 있다.

④ 영세율이 적용되는 사업자는 부가가치세법상 과세사업자이어야 한다.

정답 및 해설

01 ④ 국제거래되는 재화는 생산지국에서 과세하지 않고 소비지국에서 과세함을 원칙으로 하며, 이중과세방지를 위해 수출재화에 대하여 영세율을 적용한다.

02 ② 부가가치세법 시행령 제71조 제1항
내국신용장, 구매확인서에 공급하는 재화 등은 영세율이 적용되어도 세금계산서 발급의무가 있다.

03 ① 영세율은 소비지국 과세원칙을 구현하기 위한 제도이다.

04 ③ 영세율은 완전면세제도이다.

05 ③ 직수출하는 재화의 경우에는 세금계산서 교부의무가 면제된다.(부가가치세법시행령 제71조 제1항 4호)

06 ① 영세율은 완전면세제도이다.

07 ② 내국신용장 또는 구매확인서에 의하여 공급하는 재화 등은 세금계산서를 발급하여야 한다.(부가가치세법 시행령 제71조 제1항 제4호)

08 다음 중 부가가치세법상 세부담의 역진성을 완화하기 위한 목적으로 도입한 제도는 무엇인가?

① 영세율제도   ② 사업자단위과세제도

③ 면세제도   ④ 대손세액공제제도

09 다음 중 면세대상에 해당하는 것은 모두 몇 개인가?

ⓐ 수돗물	ⓑ 도서,신문	ⓒ 가공식료품
ⓓ 시내버스운송용역	ⓔ 토지의공급	ⓕ 교육용역(허가,인가받은 경우에 한함)

① 3개   ② 4개   ③ 5개   ④ 6개

10 다음 중 부가가치세 면세대상이 아닌 것은?

① 항공법에 따른 항공기에 의한 여객운송 용역의 공급   ② 수돗물의 공급

③ 토지의 공급   ④ 연탄의 공급

11 다음 중 부가가치세법상 면세에 해당하지 않는 것은?

① 택시에 의한 여객운송용역

② 도서대여 용역

③ 미술관에의 입장

④ 식용으로 제공되는 임산물

12 다음 중 부가가치세법상 면세대상 거래에 해당하는 것은?

① 운전면허학원의 시내연수

② 프리미엄고속버스 운행

③ 일반의약품에 해당하는 종합비타민 판매

④ 예술 및 문화행사

13 부가가치세법상 사업자가 행하는 다음의 거래 중 부가가치세가 과세되는 것은?

① 상가에 부수되는 토지의 임대　　　　② 주택의 임대

③ 국민주택 규모 이하의 주택의 공급　　④ 토지의 공급

14 다음은 부가가치세법상 면세포기와 관련된 설명이다. 맞게 설명한 것은?

① 면세포기는 관할세무서장의 승인을 얻어야 한다.

② 면세사업자는 면세포기 신고일로부터 3년간은 부가가치세를 면제받지 못한다.

③ 면세사업자는 모든 재화, 용역에 대하여 면세포기가 가능하다.

④ 면세사업자가 면세를 포기해도 매입세액공제가 불가능하다.

정답 및 해설

08 ③ 면세제도

09 ③ ⓒ 가공식료품은 과세에 해당한다.

10 ① 부가가치세법 제26조 제1항, 항공법에 따른 항공기에 의한 여객운송 용역은 과세대상이다.

11 ① 택시에 의한 여객운송용역은 면세에 해당하지 아니하며, 식용으로 제공되는 임산물은 면세에 해당된다. 부가가치세법 제26조

12 ④ 예술 및 문화행사는 부가가치세법상 면세대상 거래에 해당된다.(부가가치세법 제26조)

13 ① 상가에 부수되는 토지의 임대

14 ② 부가가치세법 제28조 제2항, 면세의 포기를 신고한 사업자는 신고한 날부터 3년간 부가가치세를 면제받지 못한다.
　　① 면세포기절차는 승인을 요하지 않는다.
　　③ 면세포기는 영세율 적용의 대상이 되는 재화, 용역등에 가능하다.
　　④ 면세포기를 신고하면 거래징수당한 매입세액을 공제받을 수 있게 된다.

세금계산서

1 거래징수와 세금계산서

1. 거래징수의 개념

사업자(공급자)가 재화 또는 용역을 공급하는 경우에는 공급가액에 10% 세율을 적용하여 계산한 부가가치세를 거래상대방(공급받는 자)로부터 징수하는 것을 말한다. 수입하는 재화는 공급자가 외국에 있어 우리나라의 과세권이 미치지 않으므로 세관장이 수입재화에 대하여 부가가치세를 거래징수한다.

2. 세금계산서의 종류

세금계산서	부가가치세법상 과세사업자가 재화 또는 용역을 공급하고, 상대방으로부터 부가가치세를 포함하여 거래하였다는 사실을 확인해주는 증빙서류이다.
전자세금계산서	• 법인사업자와 사업장별 재화 및 용역의 공급가액(면세공급가액을 포함)의 합계액이 8천만원 이상인 개인사업자는 전자세금계산서를 발급해야 한다. • 전자세금계산서를 발급하였을 때에는 전자세금계산서 발급일의 다음 날까지 전자세금계산서 발급명세를 국세청장에게 전송해야 한다.
수입세금계산서	세관장은 수입되는 재화에 대하여 부가가치세를 징수할 때에는 수입된 재화에 대한 세금계산서를 수입하는자에게 발급해야 한다.
매입자발행 세금계산서	사업자가 재화 또는 용역을 공급하고 세금계산서 발급 시기에 세금계산서를 발급하지 않은 경우 관할 세무서장의 확인을 받아 세금계산서를 발행할 수 있다.(거래건당 공급대가 5만원 이상인 거래에 해당)

3. 세금계산서의 양식

사업자가 재화 또는 용역을 공급하는 경우에는 다음의 사항을 적은 세금계산서를 그 공급을 받는 자에게 발급해야한다.

구분	내용
필요적 기재사항	• 공급자의 등록번호와 성명 또는 명칭 • 공급받는 자의 등록번호(사업자가 아닌 경우 주민등록번호 등) • 작성 연월일 • 공급가액과 부가가치세액
임의적 기재사항	• 공급자의 주소 • 공급받는자의 상호, 성명, 주소 • 공급 연원일 • 품목, 단가, 수량

4. 세금계산서 발급시기

구분	내용
원칙	재화 또는 용역의 공급시기에 공급받는 자에게 발급해야 한다. 단, 재화 또는 용역의 공급시기가 되기 전 재화 또는 용역에 대한 대가의 전부 또는 일부를 받고 세금계산서 등을 발급하면 그 때를 재화 또는 용역의 공급시기로 본다.
공급시기 전 발급특례 (선세금계산서)	① 사업자가 재화 또는 용역의 공급시기가 되기 전에 세금계산서를 발급하고 그 세금계산서 발급일부터 7일 이내에 대가를 받으면 해당 세금계산서를 발급한 때를 재화 또는 용역의 공급시기로 본다. ② ①항에도 불구하고 재화 또는 용역의 공급시기가 되기 전에 세금계산서를 발급하고 그 세금계산서 발급일부터 7일이 지난 후 대가를 받더라도 일정 조건 충족 시 해당 세금계산서를 발급한 때를 재화 또는 용역의 공급시기로 본다.

공급시기 후 발급특례 (월합계세금계산서)	월합계세금계산서는 공급시기가 속하는 달의 다음달 10일까지 발급할 수 있다. **참** 발급기한(10일)이 토요일 또는 공휴일인 경우에는 바로 다음 영업일까지 발급 ① 거래처별로 달의 1일부터 말일까지의 공급가액을 합하여 해당 달의 말일을 작성 　연월일로 하여 세금계산서를 발급하는 경우 ② 거래처별로 달의 1일부터 말일까지의 기간 이내에서 사업자가 임의로 정한 기간의 　공급가액을 합하여 그 기간의 종료일을 작성 연월일로 하여 세금계산서를 발급하 　는 경우 ③ 관계 증명서류 등에 따라 실제거래사실이 확인되는 경우로서 해당 거래일을 작성 　연월일로 하여 세금계산서를 발급하는 경우 **참** 월합계세금계산서 발급 예

공급시기	발행일자(작성연월일)	발급기한
1월 1일 ~ 1월 31일	1월 31일	2월 10일
1월 1일 ~ 1월 10일	1월 10일	2월 10일
1월 5일 ~ 1월 15일	1월 15일	2월 10일
1월 22일 ~ 1월 31일	1월 31일	2월 10일
1월 10일 ~ 2월 10일	달력상 1달(1역월) 내만 가능	

5. 세금계산서합계표의 제출

사업자는 세금계산서 또는 수입세금계산서를 발급하였거나 발급받은 경우에 매출처별 세금계산서합계표와 매입처별 세금계산서합계표를 예정신고 또는 확정신고를 할 때 함께 제출하고 과세기간에 대한 확정신고 기한 후 5년간 보존하여야 한다. 다만, 전자세금계산서를 발급하거나 발급받고 국세청장에게 전자세금계산서 발급명세를 전송한 경우에는 매출·매입처별 세금계산서합계표를 제출 및 보관 의무가 면제된다.

6. 수정세금계산서

세금계산서 또는 전자세금계산서의 기재사항을 착오로 잘못 적거나 세금계산서 또는 전자세금계산서를 발급한 후 사유가 발생하면 수정한 세금계산서 또는 수정한 전자세금계산서를 발급할 수 있다.

수정사유	작성연월일	작성방법
처음 공급한 재화가 환입된 경우	재화가 환입된 날	비고란에 처음 세금계산서 작성일을 덧붙여 적은 후 붉은색 글씨로 쓰거나 (-)표시를 하여 발급
계약의 해제로 재화 또는 용역이 공급되지 아니한 경우	계약해제일	비고란에 처음 세금계산서 작성일을 덧붙여 적은 후 붉은색 글씨로 쓰거나 (-)의 표시를 하여 발급
계약의 해지 등에 따라 공급가액에 추가되거나 차감되는 금액이 발생한 경우	증감 사유가 발생한 날	추가되는 금액은 검은색 글씨로 쓰고, 차감되는 금액 은 붉은색 글씨로 쓰거나 (-)의 표시를 하여 발급
필요적 기재사항 등이 착오로 잘못 적힌 경우	당초 작성연월일	처음에 발급한 세금계산서의 내용대로 세금계산서를 붉은색 글씨로 쓰거나 (-)의 표시를 하여 발급하고, 수 정하여 발급하는 세금계산서는 검은색 글씨로 작성하 여 발급

(1) 2월 2일   ㈜진안테크에 외상으로 판매한 상품 중 파손된 제품 1개(단가 1,000,000원, 부가가치세 별도)를 반품받고 수정전자세금계산서를 발급하였으며 대금은 외상대금과 상계하였다.

(2) 2월 3일   ㈜바삭전자에 외상으로 매입한 원재료 100개(단가 5,000원)에 하자가 있어 반품을 한 후 수정세금계산서를 발급 받고 외상매입금과 상계하였다.

정답 및 해설

[1]	2월 2일	(차)	외상매출금(㈜진안테크)	- 1,100,000원	(대)	제품매출	- 1,000,00원
						부가세예수금	- 100,000원
			또는				
		(차)	매출환입(상품)	1,000,000원	(대)	외상매출금(㈜진안테크)	1,100,000원
			부가세예수금	100,000원			
[2]	2월 3일	(차)	원재료	- 500,000원	(대)	외상매입금(㈜바삭전자)	- 550,000원
			부가세대급금	- 50,000원			

1. 영수증의 정의

영수증이란 세금계산서의 필요적 기재사항 중 공급받는 자의 사업자등록번호와 부가가치세를 기재하지 않은 거래증빙서류를 말한다.

2. 영수증의 유형

구분	내용
신용카드 매출전표(직불카드, 기명식선불카드 등 포함)	사업자가 주로 최종 소비자에게 발급하며 신용카드매출전표, 현금영수증 등의 증빙서류를 받거나 전자적 결제수단에 의하여 현금영수증 대금을 결제하는 경우 납부세액에서 공제 가능하다.
현금영수증	
간이영수증	간이과세자 등이 발행하며 공급받는 자의 사업자등록번호와 부가가치세액이 별도로 기재되어 있지 않기 때문에 공급받는 자는 수취한 간이영수증 만으로는 매입세액공제 불가능하다.

3. 영수증 발급 대상 사업

과세사업자는 과세되는 재화 또는 용역을 공급할 때 세금계산서를 발급하는 것이 원칙이다. 그러나 최종소비자 또는 사업자가 아닌 자에게 재화·용역을 공급하는 일부 업종은 세금계산서를 발급하는 대신 영수증(신용카드 매출전표, 현금영수증 등)을 발급하도록 하고 있다.

1) 영수증 발급 대상 사업자

① 주로 사업자가 아닌 자에게 재화 또는 용역을 공급하는 사업자
② 간이과세자

구분	증빙서류	공제가능 여부
직전 연도 공급대가의 합계액이 1억 400만원 미만 4천800만원 이상	세금계산서 발급	매입세액 공제 가능
직전 연도 공급대가의 합계액이 4천 800만원 미만	영수증만 발급 가능	매입세액 공제 불가능

2) 영수증 발급 대상 업종

공급받는 자가 세금계산서 발급 요청 시 발급 가능	• 해당 업종: 소매업, 음식점업, 숙박업, 전세버스운송사업, 전문 인적용역(변호사, 공인회계사, 세무사 등) • 영수증 발급대상 사업자이지만 공급받는 자가 사업자등록증을 제시하고 세금계산서 발급을 요구하면 발급해야 한다.(최종 소비자를 주로 공급하지만 사업과 관련있는 지출로 세금계산서를 발급받아 매입세액 공제받을 수 있게 함) • 해당 사업자에게 세금계산서, 신용카드매출전표, 현금영수증 등을 수령 시 매입 세액 공제 가능하다.

영수증만 발급 가능	• 해당 업종: 목욕, 이발, 미용업, 여객운송업(전세버스운송사업 제외), 입장권 발행 사업, 무도학원, 자동차운전학원 • 영수증만 발급 가능한 사업자로 해당 업종에 지출한 금액은 사업과 무관한 지출로 간주하여 세금계산서 발급을 금지하고 신용카드매출전표, 현금영수증 등을 수령해도 매입세액 공제 불가능하다.

4. 세금계산서 및 영수증 발급의무 면제

세금계산서를 발급하기 어렵거나 발급이 불필요한 경우 세금계산서를 발급하지 않을 수 있다.

> • 소매업, 도로 및 관련 시설 운용 용역을 공급하는 자 → 공급받는 자가 세금계산서 발급 요청 시 발급해야 한다.
> • 목욕, 이발, 미용업을 경영하는 자가 공급하는 재화 또는 용역
> • 택시운송 사업자, 노점 또는 행상을 하는 자가 공급하는 재화 또는 용역
> • 무인자동판매기를 이용하여 재화나 용역을 공급하는 자
> • 재화의 간주공급 (판매목적 타사업장 반출 제외)
> • 영세율이 적용되는 거래(내국신용장 또는 구매확인서에 의하여 공급하는 재화는 제외)
> • 부동산 임대용역 중 전세금 · 임대보증금에 대한 간주임대료

01 다음 중 부가가치세법상 세금계산서의 필요적 기재사항이 아닌 것은?

① 공급연월일

② 공급자의 등록번호와 성명 또는 명칭

③ 공급가액과 부가가치세액

④ 공급받는자의 등록번호

02 다음 중 부가가치세법상 세금계산서를 발급할 수 있는 자는?

① 면세사업자로 등록한 자

② 사업자등록을 하지 않은 자

③ 사업자등록을 한 일반과세자

④ 간이과세자 중 직전 사업연도 공급대가가 4,800만원 미만인 자

03 다음 중 부가가치세법상 사업자별 발급가능한 증명서류로서 잘못 짝지은 것은?

① 간이과세자 중 직전 사업연도 공급대가가 4,800만원 미만인 자 : 세금계산서, 계산서, 신용카드매출전표, 현금영수증

② 일반과세자 중 면세물품공급자 : 계산서, 신용카드매출전표, 현금영수증

③ 일반과세자 중 과세물품공급자 : 세금계산서, 신용카드매출전표, 현금영수증

④ 면세사업자 : 계산서, 신용카드매출전표, 현금영수증

04 다음 중 전자세금계산서를 의무적으로 발급해야 하는 사업자로 가장 적절한 것은?

① 휴대폰을 판매하는 법인사업자

② 음식점을 운영하는 간이사업자

③ 배추를 재배해서 판매하는 영농조합법인

④ 입시학원을 운영하는 개인사업자

05 부가가치세법상 법인사업자와 전자세금계산서 발급 의무자인 개인사업자가 전자세금계산서를 발급하는 경우에, 전자세금계산서 발급명세서를 언제까지 국세청장에게 전송하여야 하는가?

① 전자세금계산서 발급일이 속하는 달의 다음 달 10일 이내

② 전자세금계산서 발급일의 2일 이내

③ 전자세금계산서 발급일의 일주일 이내

④ 전자세금계산서 발급일의 다음 날까지

06 다음 중 부가가치세법상 세금계산서에 대한 설명으로 가장 옳지 않은 것은?

① 원칙적으로 재화 또는 용역의 공급시기에 발급하여야 한다.

② 일정한 경우에는 재화 또는 용역의 공급시기 전에도 세금계산서를 발급할 수 있다.

③ 월합계세금계산서는 예외적으로 재화 또는 용역의 공급일이 속하는 달의 다음 달 14일까지 세금계산서를 발급할 수 있다.

④ 법인사업자는 전자세금계산서를 의무적으로 발급하여야 한다.

07 당사는 5월 1일부터 5월 31일까지 공급한 금액을 모두 합하여 작성연월일을 5월 말일자로 세금계산서를 발급하기로 하였다. 부가가치세법상 세금계산서는 언제까지 발급하여야 하는가?

① 6월 7일   ② 6월 10일   ③ 6월 15일   ④ 6월 30일

정답 및 해설

01 ① 공급연월일이 아닌 작성연월일이 필요적 기재사항이다.

02 ③ 사업자등록을 한 일반과세자

03 ① 간이과세자 중 직전 사업연도 공급대가가 4,800만원 미만인 자는 세금계산서, 계산서를 발급할 수 없다.

04 ① 부가가치세법 32조

05 ④ 전자세금계산서 발급일의 다음 날까지(부가가치세법 32③, 동법 시행령 68⑥)

06 ③ 월합계세금계산서는 예외적으로 재화 또는 용역의 공급일이 속하는 달의 다음 달 10일까지 세금계산서를 발급할 수 있다.

07 ② 거래처별로 1역월의 공급가액을 합하여 해당 월의 말일을 작성 연월일로 하여 세금계산서를 발급하는 경우, 공급일이 속하는 달의 다음달 10일까지 세금계산서를 발급할 수 있다.

08 다음 중 부가가치세법상 수정(전자)세금계산서를 발급할 수 없는 경우는 어느 것인가?

① 처음 공급한 재화가 환입된 경우

② 해당거래에 대하여 세무조사 통지를 받은 후에, 세금계산서의 필요적 기재사항이 잘못 기재된 것을 확인한 경우

③ 착오로 전자세금계산서를 이중으로 발급한 경우

④ 과세기간의 확정신고기한까지 경정할 것을 전혀 알지 못한 경우로서 필요적 기재사항이 착오 외의 사유로 잘못 적힌 경우

09 다음 중 세금계산서 발급 의무가 면제되는 경우로 틀린 것은?

① 간주임대료   ② 사업상 증여

③ 구매확인서에 의하여 공급하는 재화   ④ 폐업시 잔존 재화

10 다음 중 세금계산서 발급의무 면제대상으로 틀린 것은?

① 개인적공급   ② 판매목적타사업장 반출

③ 간주임대료   ④ 폐업시 잔존재화

11 다음 중 세금계산서 발급의무가 면제되는 경우에 해당되지 않는 항목은?

① 내국신용장 또는 구매확인서에 의하여 공급하는 재화

② 판매목적타사업장 반출을 제외한 간주공급

③ 부동산임대용역 중 간주임대료

④ 택시운송 사업자가 제공하는 용역

12 다음 중 부가가치세법상 세금계산서 발급의무가 면제되는 경우에 해당되지 않는 것은?

① 택시운송사업자, 노점 또는 행상을 하는 사람, 그밖에 기획재정부령으로 정하는 사업자가 공급하는 재화 또는 용역

② 부동산임대용역 중 간주임대료

③ 미용, 욕탕 및 유사 서비스업을 경영하는자가 공급하는 용역

④ 소매업을 경영하는자가 사업자에게 공급하는 재화 또는 용역

13 다음 중 영수증 발급 대상 사업자가 될 수 없는 업종에 해당하는 것은?

① 소매업   ② 도매업

③ 목욕, 이발, 미용업   ④ 입장권을 발행하여 영위하는 사업

정답 및 해설

08 ② 해당거래에 대하여 세무조사 통지를 받은 후에, 세금계산서의 필요적 기재사항이 잘못 기재된 것을 확인한 경우 수정세금계산서를 발급할 수 없다.

09 ③ 구매확인서에 의하여 공급하는 재화는 영세율 적용 대상 거래이지만 세금계산서 발급의무가 있다.

10 ② 판매목적 사업장 반출은 세금계산서 발급대상

11 ① 부가가치세법시행령 제57조 제1항 규정에 의거 내국신용장 또는 구매확인서에 의하여 공급하는 재화의 경우 세금계산서를 발급해야 함.

12 ④ 부가가치세법 시행령 71①

13 ② 도매업

CHAPTER 05

과세표준과 세액의 계산

1 부가가치세 계산구조

매출세액	+ 과세표준(공급가액) × 10% + 영세율매출 × 0% ± 대손세액 = 매출세액

매입세액	+ 세금계산서 수취분 매입세액(세금계산서) + 그 밖의 공제매입세액(신용카드, 현금영수증 등) - 공제받지 못할 매입세액(사업과 직접 관련 없는 지출 등) - 매입세액

최종 납부(환급)세액	- 경감 · 공제세액 + 가산세 = 최종 납부(환급)세액

2 과세표준과 매출세액

1. 부가가치세 신고서의 과세표준 및 매출세액란

구분				금액	세율	세액
과세 표준 및 매출 세액	과 세	세금계산서 발급분	(1)		10/100	
		매입자발행 세금계산서	(2)		10/100	
		신용카드 · 현금영수증 발행분	(3)		10/100	
		기타(정규영수증 외 매출분)	(4)		10/100	
	영 세 율	세금계산서 발급분	(5)		0/100	
		기타	(6)		0/100	
	예정 신고 누락분		(7)			
	대손세액 가감		(8)			
	합계		(9)		㉮	

2. 과세표준의 개념

세법에 따라 직접적으로 세액산출의 기초가 되는 과세대상의 수량 또는 가액을 말한다. 부가가치세의 과세표준은 해당 과세기간에 공급한 재화 또는 용역의 매출액(공급가액)을 합한 금액이다.

재화 또는 용역의 공급	해당 과세기간에 공급한 재화 또는 용역의 공급가액을 합한 금액
재화의 수입	재화에 대한 관세의 과세가격과 관세, 개별소비세, 주세, 교육세, 농어촌특별세 및 교통·에너지·환경세를 합한 금액

3. 부가가치세의 과세표준

1) 과세표준의 기본원칙

금전으로 대가를 받는 경우	그 대가
금전 외의 대가를 받는 경우	자기가 공급한 재화 또는 용역의 시가

2) 거래형태별 과세표준

외상판매, 할부판매	공급한 재화의 총가액
장기할부판매, 완성도기준지급조건부, 중간지급조건부, 계속적으로 재화나 용역을 공급	계약에 따라 받기로 한 대가의 각 부분

3) 대가를 외국통화나 외국환으로 받은 경우

공급시기가 되기 전에 수령	원화로 환가	환가한 금액
	원화로 미환가	공급시기(선적일)의 기준환율 또는 재정환율로 계산한 금액
공급시기 이후에 지급받는 경우		

4) 간주공급의 과세표준

면세사업에 전용, 비영업용 소형승용차 또는 그 유지에 전용, 개인적 공급, 사업상 증여	공급한 재화 또는 용역의 시가
폐업하는 경우	폐업 시 남아 있는 재화의 시가
판매목적 타사업장 반출	• 원칙: 해당 재화의 취득가액 • 취득가액에 일정액을 가산하여 공급하는 경우: 공급가액

5) 특수관계인과 거래에 대한 과세표준: 조세의 부담을 부당하게 감소시킬 것으로 인정되는 경우에는 공급한 재화 또는 용역의 시가를 공급가액으로 본다.(부당행위계산의 부인)

4. 부가가치세의 과세표준에 포함하는 것

- 할부판매, 장기할부판매의 이자 상당액
- 대가의 일부로 받는 운송비, 포장비, 하역비, 운송보험료, 산재보험료 등

5. 부가가치세의 과세표준에 포함하지 않는 것

- 매출에누리, 매출환입, 매출할인
- 공급받는 자에게 도달하기 전에 파손되거나 훼손되거나 멸실한 재화의 가액
- 재화 또는 용역의 공급과 직접 관련되지 아니하는 국고보조금과 공공보조금
- 공급에 대한 대가의 지급이 지체되었음을 이유로 받는 연체이자

6. 부가가치세의 과세표준에서 공제하지 않는 것

- 사업자가 재화 또는 용역을 공급받는 자에게 금전으로 지급하는 판매장려금(현물지급 시 사업상 증여)
- 대손금액(대손금을 과세표준에서 공제하지 않고 대손세액을 매출세액에서 직접 차감)

(1) 해외거래처로부터 수입한 원재료와 관련하여 김해세관에 부가가치세 1,100,000원(공급가액 11,000,000원)을 현금으로 납부하고 전자수입세금계산서를 교부받았다.

(2) 당사가 생산한 제품(원가 350,000원, 시가 400,000원이며 부가가치세는 제외된 금액임)을 매출 거래처 직원 결혼선물용으로 사용하였다.

(3) 다음 자료에 의하여 부가가치세 과세표준을 계산하면 얼마인가?

- 총매출액 : 1,000,000원
- 매출에누리액 : 10,000원
- 판매장려금(금전) 지급액 : 50,000원
- 외상매출금 연체이자 : 5,000원
- 매출할인액 : 20,000원
- 대손금 20,000원

정답 및 해설

[1]   (차)   부가세대급금   1,100,000원   (대)   현금   1,100,000원
      세관장이 발행한 수입세금계산서는 과세표준(공급가액)은 수입 재화의 부가가치세를 징수하기 위한 숫자로 원재료 구입 가격이 아니다.

[2]   (차)   기업업무추진비(판)   390,000원   (대)   제품(적요8.타계정으로 대체액)   350,000원
                                                    부가세예수금   40,000원
      간주공급 중 사업상 증여의 과세표준은 공급한 재화의 시가로 계산한다.

[3]   970,000원
      = 총매출액 1,000,000원 − 매출에누리 10,000원 − 매출할인 20,000원
- 매출할인, 매출에누리, 대가 지급의 지연으로 받는 연체이자는 공급가액에 포함하지 않는다.
- 판매장려금(금전) 지급액과 대손금액은 과세표준에서 공제하지 않는다.

과세표준과 세액의 계산(수출재화)

다음의 자료를 참고하여 부가가치세법상 과세표준을 기준으로 분개하시오.

날짜	2월 1일	3월 10일
기준환율	1,000원/$	1,200원/$

(1) 2월 1일   미국회사인 blizzard에게 제품($1,000) 수출계약을 체결하고 계약금으로 $100를 보통예금으로 수취하다.

(2) 3월 10일   blizzard사의 수출제품($1,000)을 선적하고, 2월 1일에 수취한 선수금 $100를 제외한 잔여대금을 다음달 말일에 받기로 하다.(선수금은 수취일에 원화로 환가하였다.)

(3) 3월 10일   blizzard사의 수출제품($1,000)을 선적하고, 2월 1일에 수취한 선수금 $100를 제외한 잔여대금을 다음달 말일에 받기로 하다.(선수금은 외화로 보유중이다.)

정답 및 해설

[1] 2월 1일 (차) 보통예금   100,000원 (대) 선수금(blizzard)   100,000원

[2] 3월 10일 (차) 선수금(blizzard)   100,000원 (대) 제품매출   1,180,000[19]원
                  외상매출금(blizzard)   1,080,000원
           [19]과세표준: ($1,000 × 1,000원/$) + ($900 × 1,200원/$) = 1,180,000

[3] 3월 10일 (차) 선수금(blizzard)   100,000원 (대) 제품매출   1,200,000[20]원
                  외상매출금(blizzard)   1,080,000[21]원
                  외환차손   20,000원
           [20]과세표준: $1,200 × 1,200원/$ = 1,200,000
           [21]외상매출금: $900 × 1,200원/$ = 1,080,000

3. 납부세액

1. 부가가치세 신고서의 매입세액란

매입 세액	세금계산서 수취분	일반 매입	(10)		
		수출기업 수입분 납부유예	(10-1)		
		고정자산 매입	(11)		
	예정 신고 누락분		(12)		
	매입자발행 세금계산서		(13)		
	그 밖의 공제매입세액		(14)		
	합계 (10)-(10-1)+(11)+(12)+(13)+(14)		(15)		
	공제받지 못할 매입세액		(16)		
	차감계 (15)-(16)		(17)	⨂	
납 부 (환 급)세 액 (매 출 세 액 ㉮ - 매 입 세 액 ㉯)				㉰	

2. 공제하는 매입세액

매입세액은 거래상대방 또는 세관장으로부터의 거래징수당한 부가가치세를 말한다. 사업자가 자기의 사업을 위하여 사용하였거나 사용할 목적으로 공급받은 재화 또는 용역과 수입하는 재화에 대한 부가가치세액은 부가가치세납부세액 산정시 매출세액에서 공제된다.

3. 공제받지 못할 매입세액

부가가치세납부세액 산정시 매출세액에서 공제하지 않는 내역을 말한다.

1) 의무 불이행

(수입)세금계산서 미수취, 불명분	• (수입)세금계산서를 발급받지 않은 경우 • 필요적 기재사항의 전부 또는 일부가 적히지 않았거나 사실과 다르게 적힌 경우
매입처별 세금계산서 합계표 미제출, 불명분	• 매입처별 세금계산서합계표를 제출하지 않은 경우 • 기재사항 중 거래처별 등록번호 또는 공급가액의 전부 또는 일부가 적히지 아니하였거나 사실과 다르게 적힌 경우
사업자등록 전 매입세액	• 공급시기가 속하는 과세기간이 끝난 후 20일 이내 사업자등록을 신청한 경우 등 록신청일부터 공급시기가 속하는 과세기간 기산일(1월 1일 또는 7월 1일)까지 역산한 기간 내의 것은 매입세액 공제 가능

2) 부가가치 미창출

사업과 직접 관련 없는 지출	• 사업자가 그 업무와 관련 없는 자산을 취득, 관리함으로써 발생하는 취득비, 유지비, 수선비와 이와 관련되는 필요경비 등 예 회사의 대표가 개인 집에서 사용하기 위해 구입한 컴퓨터는 세금계산서를 발급받았다고 하더라도 매입세액 불공제

「개별소비세법」에 따른 비영업용 자동차 구입, 유지, 임차	• 직접 영업으로 사용하지 않는 자동차(=비영업용): 운수업, 자동차 판매업, 자동차 임대업, 운전학원업 등의 업종에서 자기생산·취득 재화 중 해당 업종에 직접 영업으로 사용하지 않고 다른 용도로 사용하는 것 • 개별소비세법 자동차 범위: 8인승 이하, 배기량 1천cc 초과하는 승용자동차, 캠핑용자동차, 전기승용자동차 및 125cc초과 2륜 자동차 등 예 제조기업에서 제품 운반용으로 구입한 화물차는 매입세액 공제, 직원 업무용으로 구입한 5인승, 배기량 1,500cc 승용자동차는 매입세액 불공제 참 개별소비세 과세대상이 아닌 자동차: 화물차, 벤승용차, 경차, 125cc이하의 이륜자동차, 정원 9인승 이상의 승용차(카니발 9인승 등)
기업업무추진비 및 이와 유사한 비용 관련	• 접대, 교제, 사례 또는 그 밖에 어떠한 명목이든 상관없이 이와 유사한 목적으로 지출한 비용으로서 사업자가 직접적 또는 간접적으로 업무와 관련이 있는 자와 업무를 원활하게 진행하기 위하여 지출한 금액 예 사업과 관련하여 접대용 물품 구입하고 발생한 매입세액은 불공제
면세사업 관련	• 면세사업등에 관련된 매입세액(면세사업등을 위한 투자에 관련된 매입세액을 포함) 예 신문 제작(면세)과 광고(과세)를 같이 하는 회사에서 신문제작에 사용하는 비품을 구입하고 세금계산서를 받은 경우 매입시 발생한 부가가치세 금액은 매입세액 불공제
토지 관련 매입세액	• 토지의 조성 등을 위한 자본적 지출에 관련된 매입세액은 불공제 예 건축물이 있는 토지를 취득하여 그 건축물을 철거하고 토지만 사용하는 경우에는 철거한 건축물의 취득 및 철거 비용과 관련된 매입세액은 불공제

예제 · 매입세액불공제

(1) 공장에서 사용할 1톤 화물차를 씨오피자동차에서 구입하면서 전자세금계산서(공급가액 70,000,000원, 부가가치세 7,000,000원)를 발급받고 대금은 보통예금에서 지급하였다.

(2) 영업부 직원의 업무용으로 사용하기 위하여 씨오피자동차에서 자동차(998CC)를 구입하면서 전자세금계산서(공급가액 5,000,000원, 부가가치세 500,000원)를 발급받고 대금은 보통예금에서 지급하였다.

(3) 영업부 직원의 업무용으로 사용하기 위하여 씨오피자동차에서 개별소비세 과세대상 자동차(2,000CC)를 구입하면서 전자세금계산서(공급가액 50,000,000원, 부가가치세 5,000,000원)를 발급받고 대금은 보통예금에서 지급하였다.

(4) 영업부서의 매출거래처에 접대하기 위하여 감자마트로부터 치약·샴푸세트를 200,000원(부가가치세 별도)에 구입하고 전자세금계산서를 수취하였다. 대금은 현금으로 지급하였다.

(5) 당사가 소유한 토지의 형질변경을 위해 건축사사무소에 1,000,000원(부가가치세 별도)의 수수료를 전액 현금으로 지급하고 전자세금계산서를 발급받았다.

정답 및 해설

[1]	(차)	차량운반구	70,000,000원	(대)	보통예금	77,000,000원
		부가세대급금	7,000,000원			
[2]	(차)	차량운반구	5,000,000원	(대)	보통예금	5,500,000원
		부가세대급금	500,000원			
[3]	(차)	차량운반구	55,000,000원	(대)	보통예금	55,000,000원
[4]	(차)	접대비(판)	220,000원	(대)	현금	220,000원
[5]	(차)	토지	1,100,000원	(대)	현금	1,100,000원

1. 부가가치세 신고서의 세액공제란

경감·공제세액	그 밖의 경감·공제세액	(18)			
	신용카드매출전표등 발행공제 등	(19)			
	합계	(20)		㉣	
소규모 개인사업자 부가가치세 감면세액		(20-1)		㉤	
예정 신고 미환급 세액		(21)		㉥	
예정 고지 세액		(22)		㉦	
사업양수자가 대리납부한 세액		(23)		㉧	
매입자 납부특례에 따라 납부한 세액		(24)		㉨	
신용카드업자가 대리납부한 세액		(25)		㉩	
가산세액 계		(26)		㉪	
차감·가감하여 납부할 세액(환급받을 세액)(㉢-㉣-㉤-㉥-㉦-㉧-㉨-㉩+㉪)			(27)		
총괄납부사업자가 납부할 세액(환급받을 세액)					

2. 신용카드 등의 사용에 따른 세액공제

부가가치세가 과세되는 재화·용역을 공급하고 신용카드매출전표 등을 발급받거나 전자적 결제 수단에 의해 대금을 결제받는 경우, 매출액의 1%를 500만원의 한도로 세액공제한다. 다만 법인사업자 및 직전 연도 공급가액의 합계액이 사업장 기준 10억원을 초과하는 개인사업자는 적용을 제외한다.

구분	2026년 12월 31일 까지	2027년 1월 1일 이후
공제율	1.3%	1%
공제한도	1,000만원	500만원

3. 전자신고에 대한 세액공제

전자신고 제도의 활성화를 위해 납세자 및 세무대리인이 전자신고의 방법으로 부가가치세를 신고하는 경우 1만원을 공제한다.

01 다음 중 부가가치세법상 과세표준의 산정방법이 옳지 않은 것은?

① 재화의 공급에 대하여 부당하게 낮은 대가를 받는 경우 : 자기가 공급한 재화의 시가

② 재화의 공급에 대하여 대가를 받지 아니하는 경우 : 자기가 공급한 재화의 시가

③ 특수관계인에게 용역을 공급하고 부당하게 낮은 대가를 받는 경우 : 자기가 공급한 용역의 시가

④ 특수관계 없는 타인에게 용역을 공급하고 대가를 받지 아니하는 경우 : 자기가 공급한 용역의 시가

02 다음 중 재화의 공급에 대한 부가가치세 과세표준에 대한 설명 중 틀린 것은?

① 재화의 수입에 대한 부가가치세의 과세표준은 관세의 과세가격에 관세, 개별소비세 등도 포함한다.

② 금전 외의 대가를 받는 경우 : 자기가 공급한 재화 또는 용역의 시가

③ 폐업하는 경우 : 폐업 시 남아 있는 재고자산의 장부가액(원가)

④ 사업자가 재화 또는 용역을 공급하고 그 대가로 받은 금액에 부가가치세가 포함되어 있는지가 분명하지 아니한 경우에는 그 대가로 받은 금액에 110분의 100을 곱한 금액을 공급가액으로 한다.

정답 및 해설

01   ④   대가를 받지 아니하고 타인에게 용역을 공급하는 경우 용역의 공급으로 보지 아니한다.(부가가치세법 제7조 3항 부가가치세법13조)

02   ③   폐업하는 경우 재고자산의 시가가 과세표준이다.

03 다음 중 부가가치세법상 과세표준 계산 시 공급가액에 포함되는 것은?

① 매출에누리, 매출환입, 매출할인액

② 공급받는 자에게 도달하기 전 파손된 재화의 가액

③ 장기할부판매 또는 할부판매에 의해 지급받는 이자상당액

④ 계약에 의해 확정된 대가의 지급지연으로 지급받는 연체이자

04 다음 중 부가가치세법상 공급가액에 포함되는 것은?

① 환입된 재화의 가액

② 공급에 대한 대가를 약정기일 전에 받았다는 이유로 사업자가 당초의 공급가액에서 할인해 준 금액

③ 사업자가 재화 또는 용역을 공급받는 자에게 지급하는 장려금

④ 공급받는 자에게 도달하기 전에 파손되거나 훼손되거나 멸실한 재화의 가액

05 다음 중 부가가치세의 과세표준에 포함되는 항목은 어느 것인가?

① 재화 또는 용역을 공급하고 외상매출금이나 그 밖의 매출채권의 일부 또는 전부를 회수할 수 없는 경우의 대손금액

② 재화 또는 용역의 공급과 직접 관련되지 아니하는 국고보조금과 공공보조금

③ 환입된 재화의 가액

④ 공급에 대한 대가의 지급이 지체되었음을 이유로 받는 연체이자

06 다음 중 부가가치세 과세표준에 포함되는 것은?

① 공급에 대한 대가의 지급이 지체되었음을 이유로 받는 연체이자

② 환입된 재화의 가액

③ 공급대가를 약정기일 전에 받아 사업자가 당초의 공급가액에서 할인해 준 금액

④ 공급받는 자에게 도달한 후에 파손되거나 훼손되거나 멸실한 재화의 가액

07 다음 중 부가가치세법상 과세표준에 포함하지 않는 것은?

① 할부판매 시의 이자상당액   ② 개별소비세

③ 매출할인액   ④ 대가의 일부로 받는 운송비

08 부가가치세법상 과세표준에 포함되지 않는 것은?

① 관세   ② 개별소비세   ③ 할부거래에 따른 이자액   ④ 매출에누리

09 다음의 부가가치세 과세표준에 관한 설명 중 옳지 않은 것은?

① 일반과세자의 과세표준은 공급대가의 금액으로 한다.

② 대손금은 과세표준에 포함하였다가 대손세액으로 공제한다.

③ 매출에누리와 환입은 과세표준에 포함되지 않는다.

④ 공급받는 자에게 도달하기 전에 파손, 멸실된 재화의 가액은 과세표준에 포함되지 않는다.

정답 및 해설

03   ③   부가가치세법 제29조, 과세표준 계산 시 공급가액에 포함되지 않는 것에는 매출에누리, 매출환입, 매출할인액, 공급받는 자에게 도달하기 전 파손된 재화의 가액, 계약에 의해 확정된 대가의 지급지연으로 지급받는 연체이자, 재화 또는 용역의 공급과 직접 관련되지 않는 국고보조금과 공공보조금 등이 있다.

04   ③   사업자가 재화 또는 용역을 공급받는 자에게 지급하는 장려금은 과세표준에서 공제하지 아니하는 것에 해당함(부가가치세법 29⑤)

05   ①   다음 각 호의 금액은 공급가액에 포함하지 아니한다.(부가가치세법 제29조 5항)
       1. 재화나 용역을 공급할 때 그 품질이나 수량, 인도조건 또는 공급대가의 결제방법이나 그 밖의 공급조건에 따라 통상의 대가에서 일정액을 직접 깎아 주는 금액
       2. 환입된 재화의 가액
       3. 공급받는 자에게 도달하기 전에 파손되거나 훼손되거나 멸실한 재화의 가액
       4. 재화 또는 용역의 공급과 직접 관련되지 아니하는 국고보조금과 공공보조금
       5. 공급에 대한 대가의 지급이 지체되었음을 이유로 받는 연체이자
       6. 공급에 대한 대가를 약정기일 전에 받았다는 이유로 사업자가 당초의 공급가액에서 할인해 준 금액

06   ④   공급받는 자에게 도달하기 전에 파손되거나 훼손되거나 멸실한 재화의 가액(부가가치세법 제29조)

07   ③   매출할인액은 과세표준에서 제외한다.

08   ④   매출에누리는 과세표준에 포함되지 않는다.(부가가치세법 29조 5항)

09   ①   과세표준은 공급가액의 금액이다.(부가가치세법 제 29조 1항)

10 다음 중 부가가치세 과세표준에 대한 설명으로 옳지 않은 것은?

① 대손금은 과세표준에서 공제하지 않는다.

② 공급에 대한 대가의 지급이 지체되었음을 이유로 받는 연체이자는 공급가액에 포함한다.

③ 금전 이외의 대가를 받는 경우 자기가 공급한 재화 또는 용역의 시가를 과세표준으로 한다.

④ 외화로 대가를 받은 후 공급시기가 되기 전에 환가한 경우 환가한 금액을 과세표준으로 한다.

11 다음 중 자동차를 수입하는 경우 수입세금계산서상의 공급가액에 포함되지 않는 것은?

① 교육세   ② 관세   ③ 개별소비세   ④ 취득세

12 다음 중 부가가치세 매입세액으로 공제되는 것은?

① 기계부품 제조업자가 원재료를 매입하고 신용카드매출전표를 수취한 경우

② 농산물(배추) 도매업자가 운송용 트럭을 매입하는 경우

③ 거래처에 접대하기 위하여 선물을 매입하는 경우

④ 비사업자로부터 원재료를 매입하면서 세금계산서 등을 수취하지 않은 경우

13 부가가치세법상 다음의 매입세액 중 매출세액에서 공제되는 매입세액은?

① 접대비 관련 매입세액   ② 면세사업 관련 매입세액

③ 화물차 구입 관련 매입세액   ④ 사업과 직접 관련 없는 지출에 대한 매입세액

14 다음 중 부가가치세법상 매입세액공제가 가능한 것은?

① 사업과 관련하여 접대용 물품을 구매하고 발급받은 신용카드매출전표상의 매입세액

② 제조업을 영위하는 법인이 업무용 소형승용차(1,998 cc)의 유지비용을 지출하고 발급받은 현금영수증상의 매입세액

③ 제조부서의 화물차 수리를 위해 지출하고 발급받은 세금계산서상의 매입세액

④ 회계부서에서 사용할 물품을 구매하고 발급받은 간이영수증에 포함되어 있는 매입세액

15 부가가치세법상 매입세액으로 공제가 불가능한 경우로 옳은 것은?

① 소매업자가 사업과 관련하여 받은 간이영수증에 의한 매입세액

② 음식업자가 계산서를 받고 구입한 농산물의 의제매입세액

③ 신용카드매출전표 등 적격증빙 수령분 매입세액

④ 종업원 회식비와 관련된 매입세액

16 다음 중 부가가치세법상 거래내역과 과세유형이 잘못 연결된 것은?

① 일반과세자가 제품을 납품하고 전자세금계산서를 발행하다. ==> 과세

② 부가가치세 과세사업에 사용하기 위해 프린터를 구입하고 전자세금계산서를 수취하다. ==> 매입세액공제

③ 영업부에서 사용하는 4인승 승용차(999cc) 수리비를 지급하고 전자세금계산서를 수취하다. ==> 매입세액불공제

④ 공장건물 신축용 토지를 구입하고 전자계산서를 발급받았다. ==> 면세

정답 및 해설

10 ② 부가가치세법 제29조 제5항 5호, 공급에 대한 대가의 지급이 지체되었음을 이유로 받는 연체이자는 공급가액에 포함하지 않는다.

11 ④ 취득세 부가가치세법 제13조 제④항

12 ① 면세사업(농산물 도매업)에 관련된 매입세액, 접대비관련 매입세액 및 세금계산서 등을 수취하지 않은 경우 매입세액이 불공제된다.(부가가치세법 제39조 1항)

13 ③ 화물차 구입 관련 매입세액은 공제되는 매입세액이다.

14 ③ 비영업용 소형승용차가 아니므로 매입세액공제 가능하다.
- 접대비는 매입세액불공제 대상이다.
- 비영업용소형승용차의 구입, 유지, 임차를 위한 비용은 매입세액을 불공제한다.
- 세금계산서, 신용카드매출전표, 현금영수증에 기재된 매입세액은 공제가능하다.

15 ① 소매업자가 사업과 관련하여 받은 간이영수증에 의한 매입세액은 매입세액의 공제가 불가능하다.

16 ③ 승용차는 1000cc초과분부터 매입세액불공제이다.

17 다음은 과세사업을 영위하는 ㈜부동산에서 발생한 매입세액이다. 이 중 부가가치세법상 매입세액불공제금액은?

- 토지 취득시 발생한 중개수수료 매입세액 : 2,200,000원
- 건물의 취득과 관련된 감정평가수수료(건물분) 매입세액 : 5,500,000원
- 과세사업에 사용하던 건물과 부속토지를 양도하면서 발생한 중개수수료 매입세액 : 3,000,000원

① 7,700,000원　　　② 2,200,000원　　　③ 8,500,000원　　　④ 5,200,000원

18 다음 중 부가가치세법상 매입세액공제가 가능한 금액은?

- 접대비 지출에 대한 매입세액 : 100,000원　　　・ 면세사업과 관련된 매입세액 : 100,000원
- 토지관련 매입세액 : 100,000원

① 0원　　　② 100,000원　　　③ 200,000원　　　④ 300,000원

19 ㈜성실은 20X1년 3월 5일 폐업하였다. 폐업시 자산 보유내역은 다음과 같다. 부가가치세 신고 시의 과세표준은 얼마인가?

- 재고자산 : 원가 7,000,000원(시가 8,000,000원)

① 0원　　　② 1,000,000원　　　③ 7,000,000원　　　④ 8,000,000원

20 부가가치세 과세사업을 영위하던 사업자가 폐업할 때 다음과 같은 남아 있는 재화의 부가가치세 과세표준은 얼마인가?(단, 매입할 당시 매입세액 공제를 받을 수 있는 항목에 대해서는 매입세액 공제를 받았음)

상품	취득가액 : 20,000,000원	시가 : 15,000,000원
토지	취득가액 : 25,000,000원	시가 : 10,000,000원

① 15,000,000원　　　② 20,000,000원　　　③ 25,000,000원　　　④ 45,000,000원

21 과세사업자인 ㈜삼원전자는 20X1년 당사 제품인 기계장치를 공급하는 계약을 아래와 같이 체결하였다. 이 거래와 관련하여 20X1년 1기 확정신고기간의 과세표준에 포함되어야 할 공급가액은 얼마인가?

• 총판매대금 : 35,000,000원(이하 부가가치세 별도)	• 계약금(4월 15일) : 20,000,000원 지급
• 1차 중도금(5월 15일) : 5,000,000원 지급	• 2차 중도금(7월 15일) : 5,000,000원 지급
• 잔금(11월 30일) : 5,000,000원 지급	• 제품인도일 : 11월 30일

① 20,000,000원 ② 25,000,000원 ③ 30,000,000원 ④ 35,000,000원

22 다음 자료에 의한 부가가치세 과세표준을 계산하면 얼마인가?

• 총매출액 : 50,000,000원	• 매출에누리액 : 4,000,000원
• 매출할인 : 3,000,000원	• 대손금 : 2,000,000원

① 40,000,000원 ② 43,000,000원 ③ 48,000,000원 ④ 50,000,000원

전산회계 1급 부가가치세

정답 및 해설

17 ② 2,200,000원 토지 취득시 발생한 중개수수료 매입세액은 불공제대상이다.
건물과 부속토지를 양도하면서 발생한 중개수수료 매입세액은 공제대상이다.

18 ①

19 ④ 재고자산은 시가를 과세표준으로 한다.

20 ① 과세표준은 상품(시가) 15,000,000원이 해당되며, 토지의 공급은 면세대상이므로 과세표준에 포함되지 않는다.

21 ② 부가가치세법 시행규칙 제18조 1항, 부가가치세법 시행령 제61조 2항, 중간지급조건부
재화공급이므로 공급시기는 대가의 각 부분을 받기로 한 날임
계약금 20,000,000원과 1차 중도금 5,000,000원의 합 25,000,000원

22 ② 총매출액(50,000,000원) - 매출에누리액(4,000,000원) - 매출할인(3,000,000원) = 43,000,000원
사업자가 재화 또는 용역을 공급하는 자에게 지급하는 장려금이나 이와 유사한 금액 및 대손금액은 과세표준에서 공제하지 않는다.(부가가치세법 29⑥)

23 다음 자료에 의하여 계산시 부가가치세법상 일반과세자의 부가가치세 과세표준은 얼마인가?

> • 총매출액 : 10,000,000원   • 매출에누리액 : 2,000,000원   • 판매장려금 : 500,000원

① 7,500,000원   ② 8,000,000원   ③ 9,500,000원   ④ 10,000,000원

24 다음 자료를 이용하여 부가가치세의 과세표준을 계산하면 얼마인가?(단, 아래 금액에는 부가가치세가 포함되지 않았다)

> • 총매출액 : 1,000,000원   • 매출할인 : 50,000원
> • 공급대가의 지급지연에 따른 연체이자 : 30,000원
> • 폐업시 잔존재화의 장부가액 : 300,000원(시가 400,000원)

① 1,320,000원   ② 1,350,000원   ③ 1,380,000원   ④ 1,450,000원

25 다음 자료를 이용하여 부가가치세 과세표준을 계산하면 얼마인가?

> • 매출액 : 50,000,000원   • 대손금 : 1,000,000원
> • 판매장려금 : 3,000,000원   • 매출에누리 : 2,000,000원

① 43,000,000원   ② 48,000,000원   ③ 49,000,000원   ④ 50,000,000원

26 다음 자료에 의하여 부가가치세 과세표준을 계산하면 얼마인가?

> • 총매출액 : 1,000,000원   • 외상매출금 연체이자 : 5,000원
> • 매출에누리액 : 16,000원   • 매출할인액 : 30,000원
> • 판매장려금(금전) 지급액 : 50,000원   • 대손금 20,000원

① 929,000원   ② 934,000원   ③ 954,000원   ④ 959,000원

27 다음 자료에 의하여 부가가치세 과세표준을 계산하면 얼마인가?

> • 발급한 세금계산서 중 영세율세금계산서의 공급가액은 1,500,000원이고, 그 외의 매출, 매입과 관련된 영세율 거래는 없다.
> • 세금계산서를 받고 매입한 물품의 공급가액은 6,200,000원이고, 이 중 사업과 관련이 없는 물품의 공급가액 400,000원이 포함되어 있다.
> • 납부세액은 270,000원이다.

① 7,000,000원   ② 8,500,000원   ③ 10,000,000원   ④ 11,500,000원

전산회계 1급 부가가치세

정답 및 해설

23 ② 매출에누리는 과세표준에서 차감항목이고, 판매장려금은 과세표준에서 공제하지 않는 금액이다.
과세표준 = 10,000,000원 - 2,000,000원 = 8,000,000원이다. (부가가치세법 29④⑥)

24 ② 부가가치세법 제29조

구분	근거	공급가액
총매출액		1,000,000원
매출할인	과세표준에서 차감한다.	△50,000원
연체이자	과세표준에 포함되지 않는다.	-
· 폐업시 잔존재화	시가를 공급가액으로 한다.	400,000원
과세표준		1,350,000원

25 ② 매출액 50,000,000원 - 매출에누리 2,000,000원 = 과세표준 48,000,000원
매출에누리, 매출환입, 매출할인은 과세표준에서 차감항목임
대손금, 판매장려금은 공제되지 않는 항목임.

26 ③ 954,000원
= 총매출액 1,000,000원 - 매출에누리 16,000원 - 매출할인 30,000원
• 부가가치세 제29조 제5항 및 제6항, 매출할인, 매출에누리, 대가 지급의 지연으로 받는 연체이자는 공급가액에 포함하지 않는다. 판매장려금(금전) 지급액과 대손금액은 과세표준에서 공제하지 않는다.

27 ③ • 납부세액 = 매출세액 - 매입세액 + 매입세액불공제
∴ 즉 매출세액은 납부세액 + 매입세액 - 매입세액불공제
850,000원 = 270,000원 + 620,000원 - 40,000원
• 과세 공급가액 = 매출세액 / 10%
• 과세표준 = 과세 공급가액 + 영세율 공급가액
10,000,000원 = (850,000원 / 10%) + 1,500,000원

28 다음은 ㈜한국의 과세자료이다. 부가가치세 과세표준은 얼마인가? 단, 거래금액에는 부가가치세가 포함되어 있지 않다.

- 외상판매액 : 2,000,000원
- 대표이사 개인목적으로 사용한 제품(원가 80,000원, 시가 120,000원) : 80,000원
- 비영업용 소형승용차(2,000CC) 매각대금 : 100,000원
- 화재로 인하여 소실된 제품 : 200,000원

① 2,080,000원　　　② 2,120,000원　　　③ 2,220,000원　　　④ 2,380,000원

29 다음 자료를 이용하여 부가가치세법상 일반과세자의 부가가치세 매출세액을 계산하면 얼마인가?

- 총매출액 : 10,000,000원　　　• 매출할인액 : 2,000,000원　　　• 대손세액 : 50,000원

① 750,000원　　　② 800,000원　　　③ 950,000원　　　④ 1,000,000원

30 다음 자료에 의한 일반과세자의 부가가치세 매출세액은 얼마인가?

- 총매출액 : 10,000,000원　　　• 매출에누리액 : 2,000,000원　　　• 판매장려금 : 500,000원

① 750,000원　　　② 800,000원　　　③ 950,000원　　　④ 1,000,000원

31 다음 자료에 의해 부가가치세법상 일반과세사업자의 부가가치세 매출세액을 계산하면 얼마인가?

- 총매출액 10,000,000원이며, 다음과 같이 구성되었다.
  - 일반과세매출액 8,000,000원　　　- 영세율매출액 2,000,000원
- 매출할인액 1,000,000원이 발생하였는데, 전액 일반과세매출과 관련된 것으로 밝혀졌다.
- 외상으로 일반과세매출한 금액 중 대손세액공제 120,000원이 발생하였다.

① 580,000원　　　② 680,000원　　　③ 780,000원　　　④ 880,000원

32 다음 자료에 의하여 상품판매기업의 부가가치세 납부세액을 계산하면 얼마인가?

- 상품매출액은 52,415,000원으로 전액 현금매출분으로 부가가치세가 포함된 공급대가임
- 세금계산서를 받고 매입한 상품의 공급가액의 합계액은 28,960,000원이고, 이 중 거래처에 지급할 선물 구입비 1,500,000원(공급가액)이 포함되어 있음

① 1,719,000원　　　② 2,019,000원　　　③ 2,345,500원　　　④ 2,499,500원

33 다음 자료에 의하여 부가가치세신고서상 일반과세사업자가 납부해야 할 부가가치세 금액은?

- 전자세금계산서 교부에 의한 제품매출액 : 28,050,000원(공급대가)
- 지출증빙용 현금영수증에 의한 원재료 매입액 : 3,000,000원(부가가치세 별도)
- 신용카드에 의한 제품운반용 소형화물차 구입 : 15,000,000원(부가가치세 별도)
- 신용카드에 의한 매출거래처 선물구입 : 500,000원(부가가치세 별도)

① 700,000원   ② 750,000원   ③ 955,000원   ④ 1,050,000원

정답 및 해설

28 ③ 제품을 재해로 인하여 소실한 경우에는 재화의 공급으로 보지 아니하며, 재화공급의 특례(간주공급)에 해당하는 경우에는 시가를 기준으로 과세한다.
∴ 2,220,000원 = 2,000,000원(외상판매액) + 120,000원(시가, 개인적공급) + 100,000원(비영업용승용차매각대금)

29 ① 매출할인액은 과세표준 차감항목이고, 대손세액은 매출세액에서 공제한다.
과세표준 = 10,000,000원 - 2,000,000원 = 8,000,000원이다. (부가가치세법 29⑤ 및 37조②)
∴ (8,000,000 × 10%) - 50,000원(대손세액) = 750,000원

30 ② 매출에누리는 과세표준에서 차감항목이고, 판매장려금은 과세표준에서 공제하지 않는 항목이다.
과세표준 = 10,000,000원 - 2,000,000원 = 8,000,000원이다. (부가가치세법 29④⑥)
∴ 8,000,000원 × 10% = 800,000원

31 ① 매출할인액은 과세표준 차감항목이고, 대손세액은 매출세액에서 공제한다.
과세표준 = 8,000,000원 - 1,000,000원 = 7,000,000원이다. (부가가치세법 29⑤ 및 37조②)
∴ (7,000,000원 × 10%) - 120,000원(대손세액) = 580,000원

32 ② 매출세액 = 52,415,000원 × 10 ÷ 110 = 4,765,000원
매입세액 = 28,960,000원 × 10% = 2,896,000원
공제받지 못할 매입세액 = 1,500,000원 × 10% = 150,000원
납부세액 = 4,765,000원-(2,896,000원-150,000원) = 2,019,000원

33 ② 납부세액 = 매출세액 - 매입세액
매출세액(2,550,000원) = 28,050,000원 × 10/110
매입세액(1,800,000원) = 300,000원 + 1,500,000원 [거래처 선물구입비는 불공제]
납부세액(750,000원) = 매출세액(2,550,000원) - 매입세액(1,800,000원)

34 다음 자료에 의하여 부가가치세 매출세액을 계산하면 얼마인가?

· 발급한 세금계산서 중 영세율세금계산서의 공급가액은 2,400,000원이고, 매입과 관련된 영세율세금계산서는 없다.
· 세금계산서를 받고 매입한 물품의 공급가액은 15,000,000원이고, 이 중 사업과 관련이 없는 물품의 공급가액 1,500,000원이 포함되어 있다.
· 납부세액은 1,500,000원이다.

① 2,850,000원   ② 3,000,000원   ③ 3,090,000원   ④ 3,150,000원

35 다음 자료에 의하여 일반과세자 김세무의 부가가치세 매출세액을 계산하면 얼마인가?

· 납부세액은 100,000원이다.
· 세금계산서를 받고 매입한 물품의 공급가액은 3,000,000원이고 이 중 사업과 관련이 없는 물품의 공급가액 200,000원이 포함되어 있다.
· 매입에 대한 영세율세금계산서는 없다.

① 360,000원   ② 380,000원   ③ 400,000원   ④ 420,000원

정답및 해설

34 ① 납부세액 = 매출세액 - 매입세액 + 매입세액불공제 즉, 매출세액은 납부세액 + 매입세액 - 매입세액불공제
2,850,000원 = 1,500,000원 + 1,500,000원 - 150,000원

35 ② 납부세액 = 매출세액 - 매입세액 + 매입세액불공제 즉, 매출세액 = 납부세액 + 매입세액 - 매입세액불공제
380,000원 = 100,000원 + 300,000원 - 20,000원

CHAPTER 06 신고와 납부

CHAPTER
06

1 예정신고와 납부

1. 일반적인 법인사업자

각 과세기간 중 예정신고기간이 끝난 후 25일 이내에 예정신고기간에 대한 과세표준과 납부세액 또는 환급세액을 납세지 관할 세무서장에게 신고 및 납부하여야 한다.

2. 개인사업자 및 영세 법인사업자

1) **원칙(예정고지)**: 개인사업자와 직전 과세기간 공급가액의 합계액이 1억 5천만원 미만인 법인사업자는 직전 과세기간에 대한 납부세액의 50%로 결정하여 해당 예정신고기간이 끝난 후 25일까지 징수한다. 다만 징수하여야 할 금액이 50만원 미만인 경우에는 징수하지 아니한다.

2) **예외(예정신고)**: 휴업 또는 사업 부진으로 인하여 각 예정신고기간의 공급가액 또는 납부세액이 직전 과세기간의 공급가액 또는 납부세액의 3분의 1에 미달하는 자 또는 예정신고기간분에 대하여 조기환급을 받으려는 등의 등 사유가 있는 사업자는 예정 및 납부를 할 수 있다.

2 확정신고와 납부

사업차는 각 과세기간에 대한 과세표준과 납부세액 또는 환급세액을 그 과세기간이 끝난 후 25일 내에 납세지 관할 세무서장에게 신고하여야 한다. 다만, 예정신고를 한 사업자는 이미 신고한 과세표준과 납부세액 또는 환급받은 환급세액은 신고하지 아니한다.

3 환급

1. 일반환급의 정의

환급세액 발생 시 관할 세무서장은 환급세액을 확정신고한 사업자에게 그 확정신고기한이 지난 후 30일 이내에 환급해야 한다. 예정신고 시 발생하는 일반 환급은 바로 환급되지 않고, 확정신고할 때 [예정신고미환급 세액]으로 반영하여 납부(환급)할 세액에서 조정하여 환급됨

2. 조기환급의 정의

환급세액 발생 시 아래 중 어느 하나에 해당하여 환급을 신고하는 사업자에게는 환급세액을 조기 환급할 수 있다.

1) 조기환급 대상

- 영세율을 적용 받는 경우
- 사업자가 사업 설비(감가상각대상 자산인 유형자산과 무형자산)를 신설, 취득, 확장 또는 증축하는 경우
- 사업자가 재무구조개선계획(법인의 인가결정을 받는 회생계획 등)을 이행중인 경우

2) 조기환급 신고와 납부: 예정신고기간 중 또는 과세기간 최종 3개월 중 매월 또는 매 2월에 조기환급기간이 끝난 날부터 25일 이내에 조기환급기간에 대한 과세표준과 환급세액을 관할 세무서장에게 신고하는 경우에는 조기환급기간에 대한 환급세액을 조기환급신고기한이 지난 후 15일 이내에 사업자에게 환급하여야 한다.

조기환급기간		환급가능여부	조기환급신고기한	조기환급기한
매월	1.1. ~ 1.31.	○	2.25.	조기환급 신고기한이 지난 후 15일·이내
	2.1. ~ 2.28.	○	3.25.	
	3.1. ~ 3.31.	○	4.25.	
매2월	1.1. ~ 2.28.	○	3.25.	
	2.1. ~ 3.31.	○	4.25.	
	3.1. ~ 4.30.	×	예정신고기간과 과세기간 최종 3개월 기간이 겹치면 안됨	

01 부가가치세법상 납세지 관할 세무서장은 조기 환급신고에 따른 환급세액을 신고 기한이 지난 후 몇 일 이내에 환급해야 하는가?

① 10일   ② 15일   ③ 20일   ④ 25일

02 다음 중 부가가치세법상 '조기환급'과 관련된 내용으로 틀린 것은?

① 조기환급 : 조기환급신고 기한 경과 후 25일 이내 환급

② 조기환급기간 : 예정신고기간 또는 과세기간 최종 3월 중 매월 또는 매 2월

③ 조기환급신고 : 조기환급기간 종료일부터 25일 이내에 조기환급기간에 대한 과세표준과 환급세액 신고

④ 조기환급대상 : 영세율적용이나 사업 설비를 신설, 취득, 확장 또는 증축하는 경우

정답 및 해설

01 ② 부가가치세법 시행령 제107조(조기환급), 부가가치세법 제59조(환급)

02 ① 조기환급 : 조기환급신고 기한 경과 후 15일 이내(부가가치세법 59, 시행령 107)

Part 4 전산회계 1급 실무

PART
04
전산회계 1급 실무

CHAPTER 01

기초정보등록 · 수정

1 회사등록

1. 회사등록: [기초정보관리] → [회사등록]

[회사등록] 메뉴는 KcLep(케이랩) 프로그램을 사용할 회사의 기본정보를 등록하는 메뉴이다.

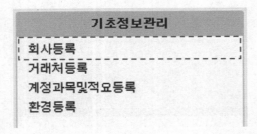

2. [회사등록] 문제 출제유형

실무시험 문제 1번(3점)으로 출제된다. 당사의 사업자등록증을 보고 [회사등록] 메뉴에서 입력 · 수정하는 문제가 출제된다.

3. [회사등록] 메뉴 입력방법

[법인]과 [개인]의 기본사항 항목이 틀려지는데 전산회계1급은 [법인]을 기본으로 한다.

1. 회계연도   제 [ ] 기 [ ] 년 [ ] 월 [ ]💬일 ~ [ ] 년 [ ] 월 [ ]💬일

2. 사업자등록번호 [___-__-_____]   3. 과세유형 [ ]   과세유형전환일 [____-__-__]💬

4. 대표자명 [ ]   대표자거주구분 [ ]

5. 대표자주민번호 [_____-_]   주민번호 구분 [ ]

6. 사업장주소 [ ]💬 [ ]

[ ]   신주소 [ ]

7. 자택주소 [ ]💬 [ ]

[ ]   신주소 [ ]

8. 업태 [ ]   9. 종목 [ ]

10. 주업종코드 [ ]💬 [ ]

11. 사업장전화번호 [ ]) [ ] - [ ]   12. 팩스번호 [ ]) [ ] - [ ]

13. 자 택 전 화 번 호 [ ]) [ ] - [ ]   14. 공동사업장여부 [ ]

15. 소득구분 [ ]   16. 중소기업여부 [ ]

17. 개업연월일 [____-__-__]💬   18. 폐업연월일 [____-__-__]💬

19. 사업장동코드 [ ]💬 [░░░░░░░░░]

20. 주소지동코드 [ ]💬 [░░░░░░░░░]

21. 사업장관할세무서 [ ]💬 [░░░░]   22. 주소지관할세무서 [ ]💬 [░░░░]

23. 지방소득세납세지 [ ]💬   24. 주소지지방소득세납세지 [ ]💬

코드	[0101 ~ 9999] 번호중 사용자가 원하는 숫자를 4자리로 입력
회사명	사업자등록증에 적힌 상호명 입력(한글 30자, 영문 30자이내)
구분	법인의 경우는 "0" 개인의 경우는 "1"을 선택
1. 회계연도	사업자등록 신고가 된 당해부터 기수를 계산하여 입력
2. 사업자등록번호	사업자등록증의 등록번호를 입력
3. 과세유형	• 부가가치세법상 과세유형을 입력 • 사업자등록증에 '간이과세자(2.간이과세)'나 '면세사업자(3.면세사업자)'라는 언급이 없으면 '일반과세(1.일반과세)'로 설정
4. 대표자명	사업자등록증에 적힌 대표자명 입력
6. 사업장주소	• 사업자등록증의 사업장소재지를 입력 • 우편번호란에 커서 위치 후 F2(또는 💬)를 눌러 우편번호를 검색 후 선택하여 기본주소를 반영하고, 상세주소는 직접 입력
8.업태 / 9.종목	사업자등록증에 적힌 사업자의 종류의 업태와 종목을 입력
17. 개업년월일	사업자등록증에 적힌 개업연월일을 입력
21. 사업장관할세무서	F2(또는 💬)를 눌러 사업장주소의 관할세무서를 검색하여 입력

01 다음은 진진상사㈜의(회사코드: 8810)의 사업자등록증이다. 회사등록메뉴에 입력된 내용을 검토하여 누락분은 추가입력하고 잘못된 부분은 정정하시오.(주소입력시 우편번호는 입력하지 않아도 무방함.)

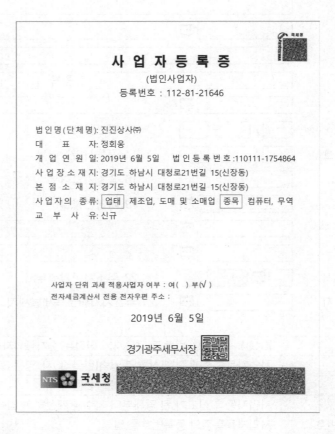

정답 및 해설

01 [회사등록]메뉴 수정
① 2. 사업자등록번호: 119-01-75133를 112-81-21646으로 수정
② 3. 법인등록번호: 110111-1754864 입력
③ 4. 대표자명: 정회웅으로 수정
④ 17. 개업연월일: 2019년 06월 05일로 수정
⑤ 6. 사업장주소: 경기도 하남시 대청로21번길 15(신장동)으로 수정
⑥ 8. 업태에 도매 및 소매업 추가 입력, 9. 종목에 무역 추가 입력
⑦ 21. 사업장관할세무서: 세무서를 경기광주세무서로 수정

1. 거래처등록: [기초정보관리] → [거래처등록]

[거래처등록] 메뉴는 회사의 채권, 채무의 관리 목적 등으로 거래처에 대한 정보를 등록하는 메뉴이다.

```
기초정보관리
  회사등록
┌─ ─ ─ ─ ─ ─ ─ ─ ─ ─ ─ ─ ─ ─┐
│ 거래처등록                  │
│ 계정과목및적요등록          │
└─ ─ ─ ─ ─ ─ ─ ─ ─ ─ ─ ─ ─ ─┘
  환경등록
```

2. [거래처등록] 문제 출제유형

실무시험 문제 1번(3점)으로 출제된다. 거래처(일반거래처, 금융기관, 신용카드)의 자료를 주고 [거래처등록] 메뉴에서 입력·수정하는 문제가 출제된다.

3. [거래처등록] 메뉴 입력방법

1) 일반거래처

```
1. 사업자등록번호    ___-__-_____      NTS 사업자등록상태조회

2. 주민 등록 번호    _____-_____     주 민 기 재 분 [  ] 0:부 1:여

3. 대 표 자 성 명   [          ]

4. 업        종   업태 [          ]        종목 [                    ]

5. 주        소   [    ] 💬 [                              ]
                           [                              ]
```

코드	[0101~97999]의 범위 내에서 사용자가 입력
거래처명	사업자등록증에 적힌 상호명 입력(한글 30자, 영문 30자이내)
등록번호	사업자등록증상의 사업자등록번호로서 우측의 사업자등록번호 입력사항이 반영
유형	• 1.매출, 2.매입, 3.동시중 해당 항목으로 선택(동시는 매출과 매입 동시에 해당될 때) • 선택 없이 엔터를 누를 경우 [3.동시]가 선택
사업자등록번호	거래처로부터 받은 사업자등록증 사본 등을 보고 사업자등록번호를 입력
대표자성명	**거래처 대표자명을 입력**
업종	거래처 사업자등록증상의 업태 및 종목을 입력
주소	**우편번호란에 커서 위치 후 F2(또는 💬)를 눌러 우편번호를 검색 후 선택하여 기본주소를 반영하고, 상세주소는 직접 입력**

2) 금융기관

1. 계　좌　번　호　[　　　　　　　　　]
2. 계좌개설은행/지점　[　　] 💬 [▓▓▓▓▓▓▓▓] [　　　　　　　　]
3. 계　좌　개　설　일　[____-__-__] 💬
4. 예금 종류 / 만기　예금종류 [　　　　　　　　]　만기 [____-__-__] 💬
5. 이자율/매월납입액　이자율 [　　　] %　매월납입액 [　　　　　]
6. 당　좌　한　도　액　[　　　　　　　]
7. 은행 사업자 번호　[___-__-_____]　8.사업용 계좌 [　] 0:부 1:여
9. 전화번호 / 팩스　TEL [　　]) [　　] - [　　]　FAX [　　]) [　　] - [　　]
10. 거　래　처　분류명　[　] 💬 [▓▓▓▓▓▓▓]
11. 주　　　　　소　[　　] 💬 [　　　　　　　　]
　　　　　　　　　　　　　　[　　　　　　　　]
12. 비　　　　　고　[　　　　　　　　]
13. 지방소득세납세지　[　　] 💬 [▓▓▓▓▓▓]
14. 사　용　여　부　[　] 0:부 1:여

코드	[98000~98999]의 범위 내에서 사용자가 입력
거래처명	해당계좌 금융기관명을 입력
계좌번호	우측에서 입력한 계좌번호가 자동 반영
유형	예금의 종류이며 [1.보통예금, 2.당좌예금, 3.정기적금, 4.정기예금] 중 선택
1. 계좌번호	통장 계좌번호를 입력
2. 계좌개설은행 / 지점	계좌개설은행 및 지점을 F2(또는 💬)으로 조회하여 선택
3. 계좌개설일	계좌개설일을 입력
8. 사업용 계좌	당해 통장이 국세청에 신고한 사업용계좌에 해당하는 경우 [1.여]로 선택

3) 신용카드

1. 사업자등록번호   `___-__-_____`

2. 가 맹 점 번 호   [　　　　　] 직불, 기명식 선불전자지급수단 [　]

3. 카드번호(매입)   [　　　　　]

4. 카드종류(매입)   [　] [　　　　　]

5. 카드 소유 담당   [　] [💬] [　　　　　] + 키 입력시 신규등록가능

6. 전 화 번 호   [　]) [　] − [　]

7. 결 제 계 좌   은행명 [　] [💬] [　　　　　]

                계좌번호 [　　　　　] [💬]

8. 신용카드사   [　　　　　]

9. 수 수 료   [　] %

10. 결 제 일   [　] 일

11. 담 당 자   [　　　　　]

12. 홈 페 이 지   [　　　　　]

13. 거래처 분류명   [　] [💬] [　　　　　]

14. 사 용 한 도   [　　　　　]

15. 비 고   [　　　　　]

16. 사 용 여 부   [　] 0:부 1:여

코드	[99600~99699]의 범위 내에서 사용자가 입력
거래처명	신용카드사 상호명을 입력
가맹점(카드)번호	우측에서 입력한 [가맹점번호], [카드번호]가 자동으로 반영
유형	매출인 경우에는 [1.매출], 매입인 경우에는 [2.매입]을 선택
1. 사업자등록번호	신용카드 거래처의 사업자등록번호를 입력
2. 가맹점 번호	[매출]인 경우 가맹점번호를 입력
3. 카드번호(매입)	[매입]인 경우 카드번호를 입력
4. 카드종류(매입)	• [매입]인 경우 카드종류를 선택 • [1.일반카드], [2.복지카드], [3.사업용카드]중 하나를 선택

예제

거래처 등록

01 다음은 진진상사㈜(회사코드: 8810)의 신규거래처이다. 아래의 자료를 이용하여 [거래처등록] 메뉴에 추가등록 하시오(주어진 자료 외의 다른 항목은 입력할 필요 없음).

- 상호 : 모닝문구
- 대표자명 : 최민혜
- 업태 : 도소매
- 유형 : 매출
- 회사코드 : 1038
- 사업자등록번호 : 305-24-63212
- 종목 : 문구 및 잡화
- 사업장소재지 : 대전광역시 대덕구 한밭대로 1000(오정동)
  ※ 주소입력 시 우편번호는 입력하지 않아도 무방함.

02 진진상사㈜(회사코드: 8810)는 신한은행에서 통장을 신규 개설하였다. 다음의 자료를 이용하여 [거래처등록] 메뉴에 입력하시오.

- 거래처코드 : 98005
- 유형 : 정기적금
- 계좌개설일 : 20X1년 11월 10일
- 계좌번호 : 413-920-769077
- 계좌개설은행/지점 : 신한은행/마곡점

03 진진상사㈜(회사코드: 8810) 거래처등록의 [신용카드]탭에 추가로 입력하시오.

코드	거래처명	카드번호	유형	결제계좌	결제일	사용한도	카드종류
99604	카카오 법인카드	9408-0000-3481-0019	매입	국민은행 095-21-0013-112	매월 20일	5,000,000원	사업용 카드

01 [거래처등록] > [일반거래처] 탭에 입력

| ☐ | 01038 | 모닝문구 | | 305-24-63212 | 매출 |

1. 사업자등록번호 305-24-63212 [NTS] 사업자등록상태조회
2. 주민 등록 번호 _____-_____ 주 민 기 재 분 [부] 0:부 1:여
3. 대 표 자 성 명 최민혜
4. 업   종 업태 도소매   종목 문구 및 잡화
5. 주   소 [ ] [💬] 대전광역시 대덕구 한밭대로 1000
                  (오정동)

02 [거래처등록] > [금융기관] 탭에 입력

| ☐ | 98005 | 신한은행 | | 413-920-769077 | 정기적금 |

1. 계 좌 번 호 413-920-769077
2. 계좌개설은행/지점 [088] [💬] 신한은행   마곡점
3. 계 좌 개 설 일 [-11-10] [💬]

03 [거래처등록] > [금융기관] 탭에 입력

| 99606 | 카카오법인카드 | | 9408-0000-3481-0019 | 매입 |

1. 사업자등록번호 ___-__-_____
2. 가 맹 점 번 호
3. 카드번호(매입) 9408-0000-3481-0019
4. 카드종류(매입) [3] 3.사업용카드
5. 카드 소유 담당 [ ] [💬] [   ] + 키 입력시 신규등록가능
6. 전 화 번 호 [ ]) [ ] - [ ]
7. 결 제 계 좌 은행명 [004] [💬] 국민은행
              계좌번호 [095-21-0013-112] [💬]
8. 신용카드사
9. 수 수 료 [ ] %
10. 결 제 일 [20] 일
11. 담 당 자
12. 홈 페 이 지
13. 거래처 분류명 [ ] [💬]
14. 사 용 한 도 [5,000,000]

1. 계정과목 및 적요등록: [기초정보관리] → [계정과목및적요등록]

[계정과목 및 적요등록] 메뉴는 회사가 사용하는 계정과목과 적요를 등록하는 메뉴이다.

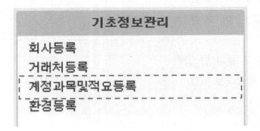

2. [계정과목및적요등록] 문제 출제유형

실무시험 문제 1번(3점)으로 출제된다. 계정과목에 대한 자료를 주고 [계정과목및적요등록] 메뉴에서 입력
· 수정하는 문제가 출제된다.

3. [계정과목및적요등록] 메뉴 입력방법

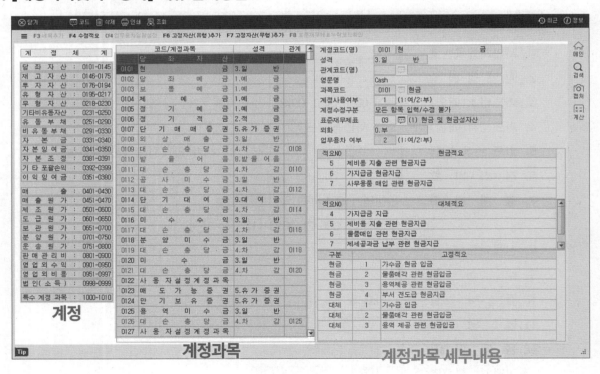

찾기	Ctrl + F (또는 마우스 오른쪽 - [찾기])를 눌러 찾기 창을 띄워 코드 및 계정과목을 검색할 수 있음
코드	• [101~1010]의 값으로 구성되어 있음 • 계정과목 코드에 커서 위치 후 원하는 코드를 입력하면 해당 계정과목으로 바로 이동
계정과목	• 검정색 계정과목: 커서를 오른쪽 화면의 [계정코드(명)]에 위치 후 입력 • 빨간색 계정과목: 프로그램 운영상 수정할 수 없도록 되어 있음(실무상 수정해야 하는 경우에 해당 계정과목을 클릭하고 Ctrl + F2를 누르면 수정 가능)
성격	해당 계정과목의 성격에 맞는 구분을 선택
관계코드(명)	서로 관련있는 계정을 짝 지워 주는 항목(예 외상매출금의 대손충당금)
적요	• 회계상 거래를 간단히 적어 어떠한 거래가 있었는지 알 수 있게 해주는 요약설명 • 적요의 입력 및 수정 작업을 원하는 계정과목에 커서를 두고 현금적요와 대체적요란 중 적합한 칸에 적요코드와 내용을 입력 • 현금적요: [일반전표입력] 메뉴의 [1.출금, 2.입금]을 선택할 때 나타나는 적요 • 대체적요: [일반전표입력] 메뉴의 [3.차변, 4.대변]을 선택할 때 나타나는 적요

예제 · 계정과목 및 적요등록

01 진진상사㈜(회사코드: 8810)의 상품 매출시 당점 부담 택배비의 현금 지급 거래가 빈번하여 적요 등록을 하고자 한다.

계정과목	적요구분	적요 등록 사항
운 반 비	현금적요	4. 택배비 지급

02 진진상사㈜(회사코드: 8810)는 매장 내에서 판매물품의 홍보를 위해 사용하는 광고선전용 전기 요금에 대해 '전기요금'계정을 등록하여 사용하고자 한다. 판매비와 관리비의 853.사용자설정계 정과목을 수정하여 등록하시오.(성격:3.경비)

03 진진상사㈜(회사코드: 8810)의 제조경비 중 기계수선과 관련하여 수선외주용역비의 비중이 크 므로 계정과목을 별도로 설정하고자 한다. 아래의 계정과목을 추가 등록하시오.

① 코드 : 537　　　② 계정과목 : 수선외주용역비　　　③ 성격 : 제조경비

01 [계정과목 및 적요등록] 메뉴 [824.운반비]계정에서 현금적요 등록

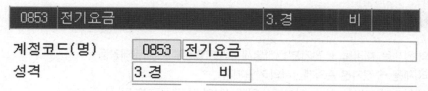

적요NO	현금적요
1	운반비 지급
2	상하차비 지급
3	배달비 지급
4	택배비 지급

02 [계정과목 및 적요등록] 메뉴 [853.사용자설정계정과목]을 [853.전기요금(성격:3.경비)]으로 수정

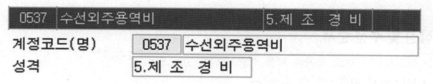

계정코드(명)   0853   전기요금

성격   3. 경   비

03 [계정과목 및 적요등록] 메뉴에서 [537.사용자설정계정과목]을 [537.수선외주용역비(성격:5.제조경비)]로 입력

0537	수선외주용역비	5. 제 조 경 비

계정코드(명)   0537   수선외주용역비

성격   5. 제 조 경 비

4 전기분 재무제표

1. 전기분 재무제표

[전기분재무제표] 메뉴는 KcLep(케이랩) 프로그램을 처음 사용하는 경우 전기분 재무제표를 입력하는 메뉴이다.

2. 전기분 재무제표 문제 출제유형

실무시험 문제 1번(4점)으로 출제된다. 전기분 재무제표 중 누락되었거나 수정해야하는 내용을 주고 재무제표간의 연관관계에 따라 입력 및 수정하는 문제가 출제된다.

3. 전기분 재무제표간의 연관관계

- 전기분 재무상태표의 원재료, 재공품 → 전기분 원가명세서의 기말원재료, 기말재공품
- 전기분 재무상태표의 제품 → 전기분 손익계산서의 기말제품
- 전기분 원가명세서의 당기제품제조원가 → 전기분 손익계산서의 당기제품제조원가
- 전기분 손익계산서의의 당기순이익 → 전기분 잉여금처분계산서의 당기순이익
- 전기분 잉여금처분계산서의 미처분이익잉여금 → 재무상태표상의 이월이익잉여금

4. 전기분 재무제표 작성 및 수정 순서

전기분 재무상태표	• 재고자산(원재료, 재공품, 제품, 상품) 기말재고액 입력 및 수정 • 자산, 부채, 자본 입력 및 수정

↓

전기분 원가명세서	• 제조원가(500번대) 계정과목 입력 및 수정 • 전기분 재무상태표의 변경된 기말원재료, 기말재공품 금액을 반영 • 변경된 금액을 반영한 당기제품제조원가 산출

↓

전기분 손익계산서	• 수익과 비용(800, 900번대) 계정과목 입력 및 수정 • 전기분 재무상태표의 변경된 기말상품, 기말제품 금액을 반영 • 전기분 원가명세서의 당기제품제조원가와 제품매출원가 창의 당기제품제조원가 금액이 일치하도록 수정 • 변경된 금액을 반영한 당기순이익 산출

↓

전기분 잉여금처분계산서	• 전기분 손익계산서의 변경된 당기순이익을 [F6 불러오기]를 눌러 반영 • 이익잉여금처분계산서 내용 작성 • 변경된 금액을 반영한 미처분이익잉여금 산출

↓

전기분 재무상태표	• 전기분 잉여금처분계산서의 미처분이익잉여금 금액과 전기분 재무상태표의 이월이익잉여금 금액이 일치하도록 수정

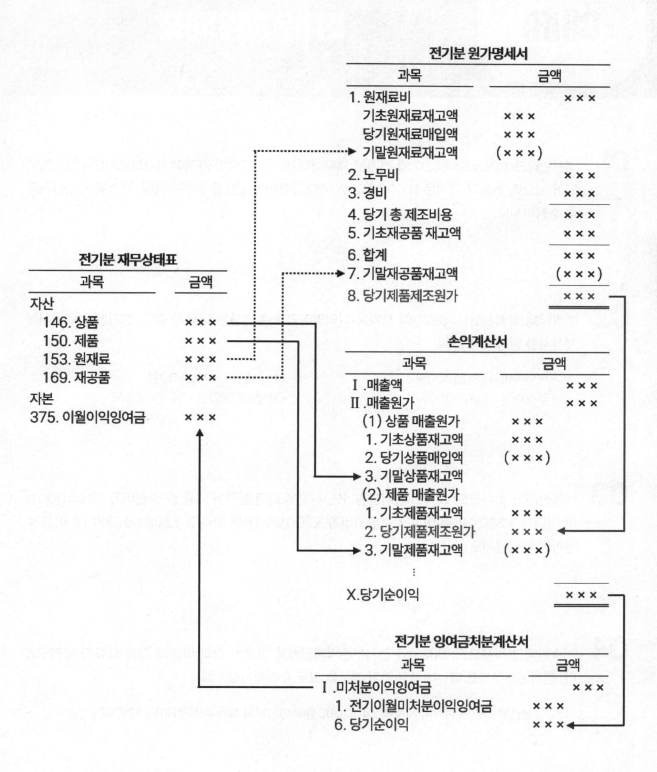

전기분 원가명세서

과목	금액
1. 원재료비	×××
기초원재료재고액	×××
당기원재료매입액	×××
기말원재료재고액	(×××)
2. 노무비	×××
3. 경비	×××
4. 당기 총 제조비용	×××
5. 기초재공품 재고액	×××
6. 합계	×××
7. 기말재공품재고액	(×××)
8. 당기제품제조원가	×××

전기분 재무상태표

과목	금액
자산	
146. 상품	×××
150. 제품	×××
153. 원재료	×××
169. 재공품	×××
자본	
375. 이월이익잉여금	×××

손익계산서

과목	금액
Ⅰ.매출액	×××
Ⅱ.매출원가	×××
(1) 상품 매출원가	×××
1. 기초상품재고액	×××
2. 당기상품매입액	(×××)
3. 기말상품재고액	
(2) 제품 매출원가	
1. 기초제품재고액	×××
2. 당기제품제조원가	×××
3. 기말제품재고액	(×××)
⋮	
X.당기순이익	×××

전기분 잉여금처분계산서

과목	금액
Ⅰ.미처분이익잉여금	×××
1. 전기이월미처분이익잉여금	×××
6. 당기순이익	×××

01 ㈜천안테크(회사코드: 8820)의 전기분 재무상태표에서 토지의 가액이 11,000,000원 과소입력되어 있으며 건물의 가액은 11,000,000원 과대입력되어 있음을 확인하였다. 전기분 재무상태표를 수정하시오.

02 ㈜하남테크(회사코드: 8821)의 전기분 이익잉여금 처분내용은 다음과 같다, 전기분 잉여금처분계산서를 완성하시오.

- 이익준비금 : 300,000원
- 주식배당 : 2,000,000원
- 현금배당 : 3,000,000원
- 사업확장적립금 : 5,000,000원

03 ㈜용산테크(회사코드: 8822) 전기분원가명세서(제조)에 입력된 내용 중 수선비가 2,300,000원이 아니라 3,200,000원이고 차량유지비가 3,200,000원이 아니고 2,300,000원이다. 이를 수정하여 입력하시오.

04 ㈜수원테크(회사코드: 8823)의 전기분손익계산서를 검토한 결과 다음과 같은 오류가 발견되었다. 전기분재무제표 메뉴에서 관련된 부분을 모두 수정하시오.

생산부 직원의 회식비 지출액 2,400,000원이 영업부의 복리후생비(811)로 반영되어 있음

05 ㈜광주테크(회사코드: 8824)의 전기분손익계산서를 검토한 결과 다음과 같은 오류 및 누락이 발견되었다. 전기분손익계산서, 전기분잉여금처분계산서, 전기분재무상태표 중 관련된 부분을 수정하시오.

계정과목	틀린 금액	올바른 금액	내 용
세금과공과금	5,400,000원	4,500,000원	입력오류

06 ㈜아산테크(회사코드:8825)의 전기 재무제표를 검토한 결과 다음과 같은 오류를 확인하였다. 관련된 재무제표를 적절히 수정하시오.

기업업무추진비(제조) 2,500,000원이 누락된 것으로 밝혀졌다.

07 ㈜강원테크(회사코드:8826)의 전기분 자료이다. 주어진 자료를 수정 및 입력하여 관련된 전기분재무제표를 모두 수정하시오.

• 기초 원재료 재고액 : 20,000,000원   • 기초 재공품 재고액 : 30,000,000원
• 기초 제품 재고액 : 25,000,000원

08 ㈜대구테크(회사코드:8827)다음은 전기분 자료 중 원재료, 재공품, 제품의 기말재고액이다. 주어진 자료로 추가 수정 입력하여 관련 전기분재무제표를 수정하시오.

• 원재료 : 4,000,000원   • 재공품 : 8,000,000원   • 제품 : 12,000,000원

정답 및 해설

01 [전기분재무상태표]

- 토지 : 20,000,000원 → 31,000,000원 수정입력
- 건물 : 150,000,000원 → 139,000,000원 수정입력

02 [전기분잉여금처분계산서]

① 이익잉여금처분액란의 [1.이익준비금]란에 300,000원 입력
② 이익잉여금처분액란의 [4.배당금] - [가.현금배당]란에 3,000,000원 입력
③ 이익잉여금처분액란의 [4.배당금] - [나.주식배당]란에 2,000,000원 입력
④ 이익잉여금처분액란의 [5.사업확장적립금]란에 5,000,000원 입력

과목	계정과목명		제 15(전)기 2024년01월01일~2024년12월31일 금액	
	코드	계정과목	입력금액	합계
Ⅰ.미처분이익잉여금				29,000,000
1.전기이월미처분 결손금			33,500,000	
2.회계변경의 누적효과	0369	회계변경의누적효과		
3.전기오류수정이익	0370	전기오류수정이익		
4.전기오류수정손실	0371	전기오류수정손실		
5.중간배당금	0372	중간배당금		
6.당기순이익			62,500,000	
Ⅱ.임의적립금 등의 이입액				
1.				
2.				
합계(Ⅰ + Ⅱ)				29,000,000
Ⅲ.이익잉여금처분액				10,300,000
1.이익준비금	0351	이익준비금	300,000 ❶	
2.재무구조개선적립금	0354	재무구조개선적립금		
3.주식할인발행차금상각액	0381	주식할인발행차금		
4.배당금			5,000,000	
가.현금배당	0265	미지급배당금	3,000,000 ❷	
주당배당금(률)		보통주(원/%)		
		우선주(원/%)		
나.주식배당	0387	미교부주식배당금	2,000,000 ❸	
주당배당금(률)		보통주(원/%)		
		우선주(원/%)		
5.사업확장적립금	0356	사업확장적립금	5,000,000 ❹	
6.감채적립금	0357	감채적립금		

03 [전기분원가명세서]

- 수선비(0520) 2,300,000원에서 3,200,000원으로 수정입력
- 차량유지비(0522) 3,200,000원에서 2,300,000원으로 수정입력

04 [전기분원가명세서]

① 복리후생비 5,900,000원을 8,300,000원으로 수정입력

[전기분손익계산서]

② 제품매출원가에서 당기제품제조원가 437,000,000원을 439,400,000원으로 수정입력

③ 복리후생비 9,800,000원을 7,400,000원으로 수정입력

[전기분원가명세서]

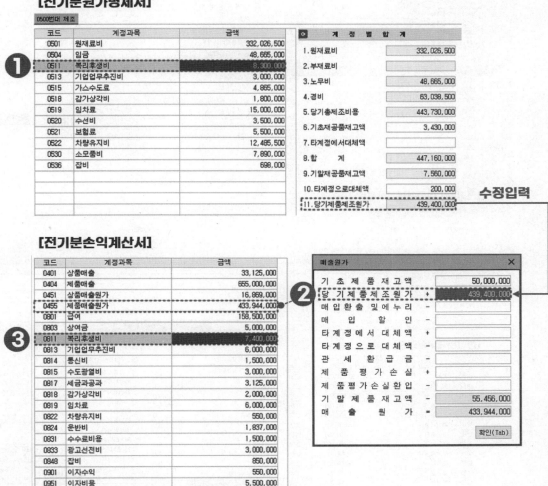

[전기분손익계산서]

05 ① [전기분손익계산서] 세금과공과금 5,400,000원을 4,500,000원으로 수정입력, 당기순이익 확인

② [전기분잉여금처분계산서] 당기순이익 23,100,000원이 24,000,000원으로 상단 [F6 불러오기]하여 반영, 미처분이익잉여금 합계 확인

③ [전기분재무상태표] 이월이익잉여금 123,100,000원을 124,000,000원으로 수정입력(대차차액이 0원인 것을 확인)

[전기분손익계산서]

코드	계정과목	금액
0404	제품매출	159,413,200
0455	제품매출원가	36,460,000
0801	급여	67,438,400
0811	복리후생비	8,900,000
0814	통신비	3,130,000
0815	수도광열비	2,251,300
❶ 0817	세금과공과금	4,500,000
0818	감가상각비	2,858,500
0819	임차료	4,000,000
0820	수선비	650,000
0822	차량유지비	780,000
0824	운반비	950,000
0826	도서인쇄비	770,000
0831	수수료비용	1,200,000
0848	잡비	525,000
0901	이자수익	5,000,000
0951	이자비용	5,000,000
0980	잡손실	1,000,000

계정별합계

1.매출	159,413,200
2.매출원가	36,460,000
3.매출총이익(1-2)	122,953,200
4.판매비와관리비	97,953,200
5.영업이익(3-4)	25,000,000
6.영업외수익	5,000,000
7.영업외비용	6,000,000
8.법인세비용차감전순이익(5+6-7)	24,000,000
9.법인세비용	
10.당기순이익(8-9)	24,000,000
11.주당이익(10/주식수)	

불러오기로 반영

[전기분잉여금처분계산서]

≡ F4 칸 ❷ F6 불러오기 CF3 기본과목으로변경

처분확정일자 [ ] 년 [ ] 월 [ ] 일   < F4 삽입 >

과목	계정과목명		제 기 01월01일~2024년12월31일	
	코드	계정과목	입력금액	합계
I.미처분이익잉여금				124,000,000
1.전기이월미처분이익잉여금			100,000,000	
2.회계변경의 누적효과	0369	회계변경의누적효과		
3.전기오류수정이익	0370	전기오류수정이익		
4.전기오류수정손실	0371	전기오류수정손실		
5.중간배당금	0372	중간배당금		
6.당기순이익			24,000,000	

[전기분재무상태표]

	자산			부채 및 자본	
코드	계정과목	금액	코드	계정과목	금액
0101	현금	130,897,000	0251	외상매입금	75,194,200
0102	당좌예금	67,330,000	0252	지급어음	67,380,000
0103	보통예금	478,150,000	0253	미지급금	52,820,000
0105	정기예.적금	50,000,000	0254	예수금	169,957
0106	기타단기금융상품	1,590,005	0255	부가세예수금	1,588,000
0108	외상매출금	14,500,000	0259	선수금	37,020,000
0109	대손충당금	150,000	0263	선수수익	1,820,000
0110	받을어음	17,000,000	0293	장기차입금	116,919,848
0111	대손충당금	890,000	0329	퇴직연금충당부채	46,300,000
0150	제품	20,000,000	0331	자본금	640,357,000
0153	원재료	4,700,000	0343	자기주식처분이익	1,700,000
0169	재공품	10,000,000	❸ 0375	이월이익잉여금	124,000,000
0202	건물	240,000,000	0383	자기주식	123,450,000
0203	감가상각누계액	59,000,000			
0206	기계장치	56,950,000			
0207	감가상각누계액	18,258,000			
0208	차량운반구	50,000,000			
0209	감가상각누계액	21,000,000			

계정별 합계

1. 유동자산	793,127,005
①당좌자산	758,427,005
②재고자산	34,700,000
2. 비유동자산	248,692,000
①투자자산	
②유형자산	248,692,000
③무형자산	
④기타비유동자산	
자산총계(1+2)	1,041,819,005
3. 유동부채	235,992,157
4. 비유동부채	163,219,848
부채총계(3+4)	399,212,005
5. 자본금	640,357,000
6. 자본잉여금	1,700,000
7. 자본조정	-123,450,000
8. 기타포괄손익누계액	
9. 이익잉여금	124,000,000
자본총계(5+6+7+8+9)	642,607,000
부채 및 자본 총계	1,041,819,005
대 차 차 액	

수정입력

대차차액 빈칸 확인

06 ① [전기분원가명세서] 기업업무추진비 2,500,000원 추가입력, 당기제품제조원가 122,030,000원 확인

② [전기분손익계산서] 제품매출원가의 당기제품제조원가 119,530,000원을 122,030,000원으로 수정 입력, 당기순이익 33,320,000원 확인

③ [전기분잉여금처분계산서] 상단 [F6 불러오기] 클릭하여 33,320,000원으로 변경, 미처분이익잉여금 합계 48,320,000원 확인

④ [전기분재무상태표] 이월이익잉여금 48,320,000원 입력(대차차액이 0원인 것을 확인)

07 ① [전기분원가명세서] 기초원재료 20,000,000원, 기초재공품 30,000,000원을 입력

② [전기분 손익계산서]의 매출원가에 기초제품재고액 25,000,000원, 당기제품제조원가 335,622,500원 입력

③ [전기분 잉여금처분계산서]를 조회하여 [F6 불러오기] 후 당기순이익 79,800,000원으로 변경되었는지 확인하고 미처분이익잉여금 92,500,000원을 확인

④ [전기분 재무상태표]에 이월이익잉여금에 92,500,000원으로 수정

08 ① [전기분재무상태표]
- 원재료 3,500,000원 → 4,000,000원으로 수정입력
- 재공품 7,000,000원 → 8,000,000원으로 수정입력
- 제품 10,500,000원 → 12,000,000원으로 수정입력

② [전기분원가명세서]
- 기말원재료재고액, 기말재공품재고액 및 당기제품제조원가 확인

③ [전기분 손익계산서]
- 기말제품재고액 반영 확인
- 당기제품제조원가 93,500,000원 → 92,000,000원으로 수정 입력

④ 전기분잉여금처분계산서
- [F6 불러오기] 당기순이익 확인

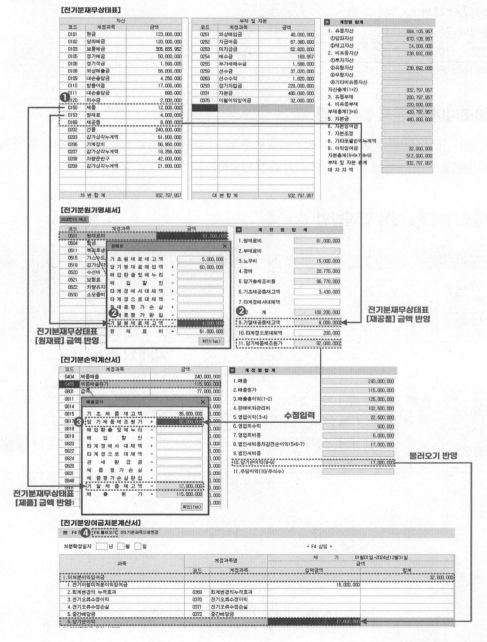

1. 거래처별초기이월: [전기분재무제표] → [거래처별초기이월]

[거래처별초기이월] 메뉴는 [전기분재무상태표] 메뉴에 입력된 채권·채무 계정과목에 거래처를 입력하는 메뉴이다.

전기분재무제표
전기분재무상태표
전기분손익계산서
전기분원가명세서
전기분잉여금처분계산서
거래처별초기이월
마감후이월

2. [거래처별초기이월] 문제 출제유형

실무시험 문제 1번(3점)으로 출제된다. 채권·채무 계정과목의 거래처별 초기이월 금액을 알려주고 [거래처별초기이월] 메뉴에서 입력·수정하는 문제가 출제된다.

3. [거래처별초기이월] 메뉴 입력방법

코드	계정과목	재무상태표금액		코드	거래처	금액
0102	당좌예금	5,000,000		98000	대한은행	5,000,000
0103	보통예금	13,600,000				
0108	외상매출금	5,500,000				
0110	받을어음	3,800,000				
0251	외상매입금	12,000,000				
0252	지급어음	8,500,000				
0253	미지급금	4,300,000				

거래처 입력란

입력	왼쪽 화면의 해당 계정과목을 클릭 → 오른쪽 화면의 거래처 코드란에 커서 위치 → F2를 눌러 거래처 검색 → 금액 입력
수정	왼쪽 화면의 해당 계정과목을 클릭 → 오른쪽 화면의 거래처 클릭 → 메뉴의 🗑 삭제 클릭 → F2를 눌러 거래처 검색 → 금액 입력

01 ㈜서울문구(회사코드: 8830)의 거래처별 초기이월은 다음과 같다. 자료를 검토하여 거래처별초기이월 메뉴에서 자료를 검토하여 잘못된 부분은 수정 또는 삭제, 추가 입력하여 주어진 자료에 맞게 정정하시오.

계정과목	거래처명	금액(원)	계정과목	거래처명	금액(원)
외상매출금	사직문구	15,000,000	외상매입금	장전팬시	15,000,000
	거제문구	12,000,000		부곡팬시	5,500,000
	서동문구	5,500,000	지급어음	지혜상사	11,600,000
받을어음	거제문구	11,000,000	선수금	수정문구	12,000,000
	세경상사	4,500,000			

02 ㈜서울테크(회사코드: 8831)는 전기분 재무상태표 입력시 외상매출금과 관련하여 거래처 (주)영서물산으로부터 지난해 12월 중에 외상매출금 2,000,000원을 현금으로 회수한 내용이 누락되어 있다. 이의 영향을 전기분 재무제표와 거래처별초기이월에 반영하시오.

정답 및 해설

01 [거래처별초기이월]
- 외상매출금: 서동문구 15,000,000원 → 5,500,000원으로 수정
- 받을어음: 서동문구 4,500,000원 삭제 → 세경상사 4,500,000원 입력
- 선수금: 수정문구 12,000,000원을 입력

02 [전기분재무상태표]
① 외상매출금을 56,000,000 → 54,000,000으로 수정
② 현금을 130,000,000 → 132,000,000으로 수정

[거래처별초기이월]
③ 외상매출금에서 ㈜영서물산 26,000,000 → 24,000,000으로 수정

03 ㈜나은테크(회사코드:8832)은 거래처인 (주)서울과 외상매출금 및 외상매입금을 상계한다는 약정이 없음에도 불구하고, 이를 상계하여 전기분 재무상태표를 작성하였다. 실제 ㈜서울의 외상매출금과 외상매입금 총액은 다음과 같으며, 조회되는 금액과의 차액은 모두 ㈜서울의 외상매출금 및 외상매입금이다. 전기분 재무상태표 및 거래처별 초기이월을 수정하시오.

· 외상매출금 56,000,000원   · 외상매입금 40,000,000원

정답 및 해설

03 [거래처별 초기이월]

① 외상매출금 (주)서울 16,000,000원 → 56,000,000으로 수정입력
② 외상매입금 (주)서울 40,000,000원 추가입력

[전기분재무상태표]

③ 외상매출금 50,000,000원 → 90,000,000원으로 수정
④ 외상매입금 34,000,000원 → 74,000,000원으로 수정

02

거래자료의 입력

1 일반전표입력

1. 일반전표입력: [전표입력] → [일반전표입력]

[일반전표입력] 메뉴는 부가가치세신고와 관련 없는 모든 회계상 거래를 입력하는 메뉴이다.

전표입력
일반전표입력
매입매출전표입력
전자세금계산서발행

2. [일반전표입력] 문제 출제유형

실무시험 문제 2번(6문제, 18점)으로 출제된다. 거래자료를 주고 분개하여 [일반전표입력] 메뉴에 입력하는 문제가 출제된다.

3. [일반전표입력] 메뉴 입력방법

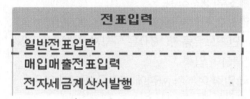

	① 날짜	• 전표일자 입력방법 두가지
		❶ 해당월만 입력 후 일자별 거래를 계속하여 입력
		❷ 해당일자를 입력 후 해당일 거래를 입력
		• 월: 입력하고자 하는 전표의 해당 월 2자리 숫자를 입력하거나 마우스를 클릭하여 1월~12월 중 해당 월을 선택
		• 일: 2자리 숫자를 입력하거나 1자리 숫자 입력 후 Enter↵
	② 번호	• 전표번호는 각 일자별로 1부터 자동 부여
		• 대체분개 입력 시 차변, 대변 합계가 일치할 때까지 1개의 전표로 인식
		• 하나의 거래는 하나의 전표로 처리하는 것이 원칙
		• 상단 메뉴의 SF2 번호수정 을 클릭하면 전표 번호를 수정할 수 있음

③ 구분	• 전표의 유형을 입력하는 곳

출금전표	1. 출금: (차) [계정과목]	(대) 현금
입금전표	2. 입금: (차) 현금	(대) [계정과목]
대체전표	3. 차변, 4. 대변	
결산전표	5. 결차(결산차변), 6. 결대(결산대변)	

③ 구분	• 입력 시 차변 대변 순서는 상관없음 • 출금, 입금전표는 대체전표로 입력해도 상관없음
④ 계정과목	• 코드란에 커서를 위치 후 F2를 눌러 검색하여 입력 • 코드란에 계정과목을 두글자 이상 입력 후 검색하여 입력 • 계정과목에 대응되는 차감 계정: 대손충당금, 감가상각누계액, 매출환입 및 에누리, 매출할인, 매입환출 및 에누리, 매입할인 등의 특정한 계정과목에 대응되는 차감 계정은 계정의 코드번호를 주의 • 제조원가와 판매비와관리비 구분

제조원가	공장, 제조부, 생산직 등	500번대
판매비와관리비	본사, 영업부, 관리직 등	800번대

④ 계정과목	• 유동, 비유동 구분: 매도가능증권(178), 만기보유증권(181)은 투자자산 코드로 입력
⑤ 거래처	• 코드란에 커서를 위치 후 F2를 눌러 검색하여 입력 • 채권, 채무 이외의 계정과목에는 거래처 입력 여부가 채점에 영향을 미치지 않음
⑥ 적요	• 일반적인 적요의 입력은 생략하지만, 전산회계 1급에서 타계정 대체거래는 적요 번호를 선택하여 입력해야함 • 재고자산(원재료, 재공품, 제품, 상품 등)의 계정과목이 판매 목적(매출원가 대체) 이외의 사유로 감소(기부금, 복리후생비 등)하는 경우 [적요8. 타계정으로 대체액]을 선택하여 입력
⑦ 금액	숫자만 입력하고 키보드 +키를 누르면 [000]이 입력

4. [일반전표입력] 메뉴 입력 시 유의사항

1) 거래처 코드를 반드시 입력해야 하는 계정과목: 거래처를 반드시 입력해야 하는 채권, 채무 계정과목은 거래처를 입력하지 않으면 오답 처리된다.(채권, 채무 이외의 계정과목에는 거래처 입력 여부가 채점에 영향을 미치지 않음)

채권	채무
외상매출금	외상매입금
받을어음, 부도어음과 수표	지급어음
미수금	미지급금
선급금	선수금
장·단기 대여금	장·단기 차입금, 유동성장기부채
임차보증금	임대보증금

2) 계정과목 코드

비용 계정과목	전산회계1급의 비용은 제조원가(500번대)와 판매비와 관리비(800번대)를 구분해야 한다. • 제조원가(500번대): 공장, 제조, 생산부문 등 • 판매비와 관리비(800번대): 본사, 관리팀, 영업부 등
차감 계정	대손충당금, 감가상각누계액, 매출환입 및 에누리, 매출할인, 매입환출 및 에누리, 매입할인 등의 특정한 계정과목에 대응되는 차감 계정은 계정의 코드번호를 주의한다.

예제

일반전표입력

다음은 진진상사(주)(회사코드: 8810)의 거래자료이다. [일반전표입력] 메뉴에 입력하시오.(일반전표입력의 모든 거래는 부가가치세를 고려하지 말 것)

(1) 1월 10일   상품을 1,000,000원에 현금으로 구입하다.

(2) 1월 11일   상품을 1,500,000원에 모두 현금 판매하다.

(3) 1월 12일   다나컴퓨터에 상품 500,000원을 판매하고 대금 중 100,000원은 현금으로 받고 잔액은 외상으로 하다.

[1] 1월 10일 (차) 상품   1,000,000원   (대) 현금   1,000,000원

[입력방법] ① 입력하고자 하는 월과 일을 입력한다.

             ② [구분]에 숫자 '1'를 입력하면 [출금]이 입력된다.

             ③ 계정과목 코드란에 커서를 위치 후 F2를 눌러 검색하여 입력 또는 계정과목을 두글자 이상
입력 후 검색하여 입력한다.

             ④ 복리후생비는 거래처를 생략해도 되는 계정과목으로 오른쪽 방향키(→)를 눌러 차변으로
이동한다.

             ⑤ 금액을 입력한다. → 대변에 (현금)으로 자동 입력된다.

[입력화면]

년 01 ∨ 월 10 일 변경 현금잔액:				대차차액:		
일	번호	구분	계 정 과 목	거 래 처	적 요	차 변	대 변
10		출금	0146 상품			1,000,000	(현금)

[2] 1월 11일 (차) 현금   1,500,000원   (대) 상품매출   1,500,000원

[입력방법] ① 입력하고자 하는 월과 일을 입력한다.

             ② [구분]에 숫자 '2'를 입력하면 [입금]이 입력된다.

             ③ 계정과목 코드란에 커서를 위치 후 F2를 눌러 검색하여 입력 또는 계정과목을 두글자 이상
입력 후 검색하여 입력한다.

             ④ 상품매출은 거래처를 생략해도 되는 계정과목으로 오른쪽 방향키(→)를 눌러 대변으로
이동한다.

             ⑤ 금액을 입력한다. → 차변에 (현금)으로 자동 입력된다.

[입력화면]

년 01 ∨ 월 11 일 변경 현금잔액:				대차차액:		
일	번호	구분	계 정 과 목	거 래 처	적 요	차 변	대 변
11		입금	0401 상품매출			(현금)	1,500,000

[3] 1월 12일 (차) 현금   100,000원   (대) 상품매출   500,000원

[입력방법]   외상매출금(다나컴퓨터)   400,000원

             ① 입력하고자 하는 월과 일을 입력한다.

             ② [구분]에 숫자 '3'를 입력해 [차변]을 입력한 뒤 계정과목, 거래처 코드, 금액을 입력한다.

             ③ [구분]에 숫자 '4'를 입력해 [대변]을 입력한 뒤 계정과목, 거래처 코드, 금액을 입력한다.

[입력화면]

년 01 ∨ 월 12 일 변경 현금잔액:				대차차액:		
일	번호	구분	계 정 과 목	거 래 처	적 요	차 변	대 변
12		차변	0101 현금			100,000	
12		차변	0108 외상매출금	01035 다나컴퓨터		400,000	
12		대변	0401 상품매출				500,000

1. 매입매출전표입력: [전표입력] → [매입매출전표입력]

[매입매출전표입력] 메뉴는 부가가치세신고와 관련 있는 매입매출 거래를 입력하는 메뉴이다.

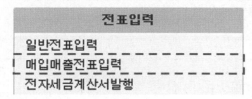

2. [매입매출전표입력] 문제 출제유형

실무시험 문제 3번(6문제, 18점)으로 출제된다. 거래증빙(세금계산서, 계산서, 영세율세금계산서, 수입세금계산서, 카드거래, 현금영수증 등)을 보고 거래자료를 입력하는 문제가 출제된다.(증빙이 없는 매입, 매출이라도 부가가치세 신고를 하고자 하면 건별로 입력한다.)

3. [일반전표입력] 메뉴 입력방법

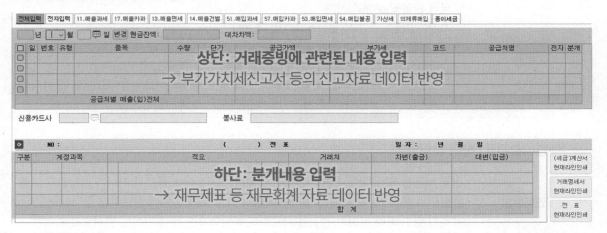

1) [매입매출전표] 상단 입력방법

날짜	• 전표일자 입력방법 두가지 ❶ 해당월만 입력 후 일자별 거래를 계속하여 입력 ❷ 해당일자를 입력 후 해당일 거래를 입력 • 월: 입력하고자 하는 전표의 해당 월 2자리 숫자를 입력하거나 마우스를 클릭하여 1월~12월 중 해당 월을 선택 • 일: 2자리 숫자를 입력하거나 1자리 숫자 입력 후 Enter↵

유형	• 유형은 크게 매출과 매입으로 구분되어 있으며 커서가 유형란에 위치할 때 하단부분이 부가세 유형 도움 박스로 변경(유형코드에 따라 부가가치신고서 등에 자동 반영됨)

부 가 세 유 형

매출						매입					
11.과세	과세매출	16.수출	수출	21.전자	전자화폐	51.과세	과세매입	56.금전	금전등록	61.현과	현금과세
12.영세	영세율	17.카과	카드과세	22.현과	현금과세	52.영세	영세율	57.카과	카드과세	62.현면	현금면세
13.면세	계산서	18.카면	카드면세	23.현면	현금면세	53.면세	계산서	58.카면	카드면세		
14.건별	무증빙	19.카영	카드영세	24.현영	현금영세	54.불공	불공제	59.카영	카드영세		
15.간이	간이과세	20.면건	무증빙			55.수입	수입분	60.면건	무증빙		

품목	해당 재고자산의 물품명(세금계산서의 품목란)을 입력
수량	해당 재고자산의 수량을 입력
단가	해당 품목란의 단가를 입력
공급가액	• 해당 품목란의 매출액(공급가액)을 입력 • 수량과 단가를 입력하면 금액은[수량 x 단가]로 표시 | 공급가액 | 부가가치세를 제외한 매출액 | | 공급대가 | 부가가치세를 포함한 매출액 |
부가세	• 부가가치세를 입력(공급가액을 입력하면 자동으로 공급가액의 10%를 계산하여 반영)
공급처명	• 코드란에 커서를 위치 후 F2를 눌러 검색하여 매출처 및 매입처 입력

전자	• 세금계산서 또는 계산서의 전자발급 여부	
	1.여	전자세금계산서, 영세율전자세금계산서, 전자계산서를 발급 또는 수취
	0.부	• 종이세금계산서, 영세율종이세금계산서, 종이계산서를 발급 또는 수취 • 신용카드 결제, 현금영수증, 무증빙

분개	• 장부에 반영될 분개를 선택	
	0.분개없음	분개를 생략하고자 할 때 선택
	1.현금	현금거래(거래금액 전체가 현금으로 입출금)일 경우 선택
	2.외상	외상거래(거래금액 전체가 외상매입 · 매출)일 경우 선택
	3.혼합	현금, 외상 이외 거래의 거래로 다른 계정과목을 사용하고자 할 때 선택
	4.카드	거래 금액 전체가 카드 결제인 경우 선택

2) [매입매출전표] 하단 입력방법

입력방법	• 전표 자동분개는 차변, 대변의 금액이 일치하는 시점에 자동으로 커서가 상단으로 이동 • 혼합으로 분개 시 차변, 대변이 일치 하나 추가로 분개 입력이 필요하면 금액에서 엔터를 사용하지 말고 아래 방향키(↓)를 사용하여 하단에 라인을 추가하는 방식으로 입력
구분	3. 차변, 4. 대변 중 선택하여 입력
계정과목	• 코드란에 커서를 위치 후 F2를 눌러 검색하여 입력 • 코드란에 계정과목을 두글자 이상 입력 후 검색하여 입력 • 계정과목에 대응되는 차감 계정: 대손충당금, 감가상각누계액, 매출환입 및 에누리, 매출할인, 매입환출 및 에누리, 매입할인 등의 특정한 계정과목에 대응되는 차감 계정은 계정의 코드번호를 주의 • 제조원가와 판매비와관리비 구분 | 제조원가 | 공장, 제조부, 생산직 등 | 500번대 | | 판매비와관리비 | 본사, 영업부, 관리직 등 | 800번대 | • 유동, 비유동 구분: 매도가능증권(178), 만기보유증권(181)은 투자자산 코드로 입력

거래처	• 상단의 거래처가 자동으로 표기됨(다른 경우 수정) • 코드란에 커서를 위치 후 F2를 눌러 검색하여 입력 • 채권, 채무 이외의 계정과목에는 거래처 입력 여부가 채점에 영향을 미치지 않음
적요	• 일반적인 적요의 입력은 생략하지만, 전산회계 1급에서 타계정 대체거래는 적요 번호를 선택하여 입력해야함 • 재고자산(원재료, 재공품, 제품, 상품 등)의 계정과목이 판매 목적(매출원가 대체)이 외의 사유로 감소(기부금, 복리후생비 등)하는 경우 [적요8. 타계정으로 대체액]을 선택하여 입력
금액	숫자만 입력하고 키보드 +키를 누르면 [000]이 입력

4. 증빙에 따른 매입매출전표 유형

매출	증빙		매입
11.과세	세금계산서		51.과세
12.영세	영세율세금계산서 (내국신용장, 구매확인서)		52.영세
13.면세	계산서		53.면세
14.건별	무증빙(간주공급 등) 간이영수증	세금계산서(불공제분)	54.불공
16.수출	직수출	수입세금계산서	55.수입
17.카과	신용카드(과세)		57.카과
18.카면	신용카드(면세)		58.카면
22.현과	현금영수증(과세)		61.현과
23.현면	현금영수증(면세)		62.현면

1) 매출유형: 매출거래에서 발행한 증빙을 보고 판단

매출	증빙	매입
11.과세	세금계산서	세금계산서 발행 과세매출
12.영세	영세율세금계산서	영세율세금계산서 발행 영세율매출(내국신용장, 구매확인서 매출분) 영세율구분 [3] 💬 내국신용장 · 구매확인서에 의하
13.면세	계산서	계산서 발행 면세매출
14.건별	무증빙 또는 간이영수증	무증빙 또는 간이영수증 발행 과세매출
16.수출	-	외국에 직접 수출 영세율구분 [1] 💬 직접수출(대행수출 포함)
17,카과	신용카드	신용카드에 의한 과세매출
18.카면	신용카드	신용카드에 의한 면세매출
22.현과	현금영수증	현금영수증 발행 과세매출

2) 매입유형: 매입거래에서 수취한 증빙을 보고 판단

매출	증빙	매입
51.과세	세금계산서	세금계산서 수취 과세매입 중 매입세액 공제분
52.영세	영세율세금계산서	영세율세금계산서 수취 영세율매입
53.면세	계산서	계산서 수취 면세매입
54.불공	세금계산서	세금계산서 수취 과세매입 중 매입세액 불공제분 1 ①필요적 기재사항 누락 등 2 ②사업과 직접 관련 없는 지출 3 ③개별소비세법 제1조제2항제3호에 따른 자동차 : 4 ④기업업무추진비 및 이와 유사한 비용 관련 5 ⑤면세사업 관련 6 ⑥토지의 자본적 지출 관련 7 ⑦사업자등록 전 매입세액 8 ⑧금.구리 스크랩 거래계좌 미사용 관련 매입세액 9 ⑨공통매입세액안분계산분 10 ⑩대손처분받은 세액 11 ⑪납부세액재계산분
55.수입	수입세금계산서	재화의 수입시 세관장이 발행한 수입세금계산서 입력(하단의 분개 시 부가가치세만 표시됨)
57.카과	신용카드	신용카드에 의한 과세매입
58.카면	신용카드	신용카드에 의한 과세매입
61.현과	현금영수증	현금영수증 수취 과세매입

5. 매입매출전표 입력 순서

매출, 매입거래 파악 → 증빙 확인 후 유형 입력 → 금액 입력(카과, 현과 공급가액란 입력 시 공급대가 입력)

→ 거래처 입력 → 증빙의 전자발급여부 확인 → 분개 유형 입력 → 하단의 분개 입력

매입매출전표입력

다음은 ㈜진진테크(회사코드: 8840)의 거래자료이다. [매입매출전표입력] 메뉴에 입력하시오.

[11.과세]

(1) 3월 1일 ㈜진안전자에 제품을 15,000,000원(부가가치세 별도)에 판매하고 전자세금계산서를 발급하였다. 제품에 대한 판매대금은 현금으로 입금받았다.

(2) 3월 2일 ㈜진안전자에 제품을 판매하고 다음과 같이 전자세금계산서를 발급하였으며, 대금은 한 달 뒤에 받기로 하였다.

전자세금계산서		(공급자 보관용)		승인번호			
공급자 등록번호	125-86-65247	종사업장번호		**공급받는자** 등록번호	213-81-01318	종사업장번호	
상호(법인명)	㈜진진테크	성명	김영순	상호(법인명)	㈜진안전자	성명	이진안
사업장주소	경기도 남양주시 덕릉로 1067			사업장주소	충청남도 아산시 시민로 447		
업태	제조, 도소매	종목	전자부품	업태	제조, 도소매	종목	전자제품
이메일				이메일			
				이메일			

작성일자	공급가액	세액	수정사유	비고
20X1-03-02	23,000,000	2,300,000	해당 없음	

월	일	품목	규격	수량	단가	공급가액	세액	비고
3	2	제품		1,000	23,000	23,000,000	2,300,000	

합계금액	현금	수표	어음	외상미수금	이 금액을 (**청구**)함
25,300,000				25,300,000	

[12.영세]

(3) 3월 3일 수출업체인 ㈜바삭전자에 구매확인서에 의하여 제품 300개를 1개당 100,000원에 납품하고 영세율 전자세금계산서를 발급하였다. 매출대금 중 20%는 자기앞수표로 받고 잔액은 외상으로 하였다.

[14.건별]

(4) 3월 4일   개인소비자인 박종호에게 제품을 770,000원(공급대가)에 매출하고, 대금은 현금으로 받고 간이 영수증을 발급하여 주었다.

(5) 3월 5일   선물용으로 당사 제품(원가 50,000원, 시가 88,000원(부가세 포함)을 매출 거래처인 브리건설 ㈜에 제공하였다.

[16.수출]

(6) 3월 6일   미국 소재한 NVIDIA에 제품을 $4,000에 직수출하기로 하고, 제품을 선적 완료하였다. 수출대금 은 차후에 받기로 하였으며, 선적일 시점 기준환율은 $1=1,150원이다.

(7) 3월 7일   미국의 NVIDIA에 수출제품(공급가액 $20,000)을 다음과 같이 직접 납품(선적)하고, 선수 계약금 을 제외한 잔여대금은 3월 말일에 받기로 하였다. 수출신고번호 입력은 생략한다.(부가가치세법 상 과세표준으로 회계처리 하시오)

거래일자	외화	기준환율	거래내역
3월 1일	$2,000	1,050원/$	계약금이 입금되었으며 외화 보통예금에 외화로 보유 중
3월 7일	$18,000	1,100원/$	수출제품 전체 선적됨

(8) 3월 8일   수출신고필증에 의하여 미국의 NVIDIA에 제품(100개, 개당 $150)의 선적을 완료하였다. 대금 중 $10,000는 선적 당일 원화로 환전하여 보통예금으로 받고 나머지는 다음 달에 받기로 하였다. 선적일의 기준환율은 1,200원/$으로 가정한다(단, 수출신고번호 입력은 생략함).

[17.카과]

(9) 3월 9일   ㈜리부상사에 제품을 5,500,000원(부가가치세 포함)에 판매하고 신용카드(신한카드)로 결제받 았다.

[22.현과]

(10) 3월 10일　비사업자인 박종호에게 제품을 판매하고 대금 550,000원(부가세포함)은 현금으로 받고 현금영수증을 발급하였다.

[51.과세]

(11) 3월 12일　㈜영재산업에서 원재료를 매입하고 다음의 전자세금계산서를 발급받았다.

전자세금계산서		(공급자받는자 보관용)		승인번호			
공급자	등록번호	278-81-11282	종사업장번호	공급받는자	등록번호	125-86-65247	종사업장번호
	상호(법인명)	㈜영재산업	성명 이영재		상호(법인명)	㈜진진테크	성명 김영순
	사업장주소	광주광역시 서구 상무연하로 96			사업장주소	경기도 남양주시 덕릉로 1067	
	업태	도소매	종목 컴퓨터		업태	제조, 도소매	종목 전자부품
	이메일				이메일		
					이메일		

작성일자	공급가액	세액	수정사유	비고
20X1-03-12	2,300,000	230,000	해당 없음	

월	일	품목	규격	수량	단가	공급가액	세액	비고
3	12	원재료		1,000	23,000	23,000,000	2,300,000	

합계금액	현금	수표	어음	외상미수금	
2,530,000	1,530,000		1,000,000		이 금액을 (**영수**)함

(12) 3월 13일　㈜영재산업로부터 원재료(@5,000원, 10,000개, 부가가치세 별도)를 구입하고 전자세금계산서를 발급받았다. 계약금 5,000,000원을 제외한 잔액은 당좌수표를 발행하여 지급하였다.

(13) 3월 14일   다음은 구매한 원재료에 하자가 있어 반품을 한 후 발급받은 수정세금계산서이다. 수정세금계
산서 수취와 동시에 원재료 및 외상매입금과 상계처리하였다.

수정전자세금계산서		(공급자받는자 보 관 용)			승인번호			
공급자	등록번호	278-81-11282	종사업장번호		공급받는자	등록번호	125-86-65247	종사업장번호	
	상호(법인명)	㈜영재산업	성명	이영재		상호(법인명)	㈜진진테크	성명	김영순
	사업장주소	광주광역시 서구 상무연하로 96				사업장주소	경기도 남양주시 덕릉로 1067		
	업태	도소매	종목	컴퓨터		업태	제조,도소매	종목	전자부품
	이메일					이메일			
						이메일			

작성일자	공급가액	세액	수정사유	비고
20X1-03-14	-3,000,000	-300,000	해당 없음	

월	일	품목	규격	수량	단가	공급가액	세액	비고
3	14	원재료		-1,000	30,000	-3,000,000	-300,000	

합계금액	현금	수표	어음	외상미수금	이 금액을 (영수)함
-3,300,000				-3,300,000	

[52.영세]

(14) 3월 15일   수출용 제품생산에 필요한 원재료(공급가액 2,300,000원)를 ㈜바삭전자로부터 내국신용장에
의하여 외상매입하고 영세율전자세금계산서를 발급받았다.

[53.면세]

(15) 3월 16일   세현꽃집으로부터 제조부 직원의 결혼 축하 화환을 100,000원에 구입하면서 보통예금 계좌에서
이체하여 지급하다. 단, 대금 이체 후 전자계산서를 세현꽃집으로부터 정상적으로 수취하였다.

[54.불공]

(16) 3월 17일   본사 영업직원이 업무에 사용할 개별소비세 과세대상 자동차 (3,000CC)를 ㈜씨오피자동차에
서 30,000,000원(부가가치세 별도)에 구입하고, 전자세금계산서를 수취하였으며 대금결제는
다음달에 하기로 하였다.

[55.수입]

(17) 3월 18일   해외 거래처로부터 수입한 원재료와 관련하여 부산세관에 부가가치세 2,100,000원(공급가액
21,000,000원)을 현금으로 납부하고 전자수입세금계산서를 교부받았다.

[57.카과]

(18) 3월 19일   ㈜진안전자로부터 영업부서에서 사용할 컴퓨터를 구입하고 대금 1,650,000원(부가가치세 포
함)을 현대카드로 결제하였다.(단, 컴퓨터는 유형자산 계정으로 처리할 것)

[58.카면]

(19) 3월 20일   판매부문 직원에게 선물할 과일세트를 감자마켓에서 구입하였으며, 대금 500,000원은 회사
현대카드로 결제하였다.

[61.현과]

(20) 3월 21일   본사 영업부서에서 사용할 책상을 ㈜리부상사에서 구입하고 대금 2,200,000원(부가가치세
포함)은 현금으로 지급함과 동시에 현금영수증(지출증빙용, 매입세액 공제요건을 충족함)을 수
령하였다.(단, 책상은 비품으로 회계처리할 것)

[62.현면]

(21) 3월 22일   원재료 매입처의 사무실 이전을 축하하기 위해 세현꽃집에서 200,000원의 화환을 주문하고,
보통예금 계좌에서 이체 후 현금영수증(지출증빙용)을 발급받았다.

[1] 3월 1일

유형	공급가액	부가가치세	공급처명	전자	분개
11.과세	15,000,000	1,500,000	(주)진안전자	여	현금 또는 혼합

(차)	현금	16,500,000원	(대)	제품매출	15,000,000원
				부가세예수금	1,500,000원

[2] 3월 2일

유형	공급가액	부가가치세	공급처명	전자	분개
11.과세	23,000,000	2,300,000	(주)진안전자	여	외상 또는 혼합

(차)	외상매출금	25,300,000원	(대)	제품매출	23,000,000원
				부가세예수금	2,300,000원

[3] 3월 3일

유형	공급가액	부가가치세	공급처명	전자	분개
12.영세	30,000,000	0	(주)바삭전자	여	혼합
영세율구분	③ 내국신용장 · 구매확인서에 의하여 공급하는 재화				

(차)	현금	6,000,000원	(대)	제품매출	30,000,000원
	외상매출금	24,000,000원			

[4] 3월 4일

유형	공급가액	부가가치세	공급처명	전자	분개
14.건별	700,000	70,000	박종호		현금 또는 혼합

(차)	현금	770,000원	(대)	제품매출	700,000원
				부가세예수금	70,000원

[5] 3월 5일

유형	공급가액	부가가치세	공급처명	전자	분개
14.건별	80,000	8,000	브리건설(주)		혼합

(차)	기업업무추진비(판)	58,000원	(대)	부가세예수금	8,000원
				제품(적요8. 타계정으로 대체)	50,000원

[6] 3월 6일

유형	공급가액	부가가치세	공급처명	전자	분개
16.수출	4,600,000 (=$4,000×1,150 원)	0	NVIDIA		외상 또는 혼합
영세율구분	① 직접수출(대행수출 포함)				

(차)	외상매출금	6,000,000원	(대)	제품매출	4,600,000원

[7] 3월 7일

유형	공급가액	부가가치세	공급처명	전자	분개
16.수출	22,000,000 (=$20,000×1,100원)	0	NVIDIA		혼합
영세율구분	① 직접수출(대행수출 포함)				

(차) 선수금(=$2,000×1,050원)   2,100,000원   (대) 제품매출(=$20,000×1,100원) 22,000,000원
　　 외상매출금(=$18,000×1,100원) 19,800,000원
　　 외환차손   100,000원

* 대가를 외국통화 기타 외국환으로 받은 경우의 과세표준

공급시기가 되기 전에 수령	원화로 환가	환가한 금액
	원화로 미환가	공급시기(선적일)의 기준환율 또는 재정환율로 계산한 금액
공급시기 이후에 지급받는 경우		

* 선수금을 원화로 환가 시 회계처리

(차) 선수금(=$2,000×1,050원)   2,100,000원   (대) 제품매출   21,900,000원
　　 외상매출금(=$18,000×1,100원) 19,800,000원   = ($20,000×1,100원) + ($18,000×1,100원)

[8] 3월 8일

유형	공급가액	부가가치세	공급처명	전자	분개
16.수출	18,000,000 (=$15,000×1,200원)	0	NVIDIA		혼합
영세율구분	① 직접수출(대행수출 포함)				

(차) 보통예금(=$10,000×1,200원)   12,000,000원   (대) 제품매출(=$15,000×1,200원) 18,000,000원
　　 외상매출금(=$5,000×1,200원)   6,000,000원

[9] 3월 9일

유형	공급가액	부가가치세	공급처명	전자	분개
17.카과	5,000,000	500,000	(주)리부상사		카드 또는 혼합
신용카드사	신한카드				

(차) 외상매출금(신한카드)   5,500,000원   (대) 제품매출   5,000,000원
　　 부가세예수금   500,000원

[10] 3월 10일

유형	공급가액	부가가치세	공급처명	전자	분개
22.현과	500,000	50,000	박종호		현금 또는 혼합

(차) 현금   550,000원   (대) 제품매출   500,000원
　　 부가세예수금   50,000원

[11] 3월 12일

유형	공급가액	부가가치세	공급처명	전자	분개
51.과세	2,300,000	230,000	㈜영재산업	여	혼합

(차)	원재료	2,300,000원	(대)	현금	1,530,000원
	부가세대급금	230,000원		지급어음	1,000,000원

[12] 3월 13일

유형	공급가액	부가가치세	공급처명	전자	분개
51.과세	50,000,000	5,000,000	㈜영재산업	여	혼합

(차)	원재료	50,000,000원	(대)	선급금(㈜영재산업)	5,000,000원
	부가세대급금	500,000원		당좌예금	50,000,000원

[13] 3월 14일

유형	공급가액	부가가치세	공급처명	전자	분개
51.과세	-3,000,000	-300,000	㈜영재산업	여	외상

(차)	원재료	-3,000,000원	(대)	외상매입금	-3,300,000원
	부가세대급금	-300,000원			

[14] 3월 15일

유형	공급가액	부가가치세	공급처명	전자	분개
52.영세	2,300,000	0	㈜바삭전자	여	외상

(차)	원재료	2,300,000원	(대)	외상매입금	2,300,000원

[15] 3월 16일

유형	공급가액	부가가치세	공급처명	전자	분개
53.면세	100,000	0	세현꽃집	여	혼합

(차)	복리후생비(제)	100,000원	(대)	보통예금	100,000원

[16] 3월 17일

유형	공급가액	부가가치세	공급처명	전자	분개
54.불공	30,000,000	3,000,000	㈜씨오피자동차	여	혼합
불공제사유	③ 개별소비세법 제1조제2항제3호에 따른 자동차 구입·유지 및 임차				

(차)	차량운반구	33,000,000원	(대)	미지급금	33,000,000원

[17] 3월 18일

유형	공급가액	부가가치세	공급처명	전자	분개
55.수입	21,000,000	2,100,000	부산세관	여	현금

(차)	부가세대급금	2,100,000원	(대)	현금	2,100,000원

[18] 3월 19일

유형	공급가액	부가가치세	공급처명	전자	분개
57.카과	1,500,000	150,000	㈜진안전자	여	카드 또는 혼합
신용카드사	현대카드				

(차)	비품	1,500,000원	(대)	미지급금(현대카드)	1,650,000원
	부가세대급금	150,000원			

[19] 3월 20일

유형	공급가액	부가가치세	공급처명	전자	분개
58.카면	500,000	0	감자마켓	여	카드 또는 혼합
신용카드사	현대카드				

(차) 복리후생비(판)   500,000원   (대) 미지급금(현대카드)   500,000원
(또는 미지급비용(현대카드))

[20] 3월 21일

유형	공급가액	부가가치세	공급처명	전자	분개
61.현과	2,000,000	200,000	(주)리부상사		현금 또는 혼합

(차) 비품   2,000,000원   (대) 현금   2,200,000원
    부가세대급금   200,000원

[21] 3월 22일

유형	공급가액	부가가치세	공급처명	전자	분개
62.현면	200,000	0	세현꽃집		혼합

(차) 기업업무추진비(제)   200,000원   (대) 현금   200,000원

뽀송테크㈜(회사코드: 8000)의 데이터를 사용하여 연습할 수 있습니다.

(1) 9월 1일   ㈜진안테크에게 다음과 같은 제품을 판매하고 전자세금계산서를 발급하였다.

전자세금계산서(공급자 보관용)						승인번호		
공급자	사업자등록번호	101-23-33351	종사업장번호		공급받는자	사업자등록번호	502-27-04038	종사업장번호	
	상호(법인명)	뽀송테크㈜	성 명(대표자)	이혜원		상호(법인명)	㈜진안테크	성 명(대표자)	이진안
	사업장주소	서울특별시 강남구 밤고개로1길 10				사업장주소	경기도 오산시 경기동로 8번길		
	업 태	제조, 도소매	종 목	전자부품		업 태	도소매	종 목	전자제품
비 고					수정사유			

작성일자	20X1-09-01	공급가액	6,800,000	세 액	680,000
월	일	품 목	규 격	수 량	단 가	공 급 가 액	세 액	비 고
09	01	제품				6,800,000	680,000	

합 계 금 액	현 금	수 표	어 음	외 상 미 수 금	이 금액을 영수함
7,480,000	7,480,000				

(2) 9월 2일   매출거래처 ㈜진안테크에 제품을 판매하고 아래와 같이 전자세금계산서를 발급하였다.

전자세금계산서(공급자 보관용)						승인번호		
공급자	사업자등록번호	101-23-33351	종사업장번호		공급받는자	사업자등록번호	502-27-04038	종사업장번호	
	상호(법인명)	뽀송테크㈜	성 명(대표자)	이혜원		상호(법인명)	㈜진안테크	성 명(대표자)	이진안
	사업장주소	서울특별시 강남구 밤고개로1길 10				사업장주소	경기도 오산시 경기동로 8번길		
	업 태	제조, 도소매	종 목	전자부품		업 태	도소매	종 목	전자제품
비 고					수정사유			

작성일자	20X1-09-02	공급가액	15,000,000	세 액	1,500,000
월	일	품 목	규 격	수 량	단 가	공 급 가 액	세 액	비 고
09	02	제품		3	5,000,000	15,000,000	1,500,000	

합 계 금 액	현 금	수 표	어 음	외 상 미 수 금	이 금액을 영수함
16,500,000원				16,500,000원	

(3) 9월 3일 ㈜진안테크에게 제품 50개를 판매하고 전자세금계산서를 발급하였으며, 대금은 ㈜진안테크가 발행한 약속어음으로 받다.

전자세금계산서(공급자 보관용)							승인번호		
공급자	사업자 등록번호	101-23-33351	종사업장 번호			공급받는자	사업자 등록번호	502-27-04038	종사업장 번호	
	상호 (법인명)	뽀송테크㈜	성 명 (대표자)	이혜원			상호 (법인명)	㈜진안테크	성 명 (대표자)	이진안
	사업장 주소	서울특별시 강남구 밤고개로1길 10					사업장 주소	경기도 오산시 경기동로 8번길		
	업 태	제조, 도소매	종 목	전자부품			업 태	도소매	종 목	전자제품
비 고						수정사유				

작성일자	20X1-09-03			공급가액		4,000,000	세 액	400,000
월	일	품 목	규 격	수 량	단 가	공 급 가 액	세 액	비 고
09	03	제품		50	80,000	4,000,000	400,000	

합 계 금 액	현 금	수 표	어 음	외 상 미 수 금	이 금액을 영수함
4,400,000			4,400,000		

(4) 9월 4일 당사는 제품을 ㈜바삭전자에 판매하고, 전자세금계산서를 발급하였다. 판매대금은 35,000,000원(부가가치세 별도) 이었으며, 그 중 25,000,000원은 ㈜바삭전자가 발행한 약속어음으로 받고, 나머지는 외상으로 하였다.

(5) 9월 5일 ㈜진안테크에 당사의 제품을 판매하고 다음과 같은 전자세금계산서를 발급하였다. 매입매출전표 입력메뉴에 입력하시오.(복수거래를 이용할 것)

전자세금계산서(공급자 보관용)							승인번호		
공급자	사업자 등록번호	101-23-33351	종사업장 번호			공급받는자	사업자 등록번호	502-27-04038	종사업장 번호	
	상호 (법인명)	뽀송테크㈜	성 명 (대표자)	이혜원			상호 (법인명)	㈜진안테크	성 명 (대표자)	이진안
	사업장 주소	서울특별시 강남구 밤고개로1길 10					사업장 주소	경기도 오산시 경기동로 8번길		
	업 태	제조, 도소매	종 목	전자부품			업 태	도소매	종 목	전자제품
비 고						수정사유				

작성일자	20X1-09-05			공급가액		22,000,000	세 액	2,200,000
월	일	품 목	규 격	수 량	단 가	공 급 가 액	세 액	비 고
09	05	제품A		20	800,000	16,000,000	1,600,000	
09	05	제품B		100	60,000	6,000,000	600,000	

합 계 금 액	현 금	수 표	어 음	외 상 미 수 금	이 금액을 영수함
24,200,000			8,000,000	16,200,000	

(6) 9월 6일 ㈜진안테크에 제품을 판매하고 다음과 같이 전자세금계산서를 발급하였다. 대금 중 10,000,000 원은 ㈜바삭전자가 발행한 어음을 배서양도 받고, 나머지는 다음 달에 받기로 하였다.

전자세금계산서			(공급자 보관용)			승인번호			
공급자	등록번호	101-23-33351		종사업장번호		공급받는자	등록번호	502-27-04038	종사업장번호	
	상호(법인명)	뽀송테크㈜	성명	이혜원		상호(법인명)	㈜진안테크	성명	이진안
	사업장주소	경기도 남양주시 덕릉로 1067				사업장주소	경기도 오산시 경기동로 8번길		
	업태	제조, 도소매	종목	전자부품		업태	도소매	종목	전자제품
	이메일					이메일			
						이메일			

작성일자	공급가액	세액	수정사유	비고
20X1-09-06	10,000,000	1,000,000		

월	일	품목	규격	수량	단가	공급가액	세액	비고
09	06	제품				10,000,000	1,000,000	

합계금액	현금	수표	어음	외상미수금	이 금액을 (영수)함
11,000,000			10,000,000	1,000,000	

(7) 9월 7일 ㈜리부물산에 제품 35,000,000원(부가가치세 별도)을 공급하고 전자세금계산서를 발급하였다. 대금 중 5,000,000원은 8월에 받은 계약금으로 대체하고, 나머지는 ㈜리부물산발행 당좌수표로 받았다.

(8) 9월 8일 ㈜진안테크에 제품을 판매하고 다음과 같이 전자세금계산서를 발급하였다. 대금은 8월에 받은 계약금 1,000,000원을 제외한 나머지 금액 중 50%는 동사발행 당좌수표로 받고, 50%는 2개월 후 받기로 하였다.

전자세금계산서(공급자 보관용)							승인번호		
공급자	사업자등록번호	101-23-33351	종사업장번호			공급받는자	사업자등록번호	502-27-04038	종사업장번호	
	상호(법인명)	뽀송테크㈜	성명(대표자)	이혜원			상호(법인명)	㈜진안테크	성명(대표자)	이진안
	사업장주소	서울특별시 강남구 밤고개로1길 10					사업장주소	경기도 오산시 경기동로 8번길		
	업태	제조, 도소매	종목	전자부품			업태	도소매	종목	전자제품
비고						수정사유			

작성일자	20X1-09-08	공급가액	9,000,000	세액	900,000

월	일	품목	규격	수량	단가	공급가액	세액	비고
09	08	제품		100	90,000	9,000,000	900,000	

합계금액	현금	수표	어음	외상미수금	이 금액을 영수함
9,900,000	5,450,000			4,450,000	

(9) 9월 9일   공장에서 사용하던 기계장치를 ㈜영재안전에 매각하고 전자세금계산서를 발급하였다. 매각대금
은 8,800,000원(부가세포함)이며 보통예금으로 수취하였다. 동 기계장치는 취득원가가
20,000,000원이며 매각 당시 감가상각누계액은 9,000,000원이었다.(매각일까지의 감가상각
에 대한 회계처리는 무시하고 매각관련 처분손익분개를 매입매출전표입력 메뉴에서 진행 할 것.)

(10) 9월 10일   ㈜영재안전에 원재료 운송용 트럭(취득가액 : 35,000,000원, 전기말 감가상각누계액 :
16,500,000원)을 20,000,000원(부가가치세 별도)에 처분하고 전자세금계산서를 발급하였
다. 대금은 한 달 후에 수령하기로 하였으며, 처분 시점에 감가상각은 하지 않기로 한다.

(11) 9월 11일   영업부 사무실에서 사용하던 비품인 냉장고(취득가액 3,200,000원, 처분시 감가상각누계액
1,600,000원)를 감자마트에 1,000,000원(부가가치세 별도)에 처분하고 전자세금계산서를 발
급하였다. 대금은 현금으로 받았다.

(12) 9월 12일   ㈜진안테크에 공급한 제품 중 일부가 불량으로 판정되어 반품 처리되었으며, 수정전자세금계산
서를 발행하였다. 대금은 해당 매출 관련 외상매출금과 상계하여 처리하기로 하였다(단, 음수
(-)로 회계처리할 것).

전자세금계산서		(공급자 보관용)			승인번호			
공급자	등록번호	101-23-33351	종사업장번호		공급받는자	등록번호	502-27-04038	종사업장번호	
	상호(법인명)	뽀송테크㈜	성명	이혜원		상호(법인명)	㈜진안테크	성명	이진안
	사업장주소	경기도 남양주시 덕릉로 1067				사업장주소	경기도 오산시 경기동로 8번길		
	업태	제조, 도소매	종목	전자부품		업태	도소매	종목	전자제품
	이메일					이메일			
						이메일			

작성일자	공급가액	세액	수정사유	비고
20X1-09-12	- 10,000,000	- 1,000,000	일부 반품	품질 불량으로 인한 반품

월	일	품목	규격	수량	단가	공급가액	세액	비고
09	12	제품				- 10,000,000	- 1,000,000	

합계금액	현금	수표	어음	외상미수금	이 금액을 (영수)함
- 11,000,000				- 11,000,000	

(13) 9월 13일 매출거래처 ㈜진안테크으로부터 외상매출금 5,500,000원을 회수하면서 약정 기일보다 10일 빠르게 회수되어 2%를 할인해 주고, (-)전자세금계산서를 발급하였다.(외상매출금 회수 분개는 생략하고, (-)세금계산서 발급 부분만 매입매출전표에 입력하고 제품매출 계정에서 직접차감하는 방식으로 분개할 것.)

(14) 9월 14일 ㈜리부물산에 구매확인서에 의하여 제품 7,000,000원을 외상으로 공급하고 영세율전자세금계산서를 발급하였다.

(15) 9월 15일 ㈜리부물산에 내국신용장(Local L/C)에 의하여 제품 13,000,000원을 납품하고 영세율 전자세금계산서를 발급하였다. 대금은 내국신용장 개설은행에 곧 청구할 예정이다.

(16) 9월 16일 ㈜리부물산에 수출관련 구매확인서에 근거하여 제품(공급가액 : 22,000,000원)을 공급하고 영세율전자세금계산서를 발급하였다. 기수령한 계약금 3,000,000원을 제외한 대금은 외상으로 하였다.

(17) 9월 17일 구매확인서에 의하여 수출대행업체인 ㈜리부물산에 제품(외화 $20,000, 환율 1,000원/$)을 공급하고 영세율전자세금계산서를 발행하였다. 대금 중 10,000,000원은 동사발행약속어음으로 수취하고, 나머지 잔액은 외상으로 하였다.

(18) 9월 18일 개인소비자인 이혜원에게 제품을 770,000원(공급대가)에 매출하고, 대금은 현금으로 받고 간이영수증을 발급하여 주었다.

(19) 9월 19일 비사업자인 이혜원에게 제품을 550,000원(공급대가)에 공급하고, 대금은 현금으로 받고 거래명세서를 발급해 주었다.(거래처는 입력하지 말 것)

(20) 9월 20일 이혜원(비사업자)에게 제품을 1,100,000원(부가가치세 포함)에 판매하고 대금을 현금으로 수령하였으며, 매출에 대한 증빙은 발행하지 않았다.(단, 거래처를 입력 할 것)

(21) 9월 21일 연말 선물용으로 당사 제품인 VIP선물세트(원가 50,000원, 시가 88,000원 - 부가세 포함)를 매출거래처인 ㈜진안테크에 제공하였다.

(22) 9월 22일 원재료 매입 거래처 (주)진안테크에 접대목적으로 당사의 제품(원가 300,000원)을 무상으로 제공하였다. 단, 해당 제품의 시가는 500,000원이다.

(23) 9월 23일 미국 소재한 blizzard에 제품을 $4,000에 직수출하기로 하고, 제품을 선적 완료하였다. 수출대금은 차후에 받기로 하였으며, 선적일 시점 기준환율은 $1 = 1,150원이다.

(24) 9월 24일 미국의 blizzard에 제품을 $50,000에 직수출하면서 제품의 선적은 9월 24일에 이루어 졌다. 대금은 다음과 같이 나누어 받기로 하였는데, 9월 24일 $30,000은 원화로 환전되어 당사보통예금 계좌에 입금되었다. 기업회계 기준에 따라 9월 24일의 제품매출 인식에 대한 회계처리를 하시오.

판매대금	대금수령일	결제방법	비 고
$ 30,000	9월 24일	외화통장으로 입금	선적일
$ 20,000	10월 10일	외화통장으로 입금	잔금청산일
단, 이와 관련하여 적용된 환율은 다음과 같다.(기준환과 원화로 환전된 환율은 같다고 가정한다.) • 9월 24일 : 1$당 1,080원			

(25) 9월 25일 미국에 소재한 blizzard에 제품(공급가액 50,000,000원)을 직수출하고, 6월 30일에 수령한 계약금 10,000,000원을 제외한 대금은 외상으로 하였다.

(26) 9월 26일 개인소비자 이혜원에게 제품을 770,000원(부가가치세 포함)에 판매하고, 대금은 이혜원의 비씨카드로 수취하였다(단, 신용카드 결제대금은 외상매출금으로 회계처리할 것).

(27) 9월 27일 비사업자인 이혜원에게 제품을 판매하고 대금 550,000원(부가세포함)은 현금으로 받고 현금영수증을 발급하였다.

(28) 9월 28일　사용하던 기계장치(취득가액 50,000,000원, 감가상각누계액 40,000,000원)를 ㈜영재안전에 4,400,000원(부가가치세 포함)에 매각하고 현금영수증을 발급하였다. 매각대금은 전액 자기앞수표로 받았다.

(29) 10월 1일　㈜바삭전자에서 원재료 1,000개(공급가액 @25,000원, 부가가치세 별도)를 구입하고 전자세금계산서를 교부받았으며, 대금 중 10,000,000원은 제품을 판매하고 받아 보관 중인 ㈜진안테크의 약속어음을 배서하여 지급하고 잔액은 30일 후 주기로 하였다.

(30) 10월 2일　㈜바삭전자로부터 원재료(@5,000원, 10,000개, 부가가치세 별도)를 구입하고 전자세금계산서를 발급받았다. 계약금 5,000,000원을 제외한 잔액은 당좌수표를 발행하여 지급하였다.

(31) 10월 3일　영업부 사원의 업무활동을 지원하기 위하여 씨오피자동차로부터 승용차(998cc)를 9,000,000원(부가가치세 별도)에 취득하고 전자세금계산서를 발급받았으며, 대금은 전액 외상으로 하였다. 단, 차량을 인수하는 시점에 취득세 620,000원, 번호판부착 30,000원 및 수수료 50,000원은 현금으로 지급하였다.(하나의 전표로 입력하시오)

(32) 10월 4일　당사 제조부는 ㈜영재안전에서 반도체 제조를 위한 기계장치를 130,000,000원(부가가치세 별도)에 10개월 할부로 구매하고 전자세금계산서를 발급받았다. 할부대금은 다음달부터 지급한다.

(33) 10월 5일　㈜바삭전자로부터 비품인 업무용 노트북을 2,200,000원(부가가치세포함)에 구입하고 전자세금계산서를 발급받았다. 대금 중 100,000원은 계약금으로 이미 지급하였고, 남은 잔액은 보통예금으로 이체하였다.

(34) 10월 6일　데이광고에 신제품에 대한 광고를 의뢰하고 광고비(공급가액 500,000원, 부가가치세 별도)에 대하여 전자세금계산서를 수취하였다. 광고 대금은 다음 달에 지급하기로 하였다.

(35) 10월 7일　제조부문의 공장건물 임대인 ㈜브리건설로부터 임차료 2,310,000원(부가가치세 포함)과 공장 전기요금 330,000원(부가가치세 포함)에 대한 전자세금계산서 1매를 교부받고 당좌수표를 발행하여 지급하였다.(임대차계약서상 임차료는 매월 7일에 지급하기로 되어 있다)

(36) 10월 8일　㈜영재안전으로부터 공장 제조설비의 안전대책을 위한 경영컨설팅을 받고 경영컨설팅 수수료 500,000원(부가가치세 별도)에 대한 전자세금계산서를 발급받았다. 경영컨설팅 수수료는 계약금 100,000원을 제외한 나머지 금액은 현금으로 지급하였다.(단, 계약금은 선급금계정으로 이미 회계처리 하였음)

(37) 10월 9일　(주)탑코리아에 사무직 신입사원 채용공고를 게재하고 수수료 200,000원(부가가치세 별도)을 보통예금으로 지급하고, 전자세금계산서를 발급받았다.(신규거래처 등록도 할 것, 거래처코드:3982, 거래처명:(주)탑코리아, 유형:동시, 사업자등록번호:130 - 42 - 32555, 계정과목은 판매비와관리비 코드로 처리한다)

(38) 10월 10일　생일을 맞이한 공장 직원에게 지급할 선물세트를 1,100,000원(부가가치세포함)에 감자마트에서 구입하고 전자세금계산서를 수취하고 대금은 당좌수표를 발행하여 지급하다.

(39) 10월 11일　제조부 직원들에게 지급할 작업복을 감자마트로부터 공급가액 1,000,000원(부가가치세 별도)에 외상으로 구입하고 종이세금계산서를 발급받았다.

(40) 10월 12일　㈜진안테크에 임가공계약체결을 하고 제작을 의뢰하였던 제품을 납품받고, 임가공외주용역에 대한 전자세금계산서를 수취하였다. 임가공비 20,000,000원(부가가치세 별도)은 전액 보통예금으로 결제하였다.

(41) 10월 13일　건물에 대한 청소를 위해 청소용역업체인 (주)센스에 청소비 3,300,000원(부가가치세 포함)을 당사 보통예금에서 이체하여 지급하고, 전자세금계산서를 발급받았다. 단, 청소비는 판매비와 관리비의 '건물관리비'계정으로 처리한다.

(42) 10월 14일 ㈜영재안전으로부터 제조부문에서 사용할 안전용품을 구입하고 아래의 전자세금계산서를 발급받았다. 단, 안전용품은 소모품(자산) 계정을 사용하여 회계처리한다.

전자세금계산서			공 급 받 는 자 (보 관 용)		승인번호			
공급자	등록번호	502-23-72839	종사업장번호		**공급받는자**	등록번호	101-23-33351	종사업장번호	
	상호(법인명)	㈜영재안전	성명	이영재		상호(법인명)	뽀송테크㈜	성명	이혜원
	사업장주소	서울 영등포구 경인로 702				사업장주소	경기도 남양주시 덕릉로 1067		
	업태	도소매	종목	잡화외		업태	도매	종목	잡화외
	이메일					이메일			
						이메일			

작성일자	공급가액	세액	수정사유	비고
20X1-10-14	1,600,000	160,000		

월	일	품목	규격	수량	단가	공급가액	세액	비고
10	14	안전용품				1,600,000	160,000	

합계금액	현금	수표	어음	외상미수금	이 금액을 (청구)함
1,760,000	300,000			1,460,000	

(43) 10월 15일 ㈜영재안전로부터 기술연구소의 연구개발에 사용하기 위한 연구용 재료를 10,000,000원(부가가치세 별도)에 구입하면서 전자세금계산서를 발급받고, 대금은 보통예금 계좌에서 지급하였다(단, 연구용 재료와 관련하여 직접 지출한 금액은 무형자산으로 처리할 것).

(44) 10월 16일 씨오피자동차로부터 본사에서 업무용으로 사용할 승용차(5인승, 배기량 998cc, 개별소비세 과세 대상 아님)를 구입하고 아래의 전자세금계산서를 발급받았다.

전자세금계산서			공 급 받 는 자 (보 관 용)		승인번호			
공급자	등록번호	502-03-15709	종사업장번호		**공급받는자**	등록번호	101-23-33351	종사업장번호	
	상호(법인명)	씨오피자동차	성명	이평우		상호(법인명)	뽀송테크㈜	성명	이혜원
	사업장주소	울산 중구 태화로 150				사업장주소	경기도 남양주시 덕릉로 1067		
	업태	제조	종목	자동차		업태	도매	종목	잡화외
	이메일					이메일			
						이메일			

작성일자	공급가액	세액	수정사유	비고
20X1-10-16	15,000,000	1,500,000		

월	일	품목	규격	수량	단가	공급가액	세액	비고
10	16	승용차(배기량 998cc)		1		15,000,000	1,500,000	

합계금액	현금	수표	어음	외상미수금	이 금액을 (청구)함
16,500,000				16,500,000	

(45) 10월 17일 본사 사무실로 사용하기 위하여 ㈜브리건설으로부터 상가를 취득하고, 대금은 다음과 같이 지급하였다(단, 하나의 전표로 입력할 것).

- 총매매대금은 370,000,000원으로 토지분 매매가액 150,000,000원과 건물분 매매가액 220,000,000원 (부가가치세 포함)이다.
- 총매매대금 중 계약금 37,000,000원은 계약일에 미리 지급하였으며, 잔금은 10월 17일에 보통예금계좌에서 이체하여 지급하였다.
- 건물분에 대하여 전자세금계산서를 잔금 지급일에 수취하였으며, 토지분에 대하여는 별도의 계산서를 발급받지 않았다.

(46) 10월 18일 ㈜바삭전자로부터 원재료를 13,200,000원(부가가치세 포함)에 매입하고 전자세금계산서를 받았다. 동 일자에 매입대금 중 미리 지급한 선급금 1,000,000원을 제외한 나머지 금액을 보통예금에서 이체하였다(단, 하나의 전표로 처리할 것).

(47) 10월 19일 다음은 구매한 원재료에 하자가 있어 반품을 한 후 발급받은 수정세금계산서이다. 수정세금계산서 수취와 동시에 원재료 및 외상매입금과 상계처리하였다.

수정전자세금계산서(공급받는자 보관용)				승인번호		
공급자	사업자등록번호	504-22-34284	종사업장번호	공급받는자	사업자등록번호	101-23-33351	종사업장번호	
	상호(법인명)	㈜바삭전자	성명	최바삭		상호(법인명)	뽀송테크㈜	성명(대표자)	이혜원
	사업장주소	서울특별시 강남구 삼성로 560				사업장주소	서울특별시 강남구 밤고개로1길 10		
	업태	제조업	종목	전자부품		업태	제조, 도소매	종목	전자부품
	비고					수정사유			

작성일자	20X1-10-19	공급가액	15,000,000	세액	1,500,000
월	일	품 목	규격	수량	단가	공급가액	세액	비고
10	19	원재료		-100	30,000	-3,000,000	-300,000	

합계금액	현금	수표	어음	외상미수금	이 금액을 청구함
-3,300,000				-3,300,000	

(48) 10월 20일 ㈜진안테크에서 수출용 제품의 원재료를 내국신용장에 의하여 1,500,000원에 구입하고 영세율전자세금계산서를 발급받았다. 대금은 아직 내국신용장 개설은행에서 지급되지 않았다.

(49) 10월 21일 구매확인서에 의해 수출용 제품에 대한 원재료(공급가액 25,000,000원)를 ㈜진안테크로부터 매입하고 영세율 전자세금계산서를 발급받았다. 매입대금 중 5,000,000원은 ㈜리부물산으로부터 받아 보관 중인 약속어음을 배서하여 주고 나머지는 3개월 만기의 당사 발행 약속어음으로 주었다.

(50) 10월 22일   수출용 제품에 대한 원재료 32,000,000원(공급가액)을 ㈜바삭전자로부터 매입하고, 영세율 전자세금계산서를 발급 받았다. 구입대금 중 6,000,000원은 ㈜리부물산으로부터 받은 어음을 배서해주고, 나머지는 외상으로 하였다.

(51) 10월 23일   생산직 사원을 위한 교육을 데이광고로부터 제공받고, 전자계산서 3,300,000원을 발급받았다. 대금은 전액 보통예금에서 이체하였다.

(52) 10월 24일   데이광고에 의뢰한 마케팅전략특강 교육을 본사 영업부 직원(10명)들을 대상으로 실시하고, 교육훈련비 5,000,000원에 대한 전자계산서를 발급받았다. 교육훈련비는 선지급한 계약금 1,000,000원을 제외한 나머지를 보통예금 계좌에서 지급하였다(단, 관련 계정을 조회하여 전표입력할 것).

(53) 10월 25일   생산부에서 사용할 실무서적을 솔이서점에서 90,000원에 구입하면서, 전자계산서를 수취하고 미지급하였다.

(54) 10월 26일   본사 영업부에서 야유회 때 직원들 식사로 제공할 생고기를 직접 구매하고 전자계산서를 수취하였다.

전자계산서(공급받는자 보관용)					승인번호		
공급자	사업자 등록번호	106-90-52391	종사업장 번호		사업자 등록번호	101-23-33351	종사업장 번호	
	상호 (법인명)	감자정육점	성명	이감자	상호 (법인명)	뽀송테크㈜	성 명 (대표자)	이혜원
	사업장 주소	서울 서초구 강남대로 465			사업장 주소	서울특별시 강남구 밤고개로1길 10		
	업 태	도소매	종목	정육	업 태	제조, 도소매	종 목	전자부품
	비 고				수정사유			
작성일자	20X1-10-26		공급가액		1,800,000	세 액		
월	일	품 목	규격	수량	단 가	공 급 가 액	세 액	비 고
10	26	생고기				1,800,000		
합 계 금 액		현 금		수 표	어 음	외 상 미 수 금	이 금액을 청구함	
1,800,000		1,800,000						

(55) 10월 27일　영업부의 거래처인 ㈜진안테크의 사업장 확장 이전을 축하하기 위하여 축하 화환을 현금으로 구입하고 아래의 전자계산서를 발급받다.

전자계산서		공 급 받 는 자 용 (보 관 용)			승인번호			
공 급 자	등록번호	105-92-25728	종사업장번호		공 급 받 는 자	등록번호	101-23-33351	종사업장번호	
	상호(법인명)	세현꽃집	성명	천세현		상호(법인명)	뽀송테크㈜	성명	이혜원
	사업장주소	인천광역시 남동구 인하로 501				사업장주소	경기도 남양주시 덕릉로 1067		
	업태	도소매	종목	화훼류		업태	도매	종목	잡화외
	이메일					이메일			
						이메일			

작성일자	공급가액	세액	수정사유	비고
20X1-10-27	200,000			

월	일	품목	규격	수량	단가	공급가액	세액	비고
10	27	화환		1		200,000		

합계금액	현금	수표	어음	외상미수금	이 금액을 (청구)함
200,000	200,000				

(56) 10월 28일　사업자인 ㈜브리건설으로부터 공장건물 신축용 토지를 50,000,000원에 구입하고 전자계산서를 받았다. 대금은 전액 보통예금으로 지급하였다.

(57) 10월 29일　회사 공장 건물을 신축하기 위하여 ㈜브리건설으로부터 토지를 100,000,000원에 매입하고 전자계산서를 발급받았다. 대금 중 70,000,000원은 당좌수표를 발행하여 지급하고, 나머지는 약속어음(만기 3개월)을 발행하여 지급하였다.

(58) 10월 30일　판매부서 사무실로 사용하기 위해 입주해있는 ㈜솔솔오피스텔의 관리실로부터 7월분 관리비 중 면세품목에 대하여 전자계산서(공급가액 30,000원, 부가가치세 0원)를 발급받고 보통예금에서 바로 지급하였다.

(59) 10월 31일 씨오피자동차로부터 영업직 직원들이 사용할 목적으로 업무용승용차를 리스하였다. 해당 리스는 운용리스이며, 리스계약일은 20X1년 10월 31일, 리스기간은 5년 약정, 월 리스료는 800,000원이다. ㈜리스로부터 1회차 임차료(판)에 대한 전자계산서를 당일에 발급받았으며, 대금은 익월 초에 지급하기로 하였다.

(60) 11월 1일 대표이사의 자택에서 사용할 목적으로 ㈜바삭전자에서 3D TV를 3,500,000원(부가가치세 별도)에 구입하고, 회사 명의로 전자세금계산서를 발급 받았으며, 대금은 당사 당좌수표를 발행하여 지급하였다.(단, 차변 계정과목은 가지급금으로 처리한다.)

(61) 11월 2일 제조공장 인근 육군부대에 3D프린터기를 외상으로 구입하여 기증하였고, 아래와 같은 전자세금계산서를 발급받았다. (사업과 무관하게 취득한 재화이다.)

전자세금계산서 (공급받는자 보관용)					승인번호			
공급자	등록번호	504-22-34284	종사업장번호		공급받는자	등록번호	101-23-33351	종사업장번호	
	상호(법인명)	㈜바삭전자	성명	최바삭		상호(법인명)	뽀송테크㈜	성명	이혜원
	사업장주소	서울특별시 강남구 삼성로 560				사업장주소	경기도 남양주시 덕릉로 1067		
	업태	제조업	종목	전자부품		업태	제조,도소매	종목	전자부품
	이메일					이메일			
						이메일			

작성일자	공급가액	세액	수정사유	비고
20X1-11-2	2,300,000	230,000		

월	일	품목	규격	수량	단가	공급가액	세액	비고
11	2	3D프린터		1	3,500,000	3,500,000	350,000	

합계금액	현금	수표	어음	외상미수금	이 금액을 (청구)함
3,850,000				3,850,000	

(62) 11월 3일 씨오피자동차으로부터 업무용 승용차(2,000cc, 5인승, 공급가액 19,000,000원, 부가가치세 별도)를 구입하고 전자세금계산서를 발급받았으며, 대금은 전액 외상으로 하였다.

(63) 11월 4일   당사 비영업용 승용차(1,800cc)의 사고로 인해 ㈜중앙정비소에서 엔진을 교체하였다. 이는 자본적 지출에 해당하는 것으로 엔진교체비용 4,500,000원(부가가치세 별도)을 당사당좌수표를 발행하여 지급하고 전자세금계산서를 발급받았다.

(64) 11월 5일   생산부가 사용하는 업무용승용차(2,000cc)의 엔진오일과 타이어를 ㈜중앙정비소에서 교환하고 전자세금계산서를 발급받았다. 교환비용 825,000원(부가가치세 포함)은 전액 보통예금계좌에서 이체하였다(단, 교환비용은 차량유지비(제조원가)로 처리할 것).

(65) 11월 6일   본사 영업부 임직원의 업무수행을 위하여 씨오피자동차로부터 승용차(6인승)를 렌트하였다. 월이용료는 990,000원(부가가치세 포함)으로 보통예금 계좌에서 지급하고 전자세금계산서를 발급받았다.

(66) 11월 7일   영업부는 매출거래처 허과장의 아들 돌잔치 선물로 감자마트에서 유아용품을 100,000원(부가가치세 별도)에 현금으로 구입하고 전자세금계산서를 발급 받았다.

(67) 11월 8일   영업팀에서 해외 거래처에게 선물하기 위해 AI스피커 1대를 ㈜바삭전자에서 1,300,000원(부가가치세 별도, 전자세금계산서 수취)에 구입하고 대금은 당좌수표를 발행하여 지급하였다.

(68) 11월 9일   공장부지 토지를 매입하면서 부동산 중개인(황토부동산)에게 중개수수료(5,400,000원, 부가가치세 별도)를 전액 현금으로 지불하고 전자세금계산서를 수취하였다.

(69) 11월 10일   당사가 소유한 토지의 형질변경을 위해 ㈜브리건설에 3,300,000원(부가가치세 포함)의 수수료를 전액 보통예금으로 지급하고 전자세금계산서를 발급받았다.

(70) 11월 11일   본사 신축을 위해 구입하는 토지 취득에 대한 법률자문 및 등기대행 용역을 황토부동산으로부터 제공받았다. 용역에 대한 수수료 3,000,000원(부가가치세 별도)은 현금으로 지급하고 전자세금계산서를 발급 받았다.

(71) 11월 12일 회사는 공장을 신축하기 위하여 ㈜브리건설로부터 토지와 건물을 매입하면서 건물에 대한 대금은 보통예금에서 지급하고 다음의 전자세금계산서를 발급받았다. 동 건물은 구입 즉시 신축을 위하여 철거하였다. 다음의 세금계산서에 근거하여 해당 건물 취득에 대한 회계처리를 하시오.

전자계산서(공급받는자 보관용)					승인번호			
공급자	사업자 등록번호	503-11-99954	종사업장 번호		공급받는자	사업자 등록번호	101-23-33351	종사업장 번호	
	상호 (법인명)	㈜브리건설	성명	이곰숙		상호 (법인명)	뽀송테크㈜	성 명 (대표자)	이혜원
	사업장 주소	서울 종로구 동숭2길 5				사업장 주소	서울특별시 강남구 밤고개로1길 10		
	업 태	건설업	종목	토목시설물건설		업 태	제조, 도소매	종 목	전자부품
비 고					수정사유			

작성일자		20X1-11-12			공급가액		20,000,000	세 액	2,000,000
월	일	품 목	규 격	수 량	단 가	공 급 가 액	세 액	비 고	
11	12	건물				20,000,000	2,000,000		

합 계 금 액	현 금	수 표	어 음	외 상 미 수 금	이 금액을 영수함
22,000,000	22,000,000				

(72) 11월 13일 공장 신축 목적으로 취득한 토지의 토지정지 등을 위한 토목공사를 하고 ㈜브리건설로부터 아래의 전자세금계산서를 발급받았다. 대금 지급은 기지급한 계약금 5,500,000원을 제외하고 외상으로 하였다.

전자세금계산서			공급받는자 보관용		승인번호			
공급자	등록 번호	503-11-99954	종사업장 번호		공급받는자	등록 번호	101-23-33351	종사업장 번호	
	상호 (법인명)	㈜브리건설	성명	이곰숙		상호 (법인명)	뽀송테크㈜	성명	이혜원
	사업장 주소	서울 종로구 동숭2길 5				사업장 주소	경기도 남양주시 덕릉로 1067		
	업태	건설업	종목	토목공사		업태	제조, 도소매	종목	전자부품
	이메일					이메일			
						이메일			

작성일자	공급가액	세액	수정사유	비고
20X1-11-13	50,000,000	5,000,000		

월	일	품목	규격	수량	단가	공급가액	세액	비고
11	13	공장토지 토지정지 등			50,000,000	50,000,000	5,000,000	

합계금액	현금	수표	어음	외상미수금	이 금액을 (청구)함
55,000,000		5,500,000		49,500,000	

(73) 11월 14일 해외거래처로부터 수입한 원재료와 관련하여 김해세관에 부가가치세 2,100,000원(공급가액 21,000,000원)을 현금으로 납부하고 전자수입세금계산서를 교부받았다.

(74) 11월 15일　미국의 MS사에서 상품를 수입하면서 이와 관련한 전자수입세금계산서(공급가액 40,000,000원, 부가가치세 4,000,000원)을 김해세관으로부터 발급받고, 이에 대한 부가가치세 4,000,000원과 관세 8,000,000원을 현금으로 납부하였다.(단, 관세는 미착품 계정으로 회계처리 한다.)

(75) 11월 16일　영업팀 사무실에서 사용하는 문구류를 감자마트에서 55,000원(부가가치세 포함)에 구입하고 법인의 국민카드로 결제하였다. 부가가치세 매입세액 공제요건은 모두 충족하였다. (사무용품비로 회계처리할 것)

(76) 11월 17일　㈜바삭전자로부터 영업부서에서 사용할 컴퓨터를 구입하고 대금 1,760,000원(부가가치세 포함)을 현대카드로 결제하였다.(단, 컴퓨터는 유형자산 계정으로 처리할 것.)

(77) 11월 18일　㈜진안테크으로부터 기계장치에 대한 대대적인 수선을 통해 생산능력 향상과 내용연수증가를 가져왔으며, 수선 관련 비용 5,500,000원(부가가치세 포함)을 국민카드로 결제하여 지급하고 카드영수증을 정상적으로 수취하였다.

(78) 11월 19일　생산부문 근로자들의 성탄절 선물로 감자마트에서 종합선물세트를 1,100,000원(부가가치세 포함)에 구입하고 법인카드인 현대카드로 결제하였다.(카드매입에 대한 부가가치세 매입세액 공제요건은 충족 함)

(79) 11월 20일　제조공장에서 사용하는 화물용 차량인 포터의 접촉 사고로 ㈜중앙정비소에서 수리하고, 1,100,000원(부가가치세 포함)을 법인카드(현대카드)로 결제하였다. 지출비용은 차량유지비 계정을 사용한다.

(80) 11월 21일   제조부가 사용하는 기계장치의 원상회복을 위한 수선비 880,000원을 하나카드로 결제하고 다음의 매출전표를 수취하였다.

하나카드 승인전표

카드번호	4140-0202-3245-9959
거래유형	국내일반
결제방법	일시불
거래일시	20X1.11.21:35:45
취소일시	
승인번호	98421149
공급가액	**800,000원**
부가세	**80,000원**
봉사료	
승인금액	**880,000원**
가맹점명	㈜바삭전자
가맹점번호	00990218110
가맹점 전화번호	02-828-8624
가맹점 주소	서울특별시 강남구 삼성로 560
사업자등록번호	504-22-34284
대표자명	최바삭

하나카드

(81) 11월 22일   영업부 직원들이 워크샵에서 사용할 도서를 솔이서점에서 구입하였으며, 대금 700,000원은 회사 국민카드(법인)로 결제하였다.

(82) 11월 23일   원재료 매입처의 공장 이전을 축하하기 위해 세현꽃집에서 축하화환을 주문하여 배송하고, 대금 300,000원은 당사 법인카드(국민카드)로 결제하고, 아래와 같은 신용카드매출전표를 수취하였다. 적절한 회계 처리를 하시오.

신용카드매출전표
```
-------------------------
카드종류 : 국민카드
회원번호 : 4906-0302-3245-9952
거래일시 : 20X1.11.23. 14:05:16
거래유형 : 신용승인
매    출 : 300,000원
부 가 세 :      0원
합    계 : 300,000원
결제방법 : 일시불
승인번호 : 71999995
은행확인 : 국민은행
-------------------------
가맹점 : 세현꽃집
        - 이 하 생 략 -
```

(83) 11월 24일　판매부문 직원들에게 창립기념일 선물로 지급할 한우세트 5개(1개당 100,000원)를 감자정육
점에서 구매하고 대금은 국민카드로 결제하다.

매출전표

단말기번호	11213692	전표번호	
카드종류		거래종류	결제방법
국민카드		신용구매	일시불
회원번호(Card No)		취소시 원거래일자	
4906-0302-3245-9952			
유효기간		거래일시	품명
		20X1.11.24. 15:30	한우세트
전표제출		금　　액/AMOUNT	500,000
		부 가 세/VAT	
전표매입사		봉 사 료/TIPS	
		합　　계/TOTAL	500,000
거래번호		승인번호/(Approval No.)	
		98421147	

가 맹 점　감자정육점
대 표 자　이감자　　　　　　　　TEL　031-628-8624
가맹점번호　3685062　　　　사업자번호　106-90-52391
주　　　소　서울 서초구 강남대로 465

서명(Signature)
뽀송테크㈜

(84) 11월 25일　원재료를 구입하면서 발생한 운반비 33,000원(부가가치세 포함)을 일반과세자인 상록택배에
보통예금 계좌에서 지급하고, 지출증빙용 현금영수증을 수취하였다.

(85) 11월 26일　당사는 영업부에서 사용할 컴퓨터(공급가액 1,000,000원, 세액 100,000원)를 ㈜바삭전자에
서 구입하였다. 대금은 현금으로 지급하고 현금영수증(지출증빙용)을 수취하였다.(단, 컴퓨터
는 자산처리 할 것)

(86) 11월 27일　영업부에서 사용하는 업무용 승용차(998cc)의 주유비 110,000원(부가가치세 포함)을 알뜰주
유소에서 현금결제하고 현금영수증(지출증빙용)을 발급받았다.(알뜰주유소는 일반과세사업
자이다.)

(87) 11월 28일　본사 관리동사옥을 청소하고 청소용역업체 ㈜센스에 청소비 1,100,000원(부가가치세 포함)
을 현금으로 지급하고 현금영수증을 발급받았다. 단, 청소비는 '건물관리비'계정으로 처리한
다.(현금영수증번호 생략)

(88) 11월 29일   당사는 판매부문에서 사용하기 위하여 ㈜리부물산에서 복사기를 임차하여 사용하고 있다. 10월분 사용료로 330,000원(부가가치세 포함)을 현금으로 지급하면서 지출증빙용 현금영수증을 발급받았다(회사는 임차료 계정을 사용한다).

(89) 11월 30일   일반과세자인 감자마트에서 영업부서에 사용할 문구류를 현금으로 구입하고, 다음의 현금영수증(지출증빙)을 수령하였다. (문구류는 사무용품비로 처리한다.)

```
                    감자마트
      131-04-79041              신감자
   경기도 화성시 송산면 마도북로 40 TEL:3489-8076
   홈페이지 http://www.kacpta.or.kr
           현금(지출증빙)
   구매 20X1/11/30/14:06 거래번호 : 0029-0177
       상품명        수량         금액
       문구          10        22,000원

                 과세물품가액    20,000원
                 부  가  세      2,000원
     합   계                   22,000원
     받은금액                   22,000원
```

(90) 12월 1일   원재료 매입처의 사무실 이전을 축하하기 위해 세현꽃집에서 200,000원의 축화화환을 주문하고, 보통예금계좌에서 이체하고 현금영수증(지출증빙용)을 발급받았다.

```
                   세현꽃집
       105-92-25728              천세현
   인천광역시 남동구 인하로 501 TEL:3289-8085
   홈페이지 http://www.kacpta.or.kr
           현금(지출증빙)
   구매 20X1/12/1/13:06    거래번호 : 0004-0027
       상품명          수량          금액
       축화화환          1        200,000원
    2041815650198

                 물 품 가 액    200,000원
                 부  가  세
                                  0원
     합   계                  200,000원
     받은금액                 200,000원
```

(91) 12월 2일   영업부 직원의 교육을 위해 도서를 구입하면서 솔이서점로부터 다음과 같은 현금영수증을 발급
받았다.

```
                      솔이서점
          111-11-12345                   최솔
      경기도 성남시 분당구 서판교로6번길 24 TEL:3289-8085
      홈페이지 http://www.kyobo.or.kr
              현금(지출증빙)
      구매 20X1/12/02/17:06    거래번호 : 0026-0107
          상품명            수량            금액
          업무처리해설서        1            80,000
          재고관리입문서        1           120,000
          급여지급지침서        1           100,000

          합    계                        300,000
          받은금액                         300,000
              현금           300,000
```

뽀송테크(주)(회사코드: 8000)의 데이터를 사용하여 연습할 수 있습니다.

[1] 9월 1일

유형	공급가액	부가가치세	공급처명	전자	분개
11.과세	6,800,000	680,000	(주)진안테크	여	현금 또는 혼합

(차)	현금	7,480,000원	(대)	제품매출	6,800,000원
				부가세예수금	680,000원

[2] 9월 2일

유형	공급가액	부가가치세	공급처명	전자	분개
11.과세	15,000,000	1,500,000	(주)진안테크	여	외상

(차)	외상매출금	16,500,000원	(대)	제품매출	15,000,000원
				부가세예수금	1,500,000원

[3] 9월 3일

유형	공급가액	부가가치세	공급처명	전자	분개
11.과세	4,000,000	400,000	(주)진안테크	여	혼합

(차)	받을어음	4,400,000원	(대)	제품매출	4,000,000원
				부가세예수금	400,000원

[4] 9월 4일

유형	공급가액	부가가치세	공급처명	전자	분개
11.과세	35,000,000	3,500,000	(주)바삭전자	여	혼합

(차)	받을어음	25,000,000원	(대)	제품매출	4,000,000원
	외상매출금	13,500,000원		부가세예수금	400,000원

[5] 9월 5일

유형	공급가액	부가가치세	공급처명	전자	분개
11.과세	22,000,000	2,200,000	(주)진안테크	여	혼합

(상단부 품목란에 [F7.복수거래]를 이용하여, 복수전표로 입력할 것)

(차)	받을어음	8,000,000원	(대)	제품매출	22,000,000원
	외상매출금	16,200,000원		부가세예수금	2,200,000원

[6] 9월 6일

유형	공급가액	부가가치세	공급처명	전자	분개
11.과세	10,000,000	1,000,000	(주)진안테크	여	혼합

(차)	받을어음((주)바삭전자)	10,000,000원	(대)	부가세예수금	1,000,000원
	외상매출금	1,000,000원		제품매출	10,000,000원

[7] 9월 7일

유형	공급가액	부가가치세	공급처명	전자	분개
11.과세	35,000,000	3,500,000	㈜리부물산	여	혼합

(차)	현금	33,500,000원	(대)	제품매출	35,000,000원
	선수금	5,000,000원		부가세예수금	3,500,000원

[8] 9월 8일

유형	공급가액	부가가치세	공급처명	전자	분개
11.과세	9,000,000	900,000	㈜진안테크	여	혼합

(차)	현금	4,450,000원	(대)	제품매출	9,000,000원
	외상매출금	4,450,000원		부가세예수금	900,000원
	선수금	1,000,000원			

[9] 9월 9일

유형	공급가액	부가가치세	공급처명	전자	분개
11.과세	8,000,000	800,000	㈜영재안전	여	혼합

(차)	감가상각누계액(207)	9,000,000원	(대)	기계장치	20,000,000원
	보통예금	8,800,000원		부가세예수금	800,000원
	유형자산처분손실	3,000,000원			

[10] 9월 10일

유형	공급가액	부가가치세	공급처명	전자	분개
11.과세	20,000,000	2,000,000	㈜영재안전	여	혼합

(차)	미수금	22,000,000원	(대)	차량운반구	35,000,000원
	감가상각누계액(209)	16,500,000원		부가세예수금	2,000,000원
				유형자산처분이익	1,500,000원

[11] 9월 11일

유형	공급가액	부가가치세	공급처명	전자	분개
11.과세	1,000,000	100,000	감자마트	여	혼합

(차)	감가상각누계액	1,600,000원	(대)	비품	3,200,000원
	현금	1,100,000원		부가세예수금	100,000원
	유형자산처분손실	600,000원			

[12] 9월 12일

유형	공급가액	부가가치세	공급처명	전자	분개
11.과세	- 10,000,000	- 1,000,000	㈜진안테크	여	외상 또는 혼합

(차)	외상매출금	- 11,000,000원	(대)	부가세예수금	- 1,000,000원
				제품매출	- 10,000,000원
				(또는 매출환입및에누리(405))	

[13] 9월 13일

유형	공급가액	부가가치세	공급처명	전자	분개
11.과세	-100,000	-10,000	㈜진안테크	여	혼합

(차)	외상매출금	-110,000원	(대)	제품매출	- 100,000원
				부가세예수금	- 10,000원

[14] 9월 14일

유형	공급가액	부가가치세	공급처명	전자	분개
12.영세	7,000,000	0	㈜리부물산	여	외상(혼합)
영세율구분	③ 내국신용장·구매확인서에 의하여 공급하는 재화				

(차)	외상매출금	7,000,000원	(대)	제품매출	7,000,000원

[15] 9월 15일

유형	공급가액	부가가치세	공급처명	전자	분개
12.영세	13,000,000	0	㈜리부물산	여	외상
영세율구분	③ 내국신용장·구매확인서에 의하여 공급하는 재화				

(차)	외상매출금	13,000,000원	(대)	제품매출	13,000,000원

[16] 9월 16일

유형	공급가액	부가가치세	공급처명	전자	분개
12.영세	22,000,000	0	㈜리부물산	여	혼합
영세율구분	③ 내국신용장·구매확인서에 의하여 공급하는 재화				

(차)	선수금	3,000,000원	(대)	제품매출	22,000,000원
	외상매출금	19,000,000원			

[17] 9월 17일

유형	공급가액	부가가치세	공급처명	전자	분개
12.영세	20,000,000	0	㈜리부물산	여	혼합
영세율구분	③ 내국신용장·구매확인서에 의하여 공급하는 재화				

(차)	받을어음(리부물산)	10,000,000원	(대)	제품매출	20,000,000원
	외상매출금(리부물산)	10,000,000원			

[18] 9월 18일

유형	공급가액	부가가치세	공급처명	전자	분개
14.건별	700,000	70,000	이혜원		현금

(차)	현금	770,000원	(대)	제품매출	700,000원
				부가세예수금	70,000원

[19] 9월 19일

유형	공급가액	부가가치세	공급처명	전자	분개
14.건별	500,000	50,000			현금

(차)	현금	550,000원	(대)	제품매출	500,000원
				부가세예수금	50,000원

[20] 9월 20일

유형	공급가액	부가가치세	공급처명	전자	분개
14.건별	1,000,000	100,000	이혜원		현금 또는 혼합

(차)　현금　　　　　　　　　　1,100,000원　　　(대)　제품매출　　　　　　　　1,000,000원
　　　　　　　　　　　　　　　　　　　　　　　　　　　부가세예수금　　　　　　　100,000원

[21] 9월 21일

유형	공급가액	부가가치세	공급처명	전자	분개
14.건별	80,000	8,000	(주)진안테크		혼합

(차)　기업업무추진비(판)　　　58,000원　　　(대)　부가세예수금　　　　　　　8,000원
　　　　　　　　　　　　　　　　　　　　　　　　　　　제품(적요8. 타계정으로 대체액)　50,000원

[22] 9월 22일

유형	공급가액	부가가치세	공급처명	전자	분개
14.건별	500,000	50,000	(주)진안테크	부	혼합

(차)　기업업무추진비(제)　　　350,000원　　　(대)　부가세예수금　　　　　　　50,000원
　　　　　　　　　　　　　　　　　　　　　　　　　　　제품(적요8. 타계정으로 대체액)　300,000원

[23] 9월 23일

유형	공급가액	부가가치세	공급처명	전자	분개
16.수출	4,600,000	0	blizzard	여	외상 또는 혼합
영세율구분	① 직접수출(대행수출 포함)				

(차)　외상매출금　　　　　　4,600,000원　　　(대)　제품매출　　　　　　　　4,600,000원

[24] 9월 24일

유형	공급가액	부가가치세	공급처명	전자	분개
16.수출	54,000,000	0	blizzard	여	혼합
영세율구분	① 직접수출(대행수출 포함)				

(차)　보통예금　　　　　　32,400,000원　　　(대)　제품매출　　　　　　　54,000,000원
　　　외상매출금　　　　　21,600,000원

[25] 9월 25일

유형	공급가액	부가가치세	공급처명	전자	분개
16.수출	50,000,000	0	blizzard	여	혼합
영세율구분	① 직접수출(대행수출 포함)				

(차)　선수금　　　　　　　10,000,000원　　　(대)　제품매출　　　　　　　50,000,000원
　　　외상매출금　　　　　40,000,000원

[26] 9월 26일

유형	공급가액	부가가치세	공급처명	전자	분개
17.카과	700,000	70,000	이혜원		카드 또는 혼합
신용카드사	비씨카드				

(차) 외상매출금(비씨카드) 770,000원   (대) 부가세예수금 70,000원
                                            제품매출 700,000원

[27] 9월 27일

유형	공급가액	부가가치세	공급처명	전자	분개
22.현과	500,000	50,000	이혜원		현금 또는 혼합

(차) 현금 550,000원   (대) 제품매출 500,000원
                                          부가세예수금 50,000원

[28] 9월 28일

유형	공급가액	부가가치세	공급처명	전자	분개
22.현과	4,000,000	400,000	㈜영재안전		혼합

(차) 감가상각누계액(207) 40,000,000원   (대) 기계장치 50,000,000원
     현금 4,400,000원   부가세예수금 400,000원
     유형자산처분손실 6,000,000원

[29] 10월 1일

유형	공급가액	부가가치세	공급처명	전자	분개
51.과세	25,000,000	2,500,000	㈜바삭전자	여	혼합

(차) 원재료 25,000,000원   (대) 받을어음(㈜진안테크) 10,000,000원
     부가세대급금 2,500,000원   외상매입금(㈜바삭전자) 17,500,000원

[30] 10월 2일

유형	공급가액	부가가치세	공급처명	전자	분개
51.과세	50,000,000	5,000,000	㈜바삭전자	여	혼합

(차) 원재료 50,000,000원   (대) 선급금 5,000,000원
     부가세대급금 5,000,000원   당좌예금 50,000,000원

[31] 10월 3일

유형	공급가액	부가가치세	공급처명	전자	분개
51.과세	9,000,000	900,000	씨오피자동차	여	혼합

(차) 차량운반구 9,700,000원   (대) 미지급금 9,900,000원
     부가세대급금 900,000원   현금 700,000원

[32] 10월 4일

유형	공급가액	부가가치세	공급처명	전자	분개
51.과세	130,000,000	13,000,000	㈜영재안전	여	혼합

(차) 기계장치 130,000,000원   (대) 미지급금 143,000,000원
     부가세대급금 13,000,000원

[33] 10월 5일

유형	공급가액	부가가치세	공급처명	전자	분개
51.과세	2,000,000	200,000	㈜바삭전자	여	혼합

(차)	비품	2,000,000원	(대)	선급금	100,000원
	부가세대급금	200,000원		보통예금	2,100,000원

[34] 10월 6일

유형	공급가액	부가가치세	공급처명	전자	분개
51.과세	500,000	50,000	데이광고	여	혼합

(차)	광고선전비(판)	500,000원	(대)	미지급금	550,000원
	부가세대급금	50,000원			

[35] 10월 7일

유형	공급가액	부가가치세	공급처명	전자	분개
51.과세	2,400,000	240,000	㈜브리건설	여	혼합

(차)	임차료(제)	2,100,000원	(대)	당좌예금	2,640,000원
	전력비(제)	300.000원			
	부가가치세대급금	240,000원			

[36] 10월 8일

유형	공급가액	부가가치세	공급처명	전자	분개
51.과세	500,000	50,000	㈜영재안전	여	혼합

(차)	수수료비용(제)	500,000원	(대)	선급금	100,000원
	부가세대급금	50,000원		현금	450,000원

[37] 10월 9일

유형	공급가액	부가가치세	공급처명	전자	분개
51.과세	200,000	20,000	㈜탑코리아	여	혼합

(차)	수수료비용(판)	200,000원	(대)	보통예금	220,000원
	부가세대급금	20,000원			

[38] 10월 10일

유형	공급가액	부가가치세	공급처명	전자	분개
51.과세	1,000,000	100,000	감자마트	여	혼합

(차)	복리후생비(제)	1,000,000원	(대)	당좌예금	1,100,000원
	부가세대급금	100,000원			

[39] 10월 11일

유형	공급가액	부가가치세	공급처명	전자	분개
51.과세	1,000,000	100,000	감자마트	여	혼합

(차)	부가세대급금	100,000원	(대)	미지급금	1,100,000원
	복리후생비(제)	1,000,000원		(또는 미지급비용)	

[40] 10월 12일

유형	공급가액	부가가치세	공급처명	전자	분개
51.과세	20,000,000	2,000,000	(주)진안테크	여	혼합

(차)	외주가공비(제)	20,000,000원	(대)	보통예금	22,000,000원
	부가세대급금	2,000,000원			

[41] 10월 13일

유형	공급가액	부가가치세	공급처명	전자	분개
51.과세	3,000,000	300,000	(주)센스	여	혼합

(차)	건물관리비(판)	3,000,000원	(대)	보통예금	3,300,000원
	부가세대급금	300,000원			

[42] 10월 14일

유형	공급가액	부가가치세	공급처명	전자	분개
51.과세	1,600,000	160,000	(주)영재안전	여	혼합

(차)	소모품	1,600,000원	(대)	미지급금	1,460,000원
	부가세대급금	160,000원		현금	300,000원

[43] 10월 15일

유형	공급가액	부가가치세	공급처명	전자	분개
51.과세	10,000,000	1,000,000	(주)영재안전	여	혼합

(차)	부가세대급금	1,000,000원	(대)	보통예금	11,000,000원
	개발비	10,000,000원			

[44] 10월 16일

유형	공급가액	부가가치세	공급처명	전자	분개
51.과세	15,000,000	1,500,000	씨오피자동차	여	혼합

(차)	부가세대급금	1,500,000원	(대)	미지급금	16,500,000원
	차량운반구	15,000,000원			

[45] 10월 17일

유형	공급가액	부가가치세	공급처명	전자	분개
51.과세	200,000,000	20,000,000	(주)브리건설	여	혼합

(차)	부가세대급금	20,000,000원	(대)	선급금	37,000,000원
	토지	150,000,000원		보통예금	333,000,000원
	건물	200,000,000원			

[46] 10월 18일

유형	공급가액	부가가치세	공급처명	전자	분개
51.과세	200,000,000	20,000,000	(주)브리건설	여	혼합

(차)	원재료	12,000,000원	(대)	보통예금	12,200,000원
	부가세대급금	1,200,000원		선급금	1,000,000원

[47] 10월 19일

유형	공급가액	부가가치세	공급처명	전자	분개
51.과세	-3,000,000	-300,000	㈜바삭전자	여	외상 또는 혼합

(차)	원재료	- 3,000,000원	(대)	외상매입금	- 3,300,000원
	부가세대급금	- 300,000원			

[48] 10월 20일

유형	공급가액	부가가치세	공급처명	전자	분개
52.영세	1,500,000	0	㈜진안테크	여	외상 또는 혼합

(차)	원재료	1,500,000원	(대)	외상매입금	1,500,000원

[49] 10월 21일

유형	공급가액	부가가치세	공급처명	전자	분개
52.영세	25,000,000	0	㈜진안테크	여	혼합

(차)	원재료	25,000,000원	(대)	받을어음(㈜리부물산)	5,000,000원
				지급어음	20,000,000원

[50] 10월 22일

유형	공급가액	부가가치세	공급처명	전자	분개
52.영세	32,000,000	0	㈜바삭전자	여	혼합

(차)	원재료	32,000,000원	(대)	외상매입금(㈜바삭전자)	26,000,000원
				받을어음(㈜리부물산)	6,000,000원

[51] 10월 23일

유형	공급가액	부가가치세	공급처명	전자	분개
53.면세	3,300,000	0	데이광고	여	혼합

(차)	교육훈련비(제)	3,300,000원	(대)	보통예금	3,300,000원

[52] 10월 24일

유형	공급가액	부가가치세	공급처명	전자	분개
53.면세	5,000,000	0	데이광고	여	혼합

(차)	교육훈련비(판)	5,000,000원	(대)	선급금	1,000,000원
				보통예금	4,000,000원

[53] 10월 25일

유형	공급가액	부가가치세	공급처명	전자	분개
53.면세	90,000	0	솔이서점	여	혼합

(차)	도서인쇄비(제)	90,000원	(대)	미지급금 (또는 미지급비용)	90,000원

[54] 10월 26일

유형	공급가액	부가가치세	공급처명	전자	분개
53.면세	1,800,000	0	감자정육점	여	현금 또는 혼합

(차)　복리후생비(판)　　　1,800,000원　　(대)　현금　　　　　　　　1,800,000원

[55] 10월 27일

유형	공급가액	부가가치세	공급처명	전자	분개
53.면세	200,000	0	세현꽃집	여	현금 또는 혼합

(차)　기업업무추진비(판)　　200,000원　　(대)　현금　　　　　　　　200,000원

[56] 10월 28일

유형	공급가액	부가가치세	공급처명	전자	분개
53.면세	50,000,000	0	(주)브리건설	여	혼합

(차)　토지　　　　　　　50,000,000원　　(대)　보통예금　　　　　50,000,000원

[57] 10월 29일

유형	공급가액	부가가치세	공급처명	전자	분개
53.면세	100,000,000	0	(주)브리건설	여	혼합

(차)　토지　　　　　　　100,000,000원　　(대)　당좌예금　　　　　70,000,000원
　　　　　　　　　　　　　　　　　　　　　　　미지급금　　　　　30,000,000원

[58] 10월 30일

유형	공급가액	부가가치세	공급처명	전자	분개
53.면세	30,000	0	(주)솔솔오피스텔	여	혼합

(차)　건물관리비(판)　　　30,000원　　(대)　보통예금　　　　　　　30,000원

[59] 10월 31일

유형	공급가액	부가가치세	공급처명	전자	분개
53.면세	800,000	0	씨오피자동차	여	혼합

(차)　임차료(판)　　　　　800,000원　　(대)　미지급금　　　　　　　800,000원
　　　　　　　　　　　　　　　　　　　　　　　(또는 미지급비용)

[60] 11월 1일

유형	공급가액	부가가치세	공급처명	전자	분개
54.불공	3,500,000	350,000	(주)바삭전자	여	외상 또는 혼합
불공제사유	② 사업과 직접 관련없는 지출				

(차)　가지급금　　　　　3,850,000원　　(대)　당좌예금　　　　　　3,850,000원

[61] 11월 2일

유형	공급가액	부가가치세	공급처명	전자	분개
54.불공	3,500,000	350,000	(주)바삭전자	여	혼합
불공제사유	② 사업과 직접 관련없는 지출				

(차) 기부금   3,850,000원   (대) 미지급금   3,850,000원
· 국가 및 지방자치단체에 무상으로 공급하는 재화의 경우, 취득 당시 사업과 관련하여 취득한 재화이면 매입세액을 공제하고, 사업과 무관하게 취득한 재화이면 매입세액을 공제하지 아니한다.

[62] 11월 3일

유형	공급가액	부가가치세	공급처명	전자	분개
54.불공	19,000,000	1,900,000	씨오피자동차	여	혼합
불공제사유	③ 개별소비세법에 따른 비영업용 자동차 구입, 유지, 임차				

(차) 차량운반구   20,900,000원   (대) 미지급금   20,900,000원

[63] 11월 4일

유형	공급가액	부가가치세	공급처명	전자	분개
54.불공	4,500,000	450,000	(주)중앙정비소	여	혼합
불공제사유	③ 개별소비세법에 따른 비영업용 자동차 구입, 유지, 임차				

(차) 차량운반구   4,950,000원   (대) 당좌예금   4,950,000원

[64] 11월 5일

유형	공급가액	부가가치세	공급처명	전자	분개
54.불공	750,000	75,000	(주)중앙정비소	여	혼합
불공제사유	③ 개별소비세법에 따른 비영업용 자동차 구입, 유지, 임차				

(차) 차량유지비(제)   825,000원   (대) 보통예금   825,000원

[65] 11월 6일

유형	공급가액	부가가치세	공급처명	전자	분개
54.불공	900,000	90,000	씨오피자동차	여	혼합
불공제사유	③ 개별소비세법에 따른 비영업용 자동차 구입, 유지, 임차				

(차) 임차료(판)   990,000원   (대) 보통예금   990,000원

[66] 11월 7일

유형	공급가액	부가가치세	공급처명	전자	분개
54.불공	100,000	10,000	감자마트	여	혼합
불공제사유	④ 기업업무추진비 및 이와 유사한 비용 관련				

(차) 기업업무추진비(판)   110,000원   (대) 현금   110,000원

[67] 11월 8일

유형	공급가액	부가가치세	공급처명	전자	분개
54.불공	1,300,000	130,000	(주)바삭전자	여	혼합
불공제사유	④ 기업업무추진비 및 이와 유사한 비용 관련				

(차) 기업업무추진비(판)   1,430,000원   (대) 당좌예금   1,430,000원
     (또는 해외기업업무추진비(판))

[68] 11월 9일

유형	공급가액	부가가치세	공급처명	전자	분개
54.불공	5,400,000	540,000	황토부동산	여	현금 또는 혼합
불공제사유	⑥ 토지의 자본적 지출 관련				

(차) 토지   5,940,000원   (대) 현금   5,940,000원

[69] 11월 10일

유형	공급가액	부가가치세	공급처명	전자	분개
54.불공	3,000,000	300,000	(주)브리건설	여	혼합
불공제사유	⑥ 토지의 자본적 지출 관련				

(차) 토지   3,300,000원   (대) 보통예금   3,300,000원

[70] 11월 11일

유형	공급가액	부가가치세	공급처명	전자	분개
54.불공	3,000,000	300,000	황토부동산	여	혼합
불공제사유	⑥ 토지의 자본적 지출 관련				

(차) 토지   3,300,000원   (대) 현금   3,300,000원

[71] 11월 12일

유형	공급가액	부가가치세	공급처명	전자	분개
54.불공	20,000,000	2,000,000	(주)홍일테크	여	혼합
불공제사유	⑥ 토지의 자본적 지출 관련				

(차) 토지   22,000,000원   (대) 보통예금   22,000,000원

[72] 11월 13일

유형	공급가액	부가가치세	공급처명	전자	분개
54.불공	50,000,000	5,000,000	(주)브리건설	여	혼합
불공제사유	⑥ 토지의 자본적 지출 관련				

(차) 토지   55,000,000원   (대) 선급금   5,500,000원
                                                      미지급금   49,500,000원

[73] 11월 14일

유형	공급가액	부가가치세	공급처명	전자	분개
55.수입	21,000,000	2,100,000	김해세관	여	현금

(차) 부가세대급금   2,100,000원   (대) 현금   2,100,000원

[74] 11월 15일

유형	공급가액	부가가치세	공급처명	전자	분개
55.수입	40,000,000	4,000,000	김해세관	여	혼합

(차) 부가세대급금   4,000,000원   (대) 현금   12,000,000원
     미착품   8,000,000원

[75] 11월 16일

유형	공급가액	부가가치세	공급처명	전자	분개
57.카과	50,000	5,000	감자마트		카드 또는 혼합
신용카드사	국민카드				

(차)	사무용품비(판관비)	50,000원	(대)	미지급금(국민카드)	55,000원
	부가세대급금	5,000원		(또는 미지급비용)	

[76] 11월 17일

유형	공급가액	부가가치세	공급처명	전자	분개
57.카과	1,600,000	160,000	(주)바삭전자		카드 또는 혼합
신용카드사	현대카드				

(차)	비품	1,600,000원	(대)	미지급금(하나카드)	1,760,000원
	부가세대급금	160,000원			

[77] 11월 18일

유형	공급가액	부가가치세	공급처명	전자	분개
57.카과	5,000,000	500,000	(주)진안테크		카드 또는 혼합
신용카드사	국민카드				

(차)	기계장치	5,000,000원	(대)	미지급금(국민카드)	5,500,000원
	부가세대급금	500,000원			

[78] 11월 19일

유형	공급가액	부가가치세	공급처명	전자	분개
57.카과	1,000,000	100,000	감자마트		카드 또는 혼합
신용카드사	현대카드				

(차)	복리후생비(제)	1,000,000원	(대)	미지급금(현대카드)	1,100,000원
	부가세대급금	100,000원		(또는 미지급비용)	

[79] 11월 20일

유형	공급가액	부가가치세	공급처명	전자	분개
57.카과	1,000,000	100,000	(주)다고쳐정비소		카드 또는 혼합
신용카드사	현대카드				

(차)	차량유지비(제)	1,000,000원	(대)	미지급금(현대카드)	1,100,000원
	부가세대급금	100,000원		(또는 미지급비용)	

[80] 11월 21일

유형	공급가액	부가가치세	공급처명	전자	분개
57.카과	800,000	80,000	㈜바삭전자		카드 또는 혼합
신용카드사	하나카드				

(차) 부가세대급금   80,000원   (대) 미지급금(하나카드)   880,000원
     수선비(제)   800,000원   (또는 미지급비용)

[81] 11월 22일

유형	공급가액	부가가치세	공급처명	전자	분개
58.카면	700,000	0	솔이서점		카드 또는 혼합
신용카드사	국민카드				

(차) 도서인쇄비(판)   700,000원   (대) 미지급금(국민카드)   700,000원
                                               (또는 미지급비용)

[82] 11월 23일

유형	공급가액	부가가치세	공급처명	전자	분개
58.카면	300,000	0	세현꽃집		카드 또는 혼합
신용카드사	국민카드				

(차) 기업업무추진비(제)   300,000원   (대) 미지급금(국민카드)   300,000원
                                               (또는 미지급비용)

[83] 11월 24일

유형	공급가액	부가가치세	공급처명	전자	분개
58.카면	500,000	0	감자정육점		카드 또는 혼합
신용카드사	국민카드				

(차) 복리후생비(판)   500,000원   (대) 미지급금(국민카드)   500,000원
                                               (또는 미지급비용)

[84] 11월 25일

유형	공급가액	부가가치세	공급처명	전자	분개
61.현과	30,000	3,000	상록택배		혼합

(차) 부가세대급금   3,000원   (대) 보통예금   33,000원
     원재료   30,000원

[85] 11월 26일

유형	공급가액	부가가치세	공급처명	전자	분개
61.현과	1,000,000	100,000	㈜바삭전자		현금 또는 혼합

(차) 비품   1,000,000원   (대) 현금   1,100,000원
     부가세대급금   100,000원

[86] 11월 27일

유형	공급가액	부가가치세	공급처명	전자	분개
61.현과	100,000	10,000	알뜰주유소		현금 또는 혼합

(차) 차량유지비(판)   100,000원   (대) 현금   110,000원
      부가세대급금   10,000원

[87] 11월 28일

유형	공급가액	부가가치세	공급처명	전자	분개
61.현과	1,000,000	100,000	(주)센스		현금

(차) 건물관리비(판)   1,000,000원   (대) 현금   1,100,000원
      부가세대급금   100,000원

[88] 11월 29일

유형	공급가액	부가가치세	공급처명	전자	분개
61.현과	300,000	30,000	(주)리부물산		현금 또는 혼합

(차) 임차료(판)   300,000원   (대) 현금   330,000원
      부가세대급금   30,000원

[89] 11월 30일

유형	공급가액	부가가치세	공급처명	전자	분개
61.현과	20,000	2,000	감자마트		현금 또는 혼합

(차) 사무용품비(판)   20,000원   (대) 현금   22,000원
      부가세대급금   2,000원

[90] 12월 1일

유형	공급가액	부가가치세	공급처명	전자	분개
62.현면	200,000	0	세현꽃집		혼합

(차) 기업업무추진비(제)   200,000원   (대) 보통예금   200,000원

[91] 12월 2일

유형	공급가액	부가가치세	공급처명	전자	분개
62.현면	300,000	2,000	솔이서점		현금

(차) 도서인쇄비(판)   300,000원   (대) 현금   300,000원
    (또는 교육훈련비(판))

3   입력자료의 오류수정

1. 일반전표의 오류수정 : [전표입력] → [일반전표입력] 또는 [매입매출전표입력]

2. [입력자료의 오류수정] 문제 출제유형

실무시험 문제 5번(2문제, 6점)으로 출제된다. [일반전표입력] 및 [매입매출전표입력] 메뉴에 잘못 입력된 내용을 검토하여 수정 또는 삭제, 추가입력하는 문제가 출제된다.

[일반전표입력]	부가가치세신고와 관련 없는 입력된 전표의 내용을 [일반전표입력] 메뉴에서 수정
[매입매출전표입력]	부가가치세신고와 관련있는 입력된 전표의 내용을 [매입매출전표입력] 메뉴에서 수정
[일반전표입력] 삭제 후 [매입매출전표입력] 새로입력	[일반전표입력] 메뉴에 잘못 입력된 거래내용을 삭제하고 [매입매출전표입력] 메뉴에 새로 입력

예제

입력자료의 오류수정

㈜다린테크(회사코드: 8850)의 [일반전표입력] 및 [매입매출전표입력] 메뉴에 입력된 내용 중 다음과 같은 오류가 발견되었다. 입력된 내용을 확인하여 정정하시오.

(1) 4월 2일 경영관리부서 직원을 위하여 확정급여형(DB형) 퇴직연금에 가입하고 보통예금 계좌에서 14,000,000원을 이체하였으나, 회계담당자는 확정기여형(DC형) 퇴직연금에 가입한 것으로 알고 회계처리를 하였다.

(2) 4월 3일 ㈜씨오피자동차로부터 영업부의 업무용승용차(공급가액 15,000,000원, 부가가치세 별도)를 구입하여 대금은 전액 보통예금 계좌에서 지급하고 전자세금계산서를 받았다. 해당 업무용승용차의 배기량은 1,990㏄이나 회계담당자는 990㏄로 판단하여 부가가치세를 공제받는 것으로 회계처리하였다.

(3) 4월 4일 영업부서의 매출거래처에 선물하기 위하여 다다마트에서 현금으로 구입한 선물 세트 5,000,000원(부가가치세 별도, 전자세금계산서 수취)을 복리후생비로 회계처리를 하였다.

(4) 4월 5일 (주)원주유통에 현금으로 지급한 운송비 330,000원(부가가치세 포함)은 원재료를 매입하면서 지급한 것으로 회계팀 신입사원의 실수로 일반전표에 입력하였다. 운송 관련하여 별도의 전자세금계산서를 발급받았다.

(5) 4월 8일 영업부 사무실의 전기요금 121,000원(공급대가)을 현금 지급한 것으로 일반전표에 회계처리 하였으나, 이는 제조공장에서 발생한 전기요금으로 한국전력공사로부터 전자세금계산서를 수취한 것으로 확인되었다.

정답 및 해설

[1] [일반전표입력] 수정
- 수정 전: [일반전표입력] 4월 2일

  (차) 퇴직급여(판) 14,000,000원 (대) 보통예금 1,000,000원
- 수정 후: [일반전표입력] 4월 2일

  (차) 퇴직연금운용자산 14,000,000원 (대) 보통예금 1,000,000원

[2] [매입매출전표입력] 수정
- 수정 전: [매입매출전표입력] 4월 3일

유형	공급가액	부가가치세	공급처명	전자	분개
51.과세	15,000,000	1,500,000	(주)씨오피자동차	여	혼합

  (차) 부가세대급금 1,500,000원 (대) 보통예금 16,500,000원
  차량운반구 15,000,000원

- 수정 후: [매입매출전표입력] 4월 3일

유형	공급가액	부가가치세	공급처명	전자	분개
54.불공	15,000,000	1,500,000	(주)씨오피자동차	여	현금 또는 혼합
불공제사유	③ 개별소비세법 제1조제2항제3호에 따른 자동차 구입·유지 및 임차				

  (차) 차량운반구 16,500,000원 (대) 보통예금 16,500,000원

[3] [매입매출전표입력] 수정
- 수정 전: [매입매출전표입력] 4월 4일

유형	공급가액	부가가치세	공급처명	전자	분개
51.과세	5,000,000	500,000	다다마트	여	현금

  (차) 부가세대급금 500,000원 (대) 현금 5,500,000원
  복리후생비(판) 5,000,000원

- 수정 후: [매입매출전표입력] 4월 4일

유형	공급가액	부가가치세	공급처명	전자	분개
54.불공	5,000,000	500,000	다다마트	여	현금 또는 혼합
불공제사유	④ 기업업무추진비 및 이와 유사한 비용 관련				

  (차) 기업업무추진비(판) 5,500,000원 (대) 현금 5,500,000원

[4] [일반전표입력] 삭제 → [매입매출전표입력] 입력
  • 수정 전: [일반전표입력] 4월 5일

(차)   운반비(판)   330,000원   (대)   현금   330,000원
  • 수정 후: [일반전표입력] 4월 5일 분개 삭제 → [매입매출전표입력] 4월 5일 입력

유형	공급가액	부가가치세	공급처명	전자	분개
51.과세	300,000	30,000	(주)원주유통	여	현금 또는 혼합

(차)   부가세대급금   30,000원   (대)   현금   330,000원
       원재료   300,000원

[5] [일반전표입력] 삭제 → [매입매출전표입력] 입력
  • 수정 전: [일반전표입력] 4월 8일

(차)   수도광열비(판)   121,000원   (대)   현금   121,000원
  • 수정 후: [일반전표입력] 4월 8일 분개 삭제 → [매입매출전표입력] 4월 8일 입력

유형	공급가액	부가가치세	공급처명	전자	분개
51.과세	110,000	11,000	한국전력공사	여	현금 또는 혼합

(차)   부가세대급금   11,000원   (대)   현금   121,000원
       전력비(제)   110,000원

1 결산정리사항

1. 결산정리분개의 정의와 목적

결산정리분개란 회계연도 종료 시점(결산일) 기준으로 기중 거래 기록과정에서 적절하게 구분하지 못한 회계기간별 수익과 비용을 발생주의에 따라 수정하고, 자산과 부채를 정확하게 평가하기 위해 회계연도 종료후 반영하는 분개이다. (회사의 실제 재무상태와 경영성과를 장부와 일치시키는 작업)

2. 결산정리사항의 유형과 입력방법

구분	입력 방법	결산정리사항
수동결산	1. [일반전표입력] 메뉴 12월 31일 2. [3. 차변, 4. 대변] 입력	• 수익, 비용의 발생과 이연 • 소모품, 소모품비에 대한 정리 • 마이너스 통장에 대한 정리 • 현금과부족에 대한 정리 • 가지급금 · 가수금의 정리 • 단기매매증권의 평가 • 비유동부채의 유동성 대체 • 인출금의 정리 • 외화 채권, 채무에 대한 정리 • 부가가치세 정리
자동결산	1. [결산자료입력] 메뉴 클릭 2. [1월 ~ 12월] 입력 3. [매출원가 및 경비선택] 창에서 [확인 Enter↵] 클릭 4. [결산반영금액] 란에 금액 입력 5. 상단 메뉴의 [F3 전표추가] 클릭	• 매출원가의 계상(기말재고액, 비정상감 모손실은 수동결산) • 대손충당금의 설정 • 감가상각비, 상각비의 계상 • 퇴직급여충당부채의 설정 • 법인세비용의 계상
입력순서	수동결산 → 자동결산	

3. 결산정리사항 문제 출제유형

실무시험 문제 5번(3문제, 9점)으로 출제된다. 결산정리사항 자료를 주고 [일반전표입력] 메뉴에 직접 수동분개 입력 또는 [결산자료입력] 메뉴를 활용한 자동분개 생성을 통해 결산대체분개를 입력하는 문제가 출제된다.

1. 수동결산: [전표입력] → [일반전표입력] → 날짜 [12월 31일]

결산정리사항 중 자동결산 항목을 제외한 분개는 [일반전표입력] 메뉴에 12월 31일 [3. 차변, 4. 대변]으로 수동 입력한다.

2. 자동결산: [결산 / 재무제표] → [결산자료입력] → 기간 [1월 ~ 12월]

결산정리사항 중 기말재고액 입력에 따른 매출원가의 계상, 감가상각비 계상, 대손충당금 설정은 [결산자료입력] 메뉴를 통해 자동으로 전표를 생성할 수 있다.

결산자료입력] 메뉴에서 금액을 입력하고 반드시 [F3 전표추가] 기능을 사용하여 자동분개 생성을 통한 결산대체분개를 입력해야 한다.

1) 매출원가의 계상(기말재고액)

(1) 기말 상품 재고액

코드	과 목	결산분개금액	결산전금액	결산반영금액
	2. 매출원가		154,180,000	
0451	상품매출원가			
0146	① 기초 상품 재고액		12,500,000	
0146	② 당기 상품 매입액		141,680,000	
0146	⑩ 기말 상품 재고액			

(2) 기말 원재료, 기말 재공품, 기말 제품 재고액

코드	과 목	결산분개금액	결산전금액	결산반영금액
	1. 매출액			
	2. 매출원가		651,273,545	
0455	제품매출원가			
	1)원재료비		610,923,545	
0501	원재료비		610,923,545	
0153	① 기초 원재료 재고액		610,923,545	
0153	⑩ 기말 원재료 재고액			
	3)노 무 비		13,000,000	
0508	2). 퇴직급여(전입액)		13,000,000	
	7)경 비			
0518	2). 일반감가상각비			
0202	건물			
0206	기계장치			
0208	차량운반구			
0212	비품			
0455	8)당기 총제조비용		623,923,545	
0169	① 기초 재공품 재고액		4,500,000	
0169	⑩ 기말 재공품 재고액			
0150	9)당기완성품제조원가		628,423,545	
0150	① 기초 제품 재고액		22,850,000	
0150	⑩ 기말 제품 재고액			

2) 감가상각비의 계상

(1) 제조원가 감가상각비

	7)경 비			
0518	2). 일반감가상각비			
0202	건물			
0206	기계장치			
0208	차량운반구			
0212	비품			

(2) 기말 원재료, 기말 재공품, 기말 제품 재고액

4). 감가상각비		
건물		
차량운반구		
비품		

3) 대손충당금의 설정

① 상단 메뉴의 (또는 F8 대손상각) 클릭

② 대손율(%) 입력 → 대손율(%) 1.00

③ 대손충당금 설정하지 않는 계정과목의 [추가설정액(결산반영)]란의 금액 0으로 입력

④ 결산반영 클릭

4) 퇴직급여충당부채의 설정: ①, ②중 선택하여 입력

① 상단 메뉴의 CF8 퇴직충당 (또는 Ctrl + F8) 클릭 - 기말 퇴직급여추계액을 [퇴직급여추계액]란에 입력

			설정전 잔액				추가설정액(결산반영) (퇴직급여추계액-설정전잔액)	유형
코드	계정과목명	퇴직급여추계액	기초금액	당기증가	당기감소	잔액		
0508	퇴직급여		20,000,000			20,000,000	-20,000,000	제조
0806	퇴직급여		17,000,000			17,000,000	-17,000,000	판관

퇴직급여추계액을 입력하면 자동으로 추가설정액이 계산된다

새로불러오기   결산반영   취소(Esc)

② 퇴직급여(전입액)의 결산반영금액에 퇴직급여충당부채 추가설정액 입력

		3)노 무 비		13,000,000
0508		2). 퇴직급여(전입액)		13,000,000
		7)경 비		
0518		2). 일반감가상각비		
0202		건물		
0206		기계장치		추가설정액을 입력해야 한다
0208		차량운반구		
0212		비품		
0455		8)당기 총제조비용		623,923,545
0169		① 기초 재공품 재고액		4,500,000
0169		⑩ 기말 재공품 재고액		
0150		9)당기완성품제조원가		628,423,545
0150		① 기초 제품 재고액		22,850,000
0150		⑩ 기말 제품 재고액		
		3. 매출총이익		-651,273,545
		4. 판매비와 일반관리비		15,000,000
0806		2). 퇴직급여(전입액)		15,000,000

5) 법인세비용

① 선납세금을 [1).선납세금] 결산반영금액란에 입력
② 당기 법인세비용에서 선납세금을 차감한 금액 [2).추가계상액] 결산반영금액란에 입력

참 F3 전표 추가

자동결산 금액을 모두 입력한 뒤 반드시 메뉴 상단에 있는 F3 전표추가 (또는 F3)를 클릭하여 자동전표를 생성해야한다. 전표생성 후 일반전표 12월 31일에 구분란이 [5.결차], [6.결대]로 입력된 분개가 생성된 것을 확인할 수 있다.

대손충당금의 설정	(결차)	대손상각비 (또는 기타의대손상각비)	(결대)	대손충당금
감가상각비의 계상	(결차)	감가상각비	(결대)	감가상각누계액
퇴직급여충당부채	(결차)	퇴직급여	(결대)	퇴직급여충당부채
법인세비용	(결차)	법인세비용	(결대)	선납세금 미지급세금

(주)광주기계(회사코드: 8860)의 결산정리사항은 다음과 같다. 해당 메뉴에 입력하시오.

(1) 12월 31일 결산일 현재 재고자산의 기말재고액은 다음과 같다.

> • 원재료 : 1,500,000원　　• 재공품 : 5,500,000원　　• 제품 : 15,000,000원

(2) 12월 31일 결산일 현재 당기의 감가상각비를 다음과 같이 계상하기로 하였다.

> • 제조부서 차량운반구 : 11,000,000원　　　　• 영업부서 차량운반구 : 3,000,000원

(3) 기말 받을어음 잔액에 대하여만 1%를 보충법에 따라 대손충당금을 설정하시오.

(4) 기업회계기준에 의하여 퇴직급여충당부채(퇴직급여추계액의 100%)를 설정하고 있다. 퇴직급여충당부채와 관련한 자료는 다음과 같다(단, 퇴직금 지급 시 퇴직급여충당부채와 상계하기로 한다).

구분	퇴직급여추계액	퇴직급여충당금부채 설정 전 잔액
제조팀	50,000,000원	20,000,000원
영업팀	40,000,000원	17,000,000원

(5) 당기 법인세비용은 12,500,000원이다. 기중에 납부한 중간예납세액 및 원천징수세액이 3,009,240원이 있다.

(주)수원기계(회사코드:8861)의 결산정리사항은 다음과 같다. 해당 메뉴에 입력하시오.

(6) 기말 현재 보유하고 있는 감가상각대상자산은 다음과 같다. 해당 자산을 고정자산등록메뉴에 등록하고 계
산된 상각범위액을 감가상각비로 반영하시오.

• 계정과목 : 기계장치	• 취득년월일 : 20X0년 7월 27일
• 코드번호 : 101	• 취득원가 : 30,000,000원
• 전기말감가상각누계액 : 9,000,000원	• 경비구분 : 제조
• 내용연수 : 5년	• 감가상각방법 : 정률법

(7) 12월 31일 결산 시 총무부 직원에 대해 10,800,000원, 생산부 직원에 대해 15,000,000원의 퇴직급여충당
부채를 설정한다. 단, 결산자료입력을 통해 처리한다.

정답 및 해설

[1] [결산자료입력] → 기간 : [1월~12월] 입력

① 기말원재료재고액 : 1,500,000원

② 기말재공품재고액 : 5,500,000원

③ 기말제품재고액 : 15,000,000원

	1. 매출액				
	2. 매출원가			638,273,545	
0455	제품매출원가				
	1)원재료비			610,923,545	
0501	원재료비			610,923,545	
0153	① 기초 원재료 재고액			610,923,545	
0153	⑩ 기말 원재료 재고액				1,500,000 ❶
	7)경 비				
0518	2). 일반감가상각비				
0202	건물				
0206	기계장치				
0208	차량운반구				
0212	비품				
0455	8)당기 총제조비용			610,923,545	
0169	① 기초 재공품 재고액			4,500,000	
0169	⑩ 기말 재공품 재고액				5,500,000 ❷
0150	9)당기완성품제조원가			615,423,545	
0150	① 기초 제품 재고액			22,850,000	
0150	⑩ 기말 제품 재고액				15,000,000 ❸

[2] [결산자료입력] → 기간 : [1월~12월] 입력

① 2.매출원가 - 2). 일반감가상각비 - 차량운반구 11,000,000원

② 4.판매비와 일반관리비 - 4). 감가상각비 - 차량운반구 3,000,000원

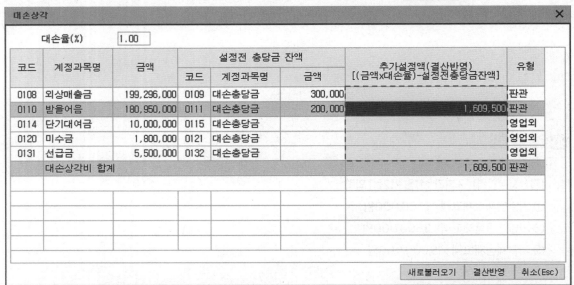

	7)경　비				11,000,000
0518	2). 일반감가상각비				11,000,000
0202	건물				
0206	기계장치				
0208	차량운반구				11,000,000 ❶
0212	비품				
	4. 판매비와 일반관리비				3,000,000
0818	4). 감가상각비				3,000,000
0202	건물				
0206	기계장치				
0208	차량운반구				3,000,000 ❷
0212	비품				

[3] [결산자료입력] → 상단 메뉴의 F8 대손상각 (또는 F8) 클릭 → 대손충당금 설정하지 않는 계정과목 (외상매출금, 단기대여금, 미수금, 선급금)의 [추가설정액(결산반영)]란의 금액 0으로 입력 → 결산반영 클릭

대손상각   ✕

대손율(%) 1.00

코드	계정과목명	금액	설정전 충당금 잔액			추가설정액(결산반영) [(금액×대손율)-설정전충당금잔액]	유형
			코드	계정과목명	금액		
0108	외상매출금	199,296,000	0109	대손충당금	300,000		판관
0110	받을어음	180,950,000	0111	대손충당금	200,000	1,609,500	판관
0114	단기대여금	10,000,000	0115	대손충당금			영업외
0120	미수금	1,800,000	0121	대손충당금			영업외
0131	선급금	5,500,000	0132	대손충당금			영업외
	대손상각비 합계					1,609,500	판관

새로불러오기 　 결산반영 　 취소(Esc)

[4] [결산자료입력] → 상단 메뉴의 CF8 퇴직충당 (또는 Ctrl + F8) 클릭 → ①,②입력 → 결산반영 클릭

① 508. 퇴직급여 [퇴직급여추계액]란에 50,000,000원 입력

② 806. 퇴직급여 [퇴직급여추계액]란에 40,000,000원 입력

퇴직충당부채

코드	계정과목명	퇴직급여추계액	설정전 잔액				추가설정액(결산반영) (퇴직급여추계액-설정전잔액)	유형
			기초금액	당기증가	당기감소	잔액		
0508	퇴직급여	❶ 50,000,000	20,000,000			20,000,000	30,000,000	제조
0806	퇴직급여	❷ 40,000,000	17,000,000			17,000,000	23,000,000	판관

새로불러오기 결산반영 취소(Esc)

[5] [결산자료입력] → 결산반영금액란에 ①,②입력

① 1). 선납세금 3,009,240원

② 2). 추가계상액: 9,490,760원

0998	9. 법인세등				12,500,000		12,500,000
0136	1). 선납세금			3,009,240	3,009,240	❶	3,009,240
0998	2). 추가계상액				9,490,760	❷	9,490,760

F3 전표추가 (또는 F3)를 클릭하여 자동전표를 생성하면 [일반전표입력] 메뉴 12월 31일에 결산분개가 자동으로 반영됨

[6] 기초정보등록수정 (신장동)

① [고정자산등록] 메뉴에 해당 금액을 입력 → [12.상각범위액] 확인

② [결산자료입력] 1월~12월 → 2.매출원가 - 2). 일반감가상각비 - 기계장치 9,471,000원 입력

	7)경 비			9,471,000	9,471,000
0518	2). 일반감가상각비			9,471,000	9,471,000
0202	건물				
0206	기계장치			9,471,000 ❷	9,471,000
0208	차량운반구				
0212	비품				

[7] [결산자료입력] → 결산반영금액란에 ①,②입력

① 2.매출원가 - 508. 퇴직급여(전입액) 15,000,000원 입력

② 4. 판매비와 일반관리비 - 806. 퇴직급여(전입액) 10,800,000원 입력

	2. 매출원가		714,729,124		729,729,124
0451	상품매출원가				43,235,000
0146	① 기초 상품 재고액		43,235,000		43,235,000
0146	⑩ 기말 상품 재고액				
0455	제품매출원가				686,494,124
	1)원재료비		473,776,000		473,776,000
0501	원재료비		473,776,000		473,776,000
0153	① 기초 원재료 재고액		474,193,500		474,193,500
0153	② 당기 원재료 매입액		82,500		82,500
0155	④ 매 입 할 인		500,000		500,000
0153	⑩ 기말 원재료 재고액				
	3)노 무 비		70,380,000	15,000,000	85,380,000
	1). 임금 외		63,620,000		63,620,000
0504	임금		63,620,000		63,620,000
0508	2). 퇴직급여(전입액)		6,760,000	15,000,000 ❶	21,760,000
0550	3). 퇴직연금충당전입액				

	4. 판매비와 일반관리비		113,914,940	10,800,000	124,714,940
	1). 급여 외		76,200,000		76,200,000
0801	급여		76,200,000		76,200,000
0806	2). 퇴직급여(전입액)		6,760,000	10,800,000 ❷	17,560,000
0850	3). 퇴직연금충당금전입액				

F3전표추가 (또는 F3)를 클릭하여 자동전표를 생성하면 [일반전표입력] 메뉴 12월 31일에 결산분개가 자동으로 반영됨

CHAPTER 04

장부조회

1 장부조회

1. 장부조회 문제 출제유형

실무시험 문제 6번(3문제, 9점)으로 출제된다. 문제에서 요구하는 사항을 각종 장부를 조회하여 수험용 프로그램의 [이론문제 답안작성]에 입력하는 문제가 출제된다.

2. 문제 유형에 따른 조회 장부

총계정원장	계정과목에 대한 월별 금액 비교
계정별원장	계정과목에 대한 거래 건수(현금 제외)
일계표(월계표)	현금 또는 대체거래액
거래처원장	거래처별 계정과목 금액
재무상태표	자산, 부채, 자본의 전기와 당기 금액 비교, 일정시점 현재 잔액, 장부가액
손익계산서	수익, 비용의 전기와 당기 금액 비교, 일정 기간의 금액
합계잔액시산표	일정시점의 계정과목별(자산, 부채, 자본, 수익, 비용) 금액
부가가치세신고서	부가가치세 신고 관련 금액
세금계산서합계표	세금계산서 매수, 거래처별 세금계산서 관련 내용
매입매출장	부가가치세 관련 거래 유형별 조회

2 총계정원장

1. 총계정원장: [장부관리] → [총계정원장]

[총계정원장] 메뉴는 [일반전표입력] 메뉴에 입력된 분개 내용을 각 계정별로 집계한 장부이다.

총계정원장의 월별 금액을 더블클릭하면 나오는 [원장조회] 창에서 해당 금액에 대한 일자별 상세내역을
확인할 수 있다.(계정별원장과 동일)

2. [총계정원장] 메뉴 조회 방법

① **기간 입력**: 조회하고자 하는 기간을 입력한다.

② **계정과목**: 조회하고자 하는 계정과목을 입력한다.

❶ 기   간 [   ]년 [01]월 [01]일 ~ [   ]년 [06]월 [30]일

❷ 계정과목 [0108] 외상매출금   ~ [0108] 외상매출금

코드	계정과목	일자	차변	대변	잔액
0108	외상매출금	[전기이월]	23,000,000		23,000,000
		/01	3,600,000		26,600,000
		/02	4,900,000		31,500,000
		/03	3,700,000	1,000,000	34,200,000
		/04	22,500,000	10,600,000	46,100,000
		/05	16,500,000	1,000,000	61,600,000
		/06	12,000,000	5,000,000	68,600,000
		합 계	86,200,000	17,600,000	

월별 증감액, 잔액 조회 가능

㈜올리브(회사코드:8870)의 장부를 조회하여 알맞은 답을 찾으시오.

① 상반기(1월~6월) 중 외상매출이 가장 많이 발생한 달의 금액은 얼마인가?

② 6월의 외상매출금의 입금액(회수액)은 얼마인가?

③ 상반기(1월~6월) 중 외상매출금의 잔액이 가장 적은 달은 몇 월인가?

정답 및 해설

기 간 ☐ 년 01 월 01 🔲 일 ~ ☐ 년 06 월 30 🔲 일
계정과목 0108 🔲 외상매출금 ~ 0108 🔲 외상매출금

☐	코드	계 정 과 목	일자	차 변	대 변	잔 액
☐	0108	외상매출금	[전기이월]	23,000,000		23,000,000
☐			/01	3,600,000	❸	26,600,000
☐			/02	4,900,000		31,500,000
☐			/03	3,700,000	1,000,000	34,200,000
☐			/04	22,500,000 ❶	10,600,000	46,100,000
☐			/05	16,500,000	1,000,000	61,600,000
☐			/06	12,000,000	5,000,000 ❷	68,600,000
☐			합 계	86,200,000	17,600,000	
☐						

① 22,500,000원   ② 5,000,000원   ③ 1월

1. 계정별원장: [장부관리] → [계정별원장]

[계정별원장] 메뉴는 특정 계정(현금계정 제외)에 대하여 일자별로 기록되어 있는 장부이다.

2. [계정별원장] 메뉴 조회 방법

① **기간 입력**: 조회하고자 하는 기간을 입력한다.

② **계정과목**: 조회하고자 하는 계정과목을 입력한다.

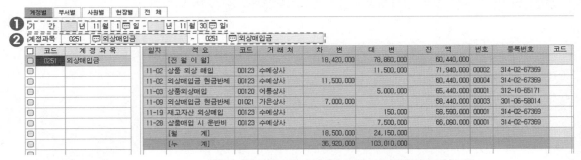

현금 계정을 제외한 일자별 거래내역 조회 가능

예제

계정별원장

(주)올리브(회사코드:8870)의 장부를 조회하여 알맞은 답을 찾으시오.

① 11월(11월1일~11월 30일) 중 외상 매입 건수는 몇 건인가?

② 11월(11월1일~11월 30일) 중 외상매입금 상환 건수는 몇 건인가?

정답 및 해설

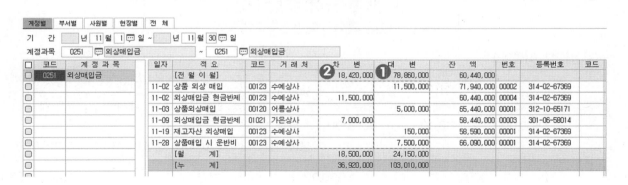

| 계정별 | 부서별 | 사원별 | 현장별 | 전 체 |

기 간 □ 년 11 월 1 □ 일 ~ □ 년 11 월 30 □ 일
계정과목 0251 □ 외상매입금 ~ 0251 □ 외상매입금

□	코드	계 정 과 목	일자	적 요	코드	거 래 처	차 변	대 변	잔 액	번호	등록번호	코드
□	0251	외상매입금		[전 월 이 월]			②18,420,000	①78,860,000	60,440,000			
□			11-02	상품 외상 매입	00123	수예상사		11,500,000	71,940,000	00002	314-02-67369	
□			11-02	외상매입금 현금반제	00123	수예상사	11,500,000		60,440,000	00004	314-02-67369	
□			11-03	상품외상매입	00120	어룡상사		5,000,000	65,440,000	00001	312-10-65171	
□			11-09	외상매입금 현금반제	01021	가은상사	7,000,000		58,440,000	00003	301-06-58014	
□			11-19	재고자산 외상매입	00123	수예상사		150,000	58,590,000	00001	314-02-67369	
□			11-28	상품매입 시 운반비	00123	수예상사		7,500,000	66,090,000	00001	314-02-67369	
□				[월 계]			18,500,000	24,150,000				
□				[누 계]			36,920,000	103,010,000				

① 4건 　　　　② 2건

1. 일계표(월계표): [장부관리] → [일계표(월계표)]

[일계표(월계표)] 메뉴는 전표에 입력된 분개 내용을 계정과목별로 집계한 메뉴이다. 현금 계정이 포함된
거래와 그렇지 않은 거래로 각각 현금과 대체란에 반영된다.

[일계표(월계표)] 메뉴의 금액은 당기의 증감액일뿐 누적잔액이 아니다.

2. [계정별원장] 메뉴 조회 방법

① **기간 입력**: 조회하고자 하는 기간을 입력한다.

② **계정과목**: 조회하고자 하는 계정과목을 입력한다.

❶ 일계표 월계표　　**일계표(월계표)는 조회기간의 발생한 금액이 나타난다.(기초금액 제외)**

❷ 조회기간 　　년 4 월 01 일 ~ 　　년 6 월 30 일

계	차변 대체	현금	계정과목	현금	대변 대체	계
16,000,000	16,000,000		단 기 차 입 금	10,000,000		10,000,000
10,000,000	10,000,000		4.자 본 금			
10,000,000	10,000,000		자 본 금			
			5.매 출	11,000,000	81,200,000	92,200,000
			상 품 매 출	11,000,000	81,200,000	92,200,000
22,792,820	1,940,000	20,852,820	6.판매비및일반관리비			
8,300,000		8,300,000	급 여			
3,361,500	44,600	3,316,900	복 리 후 생 비			
546,500		546,500	여 비 교 통 비			
3,530,000	800,000	2,730,000	기 업 업 무 추 진 비			
323,000		323,000	통 신 비			
182,000	150,000	32,000	수 도 광 열 비			
1,500,000		1,500,000	수 선 비			
500,000		500,000	보 험 료			
2,559,120		2,559,120	차 량 유 지 비			
1,380,700	945,400	435,300	소 모 품 비			
610,000		610,000	수 수 료 비 용			
			7.영 업 외 수 익	1,000,000		1,000,000
			이 자 수 익	1,000,000		1,000,000
20,000		20,000	8.영 업 외 비 용			
20,000		20,000	이 자 비 용			
238,035,820	201,306,000	36,729,820	금일소계	47,050,000	201,306,000	248,356,000
35,012,000	35,012,000		금일잔고/전일잔고	24,691,820		24,691,820
273,047,820	201,306,000	71,741,820	합계	71,741,820	201,306,000	273,047,820

현금계정이 포함된 거래금액

현금 외 계정이 포함된 거래금액

참 일계표(월계표)

	차변		계정과목	대변		
계	대체	현금		현금	대체	계
1,500,000	② 500,000	① 1,000,000	상품			
			상품매출	③ 2,000,000	④ 4,000,000	6,000,000

①	(차)	상품	1,000,000원	(대)	현금	1,000,000원
②	(차)	상품	500,000원	(대)	[현금 외 계정과목]	1,000,000원
③	(차)	현금	500,000원	(대)	상품매출	1,000,000원
④	(차)	[현금 외 계정과목]	500,000원	(대)	상품	1,000,000원

㈜올리브(회사코드:8870)의 장부를 조회하여 알맞은 답을 찾으시오.

① 2/4분기(4월~6월)의 판매비와 관리비 항목 중 가장 많은 금액이 발생한 계정과목은?

② 2/4분기(4월~6월)의 판매비와 관리비 항목 중 현금으로 가장 적게 지출한 계정과목과 그 금액은 얼마인가?

③ 2/4분기(4월~6월)의 소모품비 대체거래액은 얼마인가?

정답 및 해설

일계표 월계표

조회기간 [ ]년 4 월 01 일 ~ [ ]년 6 월 30 일

차 변			계정과목	대 변		
계	대체	현금		현금	대체	계
16,000,000	16,000,000		단 기 차 입 금	10,000,000		10,000,000
10,000,000	10,000,000		4.자 본 금			
10,000,000	10,000,000		자 본 금			
			5.매 출	11,000,000	81,200,000	92,200,000
			상 품 매 출	11,000,000	81,200,000	92,200,000
22,792,820	1,940,000	20,852,820	6.판 매 비밀일반관리비			
8,300,000 ❶		8,300,000	급 여			
3,361,500	44,600	3,316,900	복 리 후 생 비			
546,500		546,500	여 비 교 통 비			
3,530,000	800,000	2,730,000	기 업 업 무 추 진 비			
323,000		323,000	통 신 비			
182,000	150,000	32,000	수 도 광 열 비 ❷			
1,500,000		1,500,000	수 선 비			
500,000		500,000	보 험 료			
2,559,120		2,559,120	차 량 유 지 비			
1,380,700	945,400 ❸	435,300	소 모 품 비			
610,000		610,000	수 수 료 비 용			
			7.영 업 외 수 익	1,000,000		1,000,000
			이 자 수 익	1,000,000		1,000,000
20,000		20,000	8.영 업 외 비 용			
20,000		20,000	이 자 비 용			
238,035,820	201,306,000	36,729,820	금일소계	47,050,000	201,306,000	248,356,000
35,012,000		35,012,000	금일잔고/전일잔고	24,691,820		24,691,820
273,047,820	201,306,000	71,741,820	합계	71,741,820	201,306,000	273,047,820

① 급여   ② 수도광열비 32,000원   ③ 945,400원

1. 거래처원장: [장부관리] → [거래처원장]

[거래처원장] 메뉴는 계정과목별로 거래처별 금액을 조회하는 메뉴이다.

2. [거래처원장] 메뉴 조회 방법

① **기간 입력**: 조회하고자 하는 기간을 입력한다.

② **계정과목**: 조회하고자 하는 계정과목을 입력한다.

③ **거래처**: 조회하고자 하는 거래처를 입력한다.

검색한 계정과목에 대한 거래처별 금액 조회 가능

예제 — 거래처원장

(주)올리브(회사코드:8870)의 장부를 조회하여 알맞은 답을 찾으시오.

① 상반기(1월~6월) 중 상품 외상매출액이 가장 작은 거래처의 코드번호와 금액은?

② 상반기(1월~6월) 중 은재상사로부터 회수한 외상매출금 금액은?

③ 상반기(1월~6월) 중 구아상사의 외상매출금 잔액은?

정답 및 해설

코드	거래처	등록번호	대표자명	전기이월	차 변	대 변	잔 액	(담당)부서/사원
00101	수민상회	307-02-67153			2,400,000		2,400,000	
00105	구아상사	203-36-67725		4,000,000			4,000,000 ③	
00107	의연상사	301-33-83713			3,000,000		3,000,000	
00108	휘움상사	312-14-72480		9,000,000	700,000 ❶		9,700,000	
00112	원근상사	312-13-58894		10,000,000	13,500,000		23,500,000	
00123	수예상사	314-02-67369			5,500,000	1,000,000	4,500,000	
01020	지우상사	126-05-51596			1,000,000		1,000,000	
01028	큰산테크(주)	134-81-57412			12,500,000		12,500,000	
01033	은재상사	130-01-81674			24,600,000	16,600,000 ❷	8,000,000	

① 거래처코드 108, 금액 700,000원   ② 16,600,000원   ③ 4,000,000원

1. 재무상태표: [결산/재무제표] → [재무상태표]

[재무상태표] 메뉴는 일정 시점 자산, 부채, 자본의 잔액을 조회하는 메뉴로 당기와 전기를 비교하는 형식으로 보여준다.

2. [재무상태표] 메뉴 조회 방법

① **기간 입력**: 조회하고자 하는 월을 입력하면 입력한 월의 마지막 날로 조회된다.

② **해당하는 탭을 선택한다.**: 조회하고자 하는 계정과목을 입력한다.

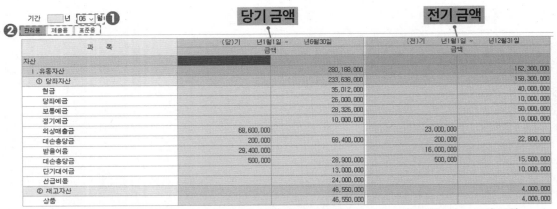

참 [재무상태표] 메뉴의 [제출용] 탭에서 외부보고용 통합표시계정으로 조회가 가능하다.

과 목	(당)기 년1월1일 ~ 년3월31일 금액		(전)기 년1월1일 ~ 년12월31일 금액	
자산				
Ⅰ.유동자산		60,362,000		60,362,000
① 당좌자산		45,362,000		45,362,000
현금및현금성자산	29,600,000		29,600,000	
매출채권	9,300,000		9,300,000	
대손충당금	(38,000)		(38,000)	
미수금	6,500,000		6,500,000	

[제출용] 탭에서 외부보고용 통합표시계정으로 조회 가능

예제 — 재무상태표

(주)올리브(회사코드:8870)의 장부를 조회하여 알맞은 답을 찾으시오.

① 6월말 현재 받을어음의 장부가액은 얼마인가?

② 6월말 현재 전기말과 대비해서 보통예금 증감액은 얼마인가?(단, 증가 또는 감소 여부를 기재할 것)

③ 6월말 현재 유동자산의 금액은 얼마인가?

정답 및 해설

기간 [ ]년 [06 ∨]월
관리용 제출용 표준용

과 목	(당)기 년1월1일 ~ 2024년6월30일		(전)기 년1월1일 ~ 2023년12월31일	
	금액		금액	
자산				
Ⅰ.유동자산		280,188,000 ❸		162,300,000
① 당좌자산		233,638,000		158,300,000
현금		35,012,000		40,000,000
당좌예금		26,000,000		10,000,000
보통예금	❷	28,326,000		50,000,000
정기예금		10,000,000		10,000,000
외상매출금	68,600,000		23,000,000	
대손충당금	200,000	68,400,000	200,000	22,800,000
받을어음	29,400,000		16,000,000	
대손충당금	500,000	28,900,000 ❶	500,000	15,500,000
단기대여금		13,000,000		10,000,000
선급비용		24,000,000		
② 재고자산		46,550,000		4,000,000
상품		46,550,000		4,000,000

① 28,900,000원　　　② 21,674,000 감소　　　③ 280,188,000원

1. 손익계산서: [결산 / 재무제표] → [손익계산서]

[손익계산서] 메뉴는 일정기간의 수익과 비용을 조회하는 메뉴로 당기와 전기를 비교하는 형식으로 보여준다.

2. [손익계산서] 메뉴 조회 방법

① **기간 입력**: 조회하고자 하는 월을 입력하면 1월 1일부터 입력한 월의 마지막 날까지 조회된다.

기간 [　] 년 [03 ▽] 월 **①**　　　　　　　　　　**당기 금액**　　　　　　　　　　**전기 금액**

관리용	제출용	표준용

과　목	(당)기　년1월1일 ~　년3월31일 금액		(전)기　년1월1일 ~　년12월31일 금액	
Ⅰ.매출액		42,260,000		100,000,000
상품매출	42,260,000		100,000,000	
Ⅱ.매출원가				60,210,000
상품매출원가				60,210,000
기초상품재고액	4,000,000		26,000,000	
당기상품매입액	25,850,000		38,210,000	
기말상품재고액	29,850,000		4,000,000	
Ⅲ.매출총이익		42,260,000		39,790,000
Ⅳ.판매비와관리비		21,859,180		18,700,000
급여	7,000,000		10,000,000	
복리후생비	1,622,800		4,900,000	
여비교통비	558,200		1,000,000	
기업업무추진비	2,148,000			
통신비	480,000		400,000	
수도광열비	451,000			

　　　　　　당기 1월 1일 ~ 입력 월의 마지막 날　　　　　　**전기 1월 1일 ~ 12월 31일**

손익계산서

(주)올리브(회사코드:8870)의 장부를 조회하여 알맞은 답을 찾으시오.

① 3월말 현재 판매비와 관리비 중 가장 많이 발생한 계정과목은 무엇이고, 금액은 얼마인가?

② 전기말과 비교하여 당기 3월말 현재 상품매출액의 증감액은 얼마인가? (단, 증가 또는 감소 여부를 기재할 것)

정답 및 해설

기간 [ ] 년 [03 ∨] 월

관리용   제출용   표준용

과 목	(당)기 년1월1일 ~ 2024년3월31일		(전)기 년1월1일 ~ 2023년12월31일	
	금액		금액	
Ⅰ.매출액		42,260,000		100,000,000
상품매출 ❷	42,260,000		100,000,000	
Ⅱ.매출원가				60,210,000
상품매출원가				60,210,000
기초상품재고액	4,000,000		26,000,000	
당기상품매입액	25,850,000		38,210,000	
기말상품재고액	29,850,000		4,000,000	
Ⅲ.매출총이익		42,260,000		39,790,000
Ⅳ.판매비와관리비		21,859,180		18,700,000
급여	7,000,000 ❶		10,000,000	
복리후생비	1,622,800		4,900,000	
여비교통비	558,200		1,000,000	

① 급여, 7,000,000원   ② 57,740,000원 감소

1. 합계잔액시산표 : [결산 / 재무제표] → [합계잔액시산표]

[합계잔액시산표] 메뉴는 자산 · 부채 · 자본 · 수익 · 비용 계정별 차변과 대변의 합계와 잔액을 조회할 수 있는 장부이다.

2. [합계잔액시산표] 메뉴 조회 방법

① **기간 입력**: 조회하고자 하는 날짜를 입력한다.

조회시점까지의 자산, 부채, 자본의 누적 금액과 수익, 비용의 당기 발생 금액이 나타난다.

기간 ▢ 년 06 ∨ 월 30 일 ▢ ❶

관리용 제출용 표준용

차 변		계정과목	대 변	
잔액	합계		합계	잔액
46,550,000	46,550,000	〈재　고　자　산〉		
46,550,000	46,550,000	상　　　　품		
107,500,000	107,500,000	2.비　유　동　자　산	6,200,000	6,200,000
107,500,000	107,500,000	〈유　형　자　산〉	6,200,000	6,200,000
40,000,000	40,000,000	토　　　　지		
61,000,000	61,000,000	차　량　운　반　구		
		감 가 상 각 누 계 액	6,000,000	6,000,000
6,500,000	6,500,000	비　　　　품		
		감 가 상 각 누 계 액	200,000	200,000

㈜올리브(회사코드:8870)의 장부를 조회하여 알맞은 답을 찾으시오.

① 6월 30일 현재 상품재고액이 8,770,000원이라면 1월 1일부터 6월 30일까지의 매출총이익은 얼마인가?

정답 및 해설

기간 [　] 년 [06 ▽] 월 [30] 일 💬

관리용 | 제출용 | 표준용

차 변		계정과목	대 변	
기초상품재고액 + 당기상품매입액	합계		합계	잔액
46,550,000	46,550,000	<재 고 자 산>		
46,550,000	46,550,000	상　　　품		
107,500,000	107,500,000	2.비 유 동 자 산	6,200,000	6,200,000
107,500,000	107,500,000	<유 형 자 산>	6,200,000	6,200,000
40,000,000	40,000,000	토　　　지		
61,000,000	61,000,000	차 량 운 반 구		
		감 가 상 각 누 계 액	6,000,000	6,000,000
6,500,000	6,500,000	비　　　품		
		감 가 상 각 누 계 액	200,000	200,000
	36,471,000	3.유 동 부 채	230,471,000	194,000,000
	16,360,000	외 상 매 입 금	41,550,000	25,190,000
	1,000,000	지 급 어 음	19,600,000	18,600,000
	2,451,000	미 지 급 금	78,211,000	75,760,000
	660,000	선 수 금	1,110,000	450,000
	16,000,000	단 기 차 입 금	90,000,000	74,000,000
		4.비 유 동 부 채	26,300,000	26,300,000
		장 기 차 입 금	26,300,000	26,300,000
	10,000,000	5.자 본 금	80,900,000	70,900,000
	10,000,000	자 본 금	80,900,000	70,900,000
		6.매　　　출	134,460,000	134,460,000
		상 품 매 출	134,460,000	134,460,000
44,652,000	44,652,000	7.판 매 비및일반관리비		
15,300,000	15,300,000	급　　　여		
433,560,000	676,115,000	합　　계	676,115,000	433,560,000

① [합계잔액시산표] 6월 30일 조회 > 매출총이익 = 상품매출액 - 상품매출원가= 134,460,000원 - (판매가능상품액(상품의 차변 잔액) 46,550,000원 - 상품재고액 8,770,000원) = 96,680,000원

1. 부가가치세신고서: [부가가치] 탭 → [부가가치세] → [부가가치세신고서]

[부가가치세신고서] 메뉴는 [매입매출전표입력] 메뉴에 입력된 거래내용이 유형별로 집계되는 서식이다.

2. [부가가치세신고서] 메뉴 조회 방법

1) 조회기간: 부가세신고서 작성하는 기간을 입력

과세기간	과세대상기간		조회기간
제1기 1.1~6.30	예정신고	1.1.~3.31.	1.1.~3.31.
	확정신고	1.1.~6.30.	4.1.~6.30.
제2기 7.1~12.31	예정신고	7.1.~9.30.	7.1.~9.30.
	확정신고	7.1.~12.31.	10.1.~12.31.

2) 신고구분: [1.정기신고], [2.수정신고] 구분을 선택

3. [부가가치세신고서] 서식

구 분				금 액	세율	세 액
과세 표준 및 매출 세액	과세	세금계산서 발급분	(1)	11. 과세	10/100	
		매입자발행 세금계산서	(2)		10/100	
		신용카드 · 현금영수증 발행분	(3)	17. 카과 22. 현과	10/100	
		기타(정규영수증 외 매출분)	(4)	14. 건별	10/100	
	영세율	세금계산서 발급분	(5)	12. 영세	0/100	
		기타	(6)	16. 수출	0/100	
	예정 신고 누락분		(7)		0/100	
	대손세액 가감		(8)			
	합계		(9)		㉮	

				51. 과세 52. 영세 54. 불공 55. 수입		
매입 세액	세금계산서 수 취 분	일 반 매 입	(10)	51. 과세 52. 영세 54. 불공 55. 수입		
		수출기업 수입분 납부유예	(10-1)			
		고정자산 매입	(11)	51. 과세 52. 영세 54. 불공 55. 수입 + 고정자산매입		
	예정 신고 누락분		(12)			
	매입자발행 세금계산서		(13)			
	그 밖의 공제매입세액		(14)	57. 카과 61. 현과		
	합계 (10) − (10 − 1) + (11) + (12) + (13) + (14)		(15)			
	공제받지 못할 매입세액		(16)	54. 불공		
	차감계 (15) − (16)		(17)		㉯	
납 부 (환 급) 세 액 (매 출 세 액 ㉮ − 매 입 세 액 ㉯)					㉰	

과 세 표 준 명 세					
업태	종목	생산요소	업종코드		금액
(28)					
(29)					
(30)					
(31)수입금액 제외					과세,영세 + 고정자산매각
(32)합 계					

면세사업수입금액					
업태	종목	생산요소	업종코드		금액
(81)					13. 면세 18. 카면 23. 현면
(82)					
(83)수입금액 제외					
(84)합 계					
계산서 발급 및 수취 명세	(85) 계산서 발급금액				13. 면세
	(86) 계산서 수취금액				53. 면세

(주)알로에(회사코드:8871)의 장부를 조회하여 알맞은 답을 찾으시오.

(1) 1기 확정(4월 ~ 6월) 부가가치세 신고기간 중 과세표준과 납부세액은 각각 얼마인가?

(2) 제1기 확정신고기간(4월~6월)의 매출액 중 세금계산서 발급분의 공급가액은 모두 얼마인가?

(3) 1기 확정(4월 ~ 6월) 부가가치세 신고기간 중 영세율 과세표준은 얼마인가?

(4) 제1기 부가가치세 확정신고기간(4월~6월)에 세금계산서를 받은 고정자산매입세액은 얼마인가?

(5) 당기(4월~6월)에 고정자산을 매각하고 세금계산서를 발행한 금액(공급가액)의 합계액은?

(6) 제1기 확정(4월~6월) 부가가치세신고서 중 '그 밖의 공제매입세액'의 신용카드 일반매입 공급가액은 얼마인가?

(7) 1기 확정(4월~6월) 부가가치세 신고기간 중 신용카드로 매입한 사업용 고정자산의 금액은 얼마인가?

(8) 당사의 제1기 확정신고기간의 신용카드 사용에 따른 매입세액공제액은 얼마인가?

(9) 제1기 부가가치세 확정신고기간의 공제받지못할매입세액은 얼마인가?

(10) 제1기 부가가치세 확정신고기간(4월 ~ 6월) 중 매입세액을 공제받지 않은 공급가액은 얼마인가?

(11) 부가가치세 제1기 확정신고 기간(4월~6월)의 차가감하여 납부할 부가가치세액은 얼마인가?

정답 및 해설

[1] [부가가치세신고서] → 조회기간: [4월 1일 ~ 6월 30일] 입력
    ① (9)과세표준: 516,385,909원, ② ㉮납부세액: 29,638,590원

구분				정기신고금액		
				금액	세율	세액
과세표준및매출세액	과세	세금계산서발급분	1	294,385,909	10/100	29,438,590
		매입자발행세금계산서	2		10/100	
		신용카드·현금영수증발행분	3	2,000,000	10/100	200,000
		기타(정규영수증외매출분)	4			
	영세	세금계산서발급분	5	200,000,000	0/100	
		기타	6	20,000,000	0/100	
	예정신고누락분		7	❶		❷
	대손세액가감		8			
	합계		9	516,385,909	㉮	29,638,590

[2] [부가가치세신고서] → 조회기간: [4월 1일 ~ 6월 30일] 입력
    세금계산서 발급분 공급가액: ① (1)과세 세금계산서발급분 + ② (5)영세 세금계산서발급분 = 494,385,909원

구분				❶정기신고금액		
				금액	세율	세액
과세표준및매출세액	과세	세금계산서발급분	1	294,385,909	10/100	29,438,590
		매입자발행세금계산서	2		10/100	
		신용카드·현금영수증발행분	3	2,000,❷	10/100	200,000
		기타(정규영수증외매출분)	4			
	영세	세금계산서발급분	5	200,000,000	0/100	
		기타	6	20,000,000	0/100	
	예정신고누락분		7			
	대손세액가감		8			
	합계		9	516,385,909	㉮	29,638,590

[3]   [부가가치세신고서] → 조회기간: [4월 1일 ~ 6월 30일] 입력

영세율 과세표준: ① (5)영세 세금계산서발급분 + ② (6)기타 = 220,000,000원

구분				정기신고금액		
				금액	세율	세액
과세표준및매출세액	과세	세금계산서발급분	1	294,385,909	10/100	29,438,590
		매입자발행세금계산서	2		10/100	
		신용카드 · 현금영수증발행분	3	2,000,000	10①	200,000
		기타(정규영수증외매출분)	4			
	영세	세금계산서발급분	5	200,000,000	0/100	
		기타	6	20,000,000	0/100②	
	예정신고누락분		7			
	대손세액가감		8			
	합계		9	516,385,909	㉑	29,638,590

[4]   [부가가치세신고서] → 조회기간: [4월 1일 ~ 6월 30일] 입력

세금계산서 수취분 (11)고정자산매입의 세액란 금액 = 200,000원

매입세액	세금계산서수취분	일반매입	10	251,395,000		25,139,500
		수출기업수입분납부유예	10-1			
		고정자산매입	11	2,000,000		200,000
	예정신고누락분		12			
	매입자발행세금계산서		13			
	그 밖의 공제매입세액		14	10,300,000		1,030,000
	합계(10)-(10-1)+(11)+(12)+(13)+(14)		15	263,695,000		26,369,500
	공제받지못할매입세액		16	30,600,000		3,060,000
	차감계 (15-16)		17	233,095,000	㉯	23,309,500

[5]   [부가가치세신고서] → 조회기간: [4월 1일 ~ 6월 30일] 입력 → 상단 메뉴의 → 과표명세 클릭

과세표준명세 - (31)수입금액제외 = 1,000,000원

과세표준명세   ✕

신고구분 : 2 (1.예정 2.확정 3.영세율 조기환급 4.기한후과세표준)

국세환급금계좌신고 [ ] 💬   은행 [   ]   지점 [   ]

계좌번호 :

폐업일자 : ____-__-__   폐업사유 : [∨]

과세표준명세			
업태	종목	코드	금액
28 제조업	화장품	242403	486,685,909
29			28,700,000
30			
31 수입금액제외		242403	1,000,000
32 합계			516,385,909

[6] [부가가치세신고서] → 조회기간: [4월 1일 ~ 6월 30일] 입력

14. 그 밖의 공제매입세액 - 신용카드매출수령금액합계표 - (41)일반매입 = 300,000원

매입세액	세금계산서 수취분	일반매입	10	251,395,000		25,139,500
		수출기업수입분납부유예	10-1			
		고정자산매입	11	2,000,000		200,000
	예정신고누락분		12			
	매입자발행세금계산서		13			
	그 밖의 공제매입세액		14	10,300,000		1,030,000
	합계(10)-(10-1)+(11)+(12)+(13)+(14)		15	263,695,000		26,369,500
	공제받지못할매입세액		16	30,600,000		3,060,000

14.그 밖의 공제매입세액					
신용카드매출 수령금액합계표	일반매입	41	300,000		30,000
	고정매입	42	10,000,000		1,000,000
의제매입세액		43		뒤쪽	
재활용폐자원등매입세액		44		뒤쪽	
과세사업전환매입세액		45			
재고매입세액		46			
변제대손세액		47			
외국인관광객에대한환급세액		48			
합계		49	10,300,000		1,030,000

[7] [부가가치세신고서] → 조회기간: [4월 1일 ~ 6월 30일] 입력

14. 그 밖의 공제 매입세액 - 신용카드매출수령금액합계표 - (42)고정매입란 금액 = 10,000,000원

매입세액	세금계산서 수취분	일반매입	10	251,395,000		25,139,500
		수출기업수입분납부유예	10-1			
		고정자산매입	11	2,000,000		200,000
	예정신고누락분		12			
	매입자발행세금계산서		13			
	그 밖의 공제매입세액		14	10,300,000		1,030,000
	합계(10)-(10-1)+(11)+(12)+(13)+(14)		15	263,695,000		26,369,500
	공제받지못할매입세액		16	30,600,000		3,060,000

14.그 밖의 공제매입세액					
신용카드매출 수령금액합계표	일반매입	41	300,000		30,000
	고정매입	42	10,000,000		1,000,000
의제매입세액		43		뒤쪽	
재활용폐자원등매입세액		44		뒤쪽	
과세사업전환매입세액		45			
재고매입세액		46			
변제대손세액		47			
외국인관광객에대한환급세액		48			
합계		49	10,300,000		1,030,000

[8] [부가가치세신고서] → 조회기간: [4월 1일 ~ 6월 30일] 입력

14. 그 밖의 공제 매입세액 - 신용카드매출수령금액합계표 - ① (41)일반매입 세액 + ② (42)고정매입 세액 = 1,030,000원

매입세액	세금계산서수취분	일반매입	10	251,395,000		25,139,500
		수출기업수입분납부유예	10-1			
		고정자산매입	11	2,000,000		200,000
	예정신고누락분		12			
	매입자발행세금계산서		13			
	그 밖의 공제매입세액		14	10,300,000		1,030,000
	합계(10)-(10-1)+(11)+(12)+(13)+(14)		15	263,695,000		26,369,500
	공제받지못할매입세액		16	30,600,000		3,060,000

14.그 밖의 공제매입세액						
신용카드매출수령금액합계표	일반매입	41	300,000		30,000	❶
	고정매입	42	10,000,000		1,000,000	❷
의제매입세액		43		뒤쪽		
재활용폐자원등매입세액		44		뒤쪽		
과세사업전환매입세액		45				
재고매입세액		46				
변제대손세액		47				
외국인관광객에대한환급세액		48				
합계		49	10,300,000		1,030,000	

[9] [부가가치세신고서] → 조회기간: [4월 1일 ~ 6월 30일] 입력

16. 공제받지못할매입세액 - (50)공제받지못할 매입세액란 세액 금액 = 3,060,000원

매입세액	세금계산서수취분	일반매입	10	251,395,000		25,139,500
		수출기업수입분납부유예	10-1			
		고정자산매입	11	2,000,000		200,000
	예정신고누락분		12			
	매입자발행세금계산서		13			
	그 밖의 공제매입세액		14	10,300,000		1,030,000
	합계(10)-(10-1)+(11)+(12)+(13)+(14)		15	263,695,000		26,369,500
	공제받지못할매입세액		16	30,600,000		3,060,000
	차감계 (15-16)		17	233,095,000	⒜	23,309,500

구분			금액	세율	세액
16.공제받지못할매입세액					
공제받지못할 매입세액		50	30,600,000		3,060,000
공통매입세액면세등사업분		51			
대손처분받은세액		52			
합계		53	30,600,000		3,060,000

[10] [부가가치세신고서] → 조회기간: [4월 1일 ~ 6월 30일] 입력

16. 공제받지못할매입세액 - (50)공제받지못할 매입세액란 금액 = 30,600,000원

매 입 세 액	세금계산서 수취분	일반매입	10	251,395,000		25,139,500
		수출기업수입분납부유예	10-1			
		고정자산매입	11	2,000,000		200,000
	예정신고누락분		12			
	매입자발행세금계산서		13			
	그 밖의 공제매입세액		14	10,300,000		1,030,000
	합계(10)-(10-1)+(11)+(12)+(13)+(14)		15	263,695,000		26,369,500
	공제받지못할매입세액		16	30,600,000		3,060,000
	차감계 (15-16)		17	233,095,000	④	23,309,500

구분		금액	세율	세액
16.공제받지못할매입세액				
공제받지못할 매입세액	50	30,600,000		3,060,000
공통매입세액면세등사업분	51			
대손처분받은세액	52			
합계	53	30,600,000		3,060,000

[11] [부가가치세신고서] → 조회기간: [4월 1일 ~ 6월 30일] 입력

(27)차가감하여 납부할세액 = 6,329,090원

차가감하여 납부할세액(환급받을세액)(⑬-⑭-⑮-⑯-⑰-⑱-㉕-㉖+㉗)	27	6,329,090

10 세금계산서합계표

1. 세금계산서합계표: [부가가치] 탭 → [부가가치세] → [세금계산서합계표]

[세금계산서합계표] 메뉴는 세금계산서 또는 수입세금계산서를 발급하였거나 발급 받은 경우 해당 예정신고 또는 확정신고를 할 때 함께 제출해야는 장부이다. 전자세금계산서를 발급하거나 발급받고 해당 재화 또는 용역의 공급시기가 속하는 예정신고 또는 확정신고기간의 마지막 날의 다음 달 11일까지 국세청장에게 전송한 경우에는 매출, 매입처별 세금계산서합계표를 제출하지 아니할 수 있다.

2. [세금계산서합계표] 메뉴 조회 방법

조회기간	신고대상 조회기간을 먼저 선택 후 신고구분을 선택
매출탭	매입매출전표입력에서 11. 과세 12. 영세 로 입력된 데이터 반영
매입탭	매입매출전표입력에서 51. 과세 52. 영세 54. 불공 55. 수입 로 입력된 데이터 반영된
전자분	전자적으로 발급하고 기일내에 국세청에 전송된 전자세금계산서 조회
전자 이외분	• 아래의 항목을 조회할 수 있다. - 종이로 발행된 세금계산서 - 전자적으로 발급하였으나 개별명세를 국세청에 전송하지 않은 세금계산서 - 과세기간 종료일 다음달 12일 이후에 국세청에 전송한 전자세금계산서

예제 세금계산서합계표

(주)알로에(회사코드:8871)의 장부를 조회하여 알맞은 답을 찾으시오.

(1) 제1기 예정신고기간(1월~3월) 동안 라라유통으로 발행한 매출세금계산서의 매수와 공급가액은 얼마인가?

(2) 제1기 예정신고기간(1월~3월) 중 매출세금계산서의 매수가 가장 많은 거래처코드를 입력하시오.

(3) 제1기 예정신고기간(1월~3월)의 매출세금계산서 중 총 발급매수와 공급가액은 각각 얼마인가?

(4) 제2기 예정(7월~9월) 부가가치세 신고기간의 전자세금계산서 발급분 중 주민등록번호발급분의 공급가액은 얼마인가?

(5) 4월부터 6월까지 매입세금계산서 매수가 가장 많은 거래처명을 입력하시오.

(6) 제1기 확정신고기간(4월~6월) 동안 머슬상사로부터 수취한 매입세금계산서의 매수와 공급가액은 얼마인가?

[1] [세금계산서합계표] → 조회기간: [1월 ~ 3월] 입력 → [매출] 탭 → [전체데이터] 탭

4매, 28,700,000원

조회기간 [ ] 년 01 ∨ 월 ~ [ ] 년 03 ∨ 월 1기 예정 1. 정기신고 ∨

매 출 매 입

※ [확인]전송일자가 없는 거래는 전자세금계산서 발급분으로 반영 되므로 국세청 홈택스 전

◉ 2. 매출세금계산서 총합계

구 분		매출처수	매 수	공급가액	세 액
합 계		13	28	497,240,000	49,724,000
과세기간 종료일 다음달 11일까지전송된 전자세금계산서 발급분	사업자 번호 발급분				
	주민등록번호발급분				
	소 계				
위 전자세금계산서 외의 발급분(종이발급분+과세기간 종료일다음달 12일 이후분)	사업자 번호 발급분	13	28	497,240,000	49,724,000
	주민등록번호발급분				
	소 계	13	28	497,240,000	49,724,000

과세기간 종료일 다음달 11일까지 (전자분) | 과세기간 종료일 다음달 12일이후 (전자분), 그외 | 전체데이터

No	사업자등록번호	코드	거래처명	매수	공급가액	세 액	대표자성명	업 태
1	122-87-12355	00111	(주)현서물산	1	300,000,000	30,000,000		
2	123-66-42385	00121	흥행컴퍼니	1	50,000,000	5,000,000		
3	123-86-51238	00155	일급상사(주)	1	5,600,000	560,000		
4	129-86-01546	00104	(주)나온전자	3	35,500,000	3,550,000		
5	153-23-50142	00147	라라유통	4	28,700,000	2,870,000		
6	213-86-41159	00143	(주)인재컴퍼니	3	1,400,000	140,000		
7	305-35-65424	00115	광고닷컴	1	20,000,000	2,000,000	김광고	
8	603-86-51243	00150	(주)서현상사	3	3,440,000	344,000		
9	608-86-12376	00114	은섬상사(주)	1	900,000	90,000		
10	608-86-16858	00139	(주)경희상사	6	11,000,000	1,100,000		
11	612-10-03401	00105	돌상상회	1	9,000,000	900,000		
12	620-85-01284	00108	(주)건재상사	2	29,700,000	2,970,000		
			합 계	28	497,240,000	49,724,000		
			마 감 합 계					

[2] [세금계산서합계표] → 조회기간: [1월 ~ 3월] 입력 → [매출] 탭 → [전체데이터] 탭

매출세금계산서의 매수가 가장 많은 거래처 00139.(주)경희상사

조회기간 [ ] 년 01 ∨ 월 ~ [ ] 년 03 ∨ 월 1기 예정 1. 정기신고 ∨

매 출 매 입

※ [확인]전송일자가 없는 거래는 전자세금계산서 발급분으로 반영 되므로 국세청 홈택스 전

◉ 2. 매출세금계산서 총합계

구 분		매출처수	매 수	공급가액	세 액
합 계		13	28	497,240,000	49,724,000
과세기간 종료일 다음달 11일까지전송된 전자세금계산서 발급분	사업자 번호 발급분				
	주민등록번호발급분				
	소 계				
위 전자세금계산서 외의 발급분(종이발급분+과세기간 종료일다음달 12일 이후분)	사업자 번호 발급분	13	28	497,240,000	49,724,000
	주민등록번호발급분				
	소 계	13	28	497,240,000	49,724,000

과세기간 종료일 다음달 11일까지 (전자분) | 과세기간 종료일 다음달 12일이후 (전자분), 그외 | 전체데이터

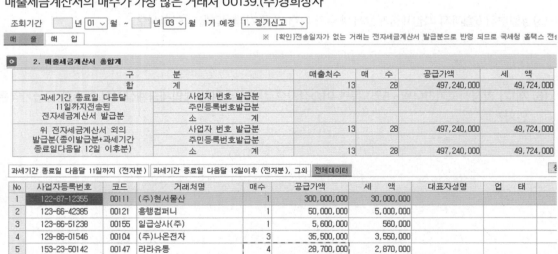

No	사업자등록번호	코드	거래처명	매수	공급가액	세 액	대표자성명	업 태
1	122-87-12355	00111	(주)현서물산	1	300,000,000	30,000,000		
2	123-66-42385	00121	흥행컴퍼니	1	50,000,000	5,000,000		
3	123-86-51238	00155	일급상사(주)	1	5,600,000	560,000		
4	129-86-01546	00104	(주)나온전자	3	35,500,000	3,550,000		
5	153-23-50142	00147	라라유통	4	28,700,000	2,870,000		
6	213-86-41159	00143	(주)인재컴퍼니	3	1,400,000	140,000		
7	305-35-65424	00115	광고닷컴	1	20,000,000	2,000,000	김광고	
8	603-86-51243	00150	(주)서현상사	3	3,440,000	344,000		
9	608-86-12376	00114	은섬상사(주)	1	900,000	90,000		
10	608-86-16858	00139	(주)경희상사	6	11,000,000	1,100,000		
11	612-10-03401	00105	돌상상회	1	9,000,000	900,000		
12	620-85-01284	00108	(주)건재상사	2	29,700,000	2,970,000		
			합 계	28	497,240,000	49,724,000		
			마 감 합 계					

[3] [세금계산서합계표] → 조회기간: [1월 ~ 3월] 입력 → [매출] 탭

28매, 497,240,000원

조회기간 ☐ 년 01 ∨ 월 ~ ☐ 년 03 ∨ 월 1기 예정 1. 정기신고 ∨

[매 출] [매 입]　　　　　　　　　　　　　　 ※ [확인]전송일자가 없는 거래는 전자세금계산서 발급분으로 반영 되므로 국세청 홈택스 전송

> **2. 매출세금계산서 총합계**

구 분		매출처수	매 수	공급가액	세 액
합	계	13	28	497,240,000	49,724,000
과세기간 종료일 다음달 11일까지전송된 전자세금계산서 발급분	사업자 번호 발급분				
	주민등록번호발급분				
	소　　계				
위 전자세금계산서 외의 발급분(종이발급분+과세기간 종료일다음달 12일 이후분)	사업자 번호 발급분	13	28	497,240,000	49,724,000
	주민등록번호발급분				
	소　　계	13	28	497,240,000	49,724,000

[4] [세금계산서합계표] → 조회기간: [7월 ~ 9월] 입력 → [매출] 탭

주민등록번호발급분: ① + ② = 1,000,000원

조회기간 ☐ 년 07 ∨ 월 ~ ☐ 년 09 ∨ 월 2기 예정 1. 정기신고 ∨

[매 출] [매 입]　　　　　　　　　　　　　　 ※ [확인]전송일자가 없는 거래는 전자세금계산서 발급분으로 반영 되므로 국세청 홈택스 전송

> **2. 매출세금계산서 총합계**

구 분		매출처수	매 수	공급가액	세 액
합	계	15	36	430,160,456	43,016,044
과세기간 종료일 다음달 11일까지전송된 전자세금계산서 발급분	사업자 번호 발급분				
	주민등록번호발급분	1	1	1,000,000 ❶	100,000
	소　　계	1	1	1,000,000	100,000
위 전자세금계산서 외의 발급분(종이발급분+과세기간 종료일다음달 12일 이후분)	사업자 번호 발급분	14	35	429,160,456	42,916,044
	주민등록번호발급분			❷	
	소　　계	14	35	429,160,456	42,916,044

[5] [세금계산서합계표] → 조회기간: [4월 ~ 6월] 입력 → [매입] 탭 → [전체데이터] 탭

호호꽃집

조회기간 ☐ 년 04 ∨ 월 ~ ☐ 년 06 ∨ 월 1기 확정 1. 정기신고 ∨

[매 출] [매 입]　　　　　　　　　　　　　　 ※ [확인]전송일자가 없는 거래는 전자세금계산서 발급분으로 반영 되므로 국세청 홈택스 전송

> **2. 매입세금계산서 총합계**

구 분		매입처수	매 수	공급가액	세 액
합	계	10	17	253,395,000	25,339,500
과세기간 종료일 다음달 11일까지 전송된 전자세금계산서 발급받은분	사업자 번호 발급받은분	1	1	2,000,000	200,000
	주민등록번호발급받은분				
	소　　계	1	1	2,000,000	200,000
위 전자세금계산서 외의 발급 받은분(종이발급분+과세기간 종료일다음달 12일 이후분)	사업자 번호 발급받은분	9	16	251,395,000	25,139,500
	주민등록번호발급받은분				
	소　　계	9	16	251,395,000	25,139,500

[과세기간 종료일 다음달 11일까지 (전자분)] [과세기간 종료일 다음달 12일이후 (전자분), 그외] [전체데이터]

No	사업자등록번호	코드	거래처명	매수	공급가액	세 액	대표자성명	업 태
1	123-86-01209	00107	(주)미소상사	1	300,000	30,000		
2	123-86-51238	00155	일급상사(주)	1	2,000,000	200,000		
3	127-81-56545	00148	일랑가구(주)	1	20,000,000	2,000,000		
4	133-05-84232	00156	머슬상사	3	11,300,000	1,130,000		
5	138-86-12348	00133	전일목재(주)	1	17,000,000	1,700,000		
6	143-01-06569	00109	호호꽃집	4	72,245,000	7,224,500		
7	278-81-11282	00113	영제산업(주)	1	30,300,000	3,030,000		
8	501-86-45353	00118	(주)균형가구	2	75,000,000	7,500,000		
9	806-51-32111	00135	신선유통	1	20,000,000	2,000,000		
10	950-81-54312	00101	(주)고운상사	2	5,250,000	525,000		
			합　　계	17	253,395,000	25,339,500		
			마 감 합 계					

PART 4

전산회계 1급 실무

[6] [세금계산서합계표] → 조회기간: [4월 ~ 6월] 입력 → [매입] 탭 → [전체데이터] 탭

3매, 11,300,000원

조회기간 [ ] 년 04 ∨ 월 ~ [ ] 년 06 ∨ 월 1기 확정 [1. 정기신고 ∨]

매 출 매 입   ※ [확인]전송일자가 없는 거래는 전자세금계산서 발급분으로 반영 되므로 국세청 홈택스 전:

◈ 2. 매입세금계산서 총합계

구	분	매입처수	매 수	공급가액	세 액
합	계	10	17	253,395,000	25,339,500
과세기간 종료일 다음달 11일까지 전송된 전자세금계산서 발급받은분	사업자 번호 발급받은분	1	1	2,000,000	200,000
	주민등록번호발급받은분				
	소 계	1	1	2,000,000	200,000
위 전자세금계산서 외의 발급 받은분(종이발급분+과세기간 종료일다음달 12일 이후분)	사업자 번호 발급받은분	9	16	251,395,000	25,139,500
	주민등록번호발급받은분				
	소 계	9	16	251,395,000	25,139,500

과세기간 종료일 다음달 11일까지 (전자분) | 과세기간 종료일 다음달 12일이후 (전자분), 그외 | 전체데이터

No	사업자등록번호	코드	거래처명	매수	공급가액	세 액	대표자성명	업 태	
1	123-86-01209	00107	(주)미소상사	1	300,000	30,000			
2	123-86-51238	00155	일급상사(주)	1	2,000,000	200,000			
3	127-81-56545	00148	일랑가구(주)	1	20,000,000	2,000,000			
4	133-05-84232	00156	머슬상사	3	11,300,000	1,130,000			
5	138-86-12348	00133	전일목재(주)	1	17,000,000	1,700,000			
6	143-01-06569	00109	호호꽃집	4	72,245,000	7,224,500			
7	278-81-11282	00113	영제산업(주)	1	30,300,000	3,030,000			
8	501-86-45353	00118	(주)균형가구	2	75,000,000	7,500,000			
9	806-51-32111	00135	신선유통	1	20,000,000	2,000,000			
10	950-81-54312	00101	(주)고운상사	2	5,250,000	525,000			
	합 계			17	253,395,000	25,339,500			
	마 감 합 계								

1. 매입매출장: [회계관리] 탭 → [장부관리] → [매입매출장]

[매입매출장] 메뉴는 [매입매출전표입력] 메뉴에 입력된 거래내용을 유형별로 상세하게 나타내는 보조장부이다.

2. [세금계산서합계표] 메뉴 조회 방법

조회기간	• 월: 입력하고자 하는 전표의 해당 월 2자리 숫자를 입력하거나 마우스를 클릭하여 1월~12월 중 해당 월을 선택 • 일: 2자리 숫자를 입력하거나 1자리 숫자 입력 후 Enter↵
구분	• 1. 전체 2. 매출 3. 매입 으로 선택하여 조회 • 구분 선택하지 않고 Enter↵ 를 누르면 [1.전체]로 자동설정 1. 전체 | 매출거래, 매입거래 모두 조회 2. 매출 | 매출자료만 조회 3. 매입 | 매입자료만 조회 • [2. 매출]과 [3. 매입]으로 구분을 선택하면 매입매출전표입력의 유형에 따라 선택조회 할 수 있습니다.
유형	• 매출은 붉은색, 매입은 푸른색으로 표시

(주)알로에(회사코드:8871)의 장부를 조회하여 알맞은 답을 찾으시오.

(1) 제1기 부가가치세 예정신고에 반영된 자료 중 현금영수증이 발행된 과세매출의 공급가액은 얼마인가?

(2) 당해연도 제1기 부가가치세 예정신고기간(1월 ~ 3월) 중 카드과세매출의 공급대가 합계액은 얼마인가?

(3) 제1기 확정(4월 ~ 6월) 부가가치세 신고기간 중 매입세액이 공제되지 아니한 건수와 공급가액은 각각 얼마인가?

(4) 제1기 확정 신고 기간 중 영세율 세금계산서를 발행한 건수는?

(5) 10월부터 12월까지 계산서를 수취한 금액은 얼마인가?

정답 및 해설

[1] [매입매출장] → 조회기간: [1월 1일 ~ 3월 31일] 입력 → 구분 [2.매출] → 유형 [22.현과]

600,000원

유형	일자	품목		공급가액	부가세	합계	예정신고	코드	거래처	전자	분개유형	계정코드	계정과목명
현과	2025-01-03	제품		300,000	30,000	330,000		00101	(주)고운상사		현금	0404	제품매출
월	계 [	1건-매수	1매]	300,000	30,000	330,000							
누	계 [	1건-매수	1매]	300,000	30,000	330,000							
현과	2025-03-20	제품		300,000	30,000	330,000		00112	(주)고철상사		현금	0404	제품매출
월	계 [	1건-매수	1매]	300,000	30,000	330,000							
분	기 계 [	2건-매수	2매]	600,000	60,000	660,000							
반	기 계 [	3건-매수	3매]	2,600,000	260,000	2,860,000							
누	계 [	2건-매수	2매]	600,000	60,000	660,000							

조회기간 [   ] 년 01 월 01 일 ~ [   ] 년 03 월 31 일
구 분 [2] [1.전체] [2.매출] [3.매입] 유형: [22.현과 ∨]

[2] [매입매출장] → 조회기간: [1월 1일 ~ 3월 31일] 입력 → 구분 [2.매출] → 유형 [17.카과]

1,330,000원

조회기간 [　] 년 [01] 월 [01] 일 🖂 ~ [　] 년 [03] 월 [31] 일 🖂
구 분 [2] [1.전체] [2.매출] [3.매입] 유형: [17.카과 ∨]

유형	일자	품목	공급가액	부가세	합계	예정신고	코드	거래처	전자	분개유형	계정코드
카과	2025-01-28	상품	300,000	30,000	330,000		00124	삼육전자		카드	0404
월	계 [	1건-매수 1매]	300,000	30,000	330,000						
누	계 [	1건-매수 1매]	300,000	30,000	330,000						
카과	2025-02-26	상품	909,091	90,909	1,000,000		00119	(주)공상상회		현금	0401
월	계 [	1건-매수 1매]	909,091	90,909	1,000,000						
분 기	계 [	2건-매수 2매]	1,209,091	120,909	1,330,000						
반 기	계 [	2건-매수 2매]	1,209,091	120,909	1,330,000						
누	계 [	2건-매수 2매]	1,209,091	120,909	1,330,000						

[3] [매입매출장] → 조회기간: [4월 1일 ~ 6월 30일] 입력 → 구분 [3.매입] → 유형 [54.불공]

2건, 30,600,000원

조회기간 [　] 년 [04] 월 [01] 일 🖂 ~ [　] 년 [06] 월 [30] 일 🖂
구 분 [3] [1.전체] [2.매출] [3.매입] 유형: [54.불공 ∨] [◎전체　∨]

유형	일자	품목	공급가액	부가세	합계	예정신고	코드	거래처	전자	분개유형	계정코드	계정과목명
불공	2025-05-01	거래처 접대	30,300,000	3,030,000	33,330,000		00113	영제산업(주)		혼합	0813	기업업무추진비
월	계 [	1건-매수 1매]	30,300,000	3,030,000	33,330,000							
누	계 [	1건-매수 1매]	30,300,000	3,030,000	33,330,000							
불공	2025-06-23	자동차 유대	300,000	30,000	330,000		00107	(주)미소상사		혼합	0522	차량유지비
월	계 [	1건-매수 1매]	300,000	30,000	330,000							
분 기	계 [	2건-매수 2매]	30,600,000	3,060,000	33,660,000							
반 기	계 [	2건-매수 2매]	30,600,000	3,060,000	33,660,000							
누	계 [	2건-매수 2매]	30,600,000	3,060,000	33,660,000							

[4] [매입매출장] → 조회기간: [4월 1일 ~ 6월 30일] 입력 → 구분 [2.매출] → 유형 [12.영세]

1건

조회기간 [　] 년 [04] 월 [01] 일 🖂 ~ [　] 년 [06] 월 [30] 일 🖂
구 분 [2] [1.전체] [2.매출] [3.매입] 유형: [12.영세 ∨] [◎전체　∨]

유형	일자	품목	공급가액	부가세	합계	예정신고	코드	거래처	전자	분개유형	계정코드	계정과목명
영세	2025-04-01	원재료	200,000,000		200,000,000		00135	신선유통	○	현금	0404	제품매출
월	계 [	1건-매수 1매]	200,000,000		200,000,000							
분 기	계 [	1건-매수 1매]	200,000,000		200,000,000							
반 기	계 [	1건-매수 1매]	200,000,000		200,000,000							
누	계 [	1건-매수 1매]	200,000,000		200,000,000							

[5] [매입매출장] → 조회기간: [10월 1일 ~ 12월 31일] 입력 → 구분 [3.매입] → 유형 [53.면세]

1,140,000원

조회기간 [　] 년 [10] 월 [01] 일 🖂 ~ [　] 년 [12] 월 [31] 일 🖂
구 분 [3] [1.전체] [2.매출] [3.매입] 유형: [53.면세 ∨] [◎전체　∨]

유형	일자	품목	공급가액	부가세	합계	예정신고	코드	거래처	전자	분개유형	계정코드	계정과목명
면세	2025-11-22		1,000,000		1,000,000		00109	호호꽃집	○	현금	0811	복리후생비
면세	2025-11-30		140,000		140,000		00109	호호꽃집	○	현금	0813	기업업무추진비
월	계 [	2건-매수 2매]	1,140,000		1,140,000							
분 기	계 [	2건-매수 2매]	1,140,000		1,140,000							
반 기	계 [	2건-매수 2매]	1,140,000		1,140,000							

혜원쌤이 알려주는 전산회계 1급의 모든 것!

Part 3 전산회계 1급 기출문제

PART
05

전산회계 1급 기출문제

1 전산회계1급 기출문제 유형분석

이론	1번 ~ 8번	30점 (문항당 2점)	회계의 기본원리	• 회계의 기본가정, 회계정보의 질적특성
			자산	• 당좌자산: 선납세금 • 재고자산: 기말재고자산에 포함되는 항목, 재고자산감모손실과 재고자산 평가손실, 타계정 대체 • 투자자산: 유가증권의 분류와 회계처리(매도가능증권, 만기보유증권, 지분법적용투자주식) • 유형자산: 유형자산 취득 유형별 회계처리, 감가상각방법(이중체감법, 연수합계법) • 무형자산: 개발비, 무형자산의 상각 • 기타비유동자산: 부도어음과수표
			부채	• 유동부채: 미지급세금 • 비유동부채: 사채, 퇴직급여충당부채
			자본	• 자본의 분류, 주식의 발행, 주식의 소각, 자기주식, 이익잉여금의 처분
			수익과 비용	• 수익의 인식요건과 거래형태별 수익인식시점, 비용의 인식시점 • 외환차손익
			결산	• 수동결산: 매도가능증권의 평가 • 자동결산: 기말재고액(원재료, 재공품, 제품), 퇴직급여충당부채의 설정, 법인세비용의 계상
	9번 ~ 12번		원가의 개념	• 원가의 기본개념, 원가의 분류, 제조원가의 흐름
			부문별 원가계산	• 원가배부기준, 보조부문 원가의 제조부문 배부(직접, 단계, 상호배부법)
			개별원가계산	• 개별원가계산의 특징, 실제개별원가계산, 정상개별원가계산
			종합원가계산	• 종합원가계산의 특징, 완성품환산량 계산(평균법, 선입선출법)
	13번 ~ 15번		부가가치세의 기본개념	• 부가가치세 관련 회계처리, 납세의무자, 과세기간, 납세지, 사업자등록
			과세대상 거래	• 부가가치세 과세대상 거래, 재화의 공급, 용역의 공급, 재화의 수입, 공급시기
			영세율과 면세	• 영세율의 특징과 적용대상 거래, 면세의 특징과 적용대상 거래
			거래징수와 세금계산서	• 세금계산서, 영수증
			과세표준과 세액의 계산	• 부가가치세 계산구조, 과세표준과 매출세액, 납부세액, 세액공제
			신고와 납부	• 예정신고와 납부, 확정신고와 납부, 환급

실무	1번	10점	기초정보등록 및 수정	• 회사등록, 거래처등록, 계정과목 및 적요등록, 거래처별 초기이월 • 전기분재무제표
	2번	18점	일반전표입력	• 부가가치세와 관련없는 거래를 [일반전표입력] 메뉴에 입력
	3번	18점	매입매출 전표입력	• 부가가치세와 관련있는 거래를 [매입매출전표입력] 메뉴에 입력
	4번	6점	오류수정	• [일반전표입력] 또는 [매입매출전표입력]에 잘못 입렵된 내용을 검토하여 수정
	5번	9점	결산정리사항 입력	• 결산정리사항 자료를 주고 [일반전표입력] 메뉴에 직접 수동분개 입력 또는 [결산자료입력] 메뉴를 활용한 자동분개 생성을 통해 결산대체분개를 입력 • 수동결산: 매도가능증권평가 • 자동결산: 기말재고액(원재료, 재공품, 제품), 퇴직급여충당부채의 설정, 법인세비용의 계상
	6번	9점	장부조회	부가가치세신고서, 세금계산서합계표, 매입매출장

2 전산회계1급 기출문제 풀이 시 유의사항

1. 풀이순서

이론문제와 실무문제의 풀이를 진행하는 순서는 상관없으나 일반적으로 배점이 높고 시간이 많이 걸리는 실무문제 풀이를 먼저 진행하며 프로그램에 작업 한뒤 이론문제 풀이를 진행하는 것이 효율적입니다.

2. 입력 시 유의사항

문제에서 별도의 제시가 없는 한 [입력 시 유의사항]에 따라 입력하면 됩니다. 따라서 일반적인 경우에는 적요 입력을 생략하지만, [입력 시 유의사항]에서 타계정 대체거래는 적요 번호를 선택하여 입력할 것을 제시하고 있습니다. 문제에서 별도의 제시가 없다면 타계정 대체거래 이외의 사항에 대하여 적요를 입력하여도 입력하지 않은 것과 동일하게 채점됩니다.

참 [일반전표입력] 입력 시 유의사항

─── < 입력 시 유의사항 > ───
• 적요의 입력은 생략한다.
• 부가가치세는 고려하지 않는다.
• 채권·채무와 관련된 거래는 별도의 요구가 없는 한 반드시 기등록된 거래처코드를 선택하는 방법으로 거래처명을 입력한다.
• 회계처리 시 계정과목은 별도의 제시가 없는 한 등록된 계정과목 중 가장 적절한 과목으로 한다.

3. 거래처 코드

일반전표입력에서는 채권-채무에 관련된 계정과목에 대해서만 거래처코드를 입력하면 되며, 채권-채무에 관련된 계정과목 이외의 계정과목에도 정확한 거래처를 입력한 경우에는 감점 요인이 아닙니다. 다만, 매입매출전표입력에서는 모든 거래의 계정과목에 대하여 거래처코드를 입력하여야 합니다.

참 거래처 코드를 반드시 입력해야 하는 계정과목

채권	채무
외상매출금	외상매입금
받을어음, 부도어음과 수표	지급어음
미수금	미지급금
선급금	선수금
장·단기 대여금	장·단기 차입금, 유동성장기부채
임차보증금	임대보증금

4. [일반전표입력]과 [매입매출전표입력]메뉴

하나의 거래는 하나의 전표로 처리하는 것이 원칙입니다. 전표의 추가입력, 수정 등은 메뉴 안에서 제시된 일자에 따라 추가입력(입·출금을 대체전표로 처리하여도 무방), 수정입력(해당 전표를 직접 수정하거나 삭제한 후 새로 입력하여도 무방)하면 됩니다. 부가가치세와 관련된 문제는 별도의 제시가 없더라도 신고서에 반영하기 위하여 매입매출전표입력에 입력하며, 하단의 분개가 적절히 작성되었다면 분개유형(외상, 현금, 혼합, 카드)은 답안에 영향을 미치지 아니합니다.

5. 결산정리사항

결산대체분개는 먼저 일반전표입력 메뉴에 해당하는 결산정리사항(선급비용, 선납세금의 대체 등)을 입력한 후, 결산자료입력 메뉴의 해당란에 문제에서 제시한 금액을 입력하고 반드시 결산대체분개를 입력(전표추가기능을 사용하여 자동분개 생성 또는 일반전표입력 메뉴에 직접 수동분개 입력)하여야 합니다.

6. DATA 연결된 문제(결산정리사항, 장부조회)

앞선 문제의 답안에 따라서 영향을 받는 DATA가 연결된 문제는 앞의 문제가 틀렸다고 해도 각자 본인의 DATA를 적용하여 뒤에 나오는 문제를 요청에 따라 정확하게 회계처리 했다면 정답으로 인정합니다.

20X1년 X월 X일 시행
제 XX회 전산세무회계자격시험

종 목 및 등급 : **전 산 회 계 1 급** - 제한시간 : 60분
- 페이지수 : 13p

▶시험 시작 전 문제를 풀지 말 것◀

1. USB 수령	① 감독관으로부터 시험 응시에 필요한 종목별 수험용 BACKDATA 설치용 **USB**를 수령한다. ② **USB 꼬리표가 본인의 응시 종목과 일치하는지 확인하고, 꼬리표 뒷면에 수험정보를** 정확히 기재한다.
2. USB 설치	③ USB를 컴퓨터의 USB 포트에 삽입하여 인식된 해당 USB 드라이브로 이동한다. ④ USB 드라이브에서 수험용 BACKDATA 설치프로그램인 'Ta×.e×e' 파일을 실행한다. **[주의] 수험용 BACKDATA 설치 이후, 시험 중 수험자 임의로 절대 재설치(초기화)하지 말 것.**
3. 수험정보입력	⑤ [수험번호(8자리)]와 [성명]을 정확히 입력한 후 [설치] 버튼을 클릭한다. ※입력한 수험정보는 이후 절대 수정이 불가하니 본인의 수험정보를 정확히 입력할 것.
4. 시험지 수령	⑥ 시험지와 본인의 응시 종목 및 급수 일치 여부와 문제유형(A 또는 B)을 확인하고, 문제유형(A 또는 B)을 프로그램에 입력한다. ⑦ 시험지의 총 페이지수를 확인한다. ※응시 종목 및 급수와 파본 여부를 확인하지 않은 것에 대한 책임은 수험자에게 있음.
5. 시 험 시 작	⑧ 감독관이 불러주는 '감독관확인번호'를 정확히 입력하고, 시험에 응시한다.
6. (시험을 마치면) U S B 저 장	⑨ 이론문제의 답은 프로그램의 메인화면에서 `이론문제 답안작성` 을 클릭하여 입력한다. ⑩ 실무문제의 답은 문항별 요구사항을 수험자가 파악하여 각 메뉴에 입력한다. ⑪ 이론문제와 실무문제의 답안을 모두 입력한 후 `답안저장(USB로 저장)` 을 클릭하여 답안을 저장한다. ⑫ [답안저장] 팝업창의 USB로 전송완료 메시지를 확인한다.
7. USB 제출	⑬ 답안이 수록된 USB 메모리를 빼서, <감독관>에게 제출 후 조용히 퇴실한다.

▶ 본 자격시험은 전산프로그램을 이용한 자격시험입니다. 컴퓨터의 사양에 따라 자격검정(KcLep)프로그램의 구동이 원활하지 않을 수 있으므로 자격검정(KcLep)프로그램의 진행 속도를 고려하여 입력해주시기를 바랍니다.
▶ 수험번호나 성명 등을 잘못 입력했거나, 답안을 USB에 저장하지 않음으로써 발생하는 일체의 불이익과 책임은 수험자 본인에게 있습니다.
▶ 타인의 답안을 자신의 답안으로 부정 복사한 경우 해당 관련자는 모두 불합격 처리됩니다.
▶ 타인 및 본인의 답안을 복사하거나 외부로 반출하는 행위는 모두 부정행위 처리됩니다.
▶ PC, 프로그램 등 조작 미숙으로 시험이 불가능하다고 판단될 경우 불합격 처리될 수 있습니다.
▶ **시험 진행 중에는 자격검정(KcLep)프로그램을 제외한 일체의 다른 프로그램을 사용할 수 없습니다.**
(예시. 인터넷, 메모장, 윈도우 계산기 등)

`이론문제 답안작성` 을 한번도 클릭하지 않으면 `답안저장(USB로 저장)` 을 클릭해도 답안이 저장되지 않습니다.

◎ 한 국 세 무 사 회

다음 문제를 보고 알맞은 것을 골라 이론문제 답안작성 메뉴에 입력하시오. (객관식 문항당 2점)

─── < 기 본 전 제 > ───
문제에서 한국채택국제회계기준을 적용하도록 하는 전제조건이 없는 경우, 일반기업회계기준을 적용한다.

01 다음 중 거래내용에 대한 거래요소의 결합관계를 바르게 표시한 것은?

거래요소의 결합관계	거래내용
① 자산의 증가 : 자산의 증가	외상매출금 4,650,000원을 보통예금으로 수령하다.
② 자산의 증가 : 부채의 증가	기계장치를 27,500,000원에 구입하고 구입대금은 미지급하다.
③ 비용의 발생 : 자산의 증가	보유 중인 건물을 임대하여 임대료 1,650,000원을 보통예금으로 수령하다.
④ 부채의 감소 : 자산의 감소	장기차입금에 대한 이자 3,000,000원을 보통예금에서 이체하는 방식으로 지급하다.

02 다음 중 재고자산이 아닌 것은?

① 약국의 일반의약품 및 전문의약품

② 제조업 공장의 생산 완제품

③ 부동산매매업을 주업으로 하는 기업의 판매 목적 토지

④ 병원 사업장소재지의 토지 및 건물

03 다음은 ㈜한국이 신규 취득한 기계장치 관련 자료이다. 아래의 기계장치를 연수합계법으로 감가상각할 경우, ㈜한국의 당기(회계연도 : 매년 1월 1일~12월 31일) 말 현재 기계장치의 장부금액은 얼마인가?

- 기계장치 취득원가 : 3,000,000원
- 취득일 : 20X1.01.01.
- 잔존가치 : 300,000원
- 내용연수 : 5년

① 2,000,000원　　② 2,100,000원　　③ 2,400,000원　　④ 2,460,000원

04 다음은 ㈜서울의 당기 지출 내역 중 일부이다. 아래의 자료에서 무형자산으로 기록할 수 있는 금액은 모두 얼마인가?

> • 신제품 특허권 취득 비용 30,000,000원
> • 신제품의 연구단계에서 발생한 재료 구입 비용 1,500,000원
> • A기업이 가지고 있는 상표권 구입 비용 22,000,000원

① 22,000,000원　　　② 30,000,000원　　　③ 52,000,000원　　　④ 53,500,000원

05 다음 중 매도가능증권에 대한 설명으로 옳지 않은 것은?

① 기말 평가손익은 기타포괄손익누계액에 반영한다.

② 취득 시 발생한 수수료는 당기 비용으로 처리한다.

③ 처분 시 발생한 처분손익은 당기손익에 반영한다.

④ 보유 목적에 따라 당좌자산 또는 투자자산으로 분류한다.

06 다음 중 채권 관련 계정의 차감적 평가항목으로 옳은 것은?

① 감가상각누계액　　　　　　② 재고자산평가충당금

③ 사채할인발행차금　　　　　④ 대손충당금

07 다음 중 자본잉여금 항목에 포함되는 것을 모두 고른 것은?

> 가. 주식발행초과금
> 나. 자기주식처분손실
> 다. 주식할인발행차금
> 라. 감자차익

① 가, 라　　　　② 나, 다　　　　③ 가, 나, 다　　　　④ 가, 다, 라

08 다음은 현금배당에 관한 회계처리이다. 아래의 괄호 안에 각각 들어갈 회계처리 일자로 옳은 것은?

(가)	(차) 이월이익잉여금	×××원	(대) 이익준비금	×××원
			미지급배당금	×××원
(나)	(차) 미지급배당금	×××원	(대) 보통예금	×××원

	(가)	(나)
①	회계종료일	배당결의일
②	회계종료일	배당지급일
③	배당결의일	배당지급일
④	배당결의일	회계종료일

09 원가의 분류 중 원가행태(行態)에 따른 분류에 해당하는 것은?

① 변동원가   ② 기회원가   ③ 관련원가   ④ 매몰원가

10 다음은 제조업을 영위하는 ㈜인천의 당기 원가 관련 자료이다. ㈜인천의 당기총제조원가는 얼마인가? 단, 기초재고자산은 없다고 가정한다.

• 기말재공품재고액	300,000원	• 기말제품재고액	500,000원
• 매출원가	2,000,000원	• 기말원재료재고액	700,000원
• 제조간접원가	600,000원	• 직접재료원가	1,200,000원

① 1,900,000원   ② 2,200,000원   ③ 2,500,000원   ④ 2,800,000원

11 평균법에 따른 종합원가계산을 채택하고 있는 ㈜대전의 당기 물량 흐름은 다음과 같다. 재료원가는 공정 초기에 전량 투입되며, 가공원가는 공정 전반에 걸쳐 균등하게 발생한다. 아래의 자료를 이용하여 재료원가 완성품환산량을 계산하면 몇 개인가?

• 기초재공품 수량 : 1,000개(완성도 20%)	• 당기완성품 수량 : 8,000개
• 당기착수량 : 10,000개	• 기말재공품 수량 : 3,000개(완성도 60%)

① 8,000개   ② 9,000개   ③ 9,800개   ④ 11,000개

12 다음 중 개별원가계산에 대한 설명으로 옳지 않은 것은?

① 항공기 제조업은 종합원가계산보다는 개별원가계산이 더 적합하다.

② 제품원가를 제조공정별로 집계한 후 이를 생산량으로 나누어 단위당 원가를 계산한다.

③ 직접원가와 제조간접원가의 구분이 중요하다.

④ 단일 종류의 제품을 대량으로 생산하는 업종에는 적합하지 않은 방법이다.

13 다음 중 우리나라 부가가치세법의 특징으로 틀린 것은?

① 국세   ② 인세(人稅)

③ 전단계세액공제법   ④ 다단계거래세

14 다음 중 부가가치세법상 주된 사업에 부수되는 재화·용역의 공급으로서 면세 대상이 아닌 것은?

① 은행업을 영위하는 면세사업자가 매각한 사업용 부동산인 건물

② 약국을 양수도하는 경우로서 해당 영업권 중 면세 매출에 해당하는 비율의 영업권

③ 가구제조업을 영위하는 사업자가 매각한 사업용 부동산 중 토지

④ 부동산임대업자가 매각한 부동산임대 사업용 부동산 중 상가 건물

15 다음 중 부가가치세법상 아래의 괄호 안에 공통으로 들어갈 내용으로 옳은 것은?

가. 부가가치세 매출세액은 (　　　)에 세율을 곱하여 계산한 금액이다.
나. 재화 또는 용역의 공급에 대한 부가가치세의 (　　　)(은)는 해당 과세기간에 공급한 재화 또는 용역의 공급가액을 합한 금액으로 한다.
다. 재화의 수입에 대한 부가가치세의 (　　　)(은)는 그 재화에 대한 관세의 과세가격과 관세, 개별소비세, 주세, 교육세, 농어촌특별세 및 교통·에너지·환경세를 합한 금액으로 한다.

① 공급대가   ② 간주공급   ③ 과세표준   ④ 납부세액

(주)하나전자(회사코드:8114)는 전자부품의 제조 및 도소매업을 영위하는 중소기업으로 당기 회계기간은 20X1.1.1.~20X1.12.31.이다. 전산세무회계 수험용 프로그램을 이용하여 다음 물음에 답하시오.

< 기 본 전 제 >

• 문제에서 한국채택국제회계기준을 적용하도록 하는 전제조건이 없는 경우, 일반기업회계기준을 적용하여 회계처리 한다.
• 문제의 풀이와 답안작성은 제시된 문제의 순서대로 진행한다.

01 다음은 [기초정보관리] 및 [전기분재무제표]에 대한 자료이다. 각각의 요구사항에 대하여 답하시오. (10점)

(1) 다음의 자료를 이용하여 기초정보관리의 [거래처등록] 메뉴를 거래처(금융기관)를 추가로 등록하시오. (단, 주어진 자료 외의 다른 항목은 입력할 필요 없음) (3점)

• 거래처코드 : 00500
• 거래처구분 : 일반거래처
• 사업자등록번호 : 134-24-91004
• 업태 : 정보통신업
• 주소 : 경기도 성남시 분당구 판교역로192번길 12 (삼평동) ※ 주소 입력 시 우편번호 입력은 생략함

• 거래처명 : 한국개발
• 유형 : 동시
• 대표자성명 : 김한국
• 종목 : 소프트웨어개발

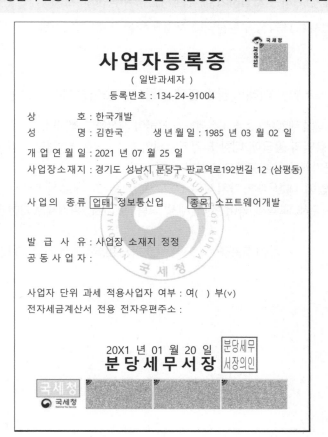

사업자등록증

(일반과세자)

등록번호 : 134-24-91004

상   호 : 한국개발
성   명 : 김한국   생 년 월 일 : 1985 년 03 월 02 일

개 업 연 월 일 : 2021 년 07 월 25 일
사 업 장 소 재 지 : 경기도 성남시 분당구 판교역로192번길 12 (삼평동)

사 업 의 종 류 업태 정보통신업   종목 소프트웨어개발

발 급 사 유 : 사업장 소재지 정정

공 동 사 업 자 :

사업자 단위 과세 적용사업자 여부 : 여( ) 부(v)
전자세금계산서 전용 전자우편주소 :

20X1 년 01 월 20 일
분 당 세 무 서 장

(2) 다음 자료를 이용하여 [계정과목및적요등록]에 반영하시오. (3점)

- 코드 : 862
- 계정과목 : 행사지원비
- 성격 : 경비
- 현금적요 1번 : 행사지원비 현금 지급
- 대체적요 1번 : 행사지원비 어음 발행

(3) 전기분 원가명세서를 검토한 결과 다음과 같은 오류가 발견되었다. 이와 관련된 전기분 재무제표(재무상태표, 손익계산서, 원가명세서, 잉여금처분계산서)를 모두 적절하게 수정하시오. (4점)

해당 연도(20X0년)에 외상으로 매입한 부재료비 3,000,000원이 누락된 것으로 확인된다.

02 [일반전표입력] 메뉴를 이용하여 다음의 거래 자료를 입력하시오(일반전표입력의 모든 거래는 부가가치세를 고려하지 말 것). (18점)

――――――――――― < 입력시 유의사항 > ―――――――――――

- 일반적인 적요의 입력은 생략하지만, 타계정 대체거래는 적요번호를 선택하여 입력한다.
- 채권·채무와 관련된 거래는 별도의 요구가 없는 한 반드시 기등록된 거래처코드를 선택하는 방법으로 거래처명을 입력한다.
- 제조경비는 500번대 계정코드를, 판매비와관리비는 800번대 계정코드를 사용한다.
- 회계처리 시 계정과목은 별도의 제시가 없는 한 등록된 계정과목 중 가장 적절한 과목으로 한다.

(1) 07월 05일 영업팀 직원들에 대한 확정기여형(DC형) 퇴직연금 납입액 1,400,000원을 보통예금 계좌에서 이체하여 납입하였다. (3점)

(2) 07월 25일 ㈜고운상사의 외상매출금 중 5,500,000원은 약속어음으로 받고, 나머지 4,400,000원은 보통예금 계좌로 입금받았다. (3점)

(3) 08월 30일 자금 부족으로 인하여 ㈜재원에 대한 받을어음 50,000,000원을 만기일 전에 은행에서 할인받고, 할인료 5,000,000원을 차감한 잔액이 보통예금 계좌로 입금되었다(단, 본 거래는 매각거래이다). (3점)

(4) 10월 03일 단기 투자 목적으로 보유하고 있는 ㈜미학건설의 주식으로부터 배당금 2,300,000원이 확정되어 즉시 보통예금 계좌로 입금되었다. (3점)

(5) 10월 31일 재무팀 강가연 팀장의 10월분 급여를 농협 보통예금 계좌에서 이체하여 지급하였다(단, 공제합계액은 하나의 계정과목으로 회계처리할 것). (3점)

20X1년 10월 급여명세서				
이 름	강가연	지 급 일		20X1년 10월 31일
기 본 급	4,500,000원	소 득 세		123,000원
식 대	200,000원	지 방 소 득 세		12,300원
자 가 운 전 보 조 금	200,000원	국 민 연 금		90,500원
		건 강 보 험		55,280원
		고 용 보 험		100,000원
급 여 계	4,900,000원	공 제 합 계		381,080원
		지 급 총 액		4,518,920원

(6) 12월 21일 자금 조달을 위하여 사채(액면금액 8,000,000원, 3년 만기)를 8,450,000원에 발행하고, 납입금은 당좌예금 계좌로 입금하였다. (3점)

03 다음 거래 자료를 [매입매출전표입력] 메뉴에 입력하시오. (18점)

───── < 입력시 유의사항 > ─────

• 일반적인 적요의 입력은 생략하지만, 타계정 대체거래는 적요번호를 선택하여 입력한다.
• 채권·채무와 관련된 거래는 별도의 요구가 없는 한 반드시 기등록된 거래처코드를 선택하는 방법으로 거래처명을 입력한다.
• 제조경비는 500번대 계정코드를, 판매비와관리비는 800번대 계정코드를 사용한다.
• 회계처리 시 계정과목은 별도의 제시가 없는 한 등록된 계정과목 중 가장 적절한 과목으로 한다.
• 입력화면 하단의 분개까지 처리하고, 전자세금계산서 및 전자계산서는 전자입력으로 반영한다.

(1) 07월 20일 미국 소재법인 NDVIDIA에 직수출하는 제품의 선적을 완료하였으며, 수출대금 $5,000는 차후에 받기로 하였다. 제품수출계약은 7월 1일에 체결하였으며, 일자별 기준환율은 아래와 같다(단, 수출신고번호 입력은 생략할 것). (3점)

일자	계약일 20X1.07.01.	선적일 20X1.07.20.
기준환율	1,100원/$	1,200원/$

(2) 07월 23일   당사가 소유하던 토지(취득원가 62,000,000원)를 돌상상회에 65,000,000원에 매각하기로 계약하면서 동시에 전자계산서를 발급하였다. 대금 중 30,000,000원은 계약 당일 보통예금 계좌로 입금받았으며, 나머지는 다음 달에 받기로 약정하였다. (3점)

(3) 08월 10일   영업팀에서 회사 제품을 홍보하기 위해 광고닷컴에서 홍보용 수첩을 제작하고 현대카드로 결제하였다. (3점)

카드번호 (9876-****-****-1230)	
승인번호	28516480
거래일자	20X1년08월10일15:29:44
결제방법	일시불
가맹점명	광고닷컴
가맹점번호	23721275
대표자명	김광고
사업자등록번호	305-35-65424
전화번호	02-651-1212
주소	서울특별시 서초구 명달로 100
공급가액	4,000,000원
부가세액	400,000원
승인금액	4,400,000원

고객센터(1577-8398) | www.hyundaicard.com

Hyundai Card 현대카드

(4) 08월 17일   제품 생산에 필요한 원재료를 구입하고, 아래의 전자세금계산서를 발급받았다. (3점)

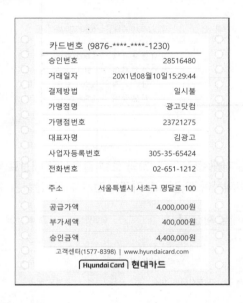

전자세금계산서					승인번호		20X10817-15454645-58811889		
공급자	등록번호	139-81-54313	종사업장번호		공급받는자	등록번호	125-86-65247	종사업장번호	
	상호(법인명)	㈜고철상사	성명	황영민		상호(법인명)	㈜하나전자	성명	김영순
	사업장	서울특별시 서초구 명달로 3				사업장	경기도 남양주시 덕릉로 1067		
	업태	도소매	종목	전자부품		업태	제조,도소매	종목	전자부품
	이메일					이메일			
						이메일			

작성일자	공급가액	세액	수정사유
20X1/08/17	12,000,000	1,200,000	해당 없음
비고			

월	일	품목	규격	수량	단가	공급가액	세액	비고
08	17	k-312 벨브		200	60,000	12,000,000	1,200,000	

합계금액	현금	수표	어음	외상미수금	이 금액을 (청구) 함
13,200,000			5,000,000	8,200,000	

(5) 08월 28일 ㈜와마트에서 업무용으로 사용하는 냉장고를 5,500,000원(부가가치세 포함)에 현금으로 **구입하고, 현금영수증(지출증빙용)을 수취하였다(단, 자산으로 처리할 것). (3점)**

㈜와마트

133-81-05134   류예린
서울특별시 구로구 구로동로 10   TEL : 02-117-2727
홈페이지 http://www.kacpta.or.kr

현금영수증(지출증빙용)

구매 20X1/08/28/17:27   거래번호 : 0031-0027

상품명	수량	단가	금액
냉장고	1	5,500,000원	5,500,000원
		과세물품가액	5,000,000원
		부가가치세액	500,000원
		합 계	5,500,000원
		받은금액	5,500,000원

(6) 11월 08일 대표이사 김영순(거래처코드 : 375)의 호텔 결혼식장 대관료(업무관련성 없음)를 당사의 보통예금 계좌에서 이체하여 지급하고, 아래의 전자세금계산서를 수취하였다. (3점)

전자세금계산서				승인번호		20X11108-27620200-4651260		
공급자	등록번호	511-81-53215	종사업장번호		공급받는자	등록번호	125-86-65247	종사업장번호
	상호(법인명)	대박호텔㈜	성명	김대박		상호(법인명)	㈜하나전자	성명	김영순
	사업장	서울특별시 강남구 도산대로 104				사업장	경기도 남양주시 덕릉로 1067	
	업태	숙박,서비스	종목	호텔, 장소대여		업태	제조,도소매	종목	전자부품
	이메일					이메일		
						이메일		

작성일자	공급가액	세액	수정사유
20X1/11/08	25,000,000	2,500,000	해당 없음
비고			

월	일	품목	규격	수량	단가	공급가액	세액	비고
11	08	파라다이스 홀 대관			25,000,000	25,000,000	2,500,000	

합계금액	현금	수표	어음	외상미수금	이 금액을 **(영수)** 함
27,500,000	27,500,000				

04 [일반전표입력] 및 [매입매출전표입력] 메뉴에 입력된 내용 중 다음과 같은 오류가 발견되었다. 입력된 내용을 확인하여 정정하시오. (6점)

(1) 11월 12일   호호꽃집에서 영업부 사무실에 비치할 목적으로 구입한 공기정화식물(소모품비)의 대금 100,000 원을 보통예금 계좌에서 송금하고 전자계산서를 받았으나 전자세금계산서로 처리하였다. (3점)

(2) 12월 12일   본사 건물에 엘리베이터를 설치하고 ㈜베스트디자인에 지급한 88,000,000원(부가가치세 포함) 을 비용으로 처리하였으나, 건물의 자본적지출로 처리하는 것이 옳은 것으로 판명되었다. (3점)

05 결산정리사항은 다음과 같다. 관련 메뉴를 이용하여 결산을 완료하시오. (9점)

(1) 당기 중 단기시세차익을 목적으로 ㈜눈사람의 주식 100주(1주당 액면금액 100원)를 10,000,000원에 취득 하였으나, 기말 현재 시장가격은 12,500,000원이다(단, ㈜눈사람의 주식은 시장성이 있다). (3점)

(2) 기말 현재 미국 GODS사에 대한 장기대여금 $2,000가 계상되어 있다. 장부금액은 2,100,000원이며, 결산 일 현재 기준환율은 1,120원/$이다. (3점)

(3) 기말 현재 당기분 법인세(지방소득세 포함)는 15,000,000원으로 산출되었다. 관련된 결산 회계처리를 하 시오(단, 당기분 법인세 중간예납세액 5,700,000원과 이자소득 원천징수세액 1,300,000원은 선납세금으 로 계상되어 있다). (3점)

06 다음 사항을 조회하여 답안을 [이론문제 답안작성] 메뉴에 입력하시오. (9점)

(1) 3월에 발생한 판매비와일반관리비 중 발생액이 가장 적은 계정과목과 그 금액은 얼마인가? (3점)

(2) 20X1년 2월 말 현재 미수금과 미지급금의 차액은 얼마인가? (단, 반드시 양수로 기재할 것) (3점)

(3) 20X1년 제1기 부가가치세 확정신고기간(4월~6월)의 공제받지못할매입세액은 얼마인가? (3점)

이론시험

다음 문제를 보고 알맞은 것을 골라 │이론문제 답안작성│ 메뉴에 입력하시오. (객관식 문항당 2점)

─── < 기 본 전 제 > ───
문제에서 한국채택국제회계기준을 적용하도록 하는 전제조건이 없는 경우, 일반기업회계기준을 적용한다.

01 다음 중 회계의 기본가정과 특징이 아닌 것은?

① 기업의 관점에서 경제활동에 대한 정보를 측정 · 보고한다.

② 기업이 예상가능한 기간동안 영업을 계속할 것이라 가정한다.

③ 기업은 수익과 비용을 인식하는 시점을 현금이 유입 · 유출될 때로 본다.

④ 기업의 존속기간을 일정한 기간단위로 분할하여 각 기간 단위별로 정보를 측정 · 보고한다.

02 다음 중 상품의 매출원가 계산 시 총매입액에서 차감해야 할 항목은 무엇인가?

① 기초재고액
② 매입수수료
③ 매입환출 및 매입에누리
④ 매입 시 운반비

03 건물 취득 시에 발생한 금액들이 다음과 같을 때, 건물의 취득원가는 얼마인가?

• 건물 매입금액	2,000,000,000원	• 자본화 대상 차입원가	150,000,000원
• 건물 취득세	200,000,000원	• 관리 및 기타 일반간접원가	16,000,000원

① 21억 5,000만원
② 22억원
③ 23억 5,000만원
④ 23억 6,600만원

04 다음 중 무형자산에 대한 설명으로 틀린 것은?

① 물리적인 실체는 없지만 식별이 가능한 비화폐성 자산이다.

② 무형자산을 통해 발생하는 미래 경제적 효익을 기업이 통제할 수 있어야 한다.

③ 무형자산은 자산의 정의를 충족하면서 다른 자산들과 분리하여 거래를 할 수 있거나 계약상 또는 법적 권리로부터 발생하여야 한다.

④ 일반기업회계기준은 무형자산의 회계처리와 관련하여 영업권을 포함한 무형자산의 내용연수를 원칙적으로 40년을 초과하지 않도록 한정하고 있다.

05 다음 중 재무제표에 해당하지 않는 것은?

① 기업의 계정별 합계와 잔액을 나타내는 시산표

② 일정 시점 현재 기업의 재무상태(자산, 부채, 자본)을 나타내는 보고서

③ 기업의 자본에 관하여 일정기간 동안의 변동 흐름을 파악하기 위해 작성하는 보고서

④ 재무제표의 과목이나 금액에 기호를 붙여 해당 항목에 대한 추가 정보를 나타내는 별지

06 다음 중 유동부채와 비유동부채의 분류가 적절하지 않은 것은?

	유동부채	비유동부채
①	단기차입금	사채
②	외상매입금	유동성장기부채
③	미지급비용	장기차입금
④	지급어음	퇴직급여충당부채

07 다음의 자본 항목 중 포괄손익계산서에 영향을 미치는 항목은 무엇인가?

① 감자차손

② 주식발행초과금

③ 자기주식처분이익

④ 매도가능증권평가이익

08 다음 자료 중 빈 칸 (A)에 들어갈 금액으로 적당한 것은?

기초상품 재고액	매입액	기말상품 재고액	매출원가	매출액	매출총이익	판매비와 관리비	당기순손익
219,000원	350,000원	110,000원		290,000원		191,000원	A

① 당기순손실 360,000원

② 당기순손실 169,000원

③ 당기순이익 290,000원

④ 당기순이익 459,000원

09 다음 중 원가행태에 따라 변동원가와 고정원가로 분류할 때 이에 대한 설명으로 틀린 것은?

① 고정원가는 조업도가 증가할수록 단위당 원가도 증가한다.

② 고정원가는 조업도가 증가하여도 총원가는 일정하다.

③ 변동원가는 조업도가 증가하여도 단위당 원가는 일정하다.

④ 변동원가는 조업도가 증가할수록 총원가도 증가한다.

10 다음 중 보조부문원가를 배분하는 방법 중 옳지 않은 것은?

① 상호배분법은 보조부문 상호 간의 용역수수관계를 완전히 반영하는 방법이다.

② 단계배분법은 보조부문 상호 간의 용역수수관계를 전혀 반영하지 않는 방법이다.

③ 직접배분법은 보조부문 상호 간의 용역수수관계를 전혀 반영하지 않는 방법이다.

④ 상호배분법, 단계배분법, 직접배분법 어떤 방법을 사용하더라도 보조부문의 총원가는 제조부문에 모두 배분된다.

11 다음 자료에 의한 당기총제조원가는 얼마인가? 단, 노무원가는 발생주의에 따라 계산한다.

• 기초원재료	300,000원	• 당기지급임금액	350,000원
• 기말원재료	450,000원	• 당기원재료매입액	1,300,000원
• 전기미지급임금액	150,000원	• 제조간접원가	700,000원
• 당기미지급임금액	250,000원	• 기초재공품	200,000원

① 2,100,000원　　② 2,300,000원　　③ 2,450,000원　　④ 2,500,000원

12 다음 중 종합원가계산에 대한 설명으로 옳지 않은 것은?

① 소품종 대량 생산하는 업종에 적용하기에 적합하다.

② 공정 과정에서 발생하는 공손 중 정상공손은 제품의 원가에 가산한다.

③ 평균법을 적용하는 경우 기초재공품원가를 당기에 투입한 것으로 가정한다.

④ 제조원가 중 제조간접원가는 실제 조업도에 예정배부율을 반영하여 계산한다.

13 다음 중 부가가치세법상 세금계산서를 발급할 수 있는 자는?

① 면세사업자로 등록한 자

② 사업자등록을 하지 않은 자

③ 사업자등록을 한 일반과세자

④ 간이과세자 중 직전 사업연도 공급대가가 4,800만원 미만인 자

14 다음 중 부가가치세법상 대손사유에 해당하지 않는 것은?

① 소멸시효가 완성된 어음 · 수표

② 특수관계인과의 거래로 인해 발생한 중소기업의 외상매출금으로서 회수기일이 2년 이상 지난 외상매출금

③ 채무자의 파산, 강제집행, 형의 집행, 사업의 폐지, 사망, 실종, 행방불명으로 인하여 회수할 수 없는 채권

④ 부도발생일부터 6개월 이상 지난 외상매출금(중소기업의 외상매출금으로서 부도발생일 이전의 것에 한정한다)

15 다음 중 부가가치세법상 공급시기로 옳지 않은 것은?

① 폐업 시 잔존재화의 경우 : 폐업하는 때

② 내국물품을 외국으로 수출하는 경우 : 수출재화의 선적일

③ 무인판매기로 재화를 공급하는 경우 : 무인판매기에서 현금을 인취하는 때

④ 위탁판매의 경우(위탁자 또는 본인을 알 수 있는 경우) : 위탁자가 판매를 위탁한 때

㈜혜송상사(회사코드:8113)는 자동차부품 등의 제조 및 도소매업을 영위하는 중소기업으로 당기회계기간은 20X1.1.1.~20X1.12.31.이다. 전산세무회계수험용프로그램을 이용하여 다음 물음에 답하시오.

─── < 기 본 전 제 > ───

• 문제에서 한국채택국제회계기준을 적용하도록 하는 전제조건이 없는 경우, 일반기업회계기준을 적용하여 회계처리 한다.
• 문제의 풀이와 답안작성은 제시된 문제의 순서대로 진행한다.

01 다음은 [기초정보관리] 및 [전기분재무제표]에 대한 자료이다. 각각의 요구사항에 대하여 답하시오. (10점)

(1) 다음의 자료를 이용하여 [거래처등록] 메뉴에서 신규거래처를 추가로 등록하시오. (3점)

• 거래처코드 : 00777
• 거래처명 : 슬기로운㈜
• 사업자등록번호 : 253-81-13578
• 업태 : 도매
• 사업장주소 : 부산광역시 부산진구 중앙대로 663(부전동)
  ※ 주소 입력 시 우편번호는 생략해도 무방함
• 거래처구분 : 일반거래처
• 유형 : 동시
• 대표자 : 김슬기
• 종목 : 금속

(2) 다음 자료를 이용하여 [계정과목및적요등록] 메뉴에서 대체적요를 등록하시오. (3점)

• 코드 : 134   • 계정과목 : 가지급금   • 대체적요 : 8. 출장비 가지급금 정산

(3) 전기분 손익계산서를 검토한 결과 다음과 같은 오류가 발견되었다. 해당 오류와 관련된 [전기분원가명세서] 및 [전기분손익계산서]를 수정하시오. (4점)

공장 일부 직원의 임금 2,200,000원이 판매비및일반관리비 항목의 급여(801)로 반영되어 있다.

02 [일반전표입력] 메뉴를 이용하여 다음의 거래 자료를 입력하시오(일반전표입력의 모든 거래는 부가가치세를 고려하지 말 것). (18점)

─── < 입력시 유의사항 > ───

- 일반적인 적요의 입력은 생략하지만, 타계정 대체거래는 적요번호를 선택하여 입력한다.
- 채권·채무와 관련된 거래는 별도의 요구가 없는 한 반드시 기등록된 거래처코드를 선택하는 방법으로 거래처명을 입력한다.
- 제조경비는 500번대 계정코드를, 판매비와관리비는 800번대 계정코드를 사용한다.
- 회계처리 시 계정과목은 별도의 제시가 없는 한 등록된 계정과목 중 가장 적절한 과목으로 한다.

(1) 07월 15일   ㈜상수로부터 원재료를 구입하기로 계약하고, 당좌수표를 발행하여 계약금 3,000,000원을 지급하였다. (3점)

(2) 08월 05일   사옥 취득을 위한 자금 900,000,000원(만기 6개월)을 우리은행으로부터 차입하고, 선이자 36,000,000원(이자율 연 8%)을 제외한 나머지 금액을 보통예금 계좌로 입금받았다(단, 하나의 전표로 입력하고, 선이자지급액은 선급비용으로 회계처리할 것). (3점)

(3) 09월 10일   창고 임차보증금 10,000,000원(거래처 : ㈜대운) 중에서 미지급금으로 계상되어 있는 작년분 창고 임차료 1,000,000원을 차감하고 나머지 임차보증금만 보통예금으로 돌려받았다. (3점)

(4) 10월 20일   ㈜영광상사에 대한 외상매출금 2,530,000원 중 1,300,000원이 보통예금 계좌로 입금되었다. (3점)

(5) 11월 29일   장기투자 목적으로 ㈜콘프상사의 보통주 2,000주를 1주당 10,000원(1주당 액면가액 5,000원)에 취득하고 대금은 매입수수료 240,000원과 함께 보통예금 계좌에서 이체하여 지급하였다. (3점)

(6) 12월 08일   수입한 상품에 부과된 관세 7,560,000원을 보통예금 계좌에서 이체하여 납부하였다. (3점)

		납부영수증서[납부자용]		File No : 사업자과세
				B/L No. : 45241542434

사업자번호 : 312-86-12548			
회계구분	관세청소관 일반회계	납부기한	20X1년 12월 08일
회계연도	20X1	발행일자	20X1년 12월 02일

수입징수관 계좌번호	110288	납부자 번호	0127 040-11-17-6-178461-8	납기내 금액	7,560,000
※수납기관에서는 위의 굵은 선 안의 내용을 즉시 전산입력하여 수입징수관에 EDI방식으로 통지될 수 있도록 하시기 바랍니다.				납기후 금액	

수입신고번호	41209-17-B11221W		수입징수관서	인천세관
납부자	성명	황동규	상호	(주)혜송상사
	주소	경기도 용인시 기흥구 갈곡로 6(구갈동)		

20X1년 12월 2일
수입징수관 인천세관

03 다음 거래 자료를 [매입매출전표입력] 메뉴에 입력하시오. (18점)

─── < 입력시 유의사항 > ───

- 일반적인 적요의 입력은 생략하지만, 타계정 대체거래는 적요번호를 선택하여 입력한다.
- 채권·채무와 관련된 거래는 별도의 요구가 없는 한 반드시 기등록된 거래처코드를 선택하는 방법으로 거래처명을 입력한다.
- 제조경비는 500번대 계정코드를, 판매비와관리비는 800번대 계정코드를 사용한다.
- 회계처리 시 계정과목은 별도의 제시가 없는 한 등록된 계정과목 중 가장 적절한 과목으로 한다.
- 입력화면 하단의 분개까지 처리하고, 전자세금계산서 및 전자계산서는 전자입력으로 반영한다.

(1) 08월 10일   ㈜산양산업으로부터 영업부에서 사용할 소모품(공급가액 950,000원, 부가가치세 별도)을 현금으로 구입하고 전자세금계산서를 발급받았다. 단, 소모품은 자산으로 처리한다. (3점)

(2) 08월 22일　내국신용장으로 수출용 제품의 원재료 34,000,000원을 ㈜로띠상사에서 매입하고 아래의 영세율전자세금계산서를 발급받았다. 대금은 당사가 발행한 3개월 만기 약속어음으로 지급하였다. (3점)

영세율전자세금계산서					승인번호		20X10822-14258645-58811657		
공급자	등록번호	124-86-15012	종사업장번호		공급받는자	등록번호	312-86-12548	종사업장번호	
	상호(법인명)	㈜로띠상사	성명	이로운		상호(법인명)	㈜혜송상사	성명	황동규
	사업장	대전광역시 대덕구 대전로1019번길 28-10				사업장	경기도 용인시 기흥구 갈곡로 6		
	업태	제조	종목	부품		업태	제조,도소매	종목	자동차부품
	이메일					이메일	hyesong@hscorp.co.kr		
						이메일			

작성일자	공급가액	세액	수정사유
20X1/08/22	34,000,000원		
비고			

월	일	품목	규격	수량	단가	공급가액	세액	비고
08	22	부품 kT_01234				34,000,000원		

합계금액	현금	수표	어음	외상미수금	이 금액을 (청구) 함
34,000,000원			34,000,000원		

(3) 08월 25일　송강수산으로부터 영업부 직원선물로 마른멸치세트 500,000원, 영업부 거래처선물로 마른멸치세트 300,000원을 구매하였다. 대금은 보통예금 계좌에서 이체하여 지급하고 아래의 전자계산서를 발급받았다(단, 하나의 거래로 작성할 것). (3점)

전자계산서					승인번호		20X10825-1832324-1635032		
공급자	등록번호	850-91-13586	종사업장번호		공급받는자	등록번호	312-86-12548	종사업장번호	
	상호(법인명)	송강수산	성명	송강		상호(법인명)	㈜혜송상사	성명	황동규
	사업장	경상남도 남해군 남해읍 남해대로 2751				사업장	경기도 용인시 기흥구 갈곡로 6		
	업태	도소매	종목	건어물		업태	제조,도소매	종목	자동차부품
	이메일					이메일	hyesong@hscorp.co.kr		
						이메일			

작성일자	공급가액	수정사유	비고
20X1/08/25	800,000원		

월	일	품목	규격	수량	단가	공급가액	비고
08	25	마른멸치세트		5	100,000원	500,000원	
08	25	마른멸치세트		3	100,000원	300,000원	

합계금액	현금	수표	어음	외상미수금	이 금액을 (영수) 함
800,000원	800,000원				

(4) 10월 16일   업무와 관련없이 대표이사 황동규가 개인적으로 사용하기 위하여 상해전자㈜에서 노트북 1대
를 2,100,000원(부가가치세 별도)에 외상으로 구매하고 아래의 전자세금계산서를 발급받았다
(단, 가지급금 계정을 사용하고, 거래처를 입력할 것). (3점)

전자세금계산서					승인번호		20X11016-15454645-58811886		
공급자	등록번호	501-81-12347	종사업장번호		공급받는자	등록번호	312-86-12548	종사업장번호	
	상호(법인명)	상해전자㈜	성명	김은지		상호(법인명)	㈜혜송상사	성명	황동규
	사업장	서울특별시 동작구 여의대방로 28				사업장	경기도 용인시 기흥구 갈곡로 6		
	업태	도소매	종목	전자제품		업태	제조,도소매	종목	자동차부품
	이메일					이메일	hyesong@hscorp.co.kr		
						이메일			

작성일자	공급가액	세액	수정사유
20X1/10/16	2,100,000원	210,000원	해당 없음
비고			

월	일	품목	규격	수량	단가	공급가액	세액	비고
10	16	노트북		1	2,100,000원	2,100,000원	210,000원	

합계금액	현금	수표	어음	외상미수금	이 금액을 (청구) 함
2,310,000원				2,310,000원	

(5) 11월 04일   개인소비자 김은우에게 제품을 770,000원(부가가치세 포함)에 판매하고, 대금은 김은우의 신
한카드로 수취하였다(단, 신용카드 결제대금은 외상매출금으로 회계처리할 것). (3점)

(6) 12월 04일　제조부가 사용하는 기계장치의 원상회복을 위한 수선비 880,000원을 하나카드로 결제하고
　　　　　　　다음의 매출전표를 수취하였다. (3점)

하나카드 승인전표

카드번호	4140-0202-3245-9959
거래유형	국내일반
결제방법	일시불
거래일시	20X1.12.04.15:35:45
취소일시	
승인번호	98421149

공급가액	**800,000원**
부가세	**80,000원**
봉사료	
승인금액	**880,000원**

가맹점명	㈜뚝딱수선
가맹점번호	00990218110
가맹점 전화번호	031-828-8624
가맹점 주소	경기도 성남시 수정구 성남대로 1169
사업자등록번호	204-81-76697
대표자명	이은샘

ㅎ 하나카드

04 [일반전표입력] 및 [매입매출전표입력] 메뉴에 입력된 내용 중 다음과 같은 오류가 발견되었다. 입력된 내용을 확인하여 정정하시오. (6점)

(1) 09월 09일　㈜초록산업으로부터 5,000,000원을 차입하고 이를 모두 장기차입금으로 회계처리하였으나,
　　　　　　　그중 2,000,000원의 상환기일은 20X1년 12월 8일로 확인되었다. (3점)

(2) 10월 15일　바로카센터에서 영업부의 영업용 화물차량을 점검 및 수리하고 차량유지비 250,000원(부가
　　　　　　　세 별도)을 현금으로 지급하였으며, 전자세금계산서를 발급받았다. 그러나 회계 담당 직원의 실
　　　　　　　수로 이를 일반전표에 입력하였다. (3점)

05 결산정리사항은 다음과 같다. 관련 메뉴를 이용하여 결산을 완료하시오. (9점)

(1) 결산일 현재 외상매입금 잔액은 20X1년 1월 2일 미국에 소재한 원재료 공급거래처 NOVONO로부터 원재료 $5,500를 외상으로 매입하고 미지급한 잔액 $2,000가 포함되어 있다(단, 매입 시 기준환율은 1,100원/$, 결산 시 기준환율은 1,200원/$이다). (3점)

(2) 12월 31일 결산일 현재 단기 매매 목적으로 보유 중인 지분증권에 대한 자료는 다음과 같다. 적절한 결산 분개를 하시오. (3점)

종목	취득원가	결산일 공정가치	비고
㈜가은	56,000,000원	54,000,000원	단기 매매 목적

(3) 20X1년 5월 1일 제조부 공장의 1년치 화재보험료(20X1년 5월 1일~20X2년 4월 30일) 3,600,000원을 보통예금 계좌에서 이체하여 납부하고 전액 보험료(제조경비)로 회계처리하였다(단, 보험료는 월할 계산하고, 거래처입력은 생략할 것). (3점)

06 다음 사항을 조회하여 답안을 [이론문제 답안작성] 메뉴에 입력하시오. (9점)

(1) 20X1년 제1기 부가가치세 확정신고(20X1.04.01.~20X1.06.30.)에 반영된 예정신고누락분 매출의 공급가액과 매출세액은 각각 얼마인가? (3점)

(2) 2분기(4월~6월) 중 제조원가 항목의 복리후생비 지출액이 가장 많이 발생한 월(月)과 그 금액을 각각 기재하시오. (3점)

(3) 4월 말 현재 미지급금 잔액이 가장 큰 거래처명과 그 금액은 얼마인가? (3점)

전산회계 1급

이론시험

다음 문제를 보고 알맞은 것을 골라 이론문제 답안작성 메뉴에 입력하시오. (객관식 문항당 2점)

─────── < 기 본 전 제 > ───────
문제에서 한국채택국제회계기준을 적용하도록 하는 전제조건이 없는 경우, 일반기업회계기준을 적용한다.

01 다음 중 일반기업회계기준에 따른 재무제표의 종류에 해당하지 않는 것은?

① 현금흐름표　　　② 주석　　　③ 제조원가명세서　　　④ 재무상태표

02 다음 중 정액법으로 감가상각을 계산할 때 관련이 없는 것은?

① 잔존가치　　　② 취득원가　　　③ 내용연수　　　④ 생산량

03 다음 중 이익잉여금처분계산서에 나타나지 않는 항목은?

① 이익준비금　　　② 자기주식　　　③ 현금배당　　　④ 주식배당

04 다음 중 결산 수정분개의 대상 항목 또는 유형으로 적합하지 않은 것은?

① 위탁매출은 위탁자가 수탁자로부터 판매대금을 지급받는 때에 수익을 인식한다.

② 상품권매출은 물품 등을 제공하거나 판매하면서 상품권을 회수하는 때에 수익을 인식한다.

③ 단기할부매출은 상품 등을 판매(인도)한 날에 수익을 인식한다.

④ 용역매출은 진행기준에 따라 수익을 인식한다.

05 다음 중 계정과목의 분류가 나머지 계정과목과 다른 하나는 무엇인가?

① 임차보증금　　　② 산업재산권　　　③ 프랜차이즈　　　④ 소프트웨어

06 다음 중 자본의 분류 항목의 성격이 다른 것은?

① 자기주식　　　② 주식할인발행차금　　　③ 자기주식처분이익　　　④ 감자차손

07 실제 기말재고자산의 가액은 50,000,000원이지만 장부상 기말재고자산의 가액이 45,000,000원으로 기재된 경우, 해당 오류가 재무제표에 미치는 영향으로 다음 중 옳지 않은 것은?

① 당기순이익이 실제보다 5,000,000원 감소한다.

② 매출원가가 실제보다 5,000,000원 증가한다.

③ 자산총계가 실제보다 5,000,000원 감소한다.

④ 자본총계가 실제보다 5,000,000원 증가한다.

08 다음의 거래를 회계처리할 경우에 사용되는 계정과목으로 옳은 것은?

> 7월 1일　투자 목적으로 영업활동에 사용할 예정이 없는 토지를 5,000,000원에 취득하고 대금은 3개월 후에 지급하기로 하다. 단, 중개수수료 200,000원은 타인이 발행한 당좌수표로 지급하다.

① 외상매입금　　　② 당좌예금　　　③ 수수료비용　　　④ 투자부동산

09 다음 중 원가 개념에 관한 설명으로 옳지 않은 것은?

① 관련 범위 밖에서 총고정원가는 일정하다.

② 매몰원가는 의사결정에 영향을 주지 않는다.

③ 관련 범위 내에서 단위당 변동원가는 일정하다.

④ 관련원가는 대안 간에 차이가 나는 미래원가로서 의사결정에 영향을 준다.

10 다음 중 제조원가명세서에서 제공하는 정보가 아닌 것은?

① 기말재공품재고액　　　② 당기제품제조원가　　　③ 당기총제조원가　　　④ 매출원가

11 다음 중 보조부문 원가의 배부기준으로 적합하지 않은 것은?

	보조부문원가	배부기준
①	건물 관리 부문	점유 면적
②	공장 인사관리 부문	급여 총액
③	전력 부문	전력 사용량
④	수선 부문	수선 횟수

12 다음 자료를 토대로 선입선출법에 의한 직접재료원가 및 가공원가의 완성품환산량을 각각 계산하면 얼마인가?

> • 기초재공품 5,000개(완성도 70%)　　　• 당기착수량 35,000개
> • 기말재공품 10,000개(완성도 30%)　　• 당기완성품 30,000개
> • 재료는 공정초기에 전량투입되며, 가공원가는 공정 전반에 걸쳐 균등하게 발생한다.

	직접재료원가	가공원가
①	35,000개	29,500개
②	35,000개	34,500개
③	40,000개	34,500개
④	45,000개	29,500개

13 다음 중 우리나라 부가가치세법의 특징으로 옳지 않은 것은?

① 소비지국과세원칙　　　　　　　② 생산지국과세원칙

③ 전단계세액공제법　　　　　　　④ 간접세

14 다음 중 아래의 자료와 같은 결합관계가 나타날 수 있는 회계상 거래를 고르시오.

① 사업개시일 이전에 사업자등록을 신청한 경우에 최초의 과세기간은 그 신청한 날부터 그 신청일이 속하는 과세기간의 종료일까지로 한다.

② 사업자가 폐업하는 경우의 과세기간은 폐업일이 속하는 과세기간의 개시일부터 폐업일까지로 한다.

③ 폐업자의 경우 폐업일이 속하는 과세기간 종료일부터 25일 이내에 확정신고를 하여야 한다.

④ 간이과세자의 과세기간은 1월 1일부터 12월 31일까지로 한다.

15 다음 중 부가가치세법상 매입세액공제가 가능한 것은?

① 사업과 관련하여 접대용 물품을 구매하고 발급받은 신용카드매출전표상의 매입세액

② 제조업을 영위하는 법인이 업무용 소형승용차(1,998cc)의 유지비용을 지출하고 발급받은 현금영수증상의 매입세액

③ 제조부서의 화물차 수리를 위해 지출하고 발급받은 세금계산서상의 매입세액

④ 회계부서에서 사용할 물품을 구매하고 발급받은 간이영수증에 포함되어 있는 매입세액

㈜유미기계(회사코드:8112)는 기계부품 등의 제조·도소매업 및 부동산임대업을 영위하는 중소기업으로 당기 회계기간은 20X1.1.1.~20X1.12.31.이다. 전산세무회계 수험용 프로그램을 이용하여 다음 물음에 답하시오.

────── < 기 본 전 제 > ──────

• 문제에서 한국채택국제회계기준을 적용하도록 하는 전제조건이 없는 경우, 일반기업회계기준을 적용하여 회계처리 한다.
• 문제의 풀이와 답안작성은 제시된 문제의 순서대로 진행한다.

01 다음은 [기초정보관리] 및 [전기분재무제표]에 대한 자료이다. 각각의 요구사항에 대하여 답하시오. (10점)

(1) 다음의 신규 거래처를 [거래처등록] 메뉴를 이용하여 추가로 등록하시오. (3점)

• 거래처코드 : 5230
• 거래처명 : ㈜대영토이   • 유형 : 동시
• 사업자등록번호 : 108-86-13574   • 대표자 : 박완구
• 업태 : 제조   • 종목 : 완구제조
• 사업장주소 : 경기도 광주시 오포읍 왕림로 139 ※ 주소입력 시 우편번호 입력은 생략해도 무방함.

(2) ㈜유미기계의 기초 채권 및 채무의 올바른 잔액은 다음과 같다. [거래처별초기이월] 자료를 검토하여 잘못된 부분은 오류를 정정하고, 누락된 부분은 추가하여 입력하시오. (3점)

계정과목	거래처	금액
외상매출금	알뜰소모품	5,000,000원
	튼튼사무기	3,800,000원
받을어음	㈜클래식상사	7,200,000원
	㈜강림상사	2,000,000원
외상매입금	㈜해원상사	4,600,000원

(3) 전기분 재무상태표를 검토한 결과 기말 재고자산에서 다음과 같은 오류가 발견되었다. 관련된 [전기분 재무제표]를 모두 수정하시오. (4점)

계정과목	틀린 금액	올바른 금액	내용
원재료(0153)	73,600,000원	75,600,000원	입력 오류

02 [일반전표입력] 메뉴를 이용하여 다음의 거래 자료를 입력하시오(일반전표입력의 모든 거래는 부가가치세를 고려하지 말 것). (18점)

─────────── < 입력시 유의사항 > ───────────

- 일반적인 적요의 입력은 생략하지만, 타계정 대체거래는 적요번호를 선택하여 입력한다.
- 채권·채무와 관련된 거래는 별도의 요구가 없는 한 반드시 기등록된 거래처코드를 선택하는 방법으로 거래처명을 입력한다.
- 제조경비는 500번대 계정코드를, 판매비와관리비는 800번대 계정코드를 사용한다.
- 회계처리 시 계정과목은 별도의 제시가 없는 한 등록된 계정과목 중 가장 적절한 과목으로 한다.

(1) 08월 10일   제조부서의 7월분 건강보험료 680,000원을 보통예금으로 납부하였다. 납부한 건강보험료 중 50%는 회사부담분이며, 회사부담분 건강보험료는 복리후생비로 처리한다. (3점)

(2) 08월 23일   ㈜애플전자로부터 받아 보관하던 받을어음 3,500,000원의 만기가 되어 지급제시하였으나, 잔고 부족으로 지급이 거절되어 부도처리하였다(단, 부도난 어음은 부도어음과수표 계정으로 관리하고 있다). (3점)

(3) 09월 14일   영업부서에서 고용한 일용직 직원들의 일당 420,000원을 현금으로 지급하였다(단, 일용직에 대한 고용보험료 등의 원천징수액은 발생하지 않는 것으로 가정한다). (3점)

(4) 09월 26일   영업부서의 사원이 퇴직하여 퇴직연금 5,000,000원을 확정급여형(DB) 퇴직연금에서 지급하였다(단, 퇴직급여충당부채 감소로 회계처리하기로 한다). (3점)

(5) 10월 16일   단기 시세 차익을 목적으로 20X1년 5월 3일 취득하였던 ㈜더푸른컴퓨터의 주식 전부를 37,000,000원에 처분하고 대금은 보통예금 계좌로 입금받았다. 단, 취득 당시 관련 내용은 아래와 같다. (3점)

> • 취득 수량 : 5,000주   • 1주당 취득가액 : 7,000원   • 취득 시 거래수수료 : 35,000원

(6) 11월 29일   액면금액 50,000,000원의 사채(만기 3년)를 49,000,000원에 발행하였다. 대금은 보통예금 계좌로 입금되었다. (3점)

03 다음 거래 자료를 [매입매출전표입력] 메뉴에 입력하시오. (18점)

─────────── < 입력시 유의사항 > ───────────

- 일반적인 적요의 입력은 생략하지만, 타계정 대체거래는 적요번호를 선택하여 입력한다.
- 채권·채무와 관련된 거래는 별도의 요구가 없는 한 반드시 기등록된 거래처코드를 선택하는 방법으로 거래처명을 입력한다.
- 제조경비는 500번대 계정코드를, 판매비와관리비는 800번대 계정코드를 사용한다.
- 회계처리 시 계정과목은 별도의 제시가 없는 한 등록된 계정과목 중 가장 적절한 과목으로 한다.
- 입력화면 하단의 분개까지 처리하고, 전자세금계산서 및 전자계산서는 전자입력으로 반영한다.

(1) 09월 02일   ㈜신도기전에 제품을 판매하고 다음의 전자세금계산서를 발급하였다. 대금 중 어음은 ㈜신도기전이 발행한 것이다. (3점)

전자세금계산서

승인번호	20X1090214652823-1603488

공급자	등록번호	138-81-61276	종사업장번호		공급받는자	등록번호	130-81-95054	종사업장번호	
	상호(법인명)	㈜유미기계	성명	정현욱		상호(법인명)	㈜신도기전	성명	윤현진
	사업장주소	서울특별시 강남구 압구정로 347				사업장주소	울산 중구 태화로 150		
	업태	제조,도소매	종목	기계부품		업태	제조	종목	전자제품 외
	이메일					이메일			
						이메일			

작성일자	공급가액	세액	수정사유	비고
20X1-09-02	10,000,000	1,000,000		

월	일	품목	규격	수량	단가	공급가액	세액	비고
09	02	제품		2	5,000,000	10,000,000	1,000,000	

합계금액	현금	수표	어음	외상미수금	위 금액을 (청구) 함
11,000,000			8,000,000	3,000,000	

(2) 09월 12일 제조부서의 생산직 직원들에게 제공할 작업복 10벌을 인천상회로부터 구입하고 우리카드(법인)로 결제하였다(단, 회사는 작업복 구입 시 즉시 전액 비용으로 처리한다). (3점)

우리 마음속 첫 번째 금융, ◎우리카드

20X1.09.12.(화) 14:03:54

495,000원

정상승인 | 일시불

결제 정보

카드	우리카드(법인)
회원번호	2245-1223-****-1534
승인번호	76993452
이용구분	일시불

결제 금액   **495,000원**

공급가액	450,000원
부가세	45,000원
봉사료	0원

가맹점 정보

가맹점명	인천상회
사업자등록번호	126-86-21617
대표자명	김연서

위 거래 사실을 확인합니다.

(3) 10월 05일 미국의 PYBIN사에 제품 100개(1개당 판매금액 $1,000)를 직접 수출하고 대금은 보통예금 계좌로 송금받았다(단, 선적일인 10월 05일의 기준환율은 1,000원/$이며, 수출신고번호의 입력은 생략한다). (3점)

(4) 10월 22일 영업부서 직원들의 직무역량 강화를 위한 도서를 영건서점에서 현금으로 구매하고 전자계산서를 발급받았다. (3점)

전자계산서					승인번호		20X11022-15454645-58811886		
공급자	등록번호	112-60-61264	종사업장번호		공급받는자	등록번호	138-81-61276	종사업장번호	
	상호(법인명)	영건서점	성명	김종인		상호(법인명)	㈜유미기계	성명	정현욱
	사업장주소	인천시 남동구 남동대로 8				사업장주소	서울특별시 강남구 압구정로 347		
	업태	소매	종목	도서		업태	제조,도소매	종목	기계부품
	이메일					이메일			
						이메일			

작성일자	공급가액	수정사유	비고			
20X1-10-22	1,375,000	해당 없음				

월	일	품목	규격	수량	단가	공급가액	비고
10	22	도서(슬기로운 직장 생활 외)				1,375,000	

합계금액	현금	수표	어음	외상미수금	위 금액을 (**청구**) 함
1,375,000	1,375,000				

(5) 11월 02일   개인소비자에게 제품을 8,800,000원(부가가치세 포함)에 판매하고 현금영수증(소득공제용)을 발급하였다. 판매대금은 보통예금 계좌로 받았다. (3점)

(6) 12월 19일   매출거래처에 보낼 연말 선물로 홍성백화점에서 생활용품세트를 구입하고 아래 전자세금계산서를 발급받았으며, 대금은 국민카드(법인카드)로 결제하였다. (3점)

전자세금계산서					승인번호		20X11219-451542154-542124512		
공급자	등록번호	124-86-09276	종사업장번호		공급받는자	등록번호	138-81-61276	종사업장번호	
	상호(법인명)	홍성백화점	성명	조재광		상호(법인명)	㈜유미기계	성명	정현욱
	사업장주소	서울 강남구 테헤란로 101				사업장주소	서울특별시 강남구 압구정로 347		
	업태	도소매	종목	잡화		업태	제조,도소매	종목	기계부품
	이메일					이메일			
						이메일			

작성일자	공급가액	세액	수정사유	비고
20X1-12-19	500,000	50,000		

월	일	품목	규격	수량	단가	공급가액	세액	비고
12	19	생활용품세트		10	50,000	500,000	50,000	

합계금액	현금	수표	어음	외상미수금	위 금액을 (청구) 함
550,000				550,000	

04   [일반전표입력] 및 [매입매출전표입력] 메뉴에 입력된 내용 중 다음과 같은 오류가 발견되었다. 입력된 내용을 확인하여 정정하시오. (6점)

(1) 07월 31일   경영관리부서 직원을 위하여 확정급여형(DB형) 퇴직연금에 가입하고 보통예금 계좌에서 14,000,000원을 이체하였으나, 회계담당자는 확정기여형(DC형) 퇴직연금에 가입한 것으로 알고 회계처리를 하였다. (3점)

(2) 10월 28일   영업부서의 매출거래처에 선물하기 위하여 다다마트에서 현금으로 구입한 선물 세트 5,000,000원(부가가치세 별도, 전자세금계산서 수취)을 복리후생비로 회계처리를 하였다. (3점)

05 결산정리사항은 다음과 같다. 관련 메뉴를 이용하여 결산을 완료하시오. (9점)

(1) 7월 1일에 가입한 토스은행의 정기예금 5,000,000원(만기 1년, 연 이자율 6%)에 대하여 기간 경과분 이자를 계상하다. 단, 이자 계산은 월할 계산하며, 원천징수는 없다고 가정한다. (3점)

(2) 외상매입금 계정에는 중국에 소재한 거래처 상하이에 대한 외상매입금 2,000,000원($2,000)이 포함되어 있다(결산일 현재 기준환율 : 1,040원/$). (3점)

(3) 매출채권 잔액에 대하여만 1%의 대손충당금을 보충법으로 설정한다(단, 기중의 충당금에 대한 회계처리는 무시하고 아래 주어진 자료에 의해서만 처리한다). (3점)

구 분	기말채권 잔액	기말충당금 잔액	추가설정(△환입)액
외상매출금	15,000,000원	70,000원	80,000원
받을어음	12,000,000원	150,000원	△30,000원

06 다음 사항을 조회하여 답안을 이론문제 답안작성 메뉴에 입력하시오. (9점)

(1) 제1기 부가가치세 예정신고에 반영된 자료 중 현금영수증이 발행된 과세매출의 공급가액은 얼마인가? (3점)

(2) 6월 한 달 동안 발생한 제조원가 중 현금으로 지급한 금액은 얼마인가? (3점)

(3) 6월 30일 현재 외상매입금 잔액이 가장 작은 거래처명과 외상매입금 잔액은 얼마인가? (3점)

이론시험

다음 문제를 보고 알맞은 것을 골라 이론문제 답안작성 메뉴에 입력하시오. (객관식 문항당 2점)

─── < 기 본 전 제 > ───

문제에서 한국채택국제회계기준을 적용하도록 하는 전제조건이 없는 경우, 일반기업회계기준을 적용한다.

01 다음 중 아래의 자료에서 설명하고 있는 재무정보의 질적특성에 해당하지 않는 것은?

재무정보가 정보이용자의 의사결정에 유용하게 활용되기 위해서는 그 정보가 의사결정의 목적과 관련이 있어야 한다.

① 예측가치   ② 피드백가치   ③ 적시성   ④ 중립성

02 다음 중 일반기업회계기준에 따른 재무상태표의 표시에 관한 설명으로 가장 적절하지 않은 것은?

① 비유동자산은 당좌자산, 유형자산, 무형자산으로 구분된다.

② 단기차입금은 유동부채로 분류된다.

③ 자산과 부채는 유동성배열법에 따라 작성된다.

④ 재고자산은 유동자산에 포함된다.

03 다음은 재고자산 단가 결정방법에 대한 설명이다. 어느 방법에 대한 설명인가?

• 실제의 물량 흐름에 대한 원가흐름의 가정이 대체로 유사하다.
• 현재의 수익과 과거의 원가가 대응하여 수익 · 비용 대응의 원칙에 부적합하다.
• 물가 상승 시 이익이 과대 계상된다.

① 개별법   ② 선입선출법   ③ 후입선출법   ④ 총평균법

04 다음 중 현금및현금성자산에 해당하는 항목의 총합계액은 얼마인가?

• 선일자수표	500,000원	• 배당금지급통지서	500,000원
• 타인발행수표	500,000원	• 만기 6개월 양도성예금증서	300,000원

① 1,000,000원　　　② 1,300,000원　　　③ 1,500,000원　　　④ 1,800,000원

05 다음 중 자본에 대한 설명으로 옳지 않은 것은?

① 자본금은 발행주식수에 액면가액을 곱한 금액이다.

② 주식발행초과금과 감자차익은 자본잉여금이다.

③ 자본조정에는 주식할인발행차금, 감자차손 등이 있다.

④ 주식배당과 무상증자는 순자산의 증가가 발생한다.

06 다음 중 손익계산서에 나타나는 계정과목으로만 짝지어진 것은?

가. 대손상각비	나. 현금	다. 기부금
라. 퇴직급여	마. 이자수익	바. 외상매출금

① 가, 나　　　② 가, 다　　　③ 나, 바　　　④ 다, 바

07 다음은 12월 말 결산법인인 ㈜한국의 기계장치 관련 자료이다. ㈜한국이 20X1년 12월 31일에 계상할 감가상각비는 얼마인가? (단, 월할 상각할 것)

• 취득일 : 20X0년 7월 1일	• 상각방법 : 정률법	• 내용연수 : 5년
• 상각률 : 45%	• 취득원가 : 10,000,000원	• 잔존가치 : 500,000원

① 4,500,000원　　　② 3,487,500원　　　③ 2,475,000원　　　④ 2,250,000원

08 다음 중 손익계산서상 표시되는 매출원가를 증가시키는 영향을 주지 않는 것은?

① 판매 이외 목적으로 사용된 재고자산의 타계정대체액

② 재고자산의 시가가 장부금액 이하로 하락하여 발생한 재고자산평가손실

③ 정상적으로 발생한 재고자산감모손실

④ 원재료 구입 시 지급한 운반비

09 다음 중 원가에 대한 설명으로 가장 옳지 않은 것은?

① 기초원가이면서 가공원가에 해당하는 원가는 직접노무원가이다.

② 직접원가란 특정 제품의 생산에 직접적으로 사용되어 명확하게 추적할 수 있는 원가이다.

③ 변동원가는 생산량이 증가할 때마다 단위당 원가도 증가하는 원가이다.

④ 매몰원가는 과거에 발생하여 현재 의사결정에 영향을 미치지 않는 원가를 말한다.

10 다음 중 개별원가계산의 적용이 가능한 업종은 무엇인가?

① 제분업　　　　　② 정유업　　　　　③ 건설업　　　　　④ 식품가공업

11 다음 중 공손 등에 대한 설명으로 옳지 않은 것은?

① 공손은 생산과정에서 발생하는 원재료의 찌꺼기를 말한다.

② 정상공손은 효율적인 생산과정에서 발생하는 공손을 말한다.

③ 비정상공손원가는 영업외비용으로 처리한다.

④ 정상공손은 원가에 포함한다.

12 ㈜서울은 직접노무시간을 기준으로 제조간접원가를 배부하고 있다. 당해연도 초의 예상 직접노무시간은 50,000시간이고, 제조간접원가 예상액은 2,500,000원이었다. 6월의 제조간접원가 실제 발생액은 300,000원이고, 실제 직접노무시간이 5,000시간인 경우, 6월의 제조간접원가 배부차이는 얼마인가?

① 과대배부 40,000원　　　　　② 과소배부 40,000원

③ 과대배부 50,000원　　　　　④ 과소배부 50,000원

13 다음 중 부가가치세법상 세부담의 역진성을 완화하기 위한 목적으로 도입한 제도는 무엇인가?

① 영세율제도　　② 사업자단위과세제도　　③ 면세제도　　④ 대손세액공제제도

14 다음 중 부가가치세법상 '재화의 공급으로 보지 않는 특례'에 해당하지 않는 것은?

① 담보의 제공　　② 제품의 외상판매　　③ 조세의 물납　　④ 법률에 따른 수용

15 다음 중 부가가치세법상 과세표준에 포함하지 않는 것은?

① 할부판매 시의 이자상당액　　　　　② 개별소비세

③ 매출할인액　　　　　④ 대가의 일부로 받는 운송비

예은상사㈜(회사코드 : 8111)는 사무용가구의 제조·도소매업 및 부동산임대업을 영위하는 중소기업으로 당기 회계기간은 20X1.1.1.~20X1.12.31.이다. 전산세무회계 수험용 프로그램을 이용하여 다음 물음에 답하시오.

──── < 기 본 전 제 > ────

• 문제에서 한국채택국제회계기준을 적용하도록 하는 전제조건이 없는 경우, 일반기업회계기준을 적용하여 회계처리 한다.
• 문제의 풀이와 답안작성은 제시된 문제의 순서대로 진행한다.

01 다음은 [기초정보관리] 및 [전기분재무제표]에 대한 자료이다. 각각의 요구사항에 대하여 답하시오. (10점)

(1) 다음 자료를 이용하여 아래의 계정과목에 대한 적요를 추가로 등록하시오. (3점)

• 계정과목 : 831. 수수료비용	• 현금적요 : (적요NO. 8) 결제 대행 수수료

(2) 당사는 여유자금 활용을 위하여 아래와 같이 신규 계좌를 개설하였다. [거래처등록] 메뉴를 이용하여 해당 사항을 추가로 입력하시오. (3점)

• 코드번호 : 98005	• 거래처명 : 수협은행	• 계좌번호 : 110-146-980558	• 유형 : 정기적금

(3) 다음의 자료를 토대로 각 계정과목의 거래처별 초기이월 금액을 올바르게 정정하시오. (4점)

계정과목	거래처명	수정 전 금액	수정 후 금액
지급어음	천일상사	9,300,000원	6,500,000원
	모닝상사	5,900,000원	8,700,000원
미지급금	대명㈜	8,000,000원	4,500,000원
	㈜한울	4,400,000원	7,900,000원

02 [일반전표입력] 메뉴를 이용하여 다음의 거래 자료를 입력하시오(일반전표입력의 모든 거래는 부가가치세를 고려하지 말 것). (18점)

< 입력시 유의사항 >

• 일반적인 적요의 입력은 생략하지만, 타계정 대체거래는 적요번호를 선택하여 입력한다.
• 채권·채무와 관련된 거래는 별도의 요구가 없는 한 반드시 기등록된 거래처코드를 선택하는 방법으로 거래처명을 입력한다.
• 제조경비는 500번대 계정코드를, 판매비와관리비는 800번대 계정코드를 사용한다.
• 회계처리 시 계정과목은 별도의 제시가 없는 한 등록된 계정과목 중 가장 적절한 과목으로 한다.

(1) 07월 10일 회사는 6월에 관리부 직원의 급여를 지급하면서 원천징수한 근로소득세 20,000원과 지방소득세 2,000원을 보통예금 계좌에서 이체하여 납부하였다. (3점)

(2) 07월 16일 ㈜홍명으로부터 원재료를 구입하기로 계약하고, 계약금 1,000,000원은 당좌수표를 발행하여 지급하였다. (3점)

(3) 08월 10일 비씨카드 7월분 결제대금 2,000,000원이 보통예금 계좌에서 인출되었다. 단, 회사는 신용카드 사용대금을 미지급금으로 처리하고 있다. (3점)

(4) 08월 20일 영업부 김시성 과장이 대구세계가구박람회 참가를 위한 출장에서 복귀하여 아래의 지출결의서와 출장비 600,000원(출장비 인출 시 전도금으로 회계처리함) 중 잔액을 현금으로 반납하였다. (3점)

지출결의서	
• 왕복항공권 350,000원	• 식대 30,000원

(5) 09월 12일 제조공장의 기계장치를 우리기계에 처분하고 매각대금으로 받은 약속어음 8,000,000원의 만기가 도래하여 우리기계가 발행한 당좌수표로 회수하였다. (3점)

(6) 10월 28일 중국의 'lailai co. ltd'에 대한 제품 수출 외상매출금 30,000달러(선적일 기준환율 : ₩1,300/$)를 회수하여 즉시 원화 보통예금 계좌로 입금하였다(단, 입금일의 기준환율은 ₩1,380/$이다). (3점)

03 다음 거래 자료를 [매입매출전표입력] 메뉴에 입력하시오. (18점)

─── < 입력시 유의사항 > ───

- 일반적인 적요의 입력은 생략하지만, 타계정 대체거래는 적요번호를 선택하여 입력한다.
- 채권·채무와 관련된 거래는 별도의 요구가 없는 한 반드시 기등록된 거래처코드를 선택하는 방법으로 거래처명을 입력한다.
- 제조경비는 500번대 계정코드를, 판매비와관리비는 800번대 계정코드를 사용한다.
- 회계처리 시 계정과목은 별도의 제시가 없는 한 등록된 계정과목 중 가장 적절한 과목으로 한다.
- 입력화면 하단의 분개까지 처리하고, 전자세금계산서 및 전자계산서는 전자입력으로 반영한다.

(1) 07월 06일 ㈜아이닉스에 제품을 판매하고 다음과 같이 전자세금계산서를 발급하였으며, 대금은 한 달 뒤에 받기로 하였다. (3점)

<table>
<tr><td colspan="5" align="center">전자세금계산서</td><td>승인번호</td><td colspan="3">20X10706-121221589148</td></tr>
<tr><td rowspan="5">공급자</td><td>등록번호</td><td colspan="2">142-81-05759</td><td>종사업장번호</td><td rowspan="5">공급받는자</td><td>등록번호</td><td colspan="2">214-87-00556</td><td>종사업장번호</td><td></td></tr>
<tr><td>상호(법인명)</td><td colspan="2">예은상사㈜</td><td>성명</td><td>한태양</td><td>상호(법인명)</td><td colspan="2">㈜아이닉스</td><td>성명</td><td>이소방</td></tr>
<tr><td>사업장주소</td><td colspan="4">경기도 고양시 덕양구 통일로 101</td><td>사업장주소</td><td colspan="3">서울시 용산구 한남대로 12</td></tr>
<tr><td>업태</td><td colspan="2">제조·도소매</td><td>종목</td><td>사무용가구</td><td>업태</td><td colspan="2">도매 외</td><td>종목</td><td>의약외품 외</td></tr>
<tr><td>이메일</td><td colspan="4"></td><td>이메일</td><td colspan="4"></td></tr>
<tr><td>이메일</td><td colspan="4"></td></tr>
<tr><td>작성일자</td><td colspan="2">공급가액</td><td colspan="2">세액</td><td>수정사유</td><td colspan="4">비고</td></tr>
<tr><td>20X1/07/06</td><td colspan="2">23,000,000</td><td colspan="2">2,300,000</td><td>해당 없음</td><td colspan="4"></td></tr>
<tr><td>월</td><td>일</td><td colspan="2">품목</td><td>규격</td><td>수량</td><td>단가</td><td>공급가액</td><td>세액</td><td>비고</td></tr>
<tr><td>7</td><td>6</td><td colspan="2">사무용책상 등</td><td></td><td>1,000</td><td>23,000</td><td>23,000,000</td><td>2,300,000</td><td></td></tr>
<tr><td colspan="10"></td></tr>
<tr><td colspan="10"></td></tr>
<tr><td colspan="10"></td></tr>
<tr><td colspan="2">합계금액</td><td>현금</td><td>수표</td><td colspan="2">어음</td><td colspan="2">외상미수금</td><td colspan="2" rowspan="2">위 금액을 (청구) 함</td></tr>
<tr><td colspan="2">25,300,000</td><td></td><td></td><td colspan="2"></td><td colspan="2">25,300,000</td></tr>
</table>

(2) 08월 10일 원재료 매입 거래처에 접대목적으로 당사의 제품(원가 300,000원)을 무상으로 제공하였다. 단, 해당 제품의 시가는 500,000원이다. (3점)

(3) 09월 16일 팔팔물산에 제품을 9,000,000원(부가가치세 별도)에 판매하고 전자세금계산서를 발급하였으며, 대금으로 팔팔물산이 발행한 당좌수표를 받았다. (3점)

(4) 09월 26일 회사 건물에 부착할 간판을 잘나가광고에서 주문 제작하였다. 대금 5,500,000원(부가가치세 포함)은 보통예금 계좌에서 송금하고 전자세금계산서를 발급받았다(단, 비품으로 처리할 것). (3점)

(5) 10월 15일　메타가구에서 원재료(50단위, @50,000원, 부가가치세 별도)를 매입하고 아래의 전자세금 계산서를 발급받았다. 대금 중 1,000,000원은 ㈜은성가구로부터 제품 판매대금으로 받아 보관 중인 ㈜은성가구 발행 약속어음을 배서양도하고 잔액은 1개월 뒤에 지급하기로 하였다.(3점)

전자세금계산서						승인번호		20X11015-154215452154		
공급자	등록번호	305-81-13428	종사업장번호			공급받는자	등록번호	142-81-05759	종사업장번호	
	상호(법인명)	메타가구	성명	윤은영			상호(법인명)	예은상사㈜	성명	한태양
	사업장주소	전북 김제시 금산면 청도7길 9					사업장주소	경기도 고양시 덕양구 통일로 101		
	업태	제조	종목	가구			업태	제조·도소매	종목	사무용가구
	이메일						이메일			
							이메일			

작성일자	공급가액	세액	수정사유	비고
20X1/10/15	2,500,000	250,000	해당 없음	

월	일	품목	규격	수량	단가	공급가액	세액	비고
10	15	원재료	PC-5	50	50,000	2,500,000	250,000	

합계금액	현금	수표	어음	외상미수금	위 금액을 (**청구**) 함
2,750,000			1,000,000	1,750,000	

(6) 12월 20일　대표이사 한태양은 본인 자녀의 대학교 입학 축하 선물로 니캉전자에서 디지털카메라를 3,800,000원(부가가치세 별도)에 구매하면서 당사 명의로 전자세금계산서를 발급받고, 대금은 보통예금 계좌에서 지급하였다(단, 대표이사 한태양의 가지급금으로 회계처리할 것). (3점)

04 [일반전표입력] 및 [매입매출전표입력] 메뉴에 입력된 내용 중 다음과 같은 오류가 발견되었다. 입력된 내용을 확인하여 정정하시오. (6점)

(1) 08월 17일　사거리주유소에서 영업부가 사용하는 비영업용 소형승용차(800㏄, 매입세액공제 가능 차량)에 경유를 주유하고 유류대 44,000원를 비씨카드(법인카드)로 결제한 건에 대하여 회계담당자는 매입세액을 공제받지 못하는 것으로 판단하였으며, 이를 매입매출전표에 카드면세로 입력하였다. (3점)

(2) 11월 12일　매출거래처 직원의 결혼축하금으로 현금 500,000원을 지급한 것으로 회계처리하였으나 이는 당사의 공장 제조부 직원의 결혼축하금인 것으로 밝혀졌다. (3점)

05 결산정리사항은 다음과 같다. 관련 메뉴를 이용하여 결산을 완료하시오. (9점)

(1) 제2기 부가가치세 확정신고기간에 대한 부가세예수금은 49,387,500원, 부가세대급금은 34,046,000원이다. 부가가치세를 정리하는 회계처리를 하시오(단, 불러온 자료는 무시하고, 납부세액은 미지급세금, 환급세액은 미수금으로 회계처리할 것). (3점)

(2) 20X1년 7월 1일 제조부 공장의 화재보험료 1년분(20X1년 7월 1일~20X2년 6월 30일) 7,200,000원을 전액 납부하고 즉시 비용으로 회계처리하였다. 이에 대한 기간 미경과분 보험료를 월할계산하여 결산정리분개를 하시오. (3점)

(3) 다음은 20X1년 4월 15일 제조부에서 사용하기 위하여 취득한 화물차에 대한 자료이다. 아래 주어진 자료에 대해서만 감가상각을 하시오. (3점)

취득일	취득원가	자산코드/명	잔존가치	내용연수	상각방법
20X1.04.15.	30,000,000원	[101]/포터	0원	5	정액법

06 다음 사항을 조회하여 답안을 이론문제 답안작성 메뉴에 입력하시오. (9점)

(1) 4월(4월 1일~4월 30일)의 외상매출금 회수액은 얼마인가? (3점)

(2) 상반기(1월~6월) 중 제품매출액이 가장 많은 월(月)과 가장 작은 월(月)의 차액은 얼마인가? 단, 양수로 표시할 것) (3점)

(3) 20X1년 제1기 부가가치세 확정신고기간(4월~6월)에 세금계산서를 받은 고정자산매입세액은 얼마인가? (3점)

이론시험

다음 문제를 보고 알맞은 것을 골라 이론문제 답안작성 메뉴에 입력하시오. (객관식 문항당 2점)

─── < 기 본 전 제 > ───

문제에서 한국채택국제회계기준을 적용하도록 하는 전제조건이 없는 경우, 일반기업회계기준을 적용한다.

01 다음 중 재무상태표에 관한 설명으로 가장 옳은 것은?

① 일정 시점의 현재 기업이 보유하고 있는 자산과 부채 및 자본에 대한 정보를 제공하는 재무보고서이다.

② 일정 기간 동안의 기업의 수익과 비용에 대해 보고하는 보고서이다.

③ 일정 기간 동안의 현금의 유입과 유출에 대한 정보를 제공하는 보고서이다.

④ 기업의 자본변동에 관한 정보를 제공하는 재무보고서이다.

02 다음 중 유동부채에 포함되지 않는 것은 무엇인가?

① 매입채무   ② 단기차입금   ③ 유동성장기부채   ④ 임대보증금

03 다음 중 무형자산과 관련된 설명으로 옳지 않은 것은?

① 연구프로젝트에서 발생한 지출이 연구단계와 개발단계로 구분할 수 없는 경우에는 모두 연구단계에서 발생한 것으로 본다.

② 내부적으로 창출한 브랜드, 고객목록과 같은 항목은 무형자산으로 인식할 수 있다.

③ 무형자산은 회사가 사용할 목적으로 보유하는 물리적 실체가 없는 자산이다.

④ 무형자산의 소비되는 행태를 신뢰성 있게 결정할 수 없을 경우 정액법으로 상각한다.

04 다음 중 일반기업회계기준에 의한 수익 인식 시점에 대한 설명으로 옳지 않은 것은?

① 위탁판매의 경우에는 수탁자가 위탁품을 소비자에게 판매한 시점에 수익을 인식한다.

② 시용판매의 경우에는 상품 인도 시점에 수익을 인식한다.

③ 광고 제작 수수료의 경우에는 광고 제작의 진행률에 따라 수익을 인식한다.

④ 수강료의 경우에는 강의 시간에 걸쳐 수익으로 인식한다.

05 재고자산의 단가 결정 방법 중 매출 시점에서 해당 재고자산의 실제 취득원가를 기록하여 매출원가로 대응시킴으로써 가장 정확하게 원가 흐름을 파악할 수 있는 재고자산의 단가 결정 방법은 무엇인가?

① 개별법   ② 선입선출법   ③ 후입선출법   ④ 총평균법

06 다음 중 영업이익에 영향을 주는 거래로 옳은 것은?

① 거래처에 대한 대여금의 전기분 이자를 받았다.

② 창고에 보관하고 있던 상품이 화재로 인해 소실되었다.

③ 차입금에 대한 전기분 이자를 지급하였다.

④ 일용직 직원에 대한 수당을 지급하였다.

07 다음의 거래를 적절하게 회계처리 하였을 경우, 당기순이익의 증감액은 얼마인가? 단, 주어진 자료 외의 거래는 없다고 가정한다.

- 매도가능증권 : 장부금액 5,000,000원, 결산일 공정가치 4,500,000원
- 단기매매증권 : 장부금액 3,000,000원, 결산일 공정가치 3,300,000원
- 투 자 부 동 산 : 장부금액 9,000,000원, 처분금액 8,800,000원

① 100,000원 감소   ② 100,000원 증가   ③ 400,000원 감소   ④ 400,000원 증가

08 ㈜수암골의 재무상태가 다음과 같다고 가정할 때, 기말자본은 얼마인가?

기초		기말		당기 중 추가출자	이익 배당액	총수익	총비용
자산	부채	부채	자본				
900,000원	500,000원	750,000원	( )	100,000원	50,000원	1,100,000원	900,000원

① 500,000원   ② 550,000원   ③ 600,000원   ④ 650,000원

09 다음 중 원가회계에 대한 설명이 아닌 것은?

① 외부의 정보이용자들에게 유용한 정보를 제공하기 위한 정보이다.

② 원가통제에 필요한 정보를 제공하기 위함이다.

③ 제품원가계산을 위한 원가정보를 제공한다.

④ 경영계획수립과 통제를 위한 원가정보를 제공한다.

10 다음 중 원가행태에 따라 변동원가와 고정원가로 분류할 때 이에 대한 설명으로 올바른 것은?

① 변동원가는 조업도가 증가할수록 총원가도 증가한다.

② 변동원가는 조업도가 증가할수록 단위당 원가도 증가한다.

③ 고정원가는 조업도가 증가할수록 총원가도 증가한다.

④ 고정원가는 조업도가 증가할수록 단위당 원가도 증가한다.

11 다음 중 보조부문의 원가 배분에 대한 설명으로 옳지 않은 것은?

① 보조부문의 원가 배분방법으로는 직접배분법, 단계배분법 및 상호배분법이 있으며, 어떤 방법을 사용하더라도 전체 보조부문의 원가는 차이가 없다.

② 상호배분법을 사용할 경우, 부문간 상호수수를 고려하여 계산하기 때문에 어떤 배분방법보다 정확성이 높다고 할 수 있다.

③ 단계배분법을 사용할 경우, 배분순서를 어떻게 하더라도 각 보조부문에 배분되는 금액은 차이가 없다.

④ 직접배분법을 사용할 경우, 보조부문 원가 배분액의 계산은 쉬우나 부문간 상호수수에 대해서는 전혀 고려하지 않는다.

12 다음 중 개별원가계산과 종합원가계산에 대한 설명으로 옳지 않은 것은?

① 개별원가계산은 작업지시서에 의한 원가계산을 한다.

② 개별원가계산은 주문형 소량 생산 방식에 적합하다.

③ 종합원가계산은 공정별 대량 생산 방식에 적합하다.

④ 종합원가계산은 여러 공정에 걸쳐 생산하는 경우 적용할 수 없다.

13 다음 중 부가가치세법상 사업자등록 정정 사유가 아닌 것은?

① 상호를 변경하는 경우

② 사업장을 이전하는 경우

③ 사업의 종류에 변동이 있는 경우

④ 증여로 인하여 사업자의 명의가 변경되는 경우

14 다음 중 부가가치세법상 영세율에 대한 설명으로 가장 옳지 않은 것은?

① 수출하는 재화에 대해서는 영세율이 적용된다.

② 영세율은 수출산업을 지원하는 효과가 있다.

③ 영세율을 적용하더라도 완전면세를 기대할 수 없다.

④ 영세율은 소비지국과세원칙이 구현되는 제도이다.

15 다음 중 영수증 발급 대상 사업자가 될 수 없는 업종에 해당하는 것은?

① 소매업

② 도매업

③ 목욕, 이발, 미용업

④ 입장권을 발행하여 영위하는 사업

오영상사㈜(회사코드:8110)는 가방 등의 제조·도소매업 및 부동산임대업을 영위하는 중소기업으로 당기 회계기간은 20X1.1.1.~20X1.12.31.이다. 전산세무회계 수험용 프로그램을 이용하여 다음 물음에 답하시오.

─── < 기 본 전 제 > ───

• 문제에서 한국채택국제회계기준을 적용하도록 하는 전제조건이 없는 경우, 일반기업회계기준을 적용하여 회계처리 한다.

• 문제의 풀이와 답안작성은 제시된 문제의 순서대로 진행한다.

01 다음은 [기초정보관리] 및 [전기분재무제표]에 대한 자료이다. 각각의 요구사항에 대하여 답하시오. (10점)

(1) 다음 자료를 이용하여 거래처등록의 [신용카드] 탭에 추가로 입력하시오. (3점)

• 코드 : 99850	• 거래처명 : 하나카드	• 카드종류 : 사업용카드
• 유형 : 매입	• 카드번호 : 5531-8440-0622-2804	

(2) [계정과목및적요등록] 메뉴에서 여비교통비(판매비및일반관리비) 계정에 아래의 적요를 추가로 등록하시오. (3점)

• 현금적요 6번 : 야근 시 퇴근택시비 지급
• 대체적요 3번 : 야근 시 퇴근택시비 정산 인출

(3) 전기분 손익계산서를 검토한 결과 다음과 같은 오류가 발견되었다. 해당 오류와 연관된 재무제표를 모두 올바르게 정정하시오. (4점)

공장 생산직 사원들에게 지급한 명절 선물 세트 1,000,000원이 회계 담당 직원의 실수로 인하여 본사 사무직 사원들에게 지급한 것으로 회계처리 되어 있음을 확인하다.

02
[일반전표입력] 메뉴를 이용하여 다음의 거래 자료를 입력하시오(일반전표입력의 모든 거래는 부가가치세를 고려하지 말 것). (18점)

─── < 입력시 유의사항 > ───

- 일반적인 적요의 입력은 생략하지만, 타계정 대체거래는 적요번호를 선택하여 입력한다.
- 채권·채무와 관련된 거래는 별도의 요구가 없는 한 반드시 기등록된 거래처코드를 선택하는 방법으로 거래처명을 입력한다.
- 제조경비는 500번대 계정코드를, 판매비와관리비는 800번대 계정코드를 사용한다.
- 회계처리 시 계정과목은 별도의 제시가 없는 한 등록된 계정과목 중 가장 적절한 과목으로 한다.

(1) 07월 04일 나노컴퓨터에 지급하여야 할 외상매입금 5,000,000원과 나노컴퓨터로부터 수취하여야 할 외상매출금 3,000,000원을 상계하여 처리하고, 잔액은 당좌수표를 발행하여 지급하였다. (3점)

(2) 09월 15일 투자 목적으로 보유 중인 단기매매증권(보통주 1,000주, 1주당 액면가액 5,000원, 1주당 장부가액 9,000원)에 대하여 1주당 1,000원씩의 현금배당이 보통예금 계좌로 입금되었으며, 주식배당 20주를 수령하였다. (3점)

(3) 10월 05일 제품을 판매하고 ㈜영춘으로부터 받은 받을어음 5,000,000원을 만기 이전에 주거래은행인 토스뱅크에 할인하고, 할인료 55,000원을 차감한 나머지 금액을 보통예금 계좌로 입금받았다. 단, 어음의 할인은 매각거래에 해당한다. (3점)

(4) 10월 30일 영업부에서 대한상공회의소 회비 500,000원을 보통예금 계좌에서 지급하고 납부영수증을 수취하였다. (3점)

(5) 12월 12일 자금 조달을 위하여 발행하였던 사채(액면금액 10,000,000원, 장부가액 10,000,000원)를 9,800,000원에 조기 상환하면서 보통예금 계좌에서 지급하였다. (3점)

(6) 12월 21일 보통예금 계좌를 확인한 결과, 결산이자 500,000원에서 원천징수세액 77,000원을 차감한 금액이 입금되었음을 확인하였다(단, 원천징수세액은 자산으로 처리할 것). (3점)

03 [매입매출전표입력] 메뉴를 이용하여 다음의 거래 자료를 입력하시오. (18점)

─── < 입력시 유의사항 > ───

• 일반적인 적요의 입력은 생략하지만, 타계정 대체거래는 적요번호를 선택하여 입력한다.
• 채권·채무와 관련된 거래는 별도의 요구가 없는 한 반드시 기등록된 거래처코드를 선택하는 방법으로 거래처명을 입력한다.
• 제조경비는 500번대 계정코드를, 판매비와관리비는 800번대 계정코드를 사용한다.
• 회계처리 시 계정과목은 별도의 제시가 없는 한 등록된 계정과목 중 가장 적절한 과목으로 한다.
• 입력화면 하단의 분개까지 처리하고, 전자세금계산서 및 전자계산서는 전자입력으로 반영한다.

(1) 07월 11일 성심상사에 제품을 판매하고 아래의 전자세금계산서를 발급하였다. (3점)

전자세금계산서					승인번호	20X10711-1000000-00009329		
공급자	등록번호	124-87-05224	종사업장번호		공급받는자	등록번호	134-86-81692	종사업장번호	
	상호(법인명)	오영상사㈜	성명	김하현		상호(법인명)	성심상사	성명	황성심
	사업장주소	경기도 성남시 분당구 서판교로6번길 24				사업장주소	경기도 화성시 송산면 마도북로 40		
	업태	제조,도소매	종목	가방		업태	제조	종목	자동차특장
	이메일					이메일			
						이메일			

작성일자	공급가액	세액	수정사유	비고
20X1/07/11	3,000,000	300,000	해당 없음	

월	일	품목	규격	수량	단가	공급가액	세액	비고
07	11	제품				3,000,000	300,000	

합계금액	현금	수표	어음	외상미수금	위 금액을	(영수) / (청구) 함
3,300,000	1,000,000			2,300,000		

(2) 08월 25일 본사 사무실로 사용하기 위하여 ㈜대관령으로부터 상가를 취득하고, 대금은 다음과 같이 지급하였다(단, 하나의 전표로 입력할 것). (3점)

> • 총매매대금은 370,000,000원으로 토지분 매매가액 150,000,000원과 건물분 매매가액 220,000,000원(부가가치세 포함)이다.
> • 총매매대금 중 계약금 37,000,000원은 계약일인 7월 25일에 미리 지급하였으며, 잔금은 8월 25일에 보통예금 계좌에서 이체하여 지급하였다.
> • 건물분에 대하여 전자세금계산서를 잔금 지급일에 수취하였으며, 토지분에 대하여는 별도의 계산서를 발급받지 않았다.

(3) 09월 15일   총무부가 사용하기 위한 소모품을 골드팜㈜으로부터 총 385,000원에 구매하고 보통예금 계좌에서 이체하였으며, 지출증빙용 현금영수증을 발급받았다. 단, 소모품은 구입 즉시 비용으로 처리한다. (3점)

(4) 09월 30일   경하자동차㈜로부터 본사에서 업무용으로 사용할 승용차(5인승, 배기량 998cc, 개별소비세 과세 대상 아님)를 구입하고 아래의 전자세금계산서를 발급받았다. (3점)

전자세금계산서					승인번호	20X10930-145982301203467		
공급자	등록번호	610-81-51299	종사업장번호		공급받는자	등록번호	124-87-05224	종사업장번호	
	상호(법인명)	경하자동차㈜	성명	정선달		상호(법인명)	오영상사㈜	성명	김하현
	사업장주소	울산 중구 태화동 150				사업장주소	경기도 성남시 분당구 서판교로6번길 24		
	업태	제조,도소매	종목	자동차		업태	제조,도소매	종목	가방
	이메일					이메일			
						이메일			

작성일자	공급가액	세액	수정사유	비고
20X1/09/30	15,000,000	1,500,000		

월	일	품목	규격	수량	단가	공급가액	세액	비고
09	30	승용차(배기량 998cc)		1		15,000,000	1,500,000	

합계금액	현금	수표	어음	외상미수금	
16,500,000				16,500,000	위 금액을 (청구) 함

(5) 10월 17일   미국에 소재한 MIRACLE사에서 원재료 8,000,000원(부가가치세 별도)을 수입하면서 인천 세관으로부터 수입전자세금계산서를 발급받고 부가가치세는 보통예금 계좌에서 지급하였다 (단, 재고자산에 대한 회계처리는 생략할 것). (3점)

(6) 10월 20일   개인 소비자에게 제품을 판매하고 현금 99,000원(부가가치세 포함)을 받았다. 단, 판매와 관련하여 어떠한 증빙도 발급하지 않았다. (3점)

04 [일반전표입력] 및 [매입매출전표입력] 메뉴에 입력된 내용 중 다음과 같은 오류가 발견되었다. 입력된 내용을 확인하여 정정하시오. (6점)

(1) 08월 31일   운영자금 조달을 위해 개인으로부터 차입한 부채에 대한 이자비용 362,500원을 보통예금 계좌에서 이체하고 회계처리하였으나 해당 거래는 이자비용 500,000원에서 원천징수세액 137,500원을 차감하고 지급한 것으로 이에 대한 회계처리가 누락되었다(단, 원천징수세액은 부채로 처리하고, 하나의 전표로 입력할 것). (3점)

(2) 11월 30일   제품생산공장 출입문의 잠금장치를 수리하고 영포상회에 지급한 770,000원(부가가치세 포함)을 자본적지출로 회계처리하였으나 수익적지출로 처리하는 것이 옳은 것으로 판명되었다. (3점)

05 결산정리사항은 다음과 같다. 관련 메뉴를 이용하여 결산을 완료하시오. (9점)

(1) 2월 11일에 소모품 3,000,000원을 구입하고 모두 자산으로 처리하였으며, 12월 31일 현재 창고에 남은 소모품은 500,000원으로 조사되었다. 부서별 소모품 사용 비율은 영업부 25%, 생산부 75%이며, 그 사용 비율에 따라 배부한다. (3점)

(2) 기중에 현금시재 잔액이 장부금액보다 부족한 것을 발견하고 현금과부족으로 계상하였던 235,000원 중 150,000원은 영업부 업무용 자동차의 유류대금을 지급한 것으로 확인되었으나 나머지는 결산일까지 그 원인이 파악되지 않아 당기의 비용으로 대체하다. (3점)

(3) 12월 31일 결산일 현재 재고자산의 기말재고액은 다음과 같다. (3점)

원재료	재공품	제품
• 장부수량 10,000개(단가 1,000원) • 실제수량 9,500개(단가 1,000원) • 단, 수량차이는 모두 정상적으로 발생한 것이다.	8,500,000원	13,450,000원

06 다음 사항을 조회하여 알맞은 답안을 이론문제 답안작성 메뉴에 입력하시오. (9점)

(1) 20X1년 5월 말 외상매출금과 외상매입금의 차액은 얼마인가? (단, 양수로 기재할 것) (3점)

(2) 제1기 부가가치세 확정신고기간(4월~6월)의 영세율 적용 대상 매출액은 모두 얼마인가? (3점)

(3) 6월에 발생한 판매비와일반관리비 중 발생액이 가장 적은 계정과목과 그 금액은 얼마인가? (3점)

이론시험

다음 문제를 보고 알맞은 것을 골라 이론문제 답안작성 메뉴에 입력하시오. (객관식 문항당 2점)

─── < 기 본 전 제 > ───

문제에서 한국채택국제회계기준을 적용하도록 하는 전제조건이 없는 경우, 일반기업회계기준을 적용한다.

01 회계분야 중 재무회계에 대한 설명으로 적절한 것은?

① 관리자에게 경영활동에 필요한 재무정보를 제공한다.

② 국세청 등의 과세관청을 대상으로 회계정보를 작성한다.

③ 법인세, 소득세, 부가가치세 등의 세무 보고서 작성을 목적으로 한다.

④ 일반적으로 인정된 회계원칙에 따라 작성하며 주주, 투자자 등이 주된 정보이용자이다.

02 유가증권 중 단기매매증권에 대한 설명으로 옳지 않은 것은?

① 시장성이 있어야 하고, 단기시세차익을 목적으로 하여야 한다.

② 단기매매증권은 당좌자산으로 분류된다.

③ 기말평가방법은 공정가액법이다.

④ 단기매매증권은 투자자산으로 분류된다.

03 다음 중 재고자산의 평가에 대한 설명으로 옳지 않은 것은?

① 성격이 상이한 재고자산을 일괄 구입하는 경우에는 공정가치 비율에 따라 안분하여 취득원가를 결정한다.

② 재고자산의 취득원가에는 취득과정에서 발생한 할인, 에누리는 반영하지 않는다.

③ 저가법을 적용할 경우 시가가 취득원가보다 낮아지면 시가를 장부금액으로 한다.

④ 저가법을 적용할 경우 발생한 차액은 전부 매출원가로 회계처리한다.

04 다음 중 유형자산의 자본적지출을 수익적지출로 잘못 처리했을 경우 당기의 자산과 자본에 미치는 영향으로 올바른 것은?

	자산	자본
①	과대	과소
②	과소	과소
③	과소	과대
④	과대	과대

05 ㈜재무는 자기주식 200주(1주당 액면가액 5,000원)를 1주당 7,000원에 매입하여 소각하였다. 소각일 현재 자본잉여금에 감차차익 200,000원을 계상하고 있는 경우 주식소각 후 재무상태표 상에 계상되는 감자차손익은 얼마인가?

① 감자차손 200,000원   ② 감자차손 400,000원

③ 감자차익 200,000원   ④ 감자차익 400,000원

06 다음 중 손익계산서에 대한 설명으로 옳지 않은 것은?

① 매출원가는 제품, 상품 등의 매출액에 대응되는 원가로서 판매된 제품이나 상품 등에 대한 제조원가 또는 매입원가이다.

② 영업외비용은 기업의 주된 영업활동이 아닌 활동으로부터 발생한 비용과 차손으로서 기부금, 잡손실 등이 이에 해당한다.

③ 손익계산서는 일정 기간의 기업의 경영성과에 대한 유용한 정보를 제공한다.

④ 수익과 비용은 각각 순액으로 보고하는 것을 원칙으로 한다.

07 ㈜서울은 ㈜제주와 제품 판매계약을 맺고 ㈜제주가 발행한 당좌수표 500,000원을 계약금으로 받아 아래와 같이 회계처리하였다. 다음 중 ㈜서울의 재무제표에 나타난 영향으로 옳은 것은?

(차) 당좌예금	500,000원	(대) 제품매출	500,000원

① 당좌자산 과소계상   ② 당좌자산 과대계상

③ 유동부채 과소계상   ④ 당기순이익 과소계상

08 ㈜한국상사의 20X1년 1월 1일 자본금은 50,000,000원(발행주식 수 10,000주, 1주당 액면금액 5,000원)이다. 20X1년 10월 1일 1주당 6,000원에 2,000주를 유상증자하였을 경우, 20X1년 기말 자본금은 얼마인가?

① 12,000,000원　　② 50,000,000원　　③ 60,000,000원　　④ 62,000,000원

09 원가 및 비용의 분류항목 중 제조원가에 해당하는 것은 무엇인가?

① 생산공장의 전기요금　　　　　　② 영업용 사무실의 전기요금
③ 마케팅부의 교육연수비　　　　　④ 생산공장 기계장치의 처분손실

10 다음 중 보조부문 상호간의 용역수수관계를 고려하여 보조부문원가를 제조부문과 보조부문에 배분함으로써 보조부문간의 상호 서비스 제공을 완전히 반영하는 방법으로 옳은 것은?

① 직접배분법　　② 단계배분법　　③ 상호배분법　　④ 총배분법

11 다음의 자료에 의한 당기직접재료원가는 얼마인가?

• 기초원재료	1,200,000원	• 기초재공품	200,000원
• 당기원재료매입액	900,000원	• 기말재공품	300,000원
• 기말원재료	850,000원	• 기초제품	400,000원
• 기말제품	500,000원	• 직접노무원가	500,000원

① 1,150,000원　　② 1,250,000원　　③ 1,350,000원　　④ 1,650,000원

12 ㈜성진은 직접원가를 기준으로 제조간접원가를 배부한다. 다음 자료에 의하여 계산한 제조지시서 no.1의 제조간접원가 배부액은 얼마인가?

공장전체 발생원가	제조지시서 no.1
• 총생산수량 : 10,000개	• 총생산수량 : 5,200개
• 기계시간 : 24시간	• 기계시간 : 15시간
• 직접재료원가 : 800,000원	• 직접재료원가 : 400,000원
• 직접노무원가 : 200,000원	• 직접노무원가 : 150,000원
• 제조간접원가 : 500,000원	• 제조간접원가 : (　?　)원

① 250,000원　　② 260,000원　　③ 275,000원　　④ 312,500원

13 다음 중 부가가치세법상 과세기간에 대한 설명으로 옳지 않은 것은?

① 간이과세자의 과세기간은 1월 1일부터 12월 31일까지이다.

② 사업자가 폐업하는 경우의 과세기간은 폐업일이 속하는 과세기간의 개시일부터 폐업일까지로 한다.

③ 일반과세자가 간이과세자로 변경되는 경우에 그 변경되는 해의 간이과세자 과세기간은 7월 1일부터 12월 31일까지이다.

④ 간이과세자가 일반과세자로 변경되는 경우에 그 변경되는 해의 간이과세자 과세기간은 1월 1일부터 12월 31일까지이다.

14 다음 중 세금계산서의 필요적 기재사항에 해당하지 않는 것은?

① 공급연월일

② 공급하는 사업자의 등록번호와 성명 또는 명칭

③ 공급받는자의 등록번호

④ 공급가액과 부가가치세액

15 다음 중 부가가치세법에 따른 재화 또는 용역의 공급시기에 대한 설명으로 적절하지 않은 것은?

① 위탁판매의 경우 수탁자가 공급한 때이다.

② 상품권의 경우 상품권이 판매되는 때이다.

③ 장기할부판매의 경우 대가의 각 부분을 받기로 한 때이다.

④ 내국물품을 외국으로 반출하는 경우 수출재화를 선적하는 때이다.

정민상사㈜(회사코드:8109)는 전자제품의 제조 및 도·소매업을 영위하는 중소기업으로 당기의 회계기간은 20X1.1.1.~20X1.12.31.이다. 전산세무회계 수험용 프로그램을 이용하여 다음 물음에 답하시오.

───────── < 기 본 전 제 > ─────────

• 문제에서 한국채택국제회계기준을 적용하도록 하는 전제조건이 없는 경우, 일반기업회계기준을 적용하여 회계처리 한다.
• 문제의 풀이와 답안작성은 제시된 문제의 순서대로 진행한다.

01 다음은 [기초정보관리] 및 [전기분재무제표]에 대한 자료이다. 각각의 요구사항에 대하여 답하시오. (10점)

(1) 다음 자료를 이용하여 [거래처등록] 메뉴에 등록하시오. (3점)

• 거래처코드 : 01230	• 거래처명 : 태형상사	• 유형 : 동시
• 사업자등록번호 : 107-36-25785	• 대표자 : 김상수	• 업태 : 도소매
• 종목 : 사무기기	• 사업장주소 : 서울시 동작구 여의대방로10가길 1(신대방동)	
	※ 주소 입력 시 우편번호 입력은 생략해도 무방함.	

(2) 정민상사㈜의 전기말 거래처별 채권 및 채무의 올바른 잔액은 다음과 같다. 주어진 자료를 검토하여 잘못된 부분은 오류를 정정하고, 누락된 부분은 추가하여 입력하시오. (3점)

채권 및 채무	거래처	금 액
받을어음	㈜원수	15,000,000원
	㈜케스터	2,000,000원
단기차입금	㈜이태백	10,000,000원
	㈜빛날통신	13,000,000원
	Champ사	12,000,000원

(3) 전기분 손익계산서를 검토한 결과 다음과 같은 오류가 발견되었다. 전기분재무제표 중 관련 재무제표를 모두 적절하게 수정 또는 삭제 및 추가입력하시오. (4점)

계정과목	오류내용
보험료	제조원가 1,000,000원을 판매비와관리비로 회계처리

02 [일반전표입력] 메뉴를 이용하여 다음의 거래 자료를 입력하시오(일반전표입력의 모든 거래는 부가가치세를 고려하지 말 것). (18점)

─── < 입력시 유의사항 > ───

- 일반적인 적요의 입력은 생략하지만, 타계정 대체거래는 적요번호를 선택하여 입력한다.
- 채권·채무와 관련된 거래는 별도의 요구가 없는 한 반드시 기등록된 거래처코드를 선택하는 방법으로 거래처명을 입력한다.
- 제조경비는 500번대 계정코드를, 판매비와관리비는 800번대 계정코드를 사용한다.
- 회계처리 시 계정과목은 별도의 제시가 없는 한 등록된 계정과목 중 가장 적절한 과목으로 한다.

(1) 08월 20일　인근 주민센터에 판매용 제품(원가 2,000,000원, 시가 3,500,000원)을 기부하였다. (3점)

(2) 09월 02일　대주주인 전마나 씨로부터 차입한 단기차입금 20,000,000원 중 15,000,000원은 보통예금 계좌에서 이체하여 상환하고, 나머지 금액은 면제받기로 하였다. (3점)

(3) 10월 19일　㈜용인의 외상매입금 2,500,000원에 대해 타인이 발행한 당좌수표 1,500,000원과 ㈜수원에 제품을 판매하고 받은 ㈜수원 발행 약속어음 1,000,000원을 배서하여 지급하다. (3점)

(4) 11월 06일　전월분 고용보험료를 다음과 같이 현금으로 납부하다(단, 하나의 전표로 처리하고, 회사부담금 은 보험료로 처리할 것). (3점)

고용보험 납부내역				
사원명	소속	직원부담금	회사부담금	합계
김정직	제조부	180,000원	221,000원	401,000원
이성실	마케팅부	90,000원	110,500원	200,500원
합계		270,000원	331,500원	601,500원

(5) 11월 11일　영업부 직원에 대한 확정기여형(DC) 퇴직연금 7,000,000원을 하나은행 보통예금 계좌에서 이체하여 납입하였다. 이 금액에는 연금운용에 대한 수수료 200,000원이 포함되어 있다. (3점)

(6) 12월 03일　일시보유목적으로 취득하였던 시장성 있는 ㈜세무의 주식 500주(1주당 장부금액 8,000원, 1주당 액면금액 5,000원, 1주당 처분금액 10,000원)를 처분하고 수수료 250,000원을 제외한 금액을 보통예금 계좌로 이체받았다. (3점)

03 [매입매출전표입력] 메뉴를 이용하여 다음의 거래 자료를 입력하시오. (18점)

── < 입력시 유의사항 > ──

- 일반적인 적요의 입력은 생략하지만, 타계정 대체거래는 적요번호를 선택하여 입력한다.
- 채권·채무와 관련된 거래는 별도의 요구가 없는 한 반드시 기등록된 거래처코드를 선택하는 방법으로 거래처명을 입력한다.
- 제조경비는 500번대 계정코드를, 판매비와관리비는 800번대 계정코드를 사용한다.
- 회계처리 시 계정과목은 별도의 제시가 없는 한 등록된 계정과목 중 가장 적절한 과목으로 한다.
- 입력화면 하단의 분개까지 처리하고, 전자세금계산서 및 전자계산서는 전자입력으로 반영한다.

(1) 07월 28일 총무부 직원들의 야식으로 저팔계산업(일반과세자)에서 도시락을 주문하고, 하나카드로 결제하였다. (3점)

```
         신용카드매출전표
가 맹 점 명 : 저팔계산업
사업자번호 : 127-10-12343
대 표 자 명 : 김돈육
주      소 : 서울 마포구 상암동 332
롯 데 카 드 : 신용승인
거 래 일 시 : 20X1-07-28 20:08:54
카 드 번 호 : 3256-6455-****-1324
유 효 기 간 : 12/24
가맹점번호 : 123412341
매  입  사 : 하나카드(전자서명전표)
     상품명              금액
     도시락세트         220,000
  공 급 가 액 :  200,000
  부 가 세 액 :   20,000
  합      계 :  220,000
```

(2) 09월 03일 공장에서 사용하던 기계장치(취득가액 50,000,000원, 처분 시점까지의 감가상각누계액 38,000,000원)를 보람테크㈜에 처분하고 아래의 전자세금계산서를 발급하였다(당기의 감가상각비는 고려하지 말고 하나의 전표로 입력할 것). (3점)

전자세금계산서					승인번호	20X10903-145654645-58811657		
공급자	등록번호	680-81-32549	종사업장번호		공급받는자	등록번호	110-81-02129	종사업장번호	
	상호(법인명)	정민상사㈜	성명	최정민		상호(법인명)	보람테크㈜	성명	김종대
	사업장주소	경기도 수원시 권선구 평동로79번길 45				사업장주소	경기도 안산시 단원구 광덕서로 100		
	업태	제조,도소매	종목	전자제품		업태	제조	종목	반도체
	이메일					이메일			
						이메일			

작성일자	공급가액	세액	수정사유	비고
20X1.09.03.	13,500,000	1,350,000	해당 없음	

월	일	품목	규격	수량	단가	공급가액	세액	비고
09	03	기계장치 매각				13,500,000	1,350,000	

합계금액	현금	수표	어음	외상미수금	위 금액을 (청구) 함
14,850,000	4,850,000			10,000,000	

(3) 09월 22일   마산상사로부터 원재료 5,500,000원(부가가치세 포함)을 구입하고 전자세금계산서를 발급
받았다. 대금은 ㈜서울에 제품을 판매하고 받은 ㈜서울 발행 약속어음 2,000,000원을 배서하
여 지급하고, 잔액은 외상으로 하다. (3점)

(4) 10월 31일   NICE Co.,Ltd의 해외수출을 위한 구매확인서에 따라 전자제품 100개(@700,000원)를 납품하
고 영세율전자세금계산서를 발행하였다. 대금 중 50%는 보통예금 계좌로 입금받고 잔액은 1개
월 후에 받기로 하다. (3점)

(5) 11월 04일   영업부 거래처의 직원에게 선물할 목적으로 선물세트를 외상으로 구입하고 아래와 같은 전자
세금계산서를 발급받았다. (3점)

전자세금계산서					승인번호	20X11104-15454645-58811889		
공급자	등록번호	113-18-77299	종사업장번호		공급받는자	등록번호	680-81-32549	종사업장번호	
	상호(법인명)	손오공상사	성명	황범식		상호(법인명)	정민상사㈜	성명	최정민
	사업장주소	서울특별시 서초구 명달로 102				사업장주소	경기도 수원시 권선구 평동로79번길 45		
	업태	도매	종목	잡화류		업태	제조,도소매	종목	전자제품
	이메일					이메일			
						이메일			

작성일자	공급가액	세액	수정사유	비고
20X1.11.04.	1,500,000	150,000	해당 없음	

월	일	품목	규격	수량	단가	공급가액	세액	비고
11	04	선물세트		1	1,500,000	1,500,000	150,000	

합계금액	현금	수표	어음	외상미수금	위 금액을 (**청구**) 함
1,650,000				1,650,000	

(6) 12월 05일   공장 신축 목적으로 취득한 토지의 토지정지 등을 위한 토목공사를 하고 ㈜만듬건설로부터 아래의 전자세금계산서를 발급받았다. 대금 지급은 기지급한 계약금 5,500,000원을 제외하고 외상으로 하였다. (3점)

전자세금계산서					승인번호	20X11205-15454645-58811886		
공급자	등록번호	105-81-23608	종사업장번호		공급받는자	등록번호	680-81-32549	종사업장번호	
	상호(법인명)	㈜만듬건설	성명	다만듬		상호(법인명)	정민상사㈜	성명	최정민
	사업장주소	서울특별시 동작구 여의대방로 24가길 28				사업장주소	경기도 수원시 권선구 평동로79번길 45		
	업태	건설	종목	토목공사		업태	제조,도소매	종목	전자제품
	이메일					이메일			
						이메일			

작성일자	공급가액	세액	수정사유	비고
20X1.12.05.	50,000,000	5,000,000	해당 없음	

월	일	품목	규격	수량	단가	공급가액	세액	비고
12	05	공장토지 토지정지 등			50,000,000	50,000,000	5,000,000	

합계금액	현금	수표	어음	외상미수금	
55,000,000		5,500,000		49,500,000	위 금액을 (**청구**) 함

04 [일반전표입력] 및 [매입매출전표입력] 메뉴에 입력된 내용 중 다음과 같은 오류가 발견되었다. 입력된 내용을 확인하여 정정하시오. (6점)

(1) 11월 10일   공장 에어컨 수리비로 가나상사에 보통예금 계좌에서 송금한 880,000원을 수선비로 회계처리 하였으나, 해당 수선비는 10월 10일 미지급금으로 회계처리한 것을 결제한 것이다. (3점)

(2) 12월 15일   당초 제품을 $10,000에 직수출하고 선적일 당시 환율 1,000원/$을 적용하여 제품매출 10,000,000원을 외상판매한 것으로 회계처리하였으나, 수출 관련 서류 검토 결과 직수출이 아니라 내국신용장에 의한 공급으로 ㈜강서기술에 전자영세율세금계산서를 발급한 외상 매출인 것으로 확인되었다. (3점)

05 결산정리사항은 다음과 같다. 관련 메뉴를 이용하여 결산을 완료하시오. (9점)

(1) 거래처 ㈜태명에 4월 1일 대여한 50,000,000원(상환회수일 20X3년 3월 31일, 연 이자율 6%)에 대한 기간경과분 이자를 계상하다. 단, 이자는 월할 계산하고, 매년 3월 31일에 받기로 약정하였다. (3점)

(2) 제조공장의 창고 임차기간은 20X1.04.01. ~ 20X2.03.31.으로 임차개시일에 임차료 3,600,000원을 전액 지급하고 즉시 당기 비용으로 처리하였다. 결산정리분개를 하시오. (3점)

(3) 당기 중 단기간 시세차익을 목적으로 시장성이 있는 유가증권을 75,000,000원에 취득하였다. 당기말 해당 유가증권의 시가는 73,000,000원이다. (3점)

06 다음 사항을 조회하여 알맞은 답안을 이론문제 답안작성 메뉴에 입력하시오. (9점)

(1) 20X1년 상반기(1월~6월) 중 판매비및관리비의 급여 발생액이 가장 많은 월(月)과 가장 적은 월(月)의 차액은 얼마인가? (단, 양수로만 기재할 것) (3점)

(2) 일천상사에 대한 제품매출액은 3월 대비 4월에 얼마나 감소하였는가? (단, 음수로 입력하지 말 것) (3점)

(3) 20X1년 제1기 예정신고기간(1월 ~ 3월) 중 ㈜서산상사에 발행한 세금계산서의 총발행매수와 공급가액은 얼마인가? (3점)

이론시험

다음 문제를 보고 알맞은 것을 골라 [이론문제 답안작성] 메뉴에 입력하시오. (객관식 문항당 2점)

--- < 기 본 전 제 > ---

문제에서 한국채택국제회계기준을 적용하도록 하는 전제조건이 없는 경우, 일반기업회계기준을 적용한다.

01 자기주식을 취득가액보다 낮은 금액으로 처분한 경우, 다음 중 재무제표상 자기주식의 취득가액과 처분가액의 차액이 표기되는 항목으로 옳은 것은?

① 영업외비용   ② 자본잉여금   ③ 기타포괄손익누계액   ④ 자본조정

02 ㈜전주는 ㈜천안에 제품을 판매하기로 약정하고, 계약금으로 제3자인 ㈜철원이 발행한 당좌수표 100,000원을 받았다. 다음 중 회계처리로 옳은 것은?

① (차) 현금	100,000원	(대) 선수금	100,000원
② (차) 당좌예금	100,000원	(대) 선수금	100,000원
③ (차) 현금	100,000원	(대) 제품매출	100,000원
④ (차) 당좌예금	100,000원	(대) 제품매출	100,000원

03 다음 중 기말재고자산을 실제보다 과대계상한 경우 재무제표에 미치는 영향으로 잘못된 것은?

① 자산이 실제보다 과대계상된다.

② 자본총계가 실제보다 과소계상된다.

③ 매출총이익이 실제보다 과대계상된다.

④ 매출원가가 실제보다 과소계상된다.

04 다음 중 일반기업회계기준상 무형자산의 상각에 관한 내용으로 옳지 않은 것은?

① 무형자산의 상각방법은 정액법, 체감잔액법 등 합리적인 방법을 적용할 수 있으며, 합리적인 방법을 정할 수 없는 경우에는 정액법을 적용한다.

② 내부적으로 창출한 영업권은 원가의 신뢰성 문제로 인하여 자산으로 인정되지 않는다.

③ 무형자산의 상각기간은 독점적·배타적인 권리를 부여하고 있는 관계 법령이나 계약에 정해진 경우에도 20년을 초과할 수 없다.

④ 무형자산의 잔존가치는 없는 것을 원칙으로 하나, 예외도 존재한다.

05 다음 자료를 이용하여 단기투자자산의 합계액을 계산한 것으로 옳은 것은?

• 현금	5,000,000원	• 1년 만기 정기예금	3,000,000원	• 단기매매증권	4,000,000원
• 당좌예금	3,000,000원	• 우편환증서	50,000원	• 외상매출금	7,000,000원

① 7,000,000원　　　② 8,000,000원　　　③ 10,000,000원　　　④ 11,050,000원

06 다음 중 비유동부채에 해당하는 것은 모두 몇 개인가?

가. 사채	나. 퇴직급여충당부채
다. 유동성장기부채	라. 선수금

① 1개　　　　② 2개　　　　③ 3개　　　　④ 4개

07 일반기업회계기준에 근거하여 다음의 재고자산을 평가하는 경우 재고자산평가손익은 얼마인가?

상품명	기말재고수량	취득원가	추정판매가격 (순실현가능가치)
비누	100개	75,000원	65,000원
세제	200개	50,000원	70,000원

① 재고자산평가이익 3,000,000원　　　② 재고자산평가이익 4,000,000원
③ 재고자산평가손실 3,000,000원　　　④ 재고자산평가손실 1,000,000원

08 다음 중 수익의 인식에 대한 설명으로 가장 옳은 것은?

① 시용판매의 경우 수익의 인식은 구매자의 구매의사 표시일이다.

② 예약판매계약의 경우 수익의 인식은 자산의 건설이 완료되어 소비자에게 인도한 시점이다.

③ 할부판매의 경우 수익의 인식은 항상 소비자로부터 대금을 회수하는 시점이다.

④ 위탁판매의 경우 수익의 인식은 위탁자가 수탁자에게 제품을 인도한 시점이다.

09 당기의 원재료 매입액은 20억원이고, 기말 원재료 재고액이 기초 원재료 재고액보다 3억원이 감소한 경우, 당기의 원재료원가는 얼마인가?

① 17억원   ② 20억원   ③ 23억원   ④ 25억원

10 다음 중 제조원가명세서의 구성요소로 옳은 것을 모두 고른 것은?

가. 기초재공품재고액	나. 기말원재료재고액
다. 기말제품재고액	라. 당기제품제조원가
마. 당기총제조비용	

① 가, 나   ② 가, 나, 라   ③ 가, 나, 다, 라   ④ 가, 나, 라, 마

11 당사는 직접노무시간을 기준으로 제조간접원가를 배부하고 있다. 당기의 제조간접원가 실제 발생액은 500,000원이고, 예정배부율은 200원/직접노무시간이다. 당기의 실제 직접노무시간이 3,000시간일 경우, 다음 중 제조간접원가 배부차이로 옳은 것은?

① 100,000원 과대배부   ② 100,000원 과소배부

③ 200,000원 과대배부   ④ 200,000원 과소배부

12 다음 중 종합원가계산에 대한 설명으로 옳지 않은 것은?

① 각 공정별로 원가가 집계되므로 원가에 대한 책임소재가 명확하다.

② 일반적으로 원가를 재료원가와 가공원가로 구분하여 원가계산을 한다.

③ 기말재공품이 존재하지 않는 경우 평균법과 선입선출법의 당기완성품원가는 일치한다.

④ 모든 제품 단위가 완성되는 시점을 별도로 파악하기가 어려우므로 인위적인 기간을 정하여 원가를 산정한다.

13 다음 중 세금계산서 발급 의무가 면제되는 경우로 틀린 것은?

① 간주임대료   ② 사업상 증여

③ 구매확인서에 의하여 공급하는 재화   ④ 폐업시 잔존 재화

14 다음 중 부가가치세법상 업종별 사업장의 범위로 맞지 않는 것은?

① 제조업은 최종제품을 완성하는 장소

② 사업장을 설치하지 않은 경우 사업자의 주소 또는 거소

③ 운수업은 개인인 경우 사업에 관한 업무를 총괄하는 장소

④ 부동산매매업은 법인의 경우 부동산의 등기부상 소재지

15 다음 중 부가가치세에 대한 설명으로 옳지 않은 것은?

① 법률상 면세 대상으로 열거된 것을 제외한 모든 재화나 용역의 소비행위에 대하여 과세한다.

② 납세의무자는 개인사업자나 영리법인으로 한정되어 있다.

③ 매출세액에서 매입세액을 차감하여 납부(환급)세액을 계산한다.

④ 납세의무자는 재화 또는 용역을 공급하는 사업자이지만, 담세자는 최종소비자가 된다.

고성상사㈜(회사코드:8108)는 가방 등의 제조·도소매업 및 부동산임대업을 영위하는 중소기업으로 당기 회계기간은 20X1.1.1.~20X1.12.31.이다. 전산세무회계 수험용 프로그램을 이용하여 다음 물음에 답하시오.

─── < 기 본 전 제 > ───

• 문제에서 한국채택국제회계기준을 적용하도록 하는 전제조건이 없는 경우, 일반기업회계기준을 적용하여 회계처리 한다.
• 문제의 풀이와 답안작성은 제시된 문제의 순서대로 진행한다.

01 다음은 [기초정보관리] 및 [전기분재무제표]에 대한 자료이다. 각각의 요구사항에 대하여 답하시오. (10점)

(1) [거래처등록] 메뉴를 이용하여 다음의 신규 거래처를 추가로 등록하시오. (3점)

• 거래처코드 : 3000	• 거래처명 : ㈜나우전자	• 대표자 : 김나우
• 사업자등록번호 : 108-81-13579	• 업태 : 제조	• 종목 : 전자제품
• 유형 : 동시	• 사업장주소 : 서울특별시 서초구 명달로 104(서초동)	

※ 주소 입력 시 우편번호 입력은 생략해도 무방함.

(2) 다음 자료를 이용하여 [계정과목및적요등록]을 하시오. (3점)

• 계정과목 : 퇴직연금운용자산	• 대체적요 1. 제조 관련 임직원 확정급여형 퇴직연금부담금 납입

(3) 전기분 재무상태표 작성 시 기업은행의 단기차입금 20,000,000원을 신한은행의 장기차입금으로 잘못 분류하였다. [전기분재무상태표] 및 [거래처별초기이월]을 수정, 삭제 또는 추가입력하시오. (4점)

02

[일반전표입력] 메뉴를 이용하여 다음의 거래 자료를 입력하시오(일반전표입력의 모든 거래는 부가가치세를 고려하지 말 것). (18점)

─── < 입력시 유의사항 > ───

- 일반적인 적요의 입력은 생략하지만, 타계정 대체거래는 적요번호를 선택하여 입력한다.
- 채권·채무와 관련된 거래는 별도의 요구가 없는 한 반드시 기등록된 거래처코드를 선택하는 방법으로 거래처명을 입력한다.
- 제조경비는 500번대 계정코드를, 판매비와관리비는 800번대 계정코드를 사용한다.
- 회계처리 시 계정과목은 별도의 제시가 없는 한 등록된 계정과목 중 가장 적절한 과목으로 한다.

(1) 08월 01일   미국은행으로부터 20X0년 10월 31일에 차입한 외화장기차입금 중 $30,000를 상환하기 위하여 보통예금 계좌에서 39,000,000원을 이체하여 지급하였다. 일자별 적용환율은 아래와 같다. (3점)

20X0.10.31. (차입일)	20X0.12.31. (직전연도 종료일)	20X1.08.01. (상환일)
1,210/$	1,250/$	1,300/$

(2) 08월 12일   금융기관으로부터 매출거래처인 ㈜모모가방이 발행한 어음 50,000,000원이 부도처리되었다는 통보를 받았다. (3점)

(3) 08월 23일   임시주주총회에서 6월 29일 결의하고 미지급한 중간배당금 10,000,000원에 대하여 원천징수세액 1,540,000원을 제외한 금액을 보통예금 계좌에서 지급하였다. (3점)

(4) 08월 31일   제품의 제조공장에서 사용할 기계장치(공정가치 5,500,000원)를 대주주로부터 무상으로 받았다. (3점)

(5) 09월 11일   단기매매차익을 목적으로 주권상장법인인 ㈜대호전자의 주식 2,000주를 1주당 2,000원(1주당 액면금액 1,000원)에 취득하고, 증권거래수수료 10,000원을 포함한 대금을 모두 보통예금 계좌에서 지급하였다. (3점)

(6) 09월 13일   ㈜다원의 외상매출금 4,000,000원 중 1,000,000원은 현금으로 받고, 나머지 잔액은 ㈜다원이 발행한 약속어음으로 받았다. (3점)

03 다음 거래 자료를 [매입매출전표입력] 메뉴에 입력하시오. (18점)

─── < 입력시 유의사항 > ───

- 일반적인 적요의 입력은 생략하지만, 타계정 대체거래는 적요번호를 선택하여 입력한다.
- 채권·채무와 관련된 거래는 별도의 요구가 없는 한 반드시 기등록된 거래처코드를 선택하는 방법으로 거래처명을 입력한다.
- 제조경비는 500번대 계정코드를, 판매비와관리비는 800번대 계정코드를 사용한다.
- 회계처리 시 계정과목은 별도의 제시가 없는 한 등록된 계정과목 중 가장 적절한 과목으로 한다.
- 입력화면 하단의 분개까지 처리하고, 전자세금계산서 및 전자계산서는 전자입력으로 반영한다.

(1) 07월 13일 ㈜남양가방에 제품을 판매하고, 대금은 신용카드(비씨카드)로 결제받았다(단, 신용카드 판매액은 매출채권으로 처리할 것). (3점)

신용카드 매출전표

결제정보

카드종류	비씨카드	카드번호	1234-5050-4646-8525
거래종류	신용구매	거래일시	20X1-07-13
할부개월	0	승인번호	98465213

구매정보

주문번호	511-B	과세금액	5,000,000원
구매자명	㈜남양가방	비과세금액	0원
상품명	크로스백	부가세	500,000원
		합계금액	5,500,000원

이용상점정보

판매자상호	㈜남양가방
판매자 사업자등록번호	105-81-23608
판매자 주소	서울특별시 동작구 여의대방로 28

(2) 09월 05일 특별주문제작하여 매입한 기계장치가 완성되어 특수운송전문업체인 쾌속운송을 통해 기계장치를 인도받았다. 운송비 550,000원(부가가치세 포함)을 보통예금 계좌에서 이체하여 지급하고 쾌속운송으로부터 전자세금계산서를 수취하였다. (3점)

(3) 09월 06일 정도정밀로부터 제품임가공계약에 따른 제품을 납품받고 전자세금계산서를 수취하였다. 제품임가공비용은 10,000,000원(부가가치세 별도)이며, 전액 보통예금 계좌에서 이체하여 지급하였다(단, 제품임가공비용은 외주가공비 계정으로 처리할 것). (3점)

(4) 09월 25일 제조공장 인근 육군부대에 3D프린터기를 외상으로 구입하여 기증하였고, 아래와 같은 전자세
금계산서를 발급받았다. (3점)

전자세금계산서					승인번호		20X10925 - 15454645 - 58811889		
공급자	등록번호	220 - 81 - 55976	종사업장번호		공급받는자	등록번호	128-81-32658	종사업장번호	
	상호(법인명)	㈜목포전자	성명	정찬호		상호(법인명)	고성상사㈜	성명	현정민
	사업장주소	서울특별시 서초구 명달로 101				사업장주소	서울시 중구 창경궁로5다길 13-4		
	업태	도소매	종목	전자제품		업태	제조,도소매	종목	가방 등
	이메일					이메일			
						이메일			

작성일자	공급가액	세액	수정사유	비고
20X1-09-25	3,500,000원	350,000원	해당 없음	

월	일	품목	규격	수량	단가	공급가액	세액	비고
09	25	3D 프린터		1	3,500,000원	3,500,000원	350,000원	

합계금액	현금	수표	어음	외상미수금	위 금액을 (청구) 함
3,850,000원				3,850,000원	

(5) 10월 06일 본사 영업부에서 사용할 복합기를 구입하고, 대금은 하나카드로 결제하였다. (3점)

매출전표

단말기번호 A - 1000   전표번호 56421454

회원번호(CARD NO)
3152-3155-****-****

카드종류	유효기간	거래일자
하나카드	12/25	20X1.10.06.

거래유형	취소시 원 거래일자
신용구매	

결제방법	판 매 금 액	1,500,000원
일시불	부 가 가 치 세	150,000원
매입처	봉 사 료	
매입사제출	합 계 (TOTAL)	1,650,000원

전표매입사	승인번호(APPROVAL NO)
하나카드	35745842

가맹점명	가맹점번호
㈜ok사무	5864112

대표자명	사업자번호
김사무	204-81-76697

주소
경기도 화성시 동탄대로 537, 101호

서명(SIGNATURE)

고성상사 (주)

(6) 12월 01일 ㈜국민가죽으로부터 고급핸드백 가방 제품의 원재료인 양가죽을 매입하고, 아래의 전자세금계
산서를 수취하였다. 부가가치세는 현금으로 지급하였으며, 나머지는 외상거래이다. (3점)

전자세금계산서					승인번호		20X11201 - 15454645 - 58811886		
공급자	등록번호	204-81-35774	종사업장번호		공급받는자	등록번호	128-81-32658	종사업장번호	
	상호(법인명)	㈜국민가죽	성명	김국민		상호(법인명)	고성상사㈜	성명	현정민
	사업장주소	경기도 안산시 단원구 석수로 555				사업장주소	서울시 중구 창경궁로5다길 13-4		
	업태	도소매	종목	가죽		업태	제조,도소매	종목	가방 등
	이메일					이메일			
						이메일			

작성일자	공급가액	세액	수정사유	비고
20X1-12-01	2,500,000원	250,000원	해당 없음	

월	일	품목	규격	수량	단가	공급가액	세액	비고
12	01	양가죽			2,500,000원	2,500,000원	250,000원	

합계금액	현금	수표	어음	외상미수금	위 금액을 (청구) 함
2,750,000원	250,000원			2,500,000원	

04 [일반전표입력] 및 [매입매출전표입력] 메뉴에 입력된 내용 중 다음과 같은 오류가 발견되었다. 입력된 내용을 확인하여 정정하시오. (6점)

(1) 07월 22일 제일자동차로부터 영업부의 업무용승용차(공급가액 15,000,000원, 부가가치세 별도)를 구입
하여 대금은 전액 보통예금 계좌에서 지급하고 전자세금계산서를 받았다. 해당 업무용 승용차
의 배기량은 1,990cc이나 회계담당자는 990cc로 판단하여 부가가치세를 공제받는 것으로 회
계처리하였다. (3점)

(2) 09월 15일 매출거래처 ㈜댕댕오디오의 파산선고로 인하여 외상매출금 3,000,000원을 회수불능으로 판
단하고 전액 대손상각비로 대손처리하였으나, 9월 15일 파산선고 당시 외상매출금에 관한 대
손충당금 잔액 1,500,000원이 남아있던 것으로 확인되었다. (3점)

05 결산정리사항은 다음과 같다. 관련 메뉴를 이용하여 결산을 완료하시오. (9점)

(1) 20X1년 9월 16일에 지급된 2,550,000원은 그 원인을 알 수 없어 가지급금으로 처리하였던바, 결산일인 12월 31일에 2,500,000원은 하나무역의 외상매입금을 상환한 것으로 확인되었으며 나머지 금액은 그 원인을 알 수 없어 당기 비용(영업외비용)으로 처리하기로 하였다. (3점)

(2) 결산일 현재 필립전자에 대한 외화 단기대여금($30,000)의 잔액은 60,000,000원이다. 결산일 현재 기준환율은 $1당 2,200원이다(단, 외화 단기대여금도 단기대여금 계정과목을 사용할 것). (3점)

(3) 대손충당금은 결산일 현재 미수금(기타 채권은 제외)에 대하여만 1%를 설정한다. 보충법에 의하여 대손충당금 설정 회계처리를 하시오(단, 대손충당금 설정에 필요한 정보는 관련 데이터를 조회하여 사용할 것). (3점)

06 다음 사항을 조회하여 답안을 이론문제 답안작성 메뉴에 입력하시오. (9점)

(1) 당해연도 제1기 부가가치세 예정신고기간(1월 ~ 3월) 중 카드과세매출의 공급대가 합계액은 얼마인가? (3점)

(2) 20X1년 6월의 영업외비용 총지출액은 얼마인가? (3점)

(3) 20X1년 제1기 부가가치세 확정신고기간의 공제받지못할매입세액은 얼마인가? (3점)

이론시험

다음 문제를 보고 알맞은 것을 골라 이론문제 답안작성 메뉴에 입력하시오. (객관식 문항당 2점)

───────── < 기 본 전 제 > ─────────
문제에서 한국채택국제회계기준을 적용하도록 하는 전제조건이 없는 경우, 일반기업회계기준을 적용한다.

01 다음 중 재무제표에 대한 설명으로 가장 올바른 것은?

① 자산은 현재 사건의 결과로 기업이 통제하고 있고 미래경제적효익이 기업에 유입될 것으로 기대되는 자원이다.

② 부채는 과거 사건에 의하여 발생하였으며, 경제적효익이 기업으로부터 유출됨으로써 이행될 것으로 기대되는 미래의무이다.

③ 수익은 자산의 유입 또는 부채의 감소에 따라 자본의 증가를 초래하는 특정 회계기간 동안에 발생한 경제적효익의 증가로서 지분참여자에 대한 출연과 관련된 것은 제외한다.

④ 비용은 자산의 유출 또는 부채의 증가에 따라 자본의 감소를 초래하는 특정 회계기간 동안에 발생한 경제적효익의 감소로서 지분참여자에 대한 분배를 제외하며, 정상영업활동의 일환이나 그 이외의 활동에서 발생할 수 있는 차손은 포함하지 않는다.

02 다음 중 기말재고자산의 수량 결정 방법으로 옳은 것을 모두 고른 것은?

| 가. 총평균법 | 나. 계속기록법 | 다. 선입선출법 | 라. 후입선출법 | 마. 실지재고조사법 |

① 가, 다   ② 나, 마   ③ 가, 나, 다   ④ 다, 라, 마

03 기업이 보유하고 있는 수표 중 현금및현금성자산으로 분류되지 아니하는 것은?

① 선일자수표   ② 당좌수표   ③ 타인발행수표   ④ 자기앞수표

04 다음 중 유형자산에 대한 설명으로 옳은 것은?

① 기업이 보유하고 있는 토지는 기업의 보유목적에 상관없이 모두 유형자산으로 분류된다.

② 유형자산의 취득 시 발생한 부대비용은 취득원가로 처리한다.

③ 유형자산을 취득한 후에 발생하는 모든 지출은 발생 시 당기 비용으로 처리한다.

④ 모든 유형자산은 감가상각을 한다.

05 다음은 ㈜한국의 단기매매증권 관련 자료이다. ㈜한국의 당기 손익계산서에 반영되는 영업외손익의 금액은 얼마인가?

- A사 주식의 취득원가는 500,000원이고, 기말공정가액은 700,000원이다.
- B사 주식의 취득원가는 300,000원이고, 기말공정가액은 200,000원이다.
- 당기 중 A사로부터 현금배당금 50,000원을 받았다.
- 당기 초 250,000원에 취득한 C사 주식을 당기 중 300,000원에 처분하였다.

① 200,000원   ② 250,000원   ③ 300,000원   ④ 400,000원

06 다음 중 사채의 발행과 관련한 내용으로 옳은 것은?

① 사채를 할인발행한 경우 매년 액면이자는 동일하다.

② 사채를 할증발행한 경우 매년 유효이자(시장이자)는 증가한다.

③ 사채발행 시 발행가액에서 사채발행비를 차감하지 않고 사채의 차감계정으로 처리한다.

④ 사채의 할인발행 또는 할증발행 시 발행차금의 상각액 또는 환입액은 매년 감소한다.

07 다음 중 계정과목과 자본 항목의 분류가 올바르게 연결된 것은?

① 주식발행초과금 : 이익잉여금   ② 자기주식처분손실 : 자본조정

③ 자기주식 : 자본잉여금   ④ 매도가능증권평가손익 : 자본조정

08 유형자산의 자본적지출을 수익적지출로 잘못 처리했을 경우, 당기의 당기순이익과 차기의 당기순이익에 미치는 영향으로 올바른 것은?

	당기 당기순이익	차기 당기순이익
①	과대	과소
②	과소	과소
③	과소	과대
④	과대	과대

09 다음 중 매몰원가에 해당하지 않는 것은?

① 전기승용차 구입 결정을 함에 있어 사용하던 승용차 처분 시 기존 승용차의 취득원가

② 과거 의사결정으로 발생한 원가로 향후 의사결정을 통해 회수할 수 없는 취득원가

③ 사용하고 있던 기계장치의 폐기 여부를 결정할 때, 해당 기계장치의 취득원가

④ 공장의 원재료 운반용 화물차를 판매 제품의 배송용으로 전환하여 사용할지 여부를 결정할 때, 새로운 화물차의 취득가능금액

10 다음 중 제조원가에 관한 설명으로 옳지 않은 것은?

① 간접원가는 제조과정에서 발생하는 원가이지만 특정 제품 또는 특정 부문에 직접 추적할 수 없는 원가를 의미한다.

② 조업도의 증감에 따라 총원가가 증감하는 원가를 변동원가라 하며, 직접재료원가와 직접노무원가가 여기에 속한다.

③ 고정원가는 관련범위 내에서 조업도가 증가할수록 단위당 고정원가가 감소한다.

④ 변동원가는 관련범위 내에서 조업도가 증가할수록 단위당 변동원가가 증가한다.

11 ㈜대한은 평균법에 의한 종합원가계산을 채택하고 있다. 재료원가는 공정 초기에 모두 투입되며, 가공원가는 공정 전반에 걸쳐 고르게 투입되는 경우 완성품환산량으로 맞는 것은?

> • 기초재공품 : 100개(완성도 50%)   • 당기착수수량 : 2,000개
> • 당기완성수량 : 1,800개   • 기말재공품 : 300개(완성도 70%)

	재료원가 완성품환산량	가공원가 완성품환산량
①	2,100개	2,010개
②	2,100개	2,100개
③	2,100개	1,960개
④	2,100개	1,950개

12 다음은 제조기업의 원가 관련 자료이다. 매출원가 금액으로 옳은 것은?

• 당기총제조원가	1,500,000원	• 기초재공품재고액	500,000원
• 기초제품재고액	800,000원	• 기말재공품재고액	1,300,000원
• 기말제품재고액	300,000원	• 직접재료원가	700,000원

① 700,000원   ② 800,000원   ③ 1,200,000원   ④ 2,000,000원

13 다음 중 부가가치세법상 면세에 해당하지 않는 것은?

① 도서대여 용역

② 여성용 생리 처리 위생용품

③ 주무관청에 신고된 학원의 교육 용역

④ 개인택시운송사업의 여객운송 용역

14 다음 중 부가가치세 신고와 납부에 대한 설명으로 옳지 않은 것은?

① 간이과세를 포기하는 경우 포기신고일이 속하는 달의 마지막 날로부터 25일 이내에 신고, 납부하여야 한다.

② 확정신고를 하는 경우 예정신고 시 신고한 과세표준은 제외하고 신고하여야 한다.

③ 신규로 사업을 시작하는 경우 사업개시일이 속하는 과세기간의 종료일로부터 25일 이내에 신고, 납부하여야 한다.

④ 폐업하는 경우 폐업일로부터 25일 이내에 신고, 납부하여야 한다.

15 다음 중 부가가치세법상 법인사업자의 사업자등록 정정 사유가 아닌 것은?

① 사업의 종류에 변경이 있는 때

② 상호를 변경하는 때

③ 주주가 변동되었을 때

④ 사업장을 이전할 때

세무사랑㈜(회사코드:8107)은 부동산임대업 및 전자제품의 제조·도소매업을 영위하는 중소기업으로 당기 회계기간은 20X1.1.1.~20X1.12.31.이다. 전산세무회계 수험용 프로그램을 이용하여 다음 물음에 답하시오.

─── < 기 본 전 제 > ───

• 문제에서 한국채택국제회계기준을 적용하도록 하는 전제조건이 없는 경우, 일반기업회계기준을 적용하여 회계처리 한다.
• 문제의 풀이와 답안작성은 제시된 문제의 순서대로 진행한다.

01 다음은 [기초정보관리] 및 [전기분재무제표]에 대한 자료이다. 각각의 요구사항에 대하여 답하시오. (10점)

(1) 다음 자료를 이용하여 [계정과목 및 적요등록] 메뉴에서 견본비(판매비및일반관리비) 계정과목의 현금적요를 추가로 등록하시오. (3점)

> • 코드 : 842   • 계정과목 : 견본비   • 현금적요 : NO.2 전자제품 샘플 제작비 지급

(2) 세무사랑㈜의 기초 채권 및 채무의 올바른 잔액은 다음과 같다. 주어진 자료를 검토하여 잘못된 부분은 오류를 정정하고, 누락된 부분은 추가하여 입력하시오. (3점)

계정과목	거래처	금액
외상매출금	㈜흥금전기	30,000,000원
	㈜금강기업	10,000,000원
외상매입금	삼신산업	30,000,000원
	하나무역	26,000,000원
받을어음	㈜대호전자	25,000,000원

(3) 전기분 재무제표 중 아래의 계정과목에서 다음과 같은 오류를 발견하였다. 관련 재무제표를 적절하게 수정하시오. (4점)

계정과목	관련 부서	수정 전 잔액	수정 후 잔액
전력비	생산부	2,000,000원	4,200,000원
수도광열비	영업부	3,000,000원	1,100,000원

02 다음의 거래 자료를 [일반전표입력] 메뉴를 이용하여 입력하시오(일반전표입력의 모든 거래는 부가가치세를 고려하지 말 것). (18점)

< 입력시 유의사항 >

- 일반적인 적요의 입력은 생략하지만, 타계정 대체거래는 적요번호를 선택하여 입력한다.
- 채권·채무와 관련된 거래는 별도의 요구가 없는 한 반드시 기등록된 거래처코드를 선택하는 방법으로 거래처명을 입력한다.
- 제조경비는 500번대 계정코드를, 판매비와관리비는 800번대 계정코드를 사용한다.
- 회계처리 시 계정과목은 별도의 제시가 없는 한 등록된 계정과목 중 가장 적절한 과목으로 한다.

(1) 07월 03일 영업부 사무실로 사용하기 위하여 세무빌딩과 사무실 임대차계약을 체결하고, 보증금 6,000,000원 중 계약금 600,000원을 보통예금(우리은행) 계좌에서 이체하여 지급하였다. 잔금은 다음 달에 지급하기로 하였다. (3점)

(2) 08월 01일 하나카드의 7월분 매출대금 3,500,000원에서 가맹점수수료 2%를 차감한 금액이 당사의 보통예금 계좌로 입금되었다(단, 신용카드 매출대금은 외상매출금으로 처리하고 있다). (3점)

(3) 08월 16일 영업부 직원의 퇴직으로 인해 발생한 퇴직금은 8,800,000원이다. 당사는 모든 직원에 대해 전액 확정급여형(DB형) 퇴직연금에 가입하고 있으며, 현재 퇴직연금운용자산의 잔액은 52,000,000원이다. 단, 퇴직급여충당부채와 퇴직연금충당부채는 설정하지 않았다. (3점)

(4) 08월 23일 나라은행으로부터 차입한 대출금 20,000,000원(대출기간 : 20X0.01.01. ~ 20X3.12.31.)을 조기 상환하기로 하고, 이자 200,000원과 함께 보통예금 계좌에서 이체하여 지급하다. (3점)

(5) 11월 05일 ㈜다원의 제품매출 외상대금 4,000,000원 중 3,000,000원은 동점 발행 약속어음으로 받고, 1,000,000원은 금전소비대차계약(1년 대여)으로 전환하였다. (3점)

(6) 11월 20일 사업용 중고트럭 취득과 관련된 취득세 400,000원을 현금으로 납부하였다. (3점)

03 다음 거래 자료를 [매입매출전표입력] 메뉴에 입력하시오. (18점)

───────── < 입력시 유의사항 > ─────────

• 일반적인 적요의 입력은 생략하지만, 타계정 대체거래는 적요번호를 선택하여 입력한다.
• 채권·채무와 관련된 거래는 별도의 요구가 없는 한 반드시 기등록된 거래처코드를 선택하는 방법으로 거래처명을 입력한다.
• 제조경비는 500번대 계정코드를, 판매비와관리비는 800번대 계정코드를 사용한다.
• 회계처리 시 계정과목은 별도의 제시가 없는 한 등록된 계정과목 중 가장 적절한 과목으로 한다.
• 입력화면 하단의 분개까지 처리하고, 전자세금계산서 및 전자계산서는 전자입력으로 반영한다.

(1) 08월 17일 구매확인서에 의해 수출용 제품의 원재료를 ㈜직지상사로부터 매입하고 영세율전자세금 계산서를 발급받았다. 매입대금 중 10,000,000원은 외상으로 하고, 나머지 금액은 당사가 발행한 3개월 만기 약속어음으로 지급하였다. (3점)

영세율전자세금계산서

승인번호	20X10817-15454645-58811574

공급자					공급받는자			
등록번호	136-81-29187	종사업장번호			등록번호	123-81-95681	종사업장번호	
상호(법인명)	㈜직지상사	성명	나인세		상호(법인명)	세무사랑㈜	성명	이진우
사업장주소	서울특별시 동작구 여의대방로 35				사업장주소	울산광역시 중구 종가로 405-3		
업태	도소매	종목	전자제품		업태	제조 외	종목	전자제품 외
이메일					이메일			
					이메일			

작성일자	공급가액	세액	수정사유	비고
20X1-08-17	15,000,000원	0원	해당 없음	

월	일	품목	규격	수량	단가	공급가액	세액	비고
08	17	원재료			15,000,000원	15,000,000원		

합계금액	현금	수표	어음	외상미수금	
15,000,000원			5,000,000원	10,000,000원	위 금액을 (청구) 함

(2) 08월 28일 제조부 직원들에게 지급할 작업복을 이진컴퍼니로부터 공급가액 1,000,000원(부가가치세 별도)에 외상으로 구입하고 종이세금계산서를 발급받았다. (3점)

(3) 09월 15일 우리카센타에서 공장용 화물트럭을 수리하고 수리대금 242,000원(부가가치세 포함)은 현금으로 결제하면서 지출증빙용 현금영수증을 받았다(단, 수리대금은 차량유지비로 처리할 것). (3점)

(4) 09월 27일 인사부가 사용할 직무역량 강화용 책을 ㈜대한도서에서 구입하면서 전자계산서를 수취하고 대금은 외상으로 하다. (3점)

전자계산서				승인번호		20X10927-15454645-58811886	
공급자 등록번호	120-81-32052	종사업장번호		**공급받는자** 등록번호	123-81-95681	종사업장번호	
상호(법인명)	㈜대한도서	성명	박대한	상호(법인명)	세무사랑㈜	성명	이진우
사업장주소	인천시 남동구 서해2길			사업장주소	울산광역시 중구 종가로 405-3		
업태	도소매	종목	도서	업태	제조	종목	전자제품
이메일				이메일			
				이메일			

작성일자	공급가액	수정사유	비고
20X1-09-27	200,000원	해당 없음	

월	일	품목	규격	수량	단가	공급가액	비고
09	27	도서(직장생활 노하우 외)			200,000원	200,000원	

합계금액	현금	수표	어음	외상미수금	위 금액을 (청구) 함
200,000원				200,000원	

(5) 09월 30일 ㈜세무렌트로부터 영업부에서 거래처 방문용으로 사용하는 승용차(배기량 2,000cc, 5인승)의 당월분 임차료에 대한 전자세금계산서를 수취하였다. 당월분 임차료는 다음 달에 결제될 예정이다. (3점)

전자세금계산서				승인번호		20X10930-15454645-58811886	
공급자 등록번호	105-81-23608	종사업장번호		**공급받는자** 등록번호	123-81-95681	종사업장번호	
상호(법인명)	㈜세무렌트	성명	왕임차	상호(법인명)	세무사랑㈜	성명	이진우
사업장주소	서울시 강남구 강남대로 8			사업장주소	울산광역시 중구 종가로 405-3		
업태	서비스	종목	임대	업태	제조	종목	전자제품
이메일				이메일			
				이메일			

작성일자	공급가액	세액	수정사유	비고
20X1-09-30	700,000원	70,000원	해당 없음	

월	일	품목	규격	수량	단가	공급가액	세액	비고
09	30	차량렌트대금(5인승)	2,000cc	1	700,000원	700,000원	70,000원	

합계금액	현금	수표	어음	외상미수금	위 금액을 (청구) 함
770,000원				770,000원	

(6) 10월 15일   우리자동차㈜에 공급한 제품 중 일부가 불량으로 판정되어 반품 처리되었으며, 수정전자세금
계산서를 발행하였다. 대금은 해당 매출 관련 외상매출금과 상계하여 처리하기로 하였다(단, 음
수(-)로 회계처리할 것). (3점)

전자세금계산서					승인번호		20X11015-58754645-58811367		
공급자	등록번호	123-81-95681	종사업장번호		공급받는자	등록번호	130-86-55834	종사업장번호	
	상호(법인명)	세무사랑㈜	성명	이진우		상호(법인명)	우리자동차㈜	성명	신방자
	사업장주소	울산광역시 중구 종가로 405-3				사업장주소	서울특별시 강남구 논현로 340		
	업태	제조	종목	전자제품		업태	제조	종목	자동차(완성차)
	이메일					이메일			
						이메일			

작성일자	공급가액	세액	수정사유	비고
20X1-10-15	- 10,000,000원	- 1,000,000원	일부 반품	품질 불량으로 인한 반품

월	일	품목	규격	수량	단가	공급가액	세액	비고
10	15	제품				- 10,000,000원	- 1,000,000원	

합계금액	현금	수표	어음	외상미수금	위 금액을 (청구) 함
- 11,000,000원				- 11,000,000원	

04 [일반전표입력] 및 [매입매출전표입력] 메뉴에 입력된 내용 중 다음과 같은 오류가 발견되었다.
입력된 내용을 확인하여 정정하시오. (6점)

(1) 07월 06일   ㈜상문의 외상매입금 3,000,000원을 보통예금 계좌에서 이체한 것이 아니라 제품을 판매하
고 받은 상명상사 발행 약속어음 3,000,000원을 배서하여 지급한 것으로 밝혀졌다. (3점)

(2) 12월 13일   영업부 사무실의 전기요금 121,000원(공급대가)을 현금 지급한 것으로 일반전표에 회계처리
하였으나, 이는 제조공장에서 발생한 전기요금으로 한국전력공사로부터 전자세금계산서를 수
취한 것으로 확인되었다. (3점)

05
결산정리사항은 다음과 같다. 해당 메뉴에 입력하시오. (9점)

(1) 결산일을 기준으로 대한은행의 장기차입금 50,000,000원에 대한 상환기일이 1년 이내에 도래할 것으로 확인되었다. (3점)

(2) 무형자산인 특허권(내용연수 5년, 정액법)의 전기 말 상각후잔액은 24,000,000원이다. 특허권은 20X0년 1월 10일에 취득하였으며, 매년 법정 상각범위액까지 무형자산상각비로 인식하고 있다. 특허권에 대한 당기분 무형자산상각비(판)를 계상하시오. (3점)

(3) 당기 법인세비용은 13,500,000원으로 산출되었다(단, 법인세 중간예납세액은 선납세금을 조회하여 처리할 것). (3점)

06
다음 사항을 조회하여 답안을 이론문제 답안작성 메뉴에 입력하시오. (9점)

(1) 6월 30일 현재 현금및현금성자산의 전기말 현금및현금성자산 대비 증감액은 얼마인가? 단, 감소한 경우에도 음의 부호(-)를 제외하고 양수로만 입력하시오. (3점)

(2) 20X1년 제1기 부가가치세 확정신고기간(20X1.04.01. ~ 20X1.06.30.)의 매출액 중 세금계산서발급분 공급가액의 합계액은 얼마인가? (3점)

(3) 6월(6월 1일 ~ 6월 30일) 중 지예상사에 대한 외상매입금 결제액은 얼마인가? (3점)

이론시험

다음 문제를 보고 알맞은 것을 골라 이론문제 답안작성 메뉴에 입력하시오. (객관식 문항당 2점)

─────── < 기 본 전 제 > ───────

문제에서 한국채택국제회계기준을 적용하도록 하는 전제조건이 없는 경우, 일반기업회계기준을 적용한다.

01 다음 중 회계정보의 질적특성과 관련된 설명으로 잘못된 것은?

① 유형자산을 역사적 원가로 평가하면 측정의 신뢰성은 저하되나 목적적합성은 제고된다.

② 회계정보는 기간별 비교가 가능해야 하고, 기업실체간 비교가능성도 있어야 한다.

③ 회계정보의 질적특성은 회계정보의 유용성을 판단하는 기준이 된다.

④ 회계정보가 갖추어야 할 가장 중요한 질적특성은 목적적합성과 신뢰성이다.

02 다음 중 재무상태표가 제공할 수 있는 재무정보로 올바르지 않은 것은?

① 타인자본에 대한 정보　　　　　② 자기자본에 대한 정보

③ 자산총액에 대한 정보　　　　　④ 경영성과에 관한 정보

03 다음 중 유형자산의 취득원가에 포함하지 않는 것은?

① 토지의 취득세

② 새로운 상품과 서비스를 소개하는데 소요되는 원가

③ 유형자산의 취득과 관련하여 불가피하게 매입한 국공채의 매입금액과 현재가치와의 차액

④ 설계와 관련하여 전문가에게 지급하는 수수료

04 다음 중 유가증권과 관련한 내용으로 가장 옳은 것은?

① 만기보유증권은 유가증권 형태상 주식 및 채권에 적용된다.

② 매도가능증권은 만기가 1년 이상인 경우에 투자자산으로 분류하며 주식 형태만 가능하다.

③ 단기매매증권은 주식 및 채권에 적용되며 당좌자산으로 분류한다.

④ 만기보유증권은 주식에만 적용되며 투자자산으로 분류한다.

05 다음 중 자본조정항목으로 분류할 수 없는 계정과목은?

① 감자차익   ② 주식할인발행차금

③ 자기주식   ④ 자기주식처분손실

06 다음 중 수익의 측정에 대한 설명으로 옳지 않은 것은?

① 로열티수익은 관련된 계약의 경제적 실질을 반영하여 발생기준에 따라 인식한다.

② 이자수익은 원칙적으로 유효이자율을 적용하여 발생기준에 따라 인식한다.

③ 배당금수익은 배당금을 받을 권리와 금액이 확정되는 시점에 인식한다.

④ 수익은 권리의무확정주의에 따라 합리적으로 인식한다.

07 다음 자료에 의할 때 당기의 매출원가는 얼마인가?

• 기초상품재고액	500,000원	• 기말상품재고액	1,500,000원
• 매입에누리금액	750,000원	• 총매입액	8,000,000원
• 타계정대체금액	300,000원	• 판매대행수수료	1,100,000원

① 7,050,000원   ② 6,950,000원   ③ 6,250,000원   ④ 5,950,000원

08 ㈜연무는 20X1년 12월 26일 거래처에 상품을 인도하였으나 상품 판매대금 전액이 20X2년 1월 5일에 입금되어 동일자에 전액 수익으로 인식하였다. 위 회계처리가 20X1년도의 재무제표에 미치는 영향으로 올바른 것은?(단, 매출원가에 대해서는 고려하지 않는다.)

① 자산의 과소계상   ② 비용의 과대계상

③ 부채의 과소계상   ④ 수익의 과대계상

09 아래의 자료에서 설명하는 원가행태에 해당하는 것은?

조업도의 변동과 관계없이 총원가가 일정한 고정원가와 조업도의 변동에 비례하여 총원가가 변동하는 변동원가가 혼합된 원가

① 전화요금　　　　② 직접재료원가　　③ 감가상각비　　　④ 화재보험료

10 다음 중 개별원가계산에 대한 설명으로 옳지 않은 것은?

① 단일 종류의 제품을 연속생산, 대량생산하는 업종에 적합한 원가계산 방법이다.

② 조선업, 건설업이 개별원가계산에 적합한 업종에 해당한다.

③ 직접원가와 제조간접원가의 구분이 중요하며, 제조간접원가의 배부가 핵심과제이다.

④ 각 제조지시서별로 원가계산을 해야 하므로 많은 시간과 비용이 발생한다.

11 다음의 자료를 보고 영업외비용으로 처리해야 할 공손의 수량을 구하시오.

• 기초재공품	400개	• 기말재공품	200개
• 당기착수량	1,000개	• 공손수량	200개
• 정상공손은 완성품 수량의 5%로 한다.			

① 50개　　　　　　② 100개　　　　　③ 150개　　　　　④ 200개

12 다음 자료를 이용하여 당기 총제조원가를 구하면 얼마인가?

• 기초 재공품 원가	100,000원	• 직접재료원가	180,000원
• 기말 재공품 원가	80,000원	• 직접노무원가	320,000원
• 공장 전력비	50,000원	• 공장 임차료	200,000원

① 500,000원　　　② 600,000원　　　③ 730,000원　　　④ 750,000원

13 다음 중 부가가치세법상 과세 대상으로 볼 수 없는 것은?

① 재화의 공급　　　② 용역의 공급　　　③ 재화의 수입　　　④ 용역의 수입

14 다음 중 부가가치세법상 사업자등록에 관한 설명으로 잘못된 것은?

① 사업자는 사업장마다 사업개시일부터 20일 이내에 사업자등록을 신청해야 한다.

② 사업자는 사업자등록의 신청을 사업장 관할 세무서장에게만 할 수 있다.

③ 신규로 사업을 시작하려는 자는 사업개시일 이전이라도 사업자등록을 신청할 수 있다.

④ 사업자는 등록사항이 변경되면 지체 없이 사업장 관할 세무서장에게 신고하여야 한다.

15 다음 중 부가가치세법상 간이과세에 대한 설명으로 가장 옳지 않은 것은?

① 직전 1억년의 재화·용역의 공급대가의 합계액이 1억4백만원 미만인 개인사업자가 간이과세자에
해당한다.

② 해당 과세기간의 공급대가의 합계액이 4천800만원 미만인 경우에는 납부세액의 납부의무가 면제
된다.

③ 직전연도의 공급대가의 합계액이 4천800만원 미만인 간이과세자는 세금계산서를 발급할 수 없다.

④ 매출세액보다 매입세액이 클 경우 환급을 받을 수 있다.

실무시험

남다른패션㈜(회사코드:8106)은 스포츠의류 등의 제조업 및 도소매업을 영위하는 중소기업으로 당기(제7기) 회계기간은 20X1.1.1.~20X1.12.31.이다. 전산세무회계 수험용 프로그램을 이용하여 다음 물음에 답하시오.

――――――――― < 기 본 전 제 > ―――――――――

• 문제에서 한국채택국제회계기준을 적용하도록 하는 전제조건이 없는 경우, 일반기업회계기준을 적용하여 회계처리 한다.
• 문제의 풀이와 답안작성은 제시된 문제의 순서대로 진행한다.

01 다음은 [기초정보관리] 및 [전기분재무제표]에 대한 자료이다. 각각의 요구사항에 대하여 답하시오. (10점)

(1) 아래의 자료를 바탕으로 다음 계정과목에 대한 적요를 추가 등록하시오. (3점)

• 코드 : 0511	• 계정과목 : 복리후생비
• 현금적요 : NO 9. 생산직원 독감 예방접종비 지급	• 대체적요 : NO 3. 직원 휴가비 보통예금 인출

(2) 다음 자료를 보고 [거래처등록] 메뉴에서 신규 거래처를 등록하시오. (3점)

• 거래처구분 : 일반거래처	• 유형 : 동시
• 거래처코드 : 00450	• 거래처명 : ㈜대박
• 대표자명 : 박대박	• 사업자등록번호 : 403-81-51065
• 업태 : 제조	• 종목 : 원단
• 사업장 주소 : 경상북도 칠곡군 지천면 달서원길 16 (※ 주소 입력 시 우편번호 입력은 생략해도 무방함.)	

(3) 전기분 손익계산서를 검토한 결과 다음과 같은 오류가 발견되었다. 전기분 손익계산서, 전기분 잉여금처분계산서, 전기분 재무상태표 중 관련된 부분을 수정하시오. (4점)

계정과목	틀린 금액	올바른 금액
광고선전비	3,800,000원	5,300,000원

02 다음의 거래 자료를 [일반전표입력] 메뉴를 이용하여 입력하시오(일반전표입력의 모든 거래는 부가가치세를 고려하지 말 것). (18점)

< 입력시 유의사항 >

• 일반적인 적요의 입력은 생략하지만, 타계정 대체거래는 적요번호를 선택하여 입력한다.

• 채권·채무와 관련된 거래는 별도의 요구가 없는 한 반드시 기등록된 거래처코드를 선택하는 방법으로 거래처명을 입력한다.

• 제조경비는 500번대 계정코드를, 판매비와관리비는 800번대 계정코드를 사용한다.

• 회계처리 시 계정과목은 별도의 제시가 없는 한 등록된 계정과목 중 가장 적절한 과목으로 한다.

---

(1) 07월 18일 ㈜괴안공구에 지급할 외상매입금 33,000,000원 중 일부는 아래의 전자어음을 발행하고 나머지는 보통예금 계좌에서 지급하였다. (3점)

전 자 어 음

(주)괴안공구 귀하   00512151020123456789

금 이천삼백만원정   23,000,000원

위의 금액을 귀하 또는 귀하의 지시인에게 지급하겠습니다.

지급기일 2022년 8월 30일		**발행일** 2022년 7월 18일	
지 급 지 하나은행		**발행지**	
지급장소 신중동역지점		**주 소** 세종특별자치시 가름로 232	
		발행인 남다른패션 (주)	

(2) 07월 30일 매출거래처인 ㈜지수포장의 파산으로 인해 외상매출금 1,800,000원이 회수 불가능할 것으로 판단하여 대손 처리하였다. 대손 발생일 직전 외상매출금에 대한 대손충당금 잔액은 320,000원이다. (3점)

(3) 08월 30일 사무실 이전을 위하여 형제상사와 체결한 건물 임대차계약의 잔금 지급일이 도래하여 임차보증금 5,000,000원 중 계약금 1,500,000원을 제외한 금액을 보통예금 계좌에서 지급하였다. (3점)

(4) 10월 18일 대표이사로부터 차입한 잔액 19,500,000원에 대하여 채무를 면제받았다(해당 차입금은 단기차입금으로 계상되어 있다). (3점)

(5) 10월 25일   시장조사를 위해 호주로 출장을 다녀온 영업부 사원 누리호에게 10월 4일에 지급하였던 출장비 3,000,000원(가지급금으로 처리함) 중 실제 여비교통비로 지출한 2,850,000원에 대한 영수증과 잔액 150,000원을 현금으로 수령하였다(단, 거래처를 입력할 것). (3점)

(6) 11월 04일   확정기여형(DC형) 퇴직연금 불입액 5,000,000원(영업부 2,000,000원, 생산부 3,000,000원)이 보통예금 계좌에서 이체되었다. (3점)

03 다음 거래 자료를 [매입매출전표입력] 메뉴에 입력하시오. (18점)

───────── < 입력시 유의사항 > ─────────

• 일반적인 적요의 입력은 생략하지만, 타계정 대체거래는 적요번호를 선택하여 입력한다.
• 채권·채무와 관련된 거래는 별도의 요구가 없는 한 반드시 기등록된 거래처코드를 선택하는 방법으로 거래처명을 입력한다.
• 제조경비는 500번대 계정코드를, 판매비와관리비는 800번대 계정코드를 사용한다.
• 회계처리 시 계정과목은 별도의 제시가 없는 한 등록된 계정과목 중 가장 적절한 과목으로 한다.

(1) 07월 14일   미국에 소재한 HK사에 제품(공급가액 50,000,000원)을 직수출하고, 6월 30일에 수령한 계약금 10,000,000원을 제외한 대금은 외상으로 하였다. (3점)

(2) 08월 05일   ㈜동도유통에 제품을 판매하고 다음과 같이 전자세금계산서를 발급하였다. 대금 중 10,000,000원은 ㈜서도상사가 발행한 어음을 배서양도 받고, 나머지는 다음 달에 받기로 하였다. (3점)

전자세금계산서					승인번호		20220805-15454645-58811886		
공급자	등록번호	320-87-12226	종사업장번호		공급받는자	등록번호	115-81-19867	종사업장번호	
	상호(법인명)	남다른패션㈜	성명	고길동		상호(법인명)	㈜동도유통	성명	남길도
	사업장주소	세종특별자치시 가름로 232				사업장주소	서울시 서초구 강남대로 291		
	업태	제조.도소매.무역	종목	스포츠의류 외		업태	도소매	종목	의류
	이메일					이메일			
						이메일			

작성일자	공급가액	세액	수정사유	비고		
20X1-08-05	10,000,000원	1,000,000원	해당 없음			

월	일	품목	규격	수량	단가	공급가액	세액	비고
08	05	의류				10,000,000원	1,000,000원	

합계금액	현금	수표	어음	외상미수금	위 금액을 (청구) 함
11,000,000원			10,000,000원	1,000,000원	

(3) 08월 20일   일반과세자인 함안전자로부터 영업부 직원들에게 지급할 업무용 휴대전화(유형자산) 3대를 4,840,000원(부가가치세 포함)에 구입하고, 법인 명의의 국민카드로 결제하였다. (3점)

(4) 11월 11일   ㈜더람에 의뢰한 마케팅전략특강 교육을 본사 영업부 직원(10명)들을 대상으로 실시하고, 교육훈련비 5,000,000원에 대한 전자계산서를 발급받았다. 교육훈련비는 11월 1일 지급한 계약금을 제외한 나머지를 보통예금 계좌에서 지급하였다(단, 관련 계정을 조회하여 전표 입력할 것). (3점)

(5) 11월 26일   ㈜미래상사로부터 기술연구소의 연구개발에 사용하기 위한 연구용 재료를 10,000,000원(부가가치세 별도)에 구입하면서 전자세금계산서를 발급받고, 대금은 보통예금 계좌에서 지급하였다(단, 연구용 재료와 관련하여 직접 지출한 금액은 무형자산으로 처리할 것). (3점)

(6) 12월 04일   생산부가 사용하는 업무용승용차(2,000cc)의 엔진오일과 타이어를 차차카센터에서 교환하고 전자세금계산서를 발급받았다. 교환비용 825,000원(부가가치세 포함)은 전액 보통예금 계좌에서 이체하였다(단, 교환비용은 차량유지비(제조원가)로 처리할 것). (3점)

04   [일반전표입력] 및 [매입매출전표입력] 메뉴에 입력된 내용 중 다음과 같은 오류가 발견되었다. 입력된 내용을 확인하여 정정하시오. (6점)

(1) 08월 02일   보통예금 계좌에서 지급한 800,000원은 외상으로 매입하여 영업부에서 업무용으로 사용 중인 컴퓨터(거래처 : 온누리)에 대한 대금 지급액으로 확인되었다. 잘못된 항목을 올바르게 수정하시오. (3점)

(2) 11월 19일   차차운송에 현금으로 지급한 운송비 330,000원(부가가치세 포함)은 원재료를 매입하면서 지급한 것으로 회계팀 신입사원의 실수로 일반전표에 입력하였다. 운송 관련하여 별도의 전자세금계산서를 발급받았다. (3점)

05 결산정리사항은 다음과 같다. 해당 메뉴에 입력하시오. (9점)

(1) 결산일 현재 재고자산을 실사하던 중 도난, 파손의 사유로 수량 부족이 발생한 제품의 원가는 2,000,000원으로 확인되었다(단, 수량 부족의 원인은 비정상적으로 발생한 것이다). (3점)

(2) 홍보용 계산기를 구매하고 전액 광고선전비(판매비와관리비)로 비용처리하였다. 결산 시 미사용한 2,500,000원에 대해 올바른 회계처리를 하시오(단, 소모품 계정을 사용하며 음수로 입력하지 말 것). (3점)

(3) 당기의 법인세등으로 계상할 금액은 10,750,000원이다(법인세 중간예납세액은 선납세금으로 계상되어 있으며, 이를 조회하여 회계처리할 것). (3점)

06 다음 사항을 조회하여 답안을 이론문제 답안작성 메뉴에 입력하시오. (9점)

(1) 6월 말 현재 외상매입금 잔액이 가장 큰 거래처명과 그 금액은 얼마인가? (3점)

(2) 부가가치세 제1기 확정신고 기간(4월~6월)의 차가감하여 납부할 부가가치세액은 얼마인가? (3점)

(3) 2분기(4월~6월) 중 판매비와관리비 항목의 광고선전비 지출액이 가장 많이 발생한 월과 그 금액은 얼마인가? (3점)

전산회계 1급

이론시험

다음 문제를 보고 알맞은 것을 골라 [이론문제 답안작성] 메뉴에 입력하시오. (객관식 문항당 2점)

─── < 기 본 전 제 > ───

문제에서 한국채택국제회계기준을 적용하도록 하는 전제조건이 없는 경우, 일반기업회계기준을 적용한다.

01 다음 중 회계상 거래가 아닌 것은?

① 사업을 위하여 10,000,000원을 추가로 출자하다.

② 지급기일이 도래한 약속어음 10,000,000원을 보통예금에서 이체하여 변제하다.

③ 성수기 재고 확보를 위하여 상품 30,000,000원을 추가 주문하기로 하다.

④ 화재가 발생하여 창고에 있던 재고자산 20,000,000원이 멸실되다.

02 다음은 무엇에 대한 설명인가?

기업은 그 목적과 의무를 이행하기에 충분할 정도로 장기간 존속한다고 가정하는 것을 말한다. 즉, 기업은 경영활동을 청산하거나 중대하게 축소시킬 의도가 없을 뿐 아니라 청산이 요구되는 상황도 없다고 가정된다.

① 계속기업의 가정   ② 기업실체의 가정

③ 기간별보고의 가정   ④ 회계정보의 질적특성

03 다음 중 일반기업회계기준에 따른 재고자산으로 분류되는 항목은?

① 회계법인의 업무용으로 구입한 컴퓨터

② 임대업을 운영하는 기업의 임대용으로 보유 중인 주택

③ 경영컨설팅을 전문으로 하는 회사에서 시세차익을 목적으로 보유하는 유가증권

④ 조선업을 운영하는 기업의 판매용으로 제조 중인 선박

04 다음 중 유형자산의 취득원가에 관한 설명으로 가장 잘못된 것은?

① 유형자산은 최초에는 취득원가로 측정한다.

② 유형자산의 취득에 관한 운송비와 설치비용은 취득원가에 가산한다.

③ 사용 중인 건물을 새로운 건물로 신축하기 위하여 철거하는 경우에 기존건물의 장부가액은 새로운 건물의 취득원가에 가산한다.

④ 국·공채를 불가피하게 매입하는 경우에는 동 국·공채의 매입가액과 현재가치와의 차액을 유형자산의 취득원가에 가산한다.

05 다음 중 무형자산의 상각에 대한 설명으로 바르지 않은 것은?

① 자산이 사용 가능한 때부터 상각을 시작한다.

② 일반적으로 상각기간은 최대 40년까지 가능하다.

③ 합리적인 상각방법을 정할 수 없을 때에는 정액법으로 상각한다.

④ 재무상태표상 표시 방법으로 취득원가에서 무형자산상각누계액을 직접 차감하여 표시하는 직접법과 취득원가에서 무형자산상각누계액을 차감하는 형식으로 표시하는 간접법 모두 허용된다.

06 다음 중 주요장부로 구분할 수 있는 것은?

① 현금출납장   ② 분개장   ③ 정산표   ④ 합계잔액시산표

07 다음의 자본항목 중 기타포괄손익누계액에 해당하는 것은?

① 매도가능증권평가손익   ② 감자차손

③ 자기주식   ④ 주식할인발행차금

08 다음 자료를 이용하여 매출총이익을 계산하면 얼마인가?

• 순매출액	475,000원	• 기초상품재고액	100,000원
• 매입할인	5,000원	• 총매입액	200,000원
• 매입환출	5,000원	• 기말상품재고액	110,000원

① 300,000원   ② 295,000원   ③ 290,000원   ④ 280,000원

09 다음 자료를 참고로 가공원가를 계산하면 얼마인가?

- 직접재료원가 1,000,000원
- 직접노무원가 1,600,000원
- 변동제조간접원가 600,000원(변동제조간접원가는 총제조간접원가의 30%이다.)

① 1,600,000원　　　② 2,600,000원　　　③ 3,600,000원　　　④ 4,300,000원

10 다음 그래프의 원가행태에 해당하는 원가는 무엇인가?

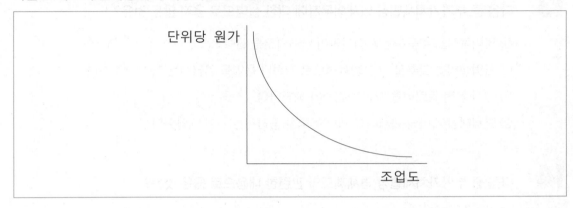

① 직접재료비

② 공장 사무실의 전화요금

③ 기계장치 가동에 필요한 연료비

④ 공장건물의 임차료

11 다음 자료를 이용하여 평균법에 의한 가공원가 완성품 환산량을 계산하면 얼마인가? (단, 재료비는 공정 초기에 전량 투입되며, 가공비는 공정 전반에 걸쳐 균등하게 발생한다.)

- 기초재공품 수량 : 1,000개(완성도 20%)
- 당기 착수량 : 10,000개
- 당기 완성품 수량 : 8,000개
- 기말 재공품 수량 : 3,000개(완성도 60%)

① 8,000개　　　② 9,000개　　　③ 9,800개　　　④ 10,000개

12 다음 중 개별원가계산과 종합원가계산에 대한 설명으로 잘못된 것은?

① 종합원가계산은 동일 규격의 제품이 반복하여 생산되는 경우 사용된다.

② 종합원가계산은 각 작업별로 원가보고서를 작성한다.

③ 개별원가계산은 주문에 의해 각 제품을 별도로 제작, 판매하는 제조업에 사용된다.

④ 개별원가계산은 주문받은 개별 제품별로 작성된 작업원가표에 집계하여 원가를 계산한다.

13 다음 중 부가가치세법상 납세의무자에 대한 설명으로 옳지 않은 것은?

① 영리목적을 추구하는 사업자만이 납세의무를 진다.

② 사업설비를 갖추고 계속·반복적으로 재화나 용역을 공급하는 자가 해당한다.

③ 인적·물적 독립성을 지닌 사업자가 해당한다.

④ 면세대상이 아닌 과세대상 재화·용역을 공급하는 자가 해당한다.

14 다음 중 부가가치세법상 면세제도와 관련한 내용으로 옳은 것은?

① 건물이 없는 토지의 임대, 약사가 공급하는 일반의약품은 면세에 해당한다.

② 면세제도는 사업자의 세부담을 완화하기 위한 완전면세제도이다.

③ 면세를 포기하고자 하는 경우 포기일부터 1개월 이내에 사업자등록을 정정하여야 한다.

④ 면세포기를 신고한 사업자는 신고한 날부터 3년간은 면세를 적용받지 못한다.

15 다음은 부가가치세법상 무엇에 대한 설명인가?

> 둘 이상의 사업장이 있는 사업자는 부가가치세를 주된 사업장에서 총괄하여 납부할 수 있다. 이는 사업자의 납세편의를 도모하고 사업장별로 납부세액과 환급세액이 발생하는 경우 자금부담을 완화시켜주기 위한 제도이다.

① 납세지   ② 사업자단위과세제도

③ 전단계세액공제법   ④ 주사업장총괄납부

(주)천안테크(회사코드 : 8105)는 자동차부품을 제조하여 판매하는 중소기업이며, 당기의 회계기간은 20X1.1.1.~20X1.12.31.이다. 전산세무회계 수험용 프로그램을 이용하여 다음 물음에 답하시오.

─── < 기 본 전 제 > ───

• 문제에서 한국채택국제회계기준을 적용하도록 하는 전제조건이 없는 경우, 일반기업회계기준을 적용하여 회계처리 한다.
• 문제의 풀이와 답안작성은 제시된 문제의 순서대로 진행한다.

01 다음은 [기초정보관리] 및 [전기분재무제표]에 대한 자료이다. 각각의 요구사항에 대하여 답하시오. (10점)

(1) 전기분 재무상태표에서 토지의 가액이 11,000,000원 과소입력되어 있으며 건물의 가액은 11,000,000원 과대입력되어 있음을 확인하였다. 전기분 재무상태표를 수정하시오. (3점)

(2) 다음 자료를 이용하여 [계정과목및적요등록] 메뉴에서 계정과목을 등록하시오. (3점)

| • 코드 : 824 | • 계정과목 : 운반비 | • 현금적요 : 4. 택배운송비 지급 |

(3) 거래처별 초기이월 채권과 채무잔액은 다음과 같다. 자료에 맞게 추가입력이나 정정 및 삭제하시오. (4점)

계정과목	거래처	금액	재무상태표 금액
외상매출금	㈜보령전자	10,200,000원	59,000,000원
	대전전자㈜	12,000,000원	
	평택전자㈜	36,800,000원	
지급어음	대덕전자부품㈜	10,000,000원	37,000,000원
	명성전자㈜	27,000,000원	

02 다음의 거래 자료를 [일반전표입력] 메뉴를 이용하여 입력하시오(일반전표입력의 모든 거래는 부가가치세를 고려하지 말 것). (18점)

< 입력시 유의사항 >

• 일반적인 적요의 입력은 생략하지만, 타계정 대체거래는 적요번호를 선택하여 입력한다.
• 채권·채무와 관련된 거래는 별도의 요구가 없는 한 반드시 기등록된 거래처코드를 선택하는 방법으로 거래처명을 입력한다.
• 제조경비는 500번대 계정코드를, 판매비와관리비는 800번대 계정코드를 사용한다.
• 회계처리 시 계정과목은 별도의 제시가 없는 한 등록된 계정과목 중 가장 적절한 과목으로 한다.

(1) 08월 16일   영업부 사무실의 파손된 유리창을 교체하고, 대금 2,800,000원은 당좌수표를 발행하여 지급하다(수익적 지출로 처리하시오). (3점)

(2) 09월 30일   ㈜창창기계산업에 9월 20일 제품을 판매하고 발생한 외상매출금 10,000,000원을 약정기일보다 10일 빠르게 회수하여 외상매출금의 3%를 할인해 주었다. 대금은 보통예금 계좌에 입금되었다. (3점)

(3) 10월 27일   주당 액면가액이 10,000원인 보통주 2,000주를 주당 13,000원에 발행하고, 신주납입대금은 신주 발행에 소요된 비용 400,000원을 차감한 잔액이 보통예금 계좌에 입금되었다(단, 하나의 전표로 처리하며 신주 발행 전 주식할인발행차금 잔액은 없는 것으로 한다). (3점)

(4) 10월 28일   수입한 원재료에 부과되는 관세 1,500,000원과 통관수수료 500,000원을 보통예금 계좌에서 이체하였다. (3점)

(5) 10월 29일   영업부에서 제품홍보물 제작비용 510,000원을 탱탱광고사에 국민카드(법인)로 결제하였다. (3점)

(6) 11월 30일   ㈜동행기업의 파산으로 인해 단기대여금 3,000,000원이 회수불능되어 대손처리를 하였다(단, 단기대여금에 대한 대손충당금 현재 잔액은 660,000원이다). (3점)

03 다음의 거래 자료를 [매입매출전표입력] 메뉴를 이용하여 입력하시오. (18점)

─── < 입력시 유의사항 > ───

- 일반적인 적요의 입력은 생략하지만, 타계정 대체거래는 적요번호를 선택하여 입력한다.
- 채권·채무와 관련된 거래는 별도의 요구가 없는 한 반드시 기등록된 거래처코드를 선택하는 방법으로 거래처명을 입력한다.
- 제조경비는 500번대 계정코드를, 판매비와관리비는 800번대 계정코드를 사용한다.
- 회계처리 시 계정과목은 별도의 제시가 없는 한 등록된 계정과목 중 가장 적절한 과목으로 한다.
- 입력화면 하단의 분개까지 처리하고, 전자세금계산서 및 전자계산서는 전자입력으로 반영한다.

(1) 07월 20일 원재료를 구입하면서 발생한 운반비 33,000원(부가가치세 포함)을 일반과세자인 상록택배에 보통예금 계좌에서 지급하고, 지출증빙용 현금영수증을 수취하였다. (3점)

(2) 09월 30일 ㈜청주자동차에 제품을 판매하고 다음의 전자세금계산서를 발급하였다. (3점)

전자세금계산서			승인번호		20X10930 - 15454645 - 58811886		
공급자	등록번호	307-81-12347	종사업장번호		공급받는자	등록번호	126-87-10121	종사업장번호	
	상호(법인명)	㈜천안테크	성명	김도담		상호(법인명)	㈜청주자동차	성명	하민우
	사업장주소	충청남도 천안시 동남구 가마골1길 5				사업장주소	충청북도 청주시 중대로1번길 21-26		
	업태	제조도매	종목	자동차부품		업태	제조	종목	자동차
	이메일					이메일			
						이메일			

작성일자	공급가액	세액	수정사유	비고
20X1-09-30	25,000,000원	2,500,000원	해당 없음	

월	일	품목	규격	수량	단가	공급가액	세액	비고
09	30	자동차부품		10	2,500,000원	25,000,000원	2,500,000원	

합계금액	현금	수표	어음	외상미수금	위 금액을 (청구) 함
27,500,000원			25,000,000	2,500,000원	

(3) 11월 07일 싱가포르에 소재한 글로벌인더스트리와 $42,000에 직수출하기로 계약한 제품의 선적을 완료하였다. 수출대금은 5개월 후에 받기로 하였으며, 선적일의 기준환율은 1,200원/$이다 (단, 수출신고번호 입력은 생략한다). (3점)

(4) 12월 07일   제품 110,000원(부가가치세 포함)을 비사업자인 강태오에게 판매하고 현금을 수취하였으나 현금영수증을 발급하지 않았다. (3점)

(5) 12월 20일   생산부 직원들에게 간식으로 제공하기 위한 샌드위치를 커피프린스(일반과세자)에서 신용카드로 구매하였다. (3점)

단말기번호	14359661 08750002 040017		전표번호
카드종류	신한카드		008202
회원번호	9435-2802-7580-0500		
유효기간	거 래 일 시		취소시당초거래일
2025/09	20X1/12/20 14:32		
거래유형	신용승인	품명	샌드위치
결제방법	일시불	금 액 AMOUNT	600 000
매장명		부가세 VAT	60 000
판매자		봉사료 S/C	
은행확인	신한카드		
대표자		합 계 TOTAL	660 000
알림/NOTICE	제출	승인번호	00360380
가맹점주소	서울 용산구 부흥로2가 15-2		
가맹점번호	104108086		
사업자등록번호	106-62-61190		
가맹점명	커피프린스		
문의전화/HELP TEL. TEL:1544-4700 (회원용)		서명/SIGNATURE	

(6) 12월 30일   영업부는 거래처의 20주년 창립기념일을 맞아 축하선물로 보내기 위한 집기비품을 두리상사로부터 2,200,000원(부가가치세 포함)에 구입하고 전자세금계산서를 발급받았으며, 대금은 보통예금 계좌에서 이체하여 지급하였다. (3점)

04 [일반전표입력] 및 [매입매출전표입력] 메뉴에 입력된 내용 중 다음과 같은 오류가 발견되었다. 입력된 내용을 확인하여 수정 또는 삭제, 추가 입력하여 오류를 정정하시오. (6점)

(1) 12월 01일   임시 물류창고로 사용하기 위해 임대업자 나자비씨와 물류창고 임대차계약서를 작성하고 보증금 20,000,000원 전액을 보통예금 계좌에서 이체하였다. 이에 대해 임대보증금으로 회계처리하였다. (3점)

(2) 12월 09일   전의카센터에 생산부의 운반용 트럭의 수리비용 990,000원(부가가치세 포함)을 보통예금 계좌에서 지급하고 전자세금계산서를 발급받았으나, 일반전표로 회계처리하였다. (3점)

05   결산정리사항은 다음과 같다. 해당 메뉴에 입력하시오. (9점)

(1) 부가가치세 제2기 확정신고기간에 대한 부가세예수금은 62,346,500원, 부가세대급금이 52,749,000원일 때 부가가치세를 정리하는 회계처리를 하시오. 단, 납부세액(또는 환급세액)은 미지급세금(또는 미수금)으로 회계처리하고, 불러온 자료는 무시한다. (3점)

(2) 단기차입금에는 거래처 아메리칸테크㈜에 대한 외화차입금 30,000,000원(미화 $30,000)이 계상되어있다(회계기간 종료일 현재 기준환율 : 미화 1$당 1,100원). (3점)

(3) 당사가 단기시세차익을 목적으로 취득한 ㈜삼호산업 주식의 취득가액 및 기말 현재 공정가액은 다음과 같으며, 공정가액으로 평가하기로 한다. (3점)

주식명	20X1.04.25. 취득가액	20X1.12.31. 공정가액
㈜삼호산업	64,000,000원	49,000,000원

06 다음 사항을 조회하여 답안을 이론문제 답안작성 메뉴에 입력하시오. (9점)

(1) 부가가치세 제1기 확정신고기간(4월~6월) 중 매입한 사업용 고정자산의 매입세액은 얼마인가? (3점)

(2) 2분기(4월~6월) 중 발생한 수수료비용(판매비및관리비)은 얼마인가? (3점)

(3) 6월 30일 현재 외상매출금 잔액이 가장 많은 거래처명과 금액은 얼마인가? (3점)

이론시험

다음 문제를 보고 알맞은 것을 골라 이론문제 답안작성 메뉴에 입력하시오. (객관식 문항당 2점)

─── < 기 본 전 제 > ───

문제에서 한국채택국제회계기준을 적용하도록 하는 전제조건이 없는 경우, 일반기업회계기준을 적용한다.

01 다음 중 기말재고자산 단가 결정 방법이 아닌 것은?

① 선입선출법   ② 총평균법   ③ 연수합계법   ④ 이동평균법

02 다음 자료를 참고로 현금및현금성자산의 금액을 계산하면 얼마인가?

• 현금	1,000,000원	• 우편환증서	50,000원	• 보통예금	500,000원
• 정기예금	3,000,000원	• 당좌예금	400,000원	• 단기매매증권	1,000,000원

① 900,000원   ② 1,950,000원   ③ 2,900,000원   ④ 4,950,000원

03 다음 중 유형자산 취득 후의 지출과 관련하여 성격이 다른 것은?

① 건물의 엘리베이터 설치   ② 건물의 외벽 도색작업

③ 파손된 타일의 원상회복을 위한 수선   ④ 보일러 부속품의 교체

04 다음 중 무형자산과 관련된 설명으로 잘못된 것은?

① 내부 창출된 무형자산이 인식기준에 부합하는지 평가하기 위해 연구단계와 개발단계로 구분한다.

② 산업재산권, 저작권, 개발비 등이 대표적이며 사업결합에서 발생한 영업권은 포함하지 않는다.

③ 물리적 형체는 없지만 식별가능하고, 기업이 통제하고 있으며, 미래경제적 효익이 있는 비화폐성 자산이다.

④ 내부 프로젝트를 연구단계와 개발단계로 구분할 수 없는 경우 모두 연구단계에서 발생한 것으로 본다.

05 다음 중 유가증권의 취득원가 및 평가에 대한 설명으로 옳지 않은 것은?

① 단기매매증권은 공정가치로 평가하며 평가손익을 당기손익으로 인식한다.

② 매도가능증권은 시장성이 있는 경우 공정가치로 평가하며 평가손익을 당기손익으로 인식한다.

③ 단기매매증권의 취득부대비용은 발생 즉시 비용으로 처리한다.

④ 만기보유증권의 취득부대비용은 취득원가에 가산한다.

06 다음 중 자기주식거래와 관련하여 자본항목의 성격이 올바르게 짝지어진 것은?

① 자기주식처분이익 : 자본조정

② 자기주식처분손실 : 기타포괄손익누계액

③ 감자차익 : 자본조정

④ 감자차손 : 자본조정

07 다음 자료는 12월 31일 결산자료이다. 상품 매출원가를 계산하고 이에 대한 회계처리로 옳은 것은?

• 기초상품재고액 10,000,000원	• 기말상품재고액 4,000,000원
• 당기상품매입액 5,000,000원	• 매입에누리 및 매입환출 700,000원

① (차) 상품   11,000,000원   (대) 상품매출원가   11,000,000원

② (차) 상품매출원가   10,300,000원   (대) 상품   10,300,000원

③ (차) 상품   11,300,000원   (대) 상품매출원가   11,300,000원

④ (차) 상품매출원가   10,000,000원   (대) 상품   10,000,000원

08 다음 중 거래의 8요소와 그 예시로 가장 적절하지 않은 것은?

① (차) 비용발생 (대) 자산감소 : 신용카드 연회비 1만원이 신용카드로 결제되다.

② (차) 자산증가 (대) 수익발생 : 보통예금의 결산이자 100만원이 입금되다.

③ (차) 자산증가 (대) 부채증가 : 원재료 2,000만원을 외상으로 구입하다.

④ (차) 부채감소 (대) 부채증가 : 외상매입금 1,000만원을 신용카드로 결제하다.

09 다음 중 제조원가명세서에서 확인할 수 없는 것은?

① 기말원재료재고액   ② 기초재공품재고액

③ 당기제품제조원가   ④ 기말제품재고액

10 다음 중 원가의 분류 방법과 종류가 잘못 짝지어진 것은?

① 원가의 행태에 따른 분류 : 변동원가와 고정원가

② 통제가능성에 따른 분류 : 역사적원가와 예정원가

③ 추적가능성에 따른 분류 : 직접원가와 간접원가

④ 의사결정과의 관련성에 따른 분류 : 관련원가와 매몰원가

11 다음의 자료를 이용하여 기초원가와 가공원가를 계산한 것으로 옳은 것은?

구분	직접비	간접비
재료비	100,000원	50,000원
노무비	200,000원	100,000원
제조경비	0원	50,000원

	기초원가	가공원가
①	300,000원	200,000원
②	200,000원	250,000원
③	300,000원	400,000원
④	450,000원	50,000원

12 제조간접비 예정배부율은 기계작업시간당 80원이고, 실제기계작업시간이 50,000시간일 때 제조간접비 배부차이가 130,000원 과대배부인 경우 제조간접비 실제 발생액은 얼마인가?

① 2,500,000원   ② 3,870,000원   ③ 4,000,000원   ④ 4,130,000원

13 다음 중 부가가치세법상 재화의 공급에 해당하는 것은?

① 부동산의 담보제공

② 사업장별로 사업에 관한 모든 권리와 의무 중 일부를 승계하는 사업양도

③ 사업용 자산을 지방세법에 따라 물납하는 것

④ 도시 및 주거환경정비법에 따른 수용 및 국세징수법에 따른 공매

14 다음 중 부가가치세법상 과세표준에 포함하는 것은?

① 공급에 대한 대가의 지급이 지체되었음을 이유로 받는 연체이자

② 매출에누리, 매출환입 및 매출할인

③ 수입하는 재화에 대한 관세의 과세가격과 관세 및 개별소비세

④ 공급받는 자에게 도달하기 전에 파손·훼손 또는 멸실된 재화의 가액

15 부가가치세법상 부동산임대용역을 공급하는 경우, 전세금 또는 임대보증금에 대한 간주임대료의 공급시기로 옳은 것은?

① 대가의 각 부분을 받기로 한 때   ② 용역의 공급이 완료된 때

③ 대가를 받은 때   ④ 예정신고기간 또는 과세기간 종료일

㈜광주기계(회사코드:8104)는 기계부품을 제조하여 판매하는 중소기업으로 당기의 회계기간은 20X1.1.1.~20X1.12.31.이다. 전산세무회계 수험용 프로그램을 이용하여 다음 물음에 답하시오.

─── < 기 본 전 제 > ───

• 문제에서 한국채택국제회계기준을 적용하도록 하는 전제조건이 없는 경우, 일반기업회계기준을 적용하여 회계처리 한다.
• 문제의 풀이와 답안작성은 제시된 문제의 순서대로 진행한다.

01 다음은 [기초정보관리] 및 [전기분재무제표]에 대한 자료이다. 각각의 요구사항에 대하여 답하시오. (10점)

(1) 다음의 신규거래처를 [거래처등록] 메뉴를 이용하여 추가로 등록하시오. (3점)

- 거래처코드 : 1001
- 사업자등록번호 : 108 - 81 - 13579
- 종목 : 금속가공
- 거래처명 : ㈜보석상사
- 대표자 : 송달인
- 사업장주소 : 경기도 여주시 세종로 14(홍문동)
  ※ 주소 입력 시 우편번호 입력은 생략해도 무방함.
- 유형 : 동시
- 업태 : 제조

(2) [계정과목및적요등록] 메뉴에서 복리후생비(판매비및일반관리비) 계정의 대체적요 3번에 "임직원피복비 미지급"을 등록하시오. (3점)

(3) 전기분 재무제표를 검토한 결과 다음과 같은 오류를 확인하였다. 이와 관련된 전기분 재무제표를 적절히 수정하시오. (4점)

외주가공비(제조원가에 속함) 5,500,000원이 누락된 것으로 확인된다.

02 다음의 거래 자료를 [일반전표입력] 메뉴를 이용하여 입력하시오(일반전표입력의 모든 거래는 부가가치세를 고려하지 말 것). (18점)

─────── < 입력시 유의사항 > ───────

- 일반적인 적요의 입력은 생략하지만, 타계정 대체거래는 적요번호를 선택하여 입력한다.
- 채권·채무와 관련된 거래는 별도의 요구가 없는 한 반드시 기등록된 거래처코드를 선택하는 방법으로 거래처명을 입력한다.
- 제조경비는 500번대 계정코드를, 판매비와관리비는 800번대 계정코드를 사용한다.
- 회계처리 시 계정과목은 별도의 제시가 없는 한 등록된 계정과목 중 가장 적절한 과목으로 한다.

(1) 07월 10일　㈜서창상사의 외상매출금 10,000,000원을 ㈜서창상사가 보유하고 있던 약속어음(㈜신흥기전 발행) 10,000,000원으로 배서양도 받다. (3점)

(2) 08월 08일　지난달 근로소득 지급액에 대한 원천징수세액인 예수금 220,000원 중 200,000원은 보통예금으로 납부하고, 나머지는 현금으로 납부하다(단, 하나의 전표로 처리하되, 거래처명은 기재하지 말 것). (3점)

(3) 09월 30일　창고에 보관 중인 제품 7,200,000원이 화재로 인하여 소실되다. 당사는 화재보험에 가입되어 있지 않다. (3점)

(4) 10월 20일　㈜상록에 판매한 제품을 화물차로 발송하면서 운임비 250,000원을 현금으로 지급하고 운송장을 발급받다. (3점)

(5) 11월 08일　보유하고 있던 자기주식 중 300주(주당 액면가액 1,000원, 주당 취득가액 1,500원)를 주당 1,300원에 처분하고, 처분대금은 모두 현금으로 수취하다(처분 전 자기주식처분이익 계정 잔액은 없는 것으로 하며, 하나의 전표로 처리할 것). (3점)

(6) 12월 26일　연말 불우이웃돕기 성금으로 현금 3,000,000원을 지급하다. (3점)

03 다음의 거래 자료를 [매입매출전표입력] 메뉴를 이용하여 입력하시오. (18점)

┌─────────────────── < 입력시 유의사항 > ───────────────────┐
- 일반적인 적요의 입력은 생략하지만, 타계정 대체거래는 적요번호를 선택하여 입력한다.
- 채권·채무와 관련된 거래는 별도의 요구가 없는 한 반드시 기등록된 거래처코드를 선택하는 방법으로 거래처명을 입력한다.
- 제조경비는 500번대 계정코드를, 판매비와관리비는 800번대 계정코드를 사용한다.
- 회계처리 시 계정과목은 별도의 제시가 없는 한 등록된 계정과목 중 가장 적절한 과목으로 한다.
- 입력화면 하단의 분개까지 처리하고, 전자세금계산서 및 전자계산서는 전자입력으로 반영한다.
└──┘

(1) 08월 25일　영업부의 거래처인 맘모스 물산의 사업장 확장 이전을 축하하기 위하여 축하 화환을 현금으로 구입하고 아래의 전자계산서를 발급받다. (3점)

전자계산서					승인번호		20X10825 - 15454645 - 58811886		
공급자	등록번호	105-92-25728	종사업장번호		공급받는자	등록번호	211-87-10230	종사업장번호	
	상호(법인명)	남동꽃도매시장	성명	한다발		상호(법인명)	㈜광주기계	성명	안효섭
	사업장주소	인천광역시 남동구 인하로 501				사업장주소	서울시 송파구 도곡로 434		
	업태	도소매	종목	화훼류		업태	제조	종목	기계부품
	이메일					이메일			
						이메일			

작성일자	공급가액	수정사유	비고
20X1-08-25	200,000원	해당 없음	

월	일	품목	규격	수량	단가	공급가액	비고
08	25	화환		1		200,000원	

합계금액	현금	수표	어음	외상미수금	위 금액을 (영수) 함
200,000원	200,000원				

(2) 09월 05일　공장부지로 사용할 토지의 취득으로 발생한 중개수수료 5,500,000원(부가가치세 포함)을 ㈜한화공인중개법인에 보통예금으로 지급하고 전자세금계산서를 발급받다. (3점)

PART 5 전산회계 1급 기출문제

CHAPTER 02 전산회계 1급 모의고사(114회~103회) 623

(3) 11월 15일 최종소비자인 이영수 씨에게 제품을 현금으로 판매하고 다음과 같은 현금영수증을 발급하다 (단, 거래처를 입력할 것). (3점)

㈜광주기계		
사업자번호 211-87-10230 안효섭		
서울시 송파구 도곡로 434 TEL : 02-520-1234		
현금영수증(소득공제용)		
구매 20X1/11/15/10:46 거래번호 : 0026-0107		
상품명	수량	금액
2043655000009	1	968,000원
20X109200105	과 세 물 품 가 액	880,000원
	부 가 가 치 세 액	88,000원
	합 계	968,000원
	받 은 금 액	968,000원

(4) 11월 19일 ㈜연기실업에 당사가 사용하던 차량운반구(취득원가 50,000,000원, 처분일 현재 감가상각누계액 35,000,000원)를 12,500,000원(부가가치세 별도)에 처분하다. 대금은 보통예금 계좌로 입금되었으며, 전자세금계산서를 발급하다. (3점)

(5) 12월 06일 임대인 하우스랜드로부터 생산부의 11월분 임차료 2,500,000원(부가가치세 별도)에 대한 전자세금계산서를 발급받다. (3점)

전자세금계산서					승인번호		20X11206-242428782128		
공급자	등록번호	130-41-27190	종사업장번호		공급받는자	등록번호	211-87-10230	종사업장번호	
	상호(법인명)	하우스랜드	성명	김하우		상호(법인명)	㈜광주기계	성명	안효섭
	사업장주소	경기도 부천시 오정구 오정동 129				사업장주소	서울시 송파구 도곡로 434		
	업태	부동산	종목	임대		업태	제조	종목	기계부품
	이메일					이메일			
						이메일			

작성일자	공급가액	세액	수정사유	비고
20X1.12.06.	2,500,000원	250,000원	해당 없음	

월	일	품목	규격	수량	단가	공급가액	세액	비고
12	06	11월 임대료				2,500,000원	250,000원	

합계금액	현금	수표	어음	외상미수금	위 금액을 (**청구**) 함
2,750,000원				2,750,000원	

(6) 12월 11일   구매확인서에 의해 ㈜아카디상사에 제품 11,000,000원을 납품하고 영세율전자세금계산서를 발급하다. 대금 중 7,000,000원은 외상으로 하고, 나머지는 약속어음으로 수령하였다(단, 서류번호 입력은 무시한다). (3점)

04 [일반전표입력] 및 [매입매출전표입력] 메뉴에 입력된 내용 중 다음과 같은 오류가 발견되었다. 입력된 내용을 확인하여 수정 또는 삭제, 추가 입력하여 오류를 정정하시오. (6점)

(1) 08월 31일   ㈜현대전자로부터 차입한 운영자금에 대한 이자비용 500,000원 중 원천징수세액 137,500원을 제외하고 보통예금 계좌에서 이체한 금액인 362,500원에 대해서만 회계처리 하였음이 확인되었다. 올바른 회계처리를 하시오(원천징수세액은 부채로 처리하고, 하나의 전표로 입력할 것). (3점)

(2) 10월 02일   영국의 TOMS사에 직수출하고 제품매출액 $ 3,000를 $1당 1,200원으로 환산하여 계상하였으나, 검토 결과 선적일 당시 기준환율은 $1당 1,250원으로 확인되었다. (3점)

05 결산정리사항은 다음과 같다. 해당 메뉴에 입력하시오. (9점)

(1) 영업부의 소모품 구입 시 전액 소모품으로 자산화하고, 결산 시 사용분을 비용으로 계상해오고 있다. 결산 시 영업부로부터 미사용분인 소모품은 1,000,000원으로 통보받았다(단, 전산을 조회하여 처리하고, 금액은 음수로 입력하지 말 것). (3점)

(2) 12월 11일 실제 현금보유액이 장부상 현금보다 570,000원이 많아서 현금과부족으로 처리하였던바, 결산일에 340,000원은 선수금(㈜건영상사)으로 밝혀졌으나, 230,000원은 그 원인을 알 수 없다. (3점)

(3) 기업회계기준에 의하여 퇴직급여충당부채(퇴직급여추계액의 100%)를 설정하고 있다. 퇴직급여충당부채와 관련한 자료는 다음과 같다(단, 퇴직금 지급 시 퇴직급여충당부채와 상계하기로 한다). (3점)

구분	기초금액	당기설정액	기중 사용금액 (퇴직금 지급액)	퇴직급여추계액
판매관리부	25,000,000원	13,000,000원	8,000,000원	30,000,000원
제조생산부	30,000,000원	15,000,000원	10,000,000원	35,000,000원

06 다음 사항을 조회하여 알맞은 답안을 [이론문제 답안작성] 메뉴에 입력하시오. (9점)

(1) 4월의 롯데카드 사용금액은 얼마인가?(단, 미지급금으로 계상하였으며, 카드대금 결제일은 다음 달 10일이다.) (3점)

(2) 5월 한 달 동안 판매비와관리비 총 지출금액은 얼마인가? (3점)

(3) 제1기 부가가치세 확정신고기간(4월 ~ 6월)의 전자세금계산서 발급분 중 주민등록번호발급분의 공급가액은 얼마인가? (3점)

103회

전산회계 1급

이론시험

다음 문제를 보고 알맞은 것을 골라 [이론문제 답안작성] 메뉴에 입력하시오. (객관식 문항당 2점)

< 기 본 전 제 >

문제에서 한국채택국제회계기준을 적용하도록 하는 전제조건이 없는 경우, 일반기업회계기준을 적용한다.

01 다음 중 일반기업회계기준에서 말하는 재무제표에 해당하는 것을 모두 고르면 몇 개인가?

- 재무상태표
- 손익계산서
- 합계잔액시산표
- 수입금액조정명세서
- 자본변동표
- 주석
- 현금흐름표
- 제조원가명세서
- 주주명부

① 5개 　　　　② 4개 　　　　③ 3개 　　　　④ 2개

02 다음 자료는 20X1년 12월 31일 현재 재무상태표의 각 계정의 잔액이다. 외상매입금은 얼마인가?

- 보통예금 : 300,000원
- 미지급금 : 150,000원
- 외상매출금 : 700,000원
- 자본금 : 300,000원
- 외상매입금 : ?
- 이익잉여금 : 100,000원

① 450,000원 　　　② 550,000원 　　　③ 750,000원 　　　④ 850,000원

03 도소매업을 영위하는 ㈜미래가 기말 결산 시 영업활동에 사용 중인 차량에 대한 아래의 회계처리를 누락한 경우 재무상태표와 손익계산서에 미치는 영향을 설명한 것으로 옳은 것은?

| (차) 감가상각비 | 1,000,000원 | (대) 감가상각누계액 | 1,000,000원 |

① 재무상태표상 유동자산이 1,000,000원 과대표시 된다.

② 재무상태표상 비유동자산이 1,000,000원 과소표시 된다.

③ 손익계산서상 영업이익이 1,000,000원 과대표시 된다.

④ 손익계산서상 영업외수익이 1,000,000원 과대표시 된다.

04 다음 중 기말 결산 시 원장의 잔액을 차기로 이월하는 방법을 통하여 장부를 마감하는 계정과목이 아닌 것은?

① 선수금   ② 기부금   ③ 개발비   ④ 저장품

05 다음 중 회계정보의 질적특성에 대한 설명으로 잘못된 것은?

① 회계정보의 질적특성이란 회계정보가 유용하기 위해 갖추어야 할 주요 속성을 말한다.

② 회계정보의 질적특성은 회계정보의 유용성의 판단기준이 된다.

③ 회계정보가 갖추어야 할 가장 중요한 질적특성은 목적적합성과 신뢰성이다.

④ 비교가능성은 목적적합성과 신뢰성보다 중요한 질적특성이다.

06 다음 거래에 대한 회계처리 시 나타나는 거래요소의 결합관계를 아래의 보기에서 모두 고른 것은?

> 단기대여금 50,000원과 그에 대한 이자 1,000원을 현금으로 회수하다.

< 보 기 >

가. 자산의 증가	나. 자산의 감소	다. 부채의 증가
라. 부채의 감소	마. 수익의 발생	바. 비용의 발생

① 가, 나, 바   ② 나, 다, 마   ③ 나, 라, 바   ④ 가, 나, 마

07 다음 중 자본에 대한 설명으로 가장 옳지 않은 것은?

① 자본은 기업의 자산에서 모든 부채를 차감한 후의 잔여지분을 의미한다.

② 잉여금은 자본거래에 따라 이익잉여금, 손익거래에 따라 자본잉여금으로 구분한다.

③ 주식의 발행금액 중 주권의 액면을 초과하여 발행한 금액을 주식발행초과금이라 한다.

④ 주식으로 배당하는 경우 발행주식의 액면금액을 배당액으로 하여 자본금의 증가와 이익잉여금의 감소로 회계처리한다.

08 다음 중 일반기업회계기준에 의한 수익인식기준으로 가장 옳지 않은 것은?

① 상품권 판매 : 물품 등을 제공 또는 판매하여 상품권을 회수한 때 수익을 인식한다.

② 위탁판매 : 위탁자는 수탁자가 해당 재화를 제3자에게 판매한 시점에 수익을 인식한다.

③ 광고매체수수료 : 광고 또는 상업방송이 대중에게 전달될 때 수익을 인식한다.

④ 주문형 소프트웨어의 개발 수수료 : 소프트웨어 전달 시에 수익을 인식한다.

09 원가 및 비용의 분류 중 제조원가에 해당하는 것은?

① 원재료 운반용 차량의 처분손실　　② 영업용 차량의 처분손실

③ 생산부 건물 경비원의 인건비　　④ 영업부 사무실의 소모품비

10 다음 중 보조부문원가의 배분방법이 아닌 것은?

① 직접배분법　　② 비례배분법　　③ 상호배분법　　④ 단계배분법

11 다음 자료를 이용하여 당기제품제조원가를 구하시오.

- 기초제품재고액 : 90,000원
- 당기총제조비용 : 1,220,000원
- 기말제품재고액 : 70,000원
- 매출원가 : 1,300,000원

① 1,280,000원　　② 1,400,000원　　③ 2,680,000원　　④ 2,860,000원

12 다음 중 공손에 대한 설명으로 옳지 않은 것은?

① 공손품은 정상품에 비하여 품질이나 규격이 미달하는 불합격품을 말한다.

② 공손품은 원재료의 불량, 작업자의 부주의 등의 원인에 의해 발생한다.

③ 정상공손이란 효율적인 생산과정에서도 발생하는 공손을 말한다.

④ 정상 및 비정상 공손품의 원가는 발생한 기간의 손실로서 영업외비용으로 처리한다.

13 다음 중 부가가치세에 대한 설명으로 잘못된 것은?

① 부가가치세 납부세액은 매출세액에서 매입세액을 뺀 금액으로 한다.

② 법인사업자는 부가가치세법상 전자세금계산서 의무발급 대상자이다.

③ 금전 외의 대가를 받은 경우 공급가액은 자기가 공급받은 재화 또는 용역의 시가로 한다.

④ 부가가치세는 납세의무자와 담세자가 다를 것을 예정하고 있는 세목에 해당한다.

14 다음 중 부가가치세법에 따른 재화 또는 용역의 공급시기에 대한 설명으로 옳지 않은 것은?

① 현금판매, 외상판매의 경우 재화가 인도되거나 이용 가능하게 되는 때이다.

② 장기할부판매의 경우 대가의 각 부분을 받기로 한 때이다.

③ 반환조건부 판매의 경우 조건이 성취되거나 기한이 지나 판매가 확정되는 때이다.

④ 폐업 시 잔존재화의 경우 재화가 실제 사용하거나 판매되는 때이다.

15 다음 중 부가가치세법상 납세지에 대한 설명으로 옳지 않은 것은?

① 사업자의 납세지는 각 사업장의 소재지로 한다.

② 제조업의 납세지는 최종제품을 완성하는 장소를 원칙으로 한다.

③ 광업의 납세지는 광구 내에 있는 광업사무소의 소재지를 원칙으로 한다.

④ 무인자동판매기를 통하여 재화를 공급하는 사업의 납세지는 무인자동판매기를 설치한 장소로 한다.

㈜일진자동차(회사코드:8103)는 자동차특장을 제조하여 판매하는 중소기업으로, 당기의 회계기간은 20X1.1.1.~20X1.12.31.이다. 전산세무회계 수험용 프로그램을 이용하여 다음 물음에 답하시오.

< 기 본 전 제 >

• 문제에서 한국채택국제회계기준을 적용하도록 하는 전제조건이 없는 경우, 일반기업회계기준을 적용하여 회계처리 한다.
• 문제의 풀이와 답안작성은 제시된 문제의 순서대로 진행한다

01 다음은 [기초정보관리] 및 [전기분재무제표]에 대한 자료이다. 각각의 요구사항에 대하여 답하시오. (10점)

(1) 다음은 ㈜일진자동차의 사업자등록증이다. [회사등록] 메뉴에 입력된 내용을 검토하여 누락분은 추가 입력하고 잘못된 부분은 정정하시오(주소입력 시 우편번호는 입력하지 않아도 무방함). (3점)

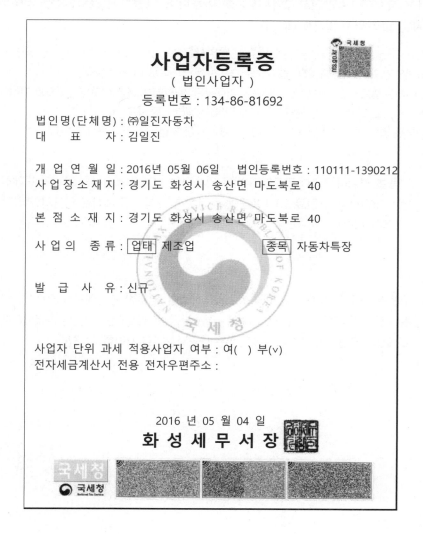

사업자등록증

(법인사업자)

등록번호 : 134-86-81692

법 인 명 (단체명) : ㈜일진자동차
대 표 자 : 김일진

개 업 연 월 일 : 2016년 05월 06일   법인등록번호 : 110111-1390212
사 업 장 소 재 지 : 경기도 화성시 송산면 마도북로 40

본 점 소 재 지 : 경기도 화성시 송산면 마도북로 40

사 업 의 종 류 : 업태 제조업   종목 자동차특장

발 급 사 유 : 신규

사업자 단위 과세 적용사업자 여부 : 여( ) 부(v)
전자세금계산서 전용 전자우편주소 :

2016 년 05 월 04 일
화 성 세 무 서 장

(2) 다음 자료를 이용하여 아래의 계정과목에 대한 적요를 추가로 등록하시오. (3점)

• 계정과목 : 831. 수수료비용	• 현금적요 : (적요NO. 8) 오픈마켓 결제대행 수수료

(3) 전기분 재무제표 중 아래의 계정과목에서 다음과 같은 오류를 발견하였다. 수정 후 잔액이 되도록 적절하게 관련 재무제표를 모두 수정하시오. (4점)

부서	계정과목	수정 전 잔액	수정 후 잔액
영업부	수도광열비	3,300,000원	2,750,000원
생산부	가스수도료	7,900,000원	8,450,000원

02 다음의 거래 자료를 [일반전표입력] 메뉴를 이용하여 입력하시오(일반전표입력의 모든 거래는 부가가치세를 고려하지 말 것). (18점)

────── < 입력시 유의사항 > ──────

• 일반적인 적요의 입력은 생략하지만, 타계정 대체거래는 적요번호를 선택하여 입력한다.
• 채권·채무와 관련된 거래는 별도의 요구가 없는 한 반드시 기등록된 거래처코드를 선택하는 방법으로 거래처명을 입력한다.
• 제조경비는 500번대 계정코드를, 판매비와관리비는 800번대 계정코드를 사용한다.
• 회계처리 시 계정과목은 별도의 제시가 없는 한 등록된 계정과목 중 가장 적절한 과목으로 한다.

(1) 07월 30일 제품을 판매하고 ㈜초코로부터 받은 약속어음 5,000,000원을 만기가 도래하기 전에 보람은 행에 할인하고, 할인료 30,000원을 차감한 후 보통예금 계좌로 입금되었다(단, 매각거래로 처리한다). (3점)

(2) 08월 10일 7월분 국민연금보험료를 현금으로 납부하였다. 납부한 총금액은 540,000원이며, 이 중 50%는 직원 부담분이고, 나머지 50%는 회사부담분(제조부문 직원분:180,000원, 관리부문 직원분:90,000원)이다. 단, 회사부담분은 세금과공과로 처리한다. (3점)

(3) 09월 26일 　우리은행에 예치한 정기예금 50,000,000원의 만기일이 도래하여 정기예금 이자에 대한 원천징수세액을 차감한 후 보통예금 계좌로 입금되었다(단, 원천징수세액은 자산으로 처리한다). (3점)

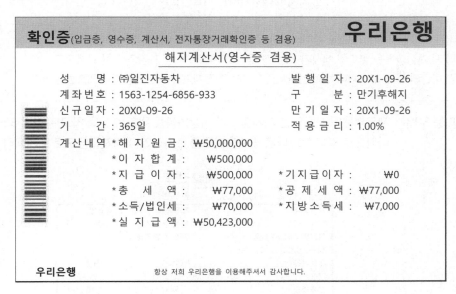

(4) 10월 26일 　주당 발행가액 6,000원에 유상증자를 실시하여 신주 10,000주(주당 액면가액 5,000원)를 발행하였으며, 주금납입액은 보통예금 계좌에 입금되었다. 단, 증자 전 주식할인발행차금계정의 잔액은 1,000,000원이다. (3점)

(5) 10월 29일 　아주중고로부터 매입한 원재료에 대한 매입운임 50,000원을 현금으로 지급하였다. (3점)

(6) 11월 08일 　제조부문이 사용하고 있는 건물의 증축공사에서 발생한 인건비 15,000,000원을 보통예금 계좌에서 이체하여 지급하였다(단, 해당 비용은 자본적지출에 해당하며, 해당 인건비에 대해 원천징수를 하지 않는다고 가정한다). (3점)

03 다음의 거래 자료를 [매입매출전표입력] 메뉴를 이용하여 입력하시오. (18점)

< 입력시 유의사항 >

- 일반적인 적요의 입력은 생략하지만, 타계정 대체거래는 적요번호를 선택하여 입력한다.
- 채권·채무와 관련된 거래는 별도의 요구가 없는 한 반드시 기등록된 거래처코드를 선택하는 방법으로 거래처명을 입력한다.
- 제조경비는 500번대 계정코드를, 판매비와관리비는 800번대 계정코드를 사용한다.
- 회계처리 시 계정과목은 별도의 제시가 없는 한 등록된 계정과목 중 가장 적절한 과목으로 한다.
- 입력화면 하단의 분개까지 처리하고, 전자세금계산서 및 전자계산서는 전자입력으로 반영한다.

(1) 09월 30일 제조부문이 사용하는 기계장치의 원상회복을 위한 수선을 하고 수선비 330,000원을 전액 하나카드로 결제하고 다음의 매출전표를 수취하였다(미지급금으로 회계처리 할 것). (3점)

매출전표

단말기번호	11213692	전표번호		234568
카드종류		거래종류		결제방법
하나카드		신용구매		일시불
회원번호(Card No)		취소시 원거래일자		
4140-0202-3245-9959				
유효기간		거래일시		품명
20X2.12.31.		20X1.09.30.		기계수선
전표제출		금 액/AMOUNT		300,000
		부 가 세/VAT		30,000
전표매입사		봉 사 료/TIPS		
		합 계/TOTAL		330,000
거래번호		승인번호/(Approval No.)		
		98421147		
가 맹 점 ㈜다고쳐				
대 표 자 김세무		TEL	031-628-8624	
가맹점번호 3685062		사업자번호	204-19-76690	
주 소 경기 성남시 수정구 고등동 525-5				
서명(Signature)				
㈜일진자동차				

(2) 10월 11일 아재자동차로부터 원재료 운반용 화물자동차를 매입하고 전자세금계산서를 발급받았으며, 대금 중 3,300,000원은 보관 중인 ㈜삼진의 약속어음을 배서하여 지급하고, 잔액은 외상으로 하였다. (3점)

전자세금계산서					승인번호		20X11011-1000000-00009329		
공급자	등록번호	519-15-00319	종사업장번호		공급받는자	등록번호	134-86-81692	종사업장번호	
	상호(법인명)	아재자동차	성명	김아재		상호(법인명)	㈜일진자동차	성명	김일진
	사업장주소					사업장주소	경기도 화성시 송산면 마도북로 40		
	업태	제조,도소매	종목	자동차, 부품		업태	제조	종목	자동차특장
	이메일					이메일			
						이메일			

작성일자	공급가액	세액	수정사유	비고
20X1-10-11	6,000,000원	600,000원	해당 없음	

월	일	품목	규격	수량	단가	공급가액	세액	비고
10	11	화물자동차				6,000,000원	600,000원	

합계금액	현금	수표	어음	외상미수금	위 금액을 (영수) 함 (청구)
6,600,000원			3,300,000원	3,300,000원	

(3) 10월 15일 미국에 소재한 ANGEL사로부터 수입한 원재료에 대하여 수입전자세금계산서(공급가액 5,000,000원, 부가가치세 500,000원)를 인천세관으로부터 발급받고, 이에 관한 부가가치세를 보통예금 계좌에서 이체하였다. (3점)

(4) 11월 04일 ㈜삼양안전으로부터 제조부문에서 사용할 안전용품을 구입하고 아래의 전자세금계산서를 발급받았다. 단, 안전용품은 소모품(자산) 계정을 사용하여 회계처리한다. (3점)

전자세금계산서					승인번호		20X11104-1000000-00009331		
공급자	등록번호	109-81-33618	종사업장번호		공급받는자	등록번호	134-86-81692	종사업장번호	
	상호(법인명)	㈜삼양안전	성명	이수진		상호(법인명)	㈜일진자동차	성명	김일진
	사업장주소	경기도 의정부시 부자로 11				사업장주소	경기도 화성시 송산면 마도북로 40		
	업태	도소매	종목	목재		업태	제조	종목	자동차특장
	이메일					이메일			
						이메일			

작성일자	공급가액	세액	수정사유	비고
20X1-11-04	1,600,000원	160,000원	해당 없음	

월	일	품목	규격	수량	단가	공급가액	세액	비고
11	04	안전용품				1,600,000원	160,000원	

합계금액	현금	수표	어음	외상미수금	위 금액을 (영수) 함 (청구)
1,760,000원	300,000원			1,460,000원	

(5) 11월 14일   제조부문에서 사용하던 기계장치(취득원가 50,000,000원, 감가상각누계액 43,000,000원)를 인천상사에 5,000,000원(부가가치세 별도)에 매각하면서 전자세금계산서를 발급하였으며, 대금 중 부가가치세는 현금으로 받고, 나머지는 전액 인천상사가 발행한 약속어음으로 수령하였다. (3점)

(6) 11월 22일   매출처인 ㈜성남의 야유회에 증정할 물품으로 미래마트에서 음료수 550,000원(부가가치세 포함)을 구입하고 전자세금계산서를 발급받고, 대금은 보통예금 계좌에서 이체하여 지급하였다. (3점)

04 [일반전표입력] 및 [매입매출전표입력] 메뉴에 입력된 내용 중 다음과 같은 오류가 발견되었다. 입력된 내용을 확인하여 수정 또는 삭제, 추가 입력하여 오류를 정정하시오. (6점)

(1) 07월 03일   ㈜한성전자의 부도로 미수금 잔액 10,000,000원이 회수불능되어 전액 대손 처리하였으나, 확인 결과 ㈜한성전자의 미수금이 아니라 ㈜성한전기의 미수금이며, 부도 시점에 미수금에 대한 대손충당금 잔액 1,000,000원이 있었던 것으로 확인된다. (3점)

(2) 11월 29일   일시 보유목적으로 시장성 있는 태평상사의 주식 100주를 주당 10,000원에 취득하면서 취득 과정에서 발생한 수수료 10,000원도 취득원가로 회계처리 하였다. (3점)

05 결산정리사항은 다음과 같다. 해당 메뉴에 입력하시오. (9점)

(1) 국민은행의 정기예금에 대한 기간경과분 이자수익을 인식하다(단, 월할로 계산할 것). (3점)

> • 예금금액 : 60,000,000원   • 예금기간 : 2년(20X1.10.01. ~ 20X3.09.30.)
>
> • 연이자율 : 2%   • 이자지급일 : 연 1회(매년 9월 30일)

(2) 10월 05일 영업부문에서 사용할 소모품 500,000원을 구입하고 자산으로 회계처리 하였다. 결산일 현재 소모품 사용액은 350,000원이다. (3점)

(3) 결산일 현재 외상매출금 잔액의 1%에 대하여 대손이 예상된다. 보충법에 의하여 대손충당금 설정 회계처리를 하시오(단, 대손충당금 설정에 필요한 정보는 관련 데이터를 조회하여 사용할 것). (3점)

06 다음 사항을 조회하여 알맞은 답안을 이론문제 답안작성 메뉴에 입력하시오. (9점)

(1) 제1기 부가가치세 확정신고기간(4월 ~ 6월) 중 매입세액을 공제받지 않은 공급가액은 얼마인가? (3점)

(2) 제1기 부가가치세 예정신고기간(1월 ~ 3월)과 확정신고기간(4월 ~ 6월)의 매출세금계산서 발급매수의 차이는 얼마인가? (단, 답이 음수인 경우에도 양수로 입력한다.) (3점)

(3) 4월(4월 1일 ~ 4월 30일) 중 외상매출금 회수액은 얼마인가? (3점)

이론시험 정답 및 해설

<1>	<2>	<3>	<4>	<5>	<6>	<7>	<8>	<9>	<10>	<11>	<12>	<13>	<14>	<15>
②	④	②	③	②	④	①	③	①	④	④	②	②	④	③

01 ② (차) 기계장치　27,500,000원(자산 증가)　(대) 미지급금　27,500,000원(부채 증가)

02 ④ 병원 사업장소재지의 토지 및 건물은 병원의 유형자산이다.

03 ② 2,100,000원
= 취득원가 3,000,000원 - 감가상각누계액 900,000원
• 1차연도 감가상각비 : (취득원가 3,000,000원 - 잔존가치 300,000원)×5/(5+4+3+2+1) = 900,000원

04 ③ 52,000,000원
= 신제품 특허권 구입 비용 30,000,000원 + A기업의 상표권 구입 비용 22,000,000원
• 연구단계에서 발생한 비용은 기간비용으로 처리한다.

05 ② 매도가능증권을 취득하는 경우에 발생한 수수료는 취득원가에 가산한다.

06 ④ 대손충당금은 자산의 채권 관련 계정의 차감적 평가항목이다.

07 ① 가, 라
• 자본잉여금 : 주식발행초과금, 감자차익
• 자본조정 : 자기주식처분손실, 주식할인발행차금

08 ③ (가)는 배당결의일의 회계처리이고, (나)는 배당지급일의 회계처리이다.

09 ① 변동원가
• 원가행태에 따른 분류에는 변동원가, 고정원가, 혼합원가, 준고정원가가 있다.

10 ④ [답] ④ 2,800,000원
= 당기제품제조원가 2,500,000원 + 기말재공품 300,000원 - 기초재공품 0원
• 당기제품제조원가 : 기말제품 500,000원+매출원가 2,000,000원 - 기초제품 0원 = 2,500,000원

11 ④ 11,000개
= 당기완성품 수량 8,000개 + 기말재공품 완성품환산량 3,000개

12 ② 종합원가계산에 대한 설명이다.

13 ② 부가가치세법은 인적사항을 고려하지 않는 물세이다.

14   ④   부동산임대업자가 해당 사업에 사용하던 건물을 매각하는 경우는 과세 대상이다.

15   ③   과세표준(부가가치세법 제29조)

실무시험 정답 및 해설

01   기초정보등록 및 수정

[1] [기초정보관리] > [거래처등록]
- 코드 : 00500
- 거래처명 : 한국개발
- 유형 : 3.동시
- 사업자등록번호 : 134-24-91004
- 대표자성명 : 김한국
- 업태 : 정보통신업
- 종목 : 소프트웨어개발
- 주소 : 경기도 성남시 분당구 판교역로192번길 12 (삼평동)

[2] [기초정보관리] > [계정과목및적요등록]
- 862.행사지원비
- 성격 : 3.경비
- 현금적요 NO.1, 행사지원비 현금 지급
- 대체적요 NO.1, 행사지원비 어음 발행

[3] [전기분원가명세서]
> 부재료비 > 당기부재료매입액 3,000,000원 추가입력
> 당기제품제조원가 87,250,000원→90,250,000원으로 변경 확인
[전기분손익계산서]
> 당기제품제조원가 87,250,000원→90,250,000원
> 당기순이익 81,210,000원→78,210,000원으로 변경 확인
[전기분잉여금처분계산서]
> F6 불러오기 > 당기순이익 81,210,000원→78,210,000원으로 변경 확인
> 미처분이익잉여금 93,940,000원→90,940,000원으로 변경 확인
[전기분재무상태표]
> 이월이익잉여금 90,940,000원으로 수정
> 외상매입금 90,000,000원으로 수정

02 일반전표입력

[1]	(차)	퇴직급여(판)	1,400,000원	(대)	보통예금		1,400,000원
[2]	(차)	보통예금	4,400,000원	(대)	외상매출금((주)고운상사)		9,900,000원
		받을어음((주)고운상사)	5,500,000원				
[3]	(차)	보통예금	45,000,000원	(대)	받을어음((주)재원)		50,000,000원
		매출채권처분손실	5,000,000원				
[4]	(차)	보통예금	2,300,000원	(대)	배당금수익		2,300,000원
[5]	(차)	급여(판)	4,900,000원	(대)	예수금		381,080원
					보통예금		4,518,920원
[6]	(차)	당좌예금	8,450,000원	(대)	사채		8,000,000원
					사채할증발행차금		450,000원

03 매입매출전표입력

[1] 7월 20일

유형	공급가액	부가가치세	공급처명	전자	분개
16.수출	6,000,000	0	NDVIDIA		외상 또는 혼합
영세율구분	① 직접수출(대행수출 포함)				

(차)	외상매출금(NDVIDIA)	6,000,000원	(대)	제품매출	6,000,000원

[2] 7월 23일

유형	공급가액	부가가치세	공급처명	전자	분개
13.면세	65,000,000		돌상상회	여	혼합

(차)	보통예금	30,000,000원	(대)	토지	62,000,000원
	미수금	35,000,000원		유형자산처분이익	3,000,000원

[3] 8월 10일

유형	공급가액	부가가치세	공급처명	전자	분개
57.카과	4,000,000	400,000	광고닷컴	여	카드 또는 혼합
신용카드사	현대카드				

(차)	부가세대급금	400,000원	(대)	미지급금(현대카드)	4,400,000원
	광고선전비(판)	4,000,000원		또는 미지급비용(현대카드)	

[4] 8월 17일

유형	공급가액	부가가치세	공급처명	전자	분개
51.과세	12,000,000	1,200,000	(주)고철상사	여	혼합

(차)	원재료	12,000,000원	(대)	지급어음	5,000,000원
	부가세대급금	1,200,000원		외상매입금	8,200,000원

[5] 8월 28일

유형	공급가액	부가가치세	공급처명	전자	분개
61.현과	5,000,000	500,000	(주)와마트	여	현금 또는 혼합

(차)	비품	5,000,000원	(대)	현금	5,500,000원
	부가세대급금	500,000원			

[6] **11월 8일**

유형	공급가액	부가가치세	공급처명	전자	분개
54.불공	25,000,000	2,500,000	대박호텔(주)	여	혼합
불공제사유	② 사업과 직접 관련 없는 지출				

(차) 가지급금(김영순)　　　　27,500,000원　　(대)　보통예금　　　　　　　27,500,000원
　　　　　• 해당 거래는 사업과 관련없는 거래로 불공제 처리하고 가지급금으로 처리한다.

04 오류수정

[1] • 수정전

11월 12일

유형	공급가액	부가가치세	공급처명	전자	분개
51.과세	90,909	9,091	호호꽃집	여	혼합

(차) 부가세대급금　　　　　　9,091원　　(대)　보통예금　　　　　　　100,000원
　　　소모품비(판)　　　　　90,909원

• 수정후

11월 12일

유형	공급가액	부가가치세	공급처명	전자	분개
53.면세	100,000		호호꽃집	여	혼합

(차) 소모품비(판)　　　　　100,000원　　(대)　보통예금　　　　　　　100,000원

[2] • 수정전

12월 12일

유형	공급가액	부가가치세	공급처명	전자	분개
51.과세	80,000,000	8,000,000	(주)베스트디자인	여	혼합

(차) 수선비(판)　　　　80,000,000원　　(대)　보통예금　　　　　　88,000,000원
　　　부가세대급금　　　8,000,000원

• 수정후

12월 12일

유형	공급가액	부가가치세	공급처명	전자	분개
51.과세	80,000,000	8,000,000	(주)베스트디자인	여	혼합

(차) 건물　　　　　　80,000,000원　　(대)　보통예금　　　　　　88,000,000원
　　　부가세대급금　　　8,000,000원

05 결산정리사항 입력

[1] [일반전표입력] 12월 31일

(차) 단기매매증권　　　　2,500,000원　　(대)　단기매매증권평가이익　　2,500,000원

[2] [일반전표입력] 12월 31일

(차) 장기대여금(미국 GODS사)　　140,000원　　(대)　외화환산이익　　　　140,000원
　　　• ($2,000×1,120원) - 2,100,000원 = 140,000원

[3] 1. [결산자료입력]
> 9. 법인세등 > • 1). 선납세금 결산반영금액 7,000,000원 입력 > F3 전표추가
        • 2). 추가계상액 결산반영금액 8,000,000원 입력

2. 또는 일반전표입력
20X1.12.31.   (차) 법인세등   15,000,000원   (대) 선납세금   7,000,000원
                                            미지급세금   8,000,000원

06 장부조회

[1] 기업업무추진비, 50,000원
   • [일계표(월계표)] > [월계표] 탭 > 조회기간 : 20X1년 03월~20X1년 03월

[2] 5,730,000원
   = 미수금 22,530,000원 - 미지급금 16,800,000원
   • [재무상태표] 기간 : 20X1년 02월 조회

[3] 3,060,000원
   • [부가가치세신고서] > 조회기간 : 4월 1일~6월 30일 > 공제받지못할매입세액(16)란의 세액 확인

전산회계 1급 답안

이론시험 정답 및 해설

<1>	<2>	<3>	<4>	<5>	<6>	<7>	<8>	<9>	<10>	<11>	<12>	<13>	<14>	<15>
③	③	③	④	①	②	④	①	①	②	②	④	③	②	④

01 ③ 회계는 발생주의를 기본적 특징으로 한다. 위 내용은 현금주의에 대한 설명이다.
① 기업실체의 가정, ② 계속기업의 가정, ④ 기간별보고의 가정

02 ③ 상품의 매입환출 및 매입에누리는 매출원가 계산 시 총매입액에서 차감하는 항목이다.

03 ③ 23억5,000만원
= 매입금액 20억원 + 자본화차입원가 1억 5,000만원 + 취득세 2억원
• 관리 및 기타 일반간접원가는 판매비와관리비로서 당기 비용처리한다.

04 ④ 일반기업회계기준은 무형자산의 회계처리와 관련하여 영업권을 포함한 무형자산의 내용연수를 원칙적으로 20년을 초과하지 않도록 한정하고 있다.

05 ① 합계잔액시산표에 관한 설명으로 합계잔액시산표는 재무제표에 해당하지 않는다. 재무제표는 재무상태표, 손익계산서, 현금흐름표 및 자본변동표와 주석으로 구성되어 있다.
② 재무상태표 ③ 자본변동표 ④ 주석

06 ② 유동성장기부채는 비유동부채였으나 보고기간 종료일 현재 만기가 1년 이내 도래하는부채를 의미하므로 영업주기와 관계없이 유동부채로 분류한다.

07 ④ 매도가능증권평가이익은 기타포괄손익누계액에 포함되는 항목으로 매도가능증권평가이익의 증감은 포괄손익계산서상의 기타포괄손익에 영향을 미친다.

08 ① 당기순손실 360,000원

기초상품 재고액	매입액	기말상품 재고액	매출원가	매출액	매출 총이익	판매비와 관리비	당기순손익
219,000원	350,000원	110,000원	459,000원	290,000원	-169,000원	191,000원	-360,000원

09 ① 고정원가는 조업도가 증가할수록 단위당 원가는 감소한다.

10 ② 단계배분법은 보조부문 상호 간의 용역수수관계를 일부 인식하는 방법이다.

11 ② 2,300,000원
= 직접재료원가 1,150,000원 + 직접노무원가 450,000원 + 제조간접원가 700,000원
• 당기총제조원가 : 직접재료원가 + 직접노무원가 + 제조간접원가

- 직접재료원가 : 기초원재료 300,000원 + 당기원재료매입액 1,300,000원 - 기말원재료 450,000원
  = 1,150,000원
- 직접노무원가 : 당기지급임금액 350,000원 + 당기미지급임금액 250,000원 - 전기미지급임금액
  150,000원 = 450,000원

12 ④ 개별원가계산에 대한 설명이다.

13 ③ 사업자등록을 한 일반과세자

14 ② 중소기업의 외상매출금 및 미수금(이사 "외상매출금등"이라 한다)으로서 회수기일이 2년 이상 지난 외
상매출금 등은 부가가치세법상 대손 사유에 해당한다. 다만, 특수관계인과의 거래로 인하여 발생한 외
상매출금 등은 제외한다.

15 ④ 부가가치세법 시행령 제28조 제10항, 위탁판매의 경우 부가가치세법상 공급시기는 위탁받은 수탁자
또는 대리인이 실제로 판매한 때이다.

실무시험 정답 및 해설

01 기초정보등록 및 수정

[1] [기초정보관리]>[거래처등록]>[일반거래처]
- 코드 : 00777
- 거래처명 : 슬기로운㈜
- 유형 : 3.동시
- 사업자번호 : 253-81-13578
- 대표자성명 : 김슬기
- 업태 : 도매
- 종목 : 금속
- 사업장주소 : 부산광역시 부산진구 중앙대로 663(부전동)

[2] [계정과목및적요등록] > 134.가지급금 > 대체적요란 > 적요NO 8 : 출장비 가지급금 정산

[3] [전기분 원가명세서]
  > 임금 45,000,000원 → 47,200,000원 수정
  > 당기제품제조원가 398,580,000원 → 400,780,000원 변경 확인

[전기분 손익계산서]
  > 제품매출원가 > 당기제품제조원가 398,580,000원 → 400,780,000원 수정
  > 매출원가 391,580,000원 → 393,780,000원 변경 확인
  > 급여 86,500,000원 → 84,300,000원 수정
  > 당기순이익 74,960,000원 확인
  • 전기분재무상태표 및 전기분잉여금처분계산서 변동 없음

02 일반전표입력

[1] 7월 15일 (차) 선급금((주)상수)   3,000,000원 (대) 당좌예금   3,000,000 원

[2] 8월 5일　(차)　보통예금　　　　864,000,000원　(대)　단기차입금(우리은행)　900,000,000원
　　　　　　　　　　선급비용　　　　 36,000,000원
[3] 9월 10일　(차)　미지급금((주)대운)　1,000,000원　(대)　임차보증금((주)대운)　10,000,000원
　　　　　　　　　　보통예금　　　　　9,000,000원
[4] 10월 20일　(차)　보통예금　　　　　1,300,000원　(대)　외상매출금((주)영광상사)　1,300,000원
[5] 11월 29일　(차)　매도가능증권(178)　20,240,000원　(대)　보통예금　　　　20,240,000원
[6] 12월 8일　(차)　상품　　　　　　　7,560,000원　(대)　보통예금　　　　　7,560,000원

03　매입매출전표입력

[1]　8월 10일

유형	공급가액	부가가치세	공급처명	전자	분개
51.과세	950,000	95,000	(주)산양산업	여	현금 또는 혼합

　(차)　부가세대급금　　　　 95,000원　(대)　현금　　　　　　1,045,000원
　　　　소모품　　　　　　950,000원

[2]　8월 22일

유형	공급가액	부가가치세	공급처명	전자	분개
52.영세	34,000,000		(주)로띠상사	여	혼합

　(차)　원재료　　　　34,000,000원　(대)　지급어음　　　34,000,000원

[3]　8월 25일

유형	공급가액	부가가치세	공급처명	전자	분개
53.면세	800,000		송강수산	여	혼합

　(차)　복리후생비(판)　　500,000원　(대)　보통예금　　　　800,000원
　　　　기업업무추진비(판)　300,000원

[4]　10월 16일

유형	공급가액	부가가치세	공급처명	전자	분개
54.불공	2,100,000	210,000	상해전자(주)	여	혼합
불공제사유	② 사업과 직접 관련 없는 지출				

　(차)　가지급금(황동규)　2,310,000원　(대)　미지급금　　　2,310,000원

[5]　11월 4일

유형	공급가액	부가가치세	공급처명	전자	분개
17.카과	700,000	70,000	김은우		카드 또는 혼합
신용카드사	신한카드				

　(차)　외상매출금(신한카드)　770,000원　(대)　부가세예수금　　 70,000원
　　　　　　　　　　　　　　　　　　　　　제품매출　　　　700,000원

[6]　12월 4일

유형	공급가액	부가가치세	공급처명	전자	분개
57.카과	800,000	80,000	(주)뚝딱수선		카드 또는 혼합
신용카드사	하나카드				

　(차)　부가세대급금　　　80,000원　(대)　미지급금(하나카드)　880,000원
　　　　수선비(제)　　　800,000원　　　　(또는 미지급비용)

04 오류수정

[1] • 수정전: [일반전표입력] 9월 9일

| (차) 보통예금 | 5,000,000원 | (대) 장기차입금((주)초록산업) | 5,000,000원 |

• 수정후: [일반전표입력] 9월 9일

| (차) 보통예금 | 5,000,000원 | (대) 장기차입금((주)초록산업) | 3,000,000원 |
| | | 단기차입금((주)초록산업) | 2,000,000원 |

[2] • 수정전: [일반전표입력] 10월 15일

| (차) 차량유지비(판) | 275,000원 | (대) 현금 | 275,000원 |

• 수정후: [일반전표입력] 삭제 → [매입매출전표입력] 10월 15일

유형	공급가액	부가가치세	공급처명	전자	분개
51.과세	250,000	25,000	바로카센터	여	현금 또는 혼합

| (차) 부가세대급금 | 25,000원 | (대) 현금 | 275,000원 |
| 차량유지비(판) | 250,000원 | | |

05 결산정리사항 입력

[1] [일반전표입력] 12월 31일

| (차) 외화환산손실 | 200,000원 | (대) 외상매입금(NOVONO) | 200,000원 |

• 기말환산액 : $2,000×결산 시 기준환율 1,200원 = 2,400,000원
• 장부금액 : $2,000×매입 시 기준환율 1,100원 = 2,200,000원
• 외화환산손실 : 기말환산액 2,400,000원 - 장부금액 2,200,000원 = 200,000원, 외화부채이므로 외화환산손실로 처리한다.

[2] [일반전표입력] 12월 31일

| (차) 단기매매증권평가손실 | 2,000,000원 | (대) 단기매매증권 | 2,000,000원 |

[3] [일반전표입력] 12월 31일

| (차) 선급비용 | 1,200,000원 | (대) 보험료(제) | 1,200,000원 |

06 결산정리사항 입력

[1] 공급가액 5,100,000원, 세액 300,000원

[부가가치세신고서]
> 조회기간 : 20X1년 4월 1일~20X1년 6월 30일 조회
> 과세표준 및 매출세액란 > 예정신고누락분 금액 및 세액 확인
(또는 7.매출(예정신고누락분) 합계 금액 및 세액 확인)

[2] 4월, 416,000원

[총계정원장] > [월별] 탭 > 기간 : 20X1년 04월 01일~20X1년 06월 30일 > 계정과목 : 0511.복리후생비 조회

[3] 세경상사, 50,000,000원

[거래처원장] > [잔액] 탭 > 기간 : 20X1년 1월 1일~20X1년 4월 30일 > 계정과목 : 0253.미지급금 조회

이론시험 정답 및 해설

<1>	<2>	<3>	<4>	<5>	<6>	<7>	<8>	<9>	<10>	<11>	<12>	<13>	<14>	<15>
③	④	②	①	①	③	④	④	①	④	②	①	②	③	③

01 ③ [일반기업회계기준 문단 2.4] 재무제표는 재무상태표, 손익계산서, 현금흐름표, 자본변동표로 구성되며, 주석을 포함한다.

02 ④ 생산량은 생산량비례법을 계산할 때 필수요소이다.

03 ② 자기주식은 이익잉여금처분계산서에 나타나지 않는다.

04 ① 위탁매출은 수탁자가 해당 재화를 제3자에게 판매한 시점에 수익으로 인식한다.

05 ① 임차보증금은 기타비유동자산으로 분류하고, 나머지는 무형자산으로 분류한다.

06 ③ 자기주식처분이익은 자본잉여금으로 분류되고, 자기주식, 주식할인발행차금, 감자차손은 자본조정으로 분류된다.

07 ④ 기말재고자산을 실제보다 낮게 계상한 경우, 매출원가가 과대계상되므로 그 결과 당기순이익과 자본은 과소계상된다.

08 ④ 회계처리 : (차) 투자부동산　　5,200,000원　　(대) 미지급금　　　　5,000,000원
　　　　　　　　　　　　　　　　　　　　　　　　현금　　　　　　200,000원

09 ① 총고정원가는 관련 범위 내에서 일정하고, 관련 범위 밖에는 일정하다고 할 수 없다.

10 ④ 매출원가는 손익계산서에서 제공되는 정보이다.

11 ② 공장 인사 관리 부문의 원가는 종업원의 수를 배부기준으로 하는 것이 적합하다.

12 ① • 직접재료원가 완성품환산량 : 완성품 30,000개 + 기말재공품 10,000개 - 기초재공품 5,000개 = 35,000개
　• 가공원가 완성품환산량 : 완성품 30,000개 + 기말재공품 10,000개×30% - 기초재공품 5,000개× 70% = 29,500개

13 ② 생산지국과세원칙
　• 우리나라 부가가치세법은 소비지국과세원칙을 채택하고 있다.

14 ③ 폐업자의 경우 폐업일이 속하는 달의 다음 달 25일까지 확정신고를 하여야 한다.

15 ③ 비영업용 소형승용차가 아니므로 매입세액공제 가능하다.
- 기업업무추진비는 매입세액불공제 대상이다.
- 비영업용소형승용차의 구입, 유지, 임차를 위한 비용은 매입세액을 불공제한다.
- 세금계산서, 신용카드매출전표, 현금영수증에 기재된 매입세액은 공제가능하다.

실무시험 정답 및 해설

01 기초정보등록 및 수정

[1] [기초정보관리]>[거래처등록] > [일반거래처] 탭
- 거래처코드 : 5230
- 거래처명 : (주)대영토이
- 유형 : 3.동시
- 사업자등록번호 : 108-86-13574
- 대표자 : 박완구
- 업태 : 제조
- 종목 : 완구제조
- 사업장주소 : 경기도 광주시 오포읍 왕림로 139

[2] [전기분재무제표] > [거래처별초기이월]
- 외상매출금 > 튼튼사무기 8,300,000원→3,800,000원
- 받을어음 > (주)강림상사 20,000,000원→2,000,000원
- 외상매입금 > (주)해원상사 4,600,000원 추가 입력

[3] [전기분재무상태표]
- 원재료 73,600,000원→75,600,000원 수정

[전기분원가명세서]
- 기말원재료재고액 73,600,000원 → 75,600,000원 확인
- 당기제품제조원가 505,835,000원→503,835,000원 확인

[전기분손익계산서]
- 당기제품제조원가 505,835,000원→503,835,000원 수정
- 당기순이익 131,865,000원→133,865,000원 확인

[전기분잉여금처분계산서]
- 당기순이익 131,865,000원→133,865,000원 수정
- 미처분이익잉여금 169,765,000원→171,765,000원 확인

[전기분재무상태표]
- 이월이익잉여금 169,765,000원→171,765,000원 수정

02 일반전표입력

[1] 8월 10일 (차) 예수금 340,000원 (대) 보통예금 680,000원
복리후생비(제) 340,000원
[2] 8월 23일 (차) 부도어음과수표((주)애플전자) 3,500,000원 (대) 받을어음((주)애플전자) 3,500,000원
[3] 9월 14일 (차) 잡급(판) 420,000원 (대) 현금 420,000원
[4] 9월 26일 (차) 퇴직급여충당부채 5,000,000원 (대) 퇴직연금운용자산 5,000,000원
[5] 10월 16일 (차) 보통예금 37,000,000원 (대) 단기매매증권 35,000,000원
단기매매증권처분이익 2,000,000원
[6] 11월 29일 (차) 보통예금 49,000,000원 (대) 사채 50,000,000원
사채할인발행차금 1,000,000원

03 매입매출전표입력

[1] **9월 2일**

유형	공급가액	부가가치세	공급처명	전자	분개
11.과세	10,000,000	1,000,000	(주)신도기전	여	혼합

(차)	받을어음	8,000,000원	(대)	부가세예수금	1,000,000원
	외상매출금	3,000,000원		제품매출	10,000,000원

[2] **9월 12일**

유형	공급가액	부가가치세	공급처명	전자	분개
57.카과	450,000	45,000	인천상회		카드 또는 혼합
신용카드사	우리카드(법인)				

(차)	부가세대급금	45,000원	(대)	미지급금(우리카드(법인))	495,000원
	복리후생비(제)	450,000원		(또는 미지급비용)	

[3] **10월 5일**

유형	공급가액	부가가치세	공급처명	전자	분개
16.수출	100,000,000		PYBIN사		혼합
영세율구분	① 직접수출(대행수출 포함)				

(차)	보통예금	100,000,000원	(대)	제품매출	100,000,000원

[4] **10월 22일**

유형	공급가액	부가가치세	공급처명	전자	분개
53.면세	1,375,000		영건서점	여	현금 또는 혼합

(차)	도서인쇄비(판)	1,375,000원	(대)	현금	1,375,000원

[5] **11월 2일**

유형	공급가액	부가가치세	공급처명	전자	분개
22.현과	8,000,000	800,000			혼합

(차)	보통예금	8,800,000원	(대)	부가세예수금	800,000원
				제품매출	8,000,000원

※ 거래처는 입력하지 않아도 무방함

12월 19일

유형	공급가액	부가가치세	공급처명	전자	분개
54.불공	500,000	50,000	홍성백화점	여	카드 또는 혼합
불공제사유	④기업업무추진비 및 이와 유사한 비용 관련				

(차) 기업업무추진비(판)	550,000원	(대) 미지급금(국민카드)	550,000원
		(또는 미지급비용)	

04 오류수정

[1] • 수정전: [일반전표입력] 7월 31일

(차) 퇴직급여(판)	14,000,000원	(대) 보통예금	14,000,000원

• 수정후: [일반전표입력] 7월 31일

(차) 퇴직연금운용자산	14,000,000원	(대) 보통예금	14,000,000원

[2] • 수정전: [매입매출전표입력] 10월 28일

유형	공급가액	부가가치세	공급처명	전자	분개
51.과세	5,000,000	500,000	다다마트	여	현금

(차) 부가세대급금	500,000원	(대) 현금	5,500,000원
복리후생비(판)	5,000,000원		

• 수정후: [매입매출전표입력] 10월 28일

유형	공급가액	부가가치세	공급처명	전자	분개
54.불공	5,000,000	500,000	다다마트	여	현금 또는 혼합
불공제사유	④기업업무추진비 및 이와 유사한 비용 관련				

(차) 기업업무추진비(판)	5,500,000원	(대) 현금	5,500,000원

05 결산정리사항 입력

[1] [일반전표입력] 12월 31일

(차) 미수수익	150,000원	(대) 이자수익	150,000원

• 5,000,000원×6%×6/12 = 150,000원

[2] [일반전표입력] 12월 31일

(차) 외화환산손실	80,000원	(대) 외상매입금(상하이)	80,000원

• 외화환산손실 : (결산일 기준환율 1,040원×$2,000) - 장부금액 2,000,000원 = 80,000원

[3] 1. [결산자료입력] > 기간 : 1월~12월

F8대손상각 > 외상매출금 80,000원, 받을어음30,000원 입력 > 결산반영 > F3전표추가 또는

2. [결산자료입력] > 기간 : 1월~12월

판매비와 일반관리비 > 5). 대손상각 > 외상매출금 80,000원, 받을어음 30,000원 입력 > F3전표추가

3. 일반전표입력

20X1.12.31. (차) 대손상각비(835)	80,000원	(대) 대손충당금(109)	80,000원
(차) 대손상각비(835)	- 30,000원	대손충당금(111)	- 30,000원
또는 (차) 대손상각비(835)	50,000원	(대) 대손충당금(109)	80,000원
		대손충당금(111)	- 30,000원

또는	(차) 대손상각비(835)	80,000원	(대) 대손충당금(109)		80,000원
	대손충당금(111)	30,000원	대손상각비(835)		30,000원
또는	(차) 대손상각비(835)	50,000원	(대) 대손충당금(109)		80,000원
	대손충당금(111)	30,000원			

06 장부조회

[1] 700,000원
   • [매입매출장] > 조회기간 : 20X1년 01월 01일~20X1년 03월 31일 > 구분 : 2.매출 > 유형 : 22.현과

[2] 3,162,300원
   • [일(월)계표] > 조회기간 : 20X1년 06월 01일~20X1년 06월 30일 > 5.제조원가 차변 현금액 확인

[3] 전설유통, 700,000원
   • [거래처원장] > 조회기간 : 20X1년 1월 1일~20X1년 6월 30일 > 계정과목 : 251.외상매입금 조회

이론시험 정답 및 해설

<1>	<2>	<3>	<4>	<5>	<6>	<7>	<8>	<9>	<10>	<11>	<12>	<13>	<14>	<15>
④	①	②	①	④	②	②	①	③	③	①	④	③	②	③

01 ④ 회계정보의 질적 특성 중 목적 적합성에 관련된 설명이며, 예측가치, 피드백가치, 적시성이 이에 해당한다. 중립성은 표현의 충실성, 검증가능성과 함께 신뢰성에 해당하는 질적 특성이다.

02 ① 당좌자산은 유동자산으로 구분된다.

03 ② 원가흐름 가정 중 선입선출법은 먼저 입고된 자산이 먼저 출고된 것으로 가정하여 입고 일자가 빠른 원가를 출고 수량에 먼저 적용한다. 선입선출법은 실제 물량 흐름에 대한 원가흐름의 가정이 유사하다는 장점이 있으나, 수익·비용 대응의 원칙에 부적합하고, 물가 상승 시 이익이 과대 계상되는 단점이 있다.

04 ① 1,000,000원
　 = 배당금지급통지서 500,000원 + 타인발행수표 500,000원
　 • 현금성자산에 해당하는 것은 배당금지급통지서, 타인발행수표이다.

05 ④ 주식배당과 무상증자는 순자산의 증가가 발생하지 않는다.

06 ② 대손상각비, 기부금, 퇴직급여, 이자수익이 손익계산서에 나타나는 계정과목이다. 현금, 외상매출금은 재무상태표에 나타나는 자산 계정과목이다.

07 ② 3,487,500원
　 = (취득원가 10,000,000원 - 감가상각누계액 2,250,000원)×45%
　 • 20X0년 12월 31일 감가상각비 : 취득원가 10,000,000원×45%×6/12 = 2,250,000원

08 ① 기업의 정상적인 영업활동의 결과로써 재고자산은 제조와 판매를 통해 매출원가로 대체된다. 그러나 재고자산이 외부 판매 이외의 용도로 사용될 경우 '타계정대체'라 하며 이때는 매출원가가 증가하지 않는다.

09 ③ 변동원가는 생산량이 증가할 경우 총원가는 증가하지만, 단위당 원가는 일정하다.

10 ③ 건설업
　 • 정유업, 제분업, 식품가공업은 종합원가계산의 적용이 가능한 업종으로 개별원가계산은 적합하지 않다.

11 ① 생산과정에서 나오는 원재료의 찌꺼기는 작업폐물이다.

12 ④ 과소배부 50,000원

= 실제발생액 300,000원 - 예정배부액 250,000원
- 예정배부율 : 제조간접원가 예상액 2,500,000원 / 예상 직접노무시간 50,000시간 = 50원 / 시간
- 예정배부액 : 6월 실제 직접노무시간 5,000시간 × 예정배부율 50원 / 시간 = 250,000원

(제조간접원가 장부계상액)

13 ③ 면세제도

14 ② 제품의 외상판매는 재화의 공급에 해당한다.
- 재화의 공급으로 보지 않는 특례 - 사업의 양도

(사업양수 시 양수자 대리납부의 경우 재화의 공급으로 인정)
- 담보의 제공·조세의 물납·법률에 따른 공매·경매
- 법률에 따른 수용·신탁재산의 이전

15 ③ 매출할인액은 과세표준에서 제외한다.

실무시험 정답 및 해설

01 기초정보등록 및 수정

[1] [기초정보관리] > [계정과목및적요등록] > 831.수수료비용 > 현금적요NO.8, 결제 대행 수수료

[2] [거래처등록] > [금융기관] 탭
- 거래처코드 : 98005
- 거래처명 : 수협은행
- 유형 : 3.정기적금
- 계좌번호 : 110-146-980558

[3] [거래처별초기이월]
- 지급어음
  - 천일상사 9,300,000원 → 6,500,000원으로 수정
  - 모닝상사 5,900,000원 → 8,700,000원으로 수정
- 미지급금
  - 대명(주) 8,000,000원 → 4,500,000원으로 수정
  - (주)한울 4,400,000원 → 7,900,000원으로 수정

02 일반전표입력

[1] 7월 10일	(차)	예수금	22,000원	(대)	보통예금		22,000원
[2] 7월 16일	(차)	선급금((주)홍명)	1,000,000원	(대)	당좌예금		1,000,000원
[3] 8월 10일	(차)	미지급금(비씨카드)	2,000,000원	(대)	보통예금		2,000,000원
[4] 8월 20일	(차)	여비교통비(판)	380,000원	(대)	전도금		600,000원
		현금	220,000원				

[5] 9월 12일 (차) 현금   8,000,000원 (대) 미수금(우리기계)   8,000,000원
[6] 10월 28일 (차) 보통예금   41,400,000원 (대) 외상매출금(lailai co. ltd.)   39,000,000원

                                                                 외환차익   2,400,000원

03 매입매출전표입력

[1] **7월 6일**

유형	공급가액	부가가치세	공급처명	전자	분개
11.과세	23,000,000	2,300,000	(주)아이닉스	여	외상 또는 혼합

(차) 외상매출금   25,300,000원 (대) 부가세예수금   2,300,000원
                                          제품매출   23,000,000원

[2] **8월 10일**

유형	공급가액	부가가치세	공급처명	전자	분개
14.건별	500,000	50,000		부	혼합

(차) 기업업무추진비(제)   350,000원 (대) 부가세예수금   50,000원
                                          제품   300,000원
                                          (적요8. 타계정으로 대체액)

[3] **9월 16일**

유형	공급가액	부가가치세	공급처명	전자	분개
11.과세	9,000,000	900,000	팔팔물산	여	현금 또는 혼합

(차) 현금   9,900,000원 (대) 부가세예수금   900,000원
                                          제품매출   9,000,000원

[4] **9월 26일**

유형	공급가액	부가가치세	공급처명	전자	분개
51.과세	5,000,000	500,000	잘나가광고	여	혼합

(차) 부가세대급금   500,000원 (대) 보통예금   5,500,000원
    비품   5,000,000원

[5] **10월 15일**

유형	공급가액	부가가치세	공급처명	전자	분개
51.과세	2,500,000	250,000	메타가구	여	혼합

(차) 부가세대급금   250,000원 (대) 받을어음((주)은성가구) 1,000,000원
    원재료   2,500,000원   외상매입금   1,750,000원

[6] **12월 20일**

유형	공급가액	부가가치세	공급처명	전자	분개
54.불공	3,800,000	380,000	니캉전자	여	혼합

불공제사유 ② 사업과 직접 관련 없는 지출

(차) 가지급금(한태양)   4,180,000원 (대) 보통예금   4,180,000원

04 오류수정

[1] • 수정전: [매입매출전표입력] 8월 17일

유형	공급가액	부가가치세	공급처명	전자	분개
58.카면	44,000		사거리주유소		카드 또는 혼합
신용카드사	비씨카드				

(차) 차량유지비(판)　　44,000원　(대) 미지급금(비씨카드)　　　44,000원

• 수정후: [매입매출전표입력] 8월 17일

유형	공급가액	부가가치세	공급처명	전자	분개
57.카과	40,000	4,000	사거리주유소		카드 또는 혼합
신용카드사	비씨카드				

(차) 부가세대급금　　　4,000원　(대) 미지급금(비씨카드)　　44,000원
　　 차량유지비(판)　 40,000원　　　 (또는 미지급비용)

[2] • 수정전: [일반전표입력] 11월 12일

(차) 기업업무추진비(판)　500,000원　(대) 현금　　　　　500,000원

• 수정후: [일반전표입력] 11월 12일

(차) 복리후생비(제)　　500,000원　(대) 현금　　　　　500,000원

05 오류수정

[1] [일반전표입력] 12월 31일

(차) 부가세예수금　49,387,500원　(대) 부가세대급금　34,046,000원
　　　　　　　　　　　　　　　　　　미지급세금　　 15,341,500원

[2] [일반전표입력] 12월 31일

(차) 선급비용　　 3,600,000원　(대) 보험료(제)　　3,600,000원

[3] 1. [결산자료입력] > F7감가상각 > 차량운반구(제조) 결산반영금액 입력 > 결산반영 > F3전표추가
또는

2. [결산자료입력] > 2. 매출원가 > 2). 일반감가상각비 > 차량운반구 결산반영금액 입력 > F3전표추가
또는

3. 일반전표입력

20X1.12.31.(차)	감가상각비(제)	4,500,000원	(대)	감가상각누계액(209)	4,500,000원
	또는	4,250,000원		또는	4,250,000원
	또는	4,290,410원		또는	4,290,410원

06 장부조회

[1] 40,000,000원

[계정별원장] > 기간 : 4월 1일~4월 30일 > 계정과목 : 108.외상매출금 조회 > 대변 월계금액 확인

[2] 117,630,000원

= 6월 매출액 147,150,000원 - 2월 매출액 29,520,000원
[총계정원장] > [월별] 탭 > 기간 : 01월 01일~06월 30일 > 계정과목 : 404.제품매출 조회 > 대변 금액 확인

[3] 6,372,000원

[부가가치세신고서] > 기간 : 4월 1일~6월 30일 > 11.고정자산매입(세금계산서수취분) 세액란 금액 확인

이론시험 정답 및 해설

<1>	<2>	<3>	<4>	<5>	<6>	<7>	<8>	<9>	<10>	<11>	<12>	<13>	<14>	<15>
①	④	②	②	①	④	②	④	①	①	③	④	④	③	②

01 ① 재무상태표는 일정 시점 현재 기업이 보유하고 있는 자산과 부채, 그리고 자본에 대한 정보를 제공하는 재무보고서이다.
 • 일정 기간 동안의 기업의 수익과 비용에 대해 보고하는 보고서는 손익계산서이다.
 • 일정 기간 동안의 현금의 유입과 유출의 정보를 제공하는 보고서는 현금흐름표이다.
 • 기업의 자본변동에 관한 정보를 제공하는 재무보고서는 자본변동표이다.

02 ④ 임대보증금은 비유동부채에 포함된다.

03 ② 내부적으로 창출한 브랜드, 고객목록과 같은 항목은 무형자산으로 인식할 수 없다.

04 ② 시용판매의 경우에는 소비자가 매입의사를 표시하는 시점에 수익을 인식한다.

05 ① 매출 시점에 실제 취득원가를 기록하여 매출원가로 대응시켜 원가 흐름을 가장 정확하게 파악할 수 있는 재고자산의 단가 결정 방법은 개별법이다.

06 ④ 일용직 직원에 대한 수당은 잡급(판)으로 처리한다. 이자수익은 영업외수익으로, 재해손실과 이자비용은 영업외비용으로 처리한다.

07 ② 100,000원 증가

= 단기매매증권평가이익 300,000원 - 투자자산처분손실 200,000원
 • 결산일에 매도가능증권을 공정가치로 평가하여 발생하는 손익은 기타포괄손익누계액(자본)으로 회계처리하도록 규정하고 있다.
 • 단기매매증권평가이익 : 공정가치 3,300,000원 - 장부금액 3,000,000원 = 300,000원
 • 투자자산처분손실 : 처분금액 8,800,000원 - 장부금액 9,000,000원 = △200,000원

08 ④ 650,000원

= 기초자본 400,000원 + 추가출자 100,000원 - 이익배당액 50,000원 + 당기순이익 200,000원
 • 기초자본 : 기초자산 900,000원 - 기초부채 500,000원 = 400,000원
 • 당기순이익 : 총수익 1,100,000원 - 총비용 900,000원 = 200,000원

09 ① 외부의 정보이용자들에게 유용한 정보를 제공하는 것은 재무회계의 목적이다.

10 ① 변동원가는 조업도가 증가할수록 총원가는 증가하지만 단위당 원가는 변동이 없다. 고정원가는 조업도가 증가할 때 총원가는 일정하며 단위당 원가는 감소한다.

11 ③ 단계배분법을 사용할 경우, 배부순서에 따라 각 보조부문에 배분되는 금액은 차이가 발생한다.

12 ④ 공정별 원가계산에 적합한 것이 종합원가계산이다.

13 ④ 증여로 인하여 사업자의 명의가 변경되는 경우
  • 증여로 인하여 사업자의 명의가 변경되는 경우는 폐업 사유에 해당한다. 증여자는 폐업, 수증자는 신규 사업자등록 사유이다.

14 ③ 영세율은 완전면세제도이다.

15 ② 도매업

실무시험 정답 및 해설

01 기초정보등록 및 수정

[1] [거래처등록] > [신용카드] 탭
  • 코드 : 99850
  • 거래처명 : 하나카드
  • 유형 : 2.매입
  • 카드번호 : 5531-8440-0622-2804
  • 카드종류 : 3.사업용카드

[2] [계정과목및적요등록]
  • 812.여비교통비
  • 현금적요 NO.6, 야근 시 퇴근택시비 지급
  • 대체적요 NO.3, 야근 시 퇴근택시비 정산 인출

[3] [전기분원가명세서]
  • 511.복리후생비 9,000,000원 > 10,000,000원
  • 당기제품제조원가 94,200,000원 > 95,200,000원

[전기분손익계산서]
  • 당기제품제조원가 94,200,000원 > 95,200,000원
  • 455.제품매출원가 131,550,000원 > 132,550,000원
  • 811.복리후생비 30,000,000원 > 29,000,000원
  • 당기순이익 61,390,000원 확인

[전기분이익잉여금처분계산서]
  • 미처분이익잉여금이나 이월이익잉여금에 변동이 없으므로 정정 불필요

[전기분재무상태표]
  • 당기순이익에 변동이 없으므로 정정 불필요

02 일반전표입력

[1] 7월 4일   (차) 외상매입금(나노컴퓨터) 5,000,000원 (대) 외상매출금(나노컴퓨터) 3,000,000원
                                                               당좌예금 2,000,000원

[2] 9월 15일 (차) 보통예금   1,000,000원 (대) 배당금수익 1,000,000원

[3] 10월 5일 (차) 보통예금   4,945,000원 (대) 받을어음((주)영춘) 5,000,000원
                    매출채권처분손실 55,000원

[4] 10월 30일 (차) 세금과공과(판)   500,000원 (대) 보통예금 500,000원

[5] 12월 12일 (차) 사채   10,000,000원 (대) 보통예금 9,800,000원
                                       사채상환이익 200,000원

[6] 12월 21일 (차) 보통예금   423,000원 (대) 이자수익 500,000원
                  선납세금   77,000원

03 매입매출전표입력

[1] **7월 11일**

유형	공급가액	부가가치세	공급처명	전자	분개
11.과세	3,000,000	300,000	성심상사	여	혼합

(차) 외상매출금   2,300,000원 (대) 부가세예수금   300,000원
        현금   1,000,000원   제품매출   3,000,000원

[2] **8월 25일**

유형	공급가액	부가가치세	공급처명	전자	분개
51.과세	200,000,000	20,000,000	(주)대관령	여	혼합

(차) 부가세대급금   20,000,000원 (대) 선급금   37,000,000원
        토지   150,000,000원   보통예금   333,000,000원
        건물   200,000,000원

[3] **9월 15일**

유형	공급가액	부가가치세	공급처명	전자	분개
61.현과	350,000	35,000	골드팜(주)		혼합

(차) 부가세대급금   35,000원 (대) 보통예금   385,000원
        소모품비(판)   350,000원

또는

유형	공급가액	부가가치세	공급처명	전자	분개
62.현면	385,000		골드팜(주)		혼합

(차) 소모품비(판)   385,000원 (대) 보통예금   385,000원

[4] **9월 30일**

유형	공급가액	부가가치세	공급처명	전자	분개
51.과세	15,000,000	1,500,000	경하자동차(주)	여	혼합

(차) 부가세대급금   1,500,000원 (대) 미지급금   16,500,000원
        차량운반구   15,000,000원

※ 개별소비세 과세 대상 차량이 아닌 승용차는 매입세액 공제 대상이다.

[5] 10월 17일

유형	공급가액	부가가치세	공급처명	전자	분개
55.수입	8,000,000	800,000	인천세관	여	혼합

(차) 부가세대급금   800,000원   (대) 보통예금   800,000원

[6] 10월 20일

유형	공급가액	부가가치세	공급처명	전자	분개
14.건별	90,000	9,000			현금 또는 혼합

(차) 현금   99,000원   (대) 부가세예수금   9,000원
                                           제품매출   90,000원

04   오류수정

[1] • 수정전: [일반전표입력] 8월 31일

(차) 이자비용   362,500원   (대) 보통예금   362,500원

• 수정후: [일반전표입력] 8월 31일

(차) 이자비용   500,000원   (대) 보통예금   362,500원
                                           예수금   137,500원

[2] • 수정전: [매입매출전표입력] 11월 30일

유형	공급가액	부가가치세	공급처명	전자	분개
51.과세	700,000	70,000	영포상회	여	혼합

(차) 부가세대급금   70,000원   (대) 보통예금   770,000원
      건물   700,000원

• 수정후: [매입매출전표입력] 11월 30일

유형	공급가액	부가가치세	공급처명	전자	분개
51.과세	700,000	70,000	영포상회	여	혼합

(차) 부가세대급금   70,000원   (대) 보통예금   770,000원
      수선비(제)   700,000원

05 결산정리사항 입력

[1] [일반전표입력] 12월 31일

(차)	소모품비(제)	1,875,000원	(대)	소모품	2,500,000원
	소모품비(판)	625,000원			

- 소모품비(판) : (3,000,000원 - 500,000원)×25% = 625,000원
- 소모품비(제) : (3,000,000원 - 500,000원)×75% = 1,875,000원

[2] [일반전표입력] 12월 31일

(차)	차량유지비(판)	150,000원	(대)	현금과부족	235,000원
	잡손실	85,000원			

[3] [결산자료입력] > 기간 : 1월~12월 >①, ②, ③ 입력 > F3 전표추가

① 원재료 9,500,000원 입력
② 재공품 8,500,000원 입력
③ 제품 13,450,000원 입력

- 원재료 : 9,500개×1,000원 = 9,500,000원(정상적인 수량차이는 원가에 포함한다.)

06 장부조회

[1] 40,465,000원

= 외상매출금 107,700,000원 - 외상매입금 67,235,000원

- [재무상태표] > 기간 : 20X1년 05월 조회

[2] 48,450,000원

= 12.영세 38,450,000원 + 16.수출 10,000,000원

1. [매입매출장] > 조회기간 : 20X1년 04월 01일~20X1년 06월 30일 > 구분 : 2.매출
- 유형 : 12.영세 > ⓪ 전체 > 분기계 합계 금액 확인
- 유형 : 16.수출 > 분기계 합계 금액 확인

2. [부가가치세신고서] > 조회기간 : 20X1년 4월 1일~20X1년 6월 30일 > 과세표준및매출세액
> 영세 > 세금계산서발급분 금액, 기타 금액

[3] 도서인쇄비, 10,000원

- [일계표(월계표)] > [월계표] 탭 > 조회기간 : 20X1년 06월~20X1년 06월

109회 전산회계 1급 답안

이론시험 정답 및 해설

<1>	<2>	<3>	<4>	<5>	<6>	<7>	<8>	<9>	<10>	<11>	<12>	<13>	<14>	<15>
④	④	②	②	①	④	③	③	①	③	②	③	④	①	②

01 ④ 일반목적의 재무제표 작성을 목적으로 하며 주주, 투자자, 채권자 등이 회계정보이용자이다.
① 원가관리회계의 목적이다.
② 세무회계의 정보이용자에 해당한다.
③ 세무회계의 목적이다.

02 ④ 단기매매증권은 유동자산 중 당좌자산으로 분류된다.

03 ② 재고자산의 매입원가는 매입금액에 매입운임, 하역료 및 보험료 등 취득과정에서 정상적으로 발생한 부대비용을 가산한 금액이다. 매입과 관련된 할인, 에누리 및 기타 유사한 항목은 매입원가에서 차감한다.

04 ② 자본적지출을 수익적지출로 잘못 처리하게 되면, 자산은 과소계상, 비용은 과대계상되므로 자본은 과소계상하게 된다.

05 ① 감자차손 200,000원
= 200주×(취득가액 7,000원 - 액면가액 5,000원) - 감자차익 200,000원
• 기인식된 감자차익 200,000원을 상계하고 감자차손은 200,000원만 인식한다.

06 ④ 수익과 비용은 각각 총액으로 보고하는 것을 원칙으로 한다.

07 ③ 선수금을 제품매출로 인식함에 따라 유동부채가 과소계상된다.
• 옳은 회계처리 : (차) 현금   500,000원   (대) 선수금   500,000원
• 당좌자산의 금액은 차이가 없으나, 영업수익(제품매출)은 과대계상 하였으므로 당기순이익도 과대계상된다.

08 ③ 60,000,000원
= 기초 자본금 50,000,000원 + (2,000주×액면금액 5,000원)

09 ① • 판매비와관리비 : 영업용 사무실의 전기요금, 마케팅부의 교육연수비
• 영업외손익 : 유형자산의 처분으로 인한 손익

10 ③ 상호배분법

11 ② 1,250,000원
= 기초원재료 1,200,000원 + 당기원재료매입액 900,000원 - 기말원재료 850,000원

12 ③ 275,000원

       = (직접재료원가 400,000원 + 직접노무원가 150,000원)×배부율 0.5원
- 제조간접원가 배부율 : 제조간접원가 500,000원÷(직접재료원가 800,000원 + 직접노무원가 200,000원)
  = 0.5원/직접원가당

13 ④ 부가가치세법 제5조, 간이과세자가 일반과세자로 변경되는 경우 : 그 변경되는 해의 1월 1일부터 6월 30일까지

14 ① 공급연월일은 임의적 기재사항이며, 작성연월일이 필요적 기재사항이다.

15 ② 상품권이 현물과 교환되어 재화가 실제로 인도되는 때를 공급시기로 본다.

실무시험 정답 및 해설

01 기초정보등록 및 수정

[1] [기초정보관리] > [거래처등록] > [일반거래처]
- 코드 : 01230
- 거래처명 : 태형상사
- 유형 : 3.동시
- 사업자등록번호 : 107-36-25785
- 대표자성명 : 김상수
- 업태 : 도소매
- 종목 : 사무기기
- 사업장주소 : 서울시 동작구 여의대방로10가길 1(신대방동)

[2] [거래처별 초기이월]
- 받을어음 > (주)원수 10,000,000원→15,000,000원으로 수정
- 단기차입금 > (주)이태백 10,000,000원 추가입력
- 단기차입금 > (주)빛날통신 3,000,000원→13,000,000원으로 수정

[3] [전기분원가명세서]
- 보험료(제) 1,000,000원 추가입력
- 당기제품제조원가 93,000,000원→94,000,000원 금액 변경 확인

[전기분손익계산서]
- 제품매출원가 > 당기제품제조원가 93,000,000원→94,000,000원으로 수정
- 매출원가 금액 120,350,000원→121,350,000원 변경 확인
- 보험료(판) 3,000,000원→2,000,000원으로 수정

- 당기순이익 356,150,000원 변동 없음.

따라서 재무상태표, 잉여금처분계산서는 변동사항 없음.

02 일반전표입력

[1] 8월 20일 (차) 기부금 2,000,000원 (대) 제품 2,000,000원
(적요 8. 타계정으로 대체액)

- 제품을 기부하였을 경우 해당 비용은 원가의 금액으로 하며, 적요는 8. 타계정으로 대체 처리한다.

[2] 9월 2일 (차) 단기차입금(전마나) 20,000,000원 (대) 보통예금 15,000,000원
채무면제이익 5,000,000원

[3] 10월 19일 (차) 외상매입금((주)용인) 2,500,000원 (대) 현금 1,500,000원
받을어음((주)수원) 1,000,000원

[4] 11월 6일 (차) 예수금 270,000원 (대) 현금 601,500원
보험료(제) 221,000원
보험료(판) 110,500원

[5] 11월 11일 (차) 퇴직급여(판) 6,800,000원 (대) 보통예금 7,000,000원
수수료비용(판) 200,000원
또는
퇴직급여충당부채 6,800,000원 (대) 보통예금 7,000,000원
수수료비용(판) 200,000원

[6] 12월 3일 (차) 보통예금 4,750,000원 (대) 단기매매증권 4,000,000원
단기매매증권처분이익 750,000원

- 처분금액 : 10,000원×500주 - 처분수수료 250,000원 = 4,750,000원
- 장부금액 : 8,000원×500주 = 4,000,000원
- 처분손익 : 처분금액 4,750,000원 - 장부금액 4,000,000원 = 처분이익 750,000원

03 매입매출전표입력

[1] **7월 28일**

유형	공급가액	부가가치세	공급처명	전자	분개
57.카과	200,000	20,000	저팔계산업		카드 또는 혼합

신용카드사	하나카드

(차) 부가세대급금 20,000원 (대) 미지급금(하나카드) 220,000원
복리후생비(판) 200,000원 (또는 미지급비용)

[2] **9월 3일**

유형	공급가액	부가가치세	공급처명	전자	분개
11.과세	13,500,000	1,350,000	보람테크(주)	여	혼합

(차) 감가상각누계액 38,000,000원 (대) 부가세예수금 1,350,000원
현금 4,850,000원 기계장치 50,000,000원
미수금 10,000,000원 유형자산처분이익 1,500,000원

[3] 9월 22일

유형	공급가액	부가가치세	공급처명	전자	분개
51.과세	5,000,000	500,000	마산상사	여	혼합

(차)	부가세대급금	500,000원	(대)	받을어음((주)서울)	2,000,000원
	원재료	5,000,000원		외상매입금	3,500,000원

[4] 10월 31일

유형	공급가액	부가가치세	공급처명	전자	분개
12.영세	70,000,000		NICE Co.,Ltd	여	혼합

(차)	외상매출금	35,000,000원	(대)	제품매출	70,000,000원
	보통예금	35,000,000원			

[5] 11월 4일

유형	공급가액	부가가치세	공급처명	전자	분개
54.불공	1,500,000	150,000	손오공상사	여	혼합
불공제사유	④ 기업업무추진비 및 이와 유사한 비용 관련				

(차)	기업업무추진비(판)	1,650,000원	(대)	미지급금 (또는 미지급비용)	1,650,000원

[6] 12월 5일

유형	공급가액	부가가치세	공급처명	전자	분개
54.불공	50,000,000	5,000,000	(주)만듬건설	여	혼합
불공제사유	⑥ 토지의 자본적지출 관련				

(차)	토지	55,000,000원	(대)	선급금	5,500,000원
				미지급금	49,500,000원

04 오류수정

[1] • 수정전: [일반전표입력] 11월 10일

(차)	수선비(제)	880,000원	(대)	보통예금	880,000원

• 수정후: [일반전표입력] 11월 10일

(차)	미지급금(가나상사)	880,000원	(대)	보통예금	880,000원

[2] • 수정전: [매입매출전표입력] 12월 15일

유형	공급가액	부가가치세	공급처명	전자	분개
16.수출	10,000,000		(주)강서기술		혼합
영세율구분	① 직수출(대행수출 포함)				

(차)	외상매출금	10,000,000원	(대)	제품매출	10,000,000원

• 수정후: [매입매출전표입력] 12월 15일

유형	공급가액	부가가치세	공급처명	전자	분개
12.영세	10,000,000		(주)강서기술	여	혼합
영세율구분	③ 내국신용장·구매확인서에 의하여 공급하는 재화				

(차)	외상매출금	10,000,000원	(대)	제품매출	10,000,000원

05   오류수정

[1] [일반전표입력] 12월 31일

| (차) | 미수수익 | 2,250,000원 | (대) | 이자수익 | 2,250,000원 |

- 이자수익 : 50,000,000원×6%×9/12 = 2,250,000원

[2] [일반전표입력] 12월 31일

| (차) | 선급비용 | 900,000원 | (대) | 임차료(제) | 900,000원 |

[3] [일반전표입력] 12월 31일

| (차) | 단기매매증권평가손실 | 2,000,000원 | (대) | 단기매매증권 | 2,000,000원 |

06   결산정리사항 입력

[1] 3,000,000원

= 3월 8,400,000원 - 1월 5,400,000원

[총계정원장]>기간 : 1월 1일~6월 30일 > 계정과목 : 801.급여 조회

[2] 8,140,000원

= 3월 13,000,000원 - 4월 4,860,000원

[거래처원장]
- 기간 : 3월 1일~3월 31일 > 계정과목 : 404.제품매출 > 거래처 : 일천상사 조회 > 대변합계
- 기간 : 4월 1일~4월 30일 > 계정과목 : 404.제품매출 > 거래처 : 일천상사 조회 > 대변합계

[3] 6매, 10,320,000원

[세금계산서합계표] > 매출 > 기간 : 1월~3월 조회

전산회계 1급 답안

이론시험 정답 및 해설

<1>	<2>	<3>	<4>	<5>	<6>	<7>	<8>	<9>	<10>	<11>	<12>	<13>	<14>	<15>
④	①	②	③	①	②	④	①	③	④	①	③	③	④	②

01 ④ 자기주식처분손실은 자본조정 항목이다.

02 ① 계약금은 선수금으로 회계처리하고, 타인이 발행한 당좌수표를 수취한 경우에는 현금으로 회계 처리한다.

03 ② 기말재고자산을 실제보다 과대계상한 경우, 매출원가가 실제보다 과소계상되고, 매출총이익 및 당기순이익은 과대계상되어 자본총계도 과대계상된다.

04 ③ [일반기업회계기준 문단 11.26] 무형자산의 상각기간은 독점적·배타적인 권리를 부여하고 있는 관계 법령이나 계약에 정해진 경우를 제외하고는 20년을 초과할 수 없다.

05 ① 7,000,000원
- = 1년 만기 정기예금 3,000,000원 + 단기매매증권 4,000,000원
- 현금및현금성자산 : 현금, 당좌예금, 우편환증서
- 매출채권 : 외상매출금

06 ② 2개
- 비유동부채 : 사채, 퇴직급여충당부채
- 유동부채 : 유동성장기부채, 선수금

07 ④ 재고자산평가손실 1,000,000원
- = 비누(취득원가 75,000원 - 순실현가능가치 65,000원)×100개
- 세제의 경우 평가이익에 해당하나 최초의 취득가액을 초과하는 이익은 저가법상 인식하지 않는다.

08 ① • 예약판매계약 : 공사결과를 신뢰성 있게 추정할 수 있을 때에 진행기준을 적용하여 공사수익을 인식한다.
- 할부판매 : 이자부분을 제외한 판매가격에 해당하는 수익을 판매시점에 인식한다. 이자부분은 유효이자율법을 사용하여 가득하는 시점에 수익으로 인식한다.
- 위탁판매 : 위탁자는 수탁자가 해당 재화를 제3자에게 판매한 시점에 수익을 인식한다.

09 ③ 23억원
- = 당기 원재료 매입액 20억원 + 원재료 재고 감소액 3억원
- 당기원재료비 : 기초 원재료 재고액 A + 당기 원재료 매입액 20억원 - 기말 원재료 재고액 B

10 ④ 기말제품재고액은 재무상태표와 손익계산서에서 확인할 수 있다.
- 기초재공품재고액, 기말원재료재고액, 당기제품제조원가, 당기총제조비용은 제조원가명세서에서 확인할 수 있다.

11 ① 100,000원 과대배부
= 제조간접원가 예정배부액 600,000원 - 실제 제조간접원가 발생액 500,000원
- 제조간접원가 예정배부액 : 실제 직접노무시간 3,000시간×예정배부율 200원 = 600,000원

12 ③ 기초재공품이 존재하지 않는 경우에 평균법과 선입선출법의 당기완성품원가와 기말재공품원가가 일치한다.

13 ③ 구매확인서에 의하여 공급하는 재화는 영세율 적용 대상 거래이지만 세금계산서 발급의무가 있다.

14 ④ 부가가치세법 시행령 제8조 제1항, 부동산매매업은 법인의 경우 법인의 등기부상 소재지

15 ② 부가가치세법 제3조 제1항, 사업자 또는 재화를 수입하는 자 중 어느 하나에 해당하는 자로서 개인, 법인(국가·지방자치단체와 지방자치단체조합을 포함한다), 법인격이 없는 사단·재단 또는 그 밖의 단체는 이 법에 따라 부가가치세를 납부할 의무가 있다.

실무시험 정답 및 해설

01 기초정보등록 및 수정
[1] [거래처등록]
- 코드 : 3000
- 거래처명 : ㈜나우전자
- 유형 : 3.동시
- 사업자등록번호 : 108-81-13579
- 대표자성명 : 김나우
- 업종 : 업태 - 제조, 종목 - 전자제품
- 주소 : 서울특별시 서초구 명달로 104 (서초동)

[2] [계정과목 및 적요 등록]
186. 퇴직연금운용자산
- 적요NO : 1
- 대체적요 : 제조 관련 임직원 확정급여형 퇴직연금부담금 납입

[3] [전기분재무상태표]
- 260.단기차입금 20,000,000원 추가입력
- 장기차입금 20,000,000원 → 0원으로 수정

[거래처별초기이월]

- 260.단기차입금 : 기업은행 20,000,000원 추가입력
- 장기차입금 : 신한은행 20,000,000원 → 0원으로 수정 또는 삭제

또는

[전기분재무상태표]

- 260.단기차입금 20,000,000원 추가입력
- 장기차입금 > 20,000,000원 → 삭제

[거래처별초기이월]

- 260.단기차입금 : 기업은행 20,000,000원 추가입력

02 일반전표입력

[1] 8월 1일　(차) 외화장기차입금(미국은행)　37,500,000원　(대) 보통예금　　37,500,000원
　　　　　　　　　외환차손　　　　　　　　1,500,000원

[2] 8월 12일　(차) 부도어음과수표　　50,000,000원　(대) 받을어음　　50,000,000원
　　　　　　　　　((주)모모가방)　　　　　　　　　　　　　((주)모모가방)

[3] 8월 23일　(차) 미지급배당금　　10,000,000원　(대) 보통예금　　8,460,000원
　　　　　　　　　　　　　　　　　　　　　　　　　　예수금　　1,540,000원

[4] 8월 31일　(차) 기계장치　　5,500,000원　(대) 자산수증이익　　5,500,000원

[5] 9월 11일　(차) 단기매매증권　　4,000,000원　(대) 보통예금　　4,010,000원
　　　　　　　　　수수료비용(984)　　10,000원
　　　　　　　• 단기매매증권의 취득과 직접 관련된 거래원가는 비용(일반적인 상거래에 해당하지 않으므로 영업외비용 항목의 수수료비용)으로 처리한다.

[6] 9월 13일　(차) 현금　　1,000,000원　(대) 외상매출금((주)다원)　　4,000,000원
　　　　　　　　　받을어음((주)다원)　　3,000,000원

03 매입매출전표입력

[1] 7월 13일

유형	공급가액	부가가치세	공급처명	전자	분개
17.카과	5,000,000	500,000	(주)남양가방		카드 또는 혼합
신용카드사	비씨카드				

(차)　외상매출금(비씨카드)　5,500,000원　(대)　부가세예수금　　500,000원
　　　　　　　　　　　　　　　　　　　　　제품매출　5,000,000원

[2] 9월 5일

유형	공급가액	부가가치세	공급처명	전자	분개
51.과세	500,000	50,000	쾌속운송	여	혼합

(차)　부가세대급금　　50,000원　(대) 보통예금　　550,000원
　　　기계장치　　500,000원

[3] 9월 6일

유형	공급가액	부가가치세	공급처명	전자	분개
51.과세	10,000,000	1,000,000	정도정밀	여	혼합

(차)	부가세대급금	1,000,000원	(대)	보통예금	11,000,000원
	외주가공비(제)	10,000,000원			

[4] 9월 25일

유형	공급가액	부가가치세	공급처명	전자	분개
54.불공	3,500,000	350,000	(주)목포전자	여	혼합
불공제사유	② 사업과 직접 관련 없는 지출				

(차)	기부금	3,850,000원	(대)	미지급금	3,850,000원

• 국가 및 지방자치단체에 무상으로 공급하는 재화의 경우, 취득 당시 사업과 관련하여 취득한 재화이면 매입세액을 공제하고, 사업과 무관하게 취득한 재화이면 매입세액을 공제하지 아니한다.

[5] 10월 6일

유형	공급가액	부가가치세	공급처명	전자	분개
57.카과	1,500,000	150,000	(주)ok사무		카드 또는 혼합
신용카드사	하나카드				

(차)	부가세대급금	250,000원	(대)	지급금(하나카드)	1,650,000원
	비품	2,500,000원			

[6] 12월 1일

유형	공급가액	부가가치세	공급처명	전자	분개
51.과세	2,500,000	250,000	(주)국민가죽	여	혼합

(차)	부가세대급금	250,000원	(대)	현금	250,000원
	원재료	2,500,000원		외상매입금	2,500,000원

04 오류수정

[1] • 수정전: [매입매출전표입력] 7월 22일

유형	공급가액	부가가치세	공급처명	전자	분개
51.과세	15,000,000	1,500,000	제일자동차	여	혼합

(차)	부가세대급금	1,500,000원	(대)	보통예금	16,500,000원
	차량운반구	15,000,000원			

• 수정후: [매입매출전표입력] 7월 22일

유형	공급가액	부가가치세	공급처명	전자	분개
54.불공	15,000,000	1,500,000	제일자동차	여	혼합
불공제사유	③ 비영업용 소형승용자동차 구입·유지 및 임차				

(차)	차량운반구	16,500,000원	(대)	보통예금	16,500,000원

[2] • 수정전: [일반전표입력] 9월 15일

(차)	대손상각비	3,000,000원	(대)	외상매출금((주)댕댕오디오)	3,000,000원

• 수정후: [일반전표입력] 9월 15일

(차)	대손충당금(109)	1,500,000원	(대)	외상매출금((주)댕댕오디오)	3,000,000원
	대손상각비(판)	1,500,000원			

05 결산정리사항 입력

[1] [일반전표입력] 12월 31일

(차)	외상매입금(하나무역)	2,500,000원	(대)	가지급금	2,550,000원
	잡손실	50,000원			

[2] [일반전표입력] 12월 31일

(차)	단기대여금(필립전자)	6,000,000원	(대)	외화환산이익	6,000,000원

• 대여일 기준환율 : 60,000,000원÷$30,000 = 2,000원/$
• 외화환산이익 : $30,000×(결산일 기준환율 2,200원 - 대여일 기준환율 2,000원) = 6,000,000원

[3] 1. [결산자료입력] > 기간 : 1월~12월
　　　　　　　　　> F8 대손상각 > ・대손율(%) : 1.00 입력
　　　　　　　　　　• 미수금 외 채권 : 추가설정액 0원 입력
　　　　　　　　> 결산반영 > F3 전표추가

2. 결산자료입력] > 7.영업외비용 > 2).기타의대손상각 > 미수금 결산반영금액 300,000원 입력 > F3 전표추가

3. 또는 일반전표입력

20X1.12.31.	(차) 기타의대손상각비	300,000원	(대) 대손충당금(121)	300,000원

• 대손충당금(미수금) : 미수금 잔액 40,000,000원×1% - 대손충당금(121) 잔액 100,000원 = 300,000원

06 장부조회

[1] 1,330,000원

[매입매출장] > 기간 : 01월 01일~03월 31일 > 구분 : 2.매출 > 유형 : 17.카과 > 분기계 합계 금액 확인

[2] 131,000원

[일계표/월계표] > [월계표] > 조회기간 : 6월~6월 > 8.영업외비용 차변 계 확인

[3] 3,060,000원

[부가가치세신고서] > 기간 : 4월 1일~6월 30일 > 16.세액(공제받지못할매입세액) 금액 확인

107회 전산회계 1급 답안

이론시험 정답 및 해설

<1>	<2>	<3>	<4>	<5>	<6>	<7>	<8>	<9>	<10>	<11>	<12>	<13>	<14>	<15>
③	②	①	②	①	①	②	③	④	④	①	③	④	④	③

01 ③ • 자산 : 자산은 과거의 거래나 사건의 결과로서 현재 기업실체에 의해 지배되고 미래에 경제적 효익을 창출할 것으로 기대되는 자원이다.
- 부채 : 부채는 과거의 거래나 사건의 결과로 현재 기업실체가 부담하고 있고 미래에 자원의 유출 또는 사용이 예상되는 의무이며, 기업실체가 현재 시점에서 부담하는 경제적 의무이다.
- 비용 : 비용은 차손을 포함한다.

02 ② 계속기록법과 실지재고조사법을 통해 기말재고자산의 수량을 결정한다.

03 ① 선일자수표는 받을어음으로 처리한다.

04 ② • 기업이 보유하고 있는 토지는 보유목적에 따라 재고자산, 투자자산, 유형자산으로 분류될 수 있다.
- 유형자산을 취득한 후에 발생하는 비용은 성격에 따라 당기 비용 또는 자산의 취득원가에 포함한다.
- 토지와 건설중인자산은 감가상각을 하지 않는다.

05 ① 200,000원
= 단기매매증권평가이익 200,000원 - 단기매매증권평가손실 100,000원 + 배당금수익 50,000원 + 단기매매증권처분이익 50,000원
- 단기매매증권평가이익 : A주식 기말공정가액 700,000원 - 취득원가 500,000원 = 200,000원
- 단기매매증권평가손실 : B주식 취득원가 300,000원 - 기말공정가액 200,000원 = 100,000원
- 단기매매증권처분이익 : C주식 처분가액 300,000원 - 취득원가 250,000원 = 50,000원

06 ① 사채의 액면발행, 할인발행, 할증발행 여부와 관계없이 액면이자는 매년 동일하다.
- 할증발행 시 유효이자는 매년 감소한다.
- 사채발행비는 사채발행가액에서 차감한다.
- 할인발행 또는 할증발행 시 발행차금의 상각액 및 환입액은 매년 증가한다.

07 ② • 주식발행초과금 : 자본잉여금
- 자기주식 : 자본조정
- 매도가능증권평가손익 : 기타포괄손익누계액

08 ③ 자본적지출을 수익적지출로 잘못 처리했을 경우 당기 비용은 과대계상되어 당기의 당기순이익은 과소계상되고, 차기의 당기순이익은 과대계상된다.

09 ④ 자산을 다른 용도로 사용하는 것은 기회원가에 해당한다. 대체 자산 취득 시 기존 자산의 취득원가는

의사결정에 영향을 주지 않는 경우 매몰원가에 해당한다.

10 ④ 변동원가는 관련범위 내에서 조업도가 증가하면 변동원가 총액이 증가하고, 단위당 변동원가는 일정하다.

11 ① • 재료원가 : 당기완성 1,800개 + 기말재공품 300개 = 2,100개
   • 가공원가 : 당기완성 1,800개 + 기말재공품 300개×70% = 2,010개

12 ③ 1,200,000원
   = 기초제품 800,000원 + 당기제품제조원가 700,000원 - 기말제품 300,000원
   • 당기제품제조원가 : 기초재공품 500,000원 + 당기총제조원가 1,500,000원 - 기말재공품 1,300,000원 = 700,000원

13 ④ 부가가치세법 제26조 제1항, 다음 각 호의 재화 또는 용역의 공급에 대하여는 부가가치세를 면제한다.
   7. 여객운송 용역. 다만, 다음 각 목의 어느 하나에 해당하는 여객운송 용역으로서 대통령령으로 정하는 것은 제외한다.
   가. 항공기, 고속버스, 전세버스, 택시, 특수자동차, 특종선박(特種船舶) 또는 고속철도에 의한 여객운송 용역

14 ④ 부가가치세법 제49조 제1항, 사업자는 각 과세기간에 대한 과세표준과 납부세액 또는 환급세액을 그 과세기간이 끝난 후 25일(폐업하는 경우 제5조 제3항에 따른 폐업일이 속한 달의 다음 달 25일) 이내에 대통령령으로 정하는 바에 따라 납세지 관할 세무서장에게 신고하여야 한다.

15 ③ 법인사업자의 주주가 변동된 것은 사업자등록 정정 사유가 아니다.

실무시험 정답 및 해설

01 기초정보등록 및 수정

[1] [계정과목 및 적요등록] > 842. 견본비 > 현금적요 > 적요NO : 2, 전자제품 샘플 제작비 지급

[2] [거래처별초기이월]
   • 외상매출금 : (주)홍금전기 3,000,000원 → 30,000,000원으로 수정
   • 외상매입금 : 하나무역 12,000,000원 → 26,000,000원으로 수정
   • 받을어음 : (주)대호전자 25,000,000원 추가 입력

[3] [전기분원가명세서]
   • 전력비 수정 : 2,000,000원 → 4,200,000원
   • 당기제품제조원가 변경 확인 : 94,300,000원 → 96,500,000원

   [전기분손익계산서]
   • 당기제품제조원가 수정 : 94,300,000원 → 96,500,000원
   • 제품매출원가 변경 확인 : 121,650,000원 → 123,850,000원
   • 수도광열비(판) 수정 : 3,000,000원 → 1,100,000원
   • 당기순이익 변경 확인 : 88,200,000원> → 87,900,000원

[전기분잉여금처분계산서] > F6 불러오기
- 당기순이익 변경 확인 88,200,000원 → 87,900,000원
- 미처분이익잉여금 및 차기이월미처분이익잉여금 변경 확인 : 134,800,000원 → 134,500,000원

[전기분재무상태표]
- 이월이익잉여금 수정 : 134,800,000원 → 134,500,000원
- 대차 금액 일치 확인

02 일반전표입력

[1] 7월 3일 (차) 선급금(세무빌딩) 600,000원 (대) 보통예금 600,000원
[2] 8월 1일 (차) 보통예금 3,430,000원 (대) 외상매출금(하나카드) 3,500,000원
　　　　　　　　수수료비용(판) 70,000원
[3] 8월 16일 (차) 퇴직급여(판) 8,800,000원 (대) 퇴직연금운용자산 8,800,000원
[4] 8월 23일 (차) 장기차입금(나라은행) 20,000,000원 (대) 보통예금 20,200,000원
　　　　　　　　이자비용 200,000원
[5] 11월 5일 (차) 받을어음((주)다원) 3,000,000원 (대) 외상매출금((주)다원) 4,000,000원
　　　　　　　　단기대여금((주)다원) 1,000,000원
[6] 11월 20일 (차) 차량운반구 400,000원 (대) 현금 400,000원

03 매입매출전표입력

[1] 8월 17일

유형	공급가액	부가가치세	공급처명	전자	분개
52.영세	15,000,000		(주)직지상사	여	혼합

(차) 원재료	15,000,000원	(대)	지급어음	5,000,000원
			외상매입금	10,000,000원

[2] 8월 28일

유형	공급가액	부가가치세	공급처명	전자	분개
51.과세	1,000,000	100,000	이진컴퍼니	부	혼합

(차) 부가세대급금	100,000원	(대)	미지급금	1,100,000원
복리후생비(제)	1,000,000원		(또는 미지급비용)	

[3] 9월 15일

유형	공급가액	부가가치세	공급처명	전자	분개
61.현과	220,000	22,000	우리카센타		현금 또는 혼합

(차) 부가세대급금	22,000원	(대)	현금	242,000원
차량유지비(제)	220,000원			

[4] 9월 27일

유형	공급가액	부가가치세	공급처명	전자	분개
53.면세	200,000		(주)대한도서	여	혼합

(차) 도서인쇄비(판)	200,000원	(대)	미지급금	200,000원
(또는 교육훈련비(판))			(또는 미지급비용)	

[5] 9월 30일

유형	공급가액	부가가치세	공급처명	전자	분개
54.불공	700,000	70,000	㈜세무렌트	여	혼합
불공제사유	③ 개별소비세법 제1조제2항제3호에 따른 자동차 구입 · 유지 및 임차

(차) 임차료(판)   770,000원   (대) 미지급금   770,000원
                                        (또는 미지급비용)

[6] 10월 15일

유형	공급가액	부가가치세	공급처명	전자	분개
11.과세	- 10,000,000	- 1,000,000	우리자동차㈜	여	외상 또는 혼합

(차) 외상매출금   - 11,000,000원   (대) 부가세예수금   - 1,000,000원
                                          제품매출   - 10,000,000원
                                          (또는 매출환입및에누리(405))

04 오류수정

[1] • 수정전: [일반전표입력] 7월 6일

(차) 외상매입금(㈜상문)   3,000,000원   (대) 보통예금   3,000,000원

• 수정후: [일반전표입력] 7월 6일

(차) 외상매입금(㈜상문)   3,000,000원   (대) 받을어음(상명상사)   3,000,000원

[2] • 수정전: [일반전표입력] 12월 13일

(차) 수도광열비(판)   121,000원   (대) 현금   121,000원

• 수정후: [일반전표입력] 삭제 → [매입매출전표입력] 12월 13일

유형	공급가액	부가가치세	공급처명	전자	분개
51.과세	110,000	11,000	한국전력공사	여	현금 또는 혼합

(차) 부가세대급금   11,000원   (대) 현금   121,000원
      전력비(제)   110,000원

05 결산정리사항 입력

[1] [일반전표입력] 12월 31일

(차) 장기차입금(대한은행)   50,000,000원   (대) 유동성장기부채(대한은행)   50,000,000원

[2] • [결산자료입력] > 기간 : 20X1년 01월~20X1년 12월
                      > 4. 판매비와 일반관리비
                      > 6). 무형자산상각비
                      > 특허권 결산반영금액란 > 6,000,000원 입력 > F3 전표추가

• 또는 일반전표입력
  20X1.12.31. (차) 무형자산상각비(판)   6,000,000원   (대) 특허권   6,000,000원
• 특허권 취득가액 : 전기말 상각후잔액 24,000,000원×5/4 = 30,000,000원
• 무형자산상각비 : 30,000,000원×1/5 = 6,000,000원

[3] 1. [결산자료입력] > 기간 : 20X1년 01월~20X1년 12월

> 9. 법인세등 > • 1). 선납세금 6,800,000원 입력 > F3 전표추가

• 2). 추가계상액 6,700,000원 입력

2. 또는 일반전표입력

20X1.12.31.	(차) 법인세등	13,500,000원	선납세금	6,800,000원
			미지급세금	6,700,000원

06 장부조회

[1] 191,786,000원

= 6월 30일 284,609,000원 - 전기말 92,823,000원

[재무상태표] > 기간 : 6월 > [제출용] 탭

[2] 390,180,000원

= 과세 세금계산서 발급분 공급가액 351,730,000원 + 영세 세금계산서발급분 공급가액 38,450,000원

[부가가치세신고서] > 기간 : 4월 1일~6월 30일 조회

[3] 40,000,000원

[거래처원장] > 기간 : 6월 1일~6월 30일 > 계정과목 : 251.외상매입금 > 지예상사 차변 금액

이론시험 정답 및 해설

<1>	<2>	<3>	<4>	<5>	<6>	<7>	<8>	<9>	<10>	<11>	<12>	<13>	<14>	<15>
①	④	②	③	①	④	④	①	①	①	③	④	④	②	④

01　① [일반기업회계기준 재무회계개념체계 문단 52] 유형자산을 역사적 원가로 평가하면 일반적으로 검증가능성이 높으므로 측정의 신뢰성은 제고되나 목적적합성은 저하될 수 있다.

02　④ [일반기업회계기준 문단 2.44] 손익계산서는 일정 기간 동안 기업의 경영성과에 대한 정보를 제공하는 보고서이다. 손익계산서는 당해 회계기간의 경영성과를 나타낼 뿐만 아니라 기업의 미래현금흐름과 수익창출능력 등의 예측에 유용한 정보를 제공한다.

03　② 새로운 상품과 서비스를 제공하는데 소요되는 원가는 취득원가에 포함하지 않는다.

04　③ 만기보유증권은 채권에만 적용되며, 매도가능증권은 주식, 채권에 적용 가능하다.

05　① 감자차익은 자본잉여금에 속한다.
- 주식할인발행차금, 자기주식, 자기주식처분손실은 자본조정에 속한다.

06　④ [일반기업회계기준서 문단 16.17] 재화의 판매, 용역의 제공, 이자, 배당금, 로열티로 분류할 수 없는 기타의 수익은 다음 조건을 모두 충족할 때 발생기준에 따라 합리적인 방법으로 인식한다.
(1) 수익가득과정이 완료되었거나 실질적으로 거의 완료되었다.
(2) 수익금액을 신뢰성 있게 측정할 수 있다.
(3) 경제적 효익의 유입 가능성이 매우 높다.

07　④ 5,950,000원
= 기초상품재고액 500,000원 + 당기순매입액 7,250,000원 - 타계정대체금액 300,000원 - 기말상품재고액 1,500,000원
- 순매입액 : 총매입액 8,000,000원 - 매입에누리금액 750,000원 = 7,250,000원

상품(자산)

			(단위: 원)
기초상품재고액	500,000	매출원가	5,950,000
총매입액	8,000,000	타계정대체금액	300,000
매입에누리금액	(750,000)	기말상품재고액	1,500,000
(증가)		(감소)	
	7,750,000		7,750,000

08 ① 자산 과소계상 및 수익 과소계상
- 아래의 올바른 회계처리가 누락되어 자산(외상매출금)과 수익(상품매출)이 과소계상된다.
20X1.12.26. (차) 외상매출금   (대) 상품매출

09 ① 자료에서 설명하는 원가는 준변동원가로, 기본요금 및 사용량에 따른 요금이 부과되는 전화요금이 이에 해당한다.
- 변동원가 : 직접재료원가, 직접노무원가
- 고정원가 : 감가상각비, 화재보험료 등
- 준변동원가 : 전력비, 전화요금, 가스요금 등
- 준고정원가 : 생산관리자의 급여, 생산량에 따른 설비자산의 임차료 등

10 ① 단일 종류의 제품을 연속생산, 대량생산하는 업종에 적합한 원가계산 방법은 종합원가계산이다. 개별원가계산은 다품종 소량생산, 주문생산하는 업종에 적합하다.

11 ③ 150개
= 공손수량 200개 - 정상공손수량 50개
- 당기 완성품 수량 : 기초재공품 400개 + 당기착수량 1,000개 - 기말재공품 200개 - 공손수량 200개
  = 1,000개
- 정상공손수량 : 당기 완성품 수량 1,000개×5% = 50개
- 영업외비용으로 처리할 공손은 비정상공손을 말한다.

12 ④ 750,000원
= 직접재료원가 180,000원 + 직접노무원가 320,000원 + 제조간접원가 250,000원
- 제조간접원가 : 공장 전력비 50,000원 + 공장 임차료 200,000원 = 250,000원

13 ④ 부가가치세법 제4조, 부가가치세는 다음 각 호의 거래에 대하여 과세한다.
1. 사업자가 행하는 재화 또는 용역의 공급
2. 재화의 수입

14 ② 부가가치세법 제8조 제2항, 사업자는 제1항에 따른 사업자등록의 신청을 사업장 관할 세무서장이 아닌 다른 세무서장에게도 할 수 있다. 이 경우 사업장 관할 세무서장에게 사업자등록을 신청한 것으로 본다.

15 ④ 부가가치세법 제63조 제5항, 간이과세자의 경우 제3항(매입세금계산서 등 수취세액공제) 및 제46조 제1항(신용카드매출전표 등 발행세액공제)에 따른 금액의 합계액이 각 과세기간의 납부세액을 초과하는 경우에는 그 초과하는 부분은 없는 것으로 본다.

01 기초정보등록 및 수정

[1] [계정과목및적요등록] > 511.복리후생비
- 현금적요 > 적요NO : 9, 생산직원 독감 예방접종비 지급
- 대체적요 > 적요NO : 3, 직원 휴가비 보통예금 인출

[2] [기초정보관리] > 거래처등록 > 일반거래처
- 거래처코드 : 00450
- 거래처명 : (주)대박
- 유형 : 3.동시
- 사업자등록번호 : 403-81-51065
- 대표자 : 박대박
- 업태 : 제조
- 종목 : 원단
- 사업장주소 : 경상북도 칠곡군 지천면 달서원길 16

[3] 1. [전기분손익계산서]
- 광고선전비(판) 3,800,000원 → 5,300,000원으로 수정
- 당기순이익 88,020,000원 → 86,520,000원으로 변경 확인

2. [전기분잉여금처분계산서]
- 6.당기순이익 88,020,000원 → 86,520,000원으로 수정(또는 F6 불러오기)
- Ⅰ.미처분이익잉여금 164,900,000원 → 163,400,000원으로 변경 확인

3. [전기분재무상태표]
- 이월이익잉여금 164,900,000원 → 163,400,000원으로 수정
- 대차차액이 없음을 확인

또는
1. [전기분손익계산서]
- 매출원가 > 당기제품제조원가 550,900,000원 → 538,900,000원으로 수정
- 광고선전비(판) 3,800,000원 → 5,300,000원으로 수정
- 당기순이익 88,020,000원 → 98,520,000원으로 변경 확인

2. [전기분잉여금처분계산서]
- 6.당기순이익 88,020,000원 → 98,520,000원으로 수정(또는 F6 불러오기)
- Ⅰ.미처분이익잉여금 164,900,000원 → 175,400,000원으로 변경 확인

3. [전기분재무상태표]
- 이월이익잉여금 164,900,000원 → 175,400,000원으로 수정
- 대차차액 (-)12,000,000원 발생 확인

02 일반전표입력

[1] 7월 18일 (차) 외상매입금((주)괴안공구) 33,000,000원 (대) 지급어음((주)괴안공구) 23,000,000원
보통예금 10,000,000원

[2] 7월 30일 (차) 대손충당금(109)   320,000원 (대) 외상매출금((주)지수포장)   1,800,000원
            대손상각비(판)   1,480,000원

[3] 8월 30일 (차) 임차보증금(형제상사)   5,000,000원 (대) 선급금(형제상사)   1,500,000원
                                              보통예금   3,500,000원

[4] 10월 18일 (차) 단기차입금(대표이사) 19,500,000원 (대) 채무면제이익   19,500,000원

[5] 10월 25일 (차) 여비교통비(판)   2,850,000원 (대) 가지급금(누리호)   3,000,000원
            현금   150,000원

[6] 11월 4일 (차) 퇴직급여(판)   2,000,000원 (대) 보통예금   5,000,000원
            퇴직급여(제)   3,000,000원

03 매입매출전표입력

[1] 7월 14일

유형	공급가액	부가가치세	공급처명	전자	분개
16.수출	50,000,000		HK사		혼합
영세율구분	① 직접수출(대행수출 포함)				

(차) 선수금   10,000,000원 (대) 제품매출   50,000,000원
    외상매출금   40,000,000원

[2] 8월 5일

유형	공급가액	부가가치세	공급처명	전자	분개
11.과세	10,000,000	1,000,000	(주)동도유통	여	혼합

(차) 받을어음((주)서도상사) 10,000,000원 (대) 부가세예수금   1,000,000원
    외상매출금   1,000,000원   제품매출   10,000,000원

[3] 8월 20일

유형	공급가액	부가가치세	공급처명	전자	분개
57.카과	4,400,000	440,000	함안전자		혼합 또는 카드
신용카드사	국민카드				

(차) 부가세대급금   440,000언 (대) 미지급금(국민카드)   4,840,000원
    비품   4,400,000원

[4] 11월 11일

유형	공급가액	부가가치세	공급처명	전자	분개
53.면세	5,000,000		(주)더람	여	혼합

(차) 교육훈련비(판)   5,000,000원 (대) 선급금   1,000,000원
                                    보통예금   4,000,000원

[5] 11월 26일

유형	공급가액	부가가치세	공급처명	전자	분개
51.과세	10,000,000	1,000,000	(주)미래상사	여	혼합

(차) 부가세대급금   1,000,000원 (대) 보통예금   11,000,000원
    개발비   10.000.000원

[6] 12월 4일

유형	공급가액	부가가치세	공급처명	전자	분개
54.불공	750,000	75,000	차차카센터	여	혼합
불공제사유	③ 개별소비세법 제1조제2항제3호에 따른 자동차 구입 · 유지 및 임차				

(차) 차량유지비(제)   825,000원   (대) 보통예금   825,000원

04 오류수정

[1] • 수정전: [일반전표입력] 8월 2일

(차) 외상매입금(온누리)   800,000원   (대) 보통예금   800,000원

• 수정후: [일반전표입력] 8월 2일

(차) 미지급금(온누리)   800,000원   (대) 보통예금   800,000원

[2] • 수정전: [일반전표입력] 11월 19일

(차) 운반비(판)   330,000원   (대) 현금   330,000원

• 수정후: [일반전표입력] 삭제 → [매입매출전표입력] 11월 19일

유형	공급가액	부가가치세	공급처명	전자	분개
51.과세	300,000	30,000	차차운송	여	현금 또는 혼합

(차) 부가세대급금   30,000원   (대) 현금   330,000원
      원재료   300,000원

05 결산정리사항 입력

[1] [일반전표입력] 12월 31일

(차) 재고자산감모손실   2,000,000원   (대) 제품   2,000,000원
                                              (적요 8. 타계정으로 대체액)

[2] [일반전표입력] 12월 31일

(차) 소모품   2,500,000원   (대) 광고선전비(판)   2,500,000원

[3] 1. [결산자료입력] > 기간 : 1월~12월

> 9. 법인세등 > 1). 선납세금 결산반영금액 6,500,000원 입력 > F3 전표추가
2). 추가계상액 결산반영금액 4,250,000원 입력

2. 일반전표입력
20X1.12.31. (차) 법인세등   10,750,000원   (대) 선납세금   6,500,000원
                                                    (대) 미지급세금   4,250,000원

06 장부조회

[1] 다솜상사, 63,000,000원
• [거래처원장] > 기간 : 1월 1일~6월 30일 > 계정과목 : 외상매입금(251) 조회

[2] 11,250,700원
• [부가가치세신고서] > 기간 : 4월 1일~6월 30일 > 차가감하여 납부할세액(환급받을세액) 확인

[3] 6월, 5,000,000원
• [총계정원장] > 기간 : 4월 1일~6월 30일 > 계정과목 : 광고선전비(833) 조회

105회 전산회계 1급 답안

이론시험 정답 및 해설

<1>	<2>	<3>	<4>	<5>	<6>	<7>	<8>	<9>	<10>	<11>	<12>	<13>	<14>	<15>
③	①	④	③	②	②	①	②	③	④	③	②	①	④	④

01 ③ 순자산 변동이 없으므로 회계상 거래가 아니다.

02 ① 계속기업의 가정

03 ④ 재고자산은 판매용으로 보유하는 자산을 의미한다.
- ① 유형자산, ② 유형자산, ③ 투자자산
- [일반기업회계기준 문단 7.3] '재고자산'은 정상적인 영업과정에서 판매를 위하여 보유하거나 생산과정에 있는 자산 및 생산 또는 서비스 제공과정에 투입될 원재료나 소모품의 형태로 존재하는 자산을 말한다.

04 ③ [일반기업회계기준 문단 10.13] 새로운 건물을 신축하기 위하여 기존건물을 철거하는 경우 기존건물의 장부가액은 제거하여 처분손실로 하고, 철거비용은 당기 비용처리 한다.

05 ② 특별한 경우를 제외하고는 무형자산의 상각기간은 20년을 초과할 수 없다.

06 ② 주요장부에는 총계정원장과 분개장이 있다.

07 ① 감자차손, 자기주식, 주식할인발행차금은 자본조정항목에 해당한다.

08 ② 295,000원
- = 순매출액 475,000원 - 매출원가 180,000원
- 당기순매입 : 당기총매입 200,000원 - 매입할인 5,000원 - 매입환출 5,000원 = 190,000원
- 매출원가 : 기초상품 100,000원 + 당기순매입 190,000원 - 기말상품 110,000원 = 180,000원

상품(자산)

기초상품재고액	100,000원	매출원가	180,000원
매입액	200,000원	기말상품재고액	110,000원
매입할인	(5,000)원		
매입환출	(5,000)원		
(증가)		(감소)	
	290,000원		290,000원

09 ③ 3,600,000원
= 직접노무원가 1,600,000원 + 총제조간접원가 2,000,000원
- 총제조간접원가 : 변동제조간접원가 600,000원 ÷ 0.3 = 2,000,000원

10 ④ 고정원가에 대한 그래프이다.
① 변동원가, ② 준변동원가, ③ 변동원가에 해당한다.

11 ③ 9,800개
= 당기완성품 수량 8,000개 + 기말재공품 완성품환산량 3,000개×60%

12 ② 종합원가계산은 각 공정별로 원가보고서를 작성한다.

13 ① 부가가치세의 납세의무는 사업목적이 영리인지 비영리인지 관계없이 발생한다.

14 ④ 면세제도는 부가가치세의 역진성완화를 위한 제도로 부분면세제도이며, 면세포기 시 지체없이 등록신청하여야 한다. 나대지의 토지 임대와 일반의약품은 과세대상이다.

15 ④ 주사업장총괄납부

실무시험 정답 및 해설

01 . 기초정보등록 및 수정

[1] [전기분재무제표] > [전기분재무상태표]
- 토지 : 20,000,000원 → 31,000,000원 수정입력
- 건물 : 150,000,000원 → 139,000,000원 수정입력

[2] [계정과목및적요등록] > 824. 운반비 > 현금적요란 > 적요NO : 4, 택배운송비 지급

[3] [거래처별초기이월]
- 외상매출금
  - (주)보령전자 : 12,000,000원 → 10,200,000원으로 수정
  - 평택전자(주) : 3,680,000원 → 36,800,000원으로 수정
- 지급어음
  - 대덕전자부품(주) : 1,000,000원 → 10,000,000원으로 수정
  - 명성전자(주) : 20,000,000원 → 27,000,000원으로 수정

02 일반전표입력

[1] 8월 16일	(차)	수선비(판)	2,800,000원	(대)	당좌예금	2,800,000원
[2] 9월 30일	(차)	보통예금	9,700,000원	(대)	외상매출금((주)창창기계산업)	10,000,000원
		매출할인(406)	300,000원			
[3] 10월 27일	(차)	보통예금	25,600,000원	(대)	자본금	20,000,000원
					주식발행초과금	5,600,000원
[4] 10월 28일	(차)	원재료	2,000,000원	(대)	보통예금	2,000,000원

[5] 10월 29일 (차) 광고선전비(판)   510,000원   (대) 미지급금(국민카드)   510,000원
                                                 (또는 미지급비용)

[6] 11월 30일 (차) 대손충당금(115)   660,000원   (대) 단기대여금((주)동행기업)   3,000,000원
              기타의대손상각비(954) 2,340,000원

03 매입매출전표입력

[1] 7월 20일

유형	공급가액	부가가치세	공급처명	전자	분개
61.현과	30,000	3,000	상록택배		혼합

(차) 부가세대급금   3,000원   (대) 보통예금   33,000원
     원재료   30,000원

[2] 9월 30일

유형	공급가액	부가가치세	공급처명	전자	분개
11.과세	25,000,000	2,500,000	(주)청주자동차	여	혼합

(차) 외상매출금((주)청주자동차)   2,500,000원   (대) 부가세예수금   2,500,000원
     받을어음((주)청주자동차)   25,000,000원   제품매출   25,000,000원

[3] 11월 07일

유형	공급가액	부가가치세	공급처명	전자	분개
16.수출	50,400,000		글로벌인더스트리		혼합
영세율구분	① 직접수출(대행수출 포함)				

(차) 외상매출금(글로벌인더스트리)   50,400,000원   (대) 제품매출   50,400,000원

[4] 12월 07일

유형	공급가액	부가가치세	공급처명	전자	분개
14.건별	100,000	10,000	강태오		현금 또는 혼합

(차) 현금   110,000원   (대) 부가세예수금   10,000원
                                        제품매출   100,000원

[5] 12월 20일

유형	공급가액	부가가치세	공급처명	전자	분개
57.카과	600,000	60,000	커피프린스		카드 또는 혼합
신용카드사	신한카드				

(차) 부가세대급금   60,000원   (대) 미지급금(신한카드)   660,000원
     복리후생비(제)   600,000원   또는 미지급비용

[6] 12월 30일

유형	공급가액	부가가치세	공급처명	전자	분개
54.불공	2,000,000	200,000	두리상사	여	혼합
불공제사유	④ 기업업무추진비 및 이와 유사한 비용 관련				

(차) 기업업무추진비(판)   2,200,000원   (대) 보통예금   2,200,000원

04 오류수정

[1] • 수정전: [일반전표입력] 12월 1일

| (차) | 임대보증금(나자비) | 20,000,000원 | (대) | 보통예금 | 20,000,000원 |

• 수정후: [일반전표입력] 12월 1일

| (차) | 임차보증금(나자비) | 20,000,000원 | (대) | 보통예금 | 20,000,000원 |

[2] • 수정전: [일반전표입력] 12월 9일

| (차) | 차량유지비(판) | 990,000원 | (대) | 보통예금 | 990,000원 |

• 수정후: [일반전표입력] 삭제 → [매입매출전표입력] 12월 9일

유형	공급가액	부가가치세	공급처명	전자	분개
51.과세	900,000	90,000	전의카센터	여	혼합

| (차) | 부가세대급금 | 90,000원 | (대) | 보통예금 | 990,000원 |
| | 차량유지비(제) | 900,000원 | | | |

05 결산정리사항 입력

[1] [일반전표입력] 12월 31일

| (차) | 부가세예수금 | 62,346,500원 | (대) | 부가세대급금 | 52,749,000원 |
| | | | | 미지급세금 | 9,597,500원 |

[2] [일반전표입력] 12월 31일

| (차) | 외화환산손실 | 3,000,000원 | (대) | 단기차입금(아메리칸테크㈜) | 3,000,000원 |

[3] [일반전표입력] 12월 31일

| (차) | 단기매매증권평가손실 | 15,000,000원 | (대) | 단기매매증권 | 15,000,000원 |

• 49,000,000원(20X1.12.31.공정가액) - 64,000,000원(20X1.4.25.취득가액) = 15,000,000원(평가손실)

06 장부조회

[1] 2,500,000원

[부가가치세신고서] > 조회기간 : 4월 1일~6월 30일 > 고정자산매입(11)란의 세액 확인

[2] 1,200,000원

[총계정원장(월별)] > 조회기간 : 4월 1일~6월 30일 > 계정과목 : 831.수수료비용 조회

[3] 송도무역, 108,817,500원

[거래처원장] > 조회기간 : 1월 1일~6월 30일 > 계정과목 : 108.외상매출금 조회

이론시험 정답 및 해설

<1>	<2>	<3>	<4>	<5>	<6>	<7>	<8>	<9>	<10>	<11>	<12>	<13>	<14>	<15>
③	②	①	②	②	④	②	①	④	②	③	②	②	③	④

01 ③ 연수합계법은 유형자산의 감가상각방법 중 하나이다.

02 ② 1,950,000원
= 현금 1,000,000원 + 우편환증서 50,000원 + 보통예금 500,000원 + 당좌예금 400,000원

03 ① 자본적 지출에 해당하며, 나머지는 수익적 지출에 해당한다.

04 ② [일반기업회계기준 문단 실2.35] 무형자산은 산업재산권, 저작권, 개발비 등과 사업결합에서 발생한 영업권을 포함한다.

05 ② 매도가능증권 평가손익은 자본항목(기타포괄손익누계액)이다.

06 ④ 자기주식처분이익과 감자차익은 자본잉여금으로, 자기주식처분손실은 자본조정으로 계상한다.

07 ② • 상품매출원가 : 기초상품재고액 10,000,000원 + 당기순매입액 4,300,000원 - 기말상품재고액 4,000,000 = 10,300,000원
• 당기순매입액 : 당기상품매입액 5,000,000원 - 매입에누리 및 매입환출 700,000원 = 4,300,000원

08 ① (차) 수수료비용 ××× (비용발생) (대) 미지급비용 또는 미지급금 ××× (부채증가)

09 ④ 기말제품재고액은 재무상태표와 손익계산서에서 확인할 수 있다.

10 ② 통제가능성과 관련된 원가는 통제가능원가와 통제불능원가로 구분된다. 역사적원가와 예정원가는 시점에 따른 분류이다.

11 ③ • 기초원가 : 직접재료비 100,000원 + 직접노무비 200,000원 = 300,000원
• 가공원가 : 직접노무비 200,000원 + 간접재료비 50,000원 + 간접노무비 100,000원 + 제조경비 50,000원 = 400,000원

12 ② 3,870,000원
= 제조간접비 예정배부액 4,000,000원 - 과대배부차이 130,000원
• 제조간접비 예정배부액 : 50,000시간×80원 = 4,000,000원

13 ② 사업장별로 사업에 관한 모든 권리와 의무를 포괄적으로 승계하는 경우 재화의 공급으로 보지 않는다.

14 ③ • 부가가치세법 제29조(과세표준) 제2항, 재화의 수입에 대한 부가가치세의 과세표준은 그 재화에 대한 관세의 과세가격과 관세, 개별소비세, 주세, 교육세, 농어촌특별세 및 교통·에너지·환경세를 합한 금액으로 한다.

• 부가가치세법 제29조 제5항, 다음 각 호의 금액은 공급가액에 포함하지 아니한다.

1. 재화나 용역을 공급할 때 그 품질이나 수량, 인도조건 또는 공급대가의 결제방법이나 그 밖의 공급조건에 따라 통상의 대가에서 일정액을 직접 깎아 주는 금액

2. 환입된 재화의 가액

3. 공급받는 자에게 도달하기 전에 파손되거나 훼손되거나 멸실한 재화의 가액

4. 재화 또는 용역의 공급과 직접 관련되지 아니하는 국고보조금과 공공보조금

5. 공급에 대한 대가의 지급이 지체되었음을 이유로 받는 연체이자

6. 공급에 대한 대가를 약정기일 전에 받았다는 이유로 사업자가 당초의 공급가액에서 할인해 준 금액

15 ④ 부가가치세법 시행령 제29조 제2항 제2호, 사업자가 부동산 임대용역을 공급하는 경우로서 예정신고기간 또는 과세기간의 종료일

실무시험 정답 및 해설

01 기초정보등록 및 수정

[1] [일반거래처] 탭
• 거래처코드 : 1001
• 거래처명 : ㈜보석상사
• 유형 : 3.동시
• 사업자등록번호 : 108-81-13579
• 대표자 : 송달인
• 업태 : 제조
• 종목 : 금속가공
• 사업장주소 : 경기도 여주시 세종로 14(홍문동)

[2] [계정과목및적요등록] > 811.복리후생비 > 대체적요 NO.3, 임직원피복비 미지급

[3] [전기분원가명세서]
• 외주가공비 5,500,000원 추가입력
• 당기제품제조원가 74,650,000원 → 80,150,000원 변경 확인

[전기분손익계산서]
• 제품매출원가 > 당기제품제조원가 74,650,000원 → 80,150,000원으로 수정
• 당기순이익 24,030,000원 → 18,530,000원 변경 확인

[전기분잉여금처분계산서] > F6 불러오기
• 당기순이익 24,030,000원 → 18,530,000원 변경 확인
• 미처분이익잉여금 42,260,000원 → 36,760,000원 변경 확인
[전기분재무상태표]

- 이월이익잉여금 42,260,000원 → 36,760,000원으로 수정
- 대차차액 0원 확인

02 일반전표입력

[1] 7월 10일 (차) 받을어음((주)신흥기전) 10,000,000원 (대) 외상매출금((주)서창상사) 10,000,000원
[2] 8월 8일 (차) 예수금 220,000원 (대) 보통예금 200,000원
　　　　　　　　　　　　　　　　　　　　　　　　현금 20,000원
[3] 9월 30일 (차) 재해손실 7,200,000원 (대) 제품 7,200,000원
　　　　　　　　　　　　　　　　　　　　　　　　(8. 타계정으로 대체액)
[4] 10월 20일 (차) 운반비(판) 250,000원 (대) 현금 250,000원
[5] 11월 8일 (차) 현금 390,000원 (대) 자기주식 450,000원
　　　　　　　(차) 자기주식처분손실 60,000원
[6] 12월 26일 (차) 기부금 3,000,000원 (대) 현금 3,000,000원

03 매입매출전표입력

[1] 8월 25일

유형	공급가액	부가가치세	공급처명	전자	분개
53.면세	200,000		남동꽃도매시장	여	현금 또는 혼합

(차) 기업업무추진비(판) 200,000원 (대) 현금 200,000원

[2] 9월 5일

유형	공급가액	부가가치세	공급처명	전자	분개
54.불공	5,000,000	500,000	(주)한화공인중개법인	여	혼합
불공제사유	⑥ 토지의 자본적 지출 관련				

(차) 토지 5,500,000원 (대) 보통예금 5,500,000원

[3] 11월 15일

유형	공급가액	부가가치세	공급처명	전자	분개
22.현과	880,000	88,000	이영수		현금 또는 혼합

(차) 현금 968,000원 (대) 부가세예수금 88,000원
　　　　　　　　　　　　　　　　　제품매출 880,000원

[4] 11월 19일

유형	공급가액	부가가치세	공급처명	전자	분개
11.과세	12,500,000	1,250,000	(주)연기실업	여	혼합

(차) 감가상각누계액 35,000,000원 (대) 부가세예수금 1,250,000원
　　　보통예금 13,750,000원 　　　차량운반구 50,000,000원
　　　유형자산처분손실 2,500,000원

[5] **12월 6일**

유형	공급가액	부가가치세	공급처명	전자	분개
51.과세	2,500,000	250,000	하우스랜드	여	혼합

(차)	부가세대급금	250,000원	(대)	미지급금	2,750,000원
	임차료(제)	2,500,000원		(또는 미지급비용)	

[6] **12월 11일**

유형	공급가액	부가가치세	공급처명	전자	분개
12.영세	11,000,000		㈜아카디상사	여	혼합
영세율구분	③ 내국신용장·구매확인서에 의하여 공급하는 재화				

(차)	외상매출금	7,000,000원	(대)	제품매출	11,000,000원
	받을어음	4,000,000원			

04 오류수정

[1] • 수정전: [일반전표입력] 8월 31일

(차)	이자비용	362,500원	(대)	보통예금	362,500원

• 수정후: [일반전표입력] 8월 31일

(차)	이자비용	500,000원	(대)	보통예금	362,500원
				예수금	137,500원

[2] • 수정전: [매입매출전표입력] 10월 2일

유형	공급가액	부가가치세	공급처명	전자	분개
16.수출	3,600,000		TOMS사		혼합
영세율구분	① 직접수출(대행수출 포함)				

(차)	외상매출금	3,600,000원	(대)	제품매출	3,600,000원

• 수정후: [매입매출전표입력] 10월 2일

유형	공급가액	부가가치세	공급처명	전자	분개
16.수출	3,750,000		TOMS사		혼합
영세율구분	① 직접수출(대행수출 포함)				

(차)	외상매출금	3,750,000원	(대)	제품매출	3,750,000원

05 결산정리사항 입력

[1] [일반전표입력] 12월 31일

(차)	소모품비(판)	1,500,000원	(대)	소모품	1,500,000원

[합계잔액시산표] > 기간 : 20X1년 12월 31일 조회 > 1.유동자산 > 재고자산 > 소모품 잔액 2,500,000원

[2] [일반전표입력] 12월 31일

(차)	현금과부족	570,000원	(대)	선수금((주)건영상사)	340,000원
				잡이익	230,000원

[3] 1. [결산자료입력] > • 1.제조원가 > 퇴직급여전입액 15,000,000원 입력 > F3 전표추가

• 2.판매관리비 > 퇴직급여전입액 13,000,000원 입력

2. 또는 일반전표입력

20X1.12.31.	(차) 퇴직급여(판)	13,000,000원	(대) 퇴직급여충당부채	28,000,000원
	퇴직급여(제)	15,000,000원		
또는	(차) 퇴직급여(판)	13,000,000원	(대) 퇴직급여충당부채	13,000,000원
	퇴직급여(제)	15,000,000원	(대) 퇴직급여충당부채	15,000,000원

06 장부조회

[1] 200,000원

[거래처원장] > 기간 : 04월 01일~ 04월 30일 > 계정과목 : 253.미지급금 > 거래처 : 99602.롯데카드
> 대변 금액

[2] 7,957,200원

[일계표]> [일계표] 탭 > 기간 : 05월 01일~ 05월 31일 > 5.판매비및일반관리비 차변 합계 또는 [월계표]
탭 > 기간 : 05월~ 05월

[3] 5,000,000원

[세금계산서합계표] > 기간 : 04월 ~ 06월 > [매출] 탭 조회

이론시험 정답 및 해설

<1>	<2>	<3>	<4>	<5>	<6>	<7>	<8>	<9>	<10>	<11>	<12>	<13>	<14>	<15>
①	①	③	②	④	④	②	④	③	②	①	④	③	④	④

01 ① 5개
- 재무상태표, 손익계산서, 현금흐름표, 자본변동표, 주석까지 재무제표에 포함한다.
- 수입금액조정명세서, 제조원가명세서, 합계잔액시산표, 주주명부는 재무제표에 포함하지 않는다.

02 ① 450,000원
= 부채총액 600,000원 - 미지급금 150,000원
자산총계 : 보통예금 300,000원 + 외상매출금 700,000원 = 1,000,000원
부채총계 : 자산총계 1,000,000원 - 자본금 300,000원 - 이익잉여금 100,000원 = 600,000원

03 ③ 손익계산서상에 영업이익이 과대표시 되고, 재무상태표상 비유동자산이 과대표시 된다.

04 ② 재무상태표 계정인 선수금(부채), 개발비(자산), 저장품(자산)은 잔액을 차기이월하는 방법을 통하여 장부 마감을 하여야 하지만, 손익계산서 계정인 ②기부금은 집합손익 원장에 대체하는 방식으로 장부 마감을 하여야 한다.

05 ④ [일반기업회계기준 개념체계 문단 38 후단] 재무정보의 비교가능성은 목적적합성과 신뢰성만큼 중요한 질적특성은 아니나, 목적적합성과 신뢰성을 갖춘 정보가 기업실체간에 비교가능하거나 또는 기간별 비교가 가능할 경우 재무정보의 유용성이 제고될 수 있다.

06 ④ (차) 현금 51,000원 (자산의 증가)　　(대) 단기대여금　　50,000원 (자산의 감소)
　　　　　　　　　　　　　　　　　　　　　　이자수익　　　　1,000원 (수익의 발생)

07 ② 잉여금은 자본거래에 따라 자본잉여금, 손익거래에 따라 이익잉여금으로 구분한다.

08 ④ [일반기업회계기준 제16장 사례 20] 주문개발하는 소프트웨어의 대가로 수취하는 수수료는 진행률에 따라 수익을 인식한다. 이때 진행률은 소프트웨어의 개발과 소프트웨어 인도 후 제공하는 지원용역을 모두 포함하여 결정한다.

09 ③ 자산의 처분으로 인한 손익은 영업외손익으로 처리한다. 영업부 사무실의 소모품비는 판매관리비 항목이다.

10 ② 보조부문원가 배분방법은 직접배분법, 단계배분법, 상호배분법이다.

11 ① 1,280,000원

= 매출원가 1,300,000원 - 기초제품재고액 90,000원 + 기말제품재고액 70,000원

<table>
<tr><td colspan="4" align="center">제품</td></tr>
<tr><td>기초제품</td><td align="right">90,000</td><td>매출원가</td><td align="right">1,300,000</td></tr>
<tr><td>당기제품제조원가</td><td align="right">1,280,000</td><td>기말제품</td><td align="right">70,000</td></tr>
</table>

12 ④ 정상공손품의 원가는 제품 원가의 일부를 구성한다.

= 기말부채 600,000원 + 기말자본 800,000원
- 당기순이익 : 총수익 1,500,000원 - 총비용 1,000,000원 = 500,000원
- 기말자본 : 기초자본 300,000원 + 당기순이익 500,000원 = 800,000원

13 ③ 부가가치세법 제29조 제3항 제2호, 공급가액은 금전 외의 대가를 받는 경우 자기가 공급한 재화 또는 용역의 시가로 한다.

14 ④ 폐업 시 잔존재화의 경우 공급시기는 폐업하는 때이다.

15 ④ 무인자동판매기를 통하여 재화를 공급하는 사업의 납세지는 사업에 관한 업무를 총괄하는 장소로 한다.

실무시험 정답 및 해설

01 기초정보등록 및 수정

[1] [기초정보관리] > [회사등록]
- 사업자등록번호 : 134-68-81692 → 134-86-81692
- 사업장주소 : 경기도 화성시 송산면 봉가리 473-1 → 경기도 화성시 송산면 마도북로 40
- 업태 : 도소매 → 제조업
- 종목 : 자동차 → 자동차특장
- 개업연월일 : 2016년 5월 4일 → 2016년 5월 6일

[2] [기초정보관리] > [계정과목및적요등록] > 831. 수수료비용 > 현금적요No.8, 오픈마켓 결제대행 수수료

[3] [전기분원가명세서]
- 가스수도료 7,900,000원 → 8,450,000원으로 수정
- 당기제품제조원가 553,935,000원 → 554,485,000원 변경 확인

[전기분손익계산서]
- 제품매출원가 > 당기제품제조원가 553,935,000원 → 554,485,000원으로 수정
- 815.수도광열비 3,300,000원 → 2,750,000원으로 수정
- 당기순이익 83,765,000원 → 83,765,000원 금액 확인

[전기분잉여금처분계산서]
- 당기순이익 83,765,000원 확인
- 미처분이익잉여금 합계액 121,665,000원 확인

[전기분재무상태표]
- 이월이익잉여금 121,665,000원 확인
- 대차 일치 여부 확인

02 일반전표입력

[1] 7월 30일 (차) 보통예금 4,970,000원 (대) 받을어음((주)초코) 5,000,000원
매출채권처분손실 30,000원

[2] 월 10일 (차) 예수금 270,000원 (대) 현금 540,000원
세금과공과(제) 180,000원
세금과공과(제) 180,000원

[3] 9월 26일 (차) 보통예금 50,423,000원 (대) 정기예금 50,000,000원
선납세금 77,000원 이자수익 500,000원

[4] 10월 26일 (차) 보통예금 60,000,000원 (대) 자본금 50,000,000원
주식할인발행차금 1,000,000원
주식발행초과금 9,000,000원

[5] 10월 29일 (차) 원재료 50,000원 (대) 현금 50,000원
[6] 11월 8일 (차) 건물 15,000,000원 (대) 보통예금 15,000,000원

03 매입매출전표입력

[1] 9월 30일

유형	공급가액	부가가치세	공급처명	전자	분개
57.카과	300,000	30,000	(주)다고쳐		카드 또는 혼합
신용카드	하나카드				

(차) 수선비(제) 300,000원 (대) 미지급금(하나카드) 330,000원
부가세대급금 30,000원

[2] 10월 11일

유형	공급가액	부가가치세	공급처명	전자	분개
51.과세	6,000,000	60,000	아재자동차	여	혼합

(차) 차량운반구 6,000,000원 (대) 받을어음((주)삼진) 3,300,000원
부가세대급금 600,000원 미지급금(아재자동차) 3,300,000원

[3] 10월 15일

유형	공급가액	부가가치세	공급처명	전자	분개
55.수입	5,000,000	500,000	인천세관	여	혼합

(차) 부가세대급금 500,000원 (대) 보통예금 500,000원

[4] 11월 4일

유형	공급가액	부가가치세	공급처명	전자	분개
51.과세	1,600,000	160,000	(주)삼양안전	여	혼합

(차) 소모품 1,600,000원 (대) 미지급금 1,460,000원
부가세대급금 160,000원 현금 300,000원

[5] 11월 4일

유형	공급가액	부가가치세	공급처명	전자	분개
11.과세	5,000,000원	500,000	인천상사	여	혼합

(차)	미수금	5,000,000원	(대)	기계장치	50,000,000원
	현금	500,000원		부가세예수금	500,000원
	감가상각누계액(207)	43,000,000원			
	유형자산처분손실	2,000,000원			

[6] 11월 22일

유형	공급가액	부가가치세	공급처명	전자	분개
54.불공	500,000	50,000	미래마트	여	혼합
불공제사유	④ 기업업무추진비 및 이와 유사한 비용 관련				

(차)	기업업무추진비(판)	550,000원	(대)	보통예금	550,000원

04 오류수정

[1] • 수정전: [일반전표입력] 7월 3일

(차)	기타의대손상각비	10,000,000원	(대)	미수금((주)한성전자)	10,000,000원

   • 수정후: [일반전표입력] 7월 3일

(차)	대손충당금(121)	1,000,000원	(대)	미수금((주)성한전기)	10,000,000원
	기타의대손상각비	9,000,000원			

[2] • 수정전: [일반전표입력] 11월 29일

(차)	단기매매증권	1,010,000원	(대)	현금	1,010,000원

   • 수정후: [일반전표입력] 11월 29일

(차)	단기매매증권	1,000,000원	(대)	현금	1,010,000원
	수수료비용(984)	10,000원			

   ※ 단기매매증권의 부대비용은 취득원가에 포함되지 않고, 영업외비용으로 처리해야 한다.

05 결산정리사항 입력

[1] [일반전표입력] 12월 31일

(차)	미수수익	300,000원	(대)	이자수익	300,000원

   *60,000,000원×2%×3/12 = 300,000원

[2] [일반전표입력] 12월 31일

(차)	소모품비(판)	350,000원	(대)	소모품	350,000원

[3] 1. 일반전표입력

   12월 31일 (차) 대손상각비(835)   1,251,560원   (대) 대손충당금(109)   1,251,560원

   • 대손충당금(외상매출금) : 137,506,000원 × 1% - 123,500원 = 1,251,560원

   2. 또는 [결산자료입력] > F8 대손상각 > 대손율(%) 1% 입력

   > 외상매출금 외 채권의대손충당금 설정액 0원 입력

   > 결산반영 > F3 전표 추가

06 장부조회

[1] 300,000원

- [매입매출장] > 조회기간 : 4월 1일~6월 30일 > 구분 : 3.매입 > 유형 : 54.불공, ⑩전체
- [부가가치세신고서] > 조회기간 : 4월 1일~6월 30일 > 공제받지못할매입세액

[2] 3매

= 36매(4월~6월) - 33매(1월~3월)
- [세금계산서합계표] > • 조회기간 : 1월~3월
                      > • 조회기간 : 4월~6월

[3] 40,000,000원

- [계정별원장] > 기간 : 4월 1일~4월 30일 > 계정과목 : 108. 외상매출금 조회 > 대변 합계금액 확인

이혜원(혜원장)

'혜원장'이라는 이름으로 유튜브 채널을 운영하고 있습니다. 전산회계 작업 훈련기관을
개발훈련 교사로 활동하며 여러 공공기관, 교육기관에서 전산회계 관련 교육을 진행하고 씨

유튜브 <혜원장> http://www.youtube.com/@edwith

2025 혜원장의 전산회계1급(이론+실무+최신기출) 전체 무료강의

발행일 2025년 5월 15일(2쇄)
편저자 이혜원(혜원장)
발행인 박유진
디자인 서시영
발행처 직업상점
정가 32,000원
ISBN 979-11-94695-02-8